PERO GUILLÉN DE SEGOVIA

ANEJOS DE LA REVISTA DE FILOLOGÍA ESPAÑOLA, 111

LUIS GÓMEZ CANSECO

(ed.)

PERO GUILLÉN DE SEGOVIA

DECIRES DIRIGIDOS
A DON ALFONSO CARRILLO,
ARZOBISPO DE TOLEDO

CONSEJO SUPERIOR DE INVESTIGACIONES CIENTÍFICAS
Madrid, 2025

Cómo citar: Gómez Canseco, Luis (ed.) (2025): *Pero Guillén de Segovia. Decires dirigidos a don Alfonso Carrillo, arzobispo de Toledo,* Madrid, CSIC.

Catálogo de Publicaciones de la Administración General del Estado: https://cpage.mpr.gob.es

Editorial CSIC: *https://editorial.csic.es* (correo: *editorialcsic@csic.es*)

ISBN: 978-84-00-11518-0
e-ISBN: 978-84-00-11519-7
NIPO: 155-25-163-5
e-NIPO: 155-25-164-0
Depósito legal: M-21522-2025

Corrección y coordinación editorial: Isabel M.ª Martín Jiménez (Editorial CSIC)
Maquetación: César Matesanz Gómez (Editorial CSIC)
Impresión y encuadernación: Kadmos
Impreso en España. *Printed in Spain*

En esta edición se ha utilizado papel ecológico sometido a un proceso de blanqueado ECF, cuya fibra procede de bosques gestionados de forma sostenible.

ÍNDICE

PRÓLOGO

Juan-Carlos Conde

IEMYRhd, Universidad de Salamanca

Emeritus, Magdalen College, Oxford

Acaso para resistirme tanto a la idea de que ya no está entre nosotros como a la de que nunca dejará de estarlo, quiero convocar al comienzo de estas paginillas el recuerdo y las palabras del ya añorado Francisco Rico, siquiera para demostrar que, aun cuando se contradecía, nos iluminaba. Y lo digo tentándome a dos manos la ropa, porque no encuentro el recorte de prensa en el que dijo lo primero a lo que quiero referirme —perdido, seguramente, en alguna mudanza internacional—, y al algoritmo de Google no le da ahora la real gana de hacérmelo accesible, como se supone debiera —salvo que todo sea un figmento de mi imaginación, lo que ya he aprendido, a estas alturas, a no dar nunca por descartado—. Recuerdo, o creo recordar, que Francisco Rico saludó, en las páginas de *Babelia* —si es que se llamaba así el menguante suplemento de libros de *El País* por entonces—, la publicación del monumental —y *aere perennius,* naturalmente— *Cancionero del siglo xv,* obra del añorado Brian Dutton —este octubre del 25 hizo ya treinticinco años—, con estas razones u otras muy parecidas: del mismo modo que Martín de Riquer pudo decir, rematado su monumental —y no menos *perennius— Los trovadores. Historia literaria y textos,* que la poesía trovadoresca son «las 2542 composiciones de unos trescientos cincuenta poetas de nombre conocido y varios accidentalmente anónimos», ahora podemos mencionar —dice Rico en mi memoria— que la poesía de cancionero son las más de 9500 composiciones poéticas que unos 675 poetas, algunos de ellos anónimos —Dios haya perdonado a algunos de ellos— compusieron entre 1360 y 1520. Hasta aquí mi recuerdo de lo escrito por Rico. Y mi discrepancia con esto —la poesía de cancionero, por supuesto, no es, no puede ser, no son esos casi 10 000 poemas, mondos y lirondos; es mucho más, porque pocas modalidades literarias más sujetas en su creación a factores circunstanciales que la poesía llamada de cancionero— viene inmejorablemente abroquelada tras la autoridad de, precisamente, Francisco Rico, quien dedicó un admirable libro a mostrarnos que para entender esta poesía cuatrocentista compuesta en la península ibérica era absolutamente imprescindible conocer los contextos de su creación y su recepción. El título del libro lo dice todo: *Texto y contextos;* y la idea motriz tras de él la expone mucho mejor don Francisco de lo que podría hacerlo una pobre, por mía, paráfrasis de sus palabras:

> El crítico se deslumbra a veces con la ilusión de encerrarse en el poema como en un universo que se basta a sí mismo y que proporciona desde dentro la totalidad de las claves para descifrarlo. El historiador sabe que el texto no es comprensible sin contextos, ni aun existe sin ellos, porque tampoco existe sino en una lengua y en las coordenadas de una sociedad, sobre el fondo de unas tradiciones, con unos ideales artísticos, frente a un horizonte de géneros, en un sistema de valores... A un texto de otros tiempos, en particular, o lo restituimos a los contextos que le son propios, o bien, a conciencia o a ciegas, le imponemos los nuestros. *Nihil est tertium* (F. Rico, *Texto y contextos,* Barcelona, Crítica, 1990, IX).

No dice Rico, porque ni falta que hace, que la única de esas dos opciones *sine tertium* que nos brinda digna de respeto y consideración por acogerse a los cotos de la Historia literaria y de la Filología —ambas, por favor, con mayúscula—, es la primera: restituir los textos a los contextos que les son propios.

Seguro que el introito le parecerá bien a Luis Gómez Canseco, fino historiador literario, filólogo cumplido y caballero cristiano, amén de devoto de don Francisco. A mí me parece indicado ponerlo aquí, en primer lugar, porque no he sabido decir que no a don Luis cuando me pidió un prólogo para este su libro; y, en segundo lugar, porque lo que Luis Gómez Canseco nos ofrece en estas páginas es, precisamente, un magnífico trabajo de contextualización de un texto que mucho debe a sus circunstancias. Incluso más que otros poemas del siglo xv.

Pero Guillén de Segovia, pese a ello sevillano, es uno de esos poetas menores que revelan más acerca de su tiempo que los mayores, que, por serlo, tienen mundo propio. «Los poetas menores, por el contrario, quedan anclados en su tiempo, como piezas de un museo arqueológico que los visitantes esquivan [...]. Es con frecuencia en estos segundones de la historia donde plasma de manera más viva la imagen de su propio tiempo», dice Gómez Canseco al inicio de su libro. Y tiene toda la razón: es en el enclavamiento entre la condición de poeta mediano de Guillén de Segovia y la complejidad tempestuosa de los años que le tocó vivir donde nacieron sus obras y, en ellas y con ellas, un testimonio privilegiado de unos tiempos y unas circunstancias. Luis Gómez Canseco nos presenta la peripecia vital de este sevillano establecido en Castilla, empleado en oscuras funciones públicas venido, si cabía, a menos y, a partir de un momento, vinculado con la fascinante figura de Alonso Carrillo, arzobispo de Toledo, munificente protector de las artes y atrevido factótum de desigual fortuna en la política de su tiempo. Guillén de Segovia, literalmente, se dejó los ojos en penosas labores de amanuense para mantener a su familia; y, desesperado, se dirigió al arzobispo en demanda de protección y socorro. Ahí está el origen de las suplicaciones —hasta tres— y del *dezir* dirigidos por el constante Guillén al arzobispo Carrillo que Gómez Canseco edita, comenta, glosa y contextualiza. Son poemas, como verá el lector, de índole letrada, erudita, culta; con gran aparato mitológico y alegórico, y enderezados en pos de unas muy concretas y prosaicas metas: pedir y obtener favor; alabar y promover. El letrado, pues, despliega su abanico de destrezas poéticas para vivir de ellas, caso de lograr el favor del poderoso al que se loa. Circunstancia que se dio —no a la primera: «De la primera non hobo aquel efecto que de ella esperaba», señala la rúbrica de la segunda— en el de Guillén de Segovia, que logró haberes monedados, un empleo de contador en la corte de su protector y, lo que tiene más relieve, la venta o alquiler de «sus cualidades literarias a la hora de ejercer como poeta cortesano, publicista político y aun cronista de las acciones de su señor, don Alonso Carrillo de Acuña», como bien dice Gómez Canseco en observación que va al pelo a las dos últimas composiciones aquí editadas, desenvueltos ejercicios de alabanza poética del amo. Evidentemente, esa elevada poesía alegorizante de concebimientos mentales de tan alto calado tiene en su origen la miseria de un hombre desesperado que pone en plaza pública sus destrezas como letrado y consigue medrar con ellas: más cercano acaso a Lázaro de Tormes que a, pongamos, Juan de Mena. El estudio con que Gómez Canseco presenta su edición, y las notas con las que la acompaña, uno y otras dechados de saber, precisión, talento y competencia históricoliteraria, iluminan y hacen accesible tanto el contexto vital del autor como el de su benefactor, eclesiástico prominente amigo de poetas y conocedor *avant la lettre* de que la poesía es un arma no sé si cargada de futuro, pero ciertamente útil y poderosa en ámbitos políticos y cortesanos.

Lo que debe hacer el lector para situar estos poemas en su contexto personal, poético, social y político, pues, es leer todo lo que Gómez Canseco nos dice en ese estudio y esas notas. Pero tenga en cuenta también quien lo haga —recuérdese lo dicho al inicio: Historia literaria y Filología—, que puede ahora leer estos poemas tan medianos, pero tan elocuentes a muchos respectos, gracias a la labor ecdótica ímproba e impecable de Gómez Canseco. Su transmisión manuscrita corre pareja con la fortuna personal y económica de su azacaneado autor, y se vence hacia lo menesteroso: nos han sido transmitidos, con la excepción de SA10 —contenedor de una copia incompleta de la primera suplicación—, en copias dieciochescas de manuscritos cuatrocentistas perdidos —inclúyase entre ellos el que, como atinadamente sugiere Gómez Canseco, a buen seguro compilaría el propio Guillén de Segovia, amanuense como era de oficio—. Esas copias, hijas de los primeros pasos de la incipiente historia literaria española, son material complejo, con errores, lagunas y un respeto variable y más bien tentativo a las grafías de los modelos. Gómez Canseco trata con sobresaliente pericia filológica y ecdótica tales materiales, y construye una edición crítica liberada, hasta donde es posible, de la ganga inevitable arrastrada por las copias dieciochescas y orientada hacia donde debe hacerlo toda edición crítica digna de tal nombre: la reconstrucción del original que salió de manos del autor. La regularización modernizante de las grafías de los testimonios es fundamental a tales propósitos; y este de la transmisión eminentemente dieciochesca de las composiciones editadas es, pues, otro contexto más tenido en cuenta por el editor a la hora de facturar su labor y satisfactoriamente incorporado a su trabajo sobre el texto.

Texto y contextos, en efecto. Gracias a esta edición podemos leer y entender el de los *Dezires* de Pero Guillén de Segovia al arzobispo Carrillo dentro del contexto cultural, político y personal en el que fueron escritos. Esto tenemos que reconocérselo a Luis Gómez Canseco, como también tenemos que agradecerle que no haya hecho el más mínimo esfuerzo para ocultarnos lo mucho que ha disfrutado llevando a cabo esta tarea ejemplar.

ESTUDIO

Para Natalia, Josema, Valentín y Sergio,
en el estudio y el asueto

PERO GUILLÉN DE SEGOVIA, CONTADOR MAYOR

Los grandes poetas siguen existiendo más allá de las vidas que en principio les habían sido asignadas, alcanzan a nuevas generaciones y de sus obras nacen lecturas que difícilmente hubieran podido sospechar, porque se ajustan a otros mundos que ya no son el suyo. Los poetas menores, por el contrario, quedan anclados en su tiempo, como piezas de un museo arqueológico que los visitantes esquivan. Acaso subsisten en aras de la erudición, y raramente la curiosidad de algún lector los devuelve a la vida. Pero es con frecuencia en estos segundones de la historia donde se plasma de manera más viva la imagen de su propio tiempo; y más en el caso que aquí nos ocupa, el de Pero Guillén de Segovia (o Pedro Guillén de Sevilla), al que le tocaron días convulsos para la política y cambios profundos en la literatura. Nos referimos a los años sucesivos en los que Juan II y Enrique IV reinaron en Castilla, abriendo luego el paso, tras largas guerras civiles, a los Reyes Católicos y a la unidad de los reinos peninsulares. Era también el momento de autores y textos decisivos; nada menos que Jorge Manrique, Juan del Encina, Fernando de Rojas con su *Tragicomedia,* el *Amadís de Gaula* o el mismísimo Antonio de Nebrija. Un mundo en ebullición del que Guillén de Segovia fue testigo y, por lo que sabemos, formó parte, bien es verdad que casi exclusivamente gracias al testimonio de sus propios versos. Y es que una parte decisiva de las noticias que sobre él nos han llegado queda de alguna manera condicionada por su naturaleza ficcional o por los intereses, personales o literarios, que pudieron moverlo en su escritura.[1]

El primero de esos sucesos es el de su nacimiento, que el dios Apolo revela al poeta en la segunda de las suplicaciones que remitió al arzobispo don Alfonso Carrillo de Acuña:

---

[1] Para la biografía de Guillén de Segovia, véase Menéndez Pelayo (1944: II, 424-431), Revilla (1956: 8-10), Cummins (1973), Moreno Hernández (1985, 1986-1987, 1989, 2008 y 2021) y Roca Barea (2006). Este libro forma parte del proyecto I+D+i «Épica castellana en coplas de arte mayor 1450-1538» [PID2024-156782NB-I00], Ministerio de Ciencia, Innovación y Universidades.

> Un día nubloso   que manso llovía,
> naciste en Sevilla,   pues quies que lo rece,
> el año […]   del año de trece,
> trocada por muerte   la gran carestía.
> Dos horas y tercia   pasadas del día,
> a ocho de Virgo,   el día era martes,
> al orbe terreno   por todas sus partes
> señales contrarias   del curso facía (vv. 257-264).

La copla desvela varios datos precisos. Por más que se llamase «de Segovia», Pero Guillén habría nacido en Sevilla el año de 1413, a las dos y veinte de la madrugada, ocho días después de iniciarse el período correspondiente al signo de Virgo, esto es, el 31 de agosto y siendo martes.[2] A esa puntual cronología, Guillén añadió otros detalles meteorológicos y astrológicos que apuntan como fin un destino adverso: una hambruna asolaba el reino, era de noche y martes, un día considerado ya aciago en la época, las nubes cubrían el cielo y todo el movimiento de la tierra daba señales adversas para quien naciera en tal trance. La intención del poeta, al escribir los versos, coincide con la famosísima endecha publicada en 1550 dentro de la *Primera parte de la silva de varios romances*: «Pariome mi madre / una noche escura, / cubriome de luto, / faltome ventura. / Quando yo nascí / era hora menguada / ni perro se oýa / ni gallo cantava […]. Fuy engendrado / en signo noturno, / reynaua Saturno / su curso menguado» (fols. 214v-215r). De hecho, la siguiente copla de esta *Segunda suplicación que fizo Pedro Guillén de Sevilla al señor don Alfonso Carrillo, arzobispo de Toledo* incide en esa conjunción contraria de los astros y en la presencia amenazante de Saturno y Marte:

> Segund que Saturno   trabajos influye
> y el daño que de él   al mundo resdunda,
> segund señorea   tu casa segunda
> la cola saliente   que el bien diminuye.
> De tu ascendente   se toma y concluye
> por la conjunción   de verso con Mares
> verás por el contra   lo que deseares,
> el oro y la plata   de tu poder fuye (vv. 265-272).

Tanta penalidad tenía su porqué, pues el receptor de la suplicación también había nacido en agosto, aunque un año y veinte días antes, y tenía, además, inclinación a los conocimientos astrológicos. Quiere esto decir que Guillén, cuando puso la pluma en el pliego, sabía bien el terreno que pisaba.

---

[2] Aun cuando la fórmula «a ocho de Virgo» pudiera resultar ambigua respecto a si es antes o después del 23 de agosto, ha de tenerse en cuenta que el 15 de agosto de 1413 fue domingo, mientras que el 31 era martes; se añade a ello la fórmula «pasadas del día» en el verso anterior, que se proyecta sobre el siguiente verso. Cummins (1973: 14), sin embargo, apunta que había nacido el 8 de agosto.

Nada dice, sin embargo, de las razones que lo llevaron a abandonar Sevilla —él o su familia— y a buscar asiento en Castilla la Vieja, más concretamente en Segovia. De ahí ese significativo cambio de nombre y las alusiones expresas a su nueva residencia que aparecen en la primera de las suplicaciones: «Si vuestra prudencia querrá saber quién / es este que yace de palmas en tierra, / mandad preguntar por Pero Guillén, / allende Pedraza, bien cerca la sierra» (vv. 433-436); o en la segunda: «Falleme en Segovia con sobra de enojos, / cansado de [...], con turbios antojos, / bien cerca las casas del noble marqués» (vv. 566-568). Nada dice y nada sabemos con certeza, pero no hay que descartar la posibilidad de que esa migración tuviera que ver con la condición judeoconversa de los suyos. Desde las revueltas de 1391, Sevilla se había convertido en epicentro de un movimiento popular contra los judíos que dio ocasión a auténticas masacres, saqueos y bautismos forzosos.[3] Esa inercia antisemita se mantuvo en los primeros años del siguiente siglo, por lo que no es improbable que el cambio de aires hubiera tenido que ver con un intento de poner distancia con esa violencia popular promovida por clérigos como el arcediano Ferrán Martínez o por predicadores como Vicente Ferrer.[4]

Carecemos de dato firme o documento alguno que avale esta conjetura, más allá de alguna queja contra la violencia o el mal hacer de la gente de más baja extracción, precisamente los que solían protagonizar esos movimientos. Así, en la *Obra de Pedro Guillén demandando consejo a un su amigo sobre su vida*, fechada en 1467 y en coincidencia con las algaradas toledanas contra los conversos, se queja de que el «pueblo se trasmuda y revuelve»; recuerda un trance de muerte «cuando por industria me levanté del suelo, donde ya los menudos del pueblo me refollaban, poniéndome a las lanzas de todos et mostrando a la maldad algo que mordiese»; lamenta «los grandes vituperios y desdenes que los de baja suerte a los caídos suelen facer»; y, en fin, critica, en el «pueblo rudo», «la perversa ingratitud, / porque no cría virtud / en el tronco ni en la rama» (*Obra poética,* pp. 133, 135 y 142). Todavía, en la *Obra compuesta y ordenada por Pedro Guillén de Segovia, contador del muy magnífico señor don Alfonso Carrillo, arzobispo de Toledo, primado de las Españas, chanciller mayor de castilla, dirigida y diferida a su señoría,* suplica al arzobispo don Alfonso «que los menudos estén en sosiego / y torne este reino en su libertad» (vv. 1751-1752).[5] Tenemos, además, el testimonio escrito de sus relaciones personales con un destacado converso segoviano, como fue Diego Arias Dávila. Se trata de la *Respuesta que hizo Pero Guillén a una carta en metros que Gómez Manrique enbió a Diego Arias, contador maior del rey, la qual ordenó con zelo de hazer algún serviçio al dicho señor Diego*

---

[3] Corral Sánchez (2014).
[4] Montes Romero-Camacho (2008) y Castillo Cáceres (2017).
[5] En torno a la cuestión de la condición conversa de Guillén de Segovia, véanse Castro (1970: 97-103), Márquez Villanueva (1965: 318-319), Roca Barea (2006: 378) y, sobre todo, Moreno Hernández (1985: 27, 1986-1987: 330 y 1989: 33-44).

Arias, compuesta probablemente entre 1460 y 1465.[6] Arias Dávila, que de mercader había llegado a ser regidor de la ciudad, ascendió luego en la corte, de la mano de don Álvaro de Luna, hasta ocupar plaza como consejero real y contador mayor.[7] Muy probablemente, a esas relaciones personales y políticas se deba la presencia de Guillén de Segovia en las salinas de Atienza, en la actual provincia de Guadalajara, que atestigua el *Decir que fizo Pero Guillén sobre amor, estando en las salinas de Atença, en un valle que se dize el Val de Paraýso,* que, como ha destacado Carlos Moreno Hernández (1989: 37), constituían una importantísima renta para la Corona de Castilla. Cabe pensar que el poeta anduvo por tales pagos ejerciendo alguna responsabilidad para la hacienda real con la mediación, claro está, de su contador mayor.[8] El cargo que luego ocuparía al servicio del arzobispo sugiere que había de poseer experiencia y conocimientos en el ejercicio de la contaduría.

También el condestable don Álvaro de Luna pudo tener parte en esa prosperidad, pues no en vano Guillén fue uno de los pocos que tuvo el valor de justificar sus acciones tras la caída y muerte del magnate. Así lo hizo en el *Decir que fizo Pero Guyllén sobre la muerte de don Álvaro de Luna, condestable de Castilla, maestre de Santiago* (*Obra poética,* pp. 199-205), que hubo de componer en 1453, donde además de ponerlo como ejemplo de la variabilidad de la Fortuna, argumenta razones para los errores y desvíos que pudieran achacársele:

> En quanto la ocupaçión
> del real e alto estado,
> myrando con discryçión
> el proceso ya pasado,
> pues el syervo es obligado
> al señor con obidençia,
> sy en algo fue culpado,
> non niego la consequençia (*Obra poética,* p. 202).

Fueron, en cualquier caso, tiempos de bonanza para el poeta, que refiere en el *Decir que fizo Pero Guillén, dirigido o difirido al señor arzobispo de Toledo, sobre la caída de su estado del dicho Pero Guillén,* recordando a sus lectores que «en mi joventud hobiese habido de los temporales bienes tantos con que, según mi estado, pudiera sin pedir conservar mi honra y sustentar la mísera vida» («Prólogo», 2), o que entonces le había mostrado «Fortuna su próspera cara, / seyendo en el tiempo de mi juventud, / fermosa, riente, alegre, muy clara, / dándome

---

[6]   Véanse Guillén de Segovia, *Obra poética,* pp. 144-156 y Gómez Manrique, *Cancionero,* pp. 553-570.

[7]   Sobre Diego Arias Dávila, véanse Contreras Jiménez (1989) y Amran (2017). En 1486 se abrió un proceso inquisitorial contra la familia Arias y, en especial, contra el difunto Diego Arias por judaizar; véase Carrete Parrondo (1986).

[8]   En torno a la importancia económica de las salinas de Atienza, véase García-Contreras Ruiz (2021).

bienes en gran multitud» (vv. 33-36). A esas fechas se ajusta el *Decir que fizo Pero Gyllén quando se desposó, en que contiende el seso con el coraçón* (*Obra poética*, pp. 165-169), pues hubo de casarse y tener hijos, entre los que se contaría Diego Guillén de Ávila, que con el correr de los años terminó siendo clérigo y también poeta. Se añadía a ello el reconocimiento que había comenzado a alcanzar como escritor y unas notables relaciones de discipulado literario que se apuntan en la primera suplicación:

> Buscando las cabsas   Fortuna malvada
> por donde más daños   cabsar me podría,
> falló en mi deseo   muy bien titulada
> aquella graciosa   sotil pöesía;
> y con presupuesto   contrario porfía
> al brazo valiente   del fijo de Almena,
> quitome al marqués,   llevó a Juan de Mena,
> maestros fundados   de quien aprendía (vv. 57-64).

La corte de Juan II hubo de ser el escenario de esas relaciones que se interrumpieron con la muerte del cordobés en 1456 y la del noble dos años después, no sin que antes Guillén de Segovia hubiera podido tener acceso a los muy diversos textos reunidos en las bibliotecas de sus maestros, que pudo copiar para que fueran luego fuentes decisivas en su escritura. Más adelante lo veremos.

Cabe diferenciar, según ha dispuesto Carlos Moreno Hernández (1989: 77-89), cuatro espacios en su obra poética. En primer lugar, se encuentran hasta once composiciones de debate, con preguntas y respuestas intercambiadas mayoritariamente con Gómez Manrique, a las que se añaden una «Pregunta a un maestro en teología», otra «a un su amigo sobre su vida, un Dicho a un gentilhombre anciano fidalgo y una Respuesta a Lope d'Estúñiga porque se loó de mucho amador».[9] Otros once decires sobre cuestiones morales y políticas constituyen el segundo grupo, donde se abordan asuntos como el amor, la caridad, la pobreza o el día del Juicio Final junto con composiciones consagradas a la llegada al trono de Enrique IV o —ya lo hemos visto— la caída de don Álvaro de Luna.[10] El tercer lugar lo ocupan tres extensas composiciones doctrinales con una fuerte carga religiosa: el decir que dirige «al que sigue su voluntad dexando el servicio de Dios», la continuación de las coplas de Juan de Mena «Canta tú, cristiana musa», que compuso en competencia poética con Gómez Manrique, y, por último, los *Salmos penitenciales*.[11] El último núcleo de su obra lo constituyen los cuatro decires dirigidos al arzobispo don Alfonso Carrillo que aquí nos ocupan,

---

[9] *Obra poética*, pp. 111-156.
[10] pp. 161-223.
[11] pp. 227-284. Para la composición de Gómez Manrique, véase *Cancionero*, pp. 467-552, y en torno a los salmos penitenciales, De la Vera e Isla Fernández (1879) y Núñez Rivera (2001). Estos salmos fueron recogidos en el *Cancionero General* de 1511, aunque a la postre caería sobre ellos el entredicho inquisitorial.

conformando una poesía que se construyó en el encuentro entre lo religioso, lo moral y lo político, lo pagano y lo cristiano, la erudición y la alegoría, y que, con mucha frecuencia, van acompañados de sesudos prólogos en prosa.

Ese período inicial de auge literario, vida conyugal y bienestar material hubo de verse repentinamente interrumpido a comienzos de la década de los años cincuenta, coincidiendo acaso con la muerte del condestable en 1453 o la del rey don Juan II al año siguiente.[12] A ello apunta el decir que dirigió a Enrique IV al comienzo de su reinado, con un gesto cortesano de quien pretende ganar la voluntad del nuevo monarca: «Por ende roguemos la faz por el suelo / a Dios que lo dexe bevir y reynar, / pues quen todo quyere seguyr e obrar / las santas virtudes del rey su abuelo» (*Obra poética*, p. 176). A ese cambio sobrevenido parecen a referirse asimismo el *Decir que fizo Pero Guyllén sobre los mylagros del calaboço*, en el que la prisión es referida como una amenaza personal: «Aunque pueda relevar / las penas del purgatorio, / travajemos por no entrar / en tan triste oratorio» (*Obra poética*, p. 193); y, sobre todo, el *Decir que fizo Pero Guyllén contra pobreza, cuyo efeto e calidad a él en tanto grado como otro el causador lo a conocido,* en el que se presenta como víctima de una penuria inesperada:

> El pobre menguado muy breve desdize,
> pues cosa no tiene de quanto querría.
> Sus fijos e casa llorando maldize
> en tiempo apretado de gran carestía.
> Según quel provervio antiguo se dize
> al prove no presta la sabydurýa.
> Sy gastos ynmensos algun tienpo fize,
> agora conozco su gran demásýa (*Obra poética,* p. 171).

Hacia esas fechas todo se truncó y la pobreza pasó a ocupar el primer plano en las dos primeras suplicaciones que diez años después Guillén dirigiría al arzobispo de Toledo solicitando su amparo. Puede verse a las claras en el prólogo a la primera de ellas:

> Escribe santo Agustín, en el libro de *La cibdad de Dios,* que non hay mayor infortunio al que viene en pobreza que haber primero conocido el estado próspero. E como yo, mediante aquella diesa o señora de quien escribe Boecio en el primero *De consolación* que sojuzga e señorea todo el linaje humanal e que, trabucando su rueda, face, de los bajos, altos, y por contra, de los altos, bajos etc., en mi joventud hobiese habido de los temporales bienes tantos con que, según mi estado, pudiera sin pedir conservar mi honra y sustentar la mísera vida, ella, no contenta de aquesto, mas usando de su oficio, trojo los tiempos en tal término a que, destroidos los bienes que prestado me había, me puso en tal bajeza de esta-

---

do que, dejando la diferencia de los grados, que así me quiso igualar en la caída con aquel Dionisio de quien escribe Juan Bocacio, en el libro *De caídas,* que de ser gran señor vino a tener escuela de vezar niños («Prólogo», 2).

A partir de ahí, los versos reiteran la desgracia en el vuelco de su suerte y la mengua de bienes por la que se vio arruinado: «Caí de mi honra en gran menosprecio, / troqué por laceria mi prosperidad» (vv. 25-26); «Fortuna en breve momento / me puso en estado y dio tal caída, / mediante pobreza ya vivo tal vida / que no es la muerte igual en tormento» (vv. 53-56); «Mirando mi mengua, se doblan mis penas; / en tal grado vivo que es muerte mi vida; / veo mis fijos por casas ajenas, / mi honra y mi fama del todo perdida» (vv. 273-276) o «No tengo qué coma ni menos qué vista, / pared ni rincón adonde retraya» (vv. 301-302). En la segunda suplicación sentencia de manera categórica sobre las consecuencias sociales de la indigencia: «La pobreza es muerte cevil» («Prólogo», 5), y aun se permite alguna chanza que adelanta la voluntad de aparentar que exhibe el hambriento escudero en el tercer tratado del *Lazarillo de Tormes:* «Que yo muchas veces, por mengua de pan, / me acuesto temprano, diciendo que ayuno» (vv. 615-616).

Por medio de esos textos sabemos que, durante una década, hubo de mantener a su familia ejerciendo como mero amanuense y que esas tareas terminaron por dañarle la vista: «Ca yo, por semblante manera, sin tener péñola nin discrición por me sostener si pudiera, ha diez años que escribo escrituras ajenas; e la malvada Fortuna, no contenta de aquesto, por o, quitome la mayor parte de la vista. De guisa que ya, por defeto de aquella, non fago mi obra como debía» («Prólogo», 3). Ninguna excelencia, ningún valor de mediación cultural atisbó Guillén en tales tareas,[13] hasta el punto de que confiesa haberse visto al borde del suicidio: «Así que, aun aquello que del tal trabajo había, me quitó; e lo cual, con poca paciencia mirando, ya no tanto en respeto mío como de los fijos menudos y cargo de casa a quien valer no puedo, me sojuzgaron pensamientos más cercanos a desesperación que al católico propósito» («Prólogo», 3). En los versos de la primera suplicación se reitera tal estado: «Estar en tinieblas y en escuridad, / pidiendo la muerte es ya mi deporte» (vv. 29-30); sobre todo, cuando, de manera palmaria declara su intención: «Aquesto me face salir de mi seso / en grado que pienso de ser homecida» (vv. 279-280).

Para entender en su justa medida la fuerza de esta declaración, ha de tenerse en cuenta que, para el creyente católico, el suicidio era un pecado mortal que conllevaba necesariamente la condena eterna a las llamas del Infierno. Nada hay, pues, de cristiano en tal sentimiento; y más cuando la confesión, como ocurre en este caso, se dirige a un alto prelado de la Iglesia. Bien es verdad que don Alfonso

---

[13]   Nada que ver con la imagen de conservador y trasmisor de la cultura que traza Zumthor (1987: 122) sobre el copista medieval: «Le Scribe possède, entretien —et protège comme un secret de fabrication— une compétence textuelle, plus précieuse, fondée sur la connaissance des formules efficaces, des règles discursives, du maniement des figures, de tout ce qui constitue, au sens premier, le style».

Carrillo y su círculo mantuvieron discursos próximos al estoicismo y a Boecio, aunque evitando siempre los elementos que pudieran interferir en la doctrina cristiana. Así se hace respecto a Catón y su suicidio en la tercera de las suplicaciones:

> Si la muerte acelerada
> de Catón y concebida
> en respecto de su vida
> fuese bien considerada,
> non es buena abtoridad
> de aquesta virtud que digo
> sojuzgar la libertad
> a dura cabtividad
> en poder del enemigo (vv. 325-332).

En el primer poema de la *Consolatio philosophiae,* la muerte es presentada como una salida deseable al sufrimiento,[14] mientras que el estoicismo, con Séneca a la cabeza, concibió el suicidio como un acto moral.[15] En Boecio, es la Filosofía quien ofrece una alternativa intelectual al poeta, y a ello se atuvo Guillén en su primer decir, pues es la misma Filosofía quien le insta a pedir socorro al arzobispo de Toledo: «Aqueste te puede dotar posiciones / do puedas tal renta tener conocida, / con que se sustente la mísera vida / y cese la cabsa de tus afliciones» (vv. 397-400). Bien es verdad que en el prólogo se ofrece una explicación más verosímil y detallada. Primero sería la inspiración divina la que lo habría llevado a «fablar en penitencia con una buena persona mis pasiones y conceptos», que luego encontraría en la figura de «un religioso oservante de buena y honesta vida». Es este quien le recuerda «el caso y paciencia de Job, y cómo en los misterios divinos non pertenece al home juzgar», al tiempo que escribe una carta de presentación para el prelado «por dar tiempo de justa esperanza a mi desmoderado pensamiento, no dejándolo correr por vereda de perdición, con una letra suya a vuestra manífica persona me remitió». A ese mensaje, Guillén añadió sus propios versos con esta primera suplicación dirigida a don Alfonso: «Y por que aquella más plenaria información del caso hobiese, furtando de la poesía cuanto mi breve juicio comprehender puede, y queriéndome aprovechar de aquello que ya sin muerte jamás quitarme puede contraria Fortuna, lo puse en metro, lo cual todo del portador vuestra señoría recebirá» («Prólogo», 3-5).

Las misivas no tuvieron el efecto deseado a causa, al parecer, de las obligaciones que ocupaban por entonces al arzobispo y que lo apartaron de su corte arzobispal. Guillén de Segovia se vio, pues, en la obligación de dirigirle una segunda súplica reiterando la petición de socorro y multiplicando el encomio: «Constreñido tornar a

---

[14]   *De consolatione philosophiae* I, 13-14: «Mors hominum felix, quae se nec dulcibus annis / inserit et maestis saepe uocata uenit»; vertida en la traducción del siglo xv: «Bienaventurada la muerte de los hombres que en los dulces años se enviere / y llamada muchas veces viene a los tristes» (*La consolación natural,* fol. 5v).

[15]   Véanse Grisé (1982), Boeri (2002), Evenepoel (2004) e Hill (2004).

lo primero, consideré segunda vez suplicar a vuestra magnífica persona, que, pues el tiempo dio lugar al reposo y las impunables cabsas en oportuno término de obra redundaron» («Prólogo», 3). Resulta llamativo que ambos decires coincidan en la voluntad de recuperar la riqueza y en una avidez de bienes materiales que casa mal con la actitud de quien pide desde la humildad y contradice los discursos que el cristianismo sostiene en torno a la pobreza como virtud y contra la riqueza como peligro moral. La idea se insinúa en la primera suplicación —«faced que pobreza me deje muy presto, / suplid el defeto do tanto fallece» (vv. 453-454)— y termina por convertirse en un argumento de naturaleza filosófica en la segunda. Para empezar, se acude a la autoridad de Séneca y no sin sorna, pues se lo identifica como «este con cuyas abtoridades se guarecen algunos exordios y introducciones», para luego ponerlo como ejemplo de un ejercicio de la virtud compatible con la abundancia:

> Segund lo que de algunos de sus tratados se coge, que él non dejó su virtud desacompañada de estos temporales bienes; por enxiemplo de lo cual querría yo, si Dios lo permitiese, seguir aquello que él mismo dice en el capítulo veinte y cinco de la *Vida bienaventurada,* que mijor es templar las alegrías que refrenar los dolores y tristezas («Prólogo», 4).

Sobre ello vuelve en el cuerpo del poema para sostener que la propiedad y la fortuna concurren en una mejor práctica de la moral: «Que, si la paciencia en gran menester / nos es pedida mostrar su virtud / y con la riqueza se gana salud / del cuerpo y del alma, bien es el tener» (vv. 645-648). A la postre, concluye solicitando al arzobispo que le conceda bienes suficientes para que «por mucho rico y alegre me tenga» (v. 656).

Las dos suplicaciones en verso terminarían por dar su fruto. Primero parece que el arzobispo le otorgó una ayuda dineraria a la que alude en la segunda de ellas y que le sirvió para saldar las deudas adquiridas: «Falleme en mi falda doscientos reales, / conque me pensaba pasar algún día, / mas, como de ante prestado comía, / por no los perder, queriendo escondellos, vi tantas manos y priesa sobre ellos / que luego sentí mi falda vacía» (vv. 571-576). Poco después hubo de contratar sus servicios como contador, y el propio Guillén daría cuenta de sus tareas pocos años después:

> Yo serbí cuatro años en esta casa que, por ser grande, tiene tantos y tales escondrijos et rincones en que lo bueno para no ser remunerado y lo no tal para carescer de punicion se puede bien esconder; serbicio por cierto bueno así en acrecentar sus rentas por lícitas y honestas cabsas, como en destruir y anular algunas no buenas costumbres que en ella ya por antigüedad se yban convirtiendo en natura» (*Obra poética*, p. 136).

A sus servicios contables y de supervisión se añadieron sus cualidades literarias a la hora de ejercer como poeta cortesano, publicista político y aun cronista de las acciones de su señor, don Alfonso Carrillo de Acuña.

¿Y quién era este eclesiástico?: una destacadísima figura que jugó un papel decisivo para la historia política de España en el siglo xv.[16] Aunque procedía de una familia perteneciente a un segundo nivel entre la nobleza castellana, los vínculos de sangre lo emparentaban con el condestable don Álvaro de Luna y con el poderoso linaje de los Mendoza. Habiéndose educado para hacer carrera eclesiástica, se trasladó a Italia en 1423, con su tío el cardenal Alfonso Carrillo de Albornoz, cuando apenas contaba once años. El propio pontífice financió sus estudios y lo nombró protonotario apostólico en 1434. Dos años después regresó a Castilla, entrando primero a formar parte del Consejo Real y siendo designado obispo de Sigüenza en 1440. Hubo de ser en esos años juveniles cuando engendró un hijo ilegítimo —claro está— que también tendría un papel relevante en la historia: Troilo Carrillo, conde de Santisteban de Lerín y de Agosta y condestable de Navarra.[17]

Casi de inmediato, don Alfonso Carrillo comenzó a señalarse en la política castellana al lado del condestable, que premió su apoyo concediéndole el arzobispado de Toledo con tan solo treinta y cuatro años. Estamos en 1446. Tras la muerte del rey don Juan II en 1454, fue poco a poco distanciándose de Enrique IV, el nuevo monarca, hasta terminar apoyando al infante don Alfonso como legítimo rey y participar, el 5 de junio de 1465, en el destronamiento simbólico de Enrique con el episodio conocido como la Farsa de Ávila.[18] Fueron, para el prelado, años de una intensa actividad militar, como recordaba Fernando del Pulgar en una carta «Para el arzobispo de Toledo»:

> Considerad esomismo los pensamientos de vuestra ánima, y hallaréis que en tiempo del rey don Enrique vuestra casa receptáculo fue de caballeros airados y descontentos, inventora de ligas y conjuraciones contra el cetro real, favorecedora de desobedientes y de escándalos del reino; y siempre vos habemos visto gozar en armas y ayuntamientos de gente, ajenos a vuestra profesión, enemigos de la quietud del pueblo (*Letras,* p. 120).

La muerte del infante Alfonso en 1468 volvería a acercarlo al monarca, aunque se opusiera reiteradamente a la designación de su hija Juana, conocida como la Beltraneja, como heredera del reino, al tiempo que apoyaba la candidatura de su hermanastra Isabel. Adalid convencido de la necesaria convergencia entre las Coronas de Aragón y Castilla, en 1469 favoreció el matrimonio de Isabel con Fernando, el heredero aragonés, participando incluso en la falsificación de una bula de dispensa para legitimar el enlace que quiso atribuirse a Pío II.[19] Llama, no obstante, la atención que el 12 de octubre de 1469, siete días antes de la boda, los príncipes firmaran un documento de concordia con el arzobispo reconociendo sus servicios y comprometiéndose a favorecerlo:

---

[16]   Sobre el arzobispo Carrillo, véanse Esteve Barba (1943), Benito Ruano (1965), Parrilla García (1997), Franco Silva (2014), Díaz Ibáñez (2015) y Rábade Obrado y Díaz Ibáñez (2023).
[17]   Para la biografía de Troilo Carrillo, véase Morales Muñiz (2023).
[18]   Rodríguez Salcedo (1951: 17-40).
[19]   Salvador Miguel (2012: 47-48).

Aviendo conoscimiento de los grandes e leales servicios e buenas obras que nos
y cada uno de nos reçebimos e avemos reçebido e de cada día recebimos de vos,
el muy reverendo in Christo padre don Alfonso Carrillo, arçobispo de Toledo,
nuestro tío, e aviendo acatamiento al debdo que en nuestras casas tenéys, e te-
niendo firme confiança que lo continuaredes de aquí adelante, e miraredes nues-
tro serviçio como fasta aquí syenpre lo avéys fecho, otorgamos e conoçemos que
desde agora en adelante e para en todos los días de nuestras vidas convenimos,
contratamos e fasemos con vos, el dicho arçobispo, buena e verdadera amistad,
e vos reçebimos por espeçial servidor e verdadero amigo, e nos e cada uno de
nos vos aseguramos e prometemos por nuestra fe e palabra real que guardare-
mos enteramente todas las cosas de vuestra honra, casa y estado e dignidad e
preheminençia, tierras e rentas, e que faremos a todo nuestro leal poder que
vuestra casa e estado sea conservado e aumentado.

En el escrito se avienen incluso a gobernar sus reinos conjuntamente con él:

E de aquí adelante vos tendremos e acatermos por primero e prinçipal servidor
e pariente e por amigo syngular e solo entre nosotros, e que todos tres seamos en
las cosas e governaçiones de nuestras cosas e de las tierras e reynos e provinçias
que a nuestra disposicion e ordenança fueren juntamente conformes, e syn vos,
el dicho arçobispo, non faremos nin dispornemos cosa alguna, mas todos tres de
un acuerdo e determinaçión faremos e governaremos como sy un cuerpo e un
anima fuésemos (Val Valdivieso, 1974: 463-464).[20]

Aun así, desde muy pronto, en 1470, comenzaron sus divergencias con los
nuevos príncipes y futuros monarcas, sobre todo a causa de su firme defensa de
la independencia de la Iglesia frente a la Corona. Esos enfrentamientos lo lleva-
ron a apoyar los intereses del rey Alfonso de Portugal y caer en desgracia. Para
recuperar el favor real hubo de entregar sus fortalezas y retirarse definitivamente
a Alcalá de Henares hasta su muerte, acaecida en 1482. Fueron esos últimos años
los que con más ahínco consagró al gobierno de su diócesis, convocando el con-
cilio de Aranda de Duero en 1473, condenando como hereje en 1479 al maestro
Pedro Martínez de Osma, catedrático de la Universidad de Salamanca, o median-
do en las revueltas contra los conversos.[21]

El ya mencionado Fernando del Pulgar trazó un extraordinario retrato del
prelado, en sus *Claros varones de Castilla,* que merece ser leído en su integridad:

Don Alonso Carrillo, arzobispo de Toledo, hijo de Lope Vázques de Acuña, hom-
bre alto de cuerpo, y de buena presencia. Era de los fidalgos, y de limpia sangre,
del reino de Portugal. Su abuelo fue caballero portugués, que vino a Castilla al
servicio del rey son Juan, el que fue vencido en la batalla de Aljubarrota.

---

[20]   Como prueba material de ese compromiso, cinco días después, el 17 de octubre de 1469, la
princesa Isabel hizo merced de la villa de Atienza a Troilo Carrillo, el mencionado hijo ilegítimo de
don Alfonso; cfr. Val Valdivieso, 1974: 467-468.
[21]   Sobre este último aspecto, véase fray José de Sigüenza, *Historia de la orden de San Jerónimo,*
pp. 365-367.

Fue primero obispo de Sigüenza y después fue proveído del arzobispado de Toledo a suplicación del rey don Juan. Rezaba bien sus horas, guardaba cumplidamente las cirimonias que la iglesia manda guardar. Fundó el monesterio de San Francisco de Alcalá y comenzó a fundar otro monesterio en la villa de Briyuega.

Era hombre de gran corazón y su principal deseo era hacer grandes cosas y tener gran estado por haber fama y gran renombre. Tenía en su casa letrados y caballeros y hombres de facción. Recibía muy bien y honraba mucho a los que a él venían, y tratábalos con buena gracia; y mandábales dar gran abundancia de manjares de diversas maneras, de los cuales hacía siempre tener su casa muy proveída. Y tenía para ello los oficiales y ministros necesarios, y deleitábase en ello. Sus pensamientos de este perlado eran muy más altos que sus fuerzas, y su gran corazón no le dejaba discerner, ni consentía medir su facultad con las grandes empresas que tomaba. Y de esto se le seguían trabajos y fatigas continuas.

Era hombre franco y, allende de las dádivas que de su voluntad con gran liberalidad hacía, siempre daba algo a cualquier que le demandaba, porque no sofría que ninguno se partiese de él descontento. Y, por cierto, la dádiva hecha con deseo de fama y no con pensamiento de razón más se puede decir mal hecho que buen pensamiento, porque aquel beneficio es clarísimo que carece de vanagloria. Verdad es que ni nuestra benignidad se debe tanto cerrar que sea dura la comunicación de nuestros bienes, pero ni tanto abrir que con prodigalidad se derramen, porque si del retener se sigue odio, de lo otro procede tal mengua que de necesario vienen los pródigos a poner las manos en bienes ajenos.

Era hombre belicoso y, siguiendo esta su condición, placíale tener continuamente gente de armas y andar en guerras y en juntamientos de gentes[22]. Insistía mucho en la opinión que tomaba y queríala proseguir aunque se le representaban algunos inconvenientes. Y como la opinión, sospecha y afección son cosas que muchas veces engañan a los hombres, así este perlado, traído por alguna de estas, procuraba siempre de sostener parcialidades, donde se siguieron en sus tiempos algunas guerras en el reino, en las cuales acaecieron batallas campales y otros recuentros y hechos de armas. Era gran trabajador en las cosas de la guerra. Y cuanto era amado de algunos por ser franco, tanto era desamado de muchos por ser belicoso, seyendo obligado a religión.

Placíale saber expiriencias y propiedades de aguas y de yerbas, y otros secretos de natura. Procuraba siempre haber grandes riquezas, no para hacer tesoro, mas para las dar y distribuir. Y este deseo le hizo entender muchos años en el arte del alquimia. Y comoquier que de ella no veía efecto, pero creyendo siempre alcanzarla para las grandes hazañas que imaginaba hacer, siempre la continuó. En la cual, y en buscar tesoros y mineros, consumió mucho tiempo de su vida y gran parte de su renta, y todo cuanto más podía haber de otras partes. Y como vemos algunas veces que los hombres, deseando ser ricos, se meten en tales necesidades que los hacen ser pobres, este arzobispo, dando y gastando en el arte del alquimia y en buscar mineros y tesoros, pensando alcanzar grandes riquezas para las dar y distribuir, siempre estaba en continuas necesidades. Y sin

---

[22] Pulgar insiste en esa crítica en su carta «Para el arzobispo de Toledo»: «¿Cómo puede vuestra señoría en guerras do tantas sangres se han seguido en volveros con sana conciencia en las cosas divinas que vuestro oficio sacerdotal requiere?» (*Letras*, p. 121).

duda se puede creer que, si lo que deseaba tener este perlado correspondiera al corazón que tenía en él, hiciera grandes cosas.

Al fin, gastando mucho y deseando gastar más, murió pobre y adeudado en la villa de Alcalá, de edad de sesenta años, de los cuales fue treinta y siete arzobispo de Toledo (pp. 86-89).

La alta formación intelectual de don Alfonso derivó hacia ese llamativo interés por la alquimia y la astrología en el que lo acompañó su mayordomo y tesorero Fernando de Alarcón, hasta que fue ejecutado por orden real en 1480.[23] Nuestro Guillén de Segovia supo entreverlo y aliñó sus súplicas con puntadas que aludían al asunto y que bien pudieron llamar la atención de don Alfonso; pero no fueron esos los únicos intereses intelectuales del clérigo, que, al poco de llegar a la diócesis toledana, dotó con tres nuevas cátedras a los estudios complutenses y supo reunir en torno a sí un importantísimo círculo intelectual de letrados, caballeros, clérigos y funcionarios —con una notable concurrencia de conversos— atentos tanto a la erudición como a la poesía y a la política.[24]

En cierta medida, este grupo sería heredero del que habían conformado años antes Juan de Mena y el marqués de Santillana, a los que el propio Guillén había señalado como sus maestros. El interés desplegado, en la corte de Juan II, por la traducción de clásicos e italianos se plasmó de manera extraordinaria en la importantísima biblioteca de don Íñigo López de Mendoza; ambiente en el que se conformó un primer humanismo castellano centrado en las versiones romances de textos clásicos y al servicio de una nobleza lega, pero interesada en la cultura.[25] Si Guillén de Segovia, como más adelante veremos, se sirvió de esas fuentes vernáculas para componer su obra, Gómez Manrique, miembro señalado del círculo, mantuvo el mismo ideal del caballero atento a la letras como cauce de saber y buen gobierno que ya había sostenido su tío el marqués. Así se lee en la dedicatoria de sus obras al conde de Benavente, donde tacha la indolencia entre los de su clase:

> Commo quiera que algunos haraganes digan ser cosa sobrada el leer y saber a los cavalleros, commo si la cavallería fuera a perpetua rudeza condepnada, yo soy de muy contraria opinión, porque a estos digo yo ser conplidero el leer e saber las leyes e fueros e regimientos e governaçiones de los pasados que bien rygieron e governaron sus tierras e gentes e las fazañas e vidas e muertes de muchos famosos varones que vida virtuosa bivieron e virilmente acabaron, non posponiendo la ynquisiçión de los que lo contrario fizieron (*Cancionero,* pp. 98-99).

Además de Guillén y Gómez Manrique, en ese entorno también se movieron figuras diversas como Diego y Jorge Manrique, Juan Poeta, Juan Álvarez Gato,

---

[23]   Para Alarcón, véase Cátedra García (2002).

[24]   En torno a la existencia y trayectoria de este grupo letrado, véanse Lang (1908), Cummins (1973), Beltrán Llavador (1997), Moreno Hernández (1985, 1989: 65-77 y 2008), Chas Aguión (1996: 373-376) y Serés Guillén (2007).

[25]   Para la biblioteca del marqués pueden verse el trabajo indispensable de Schiff (1905), así como los de Penna (1958), Rubio Tovar (1995), Grespi (2004) y Medina Arjona (2005).

Rodrigo Cota, Antón de Montoro, Alfonso de Palencia o Pero Díaz de Toledo, antiguo capellán del marqués; y precisamente el manuscrito que aquí nos ocupa, el 4114 de la Biblioteca Nacional de España, ha sido señalado como prueba y testimonio de la actividad poética de ese círculo.[26] El mismo códice nos muestra, además, que sus intereses no acababan en lo literario, pues también incluye una *Exclamación que la propia naturaleza de los Reynos de España hacen y invocación a sus naturales porque la permiten e consienten que se enagene,* que entra de lleno en materia política para secundar las posiciones del prelado frente al entonces rey de Castilla.[27] Y es que este grupo de letrados y funcionarios pusieron sus saberes al servicio del mecenas, convirtiéndose en propagandistas de su ideario político.[28]

Así lo hizo también nuestro poeta en el tercero de los decires que aquí se editan, la *Suplicación para el muy reverendo e magnífico señor don Alfonso Carrillo, arzobispo de Toledo, cerca de la paz et sosiego que, en estos tiempos de tanta turbación, es nescesaria, interpuesta por Pedro Guillén de Sevilla, muy homil siervo a su señoría,* y, sobre todo, en el cuarto y último, la *Obra compuesta y ordenada por Pedro Guillén de Segovia, contador del muy magnífico señor don Alfonso Carrillo, arzobispo de Toledo, primado de las Españas, chanciller mayor de castilla, dirigida y difirida a su señoría,* que constituye un auténtico panegírico del magnate. También la última obra que de Guillén de Segovia nos ha llegado, conocida como *Consonantes* o *La Gaya Ciencia,* incide en la voluntad de trazar una biografía política de su señor.[29] El texto en sí no es más que un muy articulado rimario, aunque lo que más llama la atención es el extenso prefacio con el que se abre y que se presenta como una amplificación en prosa de lo referido en la *Obra compuesta y ordenada:*

> Y será esto como comento o declaración de la otra primera obra que de esta materia a vuestra señoría se fizo en metro, la medida y compás de la cual non me consintió espresar por estenso los notables fechos celebrados por vuestro ánimo veril, allí tocados; lo cual aquí se fará por esta más ancha y espaciosa carrera, que lo consiente (*Consonantes,* 3).

Este texto hubo de escribirse hacia 1475, y constituye la última noticia que tenemos de su autor. Cabe suponer que Pero Guillén de Segovia moriría al poco, y hay que esperar hasta 1483 para que su hijo, Diego Guillén de Ávila, clérigo y poeta asentado en Roma, y Alfonso Carrillo y Acuña, obispo de Pamplona y so-

---

[26]   Cummins (1973: 29-30) ofrece una nómina más amplia y detallada de las personas que pertenecieron al círculo del arzobispo Carrillo.

[27]   Sobre este texto, su transmisión y sentido político, véase Parrilla García (1997). Un escrito parejo, también surgido ideológicamente en el círculo del arzobispo Carrillo, es la *Exclamación y querella de la gobernación* de Gómez Manrique; véase, al respecto, Cáseda Teresa (2023).

[28]   De la figura del letrado al servicio de la Corona o la nobleza en el siglo xv se han ocupado Rubio (1955), Bermejo Cabrero (1979), Lawrance (1991), Ohara (2003) o Monsalvo Antón (2011).

[29]   Para el estudio de esta obra, cabe consultar Tallgren-Tuulio (1907), Casas Homs (1962) y Benito Ruano (1968).

brino homónimo del también finado arzobispo,[30] recordasen la muerte del antiguo contador. La ocasión la dio la petición en verso que el prelado lanzó a Guillén de Ávila para que compusiera una obra en loor de su tío, en la que le recuerda las tareas del padre:

> Pues vos, como hijo do tan buen criado
> onrrado y querido daquel mi señor,
> quen vida le fue contador mayor,
> rigíe y governava su honrra y estado,
> si él se hallara al fin ultimado
> daqueste perlado y gran caballero,
> sé bien que hiziera, sin ser lisongero,
> de sus grandes fechos un luengo tratado.
>
> Razón es que tome su mesmo sabor
> el fruto que al árbol tan bueno nos dexa,
> virtud y criança, razón os aquexa
> que pongáis las manos en esta labor (*Panegírico compuesto*, fol. ciiiv).

La respuesta a tal petición se materializó en la *Obra compuesta por Diego Guillén de Ávila, canónigo de Palencia, familar del reverendíssimo señor cardenal Ursino, en loor del reverendíssimo señor don Alonso Carrillo, arçobispo de Toledo*, en cuyo prólogo vuelve a hacer memoria de su padre:

> Me metí en este laberinto movido por le servir e incitado del amor y antigua afición que al dicho señor siempre tuve, así por el tiempo que mi padre, que Dios aya, fue en su casa, como porque sus magnificencias fueron tales que no solo a los que las sentimos, mas a quantos las oyeron aficionaron (*Panegírico compuesto,* fol. ciiiir).

No fue el único afecto que Diego Guillén heredó, pues cuatro años después, en 1487, dirigió una carta al ya anciano Gómez Manrique dedicándole la versión castellana del *Libro de la potencia y sapiencia de Dios* de Hermes Trimegisto, compuesta a partir del texto latino debido al mismísimo Marsilio Ficino.[31] Aires renacentistas llegaban a Castilla.

LOS CUATRO DECIRES PARA DON ALFONSO

La de Pero Guillén de Segovia es, a todos los efectos, una poesía pensada y escrita para entornos cortesanos, armada sobre una decidida voluntad doctrinal, con un trasfondo docto y letrado, y dirigida a unos receptores también formados y

---

[30]   Véase, para este personaje, Salvador Miguel (2016).
[31]   En torno a Diego Guillén de Ávila y a esta carta, véase Roca Barea (2006).

capacitados para decodificar textos complejos, eruditos y repletos de alusiones cultas. En el caso de los cuatro decires que dirigió al arzobispo de Toledo, hay que añadir un importante contenido político, panegírico y propagandístico, pues, primero, el poeta se sirvió de su obra como modo de acceso al poder, y luego como instrumento de legitimación para su señor. El cauce poético que eligió para afrontar tales propósitos fue el propio en la poesía del siglo xv, el decir, un género poético caracterizado por su indefinición, pues daba cabida por igual a las temáticas amorosa, didáctica, religiosa, política o, incluso, burlesca, en piezas a veces muy breves o, por el contrario, de una más que considerable extensión.[32] La misma variedad se ofrece en la métrica, pues las estrofas, las combinaciones de rima y los versos son por completo heterogéneos, aunque poco a poco se fue imponiendo el octosílabo, con frecuencia en compañía de versos de pie quebrado.[33]

También la copla de arte mayor castellano ocupó un espacio importante en el género, aunque siempre reservada para una poesía ambiciosa y atenta al estilo más elevado, escrita en una lengua con mucha frecuencia artificiosa, repleta de latinismos y neologismo, pero arcaizante, y a veces articulada en una sintaxis que remedaba la latina. Esos decires de arte mayor daban cabida a una exuberante erudición, repleta de alusiones mitológicas, visiones y alegorías, que, a su vez, podían ser instrumentos para panegíricos cortesanos, reflexiones políticas y morales, lances de la historia más inmediata o asuntos de aliento épico.[34] Así se plasma en textos que acudieron a la copla de arte mayor como estrofa a lo largo de más de un siglo, comenzando por *Las siete edades del mundo* de Pablo de Santa María (1418), la *Comedieta de Ponza* del marqués de Santillana (*ca.* 1440), las *Trescientas* de Juan de Mena (1444), la *Consolatoria de Castilla* de Juan Barba (*ca.* 1487), el *Panegírico* de la reina Isabel de Diego Guillén de Ávila (1499), la *Historia Parthenopea* del clérigo Alonso Hernández (1516), la *Práctica de las virtudes de los buenos reyes d'España en coplas de arte mayor* de Francisco de Castilla (1518), la más tardía *Relación de la conquista y descubrimiento que hizo el gobernador don Francisco Pizarro en demanda de las provincias y reinos que ahora llamamos Nueva Castilla* (1538), que se ha atribuido a Diego Silva y Guzmán, o, claro está, tres de los cuatro decires que Guillén de Segovia dirigió al arzobispo Carrillo. Bien es verdad que, en el proemio a *La Gaya Ciencia* parece poner distancia con ese artificioso discurso cuando afirma:

> Aunque desta gaya ciencia aya avido muchos y prudentes actores, paresçe que todos aquellos que della fablaron la pusieron en el latín y en estilo tanto elevado

---

[32] Sobre el decir como género, véanse Lapesa Melgar (1954: 30-31), Pérez Priego (1999), Gómez-Bravo (1999), Baik (2003), Ortega Sierra (2010 y 2016) y Chas Aguión y Álvarez Ledo (2016).

[33] Como explican Chas Aguión y Álvarez Ledo (2016: 662), un elemento común a los decires —aunque no obligado— es una estrofa de cierre o *finida,* que generalmente implica una variación respecto al modelo estrófico utilizado en la composición.

[34] Sobre estas cuestiones, cabe consultar Moreno Hernández (1989: 88), Cátedra García (1989: 24), Conde (1993, 1995 y 2016: 1033-1037), Serés Guillén (2007: 358), Beltrán (2009: 48-52) y Gómez Moreno y Jiménez Calvente (2017 y 2024).

que pocos de los lectores pueden sacar verdaderas sentençias de sus dichos, quise yo, deso que mi flaco engenio conprehender pudo, escrebir algo dello en el rromançe so estilo baxo y omilde (I, p. 43).

La lectura del primero de esos decires demuestra que estamos ante un mero ejercicio de *humilitas* retórica.

SUPLICACIONES EN ARTE MAYOR

El *Decir que fizo Pero Guillén, dirigido o difirido al señor arzobispo de Toledo, sobre la caída de su estado del dicho Pero Guillén* está formado por cincuenta y ocho coplas de arte mayor con una base métrica similar a la que Mena urdió para el *Laberinto de Fortuna,* aunque aquí con una marcada tendencia hacia la regularización del verso en dodecasílabos.[35] La disposición de la rima enlaza cuatro versos de rima cruzada con otros tantos de rima abrazada: ABABBCCB; cerrando la obra como finida un cuarteto de rima abrazada ABBA. El verso de arte mayor sirvió al poeta para dar cuenta de su caída en la pobreza mediante un sueño alegórico que lo conduce al Parnaso para entablar un debate con la Filosofía, en un lenguaje que se mueve entre la sublimidad propia de tal personificación y la necesidad de una comunicación más inmediata.

A ese tono complejo responde el prólogo en prosa que precede al decir, en el que se acumula un despliegue de autoridades encabezadas por Séneca y que incluyen a Aristóteles, Boecio, san Agustín, el Antiguo Testamento, san Pablo o Giovanni Boccaccio para dar cuenta de las circunstancias que rodearon la composición del mismo. Tras debatir sobre la conveniencia de dar cuenta pública de las adversidades privadas, el poeta asegura que lo hace «constreñido de la que dije necesidad», pues, tras haber vivido en prosperidad, se ve ahora sumido en la ruina y obligado a ejercer de copista. La precariedad en la que viven los suyos es tal que lo ha llevado al borde del suicidio. Fue entonces cuando un religioso franciscano lo sacó de su error y escribió una carta para el arzobispo a la que él se habría atrevido a añadir una suplicación personal en verso con la siguiente disposición:[36]

Introducción

1-3   Posición en que se encontraban los astros y época del año en la que comenzaron las desgracias del poeta.

---

[35] Sobre la métrica de las *Trescientas,* véase Márquez Guerrero y Gómez Canseco (2023), así como Conde (2002a).

[36] Los números remiten a las coplas de cada uno de los cuatro decires.

4-7   Este declara su caída en un estado de pobreza tras haber disfrutado de una notable bonanza.

8   Lamento por Juan de Mena y el marqués de Santillana, cuya muerte desampara poéticamente al autor.

9   El poeta a pide a la Virgen que conserve la vida a Gómez Manrique como continuador de un modelo poético.

Sueño y visión

10-12 El poeta, aterrado, entra en un estado de sueño y ceguera solicitando el socorro divino para salir del trance.

13-15 Se abren entonces sus ojos y ve que se encuentra junto a la fuente del monte Parnaso. Hace entonces propósito de describir lo que contempla.

16-17 Descripción del templo de Apolo y de la fuente Castalia con las nueve musas.

18-19 Se precisan las virtudes del agua de esta fuente, al tiempo que se señala la presencia de famosos sabios y poetas en torno de la misma.

20-24 El poeta les pregunta la causa por la cual los malvados triunfan en el mundo, mientras los sabios son castigados, y sobre el posible consentimiento de Dios a este respecto.

Debate con la Filosofía

25   Comparece la Filosofía y le responde.

26-31 La Filosofía instruye al poeta sobre la doctrina cristiana y le insta a que se atenga a ella.

32-38 El poeta justifica, ante la Filosofía, sus debilidades e insiste en su estado de postración, suplicando su ayuda.

39-41 La Filosofía le reprocha su preocupación excesiva por la riqueza y las posesiones materiales, pero se aviene a aconsejarle.

42   Se compara la buena disposición de la Filosofía con la del médico que cura sin interés de lucro.

La Filosofía encomienda al poeta a don Alfonso Carrillo

43-50 Toma de nuevo la palabra la Filosofía para recomendar al poeta que se dirija a don Alfonso Carrillo, arzobispo de Toledo, y solicite su socorro. La Filosofía hace un encomio de las virtudes personales y políticas que adornan al arzobispo de Toledo.

Final del sueño

51   El poeta despierta de su sueño y se encuentra de nuevo en un estado
        de pobreza.

Suplicación del poeta al arzobispo

52-53   Se dirige entonces al arzobispo para implorar directamente su ayuda.
54   Compara la riqueza del prelado con un mar del que nada se pierde
        si se extrae un vaso de agua.
55   El poeta se presenta ante el arzobispo como Pero Guillén de Sego-
        via, dando noticia de su domicilio.
56-57   Argumenta que su caso servirá de ejemplo y demostración de la
        generosidad del clérigo.
58   Se alega la autoridad de Séneca para que la caridad que solicita se
        le haga de manera urgente.

Finida

59   El poeta se excusa de no entregar en persona su poema por la ver-
        güenza que le produce su situación de penuria.

Tras un sofisticado prefacio astrológico, que enmarca la caída del poeta en desgracia, la acción narrativa se encuadra en un sueño que conduce al narrador a una visión del Parnaso, donde se encuentra con la Filosofía. La armazón alegórica del relato remite de manera transparente a Boecio en su *Consolación,* tal como se especifica en los mismos versos: «la Filosofía a quien non se esconde / del mundo movible el fin de su precio, / aquella maestra del sabio Boecio, / levántase presto y así me responde» (vv. 197-200). De hecho, el núcleo del poema corresponde al diálogo que se establece entre el poeta y la Filosofía, y es esta la que invita a Guillén a dirigir su súplica al prelado.

Estaríamos ante un decir narrativo que se articula en torno a una visión fantástica a la que se accede a través de un sueño. Sin embargo, lo que esa visión refleja es una experiencia personal del poeta a la que suma la enseñanza de la Filosofía y el panegírico del arzobispo Carrillo. Como ha subrayado Sara Ortega Sierra (2016: 52), estos decires fantásticos son «portadores de verdad». De ahí que el elemento imaginario venga acompañado de una doctrina moral que se considera cierta, de una cronología muy detallada, como la que abre la composición, y de referencias concretas a la historia inmediata. De ahí que la Filosofía remita geográficamente al poeta para su encuentro con el arzobispo, «por quien sojuzgó la fuerte Torija / irás preguntando, camino de Soria», y precise sus ocupaciones en el mismo momento en el que se desarrolla la acción «con ánimo puro guardando la ley, / por dar a Castilla de Francia vitoria» (vv. 387-392). De ahí, en fin, que el poeta dé cuenta exacta no solo de su experiencia vital, sino de los datos mediante los cuales puede ser localizado: «Si vuestra prudencia querrá saber quién / es este que yace de palmas en tierra, / mandad preguntar por Pero Guillén, / allende Pedraza, bien cerca la sierra» (vv. 433-436).

Ese empeño en transmitir verdad e historicidad serviría asimismo de aval para el panegírico con el que la Filosofía traza la imagen de don Alfonso, en la que primero se destaca el elemento moral presentándolo como un sabio estoico con completo dominio de sí mismo: «Non siente placer ni pasión», «desecha del todo aquella ambición», «en su pensamiento non ha turbación» o «non teme caída ni fuye ocasión» (vv. 345-347). Se resaltan de inmediato, en el clérigo, dos virtudes esencialmente cristianas, la caridad: «De sus bienes usa según que de ajenos, / es muy pïadoso y caritativo» o «en muchas limosnas que face en secreto / despiende lo más de su arzobispado»; y la justicia: «Aqueste jamás no pudo ser visto / negar la justicia, virtud soberana» (vv. 361-384). Por último —aunque aquí al paso—, se apunta un rasgo que irá cobrando fuerza en los decires sucesivos, el de su actividad militar y política: «Es en prudencia notable caudillo / y en toda firmeza cimiento fundado» y «Fallarlo has armado, vestido de gloria, / en abto de guerra, sirviendo su rey» (vv. 377-378 y 391-392).

La *Segunda suplicación que fizo Pedro Guillén de Sevilla al señor don Alfonso Carrillo, arzobispo de Toledo, porque de la primera non hobo aquel efecto que de ella esperaba* incide en similares argumentos y los amplifica, pues no en vano su propósito es exhortar a que se atienda a la primera solicitud. Por ello, las coplas se extienden ahora hasta ochenta y cuatro, con una variación de dos cuartetos de rima abrazada ABBAACCA y una finida con rima ABBA. De nuevo, un prólogo viene a presentar los razonamientos de Guillén en torno a las adversidades de la Fortuna y a razonar su firme voluntad de recuperar una vida holgada. Con tales propósitos vuelven a esgrimirse las autoridades de Séneca en *De providentia, De clementia* y *De vita beata,* junto con la *Ética a Nicómaco* y la *Retórica* de Aristóteles, aunque aquí, además de excusar cortesmente la reiterada petición, le sirven sobre todo al poeta para justificar un deseo de riqueza que pudiera resultar inmoral y poco cristiano a los ojos del prelado. La estructura de este decir narrativo, por su parte, se hace mucho más compleja, tratando de trazar un camino distinto al de la primera suplicación:

Introducción y cronología de la acción

1-2   Localización de la acción en la noche del 22 al 23 de septiembre.

Metamorfosis del poeta y viaje al Infierno

3-4   El poeta se transforma, adquiriendo alas que le permiten volar y siendo guiado en su vuelo por dos serpientes.

5   Compara sus visiones y poder con el de Medea.

6-8   Las serpientes lo dejan caer para conducirlo al Hades, generando un sentimiento de miedo en el poeta.

Visiones del Infierno

9-10   El poeta atraviesa la puerta que protege el can Cerbero y avanza en busca de Plutón.

11-13   Se hace relación de los personajes que pueblan el Infierno: Tántalo, Ticio, Proserpina, Leto y la Titánides, Orfeo y Eurídice [11]; Cleopatra, las Danaides [12]; Sísifo, Lucifer e Ixión [13].

Imprecación a Plutón y respuesta de este

14-15   A la vista de tales casos, el poeta se dirige a Plutón y le ofrece su alma a cambio de ayuda.

16-17   El texto avisa de los engaños de Plutón, comparándolos con los que Júpiter utilizó para poseer a Alcmena y con las tretas que Procne usó con Tereo.

18   Descripción del Diablo.

19-20   Parlamento de Plutón recordando a Hércules y a Orfeo como visitantes del Infierno antes que el poeta e instándole a que ejerza su libre albedrío antes de firmar el contrato por su alma.

Rapto de un águila y traslado a Troya

21   Contento ante la perspectiva que le ofrece Plutón, el poeta es raptado inesperadamente por un águila que lo traslada a las costas de Troya. Atemorizado, se dirige al templo de Apolo para consultar sobre su futuro.

23-25   Se distingue entre el templo de Apolo en Troya y el de Delfos por la ausencia de varios elementos propios de este último: las Musas, la fuente Castalia, las cuevas y el trípode, la pitonisa Femónoe, el cónsul Apio de la *Farsalia,* la profecía de la venida de Cristo o la sacerdotisa.

Pregunta a Apolo y respuesta de este

26-27   El poeta pregunta a Apolo sobre su origen y sobre el destino que le está reservado.

28-37   El dios le revela que el evangelista san Juan, por medio de su águila, lo sacó del Infierno y lo trajo hasta aquí. Declara luego el día de su nacimiento y la conjunción astrológica de los signos que había en ese momento. Por último, le insta a pedir la ayuda del arzobispo de Toledo, recordándole que está en peligro de morir en pecado mortal.

38-40   La visión se deshace y el poeta sale del templo de Apolo.

41-43   El poeta contempla el campo de Troya, la destrucción de la ciudad, la muerte de Príamo y la esclavitud de Andrómaca. La Fortuna reina en ese caos.

Descripción de la Fortuna

44-48   La Fortuna aparece sentada sobre su trono con una imagen equívoca y generando una confusión arbitraria entre los seres humanos.

49   Visión del condestable don Álvaro de Luna.

50-51   Imagen de la gente confiada en los engaños de la Fortuna. Boccaccio y Dante se muestran como testigos de ello.

Visión de don Alfonso Carrillo y su séquito

52-59   Por encima de la Fortuna, el poeta ve a un prelado, cuyo trono sostienen siete doncellas: Prudencia, Magnanimidad, Continencia, Justicia, Fe, Caridad y Esperanza,

60-62   Identificación del prelado como don Alfonso Carrillo, de quien una voz celestial anuncia su próximo ascenso a un cargo eclesiástico en Roma.

63-68   El poeta recuerda la primera suplicación que elevó al arzobispo y las que no pudo responder a causa de sus obligaciones políticas y militares en Castilla, Cataluña, Aragón y Navarra.

La Fortuna deshace la visión

69-70   La Fortuna hace que todo se anegue y el poeta, viéndose en una frágil embarcación, teme ahogarse.

Regreso, socorro y súplica

71-72 El poeta despierta en Segovia y se encuentra con doscientos reales que le sirven para pagar sus deudas.

73-79 Apelando a la caridad del prelado, solicita su ayuda, remitiendo a los ejemplos de generosidad y desprendimiento de Alejandro, Antígono y Melquisedec y ofreciéndole sus servicios.

Autojustificación y Finida

80-83 El poeta argumenta su petición de bienes materiales y pide excusas por sus limitaciones poéticas, instando de nuevo a la liberalidad del clérigo.

Durante una metamorfosis nocturna, el poeta se ve dotado de unas alas y es transportado en vuelo por dos serpientes; se trata, sin embargo, de guías engañosas que lo dejan caer al Hades, un *descensus ad inferos* que le permite contemplar a varios personajes condenados en la mitología clásica. Ese descenso se convierte así en alegoría de su propia desesperación moral y de la tentación del pecado que lo había llevado al borde del suicidio; por eso se encuentra cara a cara con Plutón, al que, en un ejercicio de sincretismo que recorre el poema, se identifica con el Diablo y a quien ofrece su alma a cambio de riqueza y poder. Sin embargo, lo rescata del infierno un águila que, como luego sabremos, representa a san Juan Evangelista, oponiendo así las alas engañosas con las que se inicia la experiencia onírica a las alas verdaderas de la fe cristiana.

Sorpresivamente, el ave lo traslada a Troya, donde Apolo, como dios de la adivinación, le revela el socorro del apóstol, las condiciones de su nacimiento y el destino que le aguarda. Guillén asegura postrarse ante el dios «como si compliese católico voto» (v. 202), introduciendo de nuevo el tema de la astrología en convivencia con la fe cristiana. Ese viaje repentino a la geografía troyana pudiera parecer arbitrario, aunque la presencia de la Fortuna nos revela que estamos ante un lugar común de la literatura medieval que quiso ver en la guerra de Troya un *exemplum* inequívoco de los poderes de esta diosa. Baste recordar, como prueba, la tercera estrofa del poema, «Fortunae plango vulnera», en los *Carmina Burana*: «Fortunae rota volvitur: / descendo minoratus; / alter in altum tollitur. / Nimis exaltatus, / rex sedet in vertice. / Caveat ruinam!, / nam sub axe legimus: / *Hecubam reginam*» (p. 47); esto es, «La rueda de la fortuna gira; / yo desciendo abatido, / otro es llevado a lo alto. / Muy encumbrado / el rey se sienta en la cúspide, / pero ¡cuidado con la ruina!, / pues bajo el eje leemos: *Hécuba reina*». Hécuba, como Príamo y los suyos, sería emblema de esa inestabilidad con la que la rueda de la Fortuna trastocaba la existencia humana.

En el decir, sin embargo, destaca la figura de don Alfonso Carrillo como do-
minador de esa fuerza despótica, pues el poeta lo contempla sentado en un trono
por encima de la diosa Fortuna y sostenido por siete doncellas. Acaso sea este el
elemento más novedoso del poema respecto a la primera suplicación, pues la
excelencia moral del prelado aparece encarnada en la personificación de las cua-
tro virtudes cardinales, Prudencia, Mananidad, Continencia y Justicia, que proce-
dían del mundo antiguo, y las tres virtudes teologales, Fe, Caridad y Esperanza,
propiamente cristianas. La alegoría, claro está, forma parte del panegírico, pero,
por lo que parece, Guillén de Segovia aplicó a su magnate un mecanismo retórico
que había aprendido en autores que lo había precedido y que lo utilizaron para
ensalzar la figura de don Íñigo López de Mendoza. El primero en hacerlo fue
Juan de Mena en *La coronación del marqués de Santillana* compuesta hacia
1438, donde primero son las Musas personificadas en damas las que lo rodean y
sostienen su palio:

> La fuente çircunçingían
> los actores palançianos,
> quando ahevos do venían
> nueve donas que traían
> sendos çetros en sus manos;
> en los quales reportavan
> un palio, do se loavan
> bien las manos del platero,
> e debaxo un cavallero
> a quien todos acatavan.

Luego son las cuatro virtudes cardinales las que lo coronan:

> De entre las ramas más bellas
> de aquel selvático seno
> salieron quatro donzellas
> más claras que las estrellas
> con el noturno sereno;
> las quales, cantando enante
> el romançe de Atalante,
> çircundaron su persona
> e le dieron la corona
> sobre todas ilustrante (pp. 110-111 y 12).

A la sombra de Mena, Fernán Pérez de Guzmán, señor de Batres y bisabuelo
de Garcilaso de la Vega, compuso hacia 1449 su *Coronación de las cuatro virtu-
des cardinales,* ofreciendo a su sobrino don Íñigo una alegoría pareja:

> Al propósito tornando,
> ved aquí quatro donzellas,
> o, más de verdad, centellaa

quel mundo van alumbrando:
la una, justificando;
la otra, fuerte, animosa;
la prudencia, gloriosa;
la quarta, modificando (p. 665).[37]

En 1458, tras la muerte del marqués, su secretario personal, Diego de Burgos, escribió el *Triunfo del marqués de Santillana,* en el que lo presenta ocupando un trono labrado y rodeado de las siete virtudes, también con la apariencia de jóvenes muchachas:

Tenía el marqués a su diestra mano
en ropas diversas tres claras donzellas,
las quales, si sigue el espíritu umano,
ellas levantan más alto que estrellas.
Al lado siniestro, las quatro çentellas
que infunden al honbre calor de la lumbre
por quien se guarneçe de moral costunbre;
en gestos dispares estaban muy bellas (pp. 158-159).[38]

Por esas mismas fechas, Gómez Manrique, sobrino del marqués, dirigió al hijo de este, Pedro González de Mendoza, el *Planto de las Virtudes e Poesía por el magnífico señor don Íñigo López de Mendoza,* en el que contempla el duelo que las virtudes personificadas hacen por el difunto:

Mas vi çercada de duelo
una sala muncho larga,
las paredes, con el çielo,
e su ladrillado suelo
todo cubierto de marga.
E vi por orden sentadas
siete donzellas cuitadas
del mesmo paño vestidas,
sus lindas caras carpidas
e las cabeças mesadas (*Cancionero,* p. 383).[39]

Aun tratándose de un recurso repetido en la poesía de la época, que remonta al mecanismo de alegorización instaurando por Marciano Capela con *De nuptiis Philologiae et Mercurii,* Guillén parece haberlo tomado del entorno poético al

---

[37] Sobre esta alegoría, véase Rohland de Langbehn (1998: 207-208).
[38] De este episodio trata Moreno Hernández (2008: 25-29).
[39] Aunque sin recurrir a la alegoría de las doncellas, las *Coplas que fizo Pedro de Ribera, el de Córdoba, a la muerte del marqués de Santillana, señor de la Vega, dirigidas al prior de Sant Johan* también hacen un repaso por las siete virtudes que adornaban al muerto; cfr. Brown Bourland (1909: 539-543).

que se vinculó sus primeros años para convertirlo en un mecanismo decisivo en la composición de los dos últimos decires que dirigió al arzobispo.

DISCURSOS POLÍTICOS Y EJERCICIOS ÉPICOS

Los dos primeros decires —lo hemos visto— son una petición de socorro nacida de un estado de necesidad. El arzobispo atendió la llamada y terminó acogiendo a Pero Guillén como contador mayor de sus bienes. Fue entonces cuando compuso los otros dos decires que nos ocupan. Por eso el tono es muy otro. El poeta ya no pide desde fuera, sino que escribe desde el entorno mismo de su señor y atendiendo a sus principales preocupaciones, que no eran otras que las políticas. Es ese el sentido principal de la *Suplicación para el muy reverendo e magnífico señor don Alfonso Carrillo, arzobispo de Toledo, cerca de la paz et sosiego que, en estos tiempos de tanta turbación, es nescesaria, interpuesta por Pedro Guillén de Sevilla, muy homil siervo a su señoría,* que hace referencia expresa a la guerra civil que asoló Castilla durante el reinado de Enrique IV y en la que don Alfonso Carrillo tuvo un papel muy relevante. Bien es verdad que no fue el de pacificador, como se apunta en los versos, sino más bien el de un agitador enfrentado a la bravas con el poder real.

Dada la novedad de su discurso, Guillén de Segovia optó por cambiar también el modelo métrico al que se había atenido en los dos primeros decires. Abandonó las coplas de arte mayor y eligió una combinación de nueve versos octosílabos con rima abbacdccd. La composición se articula en sesenta y cuatro coplas y una más de cierre, con cinco versos octosílabos abaab. También se atenúa la alegoría y las visiones dan paso a la descripción de un paisaje simbólico, por medio del cual el poeta nos enseña el camino que hemos de seguir para alcanzar la paz en la tierra y la salvación en el cielo.

Al igual que en las otras suplicaciones, los versos van precedidos por un prólogo en prosa que, intencionadamente, se abre con dos muy precisas referencias eruditas. La primera de ellas procede de un *Tratado de la guerra* que en el siglo XV se prohijaba a Séneca; la segunda corresponde a Vegecio, autor del *De re militari,* al que Guillén presenta como «investigador de la disciplina militar y componedor de batallas» («Prólogo», 1). A partir de ahí se encadenan citas de Cicerón, Salustio, Aristóteles, Boecio y varias más del mismo Séneca, junto con menciones del Antiguo y el Nuevo Testamento, de san Isidoro y san Gregorio. Todo ese aparato doctrinal multiplica el de los prólogos precedentes y da una mayor cabida a referencias cristianas para respaldar una breve reflexión sobre la guerra en la que se condena la guerra injusta como «fundamento de todos los males» que «face consumir y a matar la misericordia y caridad, que sean firmes columnas de la universal congregación humana» («Prólogo», 5). La guerra justa, sin embargo, se justifica sin ambages, ya que es considerada acorde con la voluntad divina: «Toda guerra debe ser elegida por la divinal justicia, porque, cuando sin consentimiento de aquella se face, non es duda que los pocos que la defienden por divina permisión muchas veces consiguen victoria de los muchos que la buscan» («Prólogo», 5).

Ahora es el reino al completo el que se halla en un total estado de postración, y el poeta no encuentra quien «nos restituya en libertad y procure la verdadera salud después de Dios, sino a vuestra señoría» («Prólogo», 6). El proemio se cierra señalando el *Libro de las cuatro virtudes,* tratado atribuido a Séneca en la época como fuente de la que Guillén se habría servido para disponer un plano poético de las virtudes que habían de seguir los hombres para ser «virtuosos y bienaventurados, así en el contemplativo común y el político vivir» («Prólogo», 7). Los versos, en efecto, se aparejan en torno a esas cuatro virtudes, presentadas como caminos que han de transitarse para alcanzar el bien supremo:

Introducción

1	Inclinación natural del ser humano hacia el ejercicio moral de la existencia.
2	Incapacidad del poeta para tratar por sí mismo el tema que se propone abordar, aun cuando lo justifique el hecho de haber sido inspirado por la divinidad.
3-4	Renuncia a las musas paganas como fuente de inspiración, para optar por la de la santa Trinidad, que conduce hacia el bien.
5	Todos buscan la salvación, aunque la mayoría yerra en el modo de hacerlo.

Alegoría de los caminos

6-7	Para alcanzar la vida eterna se nos ofrecen varios caminos, pero hay que elegir el menos concurrido. Esta vía tiene cuatro veredas que corresponden a las cuatro virtudes cardinales.

El camino de la Justicia

8-13	Definición de la Justicia.
14-15	Ejemplos de Justicia: Lento, Trajano, Frondinodio, Quinto Fabio Ruliano y Marco Junio Bruto.
16	La Justicia como camino seguro hacia el cielo.
17	Conveniencia de que la Justicia se acompañe de la Clemencia.

El camino de la Prudencia

18-26   La Prudencia como vía para salir del valle de lágrimas que corresponde al mundo y alcanzar la gloria. Definición y modos de la Prudencia.

27-29   Ejemplos de los que siguieron la Prudencia: Platón, Salomón, Boccaccio, Íñigo López de Mendoza, Juan de Mena y Gómez Manrique.

30-31   Medios y extremos de la Prudencia.

El camino de la Magnanimidad

32-35   La Magnanimidad como fortaleza de ánimo. Definición de la Magnanimidad y modo de comportamiento de los magnánimos.

36-38   Ejemplos de Magnanimidad: Cayo Mucio Escévola, Marco Porcio Catón, Marco Petreyo, Lucio Afranio y Codro.

39-40   En la Magnanimidad, que es una fuerza interior y no física, no cabe el temor.

El camino de la Continencia

41-47   Definición y conducta de la Continencia.

El mundo celestial

48-49   Salida al mundo celestial por medio de estos cuatro senderos.

50-52   Recomendaciones sobre el comportamiento moral para quien quiera alcanzar la virtud y la gloria.

Avisos bélicos

53-57   El poeta hace nuevas advertencias para afrontar adecuadamente un conflicto civil.

Apelación a don Alfonso y a Gómez Manrique

58-59   Recuerda al arzobispo su responsabilidad en una situación problemática en la que sufren los más débiles.

60-62   Insta al prelado para que alcance la paz.

63   Pide a Gómez Manrique que, como jefe de la casa de don Alfonso, participe en esa pacificación.

64   Compara al arzobispo con san Gregorio y lo llama a aplicar en el reino las virtudes cardinales.

65   *Finida*. Reitera la petición para que el arzobispo afronte su tarea pacificadora.

En este tercer decir, los elementos paganos de las dos primeras suplicaciones se atenúan para abrir paso a una perspectiva cristiana que se plasma inicialmente en la renuncia a las musas: «Non invoco en este paso / ciencias largas nin difusas, / nin subsidio de las Musas / que habitan en Parnaso, / ni entiendo proceder / en melodía de canto, / mas invoco a mi querer / tres personas en su ser, Padre, Fijo, Esprito Santo» (vv. 19-27). Guillén se atiene así a la pauta que Juan de Mena había marcado en las *Coplas de los pecados mortales:* «Canta tú, cristiana musa, / la más que çevil batalla / qu'entre Voluntad se falla / y Razón que nos acusa […]. / Fuid o callad, serenas, / qu'en la mi edad pasada / tal dulçura enponzoñada / derramastes por mis venas» (*Obras completas,* pp. 305-306). Y no se olvide que nuestro poeta fue uno de los continuadores de estas coplas en paralelo a su amigo Gómez Manrique. A partir de ahí se establece una relación entre la moral individual y la pública para afrontar la ruina en la que vive Castilla, el sufrimiento de los más débiles, las codiciosas acciones de los nobles y el estado sostenido de guerra civil. El poema traza el camino que ha de seguirse para alcanzar el bien y salir de esa situación política.

Por medio de una alegoría muy atenuada respecto a los anteriores decires, el poeta señala en primer lugar el *bivium,* subrayando que la opción correcta se encuentra en la vía más difícil y menos transitada. Allí señala cuatro tramos o veredas que corresponden a las cuatro virtudes cardinales, que constituyen la clave para una reforma espiritual, pero también la pauta política para resolver los conflictos bélicos del reino. Como pastor adornado de todas ellas, don Alfonso Carrillo sería la persona que, con el socorro de Gómez Manrique, habría de conducir a Castilla hacia la paz; pero lo cierto es que, detrás de ese discurso doctrinal y teológico se esconde un transparente ejercicio de propaganda para justificar y alentar las acciones políticas su señor. De ahí esa apelación final tras la que late la máxima clásica *Vox populi, vox Dei:* «Dadnos orden de reposo / vos, espera muy lumbroso, / a quien todo el pueblo mira» (vv. 547-549). No sería el último servicio que, como como hombre de letras, hiciera Guillén al arzobispo.[40]

Aún le quedaba por escribir el que habría de ser su poema más ambicioso, la *Obra compuesta y ordenada por Pedro Guillén de Segovia, contador del muy magnífico señor don Alfonso Carrillo, arzobispo de Toledo, primado de las Españas, chanciller mayor de castilla, dirigida y difirida a su señoría.* No

---

[40]   Sobre propaganda, literatura y poder en el siglo xv, véanse Nieto Soria (1988), Salvador Miguel (1990), Gómez Moreno (1999) y Perea Rodríguez (2009).

solo se trata del decir más extenso —doscientas veinticuatro coplas de arte mayor con rima ABBAACCA más un cuarteto de arte mayor ABBA que hace las veces de finida—, sino también del más complejo estructural y literariamente. Ya el prólogo en prosa, que una vez más precede a la composición métrica, da una medida exacta del interés que Guillén de Segovia puso en este proyecto poético.

Ese prefacio parte de una anécdota, según la cual, algunos cortesanos del arzobispo habrían estado criticando ante este el abandono de la actividad poética por parte de Guillén, aun cuando, conforme al juicio que esgrimían, fuera la poesía la más alta de las ciencias, que da cabida en sí a todos los saberes del *trivium* y *quadrivum*. El escritor se justifica alegando sus cortas capacidades y su voluntad de evitar la censura pública, pero al tiempo afirma que ha decidido afrontar la escritura de una nueva obra poética por complacer al prelado; en ella narraría un sueño alegórico, en torno a las artes liberales, en el que asegura se vio sumido, pero también incluiría una relación histórica de los hechos militares protagonizados por don Alfonso, con la voluntad de que «las muy notables y claras fazañas celebradas por vuestro muy alto y no vencido corazón no quedasen anegadas ni sumergidas so las ondas de la letea fuente por defecto de autores» («Prólogo», 5). Estamos ante un tópico acreditado en la época en torno a la fama del héroe y al papel que el poeta tiene a la hora de consagrarla. Así aparece asentado en textos contemporáneos como *El Victorial* de Gutierre Díez de Games, las *Generaciones y semblanzas* de Fernán Pérez de Guzmán, las *Trescientas* de Juan de Mena o, incluso, el *Amadís* de Rodríguez de Montalvo.[41] Ese propósito de preservar la memoria del prócer viene también acompañado de una justificación moral, pues, siendo el arzobispo un cúmulo de virtudes, habría de convertirse en dechado y guía para los que se apartaran de la recta vía: «No piense vuestra señoría que esta mi indota obra solo servirá a la relación de vuestras virtuosas fazañas, mas también servirá a la exhortación y amonestación de aquellos que, redrados del virtuoso y político vivir, han querido seguir contrario camino» («Prólogo», 6).

El despliegue erudito también se multiplica en este proemio con Jenofonte, Platón, Diógenes, Aristóteles, Cicerón, Lucano, Quinto Curcio, el *Eclesiastés,* san Pablo, san Ambrosio y Séneca, que comparece no menos de cuatro veces. También aumentan los signos astrológicos que abren el poema y que, a la estela de Lucano, subrayan el trance de dificultad en el que vive el reino. Solo a continuación de ese aciago panorama se da paso a una alegoría mucho más rica y matizada que las anteriores. La acción narrativa propiamente dicha comienza cuando el poeta se desdobla en un niño, que representa su propio entendimiento, siguiendo un modelo de ascendencia bizantina según el cual, el alma mantenía

---

[41] Sobre el tópico de la poesía como inmortalización en la Edad Media, véanse Curtius (1981: 669-671) y Lida de Malkiel (1983: 48-143 y 237-284).

forma infantil.[42] A partir de ahí, el Entendimiento asciendo por el monte de la Sabiduría, visitando sucesivamente las casas de las siete artes liberales. En cada una de ellas es recibido por una doncella que personifica esos diversos conocimientos: Gramática, Lógica, Retórica, Aritmética, Geometría, Música y Astrología. Cada joven instruye al niño en sus saberes, señala su vínculo con un planeta y le muestra ejemplos de personas —ya antiguas, ya modernas, a veces ejemplares y otras no— que tienen relación con el ámbito que le es propio. Al final de su instrucción, cada una de ellas remite al niño al amparo del arzobispo, como profundo conocedor de cada una de esas materias.

Una vez superada su formación intelectual, el Entendimiento accede al Paraíso terrenal, donde otras siete doncellas —las virtudes cardinales y las teologales— dan cuenta de sí mismas. La alegoría sigue la estela, tantas veces reiterada en la poesía de la época, que abriera años atrás micer Francisco Imperial con su *Dezir a las syete virtudes,* en el que ya aparecen personificadas como doncellas:

> Forma de dueña en cada estrella
> se demostrava, e otrossý fazían
> en cada rrayo forma de donçella;
> las tres primeras en triángulo sseýan
> e quadrángulo ssegunt que paresçían
> las otras quatro non mucho distantes;
> omnes áureas coronas portantes,
> e las donzellas guirlandas traýan (p. 104).

Tras ello vuelve al cuerpo del poeta, que, para finalizar, dirige su parlamento a la reina Isabel de Castilla y al arzobispo Carrillo para que apliquen al buen gobierno todos los saberes y virtudes que atesoran en sí. A diferencia de los otros decires, en los que la alegoría inicial conduce a un encomio del prelado, aquí el panegírico va intrínsecamente enlazado, como veremos a continuación, con el recorrido que hace el entendimiento del poeta:

Introducción

1	Apelación a los receptores del texto. Sueño y visión.
2	Posición de los astros y época del año.
3	Avisos y prodigios naturales. Comparación con Lucano.
4-9	Nuevos prodigios que anuncian hechos aciagos para Castilla.
10	Apelación al lector sobre los terribles sucesos que van a referirse.
11-14	El mundo al revés como síntoma: el mal y la ignorancia ocupan el lugar del bien y de la sabiduría.

---

[42]   Véase Serés Guillén (2018: 75-76).

El Monte de la Sabiduría

15-16 El poeta es llevado al pie del altísimo Monte de la Sabiduría, al que no se puede ascender en forma corpórea.

17-18 El propio Entendimiento del poeta se le manifiesta en forma de niño luminoso y dispuesto al aprendizaje.

19 El Entendimiento, como parte espiritual del ser humano, inicia el ascenso al monte, atravesando una densa niebla.

Primera casa: la Gramática

20-21 El Entendimiento llega a la casa de la Gramática, personificada por una joven virgen que sostiene una palmatoria y un azote.

22-25 La Gramática instruye al Entendimiento en sus saberes.

26 Correspondencia de la casa de la Gramática con la Luna, como planeta, donde contempla a varios personajes vinculados con el mismo.

27-28 Personajes antiguos: Penélope, Clitemestra [Hipermestra], Lucrecia, Hipólito, Argía y Artemisa.

29-32 Personajes contemporáneos: Isabel de Castilla, Fernando de Aragón y Alfonso Carrillo.

33 Se identifica al planeta Luna con la diosa Diana como símbolo de la castidad.

34-35 La Gramática despide al Entendimiento y le indica que, para recordar sus enseñanzas, acuda al arzobispo don Alfonso Carrillo, como persona muy instruida en ellas.

Segunda casa: la Lógica

36-38 El Entendimiento asciende a la casa de la Lógica, una doncella hermosa, aunque descuidada en su aspecto externo, que tiene en sus manos un manojo de flores y un escorpión.

39-41 La Lógica declara sus conocimientos al niño.

42 Correspondencia de la casa de la Lógica con Mercurio.

43-45 La Lógica muestra al Entendimiento personajes antiguos que habitaban en Mercurio y vivieron ejemplarmente: Trajano, Néstor, Fabricio, Capis, Numa Pompilio y Sócrates.

46-47 La Lógica muestra al Entendimiento personajes antiguos que, habitando en Mercurio, tuvieron un comportamiento vicioso: Dardanio, Elión, Toas, Isífile y Antenor.

48 La Lógica muestra al Entendimiento personajes viciosos y contemporáneos en Mercurio, pero le recomienda callar sus nombres.

49   La Lógica insta al niño a que recuerde sus enseñanzas y que se
          acoja al magisterio del arzobispo Carrillo.

Tercera casa: la Retórica

51-53   El Entendimiento llega a la casa de la Retórica, que se presenta
          como una doncella que cambia continuamente de aspecto y sostiene
          un añafil y un libro.
54-58   La Retórica explica al niño sus capacidades y su objeto de conoci-
          miento.
59-60   La misma Retórica señala su correspondencia con el planeta Venus
          y describe los efectos de este sobre el comportamiento humano.
61-63   La doncella señala algunos ejemplos de los antiguos que se deja-
          ron llevar por la lujuria: los amonitas, Ixión, Canasce y Macareo,
          Procne y Tereo, Pasífae, Mirra y Cíniras, Egisto y Clitemnestra y
          Jasón y Medea.
64-66   La Retórica describe al Entendimiento el amor verdadero, y señala
          como ejemplos de este a Orfeo, Macías y Julia, mujer de Pompeyo.
67-68   La Retórica amonesta al niño sobre el recuerdo de sus enseñanzas y
          lo remite una vez más al arzobispo Carrillo.

Cuarta casa: la Aritmética

69-70   El Entendimiento llega a casa de la Aritmética, una doncella vestida
          de azul que sostiene un garfio y una tabla blanca.
71-76   La Aritmética le da cuenta de sus saberes y de la aplicación de estos.
77   La propia doncella desvela su correspondencia con el Sol, que a su
          vez identifica con la sabiduría, dando paso a una relación de perso-
          najes que la encarnaron en la Antigüedad.
78   Teólogos antiguos: Dalmanciano, Rufino, san Gregorio, Lactancio,
          san Beda el Venerable, Orosio, san Eugenio, san Sidonio, san Basi-
          lio, san Ambrosio, san Juan Crisóstomo, san Isidro, san Agustín, san
          Eusebio, Sebaulino y san Pablo.
79   Filósofos antiguos: Empédocles, Platón, Aristóteles, Diógenes, Je-
          nofonte, Calístenes, Escobolo, Demetrio, Zenón, Pitagoras, Tales de
          Mileto, Solón, Sócrates y Teofrasto.
80   Oradores antiguos y modernos: Salustio, el Paduano, Demóstenes,
          Cicerón, Platón, Ovidio, Coispo, Valerio Máximo, Lucano, Tito Li-
          vio, Virgilio, Estacio, Petrarca, Boccaccio, Séneca, Homero y Quin-
          tiliano.
81   Sibilas y adivinos: las Sibilas de Apolo, Arruns y Elena de Troya.

82-83   Sabios contemporáneos: Isabel de Castilla, Fernando de Aragón y Alfonso Carrillo.

84-85   La Aritmética recomienda al Entendimiento que aprenda bien sus enseñanzas y que acuda al arzobispo Carrillo cuando precise recordarlas.

Quinta casa: la Geometría

86-87   El Entendimiento asciende a la casa de la Geometría, que se presenta con una plomada y un compás de oro.

88   El niño contempla la factura de la casa.

89-90   La Geometría tiene su correspondencia con el planeta Marte, cuyas condiciones e influjos se describen.

91-97   Personajes de la Antigüedad vinculados a Marte: Mucio Escévola, Marco, Atilio Régulo y Horacio Cocles [92]; Mugón, los Escipiones, los guerreros de Tebas, los Camilos, César, Pompeyo, Afranio y Petreo [93]; Casio, Bruto, Sila y Mario [94]; Craso y Aníbal [95]; Rómulo, Domicio Enobarbo y Cadmo [96]; los atridas, Príamo, Publio Cornelio Escipión Africano y Publio Cornelio Escipión Emiliano [97].

98-99   Personajes contemporáneos vinculados a Marte: Fernando de Aragón.

100-119 Se refieren los hechos de armas del arzobispo don Alfonso Carrillo como asunto central de la obra: toma del castillo de Corlo [101], toma de Berlanga [102], toma del castillo de La Riba [103], toma de Torija [104], proclamación de Alfonso de Tratásmara como rey [105], batalla de Olmedo [106-107], toma de Tudela [108], defensa del castillo de la Mota y toma de Molina [110], muerte del infante don Alfonso y males del reino enmendados por el arzobispo [111-114], matrimonio de los príncipes doña Isabel de Castilla y don Fernando de Aragón [115-116], toma de Huete y prisión de García Méndez de Badajoz [117-118] y toma de Peñaflor [119].

120-121 La Geometría remite al niño a don Alfonso Carrillo.

Sexta casa: la Música

122-123 El Entendimiento accede a la casa de la Música, donde lo recibe una doncella con una vihuela y un teclado de órgano.

124-126 La Música declara sus capacidades y poderes.

127   La joven, vinculada al planeta Júpiter, señala al niño ejemplos de los que han gobernado recta o tiránicamente.

Séptima casa: la Astrología

El Paraíso terrenal

200   El Entendimiento ruega a las virtudes teologales que lo aleccionen.
201-205   Discurso de la Fe.
206-208   Discurso de la Esperanza.
209-213   Discurso de la Caridad.
214   El Entendimiento es arrebatado por una nube que lo devuelve al pie
          del monte, donde se reintegra al cuerpo del poeta.

Apelaciones a la reina Isabel y al arzobispo Carrillo

215-217   El poeta, ya instruido, apela a la princesa Isabel de Castilla para que
          ejerza un buen gobierno y le insta a que siga los consejos del arzo-
          bispo de Toledo.
218   El poeta se dirige al arzobispo para que, con sus virtudes, saber y
          buen gobierno enmiende los males que asolan a Castilla.

El poema, que constituye una muy articulada reivindicación del arzobispo, hubo de ser compuesto hacia 1470, meses después de que se celebrara el matrimonio de Isabel de Castilla con el príncipe Fernando de Aragón. Don Alfonso tuvo un papel más que relevante en ese evento, que es reseñado de forma destacada en los versos. A pesar de ello, las disensiones con la pareja comenzaron muy pronto a causa del empeño del prelado en controlar el tablero político, así como por su férrea defensa de la independencia de la Iglesia respecto a los poderes seglares. Esas divergencias son apuntadas en la apelación final a la princesa para que siga de cerca los consejos de Carrillo y conceda el lugar que corresponde a sus méritos y a los servicios que había prestado a la Corona:

> Y de este primado   que vos obedece
> seguid vos, señora,   su recto consejo,
> pues que vos sirve   buscando aparejo
> por darvos el reino   que vos pertenesce.
> Y pues que, sobre esto,   ya claro paresce
> que pone a peligro   su vida y facienda
> haya por pago,   reciba en enmienda
> que sea acatado   segund lo meresce (vv. 1729-1736).

El cambio en la situación respecto al tercero de los decires resulta llamativo. En aquel se apelaba al arzobispo para que, como cabeza de Castilla y con el socorro de Gómez Manrique, afrontara una reforma del reino y lo llevara a la pacificación. Aquí, por más que la figura central del poema siga siendo don Alfonso, el eje del poder se ha trasladado a la persona de la princesa, y es el arzobispo el que aparece en una alto escalafón, pero como subalterno. Guillén de Segovia se dirige a Isabel reconviniéndola para que recupere su relación con un prelado al que no se le encuentra tacha alguna: «A vos, mi señor, no sé qué amoneste, / a donde bondad obrar amonesta, / pues vuestra virtud se falla tan presta / que non siento parte ninguna que reste» (vv. 1737-1740).

El poema no contribuyó a resolver el conflicto. Las diferencias fueron en aumento y todo terminó en un enfrentamiento que ya era por completo abierto hacia 1475. Fue entonces cuando el mismo Pero Guillén compuso un texto en prosa que ha de leerse como complemento de la *Obra compuesta y ordenada;* se trata del ya mencionado proemio al libro de las *Consonantes,* en el que son referidos por extenso los mismos hechos bélicos que don Alfonso Carrillo había protagonizado y que el poema relata en la casa de la Geometría. Los años que median entre un texto y otro dieron ocasión a que fueran incorporados nuevos episodios que tuvieron lugar durante ese período; entre otros, los asedios de Perpiñán y de Canales. De hecho, el decir solo acoge doce sucesos, que en el prefacio se convierten en diecisiete, por lo que cabe pensar que el poema hubo de ser modelo y punto de partida para el panegírico militar en prosa.[43]

Como ha puntualizado Luis Fernández Gallardo (2006: 452), «más que biografía, esta obra es un alegato con que se vindica la figura del prelado toledano». Guillén escribe con voluntad de preservar la memoria de don Alfonso y resalta su figura como modelo para otros; la diferencia estriba en que, en el decir, la imagen del prelado se presenta como emblema y encarnación de las artes liberales, las virtudes cardinales y las teologales, limitando a una sección su faceta militar, mientras que, en el proemio a *La Gaya Ciencia,* esa estampa bélica ocupa el primer plano muy por encima de su papel como prócer de la Iglesia. Por ello, el autor se vio obligado a insistir en la idea de la guerra justa como medio para justificar el ejercicio de la violencia por parte de un clérigo:

> Vuestra señoría, con ánimo veril de virtuoso y valiente corazón, sufriendo aquellos trabajos deleitosos de la justa y lícita guerra, esperando de Dios ser mayores los galardones que los peligros y sabiendo con juicio y viva lumbre de ingenio probar todas las artes a que la nescesidat, costreñía en acatamiento de la deseada vitoria, por duros y continuos combates (*Consonantes,* 5).

Son las obligaciones que Guillén adquirió cuando entró a servir a un príncipe tan singular como don Alfonso Carrillo.

GÉNEROS Y ENTORNOS

Ha de entenderse que el decir actuaba como una suerte de marco genérico en el que cabía encajar muy diversas materias. En el caso de los decires que aquí nos

---

[43]   Rafael Beltrán Llavador (1997: 272), que compara puntualmente ambos textos, su literalidad y la disposición cronológica de los hechos, propone una composición simultánea. La edición del texto del proemio figura en el apéndice final de este libro a partir del manuscrito 10065 de la Biblioteca Nacional de España.

ocupan, convergen varios elementos a partir de una construcción inequívocamente alegórica que tiene sus antecedentes inmediatos en Santillana y Mena. Como era común, la alegoría se introduce por medio de un sueño que da ocasión a un encuentro con la Filosofía en la primera suplicación y a viajes a través de un mundo simbólico en las otras tres.[44] Las visiones que se suceden durante el sueño actúan como una suerte de revelación cuya primera función es convertirse en apología de don Alfonso como primer receptor de los poemas. El punto de partida es la idea de la fama, como apuntaba el propio Guillén en el proemio a *La Gaya Ciencia*: «Espresarse han aquí en este proemio algunas cosas principales que yo me acuerdo dignas por cierto de gloriosa fama y perpetua recordación, porque cada una de ellas fuera bastante ser empresa de un gran príncipe de corona» (*Consonantes*, 3). Con esa voluntad, el poeta acumula elogios que van haciéndose más amplios y cumplidos en el tercer decir y, muy especialmente, en la *Obra compuesta y ordenada;* a la postre, el vínculo que se establece entre saberes y virtudes y la relación biográfica de los hechos diplomáticos del arzobispo terminarían redundando en la defensa de unos intereses políticos muy determinados.[45]

La atención a la historia contemporánea más inmediata es un elemento clave en la escritura de estos cuatro decires, muy especialmente en los dos que señalan al arzobispo como figura política; de hecho, como ha explicado Sara Ortega Sierra (2016: 52-53), «existe un subgénero del dezir narrativo cuya temática y materia narrativa es histórica. En él, los dezidores se ocupan de recopilar los eventos, las fechas, las batallas, la situación dinástica y los actos heroicos o nefandos de los defensores/opositores de la política regia o del reino castellano que acaecieron en su tiempo».[46]

El verso de arte mayor guarda una profunda relación con esta materia histórica y con la intención de crear discurso poético que incida en el ejercicio de la política; así sucedía ya con un texto fundacional como *Las siete edades del mundo* de Pablo de Santa María y así llega al principal referente del género, que fue sin duda el *Laberinto de Fortuna* de Juan de Mena.

Como en varios de estos textos, también se aprecia en Pedro Guillén un cierto providencialismo mesiánico que reaparece con frecuencia en la poesía política del siglo xv. En el caso de los dos primeros decires, la profecía adelanta la futura generosidad de don Alfonso Carrillo para con el poeta suplicante; en los otros dos poemas, escritos ya bajo la égida del prelado, los augurios le sirven al poeta para describir los males que asolan al reino, mientras que el mesianismo señala al arzobispo como el elegido que ha de redimirlo. De este modo, la ficción se alimenta de la historia, convirtiéndose en sostén de un discurso heroico que, como en el

---

[44]   De estas visiones alegóricas en la poesía del siglo xv tratan Joset (1995) y Serés Guillén (2007: 355-357).

[45]   Sobre el panegírico biográfico en la literatura de la épica, véanse Gaucher (1994), Beltrán Llavador (1997: 268-273), Fernández Gallardo (2006) y Alonso Miguel (2018).

[46]   Para la presencia de la historia contemporánea en la poesía narrativa del siglo xv, consúltense Vaquero (1985), Cátedra García (1989) y Conde (1995, 2002b y 2016).

caso de Lucano, el marqués de Santillana o Juan de Mena, se inclina hacia lo contemporáneo.[47]

Los cuatro decires comparten esa dimensión épica que se hace expresa al final del tercero y más aún en el cuarto, cuando el Entendimiento visita la casa de la Geometría, vinculada astrológicamente con el planeta Marte; es entonces cuando se relacionan los hechos de armas de don Alfonso, en uno de los episodios más extensos y detallados de la *Obra compuesta y ordenada*. Esos versos dibujan la figura del arzobispo Carrillo con las trazas de un héroe épico, pero estamos ante un héroe problemático, porque la doble condición de clérigo y guerrero podía resultar paradójica y hasta censurable incluso en su época; así lo hemos visto, sin ir más lejos, en los escritos de Fernando del Pulgar. Por eso Guillén de Segovia se esfuerza en articular un alegato que pudiese resolver la paradoja y justificar lo difícilmente disculpable. Lo hizo apelando una y otra vez a la guerra justa, a la santa búsqueda de la paz, a la necesidad de un buen gobierno para Castilla, a la obediencia debida a los monarcas y, por encima de todo, al servicio de Dios. Eran razones suficientes para que un arzobispo de Toledo colgara sus hábitos en una percha y vistiera de acero; de ese modo lo consideraron, al menos, nuestro poeta y su señor.

La conformación de ese modelo poético en Guillén de Segovia remite inequívocamente a dos poetas que él mismo señaló como sus maestros. Recuérdese cómo, en la primera suplicación, se queja de la Fortuna por habérselos robado, «quitóme al marqués, llevó a Juan de Mena, / maestros fundados de quien aprendía» (vv. 63-64), mientras que la tercera los presenta coronados por la virtud de la Prudencia: «Aquesta puso al marqués / bravecida dïadema, / y al de Mena, cordobés, / porque agora ni después / perder su nombre no tema» (vv. 248-252). También en la «Conclusyón del actor refiriendo la obra a quien la principió», que cierra su continuación a las *Coplas de los pecados mortales,* señala a Mena como autor del texto original —«pues dotad a Juan de Mena / desta obra la vitoria»—, al tiempo que se proclama su humilde aprendiz y seguidor:

> Que con solo daquel bien
> que a caridad atribuyo
> se movió Pero Guillén,
> bien como discípulo suyo,
> dudoso por ynorante,
> entrar en tan fondo sylo,
> como no fuese bastante
> de llevar mas adelante
> obra de tan alto estilo (*Obra poética,* pp. 257-258).

No sabemos si ese discipulado poético fue directo o si se limitó a la lectura de sus obras, pero, en cualquier caso, son varios los elementos que remiten directamente

---

[47]   A la dimensión épica de parte de esta poesía de arte mayor se han referido Gómez Moreno y Jiménez Calvente (2017 y 2024) y yo mismo, Gómez Canseco (2024: 36-42).

a la obra Juan de Mena en estos cuatro decires. Baste considerar el marco alegórico, el buscado enaltecimiento del poderoso, la conciencia mesiánica, la atención a la historia contemporánea, la presencia de Lucano o la predilección por la epopeya. Se trata de una poesía que aspira a ser provechosa, refleja intereses personales o políticos, despliega una notable erudición y fue construida teniendo en cuenta los modelos clásicos. Bien es verdad que Guillén no parece que fuera un cumplido latinista como el cordobés, pues —luego lo veremos— se sirvió generalmente de las traducciones romances de los autores griegos y latinos que habían empezado a circular en Castilla. En eso siguió la pauta de don Íñigo López de Mendoza, cuya biblioteca pudo conocer, y también prestó atención a la clasicidad como parte de un primer humanismo de nuevo cuño que había comenzado a gestarse en la corte de Juan II; ahí está, como ejemplo, la firme defensa que de tales autoridades hizo el marqués en el proemio a sus *Proverbios o centiloquio:*

> Podría ser que algunos, los quales por aventura se fallan más prestos a las reprehensiones e a redargüir e emendar que a fazer nin ordenar, dixessen yo haver tomado todo o la mayor parte d'estos Proverbios de las doctrinas e amonestamientos de otros, assí commo de Platón, de Aristótiles, de Sócrates, de Virgilio, de Ovidio, de Terençio e de otros philósophos e poetas, lo qual yo non contradiría, antes me plaze que assí se crea e sea entendido (*Obras completas,* p. 220).

En ese empeño, Guillén contó con la compañía poética de Gómez Manrique, al que una y otra vez reconoció como amigo y superior en el ejercicio de las letras, ya fuera en el primero de nuestros cuatro decires: «Que guarde la vida al sabio Manrique, / que de esta cïencia sostiene la cumbre» (vv. 69-70); en el segundo, donde remite los versos a su sabiduría poética: «Por que esta tal fabla no quede dudosa / y vuestra merced se bien certifique, / discerna los metros el sabio Manrique» (vv. 637-639); o en el tercero, que lo presenta en la senda de la Prudencia junto con Juan de Mena y don Íñigo López: «Do solo Gómez Manrique / le place que comunique / sus especias en lo puro» (vv. 259-261).[48] Y es que, como ha sostenido Carlos Moreno Hernández (1985: 49):

> Gómez Manrique y Pero Guillén son la reencarnación o el remedo, con Enrique IV y en la corte arzobispal de Carrillo, de lo que fueron Santillana y Mena en la corte del marqués con Juan II, los nuevos tipos de caballero y burócrata, practicantes de una poesía «seria» o «útil», al servicio de unos intereses políticos e ideológicos específicos.

Este cauce poético aún tendría continuidad en los versos de Diego Guillén de Ávila, hijo del poeta, que lo tuvo muy en cuenta a la hora de componer, en 1483,

---

[48]   En el cuarto decir no se hace mención alguna de Gómez Manrique, acaso porque para entonces ya había comenzado a distanciarse del arzobispo Carrillo alineándose con el proyecto político de los príncipes Isabel de Castilla y Fernando de Aragón; cfr. Vidal González (2003: 34-35).

la *Obra compuesta en loor del reverendíssimo señor don Alonso Carrillo, arço-bispo de Toledo,* y todavía en 1500 con el *Panegírico compuesto en alabança de la más católica princesa y más gloriosa reyna de todas las reynas la reyna doña Isabel, nuestra señora,*[49] en el que la urdimbre alegórica da cabida a un desplie-gue de conocimientos en los que las genealogías medievales se entrelazan con la mitología y con la historia antigua como reflejo de una nueva cultura.

DESPOJOS DE ERUDICIÓN

Desconocemos cuál fue la formación de Pero Guillén de Segovia, aunque podamos intuir, por su modo de ganarse el sustento, que sus conocimientos andaban más cerca de los dineros que de los saberes gramáticos. La inclinación personal, sin embargo, lo llevó a compaginar la poesía con las labores de con-tador y con las muy amplias lecturas que revelan sus textos. De un modo u otro, hubo de tener a su disposición, y en distintos momentos de su vida, un conside-rable arsenal de libros, entre los que se contaba un buen número de traducciones castellanas de autores griegos y, sobre todo, latinos. Ello dio lugar a una poesía culta, en la forma y en el contenido, alimentada de veneros eruditos y dirigida a un público necesariamente letrado. No en vano, en la introducción de la *Obra compuesta y ordenada* afirma que de la «ciencia… dulce et apacible» de la poesía

> resultan algunos efectos coadjutorios al bueno, licito y honesto vivir, tratando de materias conformes a la virtud y tocando algo de aquellas partes de la filosofía racional y real, de que salen esos ramos o climas de la ética y conómica pulítica, que son perfectas doctrinas de la ciencia moral, y esas otras partes de la gramá-tica, lógica, retórica plática, especulativa y aun la filosofía natural y sobrenatu-ral, que se esconde de nuestros sentidos, sin esos otros miembros de la música, giometría, arismética, astronomía, y los efectos y cosas sobre que cada una por sí tiene su principado y señorío («Introducción», 1).

Todos esos saberes convergen en un alarde de conocimientos, alusiones, citas y sentencias que el lector, necesariamente culto, había de identificar, desvelar e interpretar.

Prueba inequívoca de esta concepción de la poesía que afectaba tanto al autor como a sus lectores, y que muestra el modo en el que fue leída la obra de Pero Guillén, es el preciso y detallado comentario que Juan Rodríguez del Padrón in-cluyó en su *Bursario,* una adaptación castellana de las *Heroidas* de Ovidio com-puesta hacia mediados del siglo xv. Padrón abre su glosa apuntando que escribía «para los que la supieron notar»:

---

[49]   Cátedra García (1989: 30-31), Roca Barea (2006), Magaña (2013 y 2017), Hamlin (2016: 24) y Alonso Miguel (2018).

> Las sombras impiden Leandro ser visto
> allý do navegan las ondas marinas,
> e quando derraman las nueras sobrinas
> por sus ricos lechos la sangre de Gisto.
> La grave crueza del caso tan misto
> la sola Ypermesta a Lino revela;
> la casta matrona deshaze su tela
> por su desseado marido bien quisto.

Siguiendo la pauta de los comentaristas medievales, el primer nivel de comprensión al que apunta es el literal, y a partir de las alusiones deduce que la acción referida sucede durante la noche: «Presupónese para la intençión d'esta copla, quel actor della y de otras muchas fue Pero Guillen, y dando a entender que a media noche le avyno a la fantasía una fiçión que fue causa fynal para una obra que hizo, puso estas tres estorias en la copla contenidas». Como puede verse, ese simple aserto viene acompañado de todo un despliegue de referencias mitológicas propio de una poesía concebida como acto de conocimientos y erudición. Rodríguez del Padrón enumera y refiere las tres alusiones cultas que se hacen en la copla y subraya su vínculo con la nocturnidad, comenzando por la historia ovidiana de Hero y Leandro:

> La primera es de Leandro y Hero, su amiga. Leandro estava en una su çibdat, llamada Avidos, y Hero en otra çibdat, llamada Sestos, entre las quales passava un braço de mar muy grande, llamado Helos; e todas las vezes que Leandro avía de yr a ver su amiga, avía de pasar nadando por este braço de mar. E esto, ¿a que hora? A media noche, que de otra manera ni en otro tiempo no podría; como mejor verés en sus dos cartas sobredichas. E por esto dize la copla: «Las sombras impiden, etc.».

Los cuatro versos centrales relatan el caso de las Danaides en su noche de bodas y el comportamiento de Hipermestra con su marido:

> La segunda estoria es de Dánao e Gisto, hermanos, Dánao tuvo çinquenta hijas, y Gisto L hijos, y Dánao enseñó que un sobrino suyo lo avía de matar. E para esto escusar, hizo amistades con su hermano Gisto, y rrogóle que sus çinquenta hijos le diese para casar con sus hijas, y asý se hizo. E la noche de sus bodas, dio Dánao a cada una de sus hijas una espada affilada, e mandóles que cada una matase a su marido. E esto, ¿a que hora? A media noche. E asý fue, que todas XLIX degollaron a sus maridos; e Ypermesta, la menor, perdonó a Lino, su marido, y revelóle el caso, como mejor en la carta de Ypermesta a Lino, su primo y marido, suso escripta, verés. E por esto dize la copla desde aquella parte: «y cuando derraman»; y acaba: «la sola Ypermesta a Lino revela». Es de ver a los discretos, sy esta Ypermesta fue obligada al mandamiento de su de su padre, o sy pecó en quebrantallo.

Frente a los dos relatos mitológicos, el tercero tiene un origen literario en la *Odisea* homérica:

La terçera estoria es de Penálope, muger de Ulixes. Este Ulixes fue en la conquista de Troya, donde estuvo con los otros griegos diez años en conquistarla y otros diez años en bolver a su tierra, después de destruyda Troya. E en este tan luengo tiempo, Penalope era soliçitada de muchos y grandes hombres, y más de las comunidades de su reyno, que se casase, sy no, que ellos alçarían rey que los rigese. La casta Penálope, sobre muchas rrespuestas que antes les avía dado, y no pudiendo con ellos, rindiólos rrogándoles que la dexasen acabar de texer una tela que encomençada tenía; e sy en tanto que la acabava no era venido Ulixes, su marido, que ella se casaría con quien ellos le diesen. La matrona Penálope texía en su tela de día, y de noche destexía quanto en el día avía hecho. Y esto, ¿a qué hora? A media noche, a la misma hora que aquella fiçión le avyno a la memoria. E en tanto que d'esta manera texía y destexía su tela, vyno Ulixes, su desseado marido. E por esto dize la copla: «La casta matrona dessaze su tela por su desseado marido bien quisto!».

Conforme a lo establecido en la hermenéutica bíblica medieval, el glosador distingue entre un sentido literal o histórico, otro moral, que atiende a la doctrina aplicable a la existencia humana, y un tercer nivel alegórico que Rodríguez del Padrón suma con el anterior: «Hasta aquí va todo por las ystorias o ystórico. Sýguese la moralidat y aplicación por alegoría, y esto es la verdat y lo que aprovecha». La historia de Leandro se convierte en alegoría de los peligros que el pecado conlleva para el ser humano, de una manera pareja a la que se establecía en la poesía horaciana sobre la navegación como metáfora de la existencia:

«Las sombras impiden, etc.». Por este Leandro podemos entender qualquier pecador que está navegando en las ondas marinas, que entendemos por este mundo en él mientra bive, al qual las sombras, que son los pecados, impiden o embargan que sea visto y visitado de la graçia de Dios, para que por ella venga en verdadera penitençia. Dize más la ystoria: que cada vez que Leandro avía de pasar por aquel río Helos, se ponía en peligro de muerte. ¡O, en quanto peligro se pone omne cada vez que peca, que por cada pecado mortal es obligado ayunar VII años en este mundo, o estallos en purgatorio!

El mito de las hijas de Dánao se convierte en alegoría de las relaciones entre el bien y el mal y ejemplo del daño que las malas obras ejercen sobre las buenas:

«E quando derraman las... etc.». D'este Gisto se dizen ser nueras, porque casaron con sus hijos, y sobrinas, porque son hijas de su hermano Dánao. Por este Gisto podemos entender qualquier omne virtuoso syn engaño, que a buena parte, sin maliçia, ayunta sus hijos, conviene saber, sus dichos y obras, con sus sobrinas, que entendemos por las obras de Dánao o de qualquier mal hombre, que por sucçesión de nuestro padre Adán puede ser su hermano. Esto dize bien Boeçio, en el metro sesto del terçero libro *De consolaçión:* «Omne hominum genus in terris simili surgit ab ortu». Que suena: «Todo el linaje de los omnes en la tierra, se levanta del prinçipio semejable, que es Adán, padre de todos, por sucçesyón, segund carne». Y este tal omne engañoso, que entendemos por Dánao, casa sus hijas, que son sus malas obras, con las del virtuoso, y so color bueno, ayúntase

con él y con ellas, para que a media noche, esto es, en el más seguro tiempo, que
estuviere syn rreçelo d'engaño, roballe lo suyo y degollarlo, derramando su
sangre, esto es, su buena fama, bolviéndosele en mala, y vertiéndola por sus ri-
cos lechos, esto es, bolviéndolo con sus ricos amigos. Como dize Séneca, que no
hay cosa más rica ni mejor quel buen amigo, que con sus buenas obras y virtudes
la buena fama con los amigos ganado avía. E por eso dize bien la copla adelan-
te: «La grave crueza del caso tan misto». Quiere dezir, este mesclamento o bol-
vimiento que el malo anda de contino rebolviendo mal donde ay bien, dando a
entender que es más grave, mortal y cruel pecado robar la fama del próximo que
su hazienda. Esto diçe bien sant Ambrosio: «Tollerabiliores sunt qui bona nostra
diripiunt, quam qui famam». Quiere dezir: «Más es de sofrir aquellos que rroban
las haziendas que los que rroban la fama».

El caso de Hipermestra se presenta, sin embargo, como excepción a la regla,
entendiendo que una mala obra puede a veces dar ocasión a una acción virtuosa:

«La sola Ypermesta a Lino revela». Por esto podemos entender que no todas las
obras del malo son malas, que de fuerça ha de obrar algund bien, como aqueste
Dánao, que no todas sus hijas fueron obedientes a su desaguisado y cruel man-
damiento; que esta sola Ypermesta usó de discreçión y virtut entre las otras
hermanas. Usó de discreçión, en quanto consideró no ser el mandamiento de su
padre razonable. Usó de virtut, en quanto le reveló el caso a Lino por que fuye-
se y no muriese; asý que no todas las obras del malo son malas, como dixe.

Por último, la historia de Penélope representaría el conflicto del alma con la
tentaciones del mundo. De acuerdo con el esquema alegórico, Pénelope sería el
alma; los pretendientes, las tentaciones; y Ulises, como esposo, una metáfora de
Cristo que, al final de los tiempos, vendría a juzgar y castigar a los seres humanos:

Esta es la terçera y postrimera estoria de la copla que comiença asý: «La casta
matrona desaze su tela, por su desseado marido bien quisto». Por esta casta
matrona podemos entender el ánima de qualquier omne que casta y sanctamente
se trabaja siempre bevir dessaziendo la tela. Esta tela tan rebuelta, no es otra
cosa syno la quel mundo con loçanías y cobdiçias, y el diablo con sobervias y
presunçiones, y la carne con vyçios y deleytes continuamente texen y urden
contra el ánima. E estos tres texedores, con sus sendos hijos, tan rezios, a texer
y ordenar sus lazos de día, esto es, que públicamente y syn miedo, arman sus
lazos; e la casta y bendita ánima, a destexer y dessazer estos lazos contra sý
puestos, d'esta manera: menospreçiando el mundo, constriñendo la carne, guar-
dan do la fe bien sana. Esto s'esfuerça contra el diablo. Y esto, ¿a qué hora? A
media noche; conviene saber: estando en la escuridat ençerrada, y çercada de los
miembros del cuerpo, orando y contemplando en quien la hizo y la vyno a rede-
mir, e llorando sus pecados y yerros contra él acometydos. E esto todo por su
desseado marido bien quiste; esto es, por su desseado Christo Jhesu, Dios y
hombre verdadero que ha de venir el día del juyzio a jusgar los bivos y los
muertos, los malos y los buenos. Y este es el propio marido bien quisto que la
casta matrona, esto es, la buena y sancta ánima del fiel christiano, dessea que

venga, para que juntamente con su cuerpo le dé la gloria complida y prometi-
da: «ad quam nos perducat ipse, etc».

Juan Rodríguez del Padrón (1984: 198-202) termina la glosa remitiendo a su
propia traducción ovidiana y subrayando la complejidad del texto compuesto por
Guillén de Segovia: «E asý pareçe estar bien declarada la escura copla, que por
las epístolas prescriptas mejor la podes entender, aunque con mayor prolixidat e
trabajo». No le faltaba razón, porque, en un ejercicio desmesurado de perífrasis
retórica, Guillén solo pretendía decir que era de noche sin utilizar la palabra *no-
che*. No obstante, el comentario sirve asimismo para entender que los lectores de
la época —al menos los más ilustrados— fueron conscientes del cúmulo de eru-
dición, conocimientos y lecturas que implicaba la composición de estos decires.

A John G. Cummins (1973: 27) ya le parecieron asombrosos el número y la
variedad de esas lecturas en un hombre que, como Pero Guillén, escribía desde la
pobreza. Ha de recordarse que, en aquella época previa a la imprenta, el acceso a
los libros era difícil y que las grandes bibliotecas estaban reservadas a magnates
o a gentes de la Iglesia. Guillén, como veremos, manejó traducciones de autores
clásicos, textos sagrados y obras contemporáneas que difícilmente pudo reunir en
su librería personal. Valga como elemento de comparación la biblioteca que dejó
Gómez Manrique a su muerte y de la que se hace relación en el inventario de los
bienes realizado a 22 de noviembre de 1490. Manrique era hombre noble y de
una holgada situación económica; aun así, tan solo contaba con treinta y nueve
volúmenes entre los que se encontraban, eso sí, alguna lecturas que pudo compar-
tir con su amigo Guillén de Segovia: *«La destruyción de Troya», «La general
Estoria»,* «La primera década de Tito Livio», «Un libro viejo de los hechos de
Roma», «Juan Bocacio», «Las epístolas de Séneca a Lucilo», «Boecio Severino»,
«Un cancionero del marqués de Santillana», «Los proverbios de Séneca», «Vis-
yón deleitable», «Los trabajos de Ércoles», «El segundo libro de las *Retractacio-
nes* de Sant Agostýn», «Otro libro que comienza: *Todos los onbres que quieren
ser más»,* «Un libro de *Metamorfoseos*» y hasta «Un libro que hizo Diego
Guillén».[50] El censo es indicativo de un ámbito de lecturas, pero, desde luego, no
es suficiente para explicar las fuentes que nuestro poeta utilizó en la composición
de los cuatro decires.

El trabajo como copista al que se refiere en sus versos pudo darle la oportu-
nidad de manejar algunos de esos textos, pero, a pesar de ejercerlo durante casi
una década, las obras que utilizó siguen siendo demasiadas y el modo de compo-
sición de sus poemas deja a las claras que el poeta tuvo sobre su mesa varios de
esos textos de manera continuada. Quedaría una última posibilidad que, sumada
a las otras, justificaría que un hombre de escasos recursos materiales dispusiera
de una información tan amplia y tan específica respecto a la cultura clásica y a la
contemporánea; se trata de las bibliotecas de Juan de Mena y, sobre todo, de don

---

[50] Paz y Meliá (1885: II, 332-334).

Íñigo López de Mendoza, que pudo consultar en los primeros años de su carrera poética. No en vano, Guillén aludía a ambos como sus maestros y el marqués fue propietario de una de las más señaladas colecciones de libros en la Castilla del siglo XV. Tuvo el noble, además, un especial interés por las versiones castellanas de obras griegas y latinas, en cuyo conocimiento no andaba suficientemente suelto, por lo que se hizo copiar numerosas traducciones y encargó de manera expresa otras nuevas que acaso alcanzó a leer nuestro poeta. Años después, y ya bajo la protección del arzobispo de Toledo, usó, sin que quepa la menor duda, los libros de don Alfonso, que, además de guerrero y político, fue un clérigo docto y formado en la Italia humanística.

Guillén de Segovia se sirvió de esas fuentes con cuatro propósitos fundamentales: el primero de ellos para autorizar la doctrina y los argumentos de los prólogos que compuso como acceso para los decires; el segundo atendía a los mitos y a la historia antigua como un arsenal de casos y *exempla* con los que ilustrar alguna idea, un vicio o una virtud; también las utilizó como referentes inmediatos para la escritura de ciertos discursos, pasajes o episodios puntuales; y la cuarta y última función corresponde a los modelos literarios que siguió como pauta para la composición de sus propios poemas.

EL ARGUMENTO DE AUTORIDAD

Los textos en prosa que preceden a cada uno de los decires mantienen una notable homogeneidad en cuanto al uso de las fuentes; en todos ellos, la autoridad de escritores y filósofos de la Antigüedad y los textos bíblicos o patrísticos sirven para respaldar la argumentación del discurso. En menor medida, también se acude a la mención de determinadas figuras del pasado como ejemplo de lo que el autor pretende sostener. Ha de entenderse que el primero de esos prólogos hubo de constituir un auténtico desafío para Pero Guillén de Segovia, ya que era la primera vez que se dirigía al prelado, y lo hacía, como hemos visto, para solicitar su amparo material; acaso por esa razón predominan fuentes que podríamos considerar convencionales y aceptables para el ideario de un clérigo del siglo XV. De entre los paganos, solo encontramos a Séneca, que había sido sometido a un hondo proceso de cristianización y que formaba parte del paisaje intelectual castellano gracias a la labor de traductor y glosador que el obispo de Burgos, Alfonso de Cartagena, había llevado a cabo en la corte de Juan II.[51]

En cuanto a las tres menciones que, en el prólogo, se hacen a la primera suplicación, una tiene un carácter genérico y las otras dos corresponden a obras erróneamente atribuidas en la época al filósofo romano. Se trata de la *Declamación del sepulcro ofensado* y del *Libro de las cuatro virtudes;* la primera formaba

---

[51]   En torno a la tarea de Cartagena como traductor de Séneca, véanse Blüher (1969: 141-155), Impey (1972), Morrás Ruiz Falcó y López Casas (2001), Round (2002) y Olivetto (2011: 63-93).

parte de las *Controuersiarum sententiae* de Séneca el Viejo que tradujo Cartagena, y el segundo era la versión castellana que el obispo burgalés hizo de la *Formula vitae honestae* de Martín de Braga y que terminó transmitiéndose como parte de un corpus de tratados atribuidos a Séneca.[52] El resto de autoridades que se alegan en este primer prólogo tienen un fundamento cristiano, como la cita del *Eclesiastés* 3, 2-3 o los ejemplos del rey David cuando se finge loco ante el rey Aquis y de Job como dechado de paciencia ante la adversidad. Del Nuevo Testamento se toman dos referencias que llamativamente corresponden a san Pablo; y a ello le siguen una cita atribuida a san Agustín en *La ciudad de Dios,* una sentencia de Boecio en *De consolatione philosophiae* y el caso del tirano Dionisio de Siracusa, caído en completa pobreza, que se toma del conocidísimo *De casibus virorum illustrium* de Giovanni Boccaccio.

La cita de Séneca que aparece sin referencia a libro alguno está tomada, en realidad, de un florilegio que Guillén aprovechó con cierta frecuencia; se trata de *La floresta de filósofos de varios dichos y sentencias políticas y morales* que Guillén siguió al pie de la letra, pues en el prólogo puede leerse «algunas cosas hay que es mejor callarlas, aunque pierda home su negocio, que decirlas desvergonzadamente», que se ajusta con exactitud a lo que aparece en la sección «Aquí comienza el Libro de los Enxemplos de Séneca» del repertorio: «Algunas cosas ay que es mejor callarlas, aunque pierda su negocio el home, que dezirlas desvergonçadamente» (fol. 61v).[53] También leyó a Boecio en castellano, probablemente en *La consolación natural,* traducción generalmente atribuida a Pero López de Ayala que hubo de ser realizada hacia 1427.[54] Su Boccaccio fue asimismo castellano, como se deduce del texto «de quien escribe Juan Bocacio en el libro *De caídas*», que alude a la versión romance debida al canciller López de Ayala y conocida como *Cayda de príncipes.*

En el prefacio en prosa para la segunda suplicación, Guillén prescindió de cualquier noticia religiosa y limitó sus referencias doctrinales a solo dos autores, aunque muy señalados en la tradición clásica. El primero de ellos es Séneca, «este cuyas abtoridades, se guarecen algunos exordios y introducciones», según afirma Segovia y no sin sorna; el filósofo romano aporta hasta cinco sentencias, tres del tratado *De providentia,* una del *De clementia* y otra más del *De vita beata.* El segundo es Aristóteles, aunque más en su condición de moralista que de lógico escolástico; de las tres sentencias suyas que se alegan, una procede de la *Ética a Nicómaco* y otras dos de su *Retórica,* aun cuando una de estas últimas sea en realidad un verso de Eveno de Paros que registró el Estagirita.

Las menciones de Aristóteles resultan un tanto imprecisas, y lo más probable es que Guillén las encontrara de algún repertorio que no he podido localizar, más acaso que en las varias traducciones que de sus obras se hicieron en la Castilla del

---

[52] Fernández López (2013) y Ranero Riestra (2021: 9-11).
[53] La copia manuscrita se conserva en la Biblioteca Nacional de España con la signatura Ms. 4515.
[54] Doñas Beleña (2015).

siglo XV.[55] En cuanto a Séneca, cuatro de sus cinco sentencias están tomadas de distintas secciones de *La floresta de filósofos,* ya sea «Algunos dichos de Séneca de su primero libro, llamado *De la providencia*», «Algunos dichos de Séneca del primer libro *De la clemençia*» o «Algunos dichos de Séneca que él escrivió en el libro que fizo llamado *Vita beata*». La tercera mención del *De providentia* —«a los poseedores de estos prósperos estados llama paredes enblanquecidas de fuera, e dice que traen su torpeza cobierta con resplandor ajeno»— no consta en la poliantea, aunque coincide muy de cerca con la traducción de los diálogos de Séneca que Alonso de Cartagena realizó a instancias de Juan II de Castilla.

El texto en prosa que precede a la *Suplicación para el muy reverendo e magnífico señor don Alfonso Carrillo, arzobispo de Toledo, cerca de la paz et sosiego que, en estos tiempos de tanta turbación, es nescesaria* presenta características muy singulares y específicas. El prefacio que compuso ya estando al servicio del prelado se presenta como una exhortación a la paz, aun cuando en verdad implique una justificación de la guerra a partir del concepto teológico de guerra justa; no es de extrañar que se abra con una cita del *Tratado de la guerra,* que en la época se atribuía a Séneca, y con una mención de Vegecio como autor de *Epitoma rei militari.* Entre las autoridades grecolatinas vuelve a aparecer una alusión la *Ética a Nicómaco,* aunque con un claro sesgo antiaristotélico que casa bien con ese espíritu humanístico que apuntaba en la época. Guillén asegura que en su obra pretende huir de Aristóteles «por ser largo y difuso, et aun en parte obscuro». Se le añaden dos autores que hasta ahora no había utilizado, como son Cicerón con *De oficiis* y Salustio con *De Catilinae coniuratione.* Precisamente por la cuestión principal que plantea el prólogo, Guillén de Segovia quiso recuperar el aval de las fuentes religiosas. Más allá de una sentencia tomada del siempre recurrente Boecio, destaca una máxima de San Mateo 12, 25 que le interesó vivamente y a la que acudió en alguna ocasión más: «Todo reino en sí diviso será destruido», aludiendo a las guerras civiles en las que Castilla andaba envuelta. En ese mismo sentido se recuerdan los casos de Abraham, Josué y el espartano Leónidas como ejemplo de guerreros que habían contado con el respaldo de la voluntad divina a la hora de afrontar sus acciones militares; junto con ellos se aportan sendas sentencias de san Isidoro de Sevilla en los *Synonyma de lamentatione animus peccatricis* y de san Gregorio Magno en su *Regula pastoralis* para sostener la necesidad de que la fuerza de la justicia vaya siempre acompañada de misericordia y clemencia.

El *Tratado de la guerra,* también conocido con el título de *Dichos de Séneca en el fecho de la cavallería,* era en realidad una recopilación de sentencias tomadas del mismo de Vegecio, que parece haber salido del entorno de Cartagena.[56] De *La floresta de filósofos,* texto del que Guillén de Segovia hubo de contar con una copia

---

[55]   Entre otros, Leonardo Bruni, Alfonso de Cartagena o Carlos de Viana; cfr. Valero Moreno (2014).

[56]   Blüher (1969: 141), González Rolán y Saquero Suárez-Somonte (1987-1988), Morrás Ruiz-Falcó (2002) y Rodríguez Velasco (1996: 414).

personal dado el provecho que le extrajo a lo largo de años, proceden la otra cita de
Séneca, la sentencia de Cicerón, en la sección «Algunos dichos de Tulio de *Oficios*.
Los oficios son obras virtuosas», y la de Salustio, que se encuentra en el capítulo
«Algunos dichos de Salustio, *Catilnario* e *Jugurtino*». En cuanto a la mención de
san Gregorio, la deuda literal indica que Guillén no tomó el texto de su original
latino, sino de las glosas que Pedro Díaz de Toledo hizo por encargo de Juan II para
los *Proverbios* del marqués de Santillana. Todo ello es además indicio de que, en la
mayoría de los casos, nuestro poeta no buscó ni encontró sus autoridades doctrina-
les en las fuentes primarias, sino como material de acarreo tomado de prontuarios
y obras secundarias; no es el caso, sin embargo, del *Libro de las cuatro virtudes,*
transmitido en la época como obra de Séneca, que Guillén de Segovia aseguraba
haber utilizado como pauta para la escritura de la tercera suplicación. Como vere-
mos, los versos corroboran que no engañaba a sus lectores.

El prefacio en prosa que abre el último decir, la *Obra compuesta y ordenada,*
es el más extenso y complejo de los cuatro que Guillén de Segovia dirigió al ar-
zobispo Carrillo, también en lo que corresponde a sus fuentes. Como era de espe-
rar, Séneca vuelve a tener un protagonismo absoluto entre las autoridades clási-
cas; así, a una sentencia cuyo origen no se identifica, se añaden tres más del
De vita beata —que en realidad procede del *De providentia*—, de las epístolas a
Lucilio y del *De natura rerum liber,* esto es, las *Naturales quaestiones.* Ese des-
pliegue de conocimientos se multiplica con dos sentencias de Jenofonte y otras
de Platón en el *Fedón,* Aristóteles en la *Ética a Nicómaco,* Diógenes, Cicerón en
De oficiis y una última de Quinto Curcio Rufo. También se alega una máxima de
Ovidio en la *Pónticas* como lugar común: «Aquello que dice el poeta, que la
virtud loada crece», que también consigna en la *Obra de Pedro Guillén deman-
dando consejo a un su amigo sobre su vida.* Como ejemplos de corrupción cono-
cida gracias a la labor de los historiadores se traen los nombres de Alejandro y
Julio César, probablemente en alusión a las *Vidas paralelas* de Plutarco, así como
el de Sardanápalo, con las mismas censuras que constan en el libro I de la *Ética
a Nicómaco.* En cuanto a las fuentes bíblicas —aquí parcas—, vuelven a compa-
recer Salomón como autor del *Eclesiastés,* con un versículo que no se ajusta
exactamente a ningún pasaje concreto de la obra, y san Pablo en la *Epístola a los
romanos,* con la glosa de san Ambrosio conocida como *Ambrosiaster.*

En la mayoría de los casos puede seguirse la procedencia de estas citas. La
máxima de Aristóteles coincide muy de cerca con el *Compendio de la Ética ni-
comaquea* que se difundió en Castilla desde el reino de Aragón,[57] mientras que
la sentencia de las *Epístolas a Lucilio* se atiene a la traducción de Alonso de
Cartagena; no obstante, la fuente principal de este aparato erudito sigue siendo
La floresta de filósofos, de la que proceden tres de las sentencias de Séneca, las
dos de Jenofonte y las de Diógenes, Cicerón, Quinto Curcio y Platón, en un texto
que tanto *La floresta* como Guillén denominan *Fedrón.*

---

[57] Cuenca Almenar (2017).

Resulta evidente que, junto con un Aristóteles que resultaba esencial en la educación medieval y Boecio como referente del moralismo cristiano, el autor que domina el discurso doctrinal de los prólogos que Guillén de Segovia compuso para sus cuatro decires es Séneca, que se convirtió en sostén de una nueva moral estoico-cristiana y que tenía el prestigio particular de haber nacido en la península ibérica. Otras fuentes se limitan a un uso puntual o interesado, como es el caso de Vegecio, al que se acude para tratar de la guerra, o como ocurre con las fuentes cristianas, que comparecen a la medida del receptor clerical o para respaldar algunos conceptos complejos como el de la guerra justa; sin embargo, y en contra de lo que pudiera parecer en una lectura inicial, Guillén de Segovia estaba muy lejos de ser un letrado o un profesional de las humanidades. Por más que John Cummins (1973: 29) sentenciara que era «evidente que Pedro Guillén conoce muy bien los textos a que se refiere», lo cierto es que en muy pocos casos manejó esos textos y nunca lo hizo en sus lenguas originales. Mayoritariamente se sirvió de florilegios, polianteas y fuentes indirectas entre las que destaca, por su relevancia en la articulación de los prólogos, *La floresta de filósofos de varios dichos y sentencias políticas y morales.* Llama asimismo la atención que la única referencia a un autor contemporáneo se limite al *De casibus virorum illustrium* de Giovanni Boccaccio, en la versión romance *Caída de príncipes* de Pero López de Ayala, y que se traiga únicamente como parangón retórico de la propia caída del autor en la pobreza. Queda claro que este último se inclinó por el prestigio de las autoridades griegas y latinas en un entorno cultural donde se apuntaban los primeros atisbos de humanismo en Castilla. Estos autores clásicos le sirvieron, por un lado, para hacer avanzar el discurso y respaldar su propio ideario, pero, por otro, le permitían aspirar al reconocimiento de los lectores más cultos, sobre todo, el primero y principal de todos ellos, don Alfonso Carrillo.

MATERIALES DE CONSTRUCCIÓN

Los cuatro decires para don Alfonso Carrillo tienen como elemento común una visión alegórica a la que se accede, como en otros textos del siglo XV, a través de un sueño, una vigilia o una experiencia extraordinaria que conduce al poeta a un estado de incertidumbre, miedo o sorpresa, previo a la experiencia alegórica. La solución cambia en cada uno de los poemas, ya que siguen la pauta de fuentes bien diversas.

En la primera suplicación, el decir sobre la caída de su estado, el poeta, tras verse «privado de toda visiva potencia» (v. 89), abre los ojos y contempla el monte Parnaso. Allí, ante un cónclave de sabios innominados, plantea las cuestiones centrales del poema, que originalmente procedían del *De providentia* de Séneca: ¿Por qué existe el mal?, ¿por qué triunfan los malvados? o ¿por qué los buenos se ven postrados? Guillén de Segovia proyecta este debate moral hacia su propia situación de necesidad; y el esquema procede directamente del tratado

De consolatione philosophiae de Boecio, en el que el autor se queja de la difícil situación en que lo ha puesto la Fortuna. Por otra parte, la Filosofía, encarnada en una mujer, se le aparece para revelarle que el verdadero valor de las cosas está únicamente en Dios. La misma situación se reproduce en el decir, como el propio Guillén se encarga de recalcar:

> la Filosofía   a quien non se esconde
> del mundo movible   el fin de su precio,
> aquella maestra   del sabio Boecio,
> levántase presto   y así me responde (vv. 197-200).

No es el único lugar en el que se acude a la autoridad del moralista romano, pues también aparece de manera expresa en los versos 27-28 como fuente de consuelo ante la adversidad: «Ponerme consuelo no basta Boecio, / maguera sus dichos se de abtoridad», o como aviso ante los peligros que el sueño puede conllevar: «notando aquel sueño del grand Polifeno, / según que Torcato muy bien determina» (vv. 75-76). Procede, asimismo, de Boecio —*De consolatione philosophiae* II, 4, 2— una idea ya empleada en el prólogo sobre el mayor sufrimiento que conlleva la pobreza cuando previamente se ha vivido en abundancia: «Y habiendo memoria del tiempo agradable, / añade tristeza en la adversidad» (vv. 307-308); y otro tanto puede afirmarse de un verso extraño en su formulación, «A mi corralario poniendo porisma» (v. 245), cuyo léxico está tomado a la letra de *De consolatione philosophiae* III, 10, 26: «Et pulchrum, inquam, hoc atque pretiosum siue porisma siue corollarium uocari mauis».

Sobre esa base se acumulan numerosas y complejas referencias mitológicas cuyo origen más probable se encuentre en las *Metamorfosis* de Ovidio. Hallamos, asimismo, alusiones explícitas a Valerio Máximo, en sus *Facta et dicta memorabilia,* cuando en el libro VI, 1 trata de la vírgenes consagradas al culto de la diosa Vesta (vv. 97-98), a Ptolomeo como geógrafo (v. 419) y a Séneca en *De beneficiis,* con una máxima que en realidad procede de los *Proverbia vel sententiae* del pseudo-Séneca y que Pedro Díaz de Toledo tradujo y comentó a petición del marqués de Santillana y del rey Juan II de Castilla (vv. 459-460). También comparece Lucano en una perífrasis referida a la pobreza: «La vil compañera del triste Amiclate» (v. 438); se trataría de Amiclas, el piloto que condujo a César a Italia y al que, en el libro V de la *Farsalia,* se presenta viviendo en una completa miseria, aunque ajeno a cualquier forma de inquietud.

Entre los contemporáneos, la caracterización de la codicia que se ofrece en los versos 310-312, «la torpe cudicia con sus circunstancias / que non ha fartura en las abundancias / nin cesa por suma de gran cantidad», parece proceder de la adivinanza que el marqués de Santillana propuso a Juan de Mena respecto al mismo vicio: «Aquel animal / que, después de farto, queda fambriento / e nunca se falla que fuese contento» (*Obras completas,* p. 88). También Juan de Mena se ofrece como una lectura que aflora aquí y allá a lo largo del decir; baste recordar la mención de Belona, en el verso 112, que remite al comienzo del *Laberinto de Fortuna,* cuando la diosa romana de la guerra rapta al poeta; o la adopción por parte de Guillén de Segovia de fórmulas que proceden directamente de *La coronación del marqués de Santillana,* como «misperio jusano» (v. 14), «rencle de sillas» (v. 139); o la memoria del engaño de Polifemo por parte de Ulises en los versos 75-76, en los que late el eco del mismo *Laberinto de Fortuna:* «Non me aconteciese como a Polifemo, / que desque ciego en la gruta de Lemo / hobo lugar el engaño ulixeo» (p. 173).

La *Segunda suplicación que fizo Pedro Guillén de Sevilla al señor don Alfonso Carrillo, arzobispo de Toledo, porque de la primera non hobo aquel efecto que de ella esperaba* se inicia con una metamorfosis fantástica que tiene lugar durante la noche: «Vime, trocado de humana natura, / subir contrafecho con plumas crecidas» (vv. 21-22). A partir de ahí se suceden vuelos y caídas que parecen seguir el modelo de Juan de Mena en el *Laberinto de Fortuna,* cuando el poeta es llevado por la diosa Belona en un carro que tiran dos dragones; siendo el mismo poeta el que parece volar en sueños llevando «por guía dos sierpes unidas» (v. 23). De ese vuelo cae al Infierno, donde se encuentra con Plutón, identificado como el Diablo; de allí lo arrebata un águila que lo traslada hasta las playas de Troya, donde habla con el dios Apolo y contempla el poder de la Fortuna, sobre la que se muestra la imagen del arzobispo Carrillo sostenido por las virtudes cardinales y teologales. Toda la visión se ve súbitamente anegada y el poeta se despierta de nuevo en Segovia.

La visita al Infierno tiene antecedentes tanto en Dante como en Juan de Mena, con la acumulación de numerosas figuras mitológicas que el poeta contempla en el reino de Plutón o a las que se alude en sus intervenciones: Tántalo, Ticio, Proserpina, Leto y la Titánides, Orfeo y Eurídice, Cleopatra, las Danaides, Sísifo, Lucifer, Ixión, Hércules, Alcmena, Procne, Tereo, Proserpina y el can Cerbero. Al tiempo, el sorprendente rapto por parte del águila de san Juan, que lo lleva a Troya y que ya había sido anunciado en el prólogo, le permite dar cuenta de numerosos episodios y personajes de la guerra entre aqueos y teucros a partir de la *Crónica troyana,* fuente que con toda seguridad manejó. Por su parte, la visión de la Fortuna en su trono remite, de nuevo, a Juan de Mena, por más que los autores mencionados en este episodio sean Dante y Boccaccio, que «las grandes caídas escribe en registro» (v. 402), en alusión transparente a la traducción castellana del *De casibus.* También remonta a Mena la imagen del arzobispo Carrillo sentado en un trono, que conecta con la visión que el cordobés tiene de Juan II en el círculo de Marte.[58] No obstante y como hemos visto anteriormente, la compañía de las siete virtudes sigue de cerca la misma visión alegórica que se había aplicado al marqués de Santillana a partir de que el propio Mena lo hiciera en *La coronación.* A la hora de describir a las virtudes cardinales —Prudencia, Magnanimidad,

---

[58]   De Mena también proceden fórmulas como «Vi los cercadores y vi los cercados» (v. 341) o «fusta taurina» (v. 560) como ecos del rapto de Europa por parte de Júpiter.

Continencia y Justicia—, Guillén de Segovia siguió muy de cerca el ya menciona-
do *Libro de las cuatro virtudes,* al que volvería a acudir en la tercera suplicación.

A lo largo del poema se encuentran, además, alusiones particulares a pasajes
o personajes bíblicos como Moisés (v. 629), Abraham y Melquisedec en el libro
del *Génesis* (vv. 613-614); también se alegan casos de la historia antigua, como
los de Alejandro y Antígono en tanto que ejemplos de liberalidad (v. 602), textos
literarios como la *Eneida* y la *Odisea* (vv. 17-20) o autores latinos como Vegecio,
del que se glosa la famosa sentencia «qui desiderat pacem, praeparet bellum»
(*De re militari* III); pero la autoridad de mayor presencia en el poema es la de
Lucano. De este autor vuelve a mencionarse la figura de Amiclas como paradig-
ma moral (vv. 551-552) y se utiliza la consulta que el cónsul Apio hace en la
Farsalia V, 65-236 para describir el templo de Delfos y las intervenciones de la
pitonisa (vv. 181-192). A la luz del cotejo entre el texto y su fuente, resulta evi-
dente que Guillén de Segovia leyó el poema latino en la versión castellana que se
había incluido en la *General estoria* por orden de Alfonso X; no se olvide que el
marqués de Santillana se hizo copiar el poema de manera exenta para su biblio-
teca[59] y que fue precisamente en esa versión donde lo leyó Segovia.

Ya en el prólogo a la *Suplicación para el muy reverendo e magnífico señor
don Alfonso Carrillo, arzobispo de Toledo, cerca de la paz et sosiego que, en
estos tiempos de tanta turbación, es nescesaria* se desvela la fuente principal del
poema: «Quise seguir la orden que Séneca tovo en el *Compendio de las cuatro
virtudes*, do pone dotrinas y enxiemplos asaz compendiosos y aprovechables»
(7). En efecto, el poema se ajusta, tanto en la estructura como en buena parte del
contenido, al discurso del *Libro de las cuatro virtudes,* traslación castellana que
Alonso de Cartagena hizo de la *Formula vitae honestae* de Martín de Braga y que
se difundió como obra de Séneca. Dado el fuerte vínculo que, en la época, se
estableció entre la moral estoica y la doctrina cristiana, el texto comienza con una
renuncia a las musas paganas que, como ya hemos visto, se ajusta a la formula-
ción de Juan de Mena en las *Coplas de los pecados mortales;* y es que, no en
vano, Guillén de Segovia había sido continuador de este poema que el cordobés
dejó inconcluso. A partir de ahí se establece una alegoría básica en la ética tradi-
cional que presenta al ser humano como *homo viator* que en su recorrido por el
mundo ha de elegir entre las dos opciones que le ofrece el *bivium,* el camino co-
mún y fácil, que conduce al pecado, y la senda estrecha de la virtud:

> Pues luego nos proveamos
> y el camino bien miremos,
> por que cuanto más andemos
> tanto más cerca seamos;
> ca, si nos queremos ir

---

[59] Se trata del manuscrito *Lucano en romance,* conservado en la Biblioteca Nacional de España
con la signatura Ms. 10805. Sobre este manuscrito, su vínculo con la *General estoria* y su presencia
en la biblioteca de don Íñigo, véanse Schiff (1905), Rubio Tovar (1995) y Grespi (2004: 178-182).

a la gloria deseada,
para en ella prevenir,
mucho debemos fuir
la carrera más trillada (vv. 46-54).

En ese arduo camino, el poeta señala «cuatro veredas» «que, seguidas por costumbre, / a lo eterno nos adiestran» (vv. 55-58); se trata de las cuatro virtudes cardinales a las que se refería el tratado atribuido a Séneca: Justicia, Prudencia, Magnanimidad y Continencia. Al inicio de cada uno de esos senderos se induce a seguirlos y se nos explica en qué consisten, parafraseando la letra del *Libro de las cuatro virtudes* hasta el punto de que cabe afirmar que el poeta se limita a poner en verso la doctrina en prosa que utiliza como fuente. Para ilustrar las virtudes, en cada uno de los casos se traen a colación algunos ejemplos tomados de la historia antigua o de la bíblica: el senador romano Lento, el emperador Trajano, el también romano Frondinodio, el cónsul Quinto Fabio Máximo Ruliano y Marco Junio Bruto son referidos como dechados de la Justicia; Salomón de la Prudencia; Cayo Mucio Escévola, Catón, los generales pompeyanos Afranio y Petreo, así como el rey ateniense Codro, de la Magnanimidad; quedando la Continencia sin modelos históricos.

La casi totalidad de tal nómina la tomó Guillén de Segovia de don Íñigo López de Mendoza y de Gómez Manrique, y de los *Proverbios* del marqués, con su glosa y la de Pedro Díaz de Toledo, extrajo las referencias a Lento, Frondinodio, la petición de Salomón a Yavhé, Murcio Escévola, Codro y Catón, acerca del que ambos muestran reparos respecto a su suicidio junto con el elogio de su prudencia; mientras que la alusión a los caballos carnívoros de Diomedes procede de *Bías contra Fortuna*. El mismo don Íñigo fue fuente para varios textos de Gómez Manrique, de los que, a su vez, se sirvió Guillén de Segovia; en concreto, del *Planto de las Virtudes e Poesía por el magnífico señor don Íñigo López de Mendoza,* en el que también constan como ejemplo de las mismas virtudes y en términos parejos las figuras de Trajano, Quinto Fabio Máximo, Bruto, Mucio Escévola y Codro. Por su parte, las alusiones a Afranio y Petreo vuelven a remitir a Lucano en la *Farsalia* IV, la mención del profeta en el verso 226 corresponde al libro bíblico de los *Proverbios* y la definición de la verdadera fuerza como virtud espiritual y no física sigue a Juan de Mena en el *Laberinto de Fortuna:* «Fuerza se llama, mas non fortaleza, / la de los miembros, o grand valentía. / La grand fortaleza en el alma se cría» (p. 261).

Resultan especialmente llamativos la acumulación de un importante número de refranes en este tercer decir y el hecho de que este primer humanismo peninsular mostraba un profundo interés no solo por la cultura clásica, sino también por los dichos y tradiciones populares, como demuestra la muy temprana colección que hizo recopilar don Íñigo López de Mendoza, los *Refranes que dicen las viejas tras el fuego.* Como luego harían los humanistas españoles del siglo XVI bajo la influencia de Erasmo de Rotterdam y sus *Adagia,* estas gentes consideraban que los proverbios extraídos de Séneca, Aristóteles o Cicerón tenían un complemento extraordinario en ese arsenal de saberes que constituye el refranero español; varios de estos refranes, que Guillén de Segovia insertó en la parte final de esta tercera suplicación, parecen estar tomados del repertorio del marqués. Así, «los apercebidos / ya son medio combatidos» (vv. 475-476) reescribe el dicho de don Íñigo «Ombre aperçebido, medio combatido» (*Refranes,* p. 100); «buen amigo es el gato, / sino que luego rascuña» (vv. 503-504) corresponde a «Buen amigo es el gato, si no que rascuña» (*Refranes,* p. 81); y «mucho place a pescadores / con el río que va vuelto» (vv. 534-535) se encuentra también en el marqués: «A río buelto ganançia de pescadores» (p. 80). A estos cabe añadir «Dentera face el agraz» (v. 487), que también consta en Juan Ruiz: «De un grano de agraz se faze mucha dentera» (*Libro de buen amor,* p. 221); «no pueden vivir en paz / dos tocados tras un fuego» (vv. 488-489), que todavía recogió el maestro Correas: «Dos tocados a un fuego, el uno está rostrituerto; o el uno u el otro está rostrituerto. Dos tocados a un hogar, mal se pueden concertar» (*Vocabulario de refranes,* p. 167); o «no se quiebran bien las cañas / todas juntas en manojo» (vv. 507-508) y «quiere pan con las agallas» (v. 513), que no he logrado acreditar, pero que tienen una estructura transparentemente paremiológica.

La *Obra compuesta y ordenada,* cuarto de nuestros decires, fue construida a partir de tres fuentes fundamentales: la *Farsalia* de Lucano, la *Visión deleytable* de Alfonso de la Torre y el *Laberinto de Fortuna* de Juan de Mena. Como ya hemos visto, Guillén manejó la *Farsalia* en la traducción incluida en la *General Estoria* de Alfonso X, más que probablemente a partir de la copia del poema que el marqués de Santillana ordenó para su uso particular. Lucano tenía además el interés particular de haber nacido en España y contaba con la mediación de Juan de Mena, que le había reservado un papel muy destacado en su poema mayor. Del poeta romano proceden los malos augurios que abren la *Obra* para revelar el estado de postración en que yacía Castilla; los mismos versos revelan inequívocamente la fuente de la que se habían alimentado: «Los signos parescen del libro *De bello,* / do pone Lucano terribles señales» (vv. 21-22) o «No dudo de fuego quemarse Castilla, / segund que de Roma lo escribe Lucano» (vv. 37-38). En efecto, la acumulación de signos negativos en los versos 25-108 del decir se ajustan muy detalladamente a la *Farsalia* I, 522-583, en la que se advierte de la guerra civil que amenazaba a Roma. Por otro lado, el cotejo con la versión castellana, que pude seguirse en las notas de esta edición, demuestra de manera inequívoca que fue esta, y no el texto latino, la pauta que siguió Guillén en su escritura.[60] Más adelante, la mención del mago Arruns (v. 46) y la de la muerte de Tago y Telón (v. 1031) también remiten a los libros primero y tercero de la *Farsalia.*

---

[60] Sobre la presencia de Lucano en Guillén de Segovia, véanse Tallgren-Tuulio (1931), que ya señaló los posibles vínculos con la biblioteca del marqués de Santillana, Almeida Cabrejas (2006), Doménech Mira (1986: 23-28) y Gómez Moreno y Jiménez Calvente (2017: 337-338).

La lectura de la *Visión deleytable* del bachiller Alfonso de la Torre hubo de impresionar vivamente a Guillén, que convirtió el tratado alegórico en columna vertebral para su propio poema. La *Visión,* compuesta probablemente hacia 1453 en la corte de Navarra, fue planteada como una enciclopedia de saberes en la que el Entendimiento, acompañado del Ingenio, va ascendiendo por una montaña e instruyéndose en las casas de las siete artes liberales; una vez adoctrinados, acceden a las casas de la Verdad, la Sabiduría y la Naturaleza. A partir de ahí, el libro atiende a la filosofía moral cuando el Entendimiento conoce a las virtudes y llega finalmente a la casa de la Razón antes de despertar de su sueño.[61] La obra, que alcanzó un enorme éxito en la época, ha sido frecuentemente vinculada a círculos conversos a los que pudiera haber pertenecido el propio Guillén de Segovia.[62]

No cabe la menor duda de que el poeta sevillano leyó con muchísimo interés la *Visión deleytable* y tomó de ella la armazón esencial de su poema, aunque simplificando la trama y adaptándola a sus propios intereses.[63] En primer lugar, Guillén resumió en los versos 79-112 el capítulo «Visión en la qual poéticamente e por figuras se declaran los males e turbaçiones del mundo» que abre la *Visión.* Hizo, luego, que su propio Entendimiento saliera del cuerpo e iniciara el ascenso a un monte alegórico de la sabiduría donde, entre los versos 113 y 1136, visita las casas de las siete artes liberales. La descripción de esas moradas, de las doncellas alegóricas que las habitaban, de sus atributos y aun del contenido de sus discursos siguen tan de cerca la letra de Alfonso de la Torre que con frecuencia ha de entenderse como un mero ejercicio de versificación. Otro tanto cabe decir del encuentro del Entendimiento con las virtudes cardinales y teologales y de los discursos con los que estas siete doncellas instruyen al mozo entre los versos 1281 y 1584 de la *Obra compuesta y ordenada.* El lector paciente podrá comprobar en las notas que acompañan al texto de esta edición hasta qué grado alcanza la hondísima deuda que Guillén de Segovia adquirió con el bachiller.

La de Juan de Mena es una presencia que late a lo largo de todo el decir manifestándose de manera expresa aquí y allá, ya sea como fuente de información, como modelo en la construcción de las estrofas, como pauta de versificación o como guía en la articulación alegórica de la obra; baste recordar el vínculo que, en el *Laberinto de Fortuna,* se establece entre cada círculo planetario y una virtud, y que en la *Obra compuesta y ordenada* se convierte en correspondencia entre las siete artes liberales con un planeta y con un modo humano de comportamiento. De las *Trescientas* proceden, sin duda alguna, la fuerte presencia del narrador como personaje del relato, los estrechos vínculos con la historia inmediata o el panegírico que da sentido a la totalidad del texto; y no solo eso, Guillén de Segovia tomó para sí y sin modificación alguna fórmulas verbales, hemisti-

---

[61]   En torno a Alfonso de la Torre y su *Visión,* consúltense García López (2002) y Girón-Negrón (2001).

[62]   Aun así, no se olvide que, como hemos visto anteriormente, Gómez Manrique tuvo, hasta el final de sus días, un ejemplar de la obra entre sus libros.

[63]   Tanto Grave (1927) como Moreno Hernández (1990: 102) y Doménech Mira (1986: 28-44) tratan de la presencia de la *Visión deleytable* en Guillén.

quios y versos completos de Mena.[64] Es asimismo mucha la información que se llevó del *Laberinto* hasta la *Obra* con una función pareja en ambos textos; así ocurre con los ejemplos mitológicos o históricos que ilustran las conductas correspondiente a la diversa influencia que los planetas ejercen sobre los seres humanos. En la casa de la Gramática, emparentada con la Luna (vv. 209-224), se repiten los mismos ejemplos de castidad femenina que Mena puso en el círculo de Diana: Penélope, Hipermestra, Lucrecia, Hipólita, Argía y Artemisa. Para el planeta Mercurio, unido con la Lógica (vv. 337-376), Guillén reiteró los casos de Néstor, consejero aqueo en la guerra de Troya, el cónsul Cayo Fabricio Luscino, Capis, Numa Pompilio, Isífile y Antenor que ya esgrimiera Mena. En la casa de la Retórica, bajo el influjo de Venus (vv. 481-516), vuelven a coincidir ambos poetas al hacer memoria de Ixión, Clitemnestra, Mirra, Macareo y Canace, Tereo, Pasífae, Medea, Orfeo o, incluso, de un personaje más próximo en el tiempo como Macías *el Enamorado.* Guillén situó al planeta Júpiter en la casa de la Música (vv. 1017-1024), y volvió a servirse de Mena para ello, acudiendo a personajes como Codro, los Decios, los Brutos, los Catones y Fabricio, que el cordobés había ubicado en ese mismo círculo. Incluso la importancia que Guillén otorga a la codicia como causa de males en Castilla procede directamente del discurso político formulado en el *Laberinto.*

Pero no fueron estas las únicas fuentes de las que se sirvió nuestro poeta para la composición de un poema extenso como el que nos ocupa. La relación de filósofos griegos que se hace en la casa de la Aritmética —con la excepción de Calístenes (vv. 625-632)— coincide con la *Vidas de filósofos ilustres* de Diógenes Laercio, que Guillén probablemente conoció gracias a la versión castellana del compendio *De vita et moribus philosophorum* de Walter Burley.[65] La anécdota sobre el impío latrocinio del tirano Dionisio I hubo de leerla en la traducción que Juan Alfonso de Zamora hizo de los *Hechos y dichos memorables* de Valerio Máximo. En cuanto a fuentes medievales, la doble mención que se hace del traidor Macaire (vv. 51 y 472) demuestra que había leído la anónima *Historia de la reina Sevilla;* y otro tanto ha de afirmarse de Giovanni Boccaccio, al que menciona expresamente hasta tres veces: en el verso 639, junto con escritores y poetas de la Antigüedad: «Francisco Petrarca y luego Bocacio»; como historiador de desgracias: «Porque su registro escriba Bocacio» (v. 1063); o en alusión a los vaivenes de la Fortuna: «Pues veis a Fortuna estar así presa / en esas presiones que escribe el Bocacio» (vv. 1716-17171). Guillén manejó el *De mulieribus claris,* probablemente en la versión castellana de *Las mujeres ilustres en romance,* y de ahí salen, al menos en parte, las alusiones Hipermestra, Lucrecia, Argia, Artemisa y Julia, hija de César y mujer de Pompeyo (vv. 209-224 y 520). Por su parte, el caso desgraciado de Aníbal, referido dos veces (vv. 760 y 872), se encuentra en la *Caýda de príncipes,* de la que ya se había servido en los dos primeros decires.

---

[64] Así lo acreditan los versos 88, 207, 356, 568, 625, 650, 721, 825, 1010, 1104 *título* o 1760.
[65] Crosas López (2000 y 2002).

Aun así, en los versos 1063-1064, Guillén deslizó lo que cabe interpretar como una censura literaria a la escritura de la traducción de López de Ayala, que había de resultarle arcaica y poco atractiva «porque su registro escriba Bocacio, / su baja caída, con pluma cansada».

EL POETA Y SUS MÁSCARAS

La figura del yo poético adopta una forma llamativamente novedosa en la poesía de Pero Guillén de Segovia, convirtiéndose en eje y centro del relato. Los cuatro decires que aquí nos interesan están estructurados en torno a ese yo; pero, a decir verdad, no se trata de un caso aislado, ya que afectó a buen parte de la literatura castellana del siglo XV. Algo nuevo se abría paso entonces, alejándose tanto del yo alegórico y doctrinal con el que arrancan, por ejemplo, *Los milagros de nuestra Señora*: «Yo, maestro Gonçalvo de Verceo nomnado, / yendo en romería caecí en un prado» (p. 561); como del yo cómico, pero también doctrinal, del arcipreste: «Yo, Johan Ruiz, el sobredicho açipreste de Hita, / pero que mi coraçón de trobar non se quita» (*Libro de buen amor*, p. 148). La primera persona, como representación simbólica de la totalidad de los seres humanos, se ve progresivamente sustituida por un yo individual que habla de sí mismo y que, hasta cierto punto, llega a coincidir con el yo del autor; recurso retórico que se afirma en textos en prosa como las *Letras* de Fernando del Pulgar y que poco a poco fue también asentándose en la poesía narrativa, fundamentalmente a partir de tres elementos concretos: la lírica amorosa de cancionero, la *Commedia* de Dante y la *Farsalia* de Lucano.

La envoltura retórica del yo lírico se presenta con apariencia de sinceridad y como testimonio de un sentimiento que se simula personal, por más que solo sea un ejercicio ficticio de autobiografía; sin embargo, en la escritura de algunos poetas líricos del XV se intensifica el recurso hasta el punto de que el propio poeta comparece con su nombre como sujeto del discurso amoroso. Un ejemplo extraordinario lo encontramos en el propio entorno de Guillén, con ciertas composiciones líricas de Juan de Mena, como «¡Guay de aquel ombre que os mira…!», en cuya finida comparece un personaje homónimo al autor: «Yo vos suplico e ruego / que me libréis desta pena, / que, si muero en este fuego, / non fallaréis así luego, / cada día un Johan de Mena». Otro tanto sucede en la estrofa final de «Ya no sufre mi cuidado»: «Ya vuestra ira sobrar / non quiera mi tanta pena, / mas vuestro galardonar / quiera de tanto pesar / guarescer un Johan de Mena» (*Obras completas*, pp. 20 y 41).

A su vez, Dante tuvo un importantísimo influjo en la Castilla del siglo XV y contó, además, con una traducción castellana atribuida a don Enrique de Villena.[66]

---

[66] Al respecto, Penna (1965), Pascual Rodríguez (1974), Pascual Rodríguez y Santiago Lacuesta (1983), Cátedra García (1994), Calef (2012) y Valastro Canale (2022).

La *Commedia* nos ofrece la figura de un narrador que, a su vez, es personaje de la ficción que refiere, protagonizando un viaje alegórico a través del Infierno, el Purgatorio y el Paraíso y convirtiéndose en testigo único del relato. La invención tuvo, a no dudarlo, un importantísimo impacto en la literatura de aquel período, aun cuando el origen de ese recurso habría que buscarlo más atrás, en la *Farsalia*. Lucano reservó un papel determinante a la voz narrativa dentro de la propia acción y le otorgó una voz propia que contradice la práctica poética del género épico; recuérdese que, cuando Aristóteles trata de la épica en su *Poética,* sentencia que «el poeta debe hablar lo menos posible a título personal» (fr. 1460a). Refutando al Estagirita, el narrador de la *Farsalia* interviene con una frecuencia inusitada para trasladar sus reflexiones personales y su posición respecto a los hechos relatados; su presencia es tan continua que termina por convertirse en un personaje más del poema. Y hay más, ya que ese narrador se identifica en gran medida con el propio Lucano y se apropia libremente de conceptos que coinciden con la ideología del autor.

Tenemos la certeza de que Pero Guillén de Segovia leyó esa poesía lírica de cancionero, pues no en vano él participaba de ella; también hubo de leer a Dante, y acabamos de ver cómo tuvo sobre su mesa una copia del poema de Lucano en su versión castellana. No obstante, la principal influencia que se percibe en su obra a la hora de configurar ese complejo personaje del narrador es la del *Laberinto de Fortuna* de Juan de Mena, que llevó esa figura más allá de lo que habían ideado Lucano y Dante. Mena también se desdobló en relator y personaje de su propia ficción, convirtiéndose en garante de la historia;[67] pero no estamos ante un mero observador, ya que todo sucede precisamente porque él lo contempla. Asistimos a las visiones gracias a su mediación. Nuestra percepción es la suya, y así se revela formalmente por medio de la repetición anafórica del verbo «ver» en primera persona del singular o del plural: «Vi...», «vimos...». De ese modo, la presencia del poeta como sujeto de la acción se nos hace patente de manera expresa y continuada.

Toda la arquitectura narrativa del *Laberinto* se sostiene, además, sobre la interlocución de esa figura con el rey Juan II, a quien la obra está dirigida; no en vano, al final de cada círculo el poeta se dirige al rey para que afronte una reforma ética de Castilla y vuelve a hacerlo al final de la obra instándole al cumplimiento de lo que las profecías habían anunciado sobre su gobierno. Ese Juan de Mena —como su mismo interlocutor real— muestra una doble naturaleza histórica y ficticia, ya que se mueve entre el mundo real y el sueño visionario, por más que el yo que transita por ambos mundos sea siempre el mismo.

También en Guillén de Segovia el yo del poeta se presenta primero como un personaje real que luego, a través del sueño o del rapto, accede a un mundo ficticio y alegórico. Este esquema se repite en los cuatro decires, en los que el narrador es a la vez un personaje central de lo narrado y testigo en exclusiva de la

---

[67]   Gómez Canseco (2024: 76-77).

verdad que se traslada a los lectores; sin embargo, en los dos primeros, compuestos para solicitar el socorro de don Alfonso Carrillo, ese yo autobiográfico se hace más vivo y presente, mientras que, en los dos últimos, el narrador adopta una máscara política para tratar de los problemas de Castilla. Lo que no cambia en ningún caso es la presencia del prelado como receptor externo e interno de la obra y como interlocutor del narrador.

A pesar del encaje alegórico que caracteriza a estos decires, se percibe de manera inmediata la voluntad de que lector acepte una identificación inmediata entre autor y narrador. Ambos comparecen bajo el mismo nombre de Guillén de Segovia, que también se convierte en personaje de la acción referida; y no solo eso, aquí y allá se alude a un espacio y a un tiempo concretos y se hacen referencias muy precisas a la realidad histórica o a hechos y circunstancias de su vida. No es extraño, por ello, que adopte una retórica confesional que se hace muy patente en los dos prólogos, en prosa y verso, que preceden a su traducción de los Salmos bajo la apariencia de un pecador arrepentido;[68] o que atienda a la propia singularidad de su yo en la *Obra de Pedro Guillén demandado consejo a un su amigo sobre su vida*: «Fablemos en singular / de mi caso desastrado / por que seas informado / para bien determinar» (*Obra poética,* p. 143).

También en nuestros cuatro decires, el punto de partida es un yo que cuenta su historia personal como parte de una realidad vivida; así lo vemos en el primero de ellos: «Caí de mi honra en gran menosprecio, / troqué por laceria mi prosperidad» (vv. 25-26). El discurso de confidencia, paralelo al de san Agustín en las *Confesiones,* lo lleva a desvelar su estado de postración, «mediante pobreza ya vivo tal vida / que no es la muerte igual en tormento» (vv. 55-56), y a descubrir que el sentimiento de desesperación lo ha conducido al deseo de morir:

> Estar en tinieblas   y en escuridad,
> pidiendo la muerte   es ya mi deporte,
> ca non sé ninguno   que allí se comporte,
> do sigue el estremo   la necesidad (vv. 29-32).

Ese marco de afectos, que se presentan como reales y vividos por el autor, precede a la entrada en el mundo alegórico, que, como hemos visto, tiene lugar por intermediación de un sueño, una visión o un prodigio inesperado. En el primer decir, una repentina ceguera da paso a otro modo de percepción que le permite contemplar ese otro mundo imaginario: «Se abrieron mis ojos —notad este paso— / y cerca la fuente del monte Parnaso / muy breve me fallo con gran libertad» (vv. 102-104). El segundo decir comienza directamente con una metamorfosis del yo que, en un viaje alegórico, es llevado primero al Infierno y luego a las playas de Troya. A pesar de esos traslados transparentemente ficticios, se apela a la propia conciencia para que el lector entienda que el yo que ocupa esos territorios alegó-

---

[68]   Núñez Rivera (2001: 114-115).

ricos es el mismo yo que hablaba de sí en el mundo real: «Vi mis potencias conjuntas a una, / segund que espiriencia obrando razona» (vv. 105-106). Tal identidad se convierte en aval para certificar la veracidad de todo lo que ve y refiere. Una sucesión anafórica de «Vi…, vi…, vi…», que ya hemos localizado en Juan de Mena, convierte al narrador en sujeto de la acción y personaje de la misma. Por ello, en la primera suplicación se dirige a los sabios para hablar de sí mismo y, cuando la Filosofía le responde, vuelve a plantear sus problemas económicos y aun morales en unos términos sorprendentemente crudos:

> Terribles pasiones   me dan mis oídos,
> envidia me engendra   la corporal vista,
> el gusto me pide   sabores complidos,
> el tacto metales   de buen alquimista (vv. 297-300).

En el segundo decir todo esto se materializa en su terrible ofrecimiento al demonio: «Yo darte he mi alma, después que me muera» (v. 120). En ese mismo texto y también dentro del marco alegórico, se introduce por primera vez un elemento de notable importancia a la hora de configurar y caracterizar a ese yo literario en correspondencia con el supuestamente real; se trata de las manifestaciones astrológicas que se ponen en boca de Apolo como dios de la adivinación. A petición del poeta, este le revela las circunstancias astrales de su nacimiento como explicación de la situación vital en la que se halla:

> Un día nubloso   que manso llovía,
> naciste en Sevilla,   pues quies que lo rece,
> el año […]   del año de trece,
> trocada por muerte   la gran carestía.
> Dos horas y tercia   pasadas del día,
> a ocho de Virgo,   el día era martes,
> al orbe terreno   por todas sus partes
> señales contrarias   del curso facía.
>
> Segund que Saturno   trabajos influye
> y el daño que de él   al mundo resdunda,
> segund señorea   tu casa segunda
> la cola saliente   que el bien diminuye.
> De tu ascendente   se toma y concluye
> por la conjunción   de verso con Mares,
> verás por el contra   lo que deseares,
> el oro y la plata   de tu poder fuye (vv. 257-272).

Evitando cualquier malentendido, el poeta dispuso estos elementos en el territorio de lo onírico, pero acudió a ellos a sabiendas de que era una materia que interesaba a su interlocutor; aun así, no era la única razón, ya que él mismo se sirvió de argumentos parejos en textos ajenos al arzobispo, como el *Otro dezir que fizo Pero Guyllén contra pobreza, cuyo efeto e calidad a él en tanto grado como otro el causador lo a conocido:*

> Maguer que Saturno my suerte guerrea,
> trayendo mis fechos en tanta mudança,
> e Mares consyente la tryste pelea,
> costante me fallo en buena esperança.
> El alto que puede con tiempo provea,
> porque Mercuryo ynfluya tenprança
> y el potente Febo, quel mundo rodea,
> derrame los nublos de my tribulança (*Obra poética*, p. 170).[69]

No es el único elemento problemático, pues los discursos que Guillén de Segovia sostiene en torno a la pobreza distan mucho de la doctrina oficial de la Iglesia, que encuentra en ella un camino seguro hacia la salvación y mira la riqueza con cierto recelo. Son esos los principios que la Filosofía proclama y que el narrador no tiene inconveniente en rechazar desde la primera suplicación:

> tú loas pobreza,   la cual yo denuesto,
> y quiero mi cabsa   así concluir;
> pues gloria consiste   en bien repartir
> aquestos metales   de plata y de cobre,
> y el rico se salva   también como el pobre,
> querría dar siempre   y nunca pedir (vv. 291-296).

También el suicidio es una cuestión moral que planea sobre los dos primeros decires, y lo hace tanto en el espacio real como en el alegórico. Si en el prólogo de la primera suplicación se apunta: «Me sojuzgaron pensamientos más cercanos a desesperación que al católico propósito» (3), Apolo avisa en la segunda del peligro en que el poeta se halla: «Si no te corriges, serás homecida, / con tus propias manos tomando la muerte» (vv. 295-296). La única salida que Guillén encuentra es el socorro del arzobispo, al que instan tanto la Filosofía como las visiones alegóricas del segundo decir; de hecho, cuando regresa al mundo real, lo hace para pedirle que materialice lo anunciado en esos ensueños: «Faced que pobreza me deje muy presto, / suplid el defeto do tanto fallece, / mandad a Fortuna, pues vos obedece, / que ya no me muestre tan bravo su gesto» (vv. 453-456). Lo mismo vuelve a repetir en la segunda de las suplicaciones: «Ponedme remedio, aquel que convenga, / porque en sosiego mis canas aloje, / de cuitas y males así me despoje / que por mucho rico y alegre me tenga» (vv. 654-656).

---

[69]   Principios astrológicos también se encuentran, por ejemplo, en *Este dezir que se sygue conpuso e ordenó Pero Guyllén de Sevilla, vezino de Segovia, el qual se diryge al que sygue su voluntad dexando el serviço de Dios*: «Cryó la pureza del nyeto de Çeo, / que sobra con fuerça el ayre noturno, / e puso corona de justo deseo / al gran Jupyter, fondón de Saturn; / a Mares cryó en alta coluna, / mynistro de daño que trystes nos torna; / avernos Mercuryo, estrellas e luna, / tiene asý presa la magna fortuna, / e por su mandado el syglo trastorna» (*Obra poética*, p. 234).

Guillén subraya el regreso a la realidad con referencias geográficas muy concretas y con alusiones a un dinero contante y sonante que desvelan el abandono del tiempo y del espacio alegóricos: «Falleme en Segovia con sobra de enojos […], / bien cerca las casas del noble marqués […] / falleme en mi falda doscientos reales» (vv. 566-571). El cambio se produce de manera repentina, subrayando la continuidad conceptual de ambos mundos, tal como ocurre en el inicio de la *Cárcel de amor* de Diego de San Pedro, cuando el autor regresa de Granada atravesando Sierra Morena y, sin aviso ni mediación alguna, se ve repentinamente en el territorio de lo alegórico:

> Después de hecha la guerra del año pasado, viniendo a tener el invierno a mi pobre reposo, pasando una mañana, cuando ya el sol quería esclarecer la tierra, por unos valles hondos y escuros que se hazen en la Sierra Morena, vi salir a mi encuentro, por entre unos robledales do mi camino se hazía, un cavallero assí feroz de presencia como espantoso de vista, cubierto todo de cabello a manera de salvaje; levava en la mano isquierda un escudo de azero muy fuerte, y en la derecha una imagen femenil entallada en una piedra muy clara, la cual era de tan estrema hermosura que me turbava la vista; salían della diversos rayos de fuego que levava encendido el cuerpo de un honbre quel cavallero forciblemente levava tras sí (p. 81).

El envío del primer decir también añade una circunstancia personal que conecta al narrador con el autor: «Yo fuera en presona, maguer que so viejo, / según que razón en tal caso manda, / mas hobe recelo que aquesta demanda / color en mi rostro pusiese bermejo» (vv. 465-468); mientras que el gesto burlesco respecto a la propia necesidad en el segundo apunta a una revelación íntima que le sirve para respaldar la veracidad de los hechos: «Yo muchas veces, por mengua de pan, / me acuesto temprano, diciendo que ayuno» (vv. 615-616). Pero acaso el instrumento más sugestivo en ese empeño por identificar los espacios reales y los ficticios, así como la identidad compartida por el autor, el narrador y el personaje, sea la declarada homonimia que se reitera en los dos decires: «Si vuestra prudencia querrá saber quién / es este que yace de palmas en tierra, / mandad preguntar por Pero Guillén, / allende Pedraza, bien cerca la sierra» (vv. 433-436), en el primero, y «Por tanto, muy noble, si a Pedro Guillén / redrades la mengua de tal vituperio» (vv. 625-626) en el segundo.

Resulta llamativo que también don Alfonso Carrillo comparezca como arzobispo de Toledo en el mundo real y como personaje en el ficticio. De una manera indirecta, la Filosofía hace un panegírico de su figura en la primera suplicación, aunque no duda en aludir a sus armas nobiliarias o algunos de sus hechos de armas, como la conquista de Torija o la victoria sobre los franceses (vv. 387-392). En el segundo decir, Guillén fue más allá, pues es él mismo quien lo contempla elevado sobre la Fortuna y sentando en un trono que sostienen siete doncellas:

> mirando más alto,   vi sobre la rueda
> en muy rica silla   un noble perlado.

> Estaba en lo firme   muy bien colocado,
> notar su pureza   non busca mi seso.
> Siete doncellas   lo tienen en peso,
> de sus propias obras   el manto bordado (vv. 411-416).

La imagen corresponde a la que Juan de Mena contempla de Juan II en su visita al círculo de Marte, y tiene, asimismo, una función pareja:

> Allí sobre todos   Fortuna pusiera
> al muy prepotente   don Juan el segundo.
> De España no sola,   mas de todo el mundo
> rey se mostraba   segund su manera.
> De armas flagrantes   la su delantera,
> guarnida la diestra   de fúlmina espada,
> y él de una silla   tan rica labrada
> como si Dédalo   bien la ficiera (*Laberinto de Fortuna*, pp. 230-231).

Como puede verse, Juan II aparece como personaje en el recorrido alegórico, siendo a la vez dedicatario del poema e interlocutor del poeta, que lo invoca personalmente en diversos momentos de la obra. Para insistir en esa identidad, el poeta precisa, en la segunda suplicación, varias acciones históricas del prelado, incluso dentro del discurso ficticio:

> mezcló tal hazaña   por do Barcelona
> quesiese a su rey   quitar de la silla;
> quebró la hermandad   de Francia y Castilla
> y fizo las vistas   de cerca Bayona [...]
> y fizo que Estella   con su merindad,
> arenas de guerra,   sus torres y andenes,
> por donde Aragón   nos diese en rehenes
> a su ínclita reina   por seguridad (vv. 509-520).

La atención a la historia pasa a primer plano en los dos decires que Guillén de Segovia compuso ya bajo la tutela del arzobispo Carrillo. Ese yo, impostadamente confesional, adoptó una nueva máscara, en este caso política, que atenúa la dimensión personal para, a cambio, sostener el discurso ideológico del señor. El estribo de ese entramado retórico sigue siendo la primera persona del poeta, aunque aquí en el papel relator y enunciador: relator de unos hechos que avalaría la historia y enunciador de una verdad doctrinal y política. No obstante, como en las dos primeras suplicaciones, el narrador sigue apareciendo bajo la denominación de «actor», esto es «autor», y el yo se constituye en elemento único de referencia. Como ha explicado Luis Fernández Gallardo (2006: 453): «Revela una responsabilidad como garante de la memoria en su compromiso con la verdad, que declara observar por encima de afectos personales. La función de la primera persona es guiar la lectura, mostrando la vertebración del relato mediante la delimitación de sus unidades, los fechos o fazañas». Los hechos se presentan como históricos y la alegoría viene a ser cauce para la transmisión de una verdad que se entiende superior, ya que responde al beneficio del reino; y no solo eso, se entiende que esa ficción alegórica contribuye de manera decisiva a una mejor y mayor difusión del mensaje.[70]

Así sucede en la *Suplicación para el muy reverendo e magnífico señor don Alfonso Carrillo, arzobispo de Toledo, cerca de la paz et sosiego que, en estos tiempos de tanta turbación, es nescesaria, interpuesta por Pedro Guillén de Sevilla, muy homil siervo a su señoría,* en la que el poeta asume el papel de transmisor de la voz del pueblo. Para que la proclama se haga más creíble y se le reconozca legitimidad, Guillén optó por esconder retóricamente su yo individual detrás de un plural que designa y aglutina a una colectividad: «Pues luego nos proveamos / y el camino bien miremos, / porque cuanto más andemos / tanto más cerca seamos» (vv. 46-49). De ese modo, pretendía hablar en nombre de todos a la hora de pedir el auxilio del arzobispo o para enunciar una verdad que supuestamente correspondería a la de todo un pueblo; se atiene en ello al designio de un principio superior como el de *Vox populi, vox Dei.* El panegírico del prelado no sería, pues, el acto de un cortesano que complace a su mecenas, sino el reflejo de un clamor colectivo; clamor en el que se asienta la apelación a don Alfonso para que intervenga en la política castellana con el argumento de una supuesta y completa identificación de los intereses del clérigo con los del pueblo:

> Pues las gentes acabdilla
> vuestro noble corazón
> mirad, señor, que Castilla
> de negro cubre su silla
> y aparta de sí el León.
>
> Mitigad, por Dios, la saña;
> el remedio non se tarde,
> pues paresce cómo arde
> este fuego por España
> en un caso tan dudoso
> que nuestro sosiego tira.
> Dadnos orden de reposo
> vos, espera muy lumbroso,
> a quien todo el pueblo mira (vv. 536-549).

El distanciamiento se hace mayor en el cuarto decir, la *Obra compuesta y ordenada,* acaso por una medida y aparente voluntad de asepsia respecto al magnate. La primera persona del poeta aparece inicialmente como sujeto de la acción: «Estando en mi lecho, seguro, placiente / —non sé si dormía o estaba traspuesto—, / oí grand rüido y vi todo esto / al tiempo que pone la copla siguiente» (vv. 5-8); pero, tras esa

---

70   Serés Guillén (2007: 356-357).

mención que da acceso a lo alegórico, da un paso atrás para asumir el papel de mero narrador que observa y refiere las cosas. No duda, eso sí, en emitir algún juicio acerca de los sucesos terribles que describe en la primera parte del poema, reflexionando incluso sobre su propio papel como intermediario intelectual: «Escucha, letor, si quieres que cuente / aquello que pude de allí colegir. / Los dedos me tiemblan teniendo escribir / las cosas terribles que vi en continente» (vv. 77-80).

Cuando termina la relación de los malos augurios, el personaje del autor-narrador vuelve al primer plano para protagonizar el comienzo del proceso narrativo:

> Estando en congoja   y en gran turbación,
> mirando las cosas   que el fado dispone,
> no sé quién ni cómo   me toma y me pone
> al pie del otero   nombrado Helicón.
> Queriendo sobir   por ver la mansión
> de las nueve casas   que son cienciales,
> mis débiles fuerzas,   por ser sensuales,
> no bastan facer   tan grand ascensión (vv. 114-120).

Esa incapacidad da lugar a una escisión que resulta decisiva en la configuración del personaje, pues el yo se desdobla entre el cuerpo y el propio Entendimiento, que adopta la forma de un niño, como se anuncia en el epígrafe del pasaje «Cómo salía su Entendimiento en figura de niño para subir al monte» (v. 128 *Título*), y se corrobora en los versos: «Es niño criado de suma sapiencia, / y su propio nombre es Entendimiento» (vv. 137-139). La figura del Entendimiento como personaje alegórico procede directamente de la fuente de la que se sirvió Guillén de Segovia, la *Visión deleytable* del bachiller Alfonso de la Torre: «E luego vi el Entendimyento en forma de fuego de la cantydad de un pequeño niño, e el Yngenio Natural así como una claridad de candela […]. El Yngenio estava enviando rayos e quasy descubriendo e alunbrando las primeras partes del monte» (pp. 105-106). No obstante, el vínculo que en la *Obra compuesta y ordenada* se establece con el propio poeta es invención particular de Guillén, que finge quedarse al pie del monte, mientras su Entendimiento comienza el ascenso: «Razon me costriñe de mí lo despida, / quedando yo torpe, sin inteligencia (vv. 143-144).

A partir de aquí, la primera persona vuelve a diluirse y el narrador describe esa subida en tercera persona, para dar cuenta de cómo el niño va visitando la casa de las siete artes liberales, que lo instruyen y lo remiten, una tras otra, a la Sabiduría del arzobispo. Las siete doncellas recuerdan al Entendimiento que el prelado había hecho previamente ese mismo recorrido alcanzando un grado supremo de sabiduría en cada materia; se da así a entender que, al igual que el poeta, el prelado también había pasado desde el mundo real al alegórico para volver luego al primero. No solo eso, don Alfonso Carrillo comparece varias veces como ejemplo de virtudes al lado de los casos antiguos y contemporáneos que el niño contempla en las diversas casas. Para empezar, se encuentra en la mansión de la Gramática, como modelo de castidad (vv. 249-256); vuelve a manifestarse en la casa de la

Aritmética junto con los más sabios (vv. 657-664); y ocupa un episodio muy extenso (vv. 793-952) cuando se identifica a Marte como el planeta correspondiente a la Geometría y se viene a tratar de la guerra, dando cuenta detallada de sus principales acciones bélicas y políticas. De la importancia que este pasaje tiene en la obra, es buen indicio el hecho de que el narrador lo escriba acudiendo de nuevo a la primera persona para dirigirse a sus lectores:

> Ya somos al punto   de nuestra invinción;
> pues nota, letor,   escucha y aprehende,
> que quien los motivos   por señas entiende
> actor se demuestra   de grand discrición (vv. 793-796).

Terminada la relación de hazañas bélicas, se retoma la tercera persona para contar cómo el Entendimiento vuelve a encontrarse con el prelado en la casa de la Música, entre los ejemplos de buen gobierno (vv. 1073-1104) y de nuevo en los dominios de la Astrología, bajo influencia de Saturno, al lado de reyes y poderosos (vv. 1225-1240).

En todos esos casos —con la excepción de lo referido a Marte—, el arzobispo aparece siempre acompañando a la princesa Isabel de Castilla, casi en condiciones de igualdad, ya sea en la casa de la Gramática (vv. 233-240), en la de la Aritmética (vv. 649-656) o en la de la Astrología (vv. 1193-1208). Incluso cuando el Entendimiento, tras haber superado su formación en las artes liberales, accede al Paraíso terrenal para ser instruido por las cuatro virtudes cardinales y las tres teologales, reaparece allí la poderosa tríada que conforman don Alfonso y los príncipes Isabel y Fernando:

> Los príncipes claros   del nuevo reinado
> justicia y saber   les dan excelencia,
> y la fortaleza   con grand continencia
> abrazan consigo   a vuestro primado (vv. 1293-1296).

La alegoría da pie al panegírico político y permite al poeta reforzar la relación del prelado con los príncipes. Esos territorios de la ficción se proyectan sobre el mundo histórico, del que proceden tanto los personajes encomiados como el propio autor. Una vez terminado su aprendizaje, el Entendimiento baja de nuevo al pie del monte para reunirse con su cuerpo:

> Estando así el niño   muy maravillado
> de aquellos secretos   de la teología,
> pensando entre sí   que ya bien podría
> subir por sí solo   al cielo estrellado,
> tomolo una nube   del siniestro lado,
> salida del seno   de nuestro horizonte,
> que presto lo pone   al pie de aquel monte
> do dije que había   su cuerpo dejado (vv. 1705-1712).

No ha de olvidarse que ese cuerpo era el del propio poeta, que, de inmediato y vuelto en sí, se dirige en primera persona a la princesa reclamando su favor para con el arzobispo, para luego apelar a este a que ejerza las virtudes de las que está dotado, aplicándolas, junto con los príncipes, al buen gobierno de Castilla:

> Aunque me oyan   detrás la pared,
> fablar en tal caso   non es maleficio,
> pues que el río vuelto   engendra tal vicio
> que no deja cosa   do lanza su red.
> A males tan crudos,   señor, proveed,
> y habredes sin duda   por tal beneficio
> de Dios galardón,   del reino servicio,
> y así me despido   con vuestra merced (vv. 1781-1788).

De manera aún más patente que en los otros tres decires, la *Obra compuesta y ordenada* establece una clara correspondencia entre lo contemplado en el viaje alegórico y la urgencia histórica a la que se pretende atender. Los protagonistas recorren ambos mundos, el ficticio y el real, pero son siempre los mismos, pues la alegoría pretende trasladar una verdad moral y política que habría de materializase en la historia. El guía y mediador en ese ir y venir es el yo del poeta, que se encarga de trasladar lo visto y aprendido en el otro mundo a las necesidades de este. Aun así, ha de tenerse siempre presente que su propósito no era otro que servir a los intereses —más bien mundanos y muy materiales— de don Alfonso Carrillo, su amo y protector.

«EL VIRTUOSO Y POLÍTICO VIVIR»

Los cuatro decires que Guillén de Segovia compuso para el arzobispo de Toledo constituyen una poesía de envoltura erudita y sapiencial que parece querer transmitir a los lectores una sólida doctrina con anclaje en la tradición clásica y en los principios religiosos del cristianismo; no obstante, la lectura de los textos no permite confirmar si se trata de principios mostrencos o de un ideario que el poeta había asumido como propio. Lo cierto es que el grueso de su discurso moral tiene más de convención que de convicción; pero, junto con esas peroratas aprendidas y repetidas con más o menos solvencia, encontramos que sostiene alguna causas y posiciones complejas de defender frente a esos mismos principios generales.

En las páginas anteriores lo hemos visto acusando a los pobres de ejercer la violencia y generar anarquía, y señalarlos como uno de los males del reino, por más que el credo evangélico les reservara el papel de hijos de Dios y la función de ser vía para que los ricos accedieran al cielo. Otro tanto sucede cuando plantea como paradoja moral la existencia del mal en el mundo y su permisión por parte de la divinidad:

¿Por qué contrariados   de adversa fortuna
padecen los buenos   gran pena terrible,
los malos subidos   en alta colupna? [...]
¿Y cómo, pues Dios   es fin de justicia,
eterno jüez   que rige y ordena,
consiente a ninguno   usar de malicia,
y deja pasar   los males sin pena,
el justo varón   de ánima buena
consiente que al malo   en todo obedezca,
y que el inocente   sin culpa padezca,
poniéndole yugo   de gruesa cadena? (vv. 161-176).

De inmediato el lector cae en la cuenta de que ese «justo varón» es el propio Guillén de Segovia que se queja de su caída en la pobreza, presentándose como víctima y al lado de los buenos. Ahondando en ese mismo discurso, cuando en los dos primeros decires escribe sobre su situación de necesidad, argumenta y defiende ante el arzobispo su deseo expreso de ser rico y la convicción de poder salvarse en la riqueza, por más que la Santa Madre Iglesia distinga a la pobreza como un camino seguro hacia la redención eterna. Acostumbrado, pues, a esgrimir argumentos espinosos y a sustentar causas difíciles, Pero Guillén pudo afrontar con solvencia la tarea de ensalzar las virtudes de don Alfonso Carrillo y justificar sus no siempre confesables acciones en el enrevesado panorama político de Castilla.

El eje de su discurso en alabanza y justificación de su señor gira en torno a las virtudes morales y teologales, estableciendo una honda conexión entre la ética pagana y la religión cristiana; ello era sin duda del agrado del arzobispo, que no en vano había recibido una alta formación en la Italia del primer Renacimiento. A lo largo de los cuatro textos se reitera la idea de que el prelado se adorna con todas las virtudes y cumple excepcionalmente con ellas; por ello, en la segunda suplicación lo contempla en lo alto de la rueda de Fortuna y sentado en un trono que sostienen esas siete doncellas que encarnan las virtudes. En el tercer decir, y parafraseando el *Libro de las cuatro virtudes,* lo reclama para que lleve a todo el reino por ese camino que él ya ha recorrido previamente, y lo mismo se repite en la *Obra compuesta y ordenada,* cuando, de nuevo, las siete doncellas lo ensalzan como el primero de sus discípulos.

En este cuarto y último decir, el entendimiento del poeta, como hemos visto, sigue un recorrido alegórico que lo lleva sucesivamente a las casas de las siete artes liberales; Segovia quiere dar a entender con ello que el conocimiento es un paso previo para luego acceder a las virtudes morales y espirituales. En la práctica poética esto se plasma en una conexión entre paganismo y cristianismo que enlaza sin empacho ideas de Aristóteles, Cicerón o Boecio con las de los textos bíblicos y la patrística.[71] Aunque, entre todo ese arsenal de fuentes doctrinales, destacan fundamentalmente Séneca y san Pablo, hasta constituir un avance del

---

[71] Sobre la importancia de la ética aristotélica en la Edad Media castellana, véase Rohland de Langbehn (1998: 200).

estoicismo cristiano que habría de imponerse en el pensamiento hispánico en los años sucesivos.[72] Sobre esa base, Guillén de Segovia propone avanzar hacia una reforma del reino a cuya cabeza habría de estar don Alfonso Carrillo y que comienza en el ejercicio individual de la virtud para llegar luego a la pacificación y redención de Castilla.

En ese sentido, los cuatro decires corresponden a una poesía con voluntad de utilidad individual y política, como el propio Guillén procuró subrayar en el prólogo a la *Obra compuesta y ordenada:*

> No piense vuestra señoría que esta mi indota obra solo servirá a la relación de vuestras virtuosas fazañas, mas también servirá a la exhortación y amonestación de aquellos que, redrados del virtuoso y político vivir, han querido seguir contrario camino. Así, de un propósito salen dos efectos, que son galardonar la virtud con su debido premio y tachar y reprehender los vicios con aquel denuesto que les es atribuido. Y estos amos son miembros de la justicia (6).

Por la propia complejidad de la situación política y los enfrentamientos abiertos entre bandos distintos, las cortes de Juan II y Enrique IV dieron cabida a un más que notable conjunto de poesía de contenido político, ya fuera con la intención de ensalzar a determinadas figuras del paisaje cortesano, ya para transmitir ciertas ideas, ya como sátiras personales o ya, en fin, como denuncias de la terrible situación en la que se encontraba el reino.[73] La poesía —siguiendo la estela de Lucano— vuelve los ojos hacia la realidad contemporánea para proponer soluciones a los problemas que acuciaban de manera inmediata. La pauta la marcó Juan de Mena con su *Laberinto de Fortuna,* que ha de entenderse como un proyecto para la completa transformación de la sociedad que comenzaba por las personas del monarca y de su valido, don Álvaro de Luna; de ese modo, el ejercicio individual de la virtud se proyectaría sobre la acción política. Guillén de Segovia recogió el guante y lo trasladó al arzobispo de Toledo, al que propone como ejemplo de las virtudes que habían de llevar a los castellanos a alcanzar un gobierno perfecto. En la tercera suplicación lo hace en solitario, con el único apoyo de Gómez Manrique:

> Aquel que salió del seno
> do salió el conde Rodrigo,
> de virtudes buen amigo
> y de los vicios ajeno,
> a este suplico yo,
> pues que rige vuestra casa,
> que del fuego que encendió
> un planeta que corrió

---

[72] En la *Obra compuesta y ordenada* se hace un cumplido elogio del apóstol de los gentiles: «Verás a san Pablo, que tan vivo toca / los sacros misterio del culto divino» (vv. 623-624).

[73] Maravall Casesnoves (1965) y Nieto Soria (1988).

quiera él matar la brasa.
Pues vos da lugar la fama
de otro Gregorio segundo
y podéis regir el mundo
como quien virtudes ama,
trabajad, noble cabdillo,
dejando de vos memoria,
porque de vuestro castillo
con las armas de Carrillo
recobremos la vitoria (vv. 559-576).

En la *Obra compuesta y ordenada* lo hará poniendo al arzobispo junto con los príncipes Isabel de Castilla y Fernando de Aragón, para que, de consuno y con la guía del prelado, conduzcan al reino hasta un estado de paz y prosperidad. De hecho, toda la relación de hazañas y todo el adorno de virtudes con el que se presenta a don Alfonso no sería solo una vindicación de su figura, sino la demostración de que era la persona idónea para redimir a la nación de sus males.

Tras todo ello se esconde una evidente labor de propaganda puesta al servicio de los intereses particulares del arzobispo. Como ha escrito Cinthia M.ª Hamlin (2016: 5-6) respecto a los cancioneros: «La poesía permite condiciones óptimas para la divulgación de ideas políticas puesto que no sólo se destina al pequeño público de la corte, sino que consigue llegar a un público amplio en el contexto de las celebraciones religiosas, cortesanas y ciudadanas, que convocan a todo un pueblo en torno al monarca».[74] Guillén de Segovia, por su parte, se propuso, en primer lugar, componer un panegírico del arzobispo y acreditar sus intervenciones en la política del reino, pero también quiso difundir entre sus lectores el ideario que su señor pretendía poner en práctica.

Un principio esencial de ese ideario fue la defensa del poder y la independencia de la Iglesia frente a la Corona. Carrillo estuvo firmemente convencido de que la autoridad espiritual y religiosa de la Iglesia había de verse respaldada con la soberanía de bienes y territorios, de manera que disfrutara de independencia económica y pudieras ejercer una tutela sobre el poder civil; así lo plasmó Guillén en el proemio a *La Gaya Ciencia* al tratar del concilio de Aranda convocado en 1473:

Lo cual vuestra muy magnífica presona siguiendo, se ha opuesto contra el poder temporal, que ha tentado y tienta robar y quitar las preheminencias, derechos e inmunidades de la Iglesia, por derribar y abajar su inica voluntad y desmoderada soberbia por municiones y piadosas exhortaciones, y aun quitándoles los beneficios y sacramentos que el estado seglar rescibe de la Iglesia. Lo cual tanto público es en estos reinos que los menores, por tal enxemplo, temen ser más ásperamente penados. Y por esto han seído restituidos a la Iglesia en vuestro tiempo

---

[74] Véanse, asimismo, Tate (1970), Nieto Soria (1988: 213), Moreno Hernández (1989: 8) y Severin (2002: 180).

muchos feudos, juredIciones, poderíos, censos, tenencias, posisiones, que muchos legos le tenían ocupados, con que rescibían y tomaban mayor audacia para ir contra vuestros justos y esperituales mandamientos, en gran contumacia suya (*Consonantes*, 57).

Otro motor relevante para la acción política de don Alfonso fue la consolidación de las relaciones con Aragón con el propósito de que, a la postre, ambos reinos fueran regidos por una única Corona. No se trataba solo de apoyarse en el monarca aragonés en sus enfrentamientos con Enrique IV, sino de alcanzar un objetivo que iba mucho más allá y que terminarían por cumplir los Reyes Católicos.[75] En esa dirección se movieron sus esfuerzos para casar al príncipe aragonés con la princesa castellana a espaldas del rey y falsificando incluso la licencia papal. Tanto en el prefacio a *La Gaya Ciencia* como en la *Obra compuesta y ordenada*, Guillén de Segovia hizo hincapié en este hecho como una de las intervenciones políticas más destacadas del prelado; así lo hace en la casa de la Geometría (vv. 913-928) para luego, en la de la Astrología, correspondiente al gobierno perfecto de Saturno, anunciar que el príncipe de Aragón reinará también sobre Castilla:

> Es rey de Cecilia,   es fijo muy caro
> del muy serenísimo   rey de Aragón;
> será rey de España   por la subcesión
> de vuestra princesa,   segund que declaro (vv. 1213-1216).

Por lo que parece, el arzobispo Carrillo tuvo una clara conciencia de España como unidad por encima de la división de reinos, que en último término remontaba hasta el mito de la Península unificada durante la monarquía visigoda.[76] Acaso por ello, como ha señalado Carlos Moreno Hernández (1989: 47), el poeta insistió varias veces en presentar a su señor como «primado de las Españas», esto es, como una persona cuya autoridad alcanzaba a todos los Estados peninsulares. De ahí también su insistencia en la necesidad de concluir la reconquista contra musulmanes y el hondo sentimiento nacional que se percibe en los textos que Guillén compuso para respaldar a su señor.

Todo ello se justifica por una apelación sostenida a la pacificación del reino que se hace expresa en la *Suplicación para el muy reverendo e magnífico señor don Alfonso Carrillo, arzobispo de Toledo, cerca de la paz et sosiego que, en estos tiempos de tanta turbación, es nescesaria*. Entonces vemos que el mismo poeta, que había censurado —y volvería a hacerlo— los abusos de las clases más

---

[75] No deja de resultar llamativo que Francisco Esteve Barba titulase su biografía del arzobispo *Alfonso Carrillo de Acuña, autor de la unidad de España* (1943).

[76] Sobre el goticismo como referente político en España y en Guillén de Segovia, véanse, además, Perea Rodríguez (2022: 1-13) y Sáez García (2019). La mirada al pasado visigodo que se reconstituye en la nueva monarquía se hace expresa en el *Panegírico a la reina doña Isabel* de Diego Guillén de Ávila, hijo de nuestro poeta.

bajas, se sirve de ellas como excusa para avalar la intervención de su señor en política con la intención de acabar con el sufrimiento de los más pobres: «Pues miremos los clamores / que penetran las estrellas, / los gemidos y querellas / de los simples labradores» (vv. 523-526). Al cabo, solo se trataba de una excusa más, aunque no la menor, para justificar la actividad militar del prelado y convertirla en fruto de una «guerra justa» iniciada en nombre de la voluntad divina. Así lo ha explicado Luis Fernández Gallardo:

> Ese viene a ser el horizonte cívico que justifica sus afanes guerreros: así, las principales virtudes bélicas vienen a ser el fundamento de la república. Mas significativa aún es la insistencia en el socorro de los débiles, de los «menudos», de los «labradores», que adquiere pleno sentido desde la perspectiva de la vindicación política de turbulento prelado. Por un lado, la defensa del menesteroso constituía ciertamente uno de los imperativos de todo caballero, mas, por otro, quien no podía exhibir una inquebrantable fidelidad al rey tenía al menos que situar su actividad política en consonancia con los deberes del monarca, el servicio a su pueblo, de los que tácitamente se denuncia su prevaricación (2006: 454-455).

Guillén sabía el terreno que pisaba y apeló a la santa intención de su señor para abonar la toma de las armas, incluso contra el mismísimo rey: «Toda guerra debe ser elegida por la divinal justicia», afirmaba en el prólogo al tercer decir (5), mientras que en el proemio a su rimario presentaba a su señor «con ánimo veril de virtuoso y valiente corazón, sufriendo aquellos trabajos deleitosos de la justa y lícita guerra» (*Consonantes,* 5). Todavía en la *Obra compuesta y ordenada,* cuando se adentra en el círculo de Marte, apunta: «Allí vido luego los que en justa guerra / hobieron vitorias que son memorables, / y los que tomaron empresas notables / por paz y sosiego de su propia tierra» (vv. 721-724), adelantando que, pocos versos después, contemplará la efigie del arzobispo entre esos guerreros justos y señalados.

Para justificar esa intervención directa en la política del reino, incluso por medio de las armas, Guillén de Segovia se esforzó en trazar una imagen terrible del estado de postración en el que Castilla se encontraba. En la tercera suplicación avisa de los peligros que implican las guerra civiles: «Si en guerra cibdadana / buscada por accidente / aquel se pierde que gana, / de llaga que sobresana / no se confíe el paciente» (vv. 482-486), y recuerda cómo «arde / este fuego por España / en un caso tan dudoso» (vv. 543-545). La *Obra compuesta y ordenada* se inicia con una acumulación de signos tomados de la *Farsalia* y que, si en el poema latino profetizaba la guerra civil entre César y Pompeyo, aquí dan cuenta de la que destruye la paz del reino: «No dudo de fuego quemarse Castilla, / segund que de Roma lo escribe Lucano» (vv. 37-38). El breve reinado del infante Alfonso, respaldado por el arzobispo, habría sido un intervalo de tranquilidad y dicha, aunque, tras su temprana muerte, los males volvieron a tomar posesión del territorio:

> Quedó aqueste reino   en tal perdimiento
> que penan los justos   por los pecadores;
> creciendo las alas   a los malhechores,
> secutan en todo   su mal pensamiento.
> Ya va la malicia   en tal crecimiento
> que a toda virtud   conviene que sobre (vv. 897-902).

La decadencia y los conflictos avalarían, según Guillén, el enfrentamiento que Carrillo sostuvo con Enrique IV y cuya máxima expresión fue la conocida *Farsa de Ávila*. La ceremonia tuvo lugar el 5 de junio de 1465, y con ella el arzobispo pretendía consolidar su plan político para Castilla. La simbología del acto, que detalló Diego Enríquez del Castillo, remite a la misma idea de las virtudes necesarias para el buen gobierno que hemos visto en los discursos de Guillén de Segovia sobre su señor:

> Acusavan al rrey de quatro cosas, e que son: la primera, merecía perder la dinidad rreal, e entonçes llegó don Alonso Carrillo, arçobispo de Toledo, e le quitó la corona de la cabeça. La segunda, que merecía perder la ministraçión de la justiçia, e así llegó don Alvaro de Çúniga, e le quitó el estoque, que tenía delante. La terçera, que merecía perder la governaçión del rreyno, e así llegó don Rodrigo Pimentel, conde de Venavente, e le quitó el bastón que tenía en la mano. Por la quarta, que merecía perder el trono e asentamiento de rrey e así llegó Diego López de Çúniga e derribó la estatua de la sylla en que estava, diziendo palabras furiosas, deshonestas (*Crónica de Enrique IV*, pp. 236-237).[77]

Tras la muerte de don Alfonso, la alternativa del prelado fue apoyar la candidatura al trono de la princesa Isabel y promover su matrimonio con Fernando de Aragón como medio para la unificación de ambos reinos. El tiempo que medió entre la composición de nuestro tercer decir y la del cuarto corresponde a ese cambio, pues es en este último cuando se hace una firme apelación a un gobierno conjunto de los príncipes con el arzobispo Carrillo.

En ese sentido, resulta más que ilustrativa la descripción que se hace de los tres en el círculo de Saturno. La Astrología adelanta al Entendimiento lo que va a ver a continuación, indicando que son personas ocupadas en «celar las virtudes, punir sus zozobras, / querer la justicia, querer tales obras / que ganan la gloria de Dios, que es eterna» (vv. 1190-1192); es decir, que ganan la gloria eterna en el ejercicio de la virtud política, como antes habíamos visto que proponía Guillén en sus versos. La primera en comparecer es Isabel, «princesa en virtudes y en limpio vivir», que «tiene a sus pies echado el león»[78] y es asistida por «Justicia, Virtud y Razón» para

---

[77]   Sobre la *Farsa de Ávila*, véase Franco Silva (2014: 79-83), que asimismo rememora cómo don Alfonso Carrillo fue simbólicamente vejado en Simancas con la quema de una efigie suya, al tiempo que se lo comparaba con el obispo don Opas, que había vendido el reino visigodo a los musulmanes.

[78]   Recuérdese que también Juan de Mena presentó a Juan II, padre de Isabel, sentado en un trono con un león a sus pies: «Al nuestro rey magno, bienaventurado, / vi sobre todos en muy firme silla, / digno de reino mayor que Castilla; / velloso león a sus pies por estrado» (p. 265).

así «reinar en vuestras Españas» (vv. 1193-1201); la sigue don Fernando, «por quien esos reinos habrán libertad / los pueblos y gentes muy presto reparo». La Astrología, como conocedora del futuro, anuncia que llevará la reconquista hasta Jerusalén y a los territorios africanos: «Porná el templo santo so su señorío / y sojuzgará con grand poderío / a Túnez y a Fez con otros reinados» (vv. 1209-1220). En un tercer trono y a la misma altura que los príncipes, el Entendimiento contempla a don Alfonso Carrillo sentado «en alta cadira», «perlado que adiestra a aquel que camina, / si va desviado de aquel Dios eterno» (vv. 1225-1240), esto es, que se ocupa del cumplimiento de las virtudes cardinales y teologales.

No se olvide que en este mismo círculo era donde Juan de Mena había ubicado su visión conjunta del rey don Juan II y de don Álvaro de Luna, y que el gobierno de Saturno correspondía a la Edad de Oro, donde los seres humanos vivían con paz y abundancia, tal como detallaba Ovidio en sus *Metamorfosis* I, 89-112, en una suerte de tierra prometida. Según Guillén de Segovia —que ya conocía el errado juicio del poeta cordobés—, sería don Alfonso, su señor, quien habría de conducir a Castilla y a toda España hacia ese reino futuro donde lograr «la paz et sosiego que, en estos tiempos de tanta turbación, es nescesaria».

El camino que marca esta tercera suplicación trata de la turbación de la paz, que era el punto de partida que correspondía a la cuestión que Guillén planteaba ante la Filosofía: ¿por qué Dios consiente la existencia del mal? La respuesta estaba en el providencialismo, según el cual, todo forma parte de un plan regido por la Providencia divina, que utiliza el mal y el pecado como castigo, pero que, al tiempo, previene una solución, pues sobre esos males presentes se proyecta la esperanza de un redentor que salvará al mundo y a los hombres. Se refiere al mesianismo que tuvo un muy importante asiento —ya se ha adelantado— en la cortes de Juan II y Enrique IV debido a los graves y numerosos conflictos políticos que devastaron Castilla. La literatura se llenó de mensajes proféticos que anunciaban el fin de la situación presente, que apelaban a la moral cristiana como paradigma y que anunciaban un nuevo gobierno que habría de instaurar la paz.[79]

La voluntad de reforma —que la había— se sumaba a un evidente designio propagandístico que atribuía a un rey, a un noble o a un clérigo el papel de elegido. En los decires de Guillén de Segovia, el arzobispo don Alfonso Carrillo sería el instrumento señalado por la divinidad para cumplir el plan de la Providencia, hacer que la virtud triunfase y conducir al reino a la concordia. La *Obra compuesta y ordenada* se cierra con una apelación al prelado para que haga real, con sus actos, la profecía mesiánica que el Entendimiento había contemplado en el círculo de Saturno:

> faced que non reine   la torpe avaricia
> y purgue sus culpas   la grand tiranía,
> faced a los pueblos   socorro y valía,

---

[79] Cátedra García (1989: 32-33), Nieto Soria (1988: 202) y Gómez Moreno y Jiménez Calvente (2017: 333-334).

por que puedan todos   vivir en justicia.
Faced que quien obra   con mal corazón
se torne al camino   del ánima santa,
pues que el Evangelio   los daños nos canta
del reino diviso   y su perdición.
Y pues que podéis   en tal turbación
guardar los límites   de nuestra frontera,
faced que el temor   de vuestra bandera
retorne este reino   en su posesión (vv. 1765-1776).

En realidad, se trata de la misma demanda que Juan de Mena había dirigido a Juan II al final del *Laberinto de Fortuna,* haciendo incluso uso del verbo hacer y de su imperativo:

faced verdaderas,   señor rey, por Dios,
las profecías   que son non perfetas.
Faced verdadera   la grand Providencia,
mi guïadora   en aqueste camino,
la cual vos ministra   por mando divino
fuerza, coraje,   valor e prudencia,
por que la vuestra   real excelencia
haya de moros   pujante victoria
e de los vuestros   ansí dulce gloria
que todos vos fagan,   señor, reverencia (p. 301).

Ambos poetas erraron. Juan II nunca llegó a cumplir las profecías y fracasó como rey, hasta el punto de que Fernán Pérez de Guzmán, en sus *Generaciones y semblanzas,* sentencia que «su conçiençia era muy encargada e avía a Dios de dar muy estrecha cuenta del mal que a sus súbditos venía por defeuto de su regimiento» (p. 169). Por su parte, don Alfonso Carrillo terminaría enfrentándose a los mismos príncipes a los que había conducido al trono y convirtiéndose en agente de una nueva guerra civil.[80] Todo terminó con su derrota y la reclusión forzosa en Alcalá de Henares. Los designios del cielo eran otros.

LOS DECIRES Y SU TRANSMISIÓN

Los cuatro decires que Pedro Guillén de Segovia dirigió al arzobispo don Alfonso Carrillo fueron compuestos en la misma sucesión cronológica que nuestra edición ofrece. La primera de las tres suplicaciones, el *Decir que fizo Pero Guillén, dirigido o difirido al señor arzobispo de Toledo, sobre la caída de su estado del dicho Pero Guillén,* se presenta como un intento, por parte del poeta, de acogerse al amparo del prelado. El título mismo del segundo decir muestra a

---

[80]   Franco Silva (2014: 137 y 162-166).

las claras que fue escrito como una renovada demanda, dado que la primera no había dado los frutos esperados: *Segunda suplicación que fizo Pedro Guillén de Sevilla al señor don Alfonso Carrillo, arzobispo de Toledo, porque de la primera non hobo aquel efecto que de ella esperaba.* De hecho, en el discurso del texto se encuentran varias referencias explícitas a aquel primer poema. Las suma de ambas petitorias sería, a la postre, suficiente para que don Alfonso acogiera a Guillén en su casa con el oficio de contador.

Ya bajo la tutela arzobispal, hubo de componer el tercero de los decires con una intención transparentemente política y referida a la compleja situación que asolaba Castilla, *Suplicación para el muy reverendo e magnífico señor don Alfonso Carrillo, arzobispo de Toledo, cerca de la paz et sosiego que, en estos tiempos de tanta turbación, es nescesaria, interpuesta por Pedro Guillén de Sevilla, muy homil siervo a su señoría.* El poeta se presenta como siervo del clérigo y se dirige a él para ensalzar sus virtudes políticas, llamándole al socorro, no de la Corona, sino del reino. Las afinidades de este texto con el cuarto y más extenso decir, la *Obra compuesta y ordenada por Pedro Guillén de Segovia, contador del muy magnífico señor don Alfonso Carrillo, arzobispo de Toledo, primado de las Españas, chanciller mayor de castilla, dirigida y difirida a su señoría,* son más que notables tanto en el ideario como en las referencias cultas y las propuestas políticas; en cierto sentido, esta última obra puede leerse como una versión amplificada de la tercera suplicación. En su prefacio, Guillén se presenta como alguien que lleva tiempo al servicio del arzobispo y, habiendo suspendido sus inclinaciones poéticas para atender a las nuevas obligaciones, se ve censurado por ello:

> Como a mi noticia viniese, muy reverendo y magnífico señor, en una fabla que de la poesía se hobo en presencia de vuestra señoría, yo haber sido increpado del ocio por algunas personas, deciendo haberme entregado a él después que en vuestra muy magnífica y servicio fui recebido; y la razón que diz que a ello daba era que non sabían en qué ocupaba mi tiempo agora, porque diz que, ante que a ella veniese, de eso que mi flaco ingenio comprehender pudo, había pregonado algo por mío de aquesa ciencia (IV, *Introducción*, 1).

Es esa reprobación la que retóricamente lo invita a retomar la actividad poética, aun cuando su designio único y verdadero no fuera otro que construir un panegírico político y personal de don Alfonso. Y es que, aun cuando el elogio de su señor fuera un ejercicio transparente de propaganda dirigido a la nobleza castellana, fue el arzobispo, como receptor primero, para quien se aparejaron las cuatro composiciones. Hemos de creer que, cuando dio fin a cada uno de sus cuatro decires, fue el propio Pero Guillén quien se encargó de realizar la copia definitiva que había de presentar al prelado; no en vano, y según confesión del interesado, se ganó durante unos años la vida ejerciendo como copista para otros. Así se lee en el prólogo de la primera suplicación, donde acusa a la adversa Fortuna:

> Usando de su oficio, trojo los tiempos en tal término a que, destroidos los bienes que prestado me había, me puso en tal bajeza de estado que, dejando la diferencia de los grados, que así me quiso igualar en la caída con aquel Dionisio de quien escribe Juan Bocacio, en el libro *De caídas,* que de ser gran señor vino a tener escuela de vezar niños. Ca yo, por semblante manera, sin tener péñola nin discrición por me sostener si pudiera, ha diez años que escribo escrituras ajenas; e la malvada Fortuna, no contenta de aquesto, por o, quitome la mayor parte de la vista. De guisa que ya, por defeto de aquella, non fago mi obra como debía («Prólogo», 3-4).

Cabe incluso pensar que, con el paso del tiempo, fuera él mismo quien se ocupó de recopilar y copiar sus propios poemas en un cancionero que luego habría de ser punto de partida obligado para la difusión y transmisión de su obra poética, incluidos estos cuatro decires.

El primero de ellos —y el único del que nos ha llegado una copia antigua— fue parcialmente transcrito en el manuscrito 2763 de la Biblioteca de la Universidad de Salamanca, y es conocido como *Cancionero Antiguo* o *Cancionero de Palacio.*[81] Su fecha de copia suele situarse entre los últimos años del siglo xv y los primeros del xvi. Se trata de un códice facticio en el que se agregaron dos cancioneros independientes, el primero de los cuales contiene obras de Gómez Manrique, Diego de Valera, Diego de Burgos, Lope de Estúñiga, Juan de Viana, Fernando de la Torre, Juan de Mena, Alonso de Lira, Juan Agraz o Juan de Torres; no obstante, el autor con más presencia a lo largo de la recopilación es Pero Guillén de Segovia, con hasta veintiocho composiciones.[82] Entre ellas se encuentra el texto de la primera suplicación, que ocupa los folios 74v-77r y que fue copiado a dos columnas con letra gótica humanística. En esta versión faltan treinta estrofas de la obra, las que, en nuestra edición, van desde el verso 41 al 280.

Otra copia, ahora completa, de la misma suplicación nos ha llegado en el manuscrito 3742 de la Biblioteca Nacional de España, titulado *Poesía de Pedro Guillén.*[83] Conocemos la fecha y procedencia del códice por una carta que sirvió de envío y que se conserva en el primer folio del mismo; en ella, siendo 20 de enero de 1768, Diego Alejandro Gálvez, bibliotecario mayor de la Biblioteca Colombina de Sevilla, da cuenta a Juan Manuel de Santander y Zorrilla, que

---

[81] Se trata del cancionero identificado como SA10 en Dutton (1990-1991: VII, 663 y IV, 197), que había pertenecido al Colegio Mayor de Cuenca o de Santiago *el Zebedeo,* desde donde llegó a la Biblioteca del Palacio Real de Madrid en 1803; fue devuelto a la Universidad de Salamanca en 1954. El propio Dutton fechó la factura del códice hacia 1495, pero Rodado Ruiz (2020: 75), con buenos argumentos, lo lleva hasta «la segunda década del siglo xvi». En torno a este códice, véanse Wittstein (1907), Moreno Hernández (1989: 18-20), Lilao Franca y Castrillo González (2002: 1133-1143) y, sobre todo, los imprescindibles trabajos de Rodado Ruiz (2016 y 2020).

[82] Rodado Ruiz (2020: 74) sostiene que este cancionero pudo ser copia de otro hoy perdido y que habría pertenecido a Hernando Colón, apuntando la posibilidad de que el propio Guillén fuera su compilador. Para la transmisión de las obras de Guillén, véanse, asimismo, Rodado Ruiz (2016) y Faulhaber (2017).

[83] Se trata del códice MN12, conforme a la nomenclatura de Dutton. En torno a este manuscrito, véanse Piccus (1966: 100-102), Moreno Hernández (1989: 23-34) y Moreno García del Pulgar (2012a y 2012b).

ejercía como bibliotecario mayor de la Real Biblioteca desde 1752, de sus vanos intentos por localizar noticias referidas a Benito Arias Montano, informa de los vínculos de Alonso García Matamoros con la catedral hispalense y remite la copia de un manuscrito con obra de Pero Guillén de Segovia conservado en Sevilla.

El primer folio aparece doblado y contiene la carta que envió en 1768 a su colega de la Biblioteca Real, luego Nacional de Madrid, acompañando al manuscrito.[84] La fecha exacta de la carta es el 20 de enero de 1768:

> Muy señor mío y de mi mayor estimación:
>
> Celebro mucho el estado de salud de vuestra señoría y que con tanta benignidad le haya acometido el catarro. Estaba con bastante cuidado, pues las noticias que venían de la corte pintaban muy deplorable el estado de esta epidemia en ella. Yo, a Dios las gracias, me he libertado hasta el día, aunque, en lugar de catarro, me está incomodando una fuerte fluxión.
>
> Luego que leí la de vuestra señoría, aunque seguro de que descubrimiento alguno de papeles no lo había, practiqué todas las diligencias conducentes para averiguar si en el convento de Santiago de los Caballeros u en otra parte alguna cosa de Arias Montano se había descubierto; y no encuentro nada, ni motivo de que se haya divulgado la especie que vuestra señoría me encarga, ni en el expresado convento se ha descubierto otra cosa que el *Martirologio español,* manuscrito membranáceo, que en otra ocasión avisé a vuestra señoría. Bien que, según me comunicó un caballero del mismo orden, llamado Jaraquemada, había muchos papeles sin reconocimiento en el dicho convento; y no será mucho que entre ellos los haya de Arias Montano, pues este fue su retiro y depósito de sus cenizas.
>
> Cuando vuestra señoría me encargó la averiguación de la prebenda que tuvo Alonso García Matamoros en mi iglesia, respondí con el examen que hice no constar en los libros de cuentas y casillas ni en el de entradas, pero hoy, recorriendo un folio manuscrito que dejó de su letra el señor canónigo don Juan de Loaysa, tiene esta apuntación: «El señor don Alonso García Matamoros, canónigo, no está en el libro de entradas». Para mí es de mucha fuerza cualquier especie del señor Loaysa, pues registró con menudencia cuanto contiene el archivo y demás oficinas de esta santa iglesia. Y así tengo por seguro fue canónigo Matamoros, pues, si no le constara, no hubiera puesto la nota que dejo referida.
>
> Inclusa remito a vuestra señoría esa copia de Pero Guillén, que es de la misma mano y antigüedad que la carta del mismo al arzobispo don Alonso Carrillo, que remití a vuestra señoría en días pasados. No he tropezado otra cosa de las que vuestra señoría necesita para su colección. Si el reconocimiento de manuscritos de la biblioteca la produjere, inmediatamente se copiará, y pasaré a manos de vuestra señoría, cuya vida conserve el Señor, como le pido y he menester.
>
> Sevilla, 20 de enero de 1768.
>
> Beso las manos de vuestra señoría.
>
> Su mas reconocido siervo y capellán, don Diego Alejandro de Gálvez.

---

[84] Sobre Diego Alejandro Gálvez (1718-1803), clérigo y director de la Real Academia Sevillana de Buenas Letras, véase Valverde Madrid (1965-1967); y sobre Juan Manuel de Santander y Zorrilla (1712-1783), Sánchez Marian (2021).

El manuscrito 3742 de la Biblioteca Nacional de España es, pues, copia de un original conservado en la Biblioteca Colombina de Sevilla, pero ya perdido a finales XVIII, que habría de contener un pequeño cancionero de Pero Guillén de Segovia.[85] En la copia remitida a la Biblioteca Real fueron incluidas tres obras: la que aquí nos interesa, *Suplicación que hordenó Pedro Guillen al señor D. Alfonso Carrillo, Arzobispo de Toledo,* entre los folios 2r y 14r; *Síguese otro discurso que fiso el dicho Pero Guillén a aquel que sygue su voluntad en qualquier de los Dose Estados del Mundo, e faltan sus glosas quel las fiso,* entre los folios 14r y 24r; y la *Continuación del poema de Juan de Mena que comienza «Canta tú, cristiana musa». Pero Guillén. Desde aquí acabó esta obra Pero Guillén por fallescimiento de Juan de Mena; e porque el título de la Ira non era concluso, fiso en él lo que se sigue,* entre los folios 29r y 40r o, según la numeración antigua, 1r-11v. Al final de este texto se añade una «Conclusión del actor, refiriendo la obra a quien la principió», en el folio 40r o 12r de la numeración antigua:

Quien abre puerta cerrada
por todo el crimen padesce,
quien comiença obra fundada
la fama del fyn meresce;
pues dotad a Juan de Mena
desta obra la vitoria
y rogad en su novena,
si su alma es en pena,
que le dé Dios santa gloria

Que con solo de aquel bien
que a caridad atribuyo
se movió Pero Guillén,
bien como discípulo suyo,
dudoso por inorante
entrar en tan fondo silo,
como no fuese bastante
de llevar más adelante
obra de tan alto estilo.

Los folios 24v-28v y 40v-43v quedaron en blanco, acaso con la intención de copiar algún otro texto, sin que finalmente llegara a hacerse. El amanuense al que Gálvez encargó la copia se caracterizaba por ser regularmente seseante —de ahí que transcriba «dise» por dice, «baxesa» por bajeza o «juisios» por juicios— e

---

[85] El «reconocimiento de manuscritos» referido en la carta de Gálvez dio como resultado el *Índice de todos los códices manuscritos que se conservan en la biblioteca de la Santa Patriarcal Iglesia de Sevilla,* realizado a instancias de este por Rafael Tabares en 1780 y hoy conservado en la Biblioteca Capitular y Colombina con la signatura B-369. En este *Índice* ya no consta el manuscrito original en el que se basó la copia remitida a Madrid.

inclinarse, en casi todas las ocasiones, por formas supuestamente cultistas como «nascer» por nacer, «segund» por según o «conoscido» por conocido.

También el manuscrito 4114 de la Biblioteca Nacional de España recoge la primera de las tres suplicaciones, siendo, además, el único testimonio que incluye las otras dos y la *Obra compuesta y ordenada*.[86] Este códice se conformó como un cancionero de diversos autores —de ahí el título que reza el lomo de la encuadernación, *Cancionero de poesías inéditas*— y hubo de ser copiado en la segunda mitad del siglo XVIII. La primera parte del mismo, entre los folios 1r y 167r, corresponde a una serie de poemas extensos de Guillén de Segovia, a los que, entre los folios 168r y 192r, sigue una prosa de carácter político titulada «Exclamación que la propia naturaleza de los reinos de España hacen y invocación a sus naturales porque la permiten e consienten que se enajene». Una tercera parte, incluida entre los folios 193r y 575v, da cabida a una extensa antología de poetas pertenecientes al círculo del arzobispo Carrillo y encabezada por Gómez Manrique y el propio Guillén. Viene a continuación, como sección cuarta y entre los folios 576r y 718r, un cancionero particular de Antón de Montoro seguido, a partir del folio 720r y hasta 731r, por una breve recopilación de textos pertenecientes a Gómez Manrique y a otros poetas. Los cuatro poemas que aquí nos ocupan encabezan la primera de las secciones en el siguiente orden: *Suplicación para el muy reverendo e magnífico señor don Alfonso Carrillo, arzobispo de Toledo, cerca de la paz et sosiego que, en estos tiempos de tanta turbación, es nescesaria, interpuesta por Pedro Guillén de Sevilla, muy homil siervo a su señoría*, folios 1r-23r; *Segunda suplicación que fizo Pedro Guillén de Sevilla al señor don Alfonso Carrillo, arzobispo de Toledo, porque de la primera non hobo aquel efecto que de ella esperaba*, folios 24r-48r; *Obra compuesta y ordenada por Pedro Guillén de Segovia, contador del muy magnífico señor don Alfonso Carrillo, arzobispo de Toledo, primado de las Españas, chanciller mayor de Castilla, dirigida y difirida a su señoría*, folios 49r-116r; y, en fin, *Primera capitulación que fizo Pedro Guillen al Sr. Dn. Alfonso Carrillo Arzobispo de Toledo*, folios 117r-135r.

El códice cierra, en el folio 731r, con una nota que indica su procedencia: «Del cancionero manuscrito de Pero Guillen de la librería de cámara del rey», apuntación que también se registra al final de varios de los poema transcritos, lo que indica que se trata de una copia, probablemente parcial, de otro manuscrito conservado entonces en la Real Biblioteca de Palacio y hoy perdido. Mucho se ha conjeturado sobre la naturaleza y cronología de ese original extraviado que sirvió de base para la copia del manuscrito 4114; hay incluso quien ha apuntado un vínculo compartido con la fuente sevillana del antes mencionado manuscrito

---

[86] El manuscrito parece que anteriormente fue propiedad de Bartolomé José Gallardo, Serafín Estébanez Calderón y Henri Ternaux-Compans, cuyas siglas aparecen en la cubierta; al respecto, véanse Cotarelo y Mori (1900: XXVI), De Andrés Martínez (1991: 93) y Wagner (1954). En torno a este códice, véanse Wittstein (1907), Lang (1908), Cummins (1973), Marino (1978: 20-23), Rivera (1982) y Moreno Hernández (1989: 20-22).

3742,[87] aunque el cotejo de los textos no lo corrobora. Sea como fuere, parece claro que ese códice contenía un cancionero de poetas próximos a la persona y al círculo de don Alfonso Carrillo, entre los que destaca la presencia de Guillén y Gómez Manrique. El importante número de poemas atribuidos a Guillén de Segovia, su condición de copista, la relevancia del texto en prosa y su proximidad al prelado permiten conjeturar que hubiera sido él mismo quien se encargó de compilar la antología y realizar la copia que sirvió como punto de partida para su posterior transmisión.[88]

El copista dieciochesco de este códice, conservado en la madrileña Biblioteca Nacional, realizó una tarea aseada y razonablemente concienzuda cuyos resultados se leen con claridad y sin apenas inconveniente alguno; no obstante, su transcripción deja a la luz las dificultades que encontró a la hora de entender la letra del original que le sirvió de pauta. Son numerosos los pasajes que no alcanzó a descifrar y, como aviso a sus lectores, tuvo la precaución de dejar espacios en blanco que lo señalaban. Esta circunstancia hace que la edición de las suplicaciones segunda y tercera y de la *Obra compuesta y ordenada,* que tienen el manuscrito 4114 como único testimonio, haya de afrontarse con tales menguas textuales que solo cabe subsanar —y no siempre— por obra del ingenio.

Todos aquellos que se propusieron editar la poesía de Pero Guillén de Segovia hubieron de hacerlo, al menos en lo que corresponde a estos cuatro decires, con estos menoscabados mimbres. El primero que anunció tal propósito fue Henry Roseman Lang en su artículo de 1908, pero su proyecto no alcanzó a ver la luz, si es que alguna vez lo llevó a término. Walter Wyatt Grave defendió, en 1927, la tesis de doctorado «The Poetical Works of Pero Guillén de Sevilla» en la Universidad de Cambridge, aunque el texto permanecería inédito.[89] Eloy Benito Ruano adelantó cuarentaiún años después la inminente publicación de una nueva edición de Guillén de Segovia: «Nos anticipamos a anunciar la publicación por nuestra parte de su *Cancionero* completo, inédito en su mayor parte, y para el cual poseemos ya acumulada la casi totalidad de los materiales» (1968: 519); lo cierto es que nunca más se supo al respecto. Ya en 1985, José Doménech Mira editó paleográficamente la *Obra compuesta y ordenada* en su tesis de licenciatura «Edición y Estudio del poema "Oyd maravillas del siglo presente", del "Cancionero de Pero Guillén"», defendida en la Facultad de Filología de la Universidad Complutense de Madrid, sin que tampoco alcanzara las prensas. Fue Carlos Moreno Hernández quien finalmente publicó la *Obra poética* de Pero Guillén de Segovia en 1989, a partir de sus propia tesis de doctorado, «Edición crítica de la obra poética de Pero Guillén de Segovia», que había sido defendida en la misma Universidad Complutense en 1973, dieciséis años antes.

---

[87]   Steunou y Knapp (1978: II, 108) y Dutton (1991: I, 103 -193).

[88]   Cummins (1973: 10) y Moreno Hernández (1989: 20-22).

[89]   En un artículo de 1990, Carlos Moreno Hernández hizo varias enmiendas y observaciones al trabajo de Grave.

En su momento, estos trabajos significaron un avance notable en el conocimiento del poeta sevillano, bien es verdad que en ninguno de los casos constituyó una tarea textual verdaderamente crítica. Los editores se limitaron a transcribir con más o menos esmero paleográfico el testimonio que consideraron prioritario para nuestros cuatro decires, sin entrar en otras consideraciones. Incluso Carlos Moreno Hernández, cuyo volumen viene a ser el esfuerzo filológico más cumplido en torno a la obra de Guillén, reconocía las limitaciones de sus resultados:

> No se ha intentado establecer una edición crítica en sentido riguroso, debido principalmente a la escasez de fuentes comunes a las diversas composiciones en lo que atañe a los manuscritos conservados del siglo XV, aunque sí se ha procurado el acercamiento a una edición crítica singular, sobre todo en aquellos textos en que se ha tomado como base el manuscrito 2763 de Salamanca. Debe tenerse en cuenta que una buena parte de las composiciones aparecen solo en el manuscrito 4114 de la Biblioteca Nacional, copia bastante imperfecta del siglo XVIII, llena de lagunas o lecturas erróneas, que altera la grafía original, modernizándola o tergiversándola en gran número de casos, por lo que sus lecciones se han postergado siempre cuando existen otras fuentes, incluso de la misma época, como es el caso del manuscrito 3742 (1989: 89-90).

Otro tanto puede decirse de la anotación, que se limita a «un pequeño glosario con las voces anotadas tras el aparato crítico a cada poema, aquellas que pueden presentar más dudas o dificultad de comprensión» (1989: 90). En esta situación, y aun valorando la aportación de Moreno Hernández, se imponía la obligación de afrontar una edición crítica que procurase reconstruir el texto original a partir de los testimonios y explicarlo en toda su complejidad léxica, conceptual, literaria, cultural e histórica. En ello hemos puesto nuestro empeño.

ESTA EDICIÓN

Solo del primer decir de Pero Guillén de Segovia —ya lo hemos visto— nos ha llegado un testimonio antiguo, el del manuscrito 2763 conservado en la Biblioteca de la Universidad de Salamanca *[S]*. Ese texto también se trasladó en dos copias manuscritas del siglo XVIII, las de los códices Ms. 3742 *[M]* y Ms. 4114 de la Biblioteca Nacional de España *[A]*. Para las otras dos suplicaciones y la *Obra compuesta y ordenada* disponemos, como único testimonio, del tan traído y llevado manuscrito 4114 de la madrileña Biblioteca Nacional, cuya singularidad consiste en ser factura dieciochesca de un original perdido y debida a un muy peculiar amanuense.

Todo ello obliga al editor moderno a plantearse diversas cuestiones a la hora de establecer un texto crítico de los cuatro poemas; de entre ellas, tres son decisivamente relevantes. La primera tiene que ver con las lagunas que se identifican ostensiblemente en *A* mediante los espacios en blanco que tuvo a bien dejar el copista como advertencia; la segunda responde a los numerosos errores de copia que se registran; y la tercera y última —siempre problemática para la filología medievalista— atañe a las grafías. En los tres casos, la opción menos arriesgada y más cómoda consiste en la simple transcripción del testimonio más antiguo en el primero de los casos y del único en el resto. Con esa resolución, por completo respetable, el editor queda libre de tomar cualquier decisión crítica y puede limitarse a cumplir su tarea haciendo una reproducción del texto tan rigurosa cómo sea posible. El problema, a mis humildes entendederas, está en el resultado, que no hace sino consagrar los errores y las arbitrariedades de la copia y renuncia de antemano a ese intento que debe guiar la pauta de una verdadera edición crítica: el de reconstruir la obra original hasta donde sea posible; si es verdad la sentencia virgiliana «Audentes Fortuna iuvat», de perdidos al río. Arrostremos, pues, la osadía —muy menor, si se compara con otras— de ejercer la condición de filólogos críticos hasta donde quepa.

En cuanto a las lagunas y los errores de copia, son bastantes los lugares que pueden ser repuestos o enmendados con casi total seguridad, ya sea acudiendo a los mecanismos de transcripción, a las fuentes directas de las que Guillén de Segovia se sirvió, a su *usus scribendi* o a meras conjeturas debidamente razonadas. El riesgo que se asume con esas decisiones tiene su premio, pues, por un lado, el lector accederá a unos textos más completos y de fácil comprensión; por otro, los inconvenientes se salvan, pues cualquier intervención del editor quedará registrada y, en su caso, justificada en el aparato crítico, que actúa como cimiento para la constitución del texto. Así se ha hecho con estos decires. En los casos para los que no cabe ofrecer una enmienda suficientemente fiable, se ha optado por ofrecer la propuesta en nota al pie o, en su caso, subrayando el problema y apuntando el posible significado del fragmento que falta o que está transcrito de manera errada.

Los usos gráficos centraban el tercer desafío que había de afrontar un editor de estas obras guillenianas. El texto de la primera suplicación ha quedado constituido tras el cotejo de todos los testimonios, aun cuando se haya dado prioridad al más antiguo; circunstancia que ha tenido consecuencias para la presentación gráfica del mismo. En los otros casos, estamos ante copias realizadas con los criterios propios de personas del siglo XVIII, por más que pusieran cierto empeño en respetar la ortografía de los textos que les sirvieron de pauta. El resultado se hace por demás irregular, pues se mezclan de manera arbitraria mecanismos gráficos del siglo XV con otros que les son por completo ajenos, e incluso con esfuerzos impertinentes por envejecer la lengua. En esta situación se impone una modernización, no solo por dar una cierta homogeneidad al texto de nuestra edición, sino por una profunda convicción filológica. He pretendido eliminar barreras lingüísticas y gráficas para tender un puente hacia el lector contemporáneo, aunque, claro está, sin alterar la fonología, la morfología y aun la inestabilidad de la lengua usada por Pero Guillén de Segovia.

El texto de la edición se presenta sin signo diacrítico alguno; únicamente se ha añadido la numeración de las coplas en el margen izquierdo y la de verso en el derecho, así como tres puntos entre corchetes, […], cuando no ha sido posible reconstruir las lagunas en los testimonios manuscritos. Se ha utilizado el signo de diéresis cuando la métrica así lo exige, y ha sido introducido un espacio correspondiente a la cesura entre los dos hemistiquios que constituyen cada verso. En cuanto a las grafías, han sido modernizadas y regularizadas las alternancias *u|v, i|j|y, b|v* y *g|j|x* según los criterios ortográficos modernos, y otro tanto se ha hecho con las grafías *ç* y *z*, correspondientes a los fonemas /ŝ/ y /z/, excepto en casos como *enxiemplo*. Asimismo, ha sido simplificado el uso de las consonantes dobles, como *-ss-*, y se ha empleado la *h* en diversas posiciones conforme a la norma actual, incluyendo la interjección *oh*. Cuando los testimonios optan por la grafía *l-* para el fonema líquido palatal en posición de inicio —por ejemplo, *levar*—, se ha regularizado de acuerdo con los usos hoy vigentes; y lo mismo se ha hecho con los grupos *nb* y *np*, que han sido resueltas en *mb* y *mp*, o las grafías *qua-* y *qüe-*, que han pasado a *cua-* y *cue-*. También se han deshecho las contracciones *dél, delos, deste* o *dese* y se han actualizado grafías etimológicas o latinizantes como *ph* por *f, ch* por *qu* o *th* por *t*. No obstante, han sido conservadas las formas aglutinadas que afectan a la métrica, como *quel* por 'que le'. Por otra parte, la separación de palabras sigue la pauta actual, resolviéndose las abreviaturas sin indicación alguna, regularizando el empleo de mayúsculas y minúsculas, haciendo uso de tildes cuando corresponde y modernizando el sistema de puntuación. Se mantiene también la vacilación entre vocales átonas, la oscilación entre *x* y *s,* formas como *grand* o *segund* junto con sus variantes modernas y los nombres propios tal como se transmiten en la tradición textual.

El aparato crítico es positivo y cada uno de sus asientos se abre con la lectura por la que hemos optado, manteniendo la grafía de los originales manuscritos, tras lo cual se señala el origen de la misma. Cuando se introduce una corrección que no nos consta como adoptada por ningún otro copista o editor, la lectura se anota sin testimonio. Se registran a continuación la variante o variantes descartadas, con indicación de todos los testimonios donde nos consta que aparecen, a lo que sigue, cuando así se requiere, el detalle de las razones que avalan cada decisión editorial que hemos tomado.

Las notas al pie han sido utilizadas, en primer lugar, para explicar las voces, el sentido literal de los versos y las numerosas alusiones históricas, mitológicas o eruditas que estos encierran. Se han señalado, siempre que ha sido posible, las fuentes de las que se sirvió Guillén de Segovia; así, cuando el uso de las mismas es muy directo y a la letra, se han transcrito los pasajes correspondientes de manera que el lector pueda comprobar por sí mismo el uso que les dio el poeta, algo que se hace especialmente palpable en el caso de la *Visión deleitable* del bachiller Alfonso de la Torre, de la que Guillén tuvo un ejemplar sobre la mesa durante la composición de su poema. Para los hechos de armas del arzobispo don Alfonso Carrillo, se han transcrito los lugares correspondientes en el proemio del libro de las *Consonantes,* que el propio Guillén señaló como glosa de nuestra *Obra;* en cualquier caso, el lector dispone del texto completo de ese proemio en el apéndice que sigue a la edición. El libro se cierra con un índice de las voces, nombres y episodios anotados.

***

He de dar las gracias —y muchas— a unos cuantos buenos amigos que acuden siempre en mi socorro: Juan Ramón Muñoz, Rafael Bonilla Cerezo, Adrián J. Sáez, Ignacio García Aguilar, Fernando Navarro Antolín, Raúl Díaz Rosales, Miguel Ángel Márquez Guerrero, Sergio Fernández López con sus finas lecturas, el siempre sabio Antonio Sánchez Jiménez y Alberto Montaner, desplegando sus cabales conocimientos astrológicos. Gracias —y más— a mis muy munificentes don Mariano Quirós y doña María Jesús Torrens. Y válganos por hoy la sentencia del libro de los *Proverbios* 17, 22: «Animus gaudens aetatem floridam facit, spiritus tristis exsiccat ossa», que en cristiano viene a decir que el corazón alegre hace florecer la vida, mientras que el espíritu triste deseca los huesos. Ni por pienso.

A 16 de febrero de 2024,
festividad del santo monje Maruta,
cantando junto a la encina

BIBLIOGRAFÍA

ALFONSO X (1867): *Libro del saber de astronomía,* ed. Manuel Rico y Sinobas, Madrid, Eusebio Aguado, 5 vols.

ALFONSO X (2001): *General Estoria. Primera parte,* ed. Pedro Sánchez Prieto-Borja, Madrid, Biblioteca Castro.

ALFONSO X (2002): *Estoria de Espanna,* ed. Pedro Sánchez-Prieto Borja, Alcalá de Henares, Universidad de Alcalá de Henares.

ALMEIDA CABREJAS, M.ª Belén (2006): «La *Farsalia* castellana de la Biblioteca de Osuna (BNE 10805) y la obra del marqués de Santillana», *Revista de Literatura Medieval,* 18, pp. 71-86.

ALONSO MIGUEL, Álvaro (2018): «Sobre los albores del panegírico en España: Diego Guillén de Ávila y el *Poema en loor del arzobispo Carrillo*», *Criticón,* 132, pp. 17-32.

ALONSO PEDRAZ, Martín (1986): *Diccionario medieval español,* Salamanca, Universidad Pontificia, 2 vols.

ALONSO PINZÓN, Martín (1986): *Diccionario medieval español,* Salamanca, Universidad Pontificia de Salamanca, 2 vols.

ÁLVAREZ DÍAZ, Juan José (2014): «Refranes españoles de batallas (s. XIV-XV)», *Paremia,* 23, pp. 25-34.

ÁLVAREZ PALENZUELA, Vicente Á. (2006): *La guerra civil castellana y el enfrentamiento con Portugal (1475-1479),* Alicante, Biblioteca Virtual Cervantes, https://www.cervantesvirtual.com/obra/la-guerra-civil-castellana-y-el-enfrentamiento-con-portugal-14751479-0/.

AMBROSIO, san [Ambrosiaster] (1844-1865): *Commentaria in Epistolam Beati Pauli Ad Romanos,* en *Patrologia Latina Database,* XXVII, ed. Jacques-Paul Migne, Londres, Chadwyck-Hesley.

AMRAN, Rica (2017): «Diego Arias Dávila», en Real Academia de la Historia, *Historia Hispánica,* https://historia-hispanica.rah.es/biografias/4272-diego-arias-davila.

ANDRÉS MARTÍNEZ, Gregorio de (1991): «La colección de manuscritos del literato Serafín Estébanez Calderón en la Biblioteca Nacional», *Cuadernos para la Investigación de la Literatura Hispánica,* 14, pp. 80-97.

APOLODORO DE ATENAS (1985): *La Bibliothèque d'Apollodore,* ed. Margarita Rodríguez de Sepúlveda, Madrid, Gredos.

ARISTÓTELES: *Ética,* trad. Carlos de Viana, Biblioteca Nacional de España, Mss. 6984.

ARISTÓTELES (2002): *Retórica,* trad. Alberto Bernabé, Madrid, Alianza.

ARISTÓTELES (2011): *Poética. Magna Moralia,* ed. Teresa Martínez Manzano y Leonardo Rodríguez Duplá, Madrid, Gredos.

ARISTÓTELES (2017): *Compendio de la Ética nicomaquea,* ed. Salvador Cuenca Almenar, Zaragoza, Prensas de la Universidad de Zaragoza.

BAIK, Seung-Woow (2003): *Aproximación al decir narrativo castellano,* Newark, Juan de la Cuesta.

BARROS, Joam de (1552): *Asia. Dos fectos que os portugueses fizeram no descobrimento & conquista dos mares & terras do Oriente,* Lisboa, Germão Galharde.

BELTRÁN, Vicenç (2009): *Poesía española 1. Edad Media: lírica y cancioneros,* Madrid, Visor.

BELTRÁN LLAVADOR, Rafael (1997): «La justificación de la escritura en las biografías de Alonso Carrillo y Alonso de Moroy», en *Actas del VI Congreso Internacional de la Asociación Hispánica de Literatura Medieval,* I, ed. José Manuel Lucía Megías, Alcalá de Henares, Universidad de Alcalá de Henares, pp. 265-278.

BENITO RUANO, Eloy (1965): «Canales y Perales. Un episodio de las rebeldías del arzobispo Carrillo», *Anuario de Estudios Medievales,* 2, pp. 377-398.

BENITO RUANO, Eloy (1968): «Los *Hechos del Arzobispo de Toledo don Alonso Carrillo* de Pero Guillén de Segovia», *Anuario de Estudios Medievales,* 5, pp. 517-530.

BERCEO, Gonzalo de (1992): *Los milagros de Nuestra Señora,* ed. Claudio García Turza, Madrid, Espasa-Calpe.

BERMEJO CABRERO, José Luis (1979): «Los primeros secretarios de los reyes», *Anuario de Historia del Derecho Español,* 49, pp. 187-296.

BLANCO JIMÉNEZ, José (2015): «*Cayda de príncipes:* la Vulgata castellana del *De Casibus Virorum Illustrium*» de Boccaccio», *Boletín de Filología,* 50, 1, pp. 33-70.

BLÜHER, Karl (1969): *Séneca en España,* Madrid, Gredos.

Bocados de oro (2020), ed. Sergio Guadalajara Salmerón, tesis doctoral, Universidad Complutense de Madrid.

BOCCACCIO, Giovanni (1495): *Cayda de príncipes,* trad. Pedro López de Ayala, Alfonso García de Santa María y Juan Alfonso de Zamora, Sevilla, Minardo Ungut y Estanislao Polono.

BOCCACCIO, Giovanni (1997): *Las mujeres ilustres en romance,* ed. José Luis Canet, Valencia, Parnaseo, https://mercaba.org/SANLUIS/ALiteratura/medieval/Boccaccio,%20Giovanni/De%20las%20mujeres%20ilustres%20en%20romance.PDF.

BOECIO: *Libro de la consolación natural,* Biblioteca Nacional de España, Ms. 10220.

BOECIO (1973): *The theological tractates: The consolation of philosophy,* ed. Hugh Stewart y Edward Rand, London, Havard University.

BOERI, Marcelo (2002): «Sobre el suicidio en la filosofía estoica», *Hipnos,* 8, 1, pp. 21-33.

BONACHÍA HERNANDO, Juan A. (2010): «La iglesia de Castilla, la reforma del clero y el concilio de Aranda de 1473», *Biblioteca: estudio e investigación,* 25, pp. 269-298.

BOUDET, Jean-Patrice (2006): *Entre science et nigromance: astrologie, divination et magie dans l'occident médiéval (XIIe-XVe),* Paris, Publications de la Sorbonne.

BROWN BOURLAND, Caroline (1909) «The Unprinted Poems of the Spanish *Cancioneros* in the Bibliothèque Nationale», *Revue hispanique,* 21, pp. 460-556.

BURGOS, Diego de (2008): *Triunfo del marqués de Santillana,* en Carlos Moreno Hernández, *Retórica y Humanismo: El Triunfo del marqués de Santillana (1458),* Valencia, Lemir-Universitat de València, pp. 131-214.

CALDERÓN ORTEGA, José Manuel (2014): «Enrique IV de Castilla, rey de los catalanes (1462-1463)», en *Cataluña en España, España en Cataluña,* ed. José Ignacio Ruiz Rodríguez, Madrid, Dykinson, pp. 35-53.

CALEF, Paola (2012): *Il primo Dante in castigliano. Il codice madrileno della Commedia con la traduzione attribuita a Enrique de Villena,* Alessandria, Edizioni dell'Orso.

CALLADO DE OLIVEIRA, Gilberto (2020): «La guerra justa en Santo Tomás de Aquino y sus reflejos en la Historia», *Mirabilia,* 30, pp. 177-189.

CAMPAGNE, Fabian (2002): *Homo catholicus, homo superstitiosus. El discurso antisupersticioso en la España de los siglos XV al XVIII,* Madrid, Miño y Dávila.

Cancionero de Juan Alfonso de Baena (1993), ed. Brian Dutton y Joaquín González Cuenca, Madrid, Visor.

Cancionero tradicional (1991), ed. José María Alín, Madrid, Castalia.

Carmina Burana (1883), ed. Johann A. Schmeller, Breslau, Wilhelm Koebner.

CARRETE PARRONDO, Carlos (1986): *Fontes Iudaeorum Regni Castellae, III. Proceso inquisitorial contra los Arias Dávila segovianos: un enfrentamiento entre judíos y conversos,* Salamanca, Universidad Pontificia de Salamanca.

CARTAGENA, Alonso de: *Epístolas de Séneca a Lucillo*, Biblioteca Nacional de España, Mss. 9215.

CARTAGENA, Alonso de: *Los libros de Séneca,* Biblioteca Nacional de España, MSS. 17803.

CARTAGENA, Alonso de (2006): *Tratados militares,* ed. Noel Fallows, Madrid: Ministerio de Defensa, https://www.cervantesvirtual.com/obra/tratados-militares/.

CASAS HOMS, José María (1962): *La Gaya Ciencia de Pero Guillén de Segovia,* Madrid, Consejo Superior de Investigaciones Científicas, 2 vols.

CÁSEDA TERESA, Jesús F. (2023): «Gómez Manrique y *Exclamación y querella de la gobernación:* génesis política y origen literario de su escritura en la corte del Arzobispo de Toledo Alonso Carrillo», *Revista de Filología de la Universidad de La Laguna,* 47, pp. 35-55.

CASTAÑEDA, Felipe (2003): «Sobre la posibilidad de la guerra justa entre fieles y paganos en Tomás de Aquino», *Revista de Estudios Sociales,* 14, pp. 26-37.

CASTELLANOS, Juan de (1847): *Elegías de varones ilustres de Indias,* Madrid, Rivadeneyra.

CASTILLO, Diego del (1956): *Discripçión del tiempo en que la visión de los siguiente se comiença sobre la muerte del rey don Alfonso,* en *Cancionero de Juan Fernández de Íxar,* II, ed. José María Azaceta, Madrid, Consejo Superior de Investigaciones Científicas, II, pp. 415-428.

CASTILLO CÁCERES, Fernando (2017): «Ferrán Martínez», en Real Academia de la Historia, *Historia Hispánica,* https://historia-hispanica.rah.es/biografias/28055-ferran-martinez.

CASTRO, Américo (1970): *Aspectos del vivir hispánico,* Madrid, Alianza.

CÁTEDRA GARCÍA, Pedro Manuel (1989): *La historiografía en verso en la época de los Reyes Católicos. Juan Barba y su Consolatoria de Castilla,* Salamanca, Universidad de Salamanca.

CÁTEDRA GARCÍA, Pedro Manuel (ed.) (1994): Enrique de Villena, *Traducción de la Eneida, libros IV-XII. Traducción de la Divina Commedia de Dante Alighieri,* Madrid, Fundación José Antonio Castro-Turner.

CÁTEDRA GARCÍA, Pedro Manuel (2002): «Estudio», en *Tratado que hizo Alarcón, alquimista del arzobispo Alonso Carrillo*, Salamanca, SEMYR, pp. 9-44.

CEJADOR Y FRAUCA, Julio (1990): *Vocabulario medieval castellano,* Madrid, Visor.

CERVANTES, Miguel de (2015): *Don Quijote de la Mancha,* coord. Francisco Rico, Madrid, Real Academia Española, 2 vols.

CERVANTES DE SALAZAR, Francisco (1971): *Crónica de la Nueva España,* ed. Manuel Magallón, Madrid, Atlas.

CHAPA PRADO, Juan (1986): *El comentario de Ambrosiáster a las Epístolas de san Pablo,* Pamplona, Universidad de Navarra.

CHAS AGUIÓN, Antonio (1996): «La estructura dispositiva de las cuestiones de amor en el círculo poético de Gómez Manrique», *Moenia,* 2, pp. 373-394.

CHAS AGUIÓN, Antonio y Sandra ÁLVAREZ LEDO (2016): «Los decires», *Historia de la métrica medieval castellana,* coord. Fernando Gómez Redondo, San Millán de la Cogolla, Cilengua, pp. 658-659.

CHAVES, JERÓNIMO (1534): *Reportorio de tiempos,* Sevilla, Fernando Díaz.

CONDE, Juan-Carlos (1993): «El arte mayor de Pablo de Santa María», *Actas do IV Congresso da Associação Hispânica de Literatura Medieval,* III, ed. Aires Augusto Nascimento y Cristina Almeida, Lisboa, Cosmos, pp. 215-219.

CONDE, Juan-Carlos (1995): «La historiografía en verso: precisiones sobre las características de un (sub)género literario», en *Medioevo y literatura. Actas del V Congreso de la Asociación Hispánica de Literatura Medieval,* II, ed. Juan Paredes, Granada, Universidad de Granada, pp. 47-59.

CONDE, Juan-Carlos (2002a): «Praxis ecdótica y teoría métrica: el caso del arte mayor castellano», *La Corónica,* 30, 2, pp. 249-77.

CONDE, Juan-Carlos (2002b): «Crónicas rimadas», en *Diccionario filológico de literatura medieval española. Textos y transmisión,* ed. Carlos Alvar y José Manuel Lucía Megías, Madrid, Castalia, pp. 364-368.

CONDE, Juan-Carlos (2016): «Poemas historiográficos: siglo XV», en Fernando Gómez Redondo (ed.), *Historia de la métrica medieval castellana,* San Millán de la Cogolla, Cilengua, pp. 1023-1038.

CONTRERAS JIMÉNEZ, M.ª Eugenia (1989): «Diego Arias Dávila en la tradición y en la historia», *Anuario de Estudios Medievales,* 19, pp. 473-495.

CORONAS GONZÁLEZ, Santos M. (2001): «Príncipe y Principado de Asturias: historia dinástica y territorial de un título», *Anuario de historia del derecho español,* 71, pp. 49-74.

CORRAL SÁNCHEZ, Nuria (2014): «El pogromo de 1391 en las *Crónicas* de Pero López de Ayala», *Ab Initio,* 10, pp. 61-75.

CORREAS ÍÑIGO, Gonzalo (1992): *Vocabulario de refranes y frases proverbiales,* ed. Víctor Infantes, Madrid, Visor.

COTARELO Y MORI, Emilio (1900): «Prólogo», en *Cancionero de Antón de Montoro: (el Ropero de Córdoba) poeta del siglo XV,* Madrid, J. Perales y Martínez, pp. V-XXVIII.

Crónica de 1344, que ordenó el Conde de Barcelos don Pedro Alfonso (1971), ed. Diego Catalán y M.ª Soledad de Andrés, Madrid, Seminario Menéndez Pidal.

Crónica troyana (2015), ed. María Sanz, Zaragoza, Institución Fernando el Católico.

CROSAS LÓPEZ, Francisco (2000): «Traducción castellana medieval del *De vita et moribus philosophorum* de Walter Burley», *Rilce,* 16, 1, pp. 38-45.

CROSAS LÓPEZ, Francisco (2002): *Vida y costumbres de los viejos filósofos. La traducción castellana cuatrocentista del De vita et moribus philosophorum, atribuido a Walter Burley,* Madrid-Frankfurt am Main, Iberoamericana-Vervuert.

CUENCA ALMENAR, Salvador (2017): «*Compendio de la Ética nicomaquea:* divulgación filosófica a través de los romances ibéricos en el siglo XV», en Aristóteles, *Compendio de la Ética nicomaquea,* Zaragoza, Prensas de la Universidad de Zaragoza, pp. VII-LI.

CUMMINS, John G. (1973): «Pero Guillén de Segovia y el Ms. 4114», *Hispanic Review,* 41, pp. 6-32.

CURTIUS, Ernst R. (1981): *Literatura europea y Edad Media latina,* Madrid, Fondo de Cultura Económica, 2 vols.

DANTE ALIGHIERI (2022): *Commedia. Inferno,* ed. Paolo Trovato, Luisa Ferretti Cuomo y Elisabetta Tonello, Limena, Libreriauniversitaria.it Edizioni.

DERUYT, Franz (1931): «L'idée du "Bivium" et le symbole pythagoricien de la lettre Y», *Revue Belge de Philologie et d'Histoire,* 10, pp. 137-145.

DÍAZ IBÁÑEZ, Jorge (1998): *La organización institucional de la Iglesia en la Edad Media,* Madrid, Arco/Libros.

DÍAZ IBÁÑEZ, Jorge (2012): «La potestad jurisdiccional del obispo y cabildo catedralicio burgalés durante el siglo XV», *Medievalismo,* 22, pp. 75-97.

DÍAZ IBÁÑEZ, Jorge (2015): «El arzobispo Alfonso Carrillo de Acuña (1412-1482). Una revisión historiográfica», *Medievalismo,* 25, pp. 137-198.

DÍEZ YÁÑEZ, María (2015): *El noble virtuoso: la recepción de la Ética aristotélica en la Castilla tardomedieval y renacentista,* Madrid, Universidad Complutense de Madrid.

DOMÉNECH MIRA, José (1986): «El decir *Oyd maravillas del siglo presente,* de Pero Guillén de Sevilla: contribución al estudio de sus fuentes literarias», *Dicenda,* 5, pp. 13-45.

DOMÍNGUEZ CAMARGO, Hernando (1666): *San Ignacio de Loyola, fundado de la Compañía de Jesús. Poema heroico,* Madrid, Joseph Fernández Buendía.

DOÑAS BELEÑA, Antonio (2015): *Las versiones castellanas medievales de la «Consolatio Philosophiae» de Boecio,* tesis doctoral, Universitat de València.

DUTTON, Brian (1990-1991): *El cancionero del siglo XV (c. 1360-1520),* Salamanca, Universidad de Salamanca, 7 vols.

ECHEVARRÍA ARSUAGA, Ana (2002): *Catalina de Lancaster, reina regente de Castilla (1372-1418),* Hondarribia, Nerea.

ENRÍQUEZ DEL CASTILLO, Diego (1994): *Crónica de Enrique IV,* ed. Aurelio Sánchez Martín, Valladolid, Universidad de Valladolid.

ERASMO DE ROTTERDAM (1538): *Lingua,* Lyon, Sebastianus Gryphium.

ERCILLA, Alonso de (2022): *La Araucana,* ed. Luis Gómez Canseco, Madrid, Biblioteca Clásica de la Real Academia.

ESCAVIAS, Pedro de (1972): *Repertorio de príncipes de España,* ed. Michel García, Madrid, Instituto de Estudios Giennenses.

ESTEBAN SANTOS, Alicia (2014): *Iconografía de la mitología griega: monstruos. Los terroríficos enemigos del héroe,* Madrid, Dhyana Arte.

ESTEVE BARBA, Francisco (1943): *Alfonso Carrillo de Acuña, autor de la unidad de España,* Barcelona, Amaltea.

EVENEPOEL, William (2004): «The Philosopher Seneca on suicide», *Ancient Society,* 34, pp. 217-243.

FAULHABER, Charles (2017): «Un enigma resuelto, las *Obras* de Pero Guillén de Segovia», *Berkely Library Update,* https://update.lib.berkeley.edu/2017/07/10/un-enigma-resuelto-las-obras-de-pero-guillen-de-segovia/.

FERNÁNDEZ DE HEREDIA, Juan (1995): *Gran crónica de España. I. Ms. 10133 BNM,* ed. Regina af Geijerstam, Madison: Hispanic Seminary of Medieval Studies.

FERNÁNDEZ DE MADRIGAL, Alonso, *el Tostado* (2000): *Libro de amor e amicicia,* ed. M.ª Teresa Herrera y M.ª Nieves Sánchez, Salamanca, Universidad de Salamanca [Corde].

FERNÁNDEZ GALLARDO, Luis (2006): «La biografía como memoria estamental. Identidades y conflictos», en *La monarquía como conflicto en la corona castellano-leonesa (1950-1504)»,* ed. José Manuel Nieto Soria, Madrid, Sílex, pp. 427-492.

FERNÁNDEZ LÓPEZ, Jorge (2013): «Las *Declamaçiones* de Séneca traducidas por Alonso de Cartagena: edición y estudio», *Cuadernos de Filología Clásica. Estudios Latinos,* 33, 2, pp. 329-380

Fita Colomé, Fidel y Adolfo Bonilla San Martín (eds.) (1913): *Memorias de don Enrique IV de Castilla. II,* Madrid, Establecimiento Tipográfico de Fortanet.

Floranes, Rafael de (1991): *Glosas,* en Alfonso de la Torre, *Visión deleytable,* II, ed. Jorge García López, Salamanca, Universidad de Salamanca, pp. 109-215.

Flores, Juan de (1988): *Grimalte y Gradisa,* ed. Carmen Parrilla, Santiago de Compostela, Universidad de Santiago de Compostela.

Flórez Miguel, Cirilo; Pablo García Castillo y Roberto Albares Albares (1989): *La ciencia del cielo. Astrología y filosofía natural en la Universidad de Salamanca (1450-1530),* Salamanca, Caja de Ahorros de Salamanca.

Franco Silva, Alfonso (2014): *El arzobispo de Toledo, Alonso Carrillo. Un prelado belicoso del siglo xv apasionado por la riqueza y el poder,* Cádiz, Universidad de Cádiz.

Gambin, Felice (2008): *Azabache. El debate sobre la melancolía en la España de los Siglos de Oro,* Madrid, Biblioteca Nueva.

García-Contreras Ruiz, Guillermo (2021): «"E por do suele e debe andar la sal de las dichas salinas de Atienza". El comercio de la sal del nordeste de Guadalajara en época medieval», en *Le marché des matières premières dans l'Antiquité et au Moyen Âge,* Rome, Publications de l'École française de Rome, pp. 405-422.

García de Cortázar, José Ángel (2021): *La Iglesia en el reino de Castilla en la Edad Media (años 711-1475),* Madrid, Marcial Pons.

García de Gurtubai Escudero, Álbar (2012): «Atomismo: de la Poesía de Lucrecio a la Ciencia de Galileo», *Ontology studies,* 12, pp. 149-165.

García de Salazar, Lope (1997): *Istoria de las bienandanzas e fortunas,* ed. Ana María Marín Sánchez, Valencia, Parnaseo, https://parnaseo.uv.es/lemir/textos/bienandanzas/menu.htm.

García de Santa María, Gonzalo (2002): *Corónica de Aragón,* ed. José Carlos Pino Jiménez, Madison, Hispanic Seminary of Medieval Studies [Corde].

García López, Jorge (2002): «Alfonso de la Torre: *Visión deleytable*», en *Diccionario filológico de la literatura medieval española. Textos y transmisión,* ed. Carlos Alvar y José Manuel Lucía Megías, Madrid, Castalia, pp. 128-133.

Gaucher, Elisabeth (1994): *La biographie chevaleresque. Typologie d'un genre (XIIIe-XVe siècle),* Paris, Honoré Champion.

Girón-Negrón, Luis M. (2001): *Alfonso de la Torre's Visión deleytable: Philosophical Rationalism and the Religious Imagination in 15th century Spain,* Leiden, Brill.

Gómez-Bravo, Ana M.ª (1999): «Cantar decires y decir canciones: género y lectura de la poesía cuatrocentista castellana», *Bulletin of Hispanic Studies,* 76, pp. 169-187.

Gómez Canseco, Luis (2024): «Introducción», en Juan de Mena, *Laberinto de Fortuna,* Madrid, Cátedra, pp. 9-161.

Gómez Moreno, Ángel (1999): «El reflejo literario», en *Orígenes de la monarquía hispánica: propaganda y legitimación (ca. 1400–1520),* ed. José Manuel Nieto Soria, Madrid, Dykinson, pp. 315-339.

Gómez Moreno, Ángel y Teresa Jiménez Calvente (2017): «Los Reyes Católicos, el gran Tendilla y la nueva épica», en *«La razón es Aurora». Estudios en homenaje a la profesora Aurora Egido,* ed. José Enrique Laplana *et al.,* Zaragoza, Institución Fernando el Católico, pp. 333-349.

Gómez Moreno, Ángel y Teresa Jiménez Calvente (2024): «El reinado de los Reyes Católicos: buenos tiempos para la épica», en *El canto de Calíope. Recepción y canon de la épica culta española,* ed. José Lara Garrido y Raúl Díaz Rosales, Huelva, Universidad de Huelva-Etiópicas, pp. 1-39.

González Rolán, Tomás y M.ª Felisa del Barrio Vega (1985): «Juan de Mena y su versión de la *Ilias Latina*», *Cuadernos de filología clásica,* 19, pp. 47-84.

González Rolán, Tomás; M.ª Felisa del Barrio Vega y Antonio López Fonseca (1996): *Juan de Mena, la Ilíada de Homero. Edición crítica de las Sumas de la Yliada de Homero,* Madrid, Ediciones Clásicas.

González Rolán, Tomás y Pilar Saquero Suárez-Somonte (1987-1988): «El *Epitoma rei militaris* de Flavio Vegecio traducido al castellano en el siglo xv. Edición de los *Dichos de Séneca en el acto de la caballería* de Alfonso de Cartagena», *Miscelánea Medieval Murciana,* 14, pp. 101-150.

Gordonio, Bernardo de (1992): *Libro de las pronósticas,* ed. Galiano Sierra, Madison, Hispanic Seminary of Medieval Studies.

Granada, fray Luis de (2020): *Introducción al símbolo de la fe,* ed. Fidel Sebastián Mediavilla, Real Academia Española.

Grave, Walter Wyatt (1927): *The Poetical Works of Pero Guillén de Sevilla,* tesis doctoral, University of Cambridge.

Gregorio Mago, san (1844-1865): *Regula pastoralis,* en *Patrologia Latina Database,* LXVII, ed. Jacques-Paul Migne, Londres, Chadwyck-Hesley, cols. 13-128.

Grespi, Giuseppina (2004): *Traducciones castellanas de obras latinas e italianas contenidas en manuscritos del siglo xv en las bibliotecas de Madrid y El Escorial,* Madrid, Biblioteca Nacional.

Grisé, Yolande (1982): *Le suicide dans la Rome antique,* Paris-Montréal, Les Belles Lettres.

Guillén de Ávila, Diego (1509): *Panegírico compuesto por Diego Guillén de Ávila en alabança de la más cathólica princesa y más gloriosa reyna de todas las reynas la reyna doña Isabel, nuestra señora que santa gloria aya e a su alteza dirigida. E otra obra compuesta por el mismo Duegon Guillén en loor del reverendíssimo señor don Alonso Carrillo, arçobispo de Toledo, que aya santa gloria,* Valladolid, Diego de Gumiel.

Guillén de Segovia, Pero: *Consonantes de Segovia a don Alfonso Carrillo,* Biblioteca Nacional de España, signatura Ms. 10065.

Guillén de Segovia, Pero (1962a): *La Gaya Ciencia,* ed. José María Casas Homs, Madrid, Consejo Superior de Investigaciones Científicas, 2 vols.

Guillén de Segovia, Pero (1962b): «Hechos del arzobispo don Alonso Carrillo», en José María Casas Homs, *La Gaya Ciencia de Pero Guillén de Segovia,* Madrid, Consejo Superior de Investigaciones Científicas, I, pp. 1-46.

Guillén de Segovia, Pero (1989): *Obra poética,* ed. Carlos Moreno Hernández, Madrid, Fundación Universitaria Española.

Hamlin, Cinthia M.ª (2016): «La funcionalidad apologética de la traducción de la *Divina Comedia* de Villegas (1515) y la elección del formato estrófico: pervivencia del arte mayor en la corte de los Reyes Católicos», *Bulletin of Spanish Studies,* 93, pp. 369-395.

Herrera Vázquez, Manuel (2019): «Contribución bibliográfica al estudio de la superstición *El martes es día aciago*», en *Carolvs: primeros pasos hacia la globalización,* ed. Friedrich Edelmayer *et al.,* Alcalá la Real, Ayuntamiento de Alcalá la Real, pp. 191-212.

Hill, Timothy D. (2004): *Ambitiosa Mors. Suicide and Self in Roman Thought and Literature,* New York-London, Routledge.

Hutin, Serge (1975): *Historia de la astrología,* Guayaquil, Ariel.

IGAL ABENDAÑO, Javier I. (2022): «El siglo XV navarro», *Pregón,* 62, pp. 73-80.

IMPERIAL, Francisco (1977): *Dezir a las syete virtudes y otros poemas,* ed. Colbert I. Nepaulsingh, Madrid, Espasa-Calpe.

IMPEY, Olga (1972): «Alfonso de Cartagena, traductor de Séneca y precursor del humanismo español», *Prohemio,* 3, pp. 473-494.

ISIDORO DE SEVILLA, san (1844-1865): *Synonyma de lamentatione animus peccatricis,* en Patrologia Latina Database, LXXXIII, ed. Jacques-Paul Migne, Londres, Chadwyck-Hesley, cols. 825-868.

ISIDORO DE SEVILLA, san (1982): *Etimologías,* ed. José Oroz Reta, Madrid, Biblioteca Autores Cristianos, 2 vols.

JAKUBECKI, Natalia (2023): «El *Scito te ipsum* de Pedro Abelardo frente al socratismo cristiano», *Daimon. Revista Internacional de Filosofía,* 88, pp. 81-95.

JOSET, Jacques (1995): «Sueños y visiones medievales: razones de sinrazones», *Atalaya,* 6, pp. 51-70.

JUAN DE LA CRUZ, san (1989): *Obras completas,* ed. Lucinio Ruano, Madrid, Biblioteca de Autores Cristianos.

KLIBANSKY, Raymond; Fritz SAXL y Erwin PANOFSKY (1991): *Saturno y la melancolía,* Madrid, Alianza.

La floresta de philósofos de varios dichos y sentencias políticas y morales, Biblioteca Nacional de España, Ms. 4515.

La historia de la reina Sevilla. 1532 (1948), Madrid, La Arcadia.

LACARRA Y DE MIGUEL, José María (1975): *Historia del Reino de Navarra en la Edad Media,* Pamplona, Caja de Ahorros de Navarra.

LANG, Henry R. (1908): «The so-called *Cancionero de Pero Guillén de Segovia*», *Revue Hispanique,* 19, pp. 51-81.

Lanzarote del Lago (2006), ed. Antonio Contreras y Harvey Sharrer, Alcalá de Henares, Centro Estudios Cervantinos.

LAPESA MELGAR, Rafael (1954): *Los dezires narrativos del Marqués de Santillana,* Madrid, RAE.

LASO DE OROPESA, Martín (1540): *La historia que escribió en latín el poeta Lucano trasladada en castellano,* [s. l.], [s. e].

LAWRANCE, Jeremy (1991): «La autoridad de la letra: un aspecto de la lucha entre humanistas y escolásticos en la Castilla del siglo XV» *Atalaya,* 2, pp. 85-105.

Libro de Aleixandre (2014), ed. Juan Casas Rigall, Madrid, Real Academia Española.

Libro de las cuatro virtudes (2021), ed. Laura Ranero Riestra, Salamanca, Universidad de Salamanca-IEMYRhd & SEMYR.

LIDA DE MALKIEL, M.ª Rosa (1983): *La idea de la fama en la Edad Media castellana,* Madrid, Fondo de Cultura Económica.

LILAO FRANCA, Óscar y Carmen CASTRILLO GONZÁLEZ (2002): *Catálogo de manuscritos de la Biblioteca Universitaria de Salamanca. II,* Salamanca, Universidad de Salamanca.

LOMBARDO, Gregory L. y José María JUANGO (1991): «La doctrina de san Agustín sobre la paz y la guerra», *Augustinus,* 36, 140-143, pp.173-179.

LÓPEZ DE MENDOZA, Íñigo, marqués de Santillana (1494): *Proverbios con la glosa del autor y de Pedro Díaz de Toledo,* Sevilla, Menardo Ungut y Stanislao Polono.

LÓPEZ DE MENDOZA, Íñigo, marqués de Santillana (1981): *Bías contra Fortuna,* ed. Maxim Kerkhof, Madrid, Real Academia Española.

LÓPEZ DE MENDOZA, Íñigo, marqués de Santillana (1995): *Refranes que dizen las viejas tras el fuego,* ed. Hugo Óscar Bizarri, Kassel, Reichenberger.

LÓPEZ DE MENDOZA, Íñigo, marqués de Santillana (1997): *Comedieta de Ponza, sonetos, serranillas y otras obras,* ed. Regula Rohland de Langbehn, Barcelona, Crítica.

LÓPEZ DE MENDOZA, Íñigo, marqués de Santillana (1988): *Obras completas,* ed. Ángel Gómez Moreno y Maximilian P. A. M. Kerkhof, Barcelona, Planeta.

LUCANO: *Lucano en romance,* Biblioteca Nacional de España, Ms. 10805.

MAGAÑA, Leticia A. (2013): *Un poema para una reina enferma: el Panegírico a Isabel la Católica, de Diego Guillén de Ávila (1499). Edición y estudio,* tesis doctoral, University of California Riverside.

MAGAÑA, Leticia A. (2017): «*A nuestra gran reina allí figuremos:* herramientas de propaganda política en el *Panegírico a la reina doña Isabel* (1509) de Diego Guillén de Ávila», en *En Doiro antr'o Porto e Gaia. Estudos de Literatura Medieval Ibérica,* ed. José Carlos Ribeiro Miranda, Oporto, Estratégias Criativas, pp. 675-685.

MANRIQUE, Gómez (2003): *Cancionero,* ed. Francisco Vidal, Madrid, Cátedra.

MANRIQUE, Jorge (2013): *Poesía,* ed. Vicenç Beltrán, Madrid, Real Academia Española.

MARAVALL CASESNOVES, José Antonio (1965): «La cortesía como saber en la Edad Media», *Cuadernos Hispanoamericanos,* 186, pp. 528-538.

MARINO, Nancy F. (1978): «The *Cancionero* de Pero Guillén de Segovia and Ms. 617 of the Royal Palace Library», *La Corónica,* 7, pp. 20-33.

MÁRQUEZ GUERRERO, Miguel Á. y Luis GÓMEZ CANSECO (2023): «Métrica, poética y humanismo en el *Laberinto de Fortuna* de Juan de Mena», *Revista de Filología Española,* 103, 2, pp. 159-182.

MÁRQUEZ VILLANUEVA, Francisco (1965): «The converso problem: An assessment», en *Collected Studies in honour Américo Castro's 80th year,* Oxford, Lincombe Lodge Research Library, pp. 317-333.

MARTÍNEZ DE TOLEDO, Alfonso (1990): *Arcipreste de Talavera,* ed. Marcella Ciceri, Madrid, Espasa-Calpe.

MEDINA ARJONA, Encarnación (2005): «Del *goût du livre* del Marqués de Santillana», *Boletín de Estudios Giennenses,* 51, 190, pp. 441-446.

MEJÍA, Fernando (1492): *Libro intitulado nobiliario,* Sevilla: Pedro Brun y Juan Gentil.

MELO DA SILVA, Gonçalo (2019): «Alimentar la red urbana: las villas y ciudades portuarias del Algarve y el abastecimiento cerealista a finales de la Edad Media», *Suplemento Riparia,* 2, pp. 201-236.

MENA, Juan de (1982): *Coplas de los siete pecados mortales and first continuation,* ed. Gladys M. Rivera, Madrid, Porrúa.

MENA, Juan de (1989): *Obras completas,* ed. Miguel Ángel Pérez Priego, Barcelona, Planeta.

MENA, Juan de (2009): *La Coronación,* ed. Maxim P. A. M. Kerkhof, Madrid, Consejo Superior de Investigaciones Científicas.

MENA, Juan de (2023): *Laberinto de Fortuna,* ed. Luis Gómez Canseco, Madrid, Cátedra.

MENÉNDEZ PELAYO, Marcelino (1944): *Antología de poetas líricos castellanos,* Santander, Consejo Superior de Investigaciones Científicas, 10 vols.

MESSEGUER FERNÁNDEZ, Juan (1985): «El arzobispo Carrillo y el cardenal Cisneros», *Archivo ibero-americano,* 45, pp. 167-187.

MILLÁS VALICROSA, Josep María (1943): «El *Libro de astrología* de don Enrique de Villena», *Revista de Filología Española,* 27, 1, pp. 1-29.

MIRECKI QUINTERO, Guillermo (1991): «Apuntes genealógicos y biográficos de don Alfonso Carrillo de Acuña, arzobispo de Toledo», *Anales Toledanos,* 28, pp. 55-76.

MONSALVO ANTÓN, José María (2011): «Poder y cultura en la Castilla de Juan II: ambientes cortesanos, humanismo autóctono y discursos políticos», en *Salamanca y su universidad en el primer Renacimiento: siglo xv,* Salamanca, Universidad de Salamanca, pp. 15-91.

MONTES ROMERO-CAMACHO, Isabel (2008): «Judíos y mudéjares en Andalucía (siglos XIII-XV). Un intento de balance historiográfico», en *Minorias étnico-religiosas na Península Ibérica: Período Medieval e Moderno,* ed. Maria Filomena Lopes de Barros y José Hinojosa Montalvo, Évora, Publicações do Cidehus, pp. 143-209.

MORALES MUÑIZ, Dolores Carmen (1988): *Alfonso de Ávila, rey de Castilla,* Ávila, Institución Gran Duque de Alba.

MORALES MUÑIZ, Dolores Carmen (2021): «Alfonso XII de Trastámara», en Real Academia de la Historia, *Historia Hispánica,* http://historia-hispanica.rah.es/biografias/1022-alfonso-xii-de-trastamara.

MORALES MUÑIZ, Dolores Carmen (2022): «Lope Vázquez de Acuña y Carrillo de Albornoz», en Real Academia de la Historia, *Historia Hispánica,* https://historia-hispanica.rah.es/biografias/45124-lope-vazquez-de-acuna-y-carrillo-de-albornoz.

MORALES MUÑIZ, Dolores Carmen (2023): «Troilo Carrillo», en *Historia Hispánica,* https://historia-hispanica.rah.es/biografias/9455-troilo-troilos-carrillo.

MORENO GARCÍA DEL PULGAR, Manuel (2012a): «Descripción Codicológica SV2. Cancionero se la Biblioteca Capitular, Ms. 57-5-38, Biblioteca Capitular, Institución Colombina, Sevilla», en *Cancioneros impresos y manuscritos,* https://cancioneros.org/sites/default/files/2022-07/SV2_0.pdf.

MORENO GARCÍA DEL PULGAR, Manuel (2012b): «Inventario de fuentes manuscritas e impresas utilizadas en la formación del *Proyecto de Cancionero*» (MN13)», en *Cancioneros impresos y manuscritos,* https://cancioneros.org/sites/default/files/202207/Fuentes%20de%20MN13.pdf.

MORENO HERNÁNDEZ, Carlos (1985): «Pero Guillén de Segovia y el círculo de Alfonso Carrillo», *Revista de Literatura,* 47, 94, pp. 17-49.

MORENO HERNÁNDEZ, Carlos (1986-1987): «Algunos aspectos de la vida y la poesía de Pero Guillén de Segovia», *Anales de Literatura Española,* 5, pp. 329-356.

MORENO HERNÁNDEZ, Carlos (1989): «Introducción», en *Obra poética,* Madrid, Fundación Universitaria Española, pp. 7-108.

MORENO HERNÁNDEZ, Carlos (1990): «Algunas enmiendas a una edición de Pero Guillén de Segovia», *Cuadernos para Investigación de la Literatura Hispánica,* 12, pp. 99-104.

MORENO HERNÁNDEZ, Carlos (2008): *Retórica y Humanismo: El Triunfo del marqués de Santillana (1458),* Valencia, Lemir-Universitat de València, https://parnaseo.uv.es/lemir/Textos/Carlos_Moreno/Carlos_Moreno.pdf.

MORENO HERNÁNDEZ, Carlos (2021): «Pero Guillén de Segovia», en Real Academia de la Historia, *Historia Hispánica,* https://historia-hispanica.rah.es/biografias/22020-pedro-guillen-de-segovia.

MORTE GARCÍA, Carmen (2010): «El viaje de los príncipes de Castilla y Aragón a Zaragoza en 1502. Y manuscritos iluminados en proyectos del rey Fernando el Católico», en *Juana I en Tordesillas: su mundo, su entorno*, ed. Miguel Á. Zalama, Valladolid, Ayuntamiento de Tordesillas, pp. 45-68.

MORRÁS RUIZ-FALCÓ, María (2002): «Alonso de Cartagena», en *Diccionario filológico de literatura medieval española. Textos y transmisión,* ed. Carlos Alvar y José M. Lucía Megías, Madrid, Castalia, pp. 93-127.

MORRÁS RUIZ-FALCÓ, María y María Mercè LÓPEZ CASAS (2001): «Lectura y difusión de los *Libros de Séneca* (a propósito de un testimonio desconocido)», *Revista de Filología Española,* 81, pp. 137-163.

NÁJERA, Antonio de (1632): *Summa astrológica,* Lisboa, Antonio Álvarez.

NEBRIJA, Antonio de (2011): *Gramática sobre la lengua castellana,* ed. Carmen Lozano, Madrid, Real Academia Española.

NEWMAN, William y Anthony GRAFTON (coord.) (2001): *Secrets of Nature: Astrology and Alchemy in Early Modern Europe,* Cambridge, Massachusetts Institute of Technology.

NIETO SORIA, José Manuel (1988): «Apología y propaganda de la realeza en los cancioneros castellanos del siglo xv. Diseño literario de un modelo político», *En la España Medieval,* 11, pp. 185-221.

NÚÑEZ RIVERA, Valentín (2001): «Glosa y parodia de los salmos penitenciales en la Poesía del Cancionero», *Epos,* 17, pp. 107-139.

OHARA, Shima (2004): *La propaganda política en torno al conflicto sucesorio de Enrique IV (1457-1474),* tesis doctoral, Universidad de Valladolid.

OLIVETTO, Georgina (2011): «Las traducciones de Séneca de Alonso de Cartagena», en *«Título de la amistança», traducción castellana de Alonso de Cartagena sobre la «Tabulatio et expositio Senecae» de Luca Mannelli,* San Millán de la Cogolla, CiLengua, pp. 41-62.

ONTORIA OQUILLAS, Pedro (1976): «El concilio de Aranda. Aportaciones para su historia externa», *Boletín de la Institución Fernán González,* 55, 187, pp. 999-1046.

ORTEGA CERVIGÓN, José Ignacio (2006): «El arraigo de los linajes portugueses en la Castilla bajomedieval: el caso de los Acuña en el obispado de Cuenca», *Medievalismo. Boletín de la Sociedad Española de Estudios Medievales,* 16, pp. 73-92.

ORTEGA SIERRA, Sara (2010): «Del espejo de Narciso a la disolución del "círculo mágico": el dezir de amores y la evolución de la lírica tardomedieval», *Analecta Malacitana,* 33, 2, pp. 289-318.

ORTEGA SIERRA, Sara (2016): «Estorias, noticias y leyendas de castilla: definición y tipología del dezir narrativo del siglo xv», *Revista de Estudios Hispánicos,* 3, 1, pp. 37-65.

OVIDIO (1998): *Metamorfosis,* trad. Fernando Navarro Antolín, Madrid, Alianza.

PALENCIA, Alfonso de (1490): *Universal vocabulario en latín y en romance,* Sevilla, [s. e.].

PARRILLA GARCÍA, Carmen (1997): «La *Exclamación de España* dirigida al arzobispo Carrillo. Un ejemplo de la *fictio personnae* al servicio del alegato político», *Scriptura,* 13, pp. 67-99.

PASCUAL RODRÍGUEZ, José Antonio (1974): *La traducción de la Divina Commedia atribuida a D. Enrique de Aragón. Estudio y edición del Infierno,* Salamanca, Universidad de Salamanca.

PASCUAL RODRÍGUEZ, José Antonio y Ramón SANTIAGO LACUESTA (1983): «La primera traducción castellana de la *Divina Commedia:* argumentos para la identificación de su autor», en *Serta Philologica F. Lázaro Carreter,* II, Madrid, Cátedra, pp. 391-402.

PAZ Y MELIÁ, Antonio (1885): «Inventario de los bienes de Gómez Manrique», en Gómez Manrique, *Cancionero,* Madrid, Imprenta de A. Pérez Dubrull, 2 vols.

PENNA, Mario (1958): «La Biblioteca de los Mendoza del Infantado en el siglo xv», en *Exposición de la Biblioteca de los Mendoza del Infantado en el siglo xv con motivo de la celebración del V Centenario de la muerte de don Íñigo López de Mendoza, Marqués de Santillana,* Madrid, Dirección General de Archivos y Bibliotecas, pp. 13-26.

PENNA, Mario (1965): «Traducciones castellanas antiguas de la *Divina Comedia*», *Revista de la Universidad de Madrid,* 14, pp. 81-127.

PEREA RODRÍGUEZ, Óscar (2009): «Propaganda ideológica pro-Trastámara en el *Cancionero de Baena*», en *Castilla y el mundo feudal. Homenaje al profesor Julio Valdeón,* II, ed. M.ª Isabel del Val *et al.,* Valladolid, Universidad de Valladolid, pp. 583-593.

PEREA RODRÍGUEZ, Óscar (2022): «Escitia y Escancia (o Escandia), el fabuloso pasado nórdico del neogoticismo cuatrocentista hispánico», *Medievalista,* 31, https://journals. openedition.org/medievalista/5117.

PÉREZ DE CHINCHÓN, Bernardo (1975): *La lengua de Erasmo nuevamente romançada por muy elegante estilo,* ed. Dorothy S. Severin, Madrid, Real Academia Española.

PÉREZ DE GUZMÁN, Fernán (1912): *Coronación de las quatro virtudes cardinales,* en Raymond Foulché-Delbosc, *Cancionero castellano del siglo XV, I,* Madrid, Bailly Bailliére, pp. 664-671.

PÉREZ DE GUZMÁN, Fernán (1998): *Generaciones y semblanzas,* ed. José Antonio Barrio, Madrid, Cátedra.

PÉREZ DE MOYA, Juan (1573): *Tratado de cosas de astronomía y cosmographía y philosophía natural,* Alcalá de Henares, Juan Gracián.

PÉREZ DE MOYA, Juan (1995): *Philosofía secreta de la gentilidad,* ed. Carlos Clavería, Madrid, Cátedra.

PÉREZ PRIEGO, Miguel Ángel (1999): «Introducción», en Íñigo López de Mendoza, *Poesía lírica,* Madrid, Cátedra, pp. 57-59.

PICCUS, Jules (1966): «Un fragmento de cancionero colectivo del siglo XV», *Boletín de la Real Academia Española,* 46, pp. 99-112.

PINEDA, Juan de (1589): *Diálogos familiares de la agricultura christiana,* Salamanca, Pedro de Adurça y Diego López.

PIÑA, Juan de (1635): *Epítome de las fábulas de la antigüedad,* Madrid, Imprenta del Reino.

POLIZIANO, Angelo (1644): *Epistolae,* Amsterdam, Joannes Jansonius.

Primera parte de la silva de varios romances. Zaragoza, 1550 (2016), facsímil, ed. José J. Labrador Herraiz y Vicenç Beltrán, México, Frente de Afirmación Hispanista.

Primera parte de las sentencias que hasta nuestros tiempos, para edificación de buenos costumbres, están por diversos autores escritas (2013), ed. Mara Cabello Barres, Francisco J. Garcerá, Silvia Cámara, Fernando Daniel Bruno, Empar Martí y Giulio Ferretto, *Lemir,* 17, pp. 591-764.

PULGAR, Fernando del (2022) *Claros varones de Castilla. Letras,* ed. M.ª Isabel de Páiz, Pedro Martín Baños y Gonzalo Pontón, Madrid, Real Academia Española.

Quarta partida (1555), Salamanca, Andrea de Portonariis.

RÁBADE OBRADO, M.ª del Pilar y Jorge DÍAZ IBÁÑEZ (2023): «Alfonso Carrillo de Acuña», en Real Academia de la Historia, *Historia Hispánica,* https://historia-hispanica.rah.es/ biografias/9456-alfonso-carrillo-de-acuna.

RANERO RIESTRA, Laura (2021): «Introducción», en Alfonso de Cartagena, *Libro de las cuatro virtudes,* Salamanca, Universidad de Salamanca-IEMYRhd & SEMYR, pp. 9-16.

REVILLA MARCOS, Ángel (1956): *Notas para la historia de la poesía segoviana,* Segovia, Instituto Diego Colmenares.

RICO MANRIQUE, Francisco (1970): *El pequeño mundo del hombre. Varia fortuna de una idea en las letras españolas,* Madrid, Castalia.

RICO Y SINOBAS, Manuel (1867): «El zodiaco y los planetas según los códices castellanos de la centuria decimatercera», en Alfonso X, *Libro del saber de astronomía,* V, Madrid, Eusebio Aguado, pp. 249-295.

ROCA BAREA, M.ª Elvira (2006): «Diego Guillén de Ávila, autor y traductor del siglo XV», *Revista de Filología Española,* 86, 2, pp. 373-394.

RODADO RUIZ, Ana M.ª (2016): «El *Cancionero Antiguo* de Salamanca (SA10a): materiales de un códice de poesía medieval», *eHumanista: Journal of Iberian Studies,* 32, pp. 361-373.

RODADO RUIZ, Ana M.ª (2020): «Un códice facticio de cancioneros manuscritos del siglo XVI», *Magnificat: cultura i literatura medievals,* 7, pp. 59-101.

RODRÍGUEZ, Mirtha (2005): «Estudio sobre la determinación temporal del ser en Aristóteles», *Philosophia,* pp. 97-109.

RODRÍGUEZ DE MONTALVO, Garci (1991): *Amadís de Gaula,* ed. Juan Manuel Cacho Blecua, Madrid, Cátedra.

RODRÍGUEZ DEL PADRÓN, Juan (1976): *Siervo libre de amor,* ed. Antonio Prieto, Madrid, Castalia.

RODRÍGUEZ DEL PADRÓN, Juan (1984): *Bursario,* ed. Pilar Saquero Suárez-Somonte y Tomás González Rolán, Madrid, Universidad Complutense de Madrid.

RODRÍGUEZ SALCEDO, Severino (1951): «El reinado del primer Alfonso XI en Palencia», *Publicaciones de la Institución Tello Téllez de Meneses,* 6, pp. 17-84.

RODRÍGUEZ VELASCO, Jesús (1996): *El debate sobre la caballería en el siglo XV. La tratadística caballeresca castellana en su marco europeo,* Valladolid, Junta de Castilla y León.

ROHLAND DE LANGBEHN, Regula (1998): «Power and Justice in *Cancionero* Verse», en *Poetry at Court in Trastamaran Spain: From the Cancionero de Baena to the Cancionero General,* ed. Michael E. Gerli y Julian Weiss, Tempe, Medieval and Renaissance texts and Studies, pp. 199-219.

ROJAS, Fernando de (2011): *La Celestina,* ed. Francisco J. Lobera y Guillermo Serés, Madrid, Real Academia Española.

ROUND, Nicholas (2002): «Alonso de Cartagena's *Libros de Seneca:* Disentangling the Manuscript Tradition», en *Medieval Spain: Culture, Conflict and Coexistence. Studies in Honour of Angus MacKay,* ed. J. R. L. Highfield, Basingstoke-New York, Palgrave Macmillan, pp. 123-147.

RUBIO, Fernando (1955): «Don Juan II de Castilla y el movimiento humanístico de su reinado», *La Ciudad de Dios,* 168, pp. 55-100.

RUBIO TOVAR, Joaquín (1995): «Traductores y traducciones en la Biblioteca del Marqués de Santillana», en *Medioevo y Literatura. Actas del V Congreso de la AHLM,* IV, ed. Juan Paredes Núñez, Granada, Universidad de Granada, pp. 243-251.

RUIZ, Juan, arcipreste de Hita (1992): *Libro de buen amor,* ed. Alberto Blecua, Madrid, Cátedra.

RUIZ DE ELVIRA, Antonio (1999): *Silva de temas clásicos y humanísticos,* Madrid, Editum.

SAAVEDRA FAJARDO, Diego de (1988): *Empresas políticas,* ed. Francisco J. Díez de Revenga, Barcelona, Planeta.

SÁEZ García, Adrián J. (2019): *Godos de papel. Identidad nacional y reescritura en el Siglo de Oro,* Madrid, Cátedra.

SALAZAR DE MENDOZA, Pedro (1657): *Orígenes de las dignidades seglares de Castilla y León,* Madrid, Imprenta Real.

Sales españolas, o agudezas del ingenio nacional II (1902), ed. Antonio Paz y Meliá, Madrid, Sucesores de Rivadeneyra.

SALVADOR MIGUEL, Nicasio (1990): «Poder y escritura en España a mediados del siglo XV», en *Écrire à la fin du Moyen âge. Le pouvoir et l'écriture en Espagne et en Italie (1450-1530),* Aix-en-Provence, Université de Provence, pp. 31-42.

SALVADOR MIGUEL, Nicasio (2012): «Intelectuales españoles en Roma durante el gobierno de los Reyes Católicos», en *Rumbos del hispanismo en el umbral del Cincuentenario de la AIH,* I, ed. Patrizia Botta *et al.,* Roma, Bagatto Libri, pp. 47-64.

SALVADOR MIGUEL, Nicasio (2016): «Alfonso Carrillo y Acuña (...-1491), obispo de Pamplona, personaje preclaro en Roma y poeta», *Medievalismo,* 26, pp. 281-327.

SAN PEDRO, Diego de (1971): *Obras completas, II. Cárcel de amor,* ed. Keith Whinnom, Madrid, Castalia.

SÁNCHEZ MARIAN, Manuel (2021): «Juan Manuel de Santander y Zorrilla», en Real Academia de la Historia, *Historia Hispánica,* https://historia-hispanica.rah.es/biografias/41039-juan-manuel-de-santander-y-zorrilla.

SÁNCHEZ-PRIETO, Ana Belén (2004): «La intitulación diplomática de los Reyes Católicos: un programa político y una lección de historia», en *III Jornadas Científicas sobre Documentación en la época de los Reyes Católicos,* ed. Juan C. Galende *et al.,* Madrid, Universidad Complutense de Madrid, pp. 272-301.

SANZ, Pedro Luis (2001): *Trezientos proverbios, consejos y avisos muy provechosos para el discurso de nuestra humana vida,* ed. Mónica Pauner Chulvi y José Luis Canet, Valencia, Parnaseo, https://parnaseo.uv.es/lemir/textos/proverbios/index.htm.

SARAVIA DE LA CALLE, Luis (1544): *Instrución de mercaderes muy provechosa,* Medina del Campo, Pedro de Castro.

SCHIFF, Mario (1905): *La bibliothèque du Marquis de Santillane,* Paris, Émile Bouillon.

SCÍO, Felipe (1795): *La Biblia vulgata latina, traducida en español y anotada. V,* Madrid, Benito Cano.

SECRET, Francois (1979): *La Kabbala Cristiana del Renacimiento,* Madrid, Taurus.

Sendebar (1989), ed. M.ª Jesús Lacarra, Madrid, Cátedra.

SÉNECA, *Los libros de Séneca,* Biblioteca Nacional de España, Ms. 17803.

SÉNECA, pseudo (1482): *Proverbia vel sententiae,* Zamora, Antón de Centenera.

SÉNECA (1551): *Libros de Lucio Anneo Séneca, en que tracta De la vida bienaventurada, De las siete artes liberales, De los preceptos y doctrinas, De la providencia de Dios, De la misma providencia de Dios, traduzidos en castellano por mandado del muy alto príncipe el rey don Juan de Castilla de León el segundo,* Amberes, Juan Steelsio.

SERÉS GUILLÉN, Guillermo (1989): «La *Ilíada* y Juan de Mena: de la "breve suma" a la "plenaria interpretación"», *Nueva Revista de Filología Hispánica,* 37, 1, pp. 119-141.

SERÉS GUILLÉN, Guillermo (2007): «La autoridad literaria: círculos intelectuales y géneros en la Castilla del siglo XV», *Bulletin Hispanique,* 109, 2, pp. 335-383.

SERÉS GUILLÉN, Guillermo (2018): *Historia del alma (Antigüedad, Edad Media, Siglo de Oro),* Madrid, Galaxia Gutenberg.

SEVERIN, Dorothy S. (2002): «Songbooks as Isabelline Propaganda: the Case of Oñate and Egerton», en Roger Collins y Anthony Goodman (eds.), *Medieval Spain: Culture, Conflict and Coexistence,* New York, Palgrave Macmillan, pp. 176-182.

SIGÜENZA, fray José de (1907): *Historia de la orden de San Jerónimo,* ed. Juan Catalina García, Madrid, Bailly y Baillière e hijo.

SITGES, Juan B. (1912): *Enrique IV y la excelente señora llamada vulgarmente Doña Juana la Beltraneja, 1425-1530,* Madrid, Sucesores de Rivadeneyra.

STEUNOU, Jacqueline y Lothar KNAPP (1975-1978): *Bibliografía de los cancioneros castellanos del siglo XV y repertorio de sus géneros poéticos,* Paris, CNRS, 2 vols.

SUÁREZ PALLASÁ, Aquilino (2008): «Onomástica geográfica antigua en el *Amadís de Gaula* de Garci Rodríguez de Montalvo (2.ª parte)», *Stylos,* 17, pp. 125-227.

TALAVERA, fray Hernando de (1911): *De cómo se ha de ordenar el tiempo para que sea bien expedido,* en *Escritores místicos españoles,* ed. Miguel Mir, Madrid, Bally-Balliére, I, pp. 94-104.

TALLGREN-TUULIO, Oiva J. (1907): *La Gaya o Consonantes de Pedro Guillén de Segovia, manuscrito inédito del siglo XV,* tesis doctoral, Universidad de Finlandia.

TALLGREN-TUULIO, Oiva J. (1931): «Passages de Pero Guillén de Segovia remontant a Lucaine», *Neuphilologische Mitteilungen,* 32, 1, pp. 55-61.

TAMBURRI BARIAIN, Pascual e Íñigo MUGUETA MORENO (2001): «Una elegía por Navarra en el siglo XV», *Príncipe de Viana,* 222, pp. 121-138.

TATE, Robert B. (1970): «La historiografía en la España del siglo XV», en *Ensayos sobre historiografía peninsular del siglo XV,* Madrid, Gredos, pp. 280-296.

TESTER, Jim (1990): *Historia de la astrología occidental,* México, Siglo XXI.

TIRSO DE MOLINA (1993): *Amazonas en las Indias,* en *Trilogía de los Pizarros. III,* ed. Miguel Zugasti, Kassel, Edition Reichenberger.

TOLEDO, Alfonso de, *Tratado llamado Invencionario,* Biblioteca Nacional de España, Mss. 9219.

TOMÁS DE AQUINO, santo (2000): *Catena aurea,* en *Corpus Thomisticum,* Pamplona, Universidad de Navarra, https://www.corpusthomisticum.org/.

TORRE, Alfonso de la (1991): *Visión deleytable,* ed. Jorge García López, Salamanca, Universidad de Salamanca, 2 vols.

TORRE, Fernando de la (1983): *Libro de las veynte cartas e quistiones*, ed. M.ª Jesús Díez Garretas, Valladolid, Universidad de Valladolid.

TORRES FONTES, Juan (1953): *Itinerario de Enrique IV de Castilla,* Murcia, Consejo Superior de Investigaciones Científicas.

VAL VALDIVIESO, M.ª Isabel (1974): *Isabel la Católica, princesa, 1468-1474,* Valladolid, Instituto Isabel la Católica de Historia Eclesiástica.

VALASTRO CANALE, Angelo (2022): «El manuscrito 10186 de la Biblioteca Nacional de España y la primera traducción castellana de la Comedia de Dante», *Revista de Filología Española,* 102, 2, pp. 549–565.

VALERA, Diego de (1927): *Crónica de los Reyes Católicos,* ed. Juan de Mata Carriazo, Madrid, Junta para Ampliación de Estudios.

VALERIO MÁXIMO, [s. f.]: *Hechos y dichos memorables,* trad. Juan Alfonso de Zamora, Biblioteca Nacional de España, Mss. 2208.

VALERIO MÁXIMO (1988): *Hechos y dichos memorables*, ed. Fernando Martín Acerca, Madrid: Akal.

VALERO MORENO, Juan Miguel (2014): «Formas del aristotelismo ético-político en la Castilla del siglo XV», en *«Aristotele fatto volgare»: tradizione aristotelica e cultura volgare nel Rinascimento,* ed. David A. Lines y Eugenio Refini, Pisa, ETS, pp. 253-310.

VALVERDE GARCÍA, Alejandro (1998): «Las Sibilas: ¿posesas de Apolo o profetisas de Cristo?», en *IV Congreso sobre Humanismo y Renacimiento,* ed. José Latorre y Joaquín Montes, Jaén, UNED, pp. 241-255.

VALVERDE MADRID, José (1965-1967): «Don Diego Alejandro de Gálvez, erudito del siglo XVIII», *Boletín de la Real Academia de Córdoba, de Ciencias, Bellas Letras y Nobles Artes,* 87, pp. 1990-1994.

VAQUERO, Mercedes (1985): «Contexto literario de las crónicas rimadas medievales», *Dispositio,* 10, pp. 45-63.

VEGA, Lope de (1993): *Rimas,* ed. Felipe B. Pedraza, Ciudad Real, Universidad, de Castilla La Mancha, 2 vols.

VERA E ISLA FERNÁNDEZ, Fernando de la (1879): *Traducción en verso del salmo L de David «Miserere mei Deus» y noticia de versiones poéticas que de dicho salmo se han hecho en lengua castellana y de sus autores,* Madrid, Alejandro Gómez Fuentenebro.

VIDAL ARENAS, Jorge (2015): «La concepción del tiempo en Aristóteles», *Byzantion nea hellás,* 34, pp. 323-340.

VIDAL GONZÁLEZ, Francisco (2003): «Introducción», en Gómez Manrique, *Cancionero,* Madrid, Cátedra, pp. 9-93.

VIDAL GONZÁLEZ, Francisco (2020): «Gómez Manrique», en Real Academia de la Historia, *Historia Hispánica,* https://historia-hispanica.rah.es/biografias/27141-gomez-manrique.

VILLALBA, Mariano (2015): «El *Tratado de astrología* atribuido a Enrique de Villena. Esoterismo en la corte de Juan II de Castilla», *Magallánica,* 2-3, pp. 179-205.

VILLENA, Enrique de (1994): *Obras completas,* ed. Pedro M. Cátedra, Madrid, Castro-Turner.

WAGNER, Henri R. (1954): «Ternaux Compans, the first collector of Hispanic-Americana», *Revista interamericana de bibliografía,* 4, pp. 283-298.

WITTSTEIN, Aaron (1907): «An Unedited Spanish Cancionero», *Revue Hispanique,* 16, pp. 295-333.

YUSTE GALÁN, Amalia (2022): *La «señal» del pedrero: Obra y fábrica del claustro de la catedral de Toledo (1383-1485),* Madrid, Casa de Velázquez.

YUSTE GALÁN, Amalia y Jean PASSINI (2012): «Una noria gótica en el claustro de la Catedral de Toledo», *Anales de historia del arte,* 1, pp. 421-432.

ZADKIEL [Richard J. Morrison] (2007): *La gramática de la astrología,* Barcelona, Obelisco.

ZUMTHOR, Paul (1987): *La lettre et la voix. De la littérature médiévale,* Paris, Seuil.

I

SÍGUESE OTRO DECIR QUE FIZO PERO GUILLÉN,[1] DIRIGIDO O DIFIRIDO AL SEÑOR ARZOBISPO DE TOLEDO,[2] SOBRE LA CAÍDA DE SU ESTADO DEL DICHO PERO GUILLÉN[3]

SÍGUESE UN PRÓLOGO EN PROSA

[1] Escribe Séneca, muy manífico señor, en la *Declamación del sepulcro ofensado* que la necesidad es ley del tiempo, y que, según aquella, se deben guiar las leyes divinas y humanas,[4] el cual testo pensé traer a vuestra clara memoria por

---

[1] El *decir* fue un género poético del siglo xv, con amplios márgenes temáticos y estróficos, que terminó siendo identificado con las coplas. Véanse, en torno a este género, Gómez-Bravo (1999), Baik (2003), Ortega Sierra (2010 y 2016) y, muy especialmente, Chas Aguión y Álvarez Ledo (2016).

[2] El «muy reverendo y magnífico señor» es don Alfonso Carrillo de Acuña (1412-1482); segundón de un matrimonio noble hispanoluso, siguió la carrera eclesiástica bajo la protección de su tío el cardenal Alfonso Carrillo de Albornoz —con el que participó en el concilio de Basilea— y fue nombrado protonotario apostólico por el papa Eugenio IV en 1431. Tras regresar a Castilla en 1436, defendió ante el rey Juan II la unión entre las Coronas de Castilla y Aragón, monarca que en 1435 lo designó administrador de la diócesis de Sigüenza, cuyo obispado ocupó en 1440. Durante las guerras civiles de Castilla, se manifestó partidario del condestable don Álvaro de Luna, al que apoyó en la batalla de Olmedo (1445); en 1446 pasó a ocupar el arzobispado de Toledo, durante cuyo gobierno creo tres cátedras, de Gramática, Filosofía natural y Lógica, vinculadas al Convento franciscano de Santa María de Jesús e impulsó la reforma de las órdenes religiosas. Tuvo un importantísimo papel en la vida política y militar de Castilla y se separó progresivamente de Enrique IV, al que en principio había servido y con el que terminó enfrentándose de manera abierta. En esa situación tomó partido por la princesa Isabel y promovió su matrimonio con Fernando de Aragón, siendo el encargado de liberar a la princesa de su reclusión y de materializar sus desposorios. Sin embargo, a partir de 1473, el arzobispo comenzó a distanciarse de la pareja, pasando incluso a alinearse con el rey de Portugal frente a ellos. Los monarcas le perdonaron en 1479, pero ya vivió hasta su muerte recluido en Alcalá de Henares y consagrado al estudio de la alquimia. En su entorno se creo un importante círculo intelectual al que pertenecieron, entre otros, Gómez Manrique, Juan Álvarez Gato, Rodrigo de Cota o el propio Pero Guillén de Segovia; véanse Benito Ruano (1968), Moreno Hernández (1985), Franco Silva (2014) y Díaz Ibáñez (2015) y Rábade Obrado y Díaz Ibáñez (2023).

[3] *estado:* 'situación vital, posición social'.

[4] La cita sigue literalmente la traducción de las *Declamaciones* de Séneca realizada por Alfonso de Cartagena *En el libro quarto de las declamaçiones, la declamaçión quarta, que se llama la declamaçión de aquel que con las armas que tomó de la sepultura fue vençedor. Proponen contra él aquella acçión que llaman del sepulcro ofensado:* «La nesçesidad es ley del tiempo e segund ella se deven guiar las leyes» (Fernández López, 2013: 160).

impedir una justa reprehensión que en el primero concibimiento de aquesta mi obra se podría colegir,[5] según aquella dotrina de este mesmo Séneca, do dice que algunas cosas hay que es mejor callarlas, aunque pierda home su negocio, que decirlas desvergonzadamente,[6] por que no siento mayor desvergozamiento que pedir sin merecer. Pero, habiendo consideración que, en los beneficios graciosos,[7] más obra la vertud del dador que el merecimiento del demandador; y así mesmo mirando que la conformidad con el tiempo es propio obro de prudencia,[8] según lo que se lee del santo rey David, cuando, por temor de Saúl, se fingió ser bobo e loco,[9] de lo cual no discrepa este mesmo Séneca en el *Libro de las cuatro virtudes*, título de «Prudencia», capítulo VII, do dice que, según el tiempo, se debe home afirmar o mudar, así como la mano que el tiempo la abre y el tiempo la cierra;[10] y también Salamón en el *Eclesiastés* dice: «Tiempo hay de nacer y tiempo de morir, tiempo de edeficar y tiempo de destruir, etc.»;[11] yo, constreñido de la que dije necesidad y conformándome con el tiempo, me consentí en algo ir contra las leyes de razón.[12]

[2] Viniendo en el caso, escribe santo Agustín, en el libro de *La cibdad de Dios*, que non hay mayor infortunio al que viene en pobreza que haber primero conocido el estado próspero.[13] E como yo, mediante aquella diesa o señora de quien escribe Boecio en el primero *De consolación* que sojuzga e señorea todo el linaje humanal e que, trabucando su rueda, face, de los bajos, altos, y por contra, de los altos, bajos etc.,[14] en mi joventud hobiese habido de los temporales bienes

---

[5]   *colegir:* 'deducir'.

[6]   La sentencia procede de un prontuario de sentencias recopilado en el siglo xv, *La floresta de filósofos de varios dichos y sentencias políticas y morales,* en la sección «Aquí comienza el Libro de los Enxemplos de Séneca»: «Algunas cosas ay que es mejor callarlas, aunque pierda su negocio el home, que dezirlas desvergonçadamente» (fol. 61v).

[7]   *graciosos:* 'concedidos generosa y gratuitamente'.

[8]   *obro:* 'acto'.

[9]   *I Samuel* 21, 10-15. En realidad, David siente temor de Aquis, rey de Gat.

[10]   Alude a la traducción de Alonso de Cartagena del *Libro de las cuatro virtudes,* atribuido a Séneca e incluido entre *Los libros de Séneca,* donde se lee: «Si la prudençia abraças, uno mesmo serás donde quier, e segund la variedad de las cosas e tiempo requiere, así te prestes al tiempo, nin te en algunas mudes, mas ante ti aparejes, como la mano, que ella mesma es quando es en palma estendida e quando es en puño estreñida» (p. 26).

[11]   *Eclesiastés* 3, 2-3: «Tempus nascendi, et tempus moriendi [...]; tempus destruendi, et tempus aedificandi».

[12]   *me consentí:* 'me permití'.

[13]   La sentencia que Guillén atribuye a san Agustín es un lugar común en el pensamiento medieval, cuya formulación más conocida se encuentra en Boecio, *De consolatione philosophiae* II, 4, 2: «In omni adversitate fortunae, infelicissimum est infortunii fuisse felicem», que, en la traducción atribuida al canciller López de Ayala y que perteneció a la biblioteca del marqués de Santillana, reza: «En toda adversidad de fortuna, el más desaventurado linaje de desaventura es aver seýdo bienaventurado» (*La consolación natural,* fol. 27v). La misma idea se reitera casi a la letra en Dante Alghieri, *Inferno* 5, 121-123: «Nessun maggior dolore / che ricordarsi del tempo felice / ne la miseria».

[14]   Aun cuando se trata de un asunto general en la obra de Boecio, Guillén parece aludir a *De consolatione philosophiae* I, 5, 25-48: «Omnia certo fine gubernans / hominum solos respuis actus / merito rector cohibere modo. / Nam cur tantas lubrica uersat / Fortuna uices? Premit insontes / debita sceleri noxia poena, / at peruersi resident Celso / mores solio sanctaque calcant / iniusta uice / colla nocentes. / Latet obscuris condita uirtus / clara tenebris iustusque tulit / crimen iniqui. / Nil

tantos con que, según mi estado, pudiera sin pedir conservar mi honra y sustentar la mísera vida, ella, no contenta de aquesto, mas usando de su oficio, trojo los tiempos en tal término[15] a que, destroidos los bienes que prestado me había, me puso en tal bajeza de estado que, dejando la diferencia de los grados, que así me quiso igualar en la caída con aquel Dionisio de quien escribe Juan Bocacio, en el libro *De caídas,* que de ser gran señor vino a tener escuela de vezar niños.[16]

[3] Ca yo, por semblante manera,[17] sin tener péñola nin discrición por me sostener si pudiera,[18] ha diez años que escribo escrituras ajenas;[19] e la malvada Fortuna, no contenta de aquesto, por más me apremiar, quitome la mayor parte de la vista. De guisa que ya, por defeto de aquella, non fago mi obra como debía. Así que, aun aquello que del tal trabajo había, me quitó; e lo cual, con poca paciencia mirando, ya no tanto en respeto mío como de los fijos menudos y cargo de casa a quien valer no puedo, me sojuzgaron pensamientos más cercanos a desesperación que al católico propósito.[20] Pero aquel dador de las gracias sin el cual toda obra humana es ninguna, según el apóstol, fablando a los de Corintio a los doce capítulos, dice: «Ninguno puede obrar, señor Jesucristo, si non en vertud del Espíritu Santo»,[21] quiso alumbrar mis intelectuales ojos, infudiendo en mí un deseo grande de fablar en penitencia con una buena persona mis pasiones y conceptos.

[4] Y luego, buscando un religioso oservante de buena y honesta vida,[22] el tal propósito puse en obra; el cual, vista mi queja y tribulación y la mala inclinación

---

periuria, nil nocet ipsis / fraus mendaci compta colore. / Sed cum libuit uiribus uti, / quos innumeri metuunt populi / summos gaudent subdere reges. / O iam miseras respice terras, / quisquis rerum foedera nectis! / Operis tanti pars non uilis / homines quatimur fortunae salo»; 'Todo lo gobiernas dentro de sus estrictos Límites y sólo te niegas a imponer tu voluntad soberana a los actos humanos. ¿Cómo, si no, entender los cambios de la escurridiza fortuna? El inocente se ve aplastado por el peso de un castigo debido al criminal. los corruptos son elevados a altos tronos, y mientras el malvado el malvado pisa el cuello del hombre honrado, la injusticia sigue dominando. El brillo de la virtud se eclipsa bajo espesas nubes y el justo es víctima de imputaciones que merecen los malvados. No hay castigo para los perjuros ni se desenmascaran sus arteras mentiras. Y cuando quieren probar hasta dónde llega su poder, doblegan hasta a los mismos reyes, a quienes pueblos enteros reverencian. ¡Oh tú, que fijaste las leyes del universo, vuelve tus ojos a esta tierra miserable! Somos los hombres una parte no despreciable de tu gran creación y nos vemos vapuleados por el agitado mar de la fortuna'.

15   *trojo:* 'trajo'; *término:* 'situación, estado'.

16   *vezar:* 'avezar, enseñar'. Se refiere al *De casibus virorum illustrium* de Boccaccio en la traducción castellana de López de Ayala: «Y desta manera que havedes oýdo fue depuesto de su ryeno Dionisio siracusano y desterrado de todo el imperio y señorío; y de allí triste y doloroso, sin compañía, se fue a bivyr a la cibdad de Corintio. E aý estando, imaginó de bevir humilmente y de fazer buena y honesta vida. E para esto hecho de sý las vestiduras reales y las cosas preciosas que solía traer, y vistiose de ropas llanas y pobres [...]. E aun en las encrucijadas y carreras públicas jugaba con los moços, y usava de todas las cosas porque fuesse de todo un poco preciado y escarnecido por ellas» (*Caýda de príncipes,* fol. lxv).

17   *semblante:* 'semejante'.

18   *péñola:* 'pluma para escribir'; *discrición:* 'capacidad, juicio'.

19   *escribo escrituras ajenas:* 'copio escritos para otras personas', esto es, trabajo como copista o amanuense.

20   *desesperación:* 'pensamiento de suicidio'.

21   *I Corintios* 12, 3: «Et nemo potest dicere, Dominus Jesus, nisi in Spiritu Sancto».

22   *religioso oservante:* 'fraile de la orden franciscana de la Regular Observancia', fundada en 1368.

que ya me sojuzgaba, después de haber traído a mi memoria cómo esta presente vida es fallescedera y sus bienes y males transitorios, caducos y vanos, y cómo aquel eterno Dios sea con nosotros así como padre con fijos, y cómo a los que más ama cría con más duro castigo, y trayendo a mi memoria el caso y paciencia de Job,[23] y cómo en los misterios divinos non pertenece al home juzgar, mas, conformándose con el apóstol, decir: «¡Oh, alteza de las riquezas de la sabiduría y ciencia de Dios, non se pueden entender los tus juicios nin ver las tus carreras, etc.»,[24] y en fin de sus exhortaciones quiso a mi enfermedad dar melecina mezclada,[25] conteniente dos respectos: primero, celando representar a vuestra señoría una materia tanto meritoria en que podiese ejercer y continuar el santo y virtuoso propósito; segundo, por dar tiempo de justa esperanza a mi desmoderado pensamiento, no dejándolo correr por vereda de perdición, con una letra suya a vuestra manífica persona me remitió.[26]

[5] Y por que aquella más plenaria información del caso hobiese, furtando de la poesía cuanto mi breve juicio comprehender puede, y queriéndome aprovechar de aquello que ya sin muerte jamás quitarme puede contraria Fortuna, lo puse en metro, lo cual todo del portador vuestra señoría recebirá. A ella suplico lo quiera mirar con libre y alegre voluntad, como al caso se requiere, comportando sus defectos,[27] así en obra como en estilo, habiendo consideración que non puede haber más dulzor en la cosa de cuanto comporta la fuente de que mana, etc.

[6] Prospere nuestro Señor vuestra magnífica persona y, en fin de largos días, vos otorgue la eterna gloria poseer.

---

[23]   El personaje bíblico de Job, cuya historia abre los libros sapienciales en el Antiguo Testamento, se alega como ejemplo de entereza frente a las adversidades.

[24]   San Pablo, *Romanos* 11, 33: «O altitudo divitiarum sapientae, et scientiae Dei: quam incomprehensibilia sunt iudicia eius, et investigabiles viae eius!».

[25]   *melecina mezclada:* 'medicina combinada con algo dulce' para mitigar el mal sabor.

[26]   *letra:* 'carta'.

[27]   *comportando:* 'sobrellevando, tolerando'.

SÍGUENSE LOS METROS

1   Al tiempo que Apolo   en fuerza crecía
     do fiere con rayos   el templo de Baco,
     su flama polea   en alto surgía,
     mostrándose Febo   más fuerte que flaco.
     A Virgo traía   fondón del sobaco,   5
     estéril e seca   en toda manera;
     con Libra se junta   su faz postrimera,
     según que son fijas   en el zodïaco.

2   Su fuerza terrible   al mundo blasona
     el nieto de Ceo   por natural uso;   10
     redrada del fijo   la madre Latona
     conservan la regla   que Dios les impuso.
     El aire noturno   era recluso
     al centro profundo   misperio jusano;
     en torno decreta   el género humano,   15
     mediante el calor   se falla confuso.

---

2 Se sitúa la acción en el período en el que dominaba Apolo como encarnación del sol. El templo de Baco pudiera aludir al inicio de la vendimia.

3 *flama polea:* 'llama de Apolo'. Guillén usó la misma fórmula hasta en tres ocasiones más: «Que se falla retraýdo / d'aquella flama polea» (*Obra poética*, p. 191), «vi luminarse de tan viva lumbre / que flama polea veril parescía» (*Segunda suplicacion,* vv. 219-220) y «la flama polea así relucía / que su vigor siempre mostraba más vivo» (*Obra compuesta,* vv. 1259-1260).

4 *flaco:* 'débil'.

5 *fondón del sobaco:* 'controlada, sometida bajo su brazo'.

8 La referencia cronológica nos lleva a final de septiembre, cuando acaba el período zodiacal de Virgo y comienza el de Libra, entre el 22 y el 23 de septiembre.

9 *blasona:* 'muestra'.

10 *por natural uso:* 'por la condición que le es propia y natural'. Apolo era hijo de Zeus y Leto o Latona, que, a su vez, había nacido del titán Ceo y de Febe, vinculándose con la Luna por su madre.

11 *redrada:* 'apartada'. Latona era madre de Febo y Diana.

12 Esto es, 'siguen el orden y curso establecido por Dios'.

13 *recluso:* 'recluido'.

14 *misperio jusano:* 'hemisferio inferior'. La fórmula está tomada de Juan de Mena en *La coronación del marqués de Santillana*: «Al tienpo surgí penoso / que Cliçie bolvié temprano / la cara contra su esposo, / que salía muy fermoso / del emisperio yusano», que el propio poeta comentó: «Del emisperio yusano. Emisperio puede ser dicha qualquier meitad de algunt cuerpo redondo así como pella, e porque qualquier cosa redonda el griego espera la llama; por ende emisperio de espera traxo este nombre, ca tanto quiere decir como media espera. E desde el çentro de la tierra abaxo es yusano emisperio, en el qual anda el sol en la noche quando nos non lo vemos, e porque a la ora qu'él nasçe en oriente sale del emisperio debaxo, e por causa de la revoluçión del çielo en qu'él anda, por eso dixo la copla que salía por estonçes del emisperio yusano; e yusano quiere dezir "debaxo" o "de Ayuso"» (pp. 77 y 80).

16 'Los seres humanos sufren el calor del día'.

3   Robadas las nubes   del orbe sereno,
     sus fuegos demuestra   ser más encendidos
     que aquel de Toscana   baldío Veseno,
     e tiene con fuerza   los pasos rompidos.   20
     Los cursos planetas   en torno movidos,
     venida la hora   en grado importuno,
     caí de mi estado   sin tiento ninguno,
     privados del todo   mis cinco sentidos.

4   Caí de mi honra   en gran menosprecio,   25
     troqué por laceria   mi prosperidad.
     Ponerme consuelo   no basta Boecio,
     maguera sus dichos   sé de abtoridad.
     Estar en tinieblas   y en escuridad,
     pidiendo la muerte   es ya mi deporte,   30
     ca non sé ninguno   que allí se comporte,
     do sigue el estremo   la necesidad.

5   Mostrome Fortuna   su próspera cara,
     seyendo en el tiempo   de mi joventud
     fermosa, riente,   alegre, muy clara,   35
     dándome bienes   en gran multitud.
     Mas como se mueva   por ingratitud
     torciendo sus fechos   a quien endereza,
     de canas sin tiempo   cubrió mi cabeza

---

19 *Veseno* es el volcán Vesubio, a partir de la forma latina *Vesevus.* Toscana ha de entenderse como metonimia por Italia.

20 'El calor interrumpe el movimiento de las personas'

21 *cursos planetas:* 'recorridos de los planetas'

22 *venida la hora:* ''llegado un momento determinado'; *en grado importuno:* 'en una circunstancia astral adversa'.

23 *sin tiento:* 'sin miramiento, de golpe'.

26 *laceria:* 'miseria, pobreza'.

27 *Ponerme consuelo:* 'Para consolarme'. Ha de entenderse que Boecio, con su *De consolatione philosophiae,* no es suficiente para aliviar el dolor que el poeta siente.

28 *maguera:* 'maguer, aunque'; *de abtoridad:* 'con autoridad, prestigio y capacidad'.

30 *deporte:* 'pasatiempo, actividad común'.

31 *ca:* 'porque'; *se comporte:* 'sepa sufrir y aguantar'.

32 *do sigue el estremo la necesidad:* 'donde la pobreza se muestre en grado sumo'.

34 *seyendo:* 'siendo'.

38 *a quien endereza:* 'a quien se dirige, en quien pone su intención'.

39 *sin tiempo:* 'antes de tiempo'.

     y diome trabajo   en mi senetud.   40

6   Al fado contrario   mis bienes repuna
     y a muerte penosa   mi vida condena,
     por ondas terribles   de adversa fortuna
     navega mi fusta,   rompida el entena.
     Non cesa cantando   la dulce serena   45
     mi ánima flaca   poner en arrisco;
     su vida procede   del gran bajarisco,
     que el aire corrompe   y el cielo retruena.

7   Si siempre viviera   con sobra de males
     en cuita e miseria   de mi nacimiento,   50
     los mis acidentes   no fueran mortales
     nin fuera mi llaga   de tal sentimiento;
     mas como Fortuna   en breve momento
     me puso en estado   y dio tal caída,
     mediante pobreza   ya vivo tal vida   55
     que no es la muerte   igual en tormento.

8   Buscando las cabsas   Fortuna malvada
     por donde más daños   cabsar me podría,
     falló en mi deseo   muy bien titulada
     aquella graciosa   sotil pöesía;   60

---

40 *diome trabajo:* 'me dio preocupaciones y padecimientos'; *senetud:* 'senectud, vejez'.

41 *fado contrario:* 'hado o destino adverso'; *repuna:* 'opone'. Ha de entenderse que el sujeto de la oración sigue siendo Fortuna.

44 *fusta:* 'embarcación ligera', que aquí representa la propia existencia del autor; *entena:* 'palo que sujeta la vela en una nave'.

45 *serena:* 'sirena', que constituye un peligro y una amenaza, como en el canto XII de la *Odisea* homérica.

46 *en arrisco:* 'en riesgo'.

47 *bajarisco:* 'basilisco, reptil fabuloso de gran tamaño', que emponzoñaba el aire con su aliento y mataba con la vista. El término aparece en Antonio de Nebrija: «Basiliscus, i: por el baiarisco, serpiente» (*Dictionarium latino hipanicum,* fol. b7r) y unos años antes en Antón de Montoro: «Pues quando veis mi color, / como ascua de lantisco, / ¿por qué, muy noble señor, / vos paresco bajarisco?» (*Cancionero,* p. 100).

48 *retruena:* 'hace resonar con un gran ruido'.

50 *cuita:* 'congoja'; *de mi:* 'desde mi'.

56 Se ha de hacer dialefa en «no es».

57 *cabsas:* 'causas'.

59 *titulada:* 'reconocida, estimada'.

   y con presupuesto contrario porfía
   al brazo valiente del fijo de Almena,
   quitome al marqués, llevó a Juan de Mena,
   maestros fundados de quien aprendía.

9 Lo cual me cabsó tan grande recelo,   65
   teniendo a simpleza que más me publique,
   que a la intercesora reína del cielo
   con grandes gemidos convién que suplique
   que guarde la vida al sabio Manrique,
   que de esta cïencia sostiene la cumbre,   70
   porque mis ojos no queden sin lumbre
   y a buenos conceptos mis obras aplique.

10 Y como en los casos del mal que es ajeno
   los bultos mortales reciban dotrina,
   notando aquel sueño del grand Polifeno,   75
   según que Torcato muy bien determina,
   mezclose comigo terror femenina,
   sintiendo mis males así proceder,
   veyendo que el seso do mengua saber
   en modos discretos muy más desatina.   80

---

61 *con presupuesto contrario:* 'con propósito opuesto'

62 El hijo de *Almena* o Alcmena es Hércules, cuya fuerza se compara con la de la Fortuna.

63 Juan de Mena murió en 1456 y don Íñigo López de Mendoza, marqués de Santillana, en 1458. Guillén de Segovia los presenta como referentes de su propia obra poética y como aval intelectual ante el arzobispo de Toledo.

64 *fundados:* 'firmes, sólidos, solventes'.

68 *convién:* 'conviene'. La suplica se dirige a la Virgen María.

69 Se refiere a Gómez Manrique (1412-1490), militar, escritor, amigo personal del poeta, cercano a la casa del arzobispo y tío del también poeta Jorge Manrique.

70 *sostiene la cumbre:* 'ostenta la más alta representación' del arte poética.

74 *bultos inmortales:* 'seres humanos', que aprenden del daño y ejemplo que ven en los demás.

75 Se trae como ejemplo al cíclope *Polifeno* o Polifemo, al que Ulises cegó durante el sueño, según se refiere en la *Odisea* IX, 347-413. Juan de Mena recordó el mismo episodio: «Non me aconteciese como a Polifemo, / que desque ciego en la gruta de Lemo / hobo lugar el engaño ulixeo» (*Laberinto de Fortuna*, p. 173).

76 *Torcato* es Anicio Manlio Torcuato Severino Boecio y, en efecto, en *De consolatione philosophiae* IV, 7, 8-12, se lee: «Fleuit amissos Ithacus sodales, / quos ferus uasto recubans in antro / mersit immani Polyphemus aluo; / sed tamen caeco furibundus ore / gaudium maestis lacrimis rependit», o en la versión de López de Ayala: «El ítaco lloró los perdidos compañeros, /a los quales el fiero Morante en la cueva fonda / Poliphemo, sumó en el vientre grande; mas empero sañoso con boca çiega / luego dio gozo a las lágrimas tristes» (*La consolación natural*, fol. 99r).

79 *veyendo:* 'viendo'; *do mengua saber:* 'donde falta sabiduría y conocimiento'.

11   Maguer las mudanzas   apruebe Serino
       ser de Fortuna   sus leyes y grados,
       la fonda cuestión   nos muestra camino
       que es entre precitos   y predestinados,
       pues que ventura,   las suertes y fados   85
       la Santa Escriptura   creerse reprueba,
       tornarnos debemos   a aquel que relieva
       de culpa y de pena   inmensos pecados.

12   Privado de toda   visiva potencia
       así temeroso,   caído por suelo,   90
       pensé recorrir   aquella clemencia
       que rige y ordena   los cursos del cielo.
       A tristes, cuitados,   influye consuelo,
       sosiega con paz   muy brava conquista,
       y, restituyendo   al ciego su vista,   95
       del ánimo flaco   aparta recelo.

13   Por una doctrina   que pone Valerio
       en cuanto al servicio   de la deïdad,
       llamando en socorro   al sacro misterio
       del gran fundamiento   de virginidad,   100
       luego por obra   de inmensa bondad
       se abrieron mis ojos   —notad este paso—
       y cerca la fuente   del monte Parnaso
       muy breve me fallo   con gran libertad.

---

81 *Serino:* 'Severino', en referencia a Torcuato Severino Boecio, que asimismo se ocupa de los límites en la acción de la Fortuna; la contracción del nombre sería una licencia métrica. Acaso Serino pudiera ser el filósofo griego Sereno, cuyo conocimiento nos ha llegado por medio de la *Antología* de Juan Estobeo. Entre los grandes sabios, lo incluía Pedro Salazar de Mendoza: «De este parecer fueron muchos autores santos y filósofos, Platón, Aristóteles, Sócrates, Eurípides, Herodoto, Séneca, Claudiano, Dion Casio, Homero, Serino, Lucano, Quinto Curcio, san Cipriano, santo Tomás» (*Orígenes de las dignidades,* fol. 1r). No obstante, resulta más que improbable que Guillén de Segovia tuviera noticia y conocimiento alguno de este autor.

83 *fonda:* 'profunda'.

84 *precitos:* 'condenados a las penas del infierno'.

87 *relieva:* 'absuelve', en referencia a Dios, que está por encima de la Fortuna y de las fuerzas del hado.

93 *influye:* 'otorga, concede'.

96 *aparta recelo:* 'quita miedos y preocupaciones'.

100 Valerio Máximo, en sus *Facta et dicta memorabilia* VI, 1, trata de la virginidad en el culto y servicio de la diosa Vesta.

102 *notad este paso:* 'mirad con atención este suceso'

104 *muy breve:* 'en muy poco tiempo'. La mitología clásica vinculaba el monte Parnaso con Apolo y las Musas, mientras que la fuente Castalia, que se ubicaba en él, servía de inspiración a los poetas. Entiéndase que el poeta fue raptado en una visión.

14   Do vi mis potencias   conjuntas a una,   105
     segund que espiriencia   obrando razona;
     vi desviarse   contraria Fortuna,
     dejando en su ser   mi seso y persona.
     Sentí gran deporte   en ver por la zona
     correr presuroso   mi fado contrario   110
     por no disponer   del tiempo adversario,
     segund que dispuso   la madre Belona.

15   Visto mi seso   del todo ya libre,
     tornado en su ser,   sin ocupación,
     dispuesto a trabajo   con bien que delibre   115
     de aquel sacro monte   facer relación,
     cuya habilidad   y disposición,
     aires süaves   muy penetrativos,
     facen por siempre   los muertos ser vivos,
     viviendo por fama   en grand perfeción.   120

16   Al templo de Febo   mis ojos volviendo,
     vi sus reliquias   muy firmes, constantes;
     vi el gran tesoro   que, resplandeciendo,
     lumina el juicio   de sus acatantes;
     vi reprobados   los muy inorantes,   125
     que dejan por ocio   seguir tal empresa;
     vi cómo Apolo   de su rica mesa
     da cierta respuesta   a los demandantes.

---

109 *deporte:* 'placer'.

112 Belona era la diosa romana de la guerra, cuya presencia como mediadora en la visión conecta con el *Laberinto de Fortuna,* pues es ella quien arrebata al poeta al comienzo de la narración: «Non bien formadas mis voces serían, / cuando robada sentí mi persona; / e llena de furia, la madre Belona / me tomó en su carro, que dragos traían» (p. 171).

115 *con bien que delibre:* 'con tal que decida'.

116 *facer relación:* 'describir con detalle'.

117 *habilidad:* 'capacidades'.

120 *por fama:* 'en la memoria de los demás'.

121 La acción se desarrolla en el templo de Apolo —acaso en oposición al templo de Baco, que se menciona en el segundo verso de la obra—, como espacio específico de un conocimiento superior.

124 *acatantes:* 'que le tributan veneración y respeto'.

128 *demandantes:* 'que piden respuesta' y, de manera genérica, 'que desean alcanzar el conocimiento'. No se olvide que, en el *Laberinto de Fortuna* de Juan de Mena, el círculo de Febo también corresponde a los sabios y letrados.

17   Vi la grand fuente   en término breve,
     que en gran abundancia   sus aguas vertía,   130
     vila cercada   de las musas nueve
     con puros respectos   de filosofía;
     vi la prudencia   con gran melodía
     y cónsonas voces   alzar dulce canto,
     su gesto gracioso,   vestida de un manto   135
     que el mundo movible   romper non podría.

18   Vi con tal agua   quitar las mancillas
     de culpas, excesos   y grandes errores;
     vi ordenado   un rencle de sillas,
     pobladas de muchos   prudentes actores;   140
     vi los poetas   y los sabidores
     con nombres eternos   que nunca perecen,
     vi los arreos   con que se guarnecen
     los sesos, potencias   más interïores.

19   Vi que non face   allí perjuicio   145
     al home turbado   su gran turbación;
     vi sanearse   por puro juicio
     lo que es muy dudoso   en nuestra mansión.
     Y visto mi seso   en su perfección
     venido en el acto   de aquel que se homilla,   150
     puesta en el suelo   mi flaca rodilla,
     propuse ante todos   aquesta razón:

---

129 *término:* 'espacio'. Se trata de la ya aludida fuente Castalia.

132 *respectos:* 'miradas', pero también 'veneración, miramiento'.

134 *cónsonas:* 'en consonancia y armonía'.

135 *gesto:* 'rostro'.

136 El *mundo movible* se opone al eterno, inmóvil y superior en la distribución del cosmos.

137 *mancillas:* 'manchas, máculas'.

139 *rencle:* 'rengle, hilera'. La imagen procede de Juan de Mena: «Pues que fueron colocados / por sus fechos estremados / e muy grandes maravillas / en aquel rrengle de sillas / que da vida en los pasados» (*La coronación,* p. 354).

140 *actores:* 'autores'.

143 *arreos:* 'atavío, adornos'; *guarnecen:* 'revisten, adornan'.

146 *home:* 'hombre'.

148 *nuestra mansión:* 'el mundo material'.

150 *se homilla:* 'se humilla, actúa con humildad', conforme a la doctrina de san Mateo, en su evangelio 23, 12: «Qui se humiliaverit, exaltabitur», 'cualquiera que se humille, será ensalzado'.

152 *razón:* 'discurso, cuestión'.

20 «¡Oh, muy prudentes   personas discretas,
     que sois luminados   por gracia divina,
     cuyos efectos   y obras perfectas   155
     en la salvación   nos muestra doctrina,
     segund que el jüez   que bien examina
     de justo juïcio   jamás se trasmuda,
     quitadme, señores,   de aquesta gran duda,
     que el metro siguiente   por orden asina.   160

PREGUNTA

21 »¿Por qué contrariados   de adversa fortuna
     padecen los buenos   gran pena terrible,
     los malos subidos   en alta colupna?
     Paresce que sea   lo que es imposible,
     demuéstrase firme   lo que es corruptible,   165
     mezclándose dubda   al caso notorio.
     ¿Por qué se permite   del sacro abditorio
     tal contrariedad   al mundo movible?

22 »¿Y cómo, pues Dios   es fin de justicia,
     eterno jüez   que rige y ordena,   170
     consiente a ninguno   usar de malicia,
     y deja pasar   los males sin pena,
     el justo varón   de ánima buena
     consiente que al malo   en todo obedezca,
     y que el inocente   sin culpa padezca,   175
     poniéndole yugo   de gruesa cadena?

---

157 El juez es Dios.
158 *se trasmuda:* 'cambia, se muda'.
160 *metro:* 'copla, versos'; *asina:* 'asigna, señala'.
163 *en alta colupna:* 'en gran reconocimiento, con gran poder'.
166 *notorio:* 'evidente, claro'.
167 *sacro abditorio:* 'coro celestial' y, en último término, la divinidad. Se trata de una cuestión teológica esencial: ¿por qué consiente Dios el mal en el mundo y por qué los malvados no reciben castigo alguno? El problema moral se plantea originalmente en el tratado *De providentia* de Séneca, que, en la traducción de Alonso de Cartagena —que Guillén manejó— se formula del siguiente modo: «Aún dirás tú: ¿Por qué consiente Dios hacer mal a los buenos y virtuosos varones? Responderte he yo: No lo consiente Dios, ante aparta dellos todos los males. Es a saber los pecados» (*Los libros de Séneca,* fol. 35r).
168 *contrariedad:* 'acto contario al bien, injusticia'.

23 »De donde resulta   que el rústico modo,
cubierta la lumbre   con muy negro velo,
en esto mirando   presume que todo
se rige y ordena   por curso del cielo.   180
Las obras divinas   refuella por suelo
y a Dios non acata   mediante simpleza,
mas, cuando Saturno   influye tristeza,
invoca a Mercurio,   pidiendo consuelo.

24 »No contradice   al sabio tribuno   185
allí do dispuso   la orden del fado,
limosna no cree   nin menos ayuno
que puedan privar   lo que es ordenado;
deniega la gloria   de aquel sumo grado,
muy sacro colegio   eterno, infinito;   190
deniega la obra   de aquel mal esprito
que en los sensitivos   ministra pecado».

PROSIGUE

25 Propuesta por orden   aquesta demanda
que allí do se falla   las almas confonde,
maguer permitiese   mi culpa nefanda   195

---

177 *rústico modo:* 'gente común y sin conocimiento'.

178 *lumbre:* 'luz del conocimiento'.

180 Los ignorantes considerarían que el mal sucede por acto positivo de la divinidad.

181 *refuella:* 'rehuella, pisotea'.

183 *influye:* 'produce, inspira'. El planeta Saturno se vinculaba tradicionalmente con la melancolía; así se sigue de una famosas coplas anónimas: «Fui engendrado / en signo nocturno, / reinaba Saturno / en curso menguado» (*Cancionero tradicional,* p. 232). Véase, al respecto, Klibansky, Saxl y Panofsky (1991) y Gambin (2008).

184 El planeta Mercurio, por su parte, representa el razonamiento y la astucia, así como el intercambio intelectual.

185 *tribuno:* 'orador'.

188 *privar:* 'vedar, dificultar'. El ignorante acepta el hado como una fuerza mayor, sin considerar que las buenas obras contribuyen a transformar el mundo.

190 *sacro colegio:* 'la divinidad y los coros angélicos'.

191 *esprito:* 'espíritu', en alusión al demonio. Entiéndase que el ignorante considera que ni Dios ni el demonio tienen intervención en el mundo frente al hado.

192 *sensitivos:* 'seres humanos'; *ministra:* 'administra, induce'.

195 *nefanda:* 'infame'.

haber tal castigo   que a muchos abonde,
la Filosofía   a quien non se esconde
del mundo movible   el fin de su precio,
aquella maestra   del sabio Boecio,
levántase presto   y así me responde: 200

RESPUESTA DE LA FILOSOFÍA

26   «Aquellos efectos   non son perentorios,
     que dejan el alma   muy pobre, desnuda.
     Quien ama los bienes   que son transitorios
     socorro no espera   de Dios nin ayuda.
     Si aquello que en ser   a tiempo se muda   205
     tú faces constante   en tu pensamiento,
     farás sobre el aire   un tal fundamiento
     que apruebes por buena   aquesta gran duda.

27   »Empero si subes   por seso moral,
     devoto, contrito,   al cielo noveno,   210
     y desde allí miras   lo que es temporal
     con ánimo puro   y vulto sereno,
     no te dirás propio   donde eres ajeno,

---

196 *abonde:* 'contente, sirva de ejemplo'.

198 *el fin de su precio:* 'el final u objetivo de su creación y valor'. Se recuerda que la Filosofía, personificada en una mujer, también había sido la interlocutora de Boecio en *De consolatione philosophiae.*

205 *a tiempo se muda:* 'cambia en un momento determinado'.

207 *fundamiento:* 'fundamento, cimiento'.

208 *apruebes por buena:* 'consideres correcta'. Según señala la Filosofía, el que atiende solo a las cosas terrestres yerra en sus juicios y, en especial, en la existencia del mal por consentimiento de Dios.

210 El noveno cielo es el primer móvil, que hace girar a los demás cielos sobre el punto inmóvil de su centro. Así lo explicaba Dante, a quien, sin duda, Guillén había leído: «La natura del mondo, che quieta / il mezzo e tutto l'altro intorno move, / quinci comincia come da sua meta; / e questo cielo non ha altro dove / che la mente divina, in che s'accende / l'amor che 'l volge e la virtù ch'ei piove. / Luce e amor d'un cerchio lui comprende, / sì come questo li altri; e quel precinto / colui che 'l cinge solamente intende. / Non è suo moto per altro distinto, / ma li altri son mensurati da questo, / sì come diece da mezzo e da quinto; / e come il tempo tegna in cotal testo / le sue radici e ne li altri le fronde, / omai a te può esser manifesto» (*Commedia. Paradiso,* vv. 106-120). En lo mismo insistía tiempo después fray Luis de Granada: «Mucho mayor maravilla es considerar la ligereza con que se mueve el noveno cielo, que está sobre el cielo de las estrellas, que llaman el primer móvil, el cual da una vuelta al mundo en espacio de veinte y cuatro horas, y arrebata y mueve juntamente consigo todos los otros ocho cielos inferiores» (*Introducción al símbolo de la fe,* pp. 327-328).

212 *vulto:* 'rostro'.

213 'no considerarás que perteneces al mundo material, ya que procedes del celestial'.

querrás que tu alma   allá permanezca,
que en mucho consiste,   maguer te parezca,   215
aqueste vocablo   que tú dices bueno.

28   »Pues todo principio   algún fin acata
y por bien obrar   el alma recrea,
si tomas mi regla   allí donde trata
de aquestos estremos   antigua pelea,   220
verás que, llegando   al fin que desea,
el bueno se puede   decir poderoso
y el malo perverso,   cobarde, medroso,
maguer que Fortuna   muy más le provea.

29   »Vengamos agora   a los galardones   225
de los virtuosos   que son afligidos,
y por consiguiente   a las puniciones
de aquellos que viven   muy mal corregidos.
Si notas los versos   por mí discernidos,
verás que no puede   en ninguna sazón   230
quedarse los buenos   sin satisfación
nin menos los malos   quedar impunidos.

30   »Verás que el perverso   en cuanto presume,
poniendo en lo bajo   su acatamiento
su vicio y su pompa   en mal se consume,   235
siguiendo la vía   de su perdimiento.
Verás que el deleite   influye tormento,
verás que lo dulce   del mundo es amargo,
verás que el tirano   posee con cargo
y, cuanto más tiene,   es menos contento.   240

---

217 *acata:* 'acepta, se dirige a'.
219 *recrea:* 'alegra, deleita'.
220 *estremos:* 'asuntos'; *pelea:* 'disputa, debate'.
227 *puniciones:* 'castigos'.
229 *discernidos:* 'discurridos, analizados'.
230 *sazón:* 'tiempo, momento'.
232 *impunidos:* 'sin castigo'.
233 *presume:* 'considera, supone'.
234 *acatamiento:* 'sumisión, obediencia'. Ha de hacerse dialefa «su acatamiento».
239 *con cargo:* 'con penalidad y sufrimiento'.

31   »Si tomas el bien   por contraria parte,
      verás la maldad   penar a sí misma,
      por ende procura   vivir por tal arte
      que en tu pensamiento   no vivas en cisma.
      A mi corralario   poniendo porisma,   245
      de tal conclusión   tu sey placentero,
      remite tus fechos   al santo Cordero
      que en su sacramento   con olio nos crisma».

REPLICACIÓN DEL ACTOR A LA FILOSOFÍA

32   «¡Oh, repunante   de ciega inorancia,
      vereda muy cierta   que nos encamina!   250
      ¡Oh, influyencia   de firme constancia,
      maestra fundada   en santa dotrina!,
      maguer tú conozcas   que en algo declina
      mi replicación   al trato del mundo,
      comporta y remedia,   si vieres que fundo   255
      los casos que engendra   la vida mezquina.

---

244 *en cisma:* 'en discordia' consigo mismo.

245 *corralario:* 'corolario, proposición', en la forma en la que también se lee en Luis Saravia de la Calle: «D'esta conclusión se sigue este corralario» (*Instrución de mercaderes,* fol. 85v); *porisma:* 'formulación que se orienta hacia la verdad'. Es un término de la geometría antigua que a Guillén de Segovia le llegó a través de Boecio, en *De consolatione philosophiae* III, 10, 22-26: «Super haec, inquit, igitur ueluti geometrae solent demonstratis propositis aliquid inferre, quae porismata ipsi uocant, ita ego quoque tibi ueluti corollarium dabo. Nam quoniam beatitudinis adeptione fiunt homines beati, beatitudo uero est ipsa diuinitas, diuinitatis adeptione beatos fieri manifestum est [...]. Et pulchrum, inquam, hoc atque pretiosum siue porisma siue corollarium uocari mauis», que en la traducción del siglo XV reza: «Sobre aquesto —dixo—, pues ansí es, según suelen los geómetras mostrados los presupuestos inferir algo, lo qual llaman ellos *porismas,* ansí yo daré a ti como un *corolario.* Que, pues por alcançar la bienandança son fechos los hombres bienaventurados y la bienaventurança es essa divinidat por alcançar la bienandança, manifiesto es ser fechos bienaventurados [...]. ¡O, qué fermoso es esto! —dixe yo—, e muy agora lo quieras llamar *porisma,* agora *corolario*» (*La consolación natural,* fol. 62v); cursiva en el original. La Filosofía le estaría diciendo al autor que tome su proposición como verdad.

246 *sey placentero:* 'acógete a ella, acéptala, acátala'.

247 El Santo Cordero es el *agnus Dei* como símbolo de Jesucristo, en tanto que víctima propiciatoria.

248 *olio:* 'óleo, aceite consagrado'; *crisma:* 'unge, señala'.

249 *repunante:* 'repelente, que rechaza', en este caso la falta de conocimiento verdadero.

253 *declina:* 'se inclina'.

255 *comporta:* 'sobrelleva, disculpa'; *fundo:* 'apoyo, justifico'.

33   »Por ser engendrado   de carne y de hueso,
      a mí se atribuye   humana flaqueza,
      a mí se atribuye   gran culpa de eceso,
      trabajo, miseria,   destierro, pobreza,   260
      a mí se atribuye   dolor y tristeza,
      envidia, codicia,   amor, malquerencia,
      a mí se atribuye   vejez y dolencia,
      y, en fin, el morir   por naturaleza.

34   »Los casos mundanos   y torpes motivos,   265
      si bien acatares,   ¡oh, sabia maestra!,
      estímulos grandes   y muy pungitivos
      son las visiones   que el mundo demuestra.
      Su vía contraria   y tanto siniestra
      nos face seguir   con dulces sabores;   270
      en son de alegría   presenta dolores
      a los que seguimos   por do nos adiestra.

35   »Mirando mi mengua,   se doblan mis penas;
      en tal grado vivo   que es muerte mi vida;
      veo mis fijos   por casas ajenas,   275
      mi honra y mi fama   del todo perdida.
      Veo mi fuerza   rendirse vencida
      del fado contrario,   teniéndome preso;
      aquesto me face   salir de mi seso
      en grado que pienso   de ser homecida.   280

36   »En tanto que el alma   esté revestida
      en esta vil carne   con sus afecciones,

---

267 *pungitivos:* 'correctivos'.

270 *siniestra:* 'izquierda' y, por lo tanto, errada, según la idea clásica del *bivium,* que explicaba san Isidoro en sus *Etimologías* I, 3, 7: «Y litteram Pythagoras Samius ad exemplum uitae humanae primus formauit; cuius uirgula subterior primam aetatem significat, incertam quippe et quae adhuc se nec uitiis nec uirtutibus dedit. Biuium autem, quod superest, ab adolescentia incipit: cuius dextra pars ardua est, sed ad beatam uitam tendens: sinistra facilior, sed ad labem interitumque deducens»; 'La letra de Pitágoras es ejemplo de la vida humana. La vírgula inferior significa la infancia, etapa fácil para el niño. Luego viene el bivio, que se corresponde con la adolescencia. La parte derecha es ardua, pero conduce a la vida feliz, la izquierda es más fácil, pero conduce a la caída'.

271 *en son de:* 'con apariencia de'.

272 *nos adiestra:* 'nos guía'.

280 *en grado que:* 'hasta tal punto que'.

282 *afecciones:* 'debilidades'.

de fuerza conviene   vevir aflegida
con muchos sospiros   y trebulaciones;
ca los movimientos   y las tentaciones   285
que el mundo presenta   son tales y tantos
que los virtuosos   varones muy santos
proceso dejaron   de sus turbaciones.

37   »Maguer redarguya   en ante protesto
que de la fe santa   no entiendo salir,   290
tú loas pobreza,   la cual yo denuesto,
y quiero mi cabsa   así concluir;
pues gloria consiste   en bien repartir
aquestos metales   de plata y de cobre,
y el rico se salva   también como el pobre,   295
querría dar siempre   y nunca pedir.

38   »Terribles pasiones   me dan mis oídos,
envidia me engendra   la corporal vista,
el gusto me pide   sabores complidos,
el tacto metales   de buen alquimista.   300
No tengo qué coma   ni menos qué vista,
pared ni rincón   adonde retraya,
pues di tú, maestra,   dó mandas que vaya
o cómo me salve   de aquesta conquista».

REPLICACIÓN DE FILOSOFÍA

39   «Por ser sojecido   al mundo mudable,   305
te engendra su esprito   la sensualidad;

---

288 *proceso:* 'sumario, prueba'.
289 *redarguya:* 'rebata, refute'; *en ante protesto:* 'declaro por anticipado'.
290 *no entiendo:* 'no tengo intención de'.
292 *cabsa:* 'causa, litigio'.
294 *metales de plata y de cobre:* 'monedas, dinero'.
295 *también como:* 'del mismo modo que'.
299 *complidos:* 'perfectos, extraordinarios'
300 A los alquimistas se les atribuía la capacidad de generar metales preciosos.
302 *retraya:* 'retraiga, acoja'.
304 *conquista:* 'ataque, disputa' por parte del mal.
305 *sojecido:* 'sujeto, sometido'.
306 *esprito:* 'espíritu', en apócope común en la época.

y habiendo memoria   del tiempo agradable,
añade tristeza   en la adversidad.
Es una materia   de tal calidad
la torpe cudicia   con sus circunstancias   310
que non ha fartura   en las abundancias
nin cesa por suma   de gran cantidad.

40   »La mucha riqueza   de su propiedad
       deniega fartura,   enciende cudicia;
       y allí do dispide   virtud y bondad,   315
       usurpa las leyes   de recta justicia,
       abraza consigo   la torpe avaricia,
       con los miserables   fingiendo miseria,
       y, desconociendo   su propia materia,
       de aquel Dios eterno   ha poca noticia.   320

41   »Mas vista tu queja,   tu cuita y dolor
       y cuántos profundos   gemidos envías,
       los cuales dependen   de poco temor
       o que en mucho grado   de ti te confías,
       pues que en riqueza   salvar te querrías   325
       y son dos estremos   conjuntos al medio,
       yo darte he consejo, ponerte he remedio,
       maguer de mi regla   tus obras desvías».

COMPARACIÓN

42   Bien como cuando   el médico sabio
       conoce la cabsa   del nuevo acidente   330

---

308 La idea, ya esgrimida en el prólogo en prosa, procede de Boecio, *De consolatione philosophiae* II, 4, 2.

312 La censura contra la codicia coincide con unos versos en los que el marqués de Santillana pregunta cuál es «aquel animal / que, después de farto, queda fambriento / e nunca se falla que fuese contento, / mas siempre guerrea al género humanal», a lo que Juan de Mena responde: «El tal animal, a mi pensamiento, / arpía sería del todo avariento, / cobdicia llamada por seso moral» (*Obras completas,* p. 88).

315 *dispide:* 'aparta, aleja de sí'.

319 *desconociendo su propia materia:* 'olvidando que está hecho a imagen y semejanza de Dios'.

326 'la pobreza y la riqueza son dos extremos unidos por el medio', en alusión a la famosa sentencia aristotélica en la *Ética a Nicómaco* II, 9, según la cual la virtud se halla en el medio.

328 *maguer de mi regla tus obras desvías:* 'aun cuando te apartas de mi doctrina con tu comportamiento'.

y sin interese   nin otro resabio
procura salud   del cuerpo doliente,
en este tal grado   con gesto placiente
la sabia maestra   mediante virtud
quiso a mis males   buscar la salud,   335
faciendo por orden   la fabla siguiente:

CONSEJO DE LA FILOSOFÍA

43   «Tu patria sostiene   un claro varón
       a quien la Fortuna   vencida se homilla,
       que tiene en el cielo   eterna mansión
       y aquí con nosotros   bruñida su silla.   340
       Aqueste es espejo   de toda Castilla,
       lumbre del mundo,   primado de España,
       pregona virtudes   en toda fazaña
       con abtos y obras   de gran maravilla.

44   »Aqueste non siente   placer ni pasión   345
       por sobra nin mengua   de bienes mundanos,
       desecha del todo   aquella ambición
       que ciega y ocupa   los sesos humanos.
       Su faz por el suelo,   juntando sus manos,
       presenta gemidos   al eterno coro,   350
       queriendo por obras   facer su tesoro
       en los condesijos   que son soberanos.

---

333 *placiente:* 'grato, favorable'.
334 *mediante virtud:* 'gracias a sus capacidades'.
335 *salud:* 'salvación, solución'.
338 Ya Juan de Mena había atribuido a don Álvaro de Luna un similar dominio sobre la Fortuna: «Este cabalga sobre la Fortuna / e doma su cuello con ásperas riendas; / aunque de él tenga tan muchas de prendas, / ella non le osa tocar a ninguna» (*Laberinto de Fortuna,* p. 270).
340 *bruñida su silla:* 'su trono brillante', por ser de metales preciosos.
341 *espejo:* 'modelo, dechado'.
342 *primado:* 'el principal entre los arzobispos y obispos de un reino'; en el caso de España, lo es el arzobispo de Toledo, dignidad que don Alfonso Carrillo de Acuña ocupó en 1446.
344 *abtos:* 'actos'.
350 *eterno coro:* 'los coros angélicos'.
352 *condesijos:* 'depósitos, almacenes'; *soberanos:* 'superiores, que están en el cielo'.

45 »Su claro juicio   es tanto cendrado
que sube en lo alto   por contemplación;
maguer presuroso   se mude su estado,   355
en su pensamiento   non ha turbación.
Non teme caída   ni fuye ocasión,
maguer que Fortuna   le muestre el revés;
ante refuella   debajo sus pies
las contrariedades   de su complisión.   360

46 »De sus bienes usa   según que de ajenos,
es muy pïadoso   y caritativo,
de lo temporal   lo más tiene en menos,
con un prosopuesto   de santo motivo;
non es desdeñoso   nin menos altivo,   365
nin estima grande   lo que es transitorio;
remite su obra   al bien perentorio
de aquel sumo grado   que es superlativo.

47 »Aqueste jamás   no pudo ser visto
negar la justicia,   virtud soberana,   370
aqueste, mirando   el nombre de Cristo,
lumina con fe   la gente cristiana.
Manánimo, puro,   bien quito de ufana,
leal, obidiente   al rey su señor.

---

353 *cendrado:* 'acendrado, aquilatado, perfeccionado', tal como se sigue del propio Guillén: «Aquel que en mi arte es tanto cendrado» (*Obra compuesta,* v. 677).

354 *por contemplación:* 'por medio de la meditación espiritual'.

356 *non ha turbación:* 'no tiene cambio, se mantiene firme e igual a sí mismo', por más que se le concedan grandes méritos y beneficios de forma continuada y rápidamente.

357 *fuye:* 'huye'.

358 *le muestre el revés:* 'se le muestre contraria'.

359 *refuella:* 'pisotea, desprecia'.

360 *contrariedades:* 'contratiempos, reveses'; *complisión:* 'complexión, naturaleza', en este caso de la Fortuna, que cambia continuamente.

361 *según que de ajenos:* 'como si fueran ajenos, no suyos'.

363 *tiene en menos:* 'da poco valor'.

364 *prosopuesto:* 'presupuesto, propósito'.

366 *grande:* 'grandemente, en gran manera'.

367 *perentorio:* 'definitivo, último'.

368 Alude a la divinidad como bien supremo.

372 *lumina:* 'ilumina'.

373 *manánimo:* 'magnánimo, generoso'; *quito de ufana:* 'exento de arrogancia y presunción'.

Si en las eleciones   cesase el favor,   375
aqueste merece   la silla romana.

48   »Es en prudencia   notable caudillo
     y en toda firmeza   cimiento fundado.
     De dos abolorios,   Acuña y Carrillo,
     su claro apellido   es intitulado.   380
     Humano a la gente,   a Dios inclinado,
     procura en el cielo   estado perfeto;
     en muchas limosnas   que face en secreto
     despiende lo más   de su arzobispado.

49   »Pues pártete luego,   no tardes, aguija,   385
     y aquesto que digo   ternás en memoria
     por quien sojuzgó   la fuerte Torija
     irás preguntando,   camino de Soria.
     Fallarlo has armado,   vestido de gloria,
     en abto de guerra,   sirviendo su rey,   390
     con ánimo puro   guardando la ley,
     por dar a Castilla   de Francia vitoria.

50   »Aqueste te puede   también corregir
     que tengas en poco   las tribulaciones

---

375 *Si en las eleciones cesase el favor:* 'Si las designaciones para los cargos no se hiciesen por favor e interés'.
376 *silla romana:* 'cátedra de san Pedro, pontificado'.
379 *abolorios:* 'abolengos, ramas familiares'.
380 *claro:* 'ilustre, noble'; *intitulado:* 'nombrado'.
381 *humano:* 'caritativo, benefactor'.
384 *despiende:* 'gasta, consume'.
385 *luego:* 'de inmediato'; *aguija:* 'date prisa'.
386 *ternás:* 'tendrás'.
387 Don Alfonso Carrillo tomó la villa de Torija, en la actual provincia de Guadalajara, el año de 1452.
390 *en abto:* 'en acción'.
392 La alusión ha de enmarcarse en torno al año 1462, fecha en la que se entrecruzaron los conflictos con Navarra y Aragón que condujeron al acuerdo de Bayona en 1463, los intentos de Cataluña de pasar a la corona de Enrique IV y el nombramiento del arzobispo de Toledo como plenipotenciario para negociar con los embajadores franceses. Añádase a ellos el enfrentamiento entre los ejércitos franceses y castellanos en Navarra, que terminó en tregua a principios de 1463, y el encuentro con Luis XI de Francia en Bayona, en el que don Alfonso Carrillo actuó como embajador de Castilla; véanse, al respecto, Sitges (1912: 84-85 y 103-105) y Cummins (1973: 18).
393 *corregir:* 'enseñar'.

y darte consejo   de honesto vevir   395
con los pungimientos   de sus conclusiones;
aqueste te puede   dotar posiciones
do puedas tal renta   tener conocida,
con que se sustente   la mísera vida
y cese la cabsa   de tus afliciones».   400

PROSIGUE EL ACTOR

51   Maguer mi maestra   notorio quisiera
seguir su proceso,   según demostraba,
por gracia divina,   no sé en qué manera,
me fallo en el suelo   do antes estaba;
fallo mi mengua   mostrarse más brava,   405
mi cuita y miseria   con doble porfía,
fallo trocados   en gran demasía
mis grandes amigos   en quien confiaba.

DIRIGE SU FABLA AL SEÑOR ARZOBISPO

52   Por ende, muy noble   señor generoso,
pues muestra mi caso   misterio divino,   410
y por influyencia   de aquel poderoso
yo vengo siguiendo   tan reto camino,
y pues que mi fado,   según determino,
me fizo caer   por modo semblante,
poned vuestras fuerzas   por que me levante,   415
privando la cabsa   de mi fuerte sino.

---

396 *pungimientos:* 'pinchazos', en este caso morales; *conclusiones:* 'decisiones, dictámenes'.
398 *conocida:* 'reconocida legalmente'.
401 *notorio:* 'notoriamente, manifiestamente'.
402 *proceso:* 'discurso'.
404 *me fallo:* 'me hallo, me encuentro'.
405 *mengua:* 'pérdida, pobreza'; *brava:* 'fuerte'.
407 *trocados:* 'cambiados, transformados'.
411 *influyencia:* 'influencia, designio'; *aquel poderoso:* 'Dios'.
412 *reto:* 'recto'.
414 *semblante:* 'semejante'.
416 *privando:* 'suspendiendo'; *fuerte sino:* 'terrible destino'.

53   Ca de las figuras   que el cielo contiene,
del sol y la luna,   planetas y estrellas,
según Tolomeo   por dicho se tiene,
cïencia sojuzga   las obras de aquellas,   420
pierden su fuerza   las vivas centellas,
si no fallan presto   do prendan su fuego;
pues, quita la cabsa,   cesar deben luego
mis grandes gemidos   y justas querellas.

COMPARACIÓN

54   Sacando del mar   un vaso muy lleno,   425
no puede por eso   perder su grandeza,
a cuya igualdad   mi caso condeno,
según el respecto   de vuestra nobleza.
Consiente virtud   la justa largueza,
do mananidad   la mano convida,   430
maguer que la suma   del peso y medida
notorio se deba   mirar con destreza.

55   Si vuestra prudencia   querrá saber quién
es este que yace   de palmas en tierra,
mandad preguntar   por Pero Guillén,   435
allende Pedraza,   bien cerca la sierra;
mandad preguntar   adónde se encierra

---

419 Tolomeo o Ptolomeo, geógrafo y astrónomo griego, cuyo *Almagesto* fue manual de astronomía hasta la revolución copernicana.

420 *cïencia sojuzga:* 'la ciencia domina'; *de aquellas:* 'de planetas y estrellas'.

423 *pues:* 'así pues'; *quita la cabsa:* 'eliminada la causa'.

427 'a cuya semejanza remito mi caso', comparando la inmensidad del mar con la nobleza y riqueza del arzobispo y el vaso con la ayuda que solicita el poeta.

428 *respecto:* 'consideración'.

430 *mananidad:* 'magnanidad, magnanimidad'.

432 *notorio:* 'claramente, evidentemente'. Viene a decir que cabe ser generoso cuando se es tan rico, a pesar de que haya que tener siempre en cuenta el control de los gastos. No en vano Pero Guillén de Segovia terminaría siendo contador del arzobispo Carrillo.

434 *de palmas:* 'de rodillas y con las palmas de las manos en el suelo', en actitud de súplica y sometimiento.

436 Pedraza es una localidad al noreste de Segovia.

la vil compañera   del triste Amiclate
y adónde Fortuna   mayor da combate
con tantos y tales   peltrechos de guerra.   440

56   Maguer que en respecto   de vuestras fazañas
tan dino de nombre   mi caso no sea,
faced que lo lieve   por partes estrañas
con voces agudas   la gran gigantea.
Y porque no pueda   la fuente letea   445
en tiempo ninguno   ponerlo en olvido,
faced que recobre   mi fuerza y sentido,
habiendo vitoria   de quien me guerrea.

57   Dejando las fablas   ya tan dilatorias,
que fingen colores   en contra del testo,   450
pues en las causas   que son meritorias
vos ser limosnero   nos es manifiesto,
faced que pobreza   me deje muy presto,
suplid el defeto   do tanto fallece,
mandad a Fortuna,   pues vos obedece,   455
que ya no me muestre   tan bravo su gesto.

58   Y non acatedes   mis pocos servicios,
pues sois de virtudes   un tan claro espejo,

---

438 La *vil compañera* es la pobreza. Amiclate o Amiclas era el piloto que condujo a César en una barca que viajaba rumbo a Italia en medio de una terrible tormenta, tal como se narra en la *Farsalia* V, 515-677. Lucano lo describe viviendo en suma miseria, ajeno a la guerra y sin miedo a los golpes con los que César llamaba impetuosamente a su puerta.

440 *peltrechos:* 'pertrechos, instrumentos y útiles'.

442 *nombre:* 'reconocimiento'.

443 *lieve:* 'lleve'.

444 *la gran gigantea:* 'la Fama'. La condición gigantesca —y por lo tanto visible desde lejos— era uno de los atributos de la Fama. Así consta todavía en Juan de Castellanos: «Del murmurio y ardores desta llama / nace la gran giganta dicha Fama» (*Elegías de varones ilustres de Indias,* p. 21).

445 Alude a la fuente originaria del río Lete, cuyas aguas provocaban el olvido a los que entraban en el Hades.

448 *me guerrea:* 'se me opone, procura mi daño'.

449 *fablas dilatorias:* 'amplificaciones innecesarias'.

450 *colores:* 'apariencias engañosas'; *texto:* 'parte esencial de la obra'.

454 *fallece:* 'falta'.

456 *bravo:* 'contrario, agresivo'.

457 *acatedes:* 'miréis, pongáis atención en'.

ca Séneca loa   en *Los beneficios*
la delibración   del presto consejo.   460
Y pues que mi daño   es tanto sobejo
que cuanto demando   Fortuna desmanda,
faced que en rigor   se muestre más blanda,
porque vos sirva   con buen aparejo.

FIN

59   Yo fuera en presona,   maguer que so viejo,   465
     según que razón   en tal caso manda,
     mas hobe recelo   que aquesta demanda
     color en mi rostro   pusiese bermejo.

---

460 *delibración:* 'consideración, reflexión'. La máxima procede, en realidad, de los proverbios del pseudo-Séneca, que Pedro Díaz de Toledo tradujo y comentó a petición del marqués de Santillana y Juan II de Castilla. En la glosa al dicho «Tardarnos en deliberar lo que cumple es cosa muy segura», se encuentra en su literalidad: «El consejo non se puede fazer sin deliberación» (*Proverbia vel sententiae*, fol. XVIv). En la sección «Prosigue Séneca vicios e virtudes» de *La floresta de filósofos de varios dichos y sentencias políticas y morales*, que Guillén tuvo sobre su mesa, se lee un sentencia pareja: «Non des tu consejo presto, mas ten tu conciencia colgada, que cosas hay que parecen ser verdaderas y non lo son, y otras que pareçen creýbles y son falsas» (fol. 115).
461 *sobejo:* 'sobrado, excesivo'.
462 *demando:* 'solicito'; *desmanda:* 'dispone en contra'.
464 *aparejo:* 'disposición y medios'.
465 *en presona:* 'en persona', con metátesis común en la lengua de la época; *so:* 'soy'.
467 *recelo:* 'sospecha, inquietud'; *demanda:* 'solicitud, petición'.
468 'me hiciera enrojecer' a causa de la vergüenza.

II

SEGUNDA SUPLICACIÓN QUE FIZO PEDRO GUILLÉN DE SEVILLA AL SEÑOR DON ALFONSO CARRILLO, ARZOBISPO DE TOLEDO, PORQUE DE LA PRIMERA NON HOBO AQUEL EFECTO QUE DE ELLA ESPERABA

PRÓLOGO

[1] Entre los estoicos, muy reverendo y magnífico señor, muchas abtoridades se fallan que parescen fortificar la flaqueza del ánimo contra las adversidades de la Fortuna;[1] entre las cuales, Séneca escribe dos: la una en el cuarto capítulo del primero *De providencia,* do dice que los infortunios y desaventuras son en favor de aquel que las recibe; la otra en el tercio décimo capítulo de este mesmo libro, do dice que, cuanto más el virtuoso es tentado y navegando corre tormenta, tanto mijor gobierna el navío en lo turbio y peligroso del mar.[2] Lo cual non se puede negar, si habemos acatamiento o fablamos en persona de la materia angélica, porque vivir en la carne fuera de la carne, segund los teólogos, más es materia divina que humana;[3] pero, si atribuimos el vigor de aquestos versos a la materia enferma,[4] de la cual, por su deleznamiento o movilidad, propio es fuir aquella verdadera paciencia con que el fruto de aquesto se coge,[5] creería, reverendísimo señor, pocos en esta tela poder gozar de tan alta esención,[6] porque, como dice este mismo Séneca en el capítulo segundo del primero *De clemencia,*

---

[1]   *abtoridades:* 'autoridades, sentencias autorizadas'.

[2]   Los dos adagios están tomados de *La floresta de filósofos de varios dichos y sentencias políticas y morales,* un repertorio que Guillén manejó, en concreto, en la sección «Aquí comiençan algunos dichos de Séneca de su primero libro llamado *De la providencia*». En efecto, en las máximas correspondientes al capítulo IV se lee: «Algunos de los que nos llamamos daños son en favor de quien los rreci-be»; y en las del XIII: «En la adversidad e turbación se pruevan los varones fuertes» (fols. 7r y 8v).

[3]   *vivir en la carne fuera de la carne:* 'tener experiencias místicas'. La expresión aparece varias veces en san Juan de la Cruz: «Comunicándoselos en el vuelo que ella hacía fuera de la carne» (*Obras completas,* p. 617). Se refiere el texto a las personas angélicas o a las que, por don divino, están en contacto con ese mundo eterno y superior.

[4]   La *materia enferma* es la humanidad en su dimensión material.

[5]   *fuir:* 'huir, esquivar'.

[6]   *tela:* 'envoltura carnal', en un lugar común del neoplatonismo; *esención:* 'prerrogativa'.

nunca las codicias fueron tanto tempradas que se acaben en aquello que desearon,[7] porque todavía suben de grado en grado y, desque alcanzan lo grande,[8] desean lo mayor. Lo cual prosupuesto yo, siguiendo la orden de aquel religioso observante de quien a vuestra señoría la letra di,[9] mi estrema nescesidad perpetué en memoria de los presentes y venideros.[10]

[2] Et si en esto fuí mi condición[11] o vine a ello voluntarioso, non conviene decir salvo aquello que el filósofo en el segundo de las *Éticas* pone, deciendo que la parte mía trata la voluntad.[12] Pero, mirando los impedimentos, desvíos y contradicciones de la movible y ciega,[13] y el tiempo contrario en que rodeó,[14] que mi suplicación a vuestra ínclita persona fuese dada paresció en mí, por espiriencia, aquello que Aristóteles dice en el segundo de los *Retóricos,* que toda cosa que se prohíbe y vieda acrecienta codicia.[15] De la cual especia yo,[16] asaz abastado y mucho retraído de aquella virtud que face a home esperar en Dios como sumo bien,[17] casi vine en desesperación,[18] donde la piedad soberana, a quien todo es presente, non por méritos míos, mas por su inmensa bondad, me delibró de pena,[19] mostrándome admirativamente aquel desastrado caso del noble rey Príamo,[20] donde tanta consolación recebí que pude excluir de mi pensamiento todo rigor de malicia.[21]

---

[7]   *tempradas:* 'templadas, moderadas'. La sentencia también procede de *La floresta de filósofos* en la sección «Aquí comiençan algunos dichos de Séneca del primer libro *De la clemençia*», en cuyo capítulo segundo se encuentra: «Nunca las cobdiçias son tan tenpladas que se acaben en lo que desearon» (fol. 10r).

[8]   *desque:* 'desde que, en el momento en que'.

[9]   *letra:* 'carta'; alude a la primera suplicación, escrita y dirigida al arzobispo a instancias de un religioso franciscano.

[10]   'dejé constancia por escrito de mi gran pobreza para que fuera recordada'.

[11]   *fuy mi condición*: 'huí de mi propia naturaleza y modo de ser'.

[12]   El libro II de la *Ética nicomaquea* trata sobre el ejercicio de las virtudes morales. En el *Compendio de la Ética nicomaquea,* libro II, capítulo IV se afirma: «La cosa que no se faze con voluntad e elección ni es laudable ni reprehensible» (p. 50). La idea tiene un carácter general que viene a coincidir con la que Alonso Fernández de Madrigal *el Tostado* atribuye a Aristóteles en el libro VIII del mismo tratado: «De esto dize Aristótiles en el octavo de las *Éthicas*: [...] lo prinçipal de la virtud et de toda la moralidad es en la elección o voluntad» (*Libro de amor e amicicia,* fol. 39r). Fueron varias las traducciones de esta obra aristotélica en el siglo xv, aunque lo más probable es que Guillén tomara la sentencia —como hizo en otros casos— de un prontuario de apotegmas.

[13]   La *movible y ciega* es la voluntad.

[14]   *rodeó:* 'hizo su camino'.

[15]   Aristóteles, en la *Retórica* II, 7, afirma algo parejo: «Las necesidades son los deseos, especialmente los que comportan sufrimiento si no se cumplen» (p. 167). Un siglo después, Francisco Cervantes de Salazar utilizó la misma sentencia casi a la letra: «Cortés, cuantos más estorbos para su deseo le ponía Motezuma, tanto más deseaba verle y hablar con él, porque esto tiene todo lo que se prohíbe y vieda» (*Crónica de la Nueva España,* p. 216), que todavía se repite en Diego de Saavedra Fajardo: «La curiosidad no está sujeta a los fueros ni teme las penas. Más se atreve contra lo que más se prohíbe» (*Empresas políticas,* p. 103).

[16]   *especia:* 'condimento, ingrediente de aliño', pero jugando con 'especie, idea'.

[17]   *abastado:* 'abastecido'; *retraído:* 'apartado'; *home:* 'hombre, persona'.

[18]   *desesperación:* 'suicidio'.

[19]   *delibró:* 'liberó'.

[20]   Príamo, rey de Troya, derrotado y muerto por los aqueos cuando tomaron la ciudad. Alude a un epiosdio del decir (vv. 321-343) en el que el poeta contempla varias acciones de la guerra de Troya.

[21]   *excluir:* 'excluir, apartar'.

[3] Mas como la sensualidad, pungida con estímulos non comportables,[22] aún non haya purgado aquella materia que su salud corrompe, yo, temeroso de ella, constreñido tornar a lo primero, consideré segunda vez suplicar a vuestra magnífica persona, que, pues el tiempo dio lugar al reposo y las impunables cabsas en oportuno término de obra redundaron,[23] quiera darme razón con que concluya y satisfaga a los viciosos, que les place buscar entre los negocios ajenos las cosas escondidas, que con tanto fervor y afinco por el fruto de mi obra preguntan,[24] que era así mismo impugnar y resistir mi retratable,[25] vergonzosa osadía, habiendo respecto a aquella abtoridad del filósofo,[26] en el primero de los *Retóricos,* do dice que todo lo que se face con nescesidad se face con tristeza,[27] que era por consiguiente reservar de cargo a este mi deseo tanto contrario de virtud,[28] mirando los pungimientos de la humana vida[29] y considerando que muchos de los filósofos pasados non cedieron tanto a la pobreza cuanto por sus doctrinas y amodestaciones[30] generalmente amonestaron con que, si las riquezas non posieron a aquel corazón,[31] cerráronlas en la arca so su llave.[32]

[4] Ca Séneca, este con cuyas abtoridades se guarecen algunos exordios y introducciones,[33] como quier que a los poseedores de estos prósperos estados llama paredes enblanquecidas de fuera, e dice que traen su torpeza cobierta con resplandor ajeno, así como lo pone en el cuarto décimo capítulo del primero *De providencia,*[34] claro es, segund lo que de algunos de sus tratados se coge,[35] que él non dejó su virtud desacompañada de estos temporales bienes; por enxiemplo de lo cual querría yo, si Dios lo permitiese, seguir aquello que él mismo dice en el

---

22   *pungida:* 'incitada'; *comportables:* 'sobrellevables, tolerables'.

23   *impunables cabsas:* 'causas que no pueden censurarse'. Ha de entenderse que las cuestiones que impidieron al arzobispo atender a la primera suplicación estaban ya resueltas.

24   *afinco:* 'ahínco, empeño'.

25   *retratable:* 'censurable'.

26   *habiendo respecto:* 'teniendo en cuenta, atendiendo a'.

27   Se trata de un verso atribuido a Eveno de Paros, que Aristóteles cita en la *Retórica* I, 11, 2: «Todo quehacer obligatorio es naturalmente doloroso» (*Retórica,* p. 109).

28   *reservar:* 'preservar, apartar'; *cargo:* 'falta, imputación'.

29   *pungimientos:* 'pinchazos'.

30   *amodestaciones:* 'amonestaciones, admoniciones'.

31   *posieron:* 'pusieron'.

32   *so:* 'bajo'. Se señala en el texto que los filósofos, aunque censuraron las riquezas en sus discursos, cuidaron de ellas como instrumento para su vida.

33   *guarecen:* 'socorren, amparan'. Guillén no esquivó cierto gesto de ironía, pues censura la excesiva presencia de Séneca en los preliminares de los libros, cuando él mismo se sirve de tal autoridad.

34   La referencia corresponde a la traducción de los diálogos de Séneca hecha por Alonso de Cartagena a instancias de Juan II de Castilla, en la que, en el *Libro primera de la providencia,* se lee: «Ca estos que vos oteades como a bienaveturados, si los viésedes, no segund lo que parescen de fuera, mas seguns lo que tienen de dentro escondido , mezquinos son, suzios y torpes; y como sus paredes emblanquescidas de fuera [...]. Quando alguna cosa que los descubre y turba, entonces paresçe quánta torpedad verdadera y fonda tenían, aunque gela escondía el resplandor ageno de los bienes temporales» (*Los libros de Séneca,* fol. 35v).

35   *se coge:* 'se sigue, se entiende'.

capítulo veinte y cinco de la *Vida bienaventurada,* que mijor es templar las ale-
grías que refrenar los dolores y tristezas.³⁶

[5] Por tanto, serenísimo señor, pues la pobreza es muerte cevil³⁷ y de esta
enfermedad aquella principal virtud teológica vos constituyó tan natural físico
cuanto la obra y fama en las vecinas y estrañas partes pregona,³⁸ vuestra señoría
mande dar orden cómo yo viva en mayor gloria y fama vuestra, y que sea yo un
continuo miradero en quien verse pueda vuestra virtud y dignidad de perpetuo
nombre.³⁹ Y porque vuestra reverendísima persona haya de todo más plenaria
información, aunque temeroso soltar la pluma ante vuestra prudencia y clara
memoria y ante la congregación de vuestro noble consejo, recebiendo abdacia de
vuestra clemencia y beninidad,⁴⁰ la compuse en metros.⁴¹ A ella suplico lo quiera
mirar con vulto sereno y alegre voluntad,⁴² comportando humanamente la su
grosedad de vocablos,⁴³ bajeza de estilo, invención ajena de toda virtud; solo
habiendo respeto al premioso fin y motivo mío,⁴⁴ de que principalmente hobieron
nascimiento. Del cual, dejados sus poéticos rodeos, en dos diferencias es
plantado:⁴⁵ primera, servir a vuestra señoría en dar su debido premio de perpetui-
dad a su esclarecido nombre; segunda, procurar el sosiego de mis trabajadas ca-
nas. Y ministre nuestro cabsador y soberano Dios vuestra magnífica persona por
vereda de salvación.⁴⁶

---

³⁶ La máxima procede de *La floresta de filósofos* en su sección inicial, «Comyençan algunos di-
chos de Séneca que él escrivió en el libro que fizo llamado *Vita beata*», en el capítulo XXV: «El vir-
tuoso más querría templar las alegrías que refrenar los dolores e tristezas» (fol. 5v).

³⁷ *cevil:* 'civil'. La *muerte civil* conllevaba la pérdida de los derechos jurídicos y políticos. Desde
un punto de vista estrictamente legal, el concepto aparece regulado en la *Partida* IV, título 18, ley 2,
limitándolo a la condena o el destierro perpetuos, donde se concluye: «E como quier […] non sea
muerto naturalmente, tienen las leyes que lo es quanto a la honrra e a la nobleza e a los fechos deste
mundo» (*Quarta partida,* p. 49v).

³⁸ *físico:* 'médico, curador'. Entiéndase que la *enfermedad* es la pobreza y la *virtud teológica* la
caridad.

³⁹ *miradero:* 'objeto que todos pueden ver', aquí como ejemplo de la caridad del prelado.

⁴⁰ *abdacia:* 'audacia, atrevimiento'; *beninidad:* 'benignidad, benevolencia'.

⁴¹ *en metros:* 'en verso'.

⁴² *a ella:* 'a vuestra benignidad'; *vulto:* 'rostro'.

⁴³ *comportando:* 'sobrellevando, disculpando'; *grosedad:* 'tosquedad'.

⁴⁴ *habiendo respeto:* 'atendiendo, teniendo en cuenta; *premioso:* 'acucioso, urgente'.

⁴⁵ *en dos diferencias es plantado:* 'se funda en dos razones distintas'.

⁴⁶ *cabsador:* 'causador, creador'.

METROS

1   Las sombras impiden   Leandro ser visto
     allí do navegan   las ondas marinas,
     cuando derraman   las nueras sobrinas
     por sus ricos lechos   la sangre de Gisto.
     La mucha crüeza   del caso tan misto   5
     sola Ypromesta   a Lino revela;
     la casta matrona   desface su tela
     por su deseado   marido bien quisto.

2   El niño latonio   cayó en las fonduras,
     Megera nos fuerza   con sus estandartes,   10
     Jasón recolige   las mágicas artes,
     mezclando promesas   con votos y juras.
     En Libra proceden   las doce figuras,
     pesando el espacio   con justa balanza,
     cuando en mí mismo   sentí tal mudanza   15
     que es cosa admirable   a las crïaturas.

---

2 Según refiere Ovidio en las *Heroidas* XVIII y XIX, Leandro cruzaba a nado el Helesponto para encontrarse cada noche con su amada Hero, que lo guiaba con una lámpara; una noche tormentosa, la luz se apagó y Leandro murió ahogado.

6 *misto:* 'mixto, complejo', desde un punto de vista moral, pues Hipermestra desobedeció a su padre, pero se comportó generosamente con su marido. Recuérdese que las cincuenta hijas de Danao, habiéndose casado con otros tantos primos suyos —de ahí que sean «nueras sobrinas»—, hijos de Gisto o Egipto, los asesinaron durante la noche de bodas por orden de su padre. Solo Hipermestra salvó a su esposo Lino o Linceo.

8 *bien quisto:* 'muy querido'. La *casta matrona* es Penélope, que, esperando el regreso de su marido Ulises, prometió a sus pretendientes que se casaría cuando terminase de tejer un manto que destejía por las noches. Los tres mitos coinciden en que la acción tiene lugar durante la noche, tiempo al que remite Guillén de Segovia la acción del poema. Juan Rodríguez del Padrón (1984: 198-202) comentó por extenso esta estrofa en su *Bursario*.

9 El *niño latonio* es Apolo, como hijo de Latona, que desapareció en la hondura, ya que era tiempo nocturno.

10 Megera es una de las tres Furias o Erinias que, según la mitología clásica, castigaba los crímenes y vivía en el Infierno.

11 *recolige:* 'recoge'.

12 *votos y juras:* 'compromisos de cumplimiento y juramentos'. Alude a las promesas de matrimonio y fidelidad que Jasón le hizo a Medea para conseguir el socorro de sus artes mágicas y cumplir con las tareas que le había impuesto el rey de la Cólquida, Eetes. No se olvide que la acción también sucede durante la noche, cuando la joven maga visita la tienda del adalid de los argonautas.

14 El relato se hace coincidir con la entrada en Libra, que se produce entre el 22 y el 23 de septiembre, tal como ya se había apuntado en la primera suplicación: «A Virgo traía fondón del sobaco, / estéril e seca en toda manera; / con Libra se junta su faz postrimera, / según que son fijas en el zodiaco» (vv. 5-8).

15 *mudanza:* 'translación, cambio', que supera lo natural y propio de las «criaturas», los seres humanos.

3   Yo no vi a Varicio   en su grand presura
     ni fiz con Ulises   tan largo vïaje,
     ni menos bebí   mezclado brebaje
     por donde debiese   perder mi figura;   20
     mas vime, trocado   de humana natura,
     subir contrafecho   con plumas crecidas.
     Llevaba por guía   dos sierpes unidas,
     que influyen abdacia   en mi desmesura.

4   Iba cercado   de mostruas y fieras   25
     figuras contrarias   a la reta vía,
     iba subjeto   a mi fantasía,
     el aire rompiendo   con alas ligeras.
     Las cosas movibles   y fallecederas
     tenía por firmes   en mi pensamiento;   30
     non recelaba   ningund movimiento,
     pensando con brío   forzar las esperas.

---

17 *presura:* 'ligereza, rapidez'. Varicio —con posible error de copia— es Euricio, hermano de Pádaro y compañero de Eneas, que venció en una competición acertando con su arco a una paloma, según se narra en la *Eneida*. Virgilio hace mención expresa a la rapidez de su acción: «Tum rapidus, iamdudum arcu contenta parato / tela tenens, fratrem Eurytion in vota vocavit, / iam vacuo laetam caelo speculatus et alis / plaudentem nigra figit sub nube columbam»; 'Rápido entonces, con la flecha hace rato montada en el arco dispuesto, Euritión invocó con votos a su hermano, y avistándola ya gozosa en el cielo libre y y agitando sus alas, atraviesa a la paloma bajo una negra nube' (V, 513-516). Juan de Mena también menciona al personaje en el *Claro escuro:* «Nunca Laertes nin Leles naricio, / Vías, Antórido ni Ypotheo, / nunca Ferentio ni Ydas, Euricio» (*Obras completas,* p. 52).

18 El viaje que se refiere en la *Odisea* y que lo llevó de Troya a Ítaca a lo largo de diez años.

20 Alude a Circe, que hechizó con una pócima los manjares que ofreció a los compañeros de Ulises para luego transformarlos en cerdos, según se refiere en la *Odisea* X, 232-245.

22 *contrafecho:* 'hecho de nuevo, modificado'. Guillén se presenta con figura humana, pero con alas que le permiten elevarse.

24 *influyen:* 'inspiran, comunican'; *abdacia:* 'audacia'; *desmesura:* 'descomedimiento, falta de límites'. También Juan de Mena se dice raptado por la diosa Belona, cuyo carro es llevado por dos dragones: «Non bien formadas mis voces serían, / cuando robada sentí mi persona; / e llena de furia, la madre Belona / me tomó en su carro, que dragos traían» (*Laberinto de Fortuna,* p. 171).

25 *mostruas:* 'monstruosas'.

26 *reta vía:* 'camino recto', que conduce a la virtud.

29 *fallecederas:* 'falibles y transitorias', en alusión al mundo material.

32 *esperas:* 'esferas'. Considera que puede pasar de una esfera a otra elevándose en el cielo.

5   La mágica fiera   que sopo en el cielo
        forzar y tener   los carros de Apolo,
        y puso su silla   sobre el dios Eolo   35
        y en bravas culuebras   subió sin recelo,
        dejó al viejo padre   en tal desconsuelo,
        rompió con cuchillo   sus propias entrañas,
        non vido por cierto   visiones tamañas
        nin creo que fizo   tan alto su vuelo.   40

6   Estando elevado   en tal demasía,
        do todo principio   sin fin acataba,
        de los infortunios   ninguno pensaba,
        contento y seguro   de mi compañía.
        Y cuando en mi trato   más gozo sentía,   45
        con lenguas lamientes   mostrándome abrigo,

---

33 *mágica fiera:* 'maga cruel'. Alude a Medea, hija del rey Eetes y nieta de Circe, que, como hechicera, domina con su magia la naturaleza, aquí el sol y los vientos, simbolizados por Apolo y Eolo. Enamorada de Jasón, traicionó a su anciano padre (v. 37); luego, despechada con el héroe griego, mató a sus propios hijos (v. 38) y huyó de Corinto en un carro tirado por dragones (v. 36). Santillana recordó sus poderes sobre la naturaleza en el *Planto de la reina doña Margarida:* «A la ora que Medea / su sçiençia prefería / a Jasón, quando quería / asayar la rica prea, / e quando de grado en grado / las tiniebras han robado / toda la claror febea» (*Obras completas,* pp. 95-96); y Juan de Mena resumió su historia en el comentario a *La coronación del marqués de Santillana:* «Este Jasón fue fijo de Esón, hermano de Pelias rey de Peloponeso. Este pasó con Ércoles a la isla de Colcos do reinava Oetes, padre de Medea, de la qual se enamoró e ella d'él. E diole ella manera cómo pudiese ganar el dorado vello, e cómo sobrase la fuerça del dragón que non dormía e las fuerças de los toros bufantes Vulcano, que quiere dezir "fuego", por las éreas narizes, e cómo vençiese e senbrase discordia en los terrígenas, siquier onbres de la tierra nasçidos. El qual Jasón vençió los comemorados peligros, coadyuvándose de los mágicos de Medea benefiçios, con la qual, por conyugal voto ayuntado, partió para Tesalia. E su padre Oetes las pisadas de su fija siguiendo, la qual mató a su hermano e muerto pedaços le fizo, en los quales el viejo padre llorando se detardase, la qual Medea fizo rejuvenir al padre de Jasón, Esón llamado. A preses suyas traía de las del mundo partes abtas yervas en carro tirado por volantes dragones; de las quales fizo decoçión cuya fuerça avía de dar nueva mançebía. Esta Medea engañó las fijas del rey Peleo diziendo que así avía de rejuvenir a su padre, el qual, por las manos de sus fijas degollado, quedó fecho cadáver frío, que quiere dezir cuerpo muerto. El qual Jasón, después de avidos fijos de Medea, contraxo contubernio, siquier non legítimo matrimonio, con la fija de Creón, Creúsa llamada, de las quales bodas Medea, de ravia pestilente ençendida, quemó la casa de Creón e a Creusa con fuego en las rugas de la camisa escondido; e mató con ravia los fijos de Jasón avidos, segunt más largo lo pone Séneca en la tragedia intitulada de *Medea* e Ovidio en el registro del séptimo libro *Metamofoseos* que comiença "Iamque fertur"» (pp. 25-27).

39 *tamañas:* 'tan grandes'.

42 *acataba:* 'veía'.

46 *abrigo:* 'protección, amparo'. Se refiere a las serpientes que lo guiaban.

volvieron las colas   y dieron comigo
allí donde Orfeo   más dulce tañía.

7   Fue mi caída,   segund que profiero,
ajena de aquella   virtud soberana,   50
del polo primero,   do habita Dïana,
fasta el abismo,   mansión del Cerbero.
Mi flaco juicio,   pesado, grosero,
mediante mi trato   de modo perverso,
y vista la flama   del siglo diverso,   55
ya no me resiste,   maguer desespero.

8   El libre serviendo,   mudando costumbre,
serviendo subjeto,   igual es de muerte;
fue sin ventura   de menguada suerte
aquel de quien Febo   esconde su lumbre.   60
Si el yugo premioso   de tal servidumbre
despide paciencia   y rompe su velo,
allí se desvía   de justo recelo,
do el propio enemigo   ya tiene la cumbre.

9   Mas non discrepando   de tal conclusión,   65
cual pone Vegecio,   do aprueba mudanza,

---

48 Alude al infierno, donde Orfeo manifestó su arte más elevado para conseguir que Eurídice regresara del Hades.

49 *profiero:* 'refiero'.

51 *polo:* 'cielo'. Lo explica Juan de Mena en *La coronación*: «La Luna está en el primero çielo, e si en el primero bien podemos decir que fondón del polo segundo, ca cada una de las planeta s mora en uno de los çielos. E la Luna está en el primero çielo, que está cabo el elemento del fuego, e Mercurio en el segundo çielo, Venus en el terçero çielo, Sol en el quarto, Mares en el quinto, Júpiter en el sesto, Saturno en el seteno çielo. Así que la planeta que más allegada es a nos es la Luna por estar en el primero polo o çielo» (pp. 8-9).

52 Cerbero era el perro de tres cabezas que guardaba las puertas del Infierno.

54 *perverso:* 'errado y pecaminoso'.

55 *flama:* 'llama'; *siglo diverso*: 'otro mundo'.

56 *no me resiste:* 'no lo soporta'. El sujeto es «mi flaco juicio».

58 El que es libre considera que perder tal libertad y verse sometido al servicio de otros es igual a la muerte.

59 *menguada:* 'desgraciada'.

61 *premioso:* 'gravoso, molesto'.

64 El que pierde la paciencia en esa situación de servidumbre pierde el control moral y se adentra en el territorio donde domina el enemigo, esto es, el Demonio.

66 Flavio Vegecio Renato, escritor romano del siglo IV, a cuya famosa sentencia remite: «Qui desiderat pacem, praeparet bellum», 'el que desee la paz, que prepare la guerra' (*De re militari* III, prefacio). Así se confirma en el v. 69 de esta misma copla.

que allí del temor   perdió la esperanza,
no espera consejo   ni sigue razón,
mas toma las armas   en su defensión,
del propio temor   faciendo osadía.   70
Yo, que no punto   mi muerte temía,
pasé por Cerbero   y fueme a Plutón.

10   Al cual vi con cetro   que rige y ordena
los bultos que falla   en su señorío,
maguer que non tenga   veril poderío,   75
pues que non asuelve   ni menos condena.
Vi que su voz   los valles enllena
de cuantos padecen   por sus muchos cargos;
vi las herederas   del reino de Argos
con lícita cabsa   sofrir grave pena.   80

11   A Tántalo vi con   fambre doblada
purgar los estremos   de su maleficio;
vi la sangrienta   molleja de Ticio
del buitre goloso   rompida y rasgada;
vi a Proserpina   en son de forzada   85
con las hermanas   y madre de Leto;

---

67 *del temor:* 'a causa del temor'.

71 *no punto:* 'para nada'.

72 'Crucé las puertas del infierno, donde estaba el can Cerbero, y me dirigí a Plutón, rey del Hades'.

74 *bultos:* 'cuerpos'.

75 *veril:* 'viril, superior'.

76 *asuelve:* 'absuelve, perdona'.

77 *enllena:* 'llena'.

79 Las *herederas del reino de Argos* son las Danaides, hijas del rey Dánao, que asesinaron a sus primos, hijos de Egipto, en la noche de bodas.

82 *maleficio:* 'mala acción'. Tántalo, que dio a comer a su hijo Pélope a los dioses en un banquete, fue condenado a padecer sed y hambre aun teniendo a mano agua y frutos que no podía alcanzar.

84 *molleja:* 'hígado'; *goloso:* 'hambriento'. Ticio, tras haber intentado violar a Leto, madre de Apolo, fue condenado al Tártaro, donde un buitre le devoraba el hígado, que le volvía a crecer una y otra vez. Guillén de Segovia parte de Boecio, *De consolatione philosophiae* III, 12, 36-39, obra en la que se refieren los mismos castigos míticos vinculados al descenso de Orfeo a los infiernos; así se lee en la traducción del siglo XV que parece haber usado como fuente: «E perdido con sed larga / Tántalo desprecia los ríos. / El buytre farto con modos / no sacó la molleja de Ticio» (*La consolación natural,* fol. 72v).

85 *en son:* 'con apariencia'; *forzada:* 'obligada'. Proserpina fue raptada por Plutón, que la convirtió en reina del inframundo.

86 Febe, madre de Leto, fue una de las titánides, titanes femeninos, junto con sus hermanas Mnemósine, Rea, Temis, Tetis y Tea.

y vi del traciano   romper el decreto
por donde Eurodice   quedó condenada.

12   Y vi a Creopatra   con las doloridas,
del mundo maldice   sus casos estrechos,   90
la sierpe sangrienta   rasgando sus pechos
sus propias entrañas   del todo rompidas;
y vi las crüeles   doncellas bellidas
a quien dio Danato   tan torpe dotrina,
del agua de Lete   finchendo la tina   95
con vivas culuebras   sus cuerpos ceñidas.

13   Y vi otros muchos   que en tal perdición
con voz dolorosa   entonan su llanto;
vi a Sisifone   lanzar con el canto,
do ya non espera   haber redención;   100
vi al ángel maldito   por su presunción
perdida su luz,   belleza y donaire;
vi que la rueda   volvía en el aire
al padre de Neso,   gigante Exïón.

---

88 Orfeo, hijo del rey de Tracia, pudo bajar a los infiernos y conseguir, gracias a su música, que Proserpina permitiera que su esposa Eurídice regresara al mundo de los vivos, aunque le impuso como condición que no mirara atrás hasta salir del Hades. Orfeo, sin embargo, se volvió para confirmar que Eurídice lo seguía, condenándola así eternamente. Es el mismo castigo que se mencionó en el pasaje antes citado de Boecio, *De consolatione philosophiae* III, 12, 34-35, conforme a la mencionada traducción castellana: «Mas ley constriña los dones: que fasta dexar los infiernos / no sea liçençia de tornar los ojos [...]. Çerca los términos de la tiniebra, / Orpheo a su Eurídiçe, / aý que la vido, perdiola e matola» (*La consolación natural,* fol. 72v).

89 *doloridas:* 'dolientes, que sufren'.

90 *estrechos:* 'difíciles, duros'.

92 *rompidas:* 'rotas'. Cleopatra (39-30 a. C.), reina de Egipto, tras la victoria de Octavio sobre Marco Antonio, se suicidó, según la tradición, ofreciéndose al muerdo de un áspid.

93 *bellidas:* 'hermosas'.

94 Recuerda, de nuevo, a las cincuenta Danaides, cuyo padre Danao les ordenó que mataran a sus primos y maridos en la noche de bodas.

95 *finchendo:* 'llenando'; *tina:* 'tinaja, vasija grande'. El agua del río Lete o Leteo provocaba el olvido al entrar en el Hades. Tras su muerte, todas las Danaides, menos Hipermestra, fueron condenadas a llenar una vasija sin fondo eternamente en el Hades. Las serpientes son asimismo símbolo de su castigo a causa de la crueldad.

100 *canto:* 'piedra'. Sísifo fue castigado a cargar con una gran piedra por una montaña, pero, cuando iba a alcanzar la cima, la piedra rodaba hacia abajo y había de recomenzar su empeño una y otra vez.

102 El *ángel maldito* es Luzbel, convertido, tras su caída, en Lucifer.

104 Exïón o Ixión, padre del centauro Neso con Néfele, intentó violar a Hera, por lo que en el Hades fue atado con serpientes a una rueda que giraba de continuo. Así se refiere en Boecio, *De consolatione philosophiae* III, 12, 44-51, en la versión del siglo xv: «No mueve la rueda ligera / la cabeça de Yxión» (*La consolación natural,* fol. 72v).

14   Y caso que viese   los bultos perdidos,   105
     que en penas terribles   así padecían,
     y ánimas tristes   que en llamas ardían
     de fuegos crüeles   y tan doloridos,
     acordes, unánimes,   como sentidos,
     non punto dudando   de mi danación,   110
     propuse ditando   tan triste canción
     en versos patentes,   no bien discernidos:

15   «Plutón, pues que veo   que quien desespera
     en ti solo falla   reparo y abrigo,
     atento me mira,   escucha que digo,   115
     discerne mi cabsa   y bien considera,
     Plutón, sin piedad   tentar tal manera
     que prives la cabsa   de mi menester
     y a cuantos mal quiero   me das en poder.
     Yo darte he mi alma,   después que me muera». 120

COMPARACIÓN

16   Así como algunos   las leyes reales
     por precio corrompen   su fuerza y tenor,
     y allí do se cubre   de falso color
     parescen ser buenos   los falsos metales;
     y bien como cuando   los rayos febales   125
     impiden su curso   al sino de Acario,
     Plutón me mostró   su gesto contrario
     en todos los actos   a él naturales.

---

105 *bultos perdidos:* 'cuerpos o seres condenados'.
109 *sentidos:* 'oídos'.
110 *non punto:* 'para nada'; *danación:* 'daño, condena'.
111 *ditando:* 'dictando, diciendo'.
112 *patentes:* 'claros, comprensibles'; *discernidos:* 'juzgados, considerados'.
115 *me mira:* 'mírame'.
116 *discerne mi cabsa:* 'considera mi causa'.
118 *prives la cabsa de mi menester:* 'ayudes a la causa de mi necesidad'.
122 *tenor:* 'orden, contenido'.
123 *color:* 'apariencia'.
125 *febales:* 'de Febo, solares'.
126 *sino de Acario:* 'signo de Acuario'. La misma forma consta en el marqués de Santillana: «Aprés dellos Libra con el Sagitario / Capria en el dezeno, después d'él, Acario» (*Comedieta de Ponza,* p. 171), o en Fernando Mejía: «Selo subió al çielo e lo fizo su copero e lo puso en el signo de Acario» (*Libro intitulado nobiliario vero,* fol. I, iiir).

ENXIEMPLO

17 Por trasmutación,   usó con Almena
    aquel que nombrado   primero fue Jove;   130
    con rostro fengido   la sañuda Pove
    del crimen tereo   vengó a Filomena;
    pues que el enemigo   con cara serena
    a tales delitos   traspasa y penetra,
    non es discrición   juzgar por la letra,   135
    si tiene otro seso   de aquello que suena.

FIGURA DEL DIABLO

18 Non vi su cara   con cuernos fuscada
    nin llamas de fuego   lanzar por la boca,
    mas, como grand nublo   que presto se troca,
    mostró su persona   con gozo inflamada;   140
    mostró voluntad   alegre y pagada,
    mostró que mi vista   nol fue cosa nueva,
    y, como quien finge   lo que non aprueba,
    propuso, diciendo   con voz sosegada:

FABLA PLUTÓN

19 «Hércoles fue   aquel que primero   145
    a los subcesores   dejó tal dotrina,

---

129 *trasmutación:* 'metamorfosis'; *usó:* 'tuvo relación carnal, fornicó'. Almena o Alcmena, esposa de Anfitrión, engendró a Hércules una noche en la que Jove o Júpiter yació con ella, habiendo adoptado la apariencia externa de su marido.

132 *sañuda:* 'llena de saña e ira': *tereo:* 'de Tereo', como adjetivo. Unos versos similares se encuentran en la *Obra compuesta* del propio Guillén: «Verás cómo pena la sañuda Prone / el crimen nefando que fizo Tereo» (vv. 491-492). Filomena, violada por su cuñado Tereo, se vengó junto con su hermana Prove o Procne dándole a comer a su hijo Itis. Fueron luego transformadas en aves conforme Ovidio narra en las *Metamorfosis* VI, 410-674.

135 *discrición:* 'acto de inteligencia'; *por la letra:* 'por las apariencias'.

136 *seso:* 'sentido, significado'; *suena:* 'parece externamente'.

137 *fuscada:* 'oscurecida, sin luz'.

139 *nublo:* 'nublado, niebla'; *se troca:* 'se cambia'.

141 *pagada:* 'ufana, satisfecha'.

142 *nol:* 'no le'.

cuando de mis manos   libró a Proserpina,
sobrando las fuerzas   del bravo portero.
Si fizo al segundo   amor verdadero
vinir suplicarme   en dulces cantares,   150
maguer que tus cabsas   parecen dispares,
actores te pueden   poner por tercero.

20   »Tornando a la cabsa   de aquello a que vienes,
por que tu trabajo   no salga en vacío,
pues puedo guiarte   al libre albedrío   155
por donde te salves   o que te condenes,
si al tiempo que vistes   aquello mantienes
y en ello te firmas   por ante testigos,
facerte he señor   de tus enemigos,
alegre y contento,   con sobra de bienes».   160

21   Oído su fabla,   yo, que comenzaba
facer el contento   con perverso celo,
por gracia divina   desciende del cielo
un águila fuerte   que recio volaba.
Con uñas agudas   me toma y me traba   165
y vuela comigo,   y tanto trasmonta
que presto me pone   allí en Simeonta,
a do Menalao   sus fustas anclaba.

---

147 Hércules bajó al Infierno y encadenó al can Cerbero. En el Hades también encontró a Teseo y Pirítoo, que había descendido para rescatar a Proserpina; con licencia de esta, pudo devolver a Teseo al mundo de los vivos, aunque no a su compañero.

150 *vinir:* 'venir'. Orfeo descendió al Infierno para rescatar a Eurídice con el poder de su canto.

151 *cabsas:* 'causas'.

152 *actores:* 'autores'. Guillén de Segovia sería el tercero en bajar al Hades y regresar, tras Hércules y Orfeo, a pesar de que las razones que lo habían llevado hasta allí fueran distintas a las de los otros dos personajes míticos.

160 *sobra:* 'abundancia'.

161 *Oído su fabla:* 'Habiendo oído su discurso'.

162 *celo:* 'empeño, diligencia'.

164 *recio:* 'fuerte y vigorosamente'

166 *trasmonta:* 'se eleva'.

168 Menelao, rey de Esparta y esposo de Helena, que con su hermano Agamenón encabezó las tropas aqueas en la guerra de Troya. Simeonta es el río Simois en Troya que aparece mencionado en la *Ilíada* y que, a partir de la *De excidio Troiae historia* de Dares, fue identificado como puerto con la forma Simoenta o Simeonta. Así se encuentra en Dante o en Garci Rodríguez de Montalvo: «No por otra cosa sino por la sobervia embaxada que por sus mensajeros a los cavalleros griegos embió, que a salva fe al su puerto de Simeonta arribaron» (*Amadis de Gaula,* I, p. 360); véase Suárez Pallasá (2008: 158-161).

22   Y desque me puso   en tierra seguro,
      tú non me preguntes,   letor, qué se fizo,   170
      si quedó en su forma   o si se desfizo,
      pues non he juïcio   tan noto nin puro;
      mas desque vi roto   aquel fuerte muro
      de quien a los vivos   quedó tal enxiemplo,
      con miedo turbado   me tiene aquel templo   175
      do Apolo permite   saber lo futuro.

23   Do no vi las Musas   en tal compañía,
      segund que se invocan   del monte Parnaso,
      ni menos la fuente   que fizo Pegaso,
      do mana y procede   la sabiduría;   180
      no vi las cüevas   do el aire salía,
      non vi la mesa   de aquellos tres pies,
      pasado, presente, futuro después,
      do apruebo s[…]   de Apolo su vía.

---

169 *desque:* 'desde que'.

171 *desfizo:* 'deshizo'.

172 *noto:* 'notorio, claro'.

174 *muro:* 'muralla', en referencia al que rodeaba a la ciudad de Troya, que se construyó con la ayuda de Apolo y Poseidón.

176 Se trata del templo de Apolo en Troya, donde, según la *Crónica troyana,* que manejó Guillén, se celebraron la exequias de Héctor, Aquiles fue asesinado por Paris y Pirro, hijo de Aquiles, mató a Príamo (pp. 261, 290 y 318).

179 La fuente que Pegaso creó de una coz era Hipocrene, en el monte Helicón, vecino del Parnaso. En algunos autores, esa fuente era Castalia, como se lee en Juan de Piña: «Tener principio los poetas del caballo Pegaso por ser quien hizo la fuente Castalia» (*Epítome de las fábulas de la antigüedad,* fol. 40r).

181 *aire:* 'soplo inspirador'. La referencia a las cuevas de Delfos y al viento que representaba la inspiración del dios procede de la *Farsalia* de Lucano, en la versión de la *General estoria* de Alfonso X, que Guillén hubo de leer en una copia exenta que encargó el marqués de Santillana: «El monte Parnasso mudo esté e mudas las sus cuevas, e callan pieça ha, e escondieron a Apollo […]. Et quando alguno allý algo dezíe que veníe por Apollo, tremíele la boz e trabajávase de las palabras, e fazíese allý el sueno tamaño que toda la cueva enllenaua, e movíense las fojas e los rramos de los laureles que estavan aderredor, e espeluzávanse todos, e tremíen las cunbres del templo, e bolviese el monte commo suelen bolver los vientos» (*Lucano en romance,* fols. LXIIIv y LXVr).

182 *mesa de tres pies:* 'trípode' desde el que se realizaban los augurios, ya que Apolo era un dios vinculado a la adivinación. También se menciona en la *Obra compuesta:* «Que así lo pronuncia Apolo en su mesa» (v. 1720). La información remite, asimismo, a la *Farsalia* en la traducción alfonsí: «Una mesa de Apollo en que subíe él de pies quando queríe él dezir çiertas rrespuestas de las cosas. Et solía aquella mesa bolverse e tremer, e estonçes estando queda; e era esta messa de tres pies. Et dizen los departidores en este lugar que lo fue por esta razón: por que de tres tienpos deze allý las cosas e las virtudes de aquel en que es la cossa, e del que fue que es ya pasado, e del que ha de venir. Ca en estos tres tienpos yazíe la verdat» (*Lucano en romance,* fol. LXIVr-v).

24 Nin vi a Femonoe,   la gran eritea,   185
    segund que Lucano   escribe y razona,
    sus cabellos sueltos   con toca y corona,
    cómo el saçerdote   la viste y arrea;
    nin vi el cónsul Apio   que tanto desea
    saber lo que el cielo   y curso amonesta,   190
    allí donde hobo   tan triste respuesta
    que non falla cabsa   con que se provea.

25 Non vi aquel bulto   que en el crucifiçio
    ya quiso moriendo   dolerse de nos,
    al cual, non dudando   ser fijo de Dios,   195
    la fe nos obliga   facer sacrifiçio;

---

186 Según Estrabón, *Geografía* IX 3, 5, Femónoe fue la primera pitonisa de Delfos, que se presenta como originaria de la antigua Eritea. Guillén sintetiza el episodio en el que Apio consulta al oráculo, conforme a la *Farsalia* V, 120-197, aquí en la traducción castellana: «Et el saçerdote tomo una dellas commo a fuerça, que non quería ella, e llamávanla Phemone, e dezían que fue esta una de las sabidoras sacerdotisas que ý avýa; e fízola entrar en aquel tenplo por fuerça» (*Lucano en romance*, fol. LXIIIv).

188 *arrea*: 'prepara, dispone'. La imagen también la tomó Guillén de la versión alfonsí de la *Farsalia*: «Tomó estonçes el saçerdote una toca e ató la cabeça e los cabellos, quanto la cabeça teníanlos de allí adelante yazían esparzidos por las espaldas, et vistiole un vestido blanco commo casulla. Et estando ella dubdando, tomola el saçerdote e fízola entrar en el tenplo por fuerça» (*Lucano en romance*, fol. LXIVr).

190 *amonesta*: 'advierte, previene'. Apio Claudio Censorino gobernaba Grecia y se alineó con el bando de Pompeyo. Su consulta al oráculo de Delfos se desarrolla por extenso en la *Farsalia* V, 65-236 con resultados ambiguos y dudosos.

193 *bulto*: 'cuerpo'; *crucifiçio*: 'crucifijo'. Recuérdese que, conforme a la tradición cristiana, las sibilas —la de Delfos entre ellas— habían profetizado la venida de Cristo; así, se aseguraba que lo anunciaban los *Oracula Sibyllina* y el *Liber carminibus sibyllinis,* hasta el punto de que san Agustín afirmó: «Eodem tempore nonnulli Sibyllam Erythraeam uaticinatam ferunt. Sibyllas autem Varro prodit plures fuisse, non unam. Haec sane Erythraea Sibylla quaedam de Christo manifesta conscripsit; quod et.iam nos prius in Latina lingua uersibus male Latinis et non stantibus legimus per nescio cuius interpretis imperitiam, sicut post cognouimus. Nam uir clarissimus Flaccianus, qui etiam proconsul fuit, homo facillimae facundiae multaeque doctrinae, cum de Christo conloqueremur, Graecum nobis codicem protulit, carmina esse dicens Sibyllae Erythraeae, ubi ostendit quodam loco in capitibus uersuum ordinem litterarum ita se habentem, ut haec in eo uerba legerentur: *Iesous Chreistos Theou vios soter,* quod est Latine, Iesus Christus Dei filius saluator»; 'Por estos tiempos dicen algunos que lanzó sus profecías la Sibila de Eritrea. Varrón nos dice que existieron muchas, no una sola Sibila. Esta Sibila de Eritrea escribió algunas profecías bien claras sobre Cristo; lo que yo mismo he leído en latín en unos versos defectuosos, debido, según supe después, a la impericia de cierto traductor. En efecto, el ilustre Flaciano, que fue procónsul, hombre de gran facilidad de palabra y de vasta erudición, hablando un día conmigo de Cristo me presentó un códice griego que decía contener las profecías de la Sibila de Eritrea, donde mostró cómo en determinado lugar el orden de las letras en el comienzo de los versos expresaban en acróstico claramente estas palabras: Ιησους Χρειστὸς Θεου υἱὸς Σωτήρ, que en latín significan Jesucristo, Hijo de Dios Salvador' (*La ciudad de Dios* 18, 22). Véase, además, Valverde García (1998).

196 El *sacrifiçio* alude al sacramento de la misa, en el que se rememora la muerte de Cristo.

mas vi que quien   duda su vida y oficio
y allí con gemidos   respuestas implora
la mágica esemta,   bien como señora,
le mina sus cabsas   por grand artificio.   200

26 Lo cual desque visto   así voluntario,
como si compliese   católico voto,
non muy placentero   ni mucho devoto,
finqué mis rodillas   ante el santuario,
y dije: «Señor,   pues que es necesario   205
buscar todos medios   la necesidad,
discerne mis cabsas   y dime verdad,
maguer mi proceso   relate sumario.

DEMANDA EL ACTOR A DIOS DE APOLO

27 «Querría saber   qué fue mi venida,
y, por consiguiente,   saber así mismo   210
por qué en es torcida   que en el fondo abismo,
a donde mi alma   estaba perdida,
y con aquel celo   y fambre de Mida,
cuando a los dones   del alto dios Baco;
querría saber   por el zodïaco   215
de mis infortunios   y fin de mi vida».

---

199 *mágica esemta:* 'maga libre', aquí en referencia a la pitonisa.

200 *le mina sus cabsas:* 'le socava y destruye sus intereses'.

202 *voto:* 'promesa' de carácter religioso.

204 *necesidad:* 'pobreza'.

208 *sumario:* 'breve y condensadamente'.

209 *qué fue mi venida:* 'cómo llegue aquí'.

211 Dado que el verso está claramente deturpado, proponemos como lectura: «Por quién es torcida en el fondo abismo».

213 *fambre:* 'hambre', en referencia al ansia de riquezas que padeció el rey Mida o Midas, monarca de Frigia, al que Dinosio concedió el poder de convertir todo lo que tocara en oro.

214 'cuando no podía disfrutar de los dones de Baco, esto es, del vino', ya que se convertía en metal. En el verso ha de sobreentenderse un verbo implícito.

215 *zodiaco:* 'división del cielo en doce partes, que corresponden a otros tantos períodos del año y a los signos astrales que les corresponden'.

PROSIGUE

28   No bien mi fabla   conclusa sería,
        cuando lo bajo   del templo y la cumbre
        vi luminarse   de tan viva lumbre
        que flama polea   veril parescía;   220
        y como el respecto   ya dicho tenía,
        temiendo por culpas   la muerte feroz,
        oí de una tumba   salir una voz,
        la cual, en efecto,   fablando decía:

RESPONDE APOLO POR QUE CABSA FUE TRAÍDO

29   «Por que con tiempo   tu seso provea   225
        y pueda con cabsa   cesar tu reclamo,
        veniste do vistes   del noble Priamo
        su muerte crüel,   sus robos y prea,
        do vistes la rueda   que el mundo guerrea,
        por que Fortuna   ya más no te asombre,   230
        lo cual, bien mirado,   quedarse ha sin nombre
        tu triste caída   por grande que sea.

DECLARA QUIÉN LO SACÓ DEL INFIERNO

30   »Que por permision   de Dios poderoso
        a quien lo secreto   non es escondido,
        aquel que consuela   lo más aflegido,   235
        aquel Dios y hombre   que es maravilloso,
        sacote del valle   crüel, temeroso,
        do todas las lumbres   padecen eclipsi,

---

220 *polea:* 'de Apolo'; *veril:* 'fuertemente'.

221 *respecto:* 'precaución'.

225 *provea:* 'disponga lo necesario'.

228 *prea:* 'presa'. En el mismo sentido lo usa el marqués de Santillana: «La última fija non pienso la prea / o griega rapina fuesse más fermosa» (*Comedieta de Ponza*, p. 150) y aun el propio Guillén en el prefacio a su libro de las *Consonantes*: «nosotros somos prea y despojo de nuestros enemigos» (80). Las citas de este texto remiten siempre a los párrafos del apéndice que se incluye al final de los cuatro decires y en el que se edita este proemio incluido en el manuscrito 10065 de la Biblioteca Nacional.

231 *nombre:* 'fama, reconocimiento'.

238 *eclipsi:* 'eclipse, ocultación'.

el santo varón   que al *Apocalipsi*
dio fin y comienzo   por ser virtuoso.   240

RESPONDE A SU SIGNO

31   »Demandas que diga   por tu nascimiento
qué fin te permite   la costelación
do facen por curso   su retrogación
tu signo y planeta   de su fundamiento.
Aquestas son cabsas   de tal movimiento   245
que quien las prosigue   y más las apura
desecha el sosiego   y vida segura,
mezclando terrores   a su pensamiento.

32   »Si aquel de razón   el contra no tomas,
verás ser lo bajo   por curso movible,   250
verás que, sin Dios,   es cosa imposible
tu signo contrario   buscarte qué comas.
Al mundo presente   non faltan carcomas,
obfuscan tinieblas   las claras auroras,
no corren en balde   los días y horas   255
los puntos, momentos,   las onzas y atomas.

---

240 Se trata, pues, del evangelista san Juan, a quién se atribuye la autoría del *Apocalipsis,* último libro del Nuevo Testamento; por ello ha de entenderse que el águila que aparece en el verso 164 y rapta al poeta es el animal que representa a san Juan en el tetramorfos de los cuatro evangelistas.

243 *retrogación:* 'retrogradación, movimiento de los planetas contra el orden de los signos'. La forma *retrogadación* y sus variantes —frente a *retrogradación*— se encuentra en varios autores de la época, como don Enrique de Villena en su *Tratado de astrología:* «Otrosí lo diziocheno devedes saber que la planeta es llamada de andén retrógado, que quiere decir de andén faz atrás» (*Obras completas,* p. 526); o en Alfonso de Villasandino: «Farán las planetas retrogadación, / ca non es cometa que las rebolviesse» (*Cancionero de Baena,* p. 152).

246 *apura:* 'desentraña, averigua hasta el extremo'. La advertencia sobre los peligros de conocer la verdad futura coincide con la que la pitonisa de Delfos le hace a Apio en la *Farsalia* V, 128-131, que dice así en la traducción que manejó Guillén: «Començó por sus palabras a espantar a Apio, que estava muy cobdiçiosso de saber las cosas que avían de venir, e pero que él non tovo pro. Et dixo así: "Et tú, rromano, ¿por qué te trae así la porfiosa esperança de la verdat?"» (*Lucano en romance,* fol. LXIIIv).

250 'Si no te opones a lo que dicta la razón, verás que el mundo inferior es movible y perecedero'.

254 *obfuscan:* 'ofuscan, oscurecen'. Señala las carencias y los menoscabos del mundo material.

256 *en balde:* 'en vano'; *puntos:* 'instantes, segundos'; *onzas:* 'porciones muy pequeñas'; *atomas:* 'átomos', aunque aquí en forma llana para salvar la rima y el género femenino.

DECLARA EL DÍA DE SU NASCIMIENTO

33 »Un día nubloso que manso llovía,
  naciste en Sevilla, pues quies que lo rece,
  el año […] del año de trece,
  trocada por muerte la gran carestía.   260
  Dos horas y tercia pasadas del día,
  a ocho de Virgo, el día era martes,
  al orbe terreno por todas sus partes
  señales contrarias del curso facía.

PROSIGUE Y DECLARA

34 »Segund que Saturno trabajos influye 265
  y el daño que de él al mundo resdunda,
  segund señorea tu casa segunda
  la cola saliente que el bien diminuye.
  De tu ascendente se toma y concluye

---

258 *quies:* 'quieres'; *rece:* 'diga'.

260 *carestía:* 'hambruna y subida de precios'. Entre los años 1413 y 1414 hubo un importante período de hambre que asoló a la población de la península ibérica; véanse Echevarría Arsuaga (2002: 161) y Melo da Silva (2019: 204).

261 *Dos horas y tercia pasadas del día:* 'a las dos y veinte de la madrugada', como en el *Sendebar:* «Tu fijo será cras, dos oras pasadas del día, contigo» (p. 73).

262 *a ocho de Virgo:* 'a ocho días de entrado el signo de Virgo'. Ha de entenderse que Pero Guillén de Segovia nació el 31 de agosto —que era, además, martes—, pasados ocho días del comienzo del signo de Virgo, que se inicia el 23 de dicho mes; téngase también en cuenta que el martes ya era considerado un día aciago en la época. Véase, a este respecto, Herrera Vázquez (2019).

264 *contrarias:* 'negativas'; *curso:* 'recorrido'. Para los principios astrológicos cabe consultar Hutin (1975), Tester (1990) y Zadkiel (2007). En torno a la astrología en la primera Edad Moderna, véanse Boudet (2006), Campagne (2002) y Newman y Grafton (2001). Sobre la astrología en el entorno cronológico de Guillén de Segovia, Millás Valicrosa (1943); Flórez Miguel, García Castillo y Albares Albares (1989) y Villalba (2015).

265 *trabajos influye:* 'inspira y comunica dificultades y penalidades'.

266 *resdunda:* 'redunda, repercute'.

268 *cola saliente:* 'parte final del período correspondiente a un planeta". Así se lee en el *Tratado de astrología* atribuido a don Enrique de Villena: «Otrosí, sabet que el argumento de la ladez de una manera es fallado en Saturno, Júpiter, Mars, luna, et en otra manera en Venus e Mercurio, porque la cabeça e la cola de los cuatro son non movibles, e la cabeça e cola de Venus e Mercurio son movibles. Ansí que siempre está la cabeça de Venus e Mercurio apartado de la cabeça e cola de Saturno, e çétera» (p. 531).

269 *ascendente:* 'punto en el que se inicia la primera casa celeste y que se utiliza para calcular la carta astral de una persona, ya que sería el signo que asciende en el momento del nacimiento'.

    por la conjunción de verso con Mares,   270
    verás por el contra lo que deseares,
    el oro y la plata de tu poder fuye.

35 »Farás a nobleza mudar su semblante
    y a toda virtud seguir los estremos,
    y allí do navegue tu fusta sin remos   275
    las ondas crecidas fengir de menguante.
    Do sirvas y agrades con puro talante
    será despreciada tu obra jamás,
    y allí te verás volver facia tras
    do más porfiares por ir adelante.   280

36 »Maguer tu planeta terrible te daña,
    segund lo demuestra tu casa decena,
    un noble perlado, persona muy buena,
    te puede redrar de cuita tamaña.
    Aqueste es aquel a quien por fazaña   285
    las santas virtudes sostienen su silla,
    aquel chanciller mijor de Castilla,
    espejo del mundo, primado de España.

---

270 *conjunción:* 'coincidencia de dos o más planetas en la misma casa celeste o en el mismo grado'; *de verso:* 'por oposición', como se apunta en Enrique Villena: «Otrosí, llaman seno verso del çírculo del çielo en el cual son seis signos, e este seno buelto puédese considerar el uno a la parte sinistra de la línea e raya del eclipsi e el otro seno verso o seno grado e buelto a la derecha de la línea eclipsática, cortando el çielo en dos medias partes de arriba fasta ayuso» (*Tratado de astrología,* p. 545). La conjunción aquí se produce entre Saturno y Marte con consecuencia negativas.

271 'comprobarás que se produce lo contrario de lo que desees'.

272 *fuye:* 'huye'.

273 'Los nobles cambiarán el gesto ante tus solicitudes', en señal de desagrado.

275 *fusta:* 'embarcación', como símbolo de la existencia humana.

276 *fengir de menguante:* 'parecer que amainan'.

277 *con puro talante:* 'con buena y sana intención'.

278 *jamás:* 'siempre', como en Juan de Mena: «E vimos el santo doctor cuya fiesta / nuestro buen césar jamás solemniza» (*Laberinto de Fortuna,* p. 219).

279 *facia tras:* 'hacia atrás'.

282 *casa:* 'cada una de las doce partes en que se divide el cielo'.

283 *perlado:* 'prelado'.

284 *redrar:* 'apartar'; *cuita:* 'congoja, aflicción'.

285 *por fazaña:* 'a causa de sus actos heroicos'.

286 La *silla* aparece como símbolo de su poder arzobispal.

287 *chanciller:* 'dignatario real'.

37 »Por ende, corrompe   con ánimo fuerte
    los nublos obscuros   del aire caligo,   290
    las cosas pasadas   te sean castigo,
    del seso mundano   tu seso despierte,
    que, bien discernida   tu menguada suerte,
    asaz poco tiempo   te queda de vida.
    Si no te corriges,   serás homecida,   295
    con tus propias manos   tomando la muerte».

COMPARACIÓN

38 Bien como cuando   dolor y tristeza
    en cuerpo turbado   aflige el esprito
    y en crimen nefando   o torpe delito
    […] el culpado   señor […],   300
    yo triste, temiendo   la grand fortaleza
    de las impresiones   que son soberanas,
    en breve momento   fenchime de canas,
    perdiendo el color   la humana flaqueza.

39 De versos tan tristes   mirando el tenor   305
    y atento mirando   si más me diría,
    vi grand tiniebla   que ya se estendía,
    turbando sus rayos   al grand resplandor.
    Cubriose la tumba   de negro color,
    cesó aquella voz   que allí me fablaba,   310
    el templo y la casa   así retemblaba
    que pudo por cierto   forzar mi temor.

---

290 *caligo:* 'caliginoso, tenebroso'.
291 *castigo:* 'ejemplo, advertencia'.
293 *menguada:* 'mezquina, mala'.
294 *asaz:* 'muy'.
295 *corriges:* 'enmiendas'. Los dos últimos versos de la copla aluden a las ideas suicidas de las que Guillén de Segovia da varias veces cuenta en las dos primeras suplicaciones.
302 *impresiones:* 'sensaciones, alteraciones' provocadas en este caso por realidades superiores.
303 *fenchime:* 'henchirme'.
304 *flaqueza:* 'debilidad'.
305 *tenor:* 'tono, condición'.
312 *por cierto:* 'con certeza'.

COMPARACIÓN

40 Así como cuando   los moros asayan
    mostrar bravo gesto   con grand alarido,
    si faltan firmeza,   esfuerzo y sentido,   315
    vuelven la rienda   y luego desmayan,
    las altas colunas,   temiendo que cayan,
    de aquella grand casa   movible, fengida,
    salí por la puerta   de muchos seguida,
    por do los no sabios   conviene que vayan.   320

PROSIGUE

41 Salido del templo   con muy grande pena,
    volvía mis ojos   al campo troyano,
    por ver el linaje   del noble Dardano
    quánd bien satisface   al robo de Helena,
    por ver los misterios   de aquel dios que truena, 325
    por ver cómo quema   la facha soñada,
    por ver lo que Homero   en su *Elïada*
    escribe y relata   con pluma más bella.

---

313 *asayan:* 'procuran'. Se refiere a los lelilíes, los gritos de los ejércitos musulmanes al iniciar el combate con los que procuraban espantar al enemigo.

316 *desmayan:* 'pierden el valor y el ánimo'.

317 *cayan:* 'caigan'.

323 *Dardano*, con acentuación llana por la rima, es Dárdano, fundador de la ciudad de Dardania, que luego sería Troya. Guillén tomó la noticia de la *Crónica troyana:* «E vivió allí Dárdano muy honrrado e temido en la su cibdad Dardania luengo tiempo» (p. 104).

325 *aquel dios que truena:* 'Zeus o Júpiter'.

326 *facha:* 'hacha, antorcha'. El verso alude a una episodio referido en el capítulo cuarenta y nueve de la *Crónica troyana:* «*Cómo la reina Écuba soñó que salía de su vientre una facha que quemava a Troya e cómo mandó matar a Paris, e de como Paris fue levado e criado del pastor del rey Tántalo. Agora torna ya la ystoria a continuar el fecho de Troya, e dize así: que, estando el rey Príamo con su muger Écuba e avía ya avido un fijo que llamavan Étor, la reina fue encinta e, estando cerca del parto yaziendo una noche en su cama con su marido, ensoñó que salía de su cuerpo una facha encendida que quemava a toda Troya e la tornava en nonada*» (p. 147); cursiva en el original.

327 La *Elïada* es la *Ilíada,* poema homérico que relata el asedio de Troya. Además de la *Crónica troyana*, Guillén hubo de conocer la traducción castellana de la *Ilíada* que hizo Juan de Mena y fue conocida como *Homero romanzado, Ilíada en romance* o *Sumas de la Ilíada de Homero.* Para este texto, véanse, González Rolán y Barrio (1985), González Rolán, Barrio y López Fonseca (1996) y Serés Guillén (1989).

42 Del fuerte Elïón   vi todo caído,
    el muro y la cerca   por suelo allanada;   330
    vi cómo Pirro   esconde la espada
    en la garganta   del rey dolorido;
    vi que Andromán,   mujer sin sentido,
    maldice a Fortuna   que así se trasmuda,
    y sobre la reina   de piedra menuda   335
    vi grand collado   muy presto crecido.

43 Y vi con la sangre   cobiertos los prados,
    las voces penetran   en los horizones

330 La descripción de la destrucción de Troya coincide, de nuevo, con la *Crónica troyana*: «Los griegos, endurescidos en su cruel propósito, derribaron fasta en los cimientos todo el Ylión, e ponen por todas las partes de la cibdad el orrible fuego e quémanla en bivas llamas, ansí que en toda la cibdad con el grand poder del fuego los magníficos edeficios fueron todos quemadose & fechos ceniza» (pp. 318-319).

332 Pirro es Neptólemo, hijo de Aquiles, que conforme a lo relatado en la *Crónica troyana* acabó con la vida del rey Príamo: «Pirrus, fijo de Archiles, entró en el templo de Apolo, donde el malafortunado anciano rey Príamo atendía la esquiva muerte e final término de sus días, e fue contra él la espada sacada en presencia de los mesmos traydores Anténor e Eneas que lo guiavan e conduzían. E mató al rey Príamo malamente e sin piedad alguna delante del altar, por manera que de la mucha sangre que dél fue derramada casi la mayor parte del altar fue toda vañada» (p. 318).

333 *sin sentido*: 'con la conciencia perdida', como se cuenta de Príamo en la misma *Crónica troyana*: «El rey Príamo no vino al llanto, que ya no podía, e estava en su cámara como ombre salido de memoria, e no podía fablar ni aun paresçía que en sí oviese sentido alguno» (p. 295). Andromán es Andrómaca, mujer del paladín troyano Héctor, cuya desesperación ante la muerte de su marido se refiere con detalle en la *Crónica troyana*: «Andrómaca, su muger, movida en mucho dolor, va con su pequeño fijo que traía en los braços e con muchas lágrimas va se lançar a los pies de Héctor, suplicando le humilmente e con muchos sospiros e clamores que quiera dexar las armas; lo qual denegando Héctor, la afortunada dueña por muchas vezes se amortesció a los pies, deziéndole: "Si ya no te plaze aver compasión e merced de mí, la sin ventura, muévate solamente piedad e dolor este malfadado niño, tu fijo, e no quieras que tus fijos e su madre perescan por la cruel e amarga muerte o que anden desterrados e deseredados por el mundo en mucha pobredad e vergüença suya e del su muy noble linaje" [...]. Lo qual veyendo Andrómaca, fue toda casi fuera de seso, e va ansí muy trabajada e despedaçadas sus vestiduras e rompida su cara e sus cabellos mesando, gritando a grandes clamores, vañada toda en sangre; tanto que a grand pena se podría conosçer ansí avía rompido e despedaçado su cara. E va ansí la muy desentida dueña, e lançose a los pies del rey Príamo e con mucha angustia e dolor le suplica que vaya muy prestamente e con mucha priesa a Éctor a le estorvar la yda a la batalla» (p. 256).

336 Refiere la muerte de Hécuba, reina de Troya, conforme a la narración de la *Crónica troyana*: «La mandaron prender e fizieron que todos la apedreasen en una ysla que se llamava Aúlid, que era aý cerca de Troya. E ende fue apedreada e dio el espíritu. E despés que así muerta, los griegos fizieron fazer para su cuerpo un alto e bien edificado monimento, adonde sepultado, el hedeficio e fábrica oy día paresce en aquel lugar. Entonces fue puesto nombre el lugar Infiesto, el qual nonbre a la sazón de agora tienen acerca de todos por memoria de tan gloriosa reýna Écuba» (pp. 321-322).

338 *horizones*: 'horizontes', como en la contestación del propio Guillén a una pregunta a Gómez Manrique: «Si los polos y orizones / obran por costelaçión / y las altas ynprisiones, / segund sus operaçiones / no sufren varïaçión» (Gómez Manrique, *Cancionero*, p. 226). El verso viene a significar que 'se escuchan la voces de los que caen en el campo de batalla'.

y grandes imensas   de muchas naciones
a la diestra parte   del campo ayuntados.   340
Vi los cercadores   y vi los cercados
temer el juïcio   de una grand diesa,
la cual una rueda   volver nunca cesa,
trocando las sillas   a todos estados.

44 Estaba sentada   en alta cadira,   345
    en trono sublime   de grand cadahalso,
    asiento dudoso,   movible, muy falso,
    que presto se pone   y presto se tira.
    Con falsas dos caras   a todos mira,
    la una es alegre,   la otra muy triste;   350
    fengidos colores   se cubre y se viste,
    do piensan tenella,   más presto se gira.

45 Y hasta en la paz   revuelve pelea,
    al sabio resiste,   al torpe endereza.
    Verás en qué […]   está su cabeza,   355
    que muy sotil aire   la vuelve y rodea.
    Al rico abastado   con muerte saltea
    y al pobre mezquino   alarga su vida,
    destruye sin orden   y da sin medida,
    non cata ninguno   por grande que sea.   360

---

339 *imensas:* 'muchedumbres'. Dado el contexto sintáctico, la palabra parece funcionar como sustantivo.

340 *campo:* 'campo de batalla'; *ayuntados:* 'reunidos'.

341 *cercadores:* 'los que asedian una ciudad', en este caso Troya. El verso imita una estructura de Juan de Mena: «De los que demuestran y de los demostrados» (*Laberinto de Fortuna*, p. 225).

342 *diesa:* 'diosa', en referencia a la Fortuna, cuya rueda está en permanente movimiento.

344 *trocando las sillas:* 'alterando el lugar o la situación' de las personas; *estados:* 'condiciones, circunstancias', pero también 'estamento, clase social'.

345 *cadira:* 'trono, asiento con respaldo', como en la *Crónica troyana:* «E desque el rey Príamo ovo acabado de yantar, asentose en su real cadira» (p. 164).

346 *sublime:* 'elevado'; *cadahalso:* 'cadalso, estrado, tablado'.

348 *se tira:* 'se cae, se derrumba'.

350 Así lo repetía años después Pedro Luis Sanz: «Fortuna tiene dos caras, / y quien no vio sino una / no vio cierto ninguna» (*Trezientos proverbios,* fol. BIIr).

351 *fengidos:* 'fingidos, falso'.

352 *do piensan tenella:* 'donde creen que van a retenerla'.

353 *revuelve:* 'promueve, provoca'.

357 *abastado:* 'abastecido, que dispone de muchas cosas'; *saltea:* 'asalta'.

358 *mezquino:* 'miserable, desgraciado'.

360 *non cata ninguno:* 'no respeta, no tiene miramientos con ninguno'.

46   Aquesta sostiene   a los lisonjeros
      y aprueba sus dichos   en sus opiniones,
      reparte los bienes   y las posesiones
      de los naturales   por los extranjeros;
      por esta verás   algunos groseros   365
      mandar y regir   segund que jüeces,
      verás sublimados   los hombres süeces
      y a muchos sin manos   contando dineros.

47   Bultos muy grandes   compone de barro,
      los fechos desface   sin facer exceso,   370
      de justas querellas   enllena el proceso
      la torpe codicia   tirando su carro.
      Así ha corrido   al pueblo navarro
      que vuelven sus quejas   en vivo clamor.
      Tal tiempo contrario   me engendra temor,   375
      maguer que con cuerdas   mis fustas amarro.

48   Muy triste mirando   la contradición
      que pone Fortuna   a todo buen medio,
      de los que caídos   ya vi sin remedio
      moviome mi vista   a grand compasión;   380
      pues caso que quiera   facer relación
      de gentes estrañas   non basta mi pluma,

---

366 *segund que jueces:* 'como si fueran jueces'.

367 *sueces:* 'soeces, viles'.

368 Se trata de una imagen satírica del mundo al revés que ya aparecía en Juan Ruiz: «Mucho faz el dinero, e mucho es de amar: / al torpe faze bueno, e omne de prestar, / faze correr al coxo et al mudo fablar; / el que non tiene manos dineros quiere tomar» (*Libro de Buen Amor,* p. 128); o en Juan de Mena: «Buenos nos faces llamar los viciosos, / notar los crüeles por muy pïadosos / e los pïadosos por mucho crüeles» (*Laberinto de Fortuna,* p. 208).

369 *bultos:* 'cuerpos'; *de barro:* 'sin consistencia'.

370 *desface:* 'deshace'.

371 *enllena:* 'llena'.

372 *torpe:* 'deshonesta'. Ha de entenderse que la codicia es la verdadera causa del caos que genera la Fortuna.

373 *corrido:* 'perseguido, castigado'. Alude a la grave situación que vivía la Corona de Navarra tras la muerte del príncipe de Viana en 1461, los conflictos entre Navarra, Aragón y Francia y el enfrentamiento entre los bandos beaumontés y agramontés. Véase, al respecto, Igal Abendaño (2022) y Tamburri Bariain y Mugueta Moreno (2001).

375 *tiempo contrario:* 'circunstancias adversas y dañinas', pero también 'tormenta marítima', de ahí la mención inmediata de las *fustas* o 'embarcaciones'.

382 *gentes estrañas:* 'extranjeros'.

de dos [...]   faré breve suma,
que vi maltratados   de nuestra nación.

49   Subido en el punto   del último grado,   385
     yo vi el condestable   después de maestre,
     mas luego, a la vuelta   del orbe terrestre,
     con los de justicia   lo vi degollado;
     y vi por la ronda   del cerco ganado
     a pasos contados   subir a la luna,   390
     mas, luego que quiso   adversa Fortuna,
     por tierras ajenas   mostró desterrado.

50   En esta grand rueda   vi que se volvían
     los que en vanidad   su tiempo despenden,   395
     de los que subían   y los que descienden
     los unos lloraban,   los otros reían;
     y a este bullicio   así se confían,
     teniendo por firme   lo bajo del suelo,
     que, no acatando   la lumbre del cielo,
     sus grandes misterios   muy poco sentían.   400

51   Estaba Bocacio   en este abditorio,
     las grandes caídas   escribe en registro;

---

383 *suma:* 'recopilación, resumen'. Se mencióna de manera expres a don Álvaro de Luna, pero la segunda alusión es genérica.

385 *grado:* 'nivel'.

386 Don Álvaro de Luna fue designado condestable de Castilla en 1423 y maestre de la Orden de Santiago en 1445, siendo decapitado en 1453.

387 *luego:* 'de inmediato'; *a la vuelta del orbe terrestre:* 'de un día para otro'.

388 *los de justicia:* 'los condenados por la justicia'.

389 Parece aludir al socorro que, en 1420, don Álvaro de Luna ofreció al rey Juan II para ayudarle a escapar del cautiverio en el que lo tenía el infante don Enrique de Aragón y al posterior levantamiento del cerco del castillo de Puebla de Montalbán, donde se había refugiado. Este acto fue el comienzo del ascenso político de don Álvaro. Como se apunta en el v. 392, los infantes de Aragón y la nobleza de Castilla consiguieron que el rey lo desterrara, en setiembre de 1427, aunque este castigo duraría menos de seis meses.

390 *a pasos contados:* 'siguiendo su curso'; *subir a la luna:* 'alcanzar los más altos reconocimientos y premios', en un juego de palabra entre el apellido Luna y el astro.

395 *despenden:* 'malgastan'.

398 *lo bajo del suelo:* 'el mundo material', que por su naturaleza es móvil e inestable.

399 *lumbre:* 'luz, conocimiento'. Ha de hacerse dialefa en «no acatando».

400 *sentían:* 'percibían, apreciaban'.

401 *abditorio:* 'auditorio, concurso de gente'.

402 *en registro:* 'como repertorio o catálogo'. Alude al *De casibus virorum illustrium* de Giovanni Boccaccio en la traducción castellana de López de Ayala, titulada *Cayda de príncipes*.

        el Dante persona   ser este un ministro
        por Dios enviado   de su consistorio,
        el cual representa   poder secutorio   405
        en todos los casos   del mundo presente,
        traspasa sus bienes   de setas en gente
        rompiendo las leyes   del grand abolorio.

52   De tales mudanzas   mi gesto turbado,
        ya que quería   seguir mi vereda,   410
        mirando más alto,   vi sobre la rueda
        en muy rica silla   un noble perlado.
        Estaba en lo firme   muy bien colocado.
        Notar su pureza   non busca mi seso.
        Siete doncellas   lo tienen en peso,   415
        de sus propias obras   el manto bordado.

PRUDENCIA

53   Prudencia le face   vivir por razón
        y en todo lugar   le face ser uno;
        al tiempo se presta   con él de consuno,
        promete y aprueba   con delibración.   420
        Del curso pasado   tomando lición,
        los actos presentes   con seso los lima,

---

403 Aunque el verso está claramente deturpado, se entiende que Dante Alighieri aparece como ministro o enviado de Dios

404 *consitorio:* 'tribunal, consejo'.

405 *secutorio:* 'con poder para ejecutar la leyes', ya que en la *Comedia* dantesca se señala a los condenados al Infierno o al Purgatorio.

407 *setas:* 'sectas'; *en gente:* 'entre todo el mundo'.

408 *abolorio:* 'abolengo familiar'.

409 *gesto:* 'rostro'.

414 *notar:* 'censurar, criticar'.

415 *lo tienen en peso:* 'lo sostienen'. Las siete doncellas, como se verá de inmediato, son las siete virtudes cardinales.

416 Entiéndase que el manto que cubría al prelado tenía bordadas sus propias acciones y obras.

418 *ser uno:* 'ser igual a sí mismo, ser siempre el mismo'.

419 *de consuno:* 'conjuntamente'.

420 *delibración:* 'deliberación, examen'.

421 *del curso pasado tomando lición:* 'aprendiendo de las cosas previamente sucedidas'.

422 *lima:* 'perfecciona con juicio'.

la cosa pequeña   por grande la estima,
a lo venidero   habiendo intención.

MANANIDAD

54   La magnanidad   le face inquirir   425
     el bien soberano   con ánimo fuerte,
     y tiene tal fucia   que natural muerte
     será, cuando venga,   su propio vivir.
     Sin que ante amoneste,   no quiere ferir,
     mas ha por venganza   poderse vengar,   430
     procura en oculto   y en todo lugar
     en antes que a otro   a sí resistir.

CONTINENCIA

55   Con grand continencia   así se refrena
     que no pasa punto   allende natura,

---

424 *habiendo intención:* 'atendiendo, poniendo su interés'. La descripción de las cuatro primeras virtudes —Prudencia, Magnanimidad, Continencia y Justicia— sigue muy de cerca el *Libro de las cuatro virtudes,* traducción del tratado *Formula vitae honestae* de Martín de Braga, realizada por Alfonso de Cartagena, cuya autoría se atribuyó a Séneca y que en el siglo XV se transmitió dentro del corpus de textos senequianos. Además de atenerse al orden de presentación de esas cuatro virtudes, los versos imitan a la letra o reescriben algunas de las sentencias contenidas en este tratado: v. 417 «Pues qualquier que prudençia seguir deseas, estonçes por razón derecha bevirás»; v. 418 «Si la prudençia abraças, uno mesmo serás donde quier»; v. 419 «según la variedad de las cosas e tiempo requiere, así te prestes al tiempo»; v. 420 «Con deliberación promete, más lleneramente que prometieres si da presta»; vv. 421-422 «Si prudente es tu ánimo, sea en tres tiempos dispensado: lo presente ordena, lo venidero provee, lo pasado recuerda»; v. 423 «El consejo de los sabios, de las cosas abiertas piensa escuras, de las pequeñas grandes»; y v. 424 «Si prudente ser deseas, ave a lo venidero entinçión» (*Libro de las cuatro virtudes,* pp. 26, 27 y 29).

427 *fucia:* 'confianza'.

429 *amoneste:* 'advierta, prevenga'.

430 El mismo verso se repite en la *Obra compuesta:* «Ha por venganza poderse vengar» (v. 1503), dando a entender que el arzobispo tenía por suficiente la posibilidad de la venganza sin que nunca llegase a ejecutarla.

432 *resistir:* 'dominarse a sí mismo', pues evita hacer alarde público de sus acciones. También para la magnanimidad se atuvo Guillén al tratado atribuido a Séneca: vv. 425-428 «Magnanimidad, que fortaleza es dicha, si en tu ánimo fuere, con grande fiuzia bevirás libre e alegre. Grand cosa del ánimo humano es retener, mas para sí estar e el fin de la vida non dubdoso esperar»; y v. 429 «Manifiesto acometas»; y v. 430 «Del enemigo dirás: "Non dañó a mí, mas ovo coraçón de dañar", e quando lo en tu poderío vieres, pensarás ser vengança averte podido vengar» (*Libro de las cuatro virtudes,* pp. 29 y 30).

434 *no pasa punto allende natura:* 'no hace nada más allá de lo imprescindible conforme a lo que la naturaleza pide', siguiendo así la máxima estoica de *Vivere secundum naturam.*

mas vive en tal orden,   sojeto a mesura,   435
que las demasías   estriñe y cercena;
y bien como el cuerpo   corrige y ordena
con tal modestia   y reglas tan dinas,
así face el ánima   con obras divinas,
celando la vida   de gloria más llena.   440

JUSTICIA

56   Justicia le face   por su salvación
aquel Dios eterno   amar sobre todo,
justicia le face,   siguiendo tal modo,
de los dañadores   haber compasión,
justicia le face   con buen galardón   445
suplir lo que es bueno,   pugnir lo perverso.
De aquella atadura   del gran universo
procede su nombre,   muy justo varón.

FE

57   La fe le consiente   gozar de victoria,
dol pone batalla   la carne y el mundo,   450

---

435 *mesura:* 'moderación, templanza'.

436 *demasías:* 'excesos'; *estriñe*: 'limita'.

438 *dinas:* 'dignas'.

440 *celando:* 'cuidando, atendiendo'. Para la continencia se toman varias ideas del pseudo-Séneca: vv. 433-434 «Piensa contigo quanto la natura demande»; v. 436 «Continençia si deseas, çerçena lo sobrado e en angosto los tus deseos estriñe»; y vv. 437-440 «E así, casi a enxemplar divino, en tu composiçión del cuerpo te presura traer para el ánima quanto tú pudieres» (*Libro de las cuatro virtudes,* pp. 30 y 31).

444 *dañadores:* 'que hacen dones o regalos'.

446 *pugnir:* 'punir, castigar'.

448 *nombre:* 'fama' de persona justa. También en la justicia se sigue, aunque en menor medida, el *Libro de las cuatro virtudes:* vv. 441-442 «Qualquier que la seguir desea, estonçe primero ama para que seas amado de Dios. Amarás a Dios si le en esto paresçieres, que quieras a todos aprovechar, que quieras dañar a ninguno, e estonçe varón justo te llamarán»; y vv. 443-444 «Justo si fueres, non solamente non dapñarás, mas aun vedarás dañadores» (p. 34). Por su parte, en la *Obra de Pedro Guillén demandado un consejo a un su amigo sobre su vida* se describe la Justicia en los siguientes términos: «Aquesta nos purifica / en nuestra congregación; / es de tanta perfección / como Tulio certifica, / que quien a ella suplica / y sojuzga las cervices / su gloria face radices, / mucho crece y multiplica. / Esta puebla monarquías, / face bien quistos los reyes, / conserba las justas leyes / con las grandes pulecías; / non consiente demasías, / anubla cavilaciones; / destruyendo contenciones, / pacifica las porfías. / Esta tiene abtoridad / con que la vida compone, / esta sola nos dispone / en el curso de igualdad, / en punir la iniquidad, / en el premio de los buenos. / No quiere con más o menos / corromper la cantidad» (*Obra poética,* p. 139).

450 *dol:* 'donde le'.

la fe le consiente   facer lo segundo
aquella limosna   que es más meritoria.
Con fe resplandece   su clara memoria,
seguiendo la vía   del santo Agostino,
creyendo que el sacro   misterio divino   455
a quien lo conosce   permite su gloria.

CARIDAD

58 La grand caridad   en este se encierra
    y en él toda cabe,   por cierto, no dudo.
    Farta el fambriento   y viste al desnudo,
    vesita al enfermo,   los muertos entierra.   460
    Ha simplicidad   que sin mirar yerra,
    no contemplando   de lejos su yerro,
    la muerte relieva   con breve destierro,
    plantando del cielo   virtud en la tierra.

ESPERANZA

59 Con gran esperanza   de los divinales   465
    premios eternos   de tal certidumbre,
    así ha traído   virtud en costumbre
    que ya sus efectos   le son naturales.
    Las santas dotrinas,   virtudes morales,
    así las sojuzga   y tiene su mano   470
    que, con esperanza   del bien soberano,
    desprecia los bienes   que son temporales.

---

454 'siguiendo el ejemplo de san Agustín'.
    460 Se enumeran cuatro entre las obras de caridad: dar de comer al hambriento, vestir al desnudo, visitar al enfermo y enterrar a los difuntos.
    462 'sin evitar los propios errores'.
    463 *relieva:* 'perdona'.
    464 *plantando:* 'fundando, estableciendo'.
    467 *así ha traído virtud en costumbre:* 'hasta tal punto ha practicado la virtud como costumbre propia'.
    470 *sojuzga:* 'domina'.

COMPARACIÓN

60   Bien como del cielo   la mayor estrella
       aqueste perlado   los ciegos alumbra,
       resiste los vicios,   virtud acostumbra,   475
       costriñe malicia   allí do revella.
       Cualquiera que   viene con justa querella
       impide la cabsa   que más le fatiga,
       así que sostiene,   repara y abriga
       a cuantos Fortuna   por suelo refuella.   480

SUS ARMAS

61   A su diestra parte   vi estar un castillo,
       luciente, bruñido,   de muy fino oro;
       contiene gran copia   de rico tesoro,
       de honor y de fama   notable cabdillo.
       Maguer sea fuerte   no cata homecillo;   485
       de azul parescía   su grand finestraje.
       Es flor y cabeza   del claro linaje
       que es intitulado   de Acuña y Carrillo.

62   Y vi sobre todo   la que es muy erguida,
       así como cuando   lo vi en Talavera,   490
       y estando traspuesto,   pensando quién era,
       oí una voz   del cielo venida,

---

474 *alumbra:* 'da luz y vista'.

476 *costriñe:* 'limita, coarta'; *revella:* 'revela, se manifiesta'.

478 *impide la cabsa:* 'estorba, reprime la causa'; *fatiga:* 'agobia, preocupa'.

480 *resfuella:* 'pisotea'.

482 Describe el escudo de armas del arzobispo, que consistía en un castillo de oro con ventanas azules sobre fondo de gules. Así lo describía Guillén en la *Obra compuesta:* «Aquel que lumina con fe nuestra gente / y tiene por armas dorado castillo, / aquel que intitula su nombre Carrillo» (vv. 437-439), y luego en el proemio a *La Gaya Ciencia:* «Señas del dorado castillo de azul finestrado, armas viturio-sas de los antiguos y nobles títulos de Acuña y Carrillo» (*Consonantes,* 45).

483 *copia:* 'abundancia'.

485 *no cata homecillo:* 'no contempla la opción del crimen'.

486 *finestraje:* 'ventanales'.

487 *flor:* 'lo mejor y más escogido'.

488 Se trata de las dos ramas familiares del don Alfonso; cfr. Ortega Cervigón (2006).

la cual le decía: «Por tu santa vida,
a Roma será   movida muy cedo
la silla que tienes   ya puesta en Toledo,   495
ca fue tu persona   por Dios elegida».

PROSIGUE

63   A aqueste perlado   de tanta valía,
ya bien conocido   por estas señales,
yo fice proceso   de todos mis males
por regla y consejo   de Filosofía;   500
el cual puse en mano   de su señoría,
mostrando mi cabsa   asaz copïosa;
saqué del secreto   mi vida dudosa
y supo mi mengua   quien no la sabía.

64   Y estando leyendo   la noble persona   505
mis grandes trabajos   por mi petición,
buscó grand rodeo   de contradición
que este ministro   que el […] pregona
mezcló tal hazaña   por do Barcelona
quesiese a su rey   quitar de la silla;   510
quebró la hermandad   de Francia y Castilla
y fizo las vistas   de cerca Bayona.

---

494 *cedo:* 'rápidamente'. El supuesto anuncio lo señala como futuro pontífice romano. El poeta se presenta como testigo de la prodigiosa profecía sucedida, al parecer, en Talavera de la Reina, villa perteneciente a la actual provincia de Toledo.

499 *fice proceso:* 'relaté, hice relación'.

500 Alude a la primera suplicación, en la que la Filosofía le recomienda dirigir su solicitud al arzobispo: «Aqueste te puede también corregir / que tengas en poco las tribulaciones / y darte consejo de honesto vevir / con los pungimientos de sus conclusiones; / aqueste te puede dotar posisiones / do puedas tal renta tener conocida, / con que se sustente la mísera vida / y cese la cabsa de tus afliciones» (vv. 393-400).

502 *asaz copiosa:* 'excesiva, demasiado extensa'.

503 *dudosa:* 'incierta, dificultosa'.

504 *mengua:* 'pobreza, necesidad'.

507 *rodeo:* 'modo indirecto'; *contradición:* 'antagonismo, daño'.

508 Aun estando el verso incompleto, cabe deducir que el *ministro* ha de ser la Fortuna, pues todas las que siguen a continuación son obras negativas. Debe hacerse dialefa en «que este» para respetar la métrica.

509 *mezcló:* 'enredó, generó conflicto'. Entre 1462 y 1463, Cataluña quiso separarse de Aragón y pasar a la Corona de Castilla, entonces en manos de Enrique IV de Trastámara; véase Calderón Ortega (2014).

512 *vistas:* 'reunión'. También entre 1462 y 1463 hubo un choque entre los ejércitos franceses y castellanos en Navarra, que terminó en tregua en enero de 1463, y el encuentro con Luis XI de Francia en Bayona; cfr. Sitges (1912: 84-85 y 103-105) y Cummins (1973: 18).

65   De nuestro sosiego   y tranquilidad,
     siguiendo su curso,   quitó la concordia,
     mezcló tantos males   y tanta discordia   515
     que puso los regnos   en necesidad;
     y fizo que Estella   con su merindad,
     arenas de guerra,   sus torres y andenes,
     por donde Aragón   nos diese en rehenes
     a su ínclita reina   por seguridad.   520

66   Otros entalles   tentó voluntarios,
     como quien pasa   [...] y florea,

---

516 *regnos:* 'reinos'; *necesidad:* 'pobreza'.

517 *merindad:* 'territorio', ya que el reino de Navarra se dividía en merindades. Juan II de Aragón y Enrique IV de Castilla aceptaron el arbitraje de Luis XI de Francia para alcanzar un acuerdo de paz por el que la merindad de Estella pasaba a poder del reino de Castilla; así se establecía en el apartado quinto de la «Sentencia compromisaria dada por el rey de Francia Luis XI sobre las diferencias que mediaban entre los de Castilla y Aragón don Enrique IV y don Juan II», dada en Bayona a 23 de abril de 1463: «Item ordenamos e declaramos e determinamos, que demás de las cosas sobredichas el dicho Rey de Castilla aya por sí o por aquellos que le plaserá el logar e villa de Estella con sus fortalesas e las villas e logares e fortalesas e tierras que son de la merindad de la dicha Estella, que es en el dicho regno de Navarra; de manera que la dicha merindad quede para sí e de sus regnos anexa a la grand soberanidad destos perpetuamente, e se otorgará al dicho rey de Aragón e todas las otras personas a quien de fecho e de derecho el dicho regno de Navarra pertenesce; e sobresto que dará todas las escripturas e contractos que serán nescesarias al dicho rey de Castilla, e quel dicho rey de Castilla jure de guardar los previllejos, usos e costumbres é libertades»; véase Fita Colomé y Bonilla San Martín, 1913: 281, también Torres Fontes (1953) y Lacarra y de Miguel (1975: 243).

518 *arenas:* 'territorios'; *andenes:* 'protecciones'.

520 *en rehenes:* 'como rehenes'; *seguridad:* 'garantía'. Como parte del acuerdo entre Aragón y Castilla se determinó que doña Juana Enríquez (1425-1468), esposa de Juan II de Aragón, y su hija quedaran bajo la tutela de don Alfonso Carrillo hasta la entrega definitiva de Estella. A ello se refiere la «Capitulación entre el rey don Enrique IV de la una parte y el rey y reina de Aragón de la otra, sobre la villa y merindad de Estella, que el rey de Francia por sentencia arbitraria declaró que se entregase al de Castilla», firmada en Madrid a 21 de marzo de 1464: «Fasta ser entregada la posesión de la dicha villa de Estella con sus fortalesas al dicho senyor rey de Castilla fue acordado que la senyora reyna de Aragón e la senyora infanta, su fija, estoviesen en poder del muy reverendo in Cristo padre don Alfonso Carrillo, arzobispo de Toledo, primado de las Españas, chanciller mayor de Castilla» (Fita Colomé y Bonilla San Martín, 1913: 296), y se reiteraba en la «Cédula del rey don Enrique IV confirmando la carta y sobrecarta que inserta del rey de Aragón don Juan II y doña Juana Enríquez, su muger, por las que le conceden la villa de Casarrubios y otras prendas hasta entregarle la de Estella y su jurisdicción», dada en Madrid a 10 de julio del mismo año: «Fue acordado que fasta me ser entregada la dicha villa de Estella e sus fortalezas la dicha reina de Aragón e la Infante, su fija, estoviesen en rehenes en poder del muy reverendo padre in Cristo arzobispo de Toledo, las quales estovieron mucho tiempo en poder del dicho arzobispo en la fortaleza de la Raga e en otras partes, e la dicha villa de Estella e sus fortalesas e otras cosas a ella anejas e pertenescientes non me se daban e entregaban por el dicho rey de Aragón, según era obligado» (Fita Colomé y Bonilla San Martín, 1913: 312).

521 *entalles:* 'obras'.

522 *florea:* 'acomete con la punta de la espada'.

          entre nos mismos   volviendo pelea,
          con abtos dudosos,   no tanto sumarios.
          La uña y la carne   nos muestra contrarios,   525
          ya tanto que muchos   presumen cabtela;
          al tiempo que el pueblo   más daño recela,
          vuelven concordes   los más adversarios.

67   Y quiso que en actos   tan dinos de gloria
          por dinos consejos,   por justa osadía,   530
          en armas y tratos   de gran pulecía,
          aqueste perlado   nos diese victoria,
          poniendo a Castilla   corona notoria,
          servida de fama   con tales esmaltes
          que, aunque en tu voto,   Fortuna, nos faltes,   535
          será siempre dina   de dar en memoria.

68   Estando aquel punto   que suso declaro,
          la noble persona   por su grand virtud
          de aquella corona   de grand celsitud,
          del rey de Castilla,   del príncipe claro,   540
          le vino mensaje,   el cual yo comparo
          a aquel que anunció   el parto de Sarra,
          y puesto por obra,   partiose a Navarra,
          dejando con priesa   mi mal sin reparo.

69   No sé si por curso,   por arte o por maña,   545
          yo vi de la gente   el campo vacío,
          y vi que la diesa,   mostrando gran brío,

---

523 *nos mismos:* 'nosotros mismos', en alusión a la guerra civil en Castilla.
524 *dudosos:* 'problemáticos moralmente'; *sumarios:* 'enjuiciables desde un punto de vista legal'.
526 *presumen cabtela:* 'suponen que hay astucia y voluntad de engaño'.
528 *recela:* 'teme'.
531 *pulecía:* 'buen gobierno político'.
534 *esmaltes:* 'lustres, adornos'.
535 *voto:* 'apoyo'; *nos faltes:* 'nos quites'.
537 *suso:* 'arriba'.
539 *celsitud:* 'excelsitud, grandeza'.
540 Se refiere a Enrique IV, rey de Castilla entre 1454 y 1474.
542 *Sarra* es Sara, la mujer de Abraham, que quedó embarazada milagrosamente y dio a luz a muy avanzada edad, según se relata en el *Génesis* 21, 1-3. La comparación se basa en el carácter milagroso de la designación del arzobispo Carrillo como embajador para las visitas con el rey de Francia en Bayona.
544 *reparo:* 'solución'.
545 *por curso:* 'por el suceso natural del tiempo y las cosas'; *por arte:* 'por astucia, a propósito'.

movió de camino   la vía de España.
Y desque así solo   me vi en tierra estraña,
mirando las vueltas   que el mundo procura,   550
loé la paciencia   y vida segura
que fizo Amiclate   en pobre cabaña.

70   Non sufre razón   decir quánd aína
las torres más altas   vi hechas un lago;
turbose mi seso   en ver tal estrago   555
y tove por nada   la vida mezquina.
Yo que buscaba   bordón y esclavina
con que saliese   de tierra extranjera,
bien cerca del lago   y nueva ribera
tomome en su seno   la fusta taurina.   560

71   Y estando espantado   de tal entremés,
habiendo respeto   al robo de Europa,
los vientos contrarios   me daban en popa,
los aires más vivos   me dan de través,
Ventura y Fortuna   mostrando el revés,   565
falleme en Segovia   con sobra de enojos,
cansado de […],   con turbios antojos,
bien cerca las casas   del noble marqués.

---

548 'se dirigió hacia España'. La *diesa* o diosa es la Fortuna.

552 *Amiclate* o Amiclas era el piloto que conducía a César en una barca que viajaba rumbo a Italia en medio de una terrible tormenta, conforme refiere Lucano en la *Farsalia* V, 515-677, en la que se ensalza la tranquilidad y el sosiego de su existencia. También lo recordó Juan de Mena: «La trémula casa, humil en bajeza, / de Amiclas el pobre muy poco temía / la mano del César que el mundo regía, / maguer que llamase con grand fortaleza» (*Laberinto de Fortuna*, p. 268).

553 *non sufre razón*: 'no resulta creíble'; *aína*: 'rápida y fácilmente'. En la visión del poeta todo se inunda y se convierte repentinamente en agua.

557 *bordón*: 'bastón'; *esclavina*: 'capa corte'. Era prenda propias de los viajeros y peregrinos.

560 *fusta taurina*: 'nave ligera en forma de toro', en alusión al toro blanco, bajo cuya forma Júpiter raptó a Europa y la llevó nadando a Creta. Según Heródoto, fue, en realidad, secuestrada por unos marineros en un barco con un toro pintado. La fórmula procede de Juan de Mena: «Vi más aquella que Europa dijeron, / de la que robada en la taurina fusta» (*Laberinto de Fortuna*, p. 184).

561 *entremés*: 'representación teatral breve'.

562 *habiendo respeto:* 'teniendo en consideración'.

564 Todos los vientos azotaban de manera adversa y dificultaban la navegación.

565 *mostrando el revés:* 'ofreciendo su lado negativo'.

566 *con sobra:* 'con exceso'.

568 No he podido identificar tales casas. La Casa de las Cadenas, referente en la Segovia del siglo xv, perteneció a los marqueses de Moya, aunque tal marquesado no se constituyó hasta1480.

72   Estando así triste,   con poca alegría,
      pensando mis daños,   mis cuitas y males,   570
      falleme en mi falda   doscientos reales,
      conque me pensaba   pasar algún día;
      mas, como de ante   prestado comía,
      por no los perder,   queriendo escondellos,
      vi tantas manos   y priesa sobre ellos   575
      que luego sentí   mi falda vacía.

            DIRIGE LA FABLA AL SEÑOR ARZOBISPO

73   Por ende, monarca,   señor valeroso,
      pues obras y famas   publican de vos
      ser firme colupna   del templo de Dios
      por grand beneficio   de ser virtuoso,   580
      pues vedes mi mengua   y mal criminoso,
      que tanto mi honrra   por suelo derriba,
      poné tal remedio   que presto reciba
      mi cuerpo salud   y el alma reposo.

74   Maguera que el mundo   me dio justo pago   585
      por mi rebeldía   y grand contumacia,
      faced que se loe   mi simple legacia,
      favor me levante   de aquel donde yago;
      y por que amenace   do agora falago
      y más no procure   volver al infierno,   590
      nombradme do haya   mi justo gobierno
      en mundo tan grande   de tanto trafago.

75   La gracia del don   no pienso que yace
      en dar mano llena   con delibración;

---

572 *pasar algún día:* 'sobrevivir algún tiempo'.
576 Ha de entenderse que se vio obligado a utilizar el dinero para el pago de las deudas contraídas.
577 *monarca:* 'príncipe', en este caso de la Iglesia.
581 *criminoso:* 'culpable'.
583 *poné:* 'poned'.
585 *maguera:* 'maguer, aunque'.
587 *legacia:* 'mensaje, solicitud'.
588 *yago:* 'yazco, estoy sumido'.
589 *falago:* 'halago, alabo'.
592 *trafago:* 'tráfago, ajetreo'.
594 *dar mano llena:* 'dar a manos llenas'.

lo poco ofrecido   con buena intención   595
al sumo maestro   notorio complace.
Aquel beneficio   no bien satisface
que en muchos lugares   mostrándose anda;
saliendo al encuentro   de aquel que demanda,
se dobla la gracia   del don que se face.   600

76   En casos semblantes,   segund que leemos
del gran Alixandre   y rey Antigono,
el medio se puso   en más alto trono,
maguer partiscipe   con amos extremos;
pues esta tal obra,   si bien discernemos,   605
se falla y asiste   en ánimo puro;
quien verse desea   en puerto seguro
en medio del lago   no suelte los remos.

76   Non puede negar   en esto ninguno
la grand caridad   seguir su virtud,   610
pues dar donde cabe   es propia salud
y Dios nos promete   dar ciento por uno.
Seguid el enxiemplo,   que es bien oportuno,
de Melquisedec   al padre Abrahan,
que yo muchas veces,   por mengua de pan,   615
me acuesto temprano,   diciendo que ayuno.

---

596 El *sumo maestro* es Cristo.

601 *semblantes:* 'semejantes'.

602 Alixandre, Alejandro Magno, fue emblema de la liberalidad y aun del dispendio, como luego lo fue su sucesor Antígono I Monóftalmos, aquí con acentuación llana.

603 *medio:* 'remedio'.

604 *amos extremos:* 'ambos extremos', la liberalidad y la prodigalidad excesiva.

605 *discernemos:* 'discernimos, consideramos'.

612 *Mateo* 19, 29: «Et omnis qui reliquerit domum, vel fratres, aut sorores, aut patrem, aut matrem, aut uxorem, aut filios, aut agros propter nomen meum, centuplum accipiet, et vitam aeternam possidebit»; 'Y cualquiera que dejare casa, o hermanos, o hermanas, o padre, o madre, o mujer, o hijos, o tierras, por mi nombre, recibirá ciento por uno, poseerá la vida eterna'.

614 *Génesis* 14:18-20: «At vero Melchisedech rex Salem, proferens panem et vinum, erat enim sacerdos Dei altissimi, benedixit ei, et ait: Benedictus Abram Deo excelso, qui creavit caelum et terram: et benedictus Deus excelsus, quo protegente, hostes in manibus tuis sunt. Et dedit ei decimas ex omnibus»; 'Mas Melchisedech, rey de Salém, presentando pan y vino, porque era sacerdote del Dios altísimo, bendíjole, y dijo: Bendito Abrám del Dios excelso, que crio el cielo y la tierra. Y bendito el Dios excelso, con cuya protección los enemigos están en tus manos. Y diole diezmo de todo'.

616 Fingiendo así la falta de alimentos y el hambre, como hace el escudero en el tratado tercero del *Lazarillo de Tormes.*

78   Mis versos se aprueban   y son verdaderos
      con vuestros motivos   y efectos humanos,
      que, porque traedes   los bienes mundanos
      así como ajenos   y fallecederos,   620
      Dios vos ha dado   manantes mineros
      que manan abondo   de todos metales;
      así veredes la gloria   de los divinales
      premios eternos   que son duraderos.

79   Por tanto, muy noble,   si a Pedro Guillén   625
      redrades la mengua   de tal vituperio,
      habiendo respeto   al sacro misterio
      del santo cordero   nacido en Belén,
      aquel que en la cerca   habló con Moisén,
      mayor indulgencia,   señor, vos daría   630
      que yendo descalzo   a pie en romería
      al templo muy santo   de Jerusalén.

PROTESTACIÓN

80   Si se reprobara   por defectuosa
      aquesta invención,   segund sus tenores,
      mediante la obra   de aquellos autores   635
      que esconden el testo   y muestran la glosa,
      por que esta tal fabla   no quede dudosa
      y vuestra merced   se bien certifique,

---

620 *fallecederos:* 'falibles y pasajeros'.

621 *mineros:* 'fuentes'.

622 *abondo:* 'abundancia, gran cantidad'.

623 El verso es hipermétrico, probablemente por mala transmisión de su primer hemistiquio.

626 *redrades:* 'apartáis, quitáis de'.

628 Se trata del misterio de la encarnación de Cristo.

629 *cerca:* 'vallado o muro con el que se marca un territorio', aludiendo a la instrucción que Dios le da a Moisén o Moisés en el libro del *Éxodo* 19, 23: «Pone terminos circa montem, et sanctifica illum», 'Señala límites alrededor del monte y santifícalo'.

630 *indulgencia:* 'perdón, exculpación'.

631 *romería:* 'peregrinación'.

636 'ocultan las verdad detrás de palabras abundosas e impertinentes'. Formulaciones parejas se encuentran en la primera suplicación: «Dejando las fablas ya tan dilatorias, / que fingen colores en contra del testo» (vv. 449-450), en la tercera: «non querremos facer cosa / que es contraria de verdad, / por el testo dando glosa» (vv. 86-88), y en la *Obra compuesta:* «Las cosas que alaba, si bien las porfía / con versos pintados de aquellos que glosan» (vv. 417-418) o «non como otros que el texto glosaban / con tanta lisonja que non sé decilla» (vv. 1101-1102).

discerna los metros   el sabio Manrique,
doctor [...],   apunte la prosa.   640

81   Tomando el intento   de mi proceder,
     maguer que no sepa   mis males por somo,
     a vuestra merced   suplico que el romo
     declare asímismo   su buen parecer;
     que, si la paciencia   en gran menester   645
     nos es pedida   mostrar su virtud
     y con la riqueza   se gana salud
     del cuerpo y del alma,   bien es el tener.

82   Pues no desagrade   mi fabla tan luenga,
     si a tales defectos   miseria convida,   650
     que Dios vos aluengue   la honra y la vida,
     ensalce el estado   y en bien os mantenga.
     Ponedme remedio,   aquel que convenga,
     porque en sosiego   mis canas aloje,
     de cuitas y males   así me despoje   655
     que por mucho rico   y alegre me tenga.

                          FIN

83   Notado el proceso   y vista la arenga,
     maguer a quien dan   es yerro si escoge,
     por que tantas veces   no pida y enoje,
     mandadme dar junto   con que me sostenga.   660

---

639 Como en el caso de la primera suplicación, remite el juicio sobre el decir al conocimiento poético de Gómez Manrique: «Con grandes gemidos convién que suplique / que guarde la vida al sabio Manrique, / que de esta cïencia sostiene la cumbre» (vv. 68-70).

642 *por somo:* 'hasta el punto máximo'.

644 *romo:* 'poco agudo'. Parece apuntar que también aceptaría el juicio que sobre su poema pudieran hacer personas de poco entendimiento.

646 'se nos pide que mostremos la virtud de la paciencia'

648 *bien es el tener:* 'poseer riquezas es algo bueno'.

651 *aluengue:* 'alargue, aumente'.

654 *mis canas aloje:* 'mi vejez ampare'.

656 *mucho:* 'muy'.

658 'aunque el que recibe algo no debe escoger, sino aceptar lo que le dan'.

660 *mandadme dar junto:* 'dad orden de que me den juntamente y de una vez'; *me sostenga:* 'me sustente, pueda vivir'. Al final del texto, en el manuscrito se anota: «Del Cancionero manuscrito de Pero Guillén de la Librería de Cámara del Rey».

III

SUPLICACIÓN PARA EL MUY REVERENDO E MAGNÍFICO SEÑOR DON ALFONSO CARRILLO, ARZOBISPO DE TOLEDO, CERCA DE LA PAZ ET SOSIEGO QUE, EN ESTOS TIEMPOS DE TANTA TURBACIÓN, ES NESCESARIA, INTERPUESTA POR PEDRO GUILLÉN DE SEVILLA, MUY HOMIL SIERVO A SU SEÑORÍA

PRÓLOGO

[1] Habiendo por verdadera dotrina, muy magnífico señor, aquel dicho de Séneca do pone que las cosas bien proveídas non pueden ser subjetas al miedo;[1] también mirando como vuestra señoría ha querido ejercer e continuar aquella ciencia que se llama de la república,[2] posponiendo a la gobernación de ella su persona y estado magnífico, en la cual ninguno teme facer bien aquello que ha bien aprehendido; y como esta sea una materia tanto ardua y difusa que dudo aquel Vegecio,[3] investigador de la militar disciplina y componedor de batallas —aunque en esta nuestra edad se fallara y con sus términos,[4] con dulce elocuencia y pluma diligente, presuroso corriera—, poder con tiempo llegar al fin de aquella,[5] yo, indoto y insuficiente, hombre sin letras y non discípulo de aquel, muy homil siervo vuestro,[6] mitigado aquel temor que vuestra grandeza me pone con la osadía que vuestra virtud me da, osé escribir esta partecilla

---

[1] *proveídas:* 'administradas'. La cita procede de un *Tratado de la guerra* que, en la época, se atribuía a Séneca y estaba vinculado a Alonso de Cartagena: «Las cosas proveídas no suelen ser sujetas al miedo» (Cartagena, *Tratados militares,* p. 407).

[2] *república:* 'gobierno político de un reino', Castilla en este caso.

[3] Flavio Vegecio Renato, escritor romano del siglo IV, a quien se debe el tratado *De re militari* aquí aludido.

[4] *se fallara:* 'se hallara, se encontrara'; *términos:* 'capacidades'.

[5] *llegar al fin de aquella:* 'alcanzar el completo conocimiento de aquella materia'.

[6] *homil:* 'humilde'.

breve, por que vuestra señoría en la oír consiga aquello que Tulio nos amonesta, do dice que de todas partes deben sonar en nuestras orejas amonestaciones de virtud,[7] en que de todos lados debemos oír clamor de palabras buenas y honestas.

[2] Donde me paresció, serenísimo señor, debía tomar fundamento de aquella dotrina de Séneca, que dice: «A la muy buena virtud pertenesce cesar ante que fallezca»,[8] por que de aquel resulta y se recolige[9] que el virtuoso non debe facer en las cosas humanas cuanto puede, mas, queriendo ante corregir que condenar, fuir todo rigor en la difinición de justicia, abrazándose con la misericordia en la ejecución de la [...]; donde, venerabilísimo señor, mirando aquello a que nos sojuzga y obliga toda humanidad desde la caída de nuestro primero padre,[10] y no menos el vínculo o atamiento que nos liga y ata en natural debdo desde el criamiento de aquel,[11] todas las cosas son de probar ante que el fierro, como face el buen medico. Ca, como dice el santo Esidro en la *Sinónoma*,[12] «Mala justicia es no perdonar la flaqueza humana».[13]

[3] Pues, si a todos los estados de este bajo suelo esto pertenesce usar en mayor y muy mayor grado, a vuestra señoría conviene, así por vuestras heroicas virtudes como por la dinidad y grand perlacía y jurisdición eclesiástica,[14] so cuyas leyes non se falla poder correr el cuchillo de la temporal justicia,[15] mas corregir y castigar por piadosas exhortaciones, no fuyendo de aquella regla que la canónica dotrina permite contra aquellos que, non temerosos del bien infinito que es Dios, ocupan las preeminencias et imunidades de la

---

[7]   La cita de Cicerón está tomada de *La floresta de filósofos de varios dichos y sentencias políticas y morales,* en la sección: «Aquí comienzan algunos dichos de Tulio de *Oficios,* los oficios son obras virtuosas»: «Muy provechosa cosa es siempre en nuestras orejas sonar amonestamientos de virtud» (fol. 50r).

[8]   *fallezca:* 'desfallezca, flaquee'. La máxima se encuentra en la sección «Sentencias de diversos autores» de *La floresta de filósofos:* «A la muy buena verdad conviene desistir antes que fallezca» (fol. 135r).

[9]   *se recolige:* 'se deduce'.

[10]   *caída de nuestro primero padre:* 'pecado original de Adán'.

[11]   *debdo:* 'vínculo familiar'; *criamiento:* 'creación'.

[12]   San Esidro es san Isidoro de Sevilla, en forma que recogen autores contemporáneos como Alfonso Martínez de Toledo: «Sant Esidro en el libro de las *Ethimoligías,* dize que tomó nombre matrimonio de matrona» (*Arcipreste de Talavera,* p. 258); o Pedro Escavias: «E con gran deligençia fizo buscar los libros de los santos Padres porque se guardasen los estableçimientos que santi Esidro, arçobispo de Sevilla, fiziera» (*Repertorio de príncipes de España,* p. 92).

[13]   La cita, en efecto, procede de los *Synonyma de lamentatione animus peccatricis* de san Isidoro de Sevilla: «Impia iustitia est humana fragilitati non ignoscere» (col. 864).

[14]   *perlacía:* 'prelacía, dignidad de prelado'.

[15]   La autonomía de la justicia eclesiástica frente a la civil fue un importante caballo de batalla de don Alfonso Carrillo en el ejercicio de su arzobispado, que culmina en la celebración del concilio de Aranda de 1473. A este respecto se lee en el proemio a *La Gaya Ciencia:* «Lo cual vuestra muy magnífica presona siguiendo, se ha opuesto contra el poder temporal, que ha tentado y tienta robar y quitar las preheminencias, derechos e inmunidades de la Iglesia, por derribar y abajar su inica voluntad y desmoderada soberbia por municiones y piadosas exshortaciones, y aun quitándoles los beneficios y sacramentos que el estado seglar rescibe de la Iglesia» (*Consonantes,* 57). En torno a este concilio diocesano, véanse Ontoria Oquillas (1976) y Bonachía Hernando (2010).

Iglesia,[16] de la cual solo y protector vuestra señoría se falla. Ca, como dice Gregorio en el *Pastoral*: «Mucho está desacompañada la justicia sin la misericordia».[17]

[4] No menos es ajeno de la verdad tener presas las orejas a las compuestas y fengidas palabras que traen el veneno escondido so la lengua, creyendo de aquellos más que la razón consiente, así dando fe a los dudosos crímines como no mirando a lo que Séneca en esto sintió, donde dijo: «Non todo lo que ha de verdad semblante se falla ser verdadero».[18] Aunque Boecio, en el primero *De consolación,* reserve a los tales de cargo,[19] atribuyendo el error de aquesto a la variable Fortuna, do dice que, si aquellos a quienes la Fortuna es contraria, algund crimen o mancilla les es impuesta, luego es creída, aunque non sea verdad.[20]

[5] Pues, tornando a nuestro propósito, muy reverendo señor, toda guerra debe ser elegida por la divinal justicia,[21] porque, cuando sin consentimiento de aquella se face, non es duda que los pocos que la defienden por divina permisión muchas veces consiguen victoria de los muchos que la buscan. Testigos son de aquesto en el *Viejo Testamento* Abrahan y Josué, varones de santo propósito;[22] y, entre los gentiles, Leónida y otros asaz,[23] cuyos vencimientos

---

[16] Sobre estos conflictos de autoridad en el seno de la Iglesia y las normas por las que se regían, véanse Díaz Ibáñez (1998: 17-20 y 2012) y García de Cortázar (2021: 314-325).

[17] San Gregorio Magno, en el capítulo XXVIII de la *Regla Pastoral,* afirma: «Et tamen nobis post lapsum redeuntibus non justitia, sed pietas exhibetur»; 'Y sin embargo a nosotros, después de la caída, se nos manifiesta no el rigor de la justicia, sino la misericordia y el perdón' (*Regula pastoralis,* col 105). La fuente más probable es la glosa de Pedro Díaz de Toledo a los proverbios del marqués de Santillana, que alude al mismo pasaje: «E sant Gregorio dixo en el *Pastoral*: "La justicia mucho está desamparada sin misericordia y la misericordia sin justicia"» (*Proverbios con la glosa,* fol. eVIIr-v). Se trataba, en cualquier caso, de un lugar común en la doctrina cristiana cuya formulación más cabal se encuentra en santo Tomás de Aquino: «Iustitia et misericordia ita coniunctae sunt, ut altera ab altera debeat temperari: iustitia enim sine misericordia crudelitas est»; 'La justicia y la misericordia están tan unidas que la una sostiene a la otra. La justicia sin misericordia es crueldad; y la misericordia sin justicia es ruina, destrucción' (*Catena aurea* 5, 5).

[18] La máxima procede, en su literalidad, del *Libro de las cuatro virtudes* atribuido a Séneca y que Guillén utilizó como fuente directa en varios pasajes de estos decires: «Non todo lo que ha de verdad semblante, luego verdadero es» (p. 27). Por su parte, Séneca afirma algo similar en *De beneficiis* 3, 34, 1, sentenciando: «Fallaces sunt rerum species»; 'Engañosas son las apariencias de las cosas'. La formulación del texto coincide con la máxima de Aristóteles en la *Metafísica,* fr. 1010b, que también se recoge como máxima atribuida al Estagirita en la *Primera parte de las sentencias:* «Non omne quod apparet, verum est»; 'No todo lo que parece verdad lo es' (p. 692).

[19] *cargo:* 'culpa, responsabilidad'.

[20] La idea procede de Boecio, *De consolatione philosophiae* I, 4, que afirma en la traducción castellana del siglo XV: «Esto solo diré ser la postrera carga de la Fortuna contraria, que, cuando a los mesquinos es atribuido algún yerro, créese aver merescido lo que padescen» (*La consolación natural,* fol. 15r).

[21] Guillén de Segovia se refiere al concepto de *guerra justa* como aquella que cuenta con la permisión divina. El concepto de guerra justa se atuvo en la Edad Media a los planteamientos de san Agustín en *La ciudad de Dios* 19, 12 y santo Tomás de Aquino en *Summa Theologica,* siglo II, q. 40. Véanse Lombardo y Juango (1991), Castañeda (2003) y Callado de Oliveira (2020).

[22] Abraham, patriarca del Antiguo Testamento, cuya vida se relata en el libro del *Génesis,* y Josué, sucesor de Moisés que conquistó la tierra prometida por Yahvé y la repartió entre las doce tribus, aparecen como elegidos por Dios para el triunfo del pueblo de Israel.

[23] *otros asaz:* 'otros más'. Leónidas (*ca.* 540-480 a. C.), rey de Esparta que se enfrentó a Jerjes en la batalla de las Termópilas.

tanto admirativos fueron que casi deniegan darles ligera fe. Et que la guerra sea elegida, como digo, non sin cabsa me paresce, por que, do quier que se enciende es una viva centella y cruel fuego que quema y abrasa lo verde por seco, y yerma e destruye todas las regiones e cibdades populosas que so su bandera falla. Donde non es duda que los inocentes por los pecadores padecen, y aun —lo que peor es— da lugar a que crezcan los vicios, enemigos de virtud. Y el primero en orden aquellos,[24] que es la desmesurada soberbia, raíz e fundamento de todos los males, face consumir y amatar la misericordia y caridad,[25] que son firmes columnas de la universal congregación humana.[26] Lo cual bien aprueba nuestro Salvador en el su *Evangelio,* do dice que todo reino en sí diviso será destruido.[27] Et Salustio en el *Catelinario* concuerda, diciendo que, por el amor en concordia, las cosas pequeñas crecieron y, por la discordia, las grandes cayeron.[28]

[6] Pero, pues de esta virtud guarnescido y dotado en los tiempos de nescesidad y fortuna contraria que agora corre, ya non hay otro remedio a que podamos volver nuestro pensamiento nin a quien supliquemos que nos restituya en libertad y procure la verdadera salud después de Dios, si non a vuestra señoría. Como en este miserable rincón, así por curso de virtudes y grandeza de dinidad, como por copiosa riqueza de debdos tanto cercanos en clara progenie, ninguno de los que en él viven vos osen nin puedan salir de mandado,[29] pues mire vuestra excelencia si es obra meritoria facer aquello do salvación de tantos millares de gentes consiste, todavía moderando las cosas de guisa que no fallezcan las futuras a las astucias[30] y que los tratos non perturben los ingenios fasta salir a puerto seguro,[31] buscando las bienandanzas más por arte que por ventura[32] y teniendo ante los ojos que la fianza del enemigo es aparejo de muerte.[33]

[7] Y por que aquella parte de la moral filosofía que es dicha plática es la que ordena los actos y costumbres de los hombres,[34] dando las reglas cómo sean virtuosos y bienaventurados, así en el contemplativo como en el político vivir, y es principal para nuestro propósito, fuyendo del filosofo en el su libro

---

[24]   *el primero en orden aquellos:* 'el primero de tales vicios'.

[25]   *amatar:* 'matar, extinguir'.

[26]   *congregación:* 'hermandad'.

[27]   Cristo, en *Mateo* 12, 25, afirma: «Omne regnum divisum contra se desolabitur: et omnis civitas vel domus divisa contra se, non stabit»; 'Todo reino dividido contra sí mismo desolado será; y toda ciudad o casa dividida contra sí misma no subsistirá'.

[28]   La cita está tomada de *La floresta de filósofos* en la sección «Aquí comienzan algunos dichos de Salustio, *Catilnario* e *Jugurtino,* capítulo de la yntrodución»: «Por concordia crecen las pequeñas cosas, y por discordia perecen las grandes» (fol. 18v).

[29]   *salir de mandado:* 'dejar de obedecer'.

[30]   *de guisa:* 'de manera'; *no fallezcan:* 'no se rindan, no se subyuguen'.

[31]   *tratos:* 'pactos, acuerdos', en este caso ilícitos y inadecuados.

[32]   *por arte:* 'por artimaña'.

[33]   *fianza:* 'confianza, aval'; *aparejo:* 'preparación'.

[34]   *plática:* 'práctica, aplicada a la existencia'.

de las *Éticas* por ser largo y difuso, et aun en parte obscuro,[35] quise seguir la orden que Séneca tovo en el *Compendio de las cuatro virtudes,* do pone dotrinas y enxiemplos asaz compendiosos y aprovechables.[36] Y para inducir y atraer los hombres con mayor dulzura a la virtud, apartándolos de los vicios, púsose en metros, esperando con homilde y alegre corazón sea por vuestra señoría enmendado. A ella suplico lo mire y reciba con aquella voluntad que se fizo, que es acta [37] e muy conforme a vuestro servicio.

---

[35]   Se refiere, no sin cierto resabio antiaristotélico, a la *Ética a Nicómaco,* de la que se había servido el prólogo a la segunda suplicación.

[36]   *compendiosos:* 'sucintos'. Se trata del anteriormente mencionado *Libro de las cuatro virtudes* que se atribuyó, erradamente, a Séneca en el siglo xv; cfr. Ranero Riestra (2021: 9-11).

[37]   *acta:* 'hecha', como latinismo.

SÍGUENSE LOS METROS

1   Pues que ya nos cupo en suerte,
muy ilustre señor padre,
que por Eva nuestra madre
nos costriñese la muerte,
y el morir, triste partida,   5
se nos fizo natural,
no temiendo su venida,
busquemos la eterna vida
en la dotrina moral.

2   Aunque sea grand falacia   10
presumir mi torpe lengua,
el defecto de tal mengua
suplirse puede por gracia,
que los actos concebidos
por el seso interïor   15
nuestras lenguas ni sentidos
non podrían ser movidos
sin primero movedor.

3   Non invoco en este paso
ciencias largas nin difusas,   20
nin subsidio de las Musas
que habitan en Parnaso,
ni entiendo proceder
en melodía de canto,

---

2 El «ilustre señor padre» es el arzobispo Carrillo.

18 El *primer movedor,* conforme a la doctrina tomista, es Dios; cfr. santo Tomás de Aquino, *Summa Theologiae,* p. 1, q. 2, a. 3.

21 *subsidio:* 'socorro, inspiración'. El poeta dice renunciar a invocar a las Musas, como era común en los exordio de la poesía grecolatina, y se inclina por la doctrina cristiana, tal como había hecho Juan de Mena en las *Coplas de los pecados mortales:* «Canta tú, cristiana musa, / la más que çevil batalla / qu'entre Voluntad se falla / y Razón que nos acusa […]. / Fuid o callad, serenas, / qu'en la mi edad pasada / tal dulçura enponzoñada / derramastes por mis venas; / mis entrañas qu'eran llenas / de perverso fundamento, / quiera el divinal aliento / de malas fazer ya buenas» (*Obras completas,* pp. 305-306); y repetiría luego Jorge Manrique en las *Coplas a la muerte de su padre:* «Dexo las invocaciones / de los famosos poetas / y oradores; / non curo de sus ficciones, / que traen yervas secretas / sus sabores. Aquél solo me encomiendo, / Aquél solo invoco yo / de verdad, / que en este mundo viviendo, / el mundo non conosció / su deidad» (*Poesía,* p. 111).

23 *proceder:* 'continuar', aquí con el sentido de 'seguir escribiendo'. Es preciso hacer dialefa en «ni entiendo».

	mas invoco a mi querer	25
	tres personas en su ser,	
	Padre, Fijo, Esprito Santo.	

4   Este es fuente de que mana
todo el saber y cïencia,
modestia con prudencia,   30
que es virtud muy soberana;
este puede retraer
de mis términos miseria,
influyéndome poder
con que pueda discerner   35
por sus partes tal materia.

5   Aunque todos por natura
deseamos la salud,
de aquella beatitud
que es perfecta sin mistura   40
muchos veo discrepantes,
de obra tan singular,
acatando los semblantes
y las voces discordantes
de la gente popular.   45

6   Pues luego nos proveamos
y el camino bien miremos,
porque cuanto más andemos
tanto más cerca seamos;
ca, si nos queremos ir   50
a la gloria deseada,
para en ella prevenir,

---

30 El verso es hipermétrico, a no ser que se lea «modestía».
32 *retraer:* 'apartar'
34 *influyéndome:* 'otorgándome'.
35 *discerner:* 'discernir, calibrar'.
38 *salud:* 'salvación'.
39 Ha de romperse la sinalefa en «de aquella».
40 *perfecta sin mistura:* 'absolutamente perfecta y sin mezcla de nada inconveniente'.
43 *semblantes:* 'semejantes'.
45 *gente popular:* 'vulgo iletrado e ignorante'.
50 *ca:* 'porque'.

mucho debemos fuir
la carrera más trillada.

7   Cuatro veredas se muestran   55
     tan perfectas en su lumbre
     que, seguidas por costumbre,
     a lo eterno nos adiestran.
     Sus casas de gran alteza
     en lo áspero levantan;   60
     consisten en fortaleza,
     ministradas por sabieza,
     sus dotrinas así cantan.

PRIMERA CARRERA DE JUSTICIA

8   Comencemos por la vía
     que es igualdad de natura,   65
     ley divina y atadura
     de la humana compañía.
     Non pensemos solo en esta
     lo que de ella es menester,
     pues, cuanto nos amonesta,   70
     todo cabe y todo presta
     para bien nos mantener.

9   Sobre todo a Dios amemos,
     si queremos ser amados.
     Eceptos los condenados,   75
     a ninguno dañaremos.
     Corrijamos la malicia

---

54 *trillada:* 'frecuentada', eligiendo el camino más difícil y menos transitado, conforme a la idea clásica del *bivium,* la bifurcación entre la virtud y el vicio.

57 *por costumbre:* 'frecuente y reiteradamente'.

58 *nos adiestran:* 'nos preparan'.

62 *ministradas por sabieza:* 'administradas por la sabiduría'.

72 Toda la definición de la Justicia versifica muy de cerca lo dicho en el *Libro de las cuatro virtudes:* «E ¿qué es la justicia salvo callada egualación de natura para provecho de muchos fallada? ¿E qué es justiçia salvo establesçimiento nuestro, mas divina ley e atadura de la compañía humana? E en ésta non pertenesçe que pensemos qué es lo que es menester, mas qué menester es lo que ella dictare» (p. 34).

75 *Eceptos:* 'Exceptuados'.

que cubre rostro sereno,
habiendo clara noticia
que non dañar no es justicia,   80
mas fuida de lo ajeno.

10   De aquesta difinición
vernemos a mayor grado:
restituir lo tomado
con dina restitución;   85
non querremos facer cosa
que es contraria de verdad,
por el testo dando glosa;
nin en los que está dudosa
enlazar contrariedad.   90

11   A los méritos honestos
non neguemos galardón,
ni menos la punición
en delictos magnifiestos.
Tal justicia es contrapeso   95
de sosiego y seguranza.
Si se sigue con buen seso,
face igual tener el peso
y muy justa la balanza.

---

81 *fuida de lo ajeno:* 'evitar apropiarse de lo que no es nuestro'. La fuente es el *Libro de las cuatro virtudes:* «Qualquier que la seguir desea, estonçe primero ama para que seas amado de Dios. Amarás a Dios si le en esto paresçieres, que quieras a todos aprovechar, que quieras dañar a ninguno, e estonçe varón justo te llamarán, seguirte han todos, te temerán e amarán. Justo si fueres, non solamente non dapñarás, mas aun vedarás dañadores. Ca ninguna cosa dapñar non es justiçia, mas es abstinençia de ageno» (p. 34).

83 *vernemos:* 'vendremos'.

85 *dina:* 'digna'. Se reescribe el *Libro de las cuatro virtudes:* «Pues de aquestas cosas comiença e non çeses, para que seas a mayores guiado. E las cosas tomadas a los otros las tornes, e a esos robadores, para que los otros non sean temidos, castiga e vieda» (p. 35).

87 La doctrina es pareja a la del *Libro de las cuatro virtudes:* «E si alguna vegada acaesçiere usar de mentira, non seas aguarda de falso mas de verdadero, e si acaesçiere con mentira feliçidad redemir, aún non mientas, mas antes lo escusarás, porque donde honesta causa es, el justo non pierde los secretos de dentro» (p. 35).

88 'ocultan las verdad de tras de palabras abundosas e impertinentes'. La misma censura se lee en la primera suplicación: «Dejando las fablas ya tan dilatorias, / que fingen colores en contra del testo» (vv. 449-450); en la segunda suplicación: «Mediante la obra de aquellos autores / que esconden el testo y muestran la glosa» (vv. 635-636); y en la *Obra compuesta:* «Las cosas que alaba, si bien las porfía / con versos pintados de aquellos que glosan» (vv. 417-418) o «non como otros que el texto glosaban / con tanta lisonja que non sé decilla» (vv. 1101-1102).

90 Otro tanto afirma el *Libro de las cuatro virtudes:* «De ninguna dubdança de boz contrariedad enlazes, mas la calidad del camino mira» (p. 35).

98 *face igual:* 'tiene el mismo resultado'.

12   Mirando quánd presto cesa   100
      lo que está en movimiento,
      en lugar de juramento,
      guardaremos la promesa
      donde Dios es el testigo.
      Aunque al voto no se llame,   105
      no esperemos su castigo
      nin que el nüestro enemigo
      ante tal jüez reclame.

13   Presuremos los efectos
      do la conciencia remuerde,   110
      pues el justo nunca pierde
      los intrínsecos secretos.
      En virtud aquel proviene
      que fabla cendrado y puro.
      Si este tal medio tïene   115
      que calle donde conviene,
      de la paz será seguro.

14   Miremos aquel enxiemplo
      del buen senador romano
      y a la vida de Trajano   120

---

101 La dialefa es necesaria en «está en» para salvar la métrica.

104 Lo mismo se encuentra en el *Libro de las cuatro virtudes:* «De religión e fe sepas ser fecho onde es de verdad tratado. Ca si en derecho jurando Dios es llamado, e testigo fuere al que non le llamare, pero non traspases la verdad, nin la ley de justiçia traspases» (p. 35).

105 *voto:* 'dictamen público'.

109 *presuremos:* 'apresuremos, aceleremos'.

114 *cendrado:* 'acendrada y honestamente'.

117 Las recomendaciones proceden del *Libro de las cuatro virtudes:* «Ca las cosas de callar calla, e las de fablar fabla, e así avrá paz e segura folgança. Pues esto si estudiar cuydares, alegre e non dubdoso los cursos de tu fin esperando, acatarás las cosas tristes de aqueste mundo alegre; las baratosas folgado; la postrimera seguro» (p. 35).

119 El *buen senador romano,* si nos atenemos a las fuentes de Guillén, es Lento, cuyo nombre se menciona en los *Proverbios* del marqués de Santillana y en la glosa que hizo para los mismos: «Pues qué me dirás de Lento, / senador / que pospuesto todo amor / e sentimiento / con el fijo fue contento, / sin pecado / cruelmente ser pasado / por tormento. *El marqués:* Lento, así como Valerio cuenta en el sesto libro, senador fue de Roma, la qual cibdat fortificada fue por él de buenas e honestas leyes, entre las quales ordenó que qualquier que fallado fuese en adulterio de la vista lo privasen, donde avino que un fijo suyo cometió aquel pecado E como el padre, observando las leyes por él decretadas, quisiese executar en aquel las fuerças de la justiçia non punto moderando nin menos absolviendo, la cibdat, movida a piedad del adolescente, le suplicaron con efficaces ruegos e instantes preçes que el su yerro perdonar quisiese; por las quales suplicaciones vencido, porque la culpa impunida non quedase, primeramente sacó a sí mesmo el uno de sus ojos e a su fijo fizo sacar el otro. El qual non poco enxenplo es o deve ser a todos aquellos que de la vara de la justiçia han cargo» (*Proverbios con la glosa,* fol. eiiir-v). También hablando de la justicia lo recordó Gómez Manrique en el *Planto de las virtudes e poesía por el magnífico señor don Íñigo López de Mendoza,* en el que se sirvió del marqués como fuente: «Nin fue tal juez, yo creo, / el buen Lento, senador» (*Cancionero,* p. 394). En realidad, Valerio Máximo atribuye la anécdota al griego Zaleuco; cfr. *Hechos y dichos memorables* VI, 5, Extranjeros 3.

en la figura del templo;
miremos con qué se mide
todo reino bien regido
y en lo que justicia pide.
Frondinodio no se olvide   125
donde fue redargüido.

15   Quinto Fabio nos despierte,

---

121 Trajano fue ejemplo tradicional de la justicia. El episodio de Trajano también lo trajo a colación Gómez Manrique, fuente probable de Guillén al tratar de la justicia en el *Planto de las virtudes e poesía,* en el que se sirvió del marqués como fuente: «Como Roma por Trajano; / a semejança del qual, / porque fue juez ygual, / a una pobre mujer / luego fizieron fazer / un estatua de metal» (*Cancionero,* p. 394). Muy probablemente se refiere a la anécdota que menciona Gonzalo García de Santa María: «Y por esso fue tan loado aquel decir de la viuda romana que requería al Trajano que le ministrasse justicia, y el emperador le dezía que, en boluiendo de la batalla, le cumpliría de justicia. "Señor —dixo ella—, y si bolbver no podréys o morís quiçá en el campo, ¿quién me proveherá de la justicia devida?". Respondió el emperador: "El que sucçederá empós de mí". Dixo entonce la viuda: "Y de lo que aquel fará, ¿qué gloria se os ha de seguir? Essa gloria, señor, de aquel será, que no vuestra". Vencieron estas razones al emperador, y no quiso salir al campo fasta que la viuda optuvo su derecho» (*Corónica de Aragón,* fol. 136v).

126 *redargüido:* 'refutado, rebatido'. La fuente se encuentra, de nuevo, entre el marqués de Santillana y Gómez Manrique. Don Íñigo refiere en sus *Proverbios:* «Frondinodio por guardar / lo que ordenó / prestamente se penó / sin dilatar, / pues deuemos nos forçar / a bien fazer, / si queremos reprender / o castigar. *El marqués:* Frondinodio cibdadano fue de Roma, así como Valerio narra e recuenta en el VI libro e Ioan Galense en un compedio que fizo de las quatro virtudes cardinales. Vistas algunas dissensiones e escandalosos razonamientos que los cibdadanos de Roma algunas vezes entre sí avían, fue ordenado que qualquier que viniesse con armas al Capitolio fuese muerto. El qual, olvidada la ley estableçida, como un día viniese del campo, entró en el Capitolio con la espada, adonde de uno de los circunstantes fue retraído, redarguyéndole que la ley por él instituida oviese traspasado; a lo qual él respondió: "Yo confirmaré la ley que fize". E súbito se dio con la su espada por el cuerpo, pudiendo bien fuyr la pena e defenderla con alguna color que razonable paresciesse» (*Proverbios con la glosa,* fol. eiiiv). La anécdota se repite en el *Planto de las virtudes e poesía* de Gómez Manrique: «Frondinodio, cuya mano / de sí mesmo fue verdugo, / e por guardar a lo llano / el estatuto romano / con su vida le desplugo» (*Cancionero,* pp. 393-394). Valerio Máximo atribuye la anécdota a Candoras de Turio (*Hechos y dichos memorable*s 6, 5, Extranjeros 4).

127 Quinto Fabio Máximo Ruliano, cónsul de Roma por cinco veces, dictador en una y vencedor de los samnitas. La información parece tomada de Gómez Manrique, que lo menciona en el *Planto de las virtudes e poesía,* escrito con motivo de la muerte del marqués de Santillana, donde la Prudencia se lamenta: «E perdí a Quinto Fabio» (p. 392). Volvió a recordarlo en sus *Ensienplos e sentencias:* «Quando Roma prosperava, / Quinto Fabio la regía» (*Cancionero,* p. 571), y en la glosa que Pero Díaz de Toledo hizo de estos *Ensienplos,* titulada «Yntroduçión al decir que conpuso el noble cavallero Gómez Manrrique, que yntitula la *Esclamaçión e querella de la governaçión,* al muy noble e muy reverendo señor, su syngular señor, don Alfonso Carrillo, por la graçia de Dios arçobispo de Toledo, por el doctor Pero Díaz», se da cuenta del personaje: «Este Quinto Fabio, con muy poca gente de romanos, vino a pelear con Bytuytu, rey de los averneses, que venía aconpañado de grandes conpañías de gentes. E commo Bituytu, teniendo en poco a Quinto Fabio, se aparejase a yr a pelear con él e oviese a pasar su gente por una puente estrecha de un río que dizen el Ros, non quiso que su gente pasase por allý; mas fizo echar en el río muchas tablas e travó unas a otras con cadenas, e asý fino puente para pasar su gente por que paresçiese la gran multitud de conpañas que levava; e, pasada la gente de Bituytu, pelearon con Quinto Fabio, el qual e los pocos romanos que consygo tenía pelearon tan varonilmente que vençieron a Bituytu e a los suyos. E, commo bolvieron fuyendo los de Bituytu e se metieron syn orden por las tablas puestas en el río, quebraron las tablas e las cadenas con que estavan travadas; e dize que fueron muertos de los de Bituytu çiento e ochenta mill onbres de armas; e asý el regimiento de Quinto Fabio e la victoria suya, entre otras muchas estremas cosas, acreçentó a la prosperidad del ynperio romano. Entre otros fueron dos Çipiones que acreçentaron mucho el ynperio romano: el primero fue Sçipión el Asyano, el qual sojuzgó a toda Asya e la traxo a obedençia de Roma, que fue una de las mayores honrras e prosperidades que Roma pudo aver» (*Cancionero,* pp. 585-586).

porque hagamos a Bruto
en punir lo disuluto,
mas premiose a lo más fuerte.   130
Del jüicio trastocado
con interese revuelto,
es en derecho fundado
que el jüez es condenado
do el reo es absüelto.   135

16   Al prudente varón sabio
     que siguiere tal camino,
     non dudando determino
     que podrá bien sin resabio
     las tristes obras del fado   140
     comportar con alegría,
     las baratosas folgado,
     y esperar muy sosegado
     fin de su postremería.

MEDIO DE JUSTICIA

17   Pues no cumple pena blanda   145
     do fue grand el homecillo,
     ni tener presto el cuchillo
     a cuanto justicia manda,
     moderemos la sentencia,
     mezclando con discreción   150

---

128 También Bruto, Marco Junio Bruto (85-42 a. C.), conspirador en el asesinato de Julio César, había sido recordado por Gómez Manrique por boca de la Justicia en el *Planto de las virtudes e poesía* en términos parejos: «Más que Bruto justiciero» (*Cancionero,* p. 393). Es preciso hacer dialefa en «porque hagamos».

129 *punir lo disuluto:* 'castigar lo disoluto y vicioso'.

130 'pero se premió a lo más fuerte, no a lo más virtuoso'.

132 *con interese revuelto:* 'mezclado con interés'.

133 *es en derecho fundado:* 'está determinado por las leyes'.

135 Es precisa la dialefa en «do el».

141 *comportar:* 'sobrellevar'.

142 *las baratosas folgado:* 'las que no suponen esfuerzo acomodadamente'.

144 *postremería:* 'muerte'. Los versos finales de la copla proceden del *Libro de las cuatro virtudes*: «Pues esto si estudiar cuydares, alegre e non dubdoso los cursos de tu fin esperando, acatarás las cosas tristes de aqueste mundo alegre; las baratosas folgado; la postrimera seguro» (p. 35).

145 *no cumple:* 'no conviene'.

150 *discreción:* 'inteligencia'.

la crüeza con clemencia
y el rigor con la paciencia,
grand prisa con dilación.

SEGUNDA CARRERA DE PRUDENCIA

18   Por la vereda segunda
     do la prudencia consiste   155
     saldremos del valle triste
     que en tanto daño redunda.
     Por esta non escarnece
     mundana prosperidad;
     en bonanza se guarnesce,   160
     de su natura establece
     a las cosas dinidad.

19   Non sigamos de opinión
     lo que prudencia desecha;
     vevir por razón derecha   165
     es vida de perfección.
     Propio es del que es prudente
     preveher lo venidero
     y, ordenando lo presente,
     del pasado inconveniente   170
     haber memoria primero.

20   Qui con[...] o quier mande
     con dulzura nos anima,

---

151 La misma idea se aprecia en el *Libro de las cuatro virtudes:* «Más cruel de juyzio que de palabra, más de vida que de bulto, de clemençia cultor, desaprovador de crueza» (p. 33).

159 'Gracias a la prudencia no se burla de nosotros la riqueza del mundo material'.

162 *de su natura:* 'por su propia naturaleza'; *dinidad:* 'dignidad'. Es sentencia del *Libro de las cuatro virtudes:* «Dignidad a las cosas non de opinión de muchos mas de su natura establesca» (p. 26).

166 Guillén lo tomó del *Libro de las cuatro virtudes:* «Pues qualquier que prudençia seguir deseas, estonçes por razón derecha bevirás si primero todas las cosas pienses e miembres» (p. 26).

171 También en el *Libro de las cuatro virtudes* se lee: «Si prudente es tu ánimo, sea en tres tiempos dispensado: lo presente ordena, lo venidero provee, lo pasado recuerda. Ca el que ninguna cosa de lo pasado cuyda, la vida pierde, quien ninguna cosa de lo venidero pensare, primero en todas las cosas caerá non guardado» (p. 28). Asimismo, Gómez Manrique recogió la idea en su *Regimiento de príncipes:* «Prudençia / que tyene tres partes tales: / lo passado memorar, / ordenar bien lo presente, / en lo qu'está por llegar, / con reposo, syn vagar, / proueer discretamente» (*Cancionero*, pp. 639-640).

lo movible non estima
ni tiene por cosa grande;   175
reconoce los estados,
emendando nuestras vidas,
y en los negocios atados
los principios ya fallados
luego mina las salidas.   180

21 Si confirma o redarguye,
    da juicios perentorios;
    estos bienes transitorios
    como sayos distribuye.
    Comporta la variedad,   185
    segund el tiempo responde;
    la mentira y falsedad
    colorada con verdad
    cerca de ella non se esconde.

22 De prudencia se profiere,   190
    examina los consejos
    tener prestos aparejos
    como el tiempo lo requiere.
    Uno es en toda parte
    al que sigue tal carrera;   195

---

175 La sentencia coincide con el *Libro de las cuatro virtudes:* «Quequier que de las cosas transitorias posees, non te maravilles, nin grande estimes lo que caduco es» (p. 26).

179 *fallados:* 'encontrados, descubiertos'.

180 *mina:* 'destruye'. Así se argumenta en el *Libro de las cuatro virtudes:* «De qualquier fecho la causa requiere: desque los comienços fallares, cuydarás las salidas» (p. 27).

184 *como sayos:* 'como cosas de poco valor'. El juicio es paralelo al del *Libro de las cuatro virtudes:* «Quequier que de las cosas transitorias posees, non te maravilles, nin grande estimes lo que caduco es, nin cosas que çerca de ti [h]as guardarás así como agenas, mas para ti así como tuyas e despiendas e uses» (p. 26).

186 Guillén sigue a la letra el *Libro de las cuatro virtudes:* «Si la prudençia abraças, uno mesmo serás donde quier, e según la variedad de las cosas e tiempo requiere» (p. 26).

188 *colorada con verdad:* 'con apariencia de verdad'.

189 Los versos también siguen la advertencia del *Libro de las cuatro virtudes:* «E espresamente la mentira se esconde con faz de verdad, ca así como algunas vezes frente triste el amigo e blanda el lisonjero demuestra, así es por trasmudaçión colorado e para que engañe arrebate trabaja» (p. 27).

190 *se profiere:* 'se promete'.

193 Los versos reescriben el *Libro de las cuatro virtudes:* «Segund la variedad de las cosas e tiempo requiere, así te prestes al tiempo» (p. 26).

195 *carrera:* 'camino, senda '. El juicio aparece literalmente en el *Libro de las cuatro virtudes:* «Si la prudençia abraças, uno mesmo serás donde quier» (p. 26).

más que promete reparte,
no presume facer arte,
fuye creencia ligera.

23 Do enseña o amonesta,
no sale punto ni paso;   200
como alaba muy escaso,
también escaso denuesta,
conosciendo las misturas
de aquestas obras mundanas,
a las muelles por muy duras,   205
las abiertas por escuras,
las remotas por cercanas.

24 Antes mira do se pone;
de lo justo non excede;
todo cuanto venir puede,   210
en su ánima propone;
apresura lo tardío,
con delibración promete,
mide bien su poderío,
su aparejo y atavío,   215
y sabe donde comete.

---

196 La idea coincide con el *Libro de las cuatro virtudes:* «Con deliberaçión promete, más llenera-mente que prometieres si da presta» (p. 28).

198 *ligera:* 'seguida o tomada a la ligera, sin deliberación'. Los versos se atienen al *Libro de las cuatro virtudes:* «Del prudente propio es examinar los consejos e non çede con creençia ligera ser a falsedad deleznado» (p. 27).

199 La dialefa es precisa en «Do enseña» por razones métricas.

202 Se versifica el *Libro de las cuatro virtudes:* «La tu palabra non sea vana, mas o enseñe, o amoneste, o consuele, o mande. Alaba escaso, más escaso denuesta» (p. 28).

203 *misturas:* 'pócimas, engaños'.

207 Guillén no se aparta del *Libro de las cuatro virtudes:* «El consejo de los sabios, de las cosas abiertas piensa escuras, de las pequeñas grandes, de las çercanas remotas e de las partes todas» (p. 29).

208 Es máxima del *Libro de las cuatro virtudes:* «Nin a ti libres impulsiones darás, mas al derredor mirarás dónde devas yr o fasta qué» (p. 29).

211 También el *Libro de las cuatro virtudes* avisa de la atención a lo venidero: «Si prudente ser deseas, ave a lo venidero entinçión, e las cosas que acaesçer pueden, en tu ánimo çiertas propongas» (p. 27).

212 El verso está tomado del *Libro de las cuatro virtudes:* «Apresura lo tardío» (p. 28).

214 Así también en el *Libro de las cuatro virtudes:* «Con deliberaçión promete, más lleneramente que prometieres si da presta» (p. 28).

216 *comete:* 'acomete'; como en el *Libro de las cuatro virtudes:* «Ca sabe por qué vía se ha de acometer e en çierto cada cosa vee en clara manera» (p. 29).

25   Contra lo alto prosigue,
      lo que es duro amollenta;
      ningún daño a sobrevienta
      espera que le fatigue.   220
      Por parlero imbuidor
      non se turba nin se mueve;
      guarda bien su resplandor,
      siempre mira en derredor
      por llegar a donde debe.   225

26   De aquesta dice el profeta
      que es trïunfo de los reyes,
      porque ordena justas leyes
      que facen la tierra necta.
      Del celeste consistorio   230
      es vereda muy seguida,
      segund pone san Gregorio;
      relieva de purgatorio
      y a los pasados da vida.

27   Esta sana nuestras dudas   235
      y rompe todos sus velos,
      penetra los nueve cielos

---

217 *amollenta:* 'ablanda'. Otro tanto consta en el *Libro de las cuatro virtudes:* «Lo duro amollenta […], lo alto prosigue» (p. 28). Es preciso romper la sinalefa en «lo alto», y en «duro amollenta» en este verso y en el anterior, para que sean octosílabos.

219 *a sobrevienta:* 'por sorpresa'.

221 *parlero imbuidor:* 'embaucador, hablador que pretende disuadir y engañar'.

225 El consejo llega desde el *Libro de las cuatro virtudes:* «Al derredor mirarás dónde devas yr o fasta qué» (p. 29).

227 Los versos remiten a *Proverbios* 8, 14-15: «Mea est prudentia, mea est fortitudo. Per me reges regnant, et legum conditores justa decernunt; per me principes imperant, et potentes decernunt justitiam mías son la prudencia y el valor»; 'Mía es la prudencia, mía es la fortaleza. Por mí reinan los reyes y los legisladores decretan lo justo; por mí los príncipes mandan y los poderosos decretan la justicia'.

229 *necta:* 'neta, limpia'.

230 *celeste consistorio:* 'comunión de ángeles y santos en torno a Dios'. En la *Regula pastoralis,* san Gregorio encarece la importancia de la prudencia y pone como ejemplo de ella a san Pedro como primer pontífice.

233 *relieva:* 'alivia'.

234 *los pasados:* 'los que ya murieron y ahora purgan sus pecados en el purgatorio'.

237 *penetra:* 'atraviesa', pero también 'alcanza a conocer'. Según la cosmología de la época, la tierra estaba rodeada por nueve cielos móviles, el último de los cuales, el noveno, era el primer móvil que hacía girar a los demás cielos.

con sus voces muy agudas.
Por esta siguió Platón
tan honesto ejercicio;   240
esta pedió Salomón
en aquel monte de Hebrón,
cuando fizo el sacrificio.

28   Bocacio con los modernos,
poetas de grand memoria,   245
por esta viven en gloria
y sus nombres son eternos.
Aquesta puso al marqués
bavrecida dïadema,
y al de Mena, cordobés,   250
porque agora ni después
perder su nombre no tema.

29   Esta es sobreseída
donde mora ociosidad;

---

240 Platón (*ca.* 427-347 a. C.), filósofo griego, discípulo de Sócrates, maestro de Aristóteles y fundador de la Academia de Atenas. El *honesto ejercicio* es la filosofía. La dialefa resulta precisa por *re métrica* en «honesto ejercicio».

243 La petición de sabiduría a Dios por parte de Salomón en el monte Gabón —no Hebrón— se refiere en el Antiguo Testamento, *3 Reyes* 3, 4-9 y *2 Paralipómenos* 1, 6-8, aunque muy probablemente Guillén la tomó del marqués de Santillana en sus *Proverbios:* «Salomón sabiduría / procuró, con la qual administró / la señoría / del mundo e la monarquía / universal, / sin contienda nin ygual / compañía», que luego glosó Pero Díaz de Toledo: «*El doctor:* Segund se escrive en el tercero de los *Reyes,* muerto el rey David, fue alzado su hijo Salomón por rey en su lugar; e de las primeras cosas que fizo por poner buen comienço en sus fechos fue a una alta montaña de un lugar que se llama Gabaón por ofrescer hostias e sacrificios a Dios. E en aquella noche aparesciole nuestro señor en sueños e díxole que demandáse lo que oviese voluntad, qué tal le sería otorgado. E Salomón dijo a Dios: "Señor, tú feziste grand misericordia con tu siervo David, mi padre, que le diste fijo que se asentarse en su silla e sucediese en su reino. Agora, Señor Dios mío, tú me feziste reynar a mí en lugar de David, mi padre. Yo soy moço pequeño e no sé entrada ni salida en las cosas, e este pueblo que me diste en gobernación es en tanta multitud que no se puede contar. Dame sabio coraçón porque yo pueda juzgar este pueblo tan grande e sepa descernir entre bien y mal"» (*Proverbios con la glosa,* fols. diiiiv-dvr); o de Gómez Manrique, que, en el *Planto de las virtudes e poesía,* también pone al rey hebreo en la sección de la Prudencia: «Yo perdí a Salamón, / el más sabio de los reyes» (*Cancionero,* p. 392).

244 Giovanni Boccaccio (1313-1375), escritor italiano, autor del *Decamerón,* aunque sobre todo conocido para Guillén de Segovia por su *De casibus virorum illustrium.*

249 *bavrecida diadema:* 'brava, valiosa corona'. Se trata del marqués de Santillana, don Íñigo López de Mendoza.

252 *nombre:* 'fama'. En la primera suplicación, Guillén había señalado a don Íñigo López de Mendoza y a Juan de Mena como sus maestros poéticos: «Quitome al marqués, llevó a Juan / maestros fundados de quien aprendía» (vv. 63-64).

253 *sobreseída:* 'interrumpida, suprimida'. Ha de evitarse la sinalefa en «Esta es».

jamás pierde su beldad   255
aunque no es conocida.
Ya non falla quien se aplique
a […] su fuerte muro,
do solo Gómez Manrique
le place que comunique   260
sus especias en lo puro.

MEDIO Y ESTREMOS DE PRUDENCIA

30   Buen saber y no se precia,
     un t[…] en su remedio,
     este debe ser al medio
     de aquesta moral especia.   265
     Sus estremos son pasiones
     de torpe solicitud,
     que con sus cavilaciones,
     yerros, faltas y desdones,
     nos aparta de virtud.   270

ESTREMOS

31   Resaber muda caminos
     por lugares muy fragosos,
     con fines escandolosos
     y con modos raposinos.

---

256 Se impone la dialefa en «no es» para salvar el octosílabo.

258 El término perdido habría de ser un verbo en infinitivo.

261 *especias:* 'especies, propuestas'; *lo puro:* 'la pureza de su poesía'. Gómez Manrique (1412-1490), militar, escritor y amigo personal del poeta que, en el *Planto de las virtudes e poesía,* también había dedicado cuatro coplas a la Prudencia; cfr. *Cancionero,* pp. 391-392.

265 *aquesta moral especia:* 'la prudencia'.

269 *desdones:* 'desdenes'.

271 *resaber:* 'saber en demasía'.

272 *fragosos:* 'escarpados'.

274 *raposinos:* 'propios de las raposas, arteros y engañosos'. La fórmula está tomada del *Libro de las cuatro virtudes:* «Ca la prudençia si los términos suyos exçede, artería es, e si modos raposinos cometieres, e fueres buscador de las cosas ascondidas e te mostrares escodriñador de qualesquier cosas dañosas» (p. 35).

Al otro que es ignorancia   275
o —más propio— nescedad,
delesnable sin constancia,
por defecto de sustancia
non meresce abtoridad.

TERCERA: MANANIDAD

32   La tercera es fortaleza,   280
    que es dicha magnanidad;
    muy pura sinceridad
    del ánimo con firmeza.
    Esta tiene tal subjeto
    que sus obras son notables,   285
    aunque tenga por objeto
    aquel postrimer efecto
    de las cosas espantables.

33   Al magnánimo vevir
    nunca duda gran recuesta,   290
    ante fabla y amonesta
    cuando ha de combatir.
    En los casos contingentes,
    solo el ánimo apareja;
    a los labios maldicientes   295
    o por tan nuevas nucientes
    nunca quiere dar orejas.

34   Es su fe tan fuerte muro
    que non tuerce las carreras
    nin socava con maneras   300

---

279 *abtoridad:* 'reconocimiento'.

281 Se adapta aquí lo dicho en el *Libro de las cuatro virtudes:* «Magnanimidad, que fortaleza es dicha» (p. 29). Otro tanto se lee en la *Obra compuesta:* «Magnanimidad, que es dicha Fortaleza» (v. 1484 título).

290 *recuesta:* 'desafío, empeño'.

294 *apareja:* 'prepara, dispone'.

296 *nuevas:* 'noticias'; *nucientes:* 'dañosas'.

300 *con maneras:* 'con engaños'. El pensamiento coincide con la admonición del *Libro de las cuatro virtudes:* «Manifiesto acometas» (p. 30).

al que de él duerme seguro.
Ligera suplicación
lo anima y lo convence,
remite la pugnición,
ha por venganza el perdón   305
del contrario que se vence.

35   Por dotrina y fundamento
del magnánimo se escribe
que con fucia siempre vive
alegre, libre y contento.   310
En combate necesario,
comienza por lo más fuerte;
en el tiempo adversario,
non se muestra temerario
con deseo de la muerte.   315

36   Como quiera que, si yerra
del motivo que concibe,
prestamente la recibe
por sosiego de su tierra.
De esta cabsa subcedió   320
lo de Nuncio con Purchena,
cuando el sitio levantó
con su mano, que quemó
a sí mesmo dando pena.

37   Si la muerte acelerada   325
de Catón y concebida
en respecto de su vida

---

303 La dialefa en «lo anima» resulta obligada.

309 *fucia:* 'confianza', como en el *Libro de las cuatro virtudes:* «Si en tu ánimo fuere, con grande fiuzia bevirás libre e alegre» (p. 29).

312 *tiempo adversario:* 'momentos de dificultad'. Se impone romper la sinalefa en esta fórmula.

315 Sigue Guillén la doctrina y la letra del *Libro de las cuatro virtudes:* «Serás magnánimo si los peligros nin los desees como temerario» (p. 30).

319 *de su tierra:* 'de su país'.

324 Cayo Mucio Escévola —aquí Nuncio conforme a la fuente de la que se sirvió Guillén—, noble romano que intentó asesinar al rey Porsena —o *Purchena*— y que, para demostrar la fortaleza de su empeño, puso ante este su mano en un brasero por propia voluntad. Lo refiere Tito Livio, *Ab urbe condita* II, 12-13, y Guillén de Segovia vuelve a reiterarlo en la *Obra compuesta:* «Vio a Quinto Mucio decir a Purchena / que non fizol golpe segund su motivo, / y vio por aquesto en un fuego es / su mano quemada, él

> fuese bien considerada,
> non es buena abtoridad
> de aquesta virtud que digo   330
> sojuzgar la libertad
> a dura cabtividad
> en poder del enemigo.

> 38   De Afranio y de Petreo
>   loaremos su porfía   335

---

dándose pena» (vv. 729-732). La fuente pudiera ser Gómez Manrique, que recordó el episodio por dos veces con la misma forma nominal, una en el *Planto de las virtudes e poesia*: «E como Nunçio metiera / su braço en una foguera / por su patria guarecer»; y otra en *Regimiento de príncipes*: «O commo Nunçio romano / que con tanta crueldad, / teniendo su braço sano, / lo quemó fasta la mano / por redemir su çibdad» (*Cancionero,* pp. 398 y 648). También lo puso como ejemplo de fortaleza el marqués de Santillana en los *Proverbios* y en sus glosas: «E non menos la opinión / loo de Muçio, / del qual fazen Livio e Luçio / grand mención. *El marqués*: Muçio Cévola, magnánimo entre los romanos, commo el rey Porssena toviesse sitiada la cibdad, con alteza de grand coraçón, asayó de la descercar. Lo qual poniendo assí en obra, salió assí fuera de la çibdad al sytio con propósito de matar a Porssena. E commo un secretario deste rey toviesse una vestidura tal como la del rey e lo fallasse antes, pensando que fuesse el rey, le dio de la espada por el cuerpo en tal manera que prestamente ovo dél la vida. E commo por las guardas del real e los otros circunstantes fuesse preso e levado ante el rey, e él le demandasse de quál osadía loca lo oviesse traýdo en tal estrecho caso, él le respondió que él con otros, fasta en número de ciento, por deliberación de su cibdad, eran de acuerdo de lo matar e fazer todo su poder por lo traer en execución. E commo Porssena creyesse las palabras de Mucio Çévola, deliberó de se levantar del sytio, lo qual encontinente puso en obra, e mandó quemar a Mucio, el qual virilmente metió el braço en el fuego, e alegremente le tovo fasta tanto que la blancura de los huesos fue patente a todos. E como le fuesse preguntado quál era su motivo de tanta crueza a su misma carne, respondió que, pues su braço e mano havía fallido a su virtuoso propósito, que razonable cosa era que padesciesse pena por tal culpa» (fols. gviiiv-gixv).

328 La mención de la «muerte acelerada» indica que se refiere a Marco Porcio Catón (95-46 a. C.), Catón el Joven o Catón de Útica, político romano que se suicidó tras la victoria de César sobre Pompeyo y la derrota de su ejército en la batalla de Tapso. También Guillén lo recordó junto con su bisabuelo en la *Obra compuesta*: «Verás los Catones, la flor de la guerra, / que con justas armas resisten el fado» (vv. 1023-1024), siguiendo de cerca a Juan de Mena: «Están los Catones encima la cumbre / el buen Uticense con el Censorino, / los cuales se dieron martirio condigno / por no ver la cuita de tal muchedumbre» (*Laberinto de Fortuna,* p. 264). No es la única vez que Guillén señaló el ejemplo de los Catones y otras familias romanas: «Mirando los edifiçios / de Catones y Fabriçios / me procuro corregir» (*Obra poética,* p. 152). También el marqués de Santillana había elogiado la misma figura en sus proverbios con similar prevención ante el suicidio: «¡Quánto bien murió Catón, / si permitiesse / nuestra ley e consintiesse / tal razón! *El Marqués*: Catón, después que Ponpeo fue vencido de César en la batalla de Numacia en los campos Felipos, e se retraýa a la ysla Lesbo, donde estava Cornelia, su mujer, e dende passó en Egypto, donde fue muerto a manos de Potino e Achila por mandado del rey Ptholomeo, criado e servidor suyo, Catón, veyendo que los fechos de los césares e partesanos de Pompeo declinavan en tanto grado que por impossible era avido el su reparo, fuyó a la çibdad de Útica, onde, reçelando que por ventura por algund engaño oviesse de venir en las manos de Çésar, capital enemigo suyo, con su misma espada se fizo tal llaga de que murió» (*Proverbios con la glosa,* fols. gviiiv-gixr).

333 Salvando el problema moral del suicidio, Guillén alaba en Catón la voluntad de no someter su libertad al poder de su enemigo César.

334 Marco Petreyo (†46 a. C.) y Lucio Afranio, militares romanos seguidores de Magno Pompeyo, se opusieron a César con sus ejércitos en Lérida; así lo narra Lucano en la *Farsalia* IV, 1-16. Guillén volvió a recordarlos en la *Obra compuesta*: «Vio la defensa que Afranio y Petreo / a Lérida facen con estas legiones» (vv. 743-744). En «De Afranio» es preciso hacer dialefa por motivos métricos.

por ser acto que se cría
con señor de buen deseo.
Y mirando aquel renombre
de Codro con su motivo,
buscaremos por tal nombre   340
la muerte que deja el hombre
en el mundo siempre vivo.

39   Que el temor y estar dudoso
      en daño que non se escusa
      es materia muy confusa   345
      no de hombre virtuoso.
      Non fagamos imposible
      aquello que está en potencia,
      mas, siguiendo lo acesible,
      en la vida reprehensible   350
      requiramos la conciencia.

40   Do el magnánimo se esfuerza,
      no presume valentía,
      ni se cura ni confía

---

336 *se cría:* 'nace, surge y se justifica'.

337 *con señor de buen deseo:* 'a instancias de los buenos propósitos de su superior', en este caso Pompeyo.

339 Codro (*ca.* 1089-1068 a. C.) fue un rey ateniense que, al saber por un oráculo que los dorios someterían a Atenas estando él vivo, buscó la muerte en la batalla para evitarlo. La anécdota procede de Valerio Máximo, *Facta et dicta memoriabilia* V, 6, 1. Vuelve a aparecer en la *Obra compuesta:* «Verás cómo Codro está titulado / de muerte tan dina por paz de su tierra« (vv. 1021-1022). Gómez Manrique también lo menciona como ejemplo de fortaleza en el *Planto de las virtudes e poesía:* «Este fue tal que fizieralo que Codro por vençer», y en el *Regimiento de prínçipes:* «Byen commo Codro murió porque vençiese su gente, / y aquel varón valyente / qu'en la torca se lançó» (pp. 398 y 648). La fuente última parece ser el marqués de Santillana: «Codro quiso más vencer / que non bivir; / e non refusó morir / e padescer / por ganar e non perder / noble conpaña; / buen morir es por fazaña / de fazer. *El marqués:* Codro, rey de Atenas, seyendo guerreado assí como dize sant Agustín en el primero libro de *La Cibdad de Dios,* e assí mesmo Valerio en el quarto de su reportorio aprueva ser rey de Atenas; el qual, como se oviesse de conbatir con Pelópon, duque de los lacedomonios, sacrificando a los sus ýdolos e demandándoles lo que avía de ser en aquella batalla, le fue respondido que aquel capitán que muriese en la batalla, vençería al otro. El qual, anteponiendo el bien público a la vida suya, se vistió en pobre ábito e feria en la mayor fuerça de los enemigos, donde luego fue muerto; del qual dize Virgilio: "Codro quiso más morir vençedor que bevir vençido"» (*Proverbios con la glosa,* fol. hiir-v).

342 'que deja fama y memoria perpetua en el mundo'.

349 *lo acesible:* 'lo que cabe hacer'.

351 *requiramos la conciencia:* 'acudamos a la conciencia'. Otro tanto aparece en el *Libro de las cuatro virtudes:* «Ca temeroso non faze el ánimo salvo conçiençia de reprehensible vida» (p. 30).

de la que es corporal fuerza.   355
Solo osa y aun espera
do gana siempre corona.
La fuerza no bien entera
se nos muestra por defuera
en los miembros y persona.   360

CUARTA CARRERA DE CONTINENCIA

41   Es la cuarta continencia,
     que lo sobrado cercena
     y en sus actos se refrena
     con mesura y abstinencia.
     De los vicios se despoja,   365
     recelando su entrevalo;
     con el deleite se enoja;
     aquellas cosas arroja
     que son vistas de regalo.

42   Por que sea conoscida   370
     su casa por el señor,
     no quiere pompa ni honor
     que traspase su medida.
     De lisonja se defiende,

---

355 La precisión coincide con la que la Providencia hace a Juan de Mena respecto de la Fortaleza: «Fuerza se llama, mas non fortaleza, / la de los miembros, o grand valentía. / La grand fortaleza en el alma se cría, / que viste los cuerpos de rica nobleza, / de cuerda osadía, de grand gentileza, / de mucha costancia, de fe y lealtat» (*Laberinto de Fortuna*, p. 261).

357 *corona*: 'premio'.

364 Es doctrina procedente del *Libro de las cuatro virtudes*: «Continençia si deseas, çerçena lo sobrado e en angosto los tus deseos estriñe» (p. 30).

366 *recelando su entrevalo*: 'desconfiando de su intervalo de tiempo'.

367 Otro tanto se encuentra en el *Libro de las cuatro virtudes*: «Nin a los deleytes presentes te allegarás, nin desearás los absentes» (p. 31).

368 *arroja*: 'aparta de sí'.

369 *son vistas de regalo*: 'que son consideradas propias del placer', como en el *Libro de las cuatro virtudes*: «Todas las cosas arroja que son de regalo» (p. 30).

373 *que traspase su medida*: 'que esté por encima de lo que le corresponde, que no se ajuste a él'. La recomendación procede del *Libro de las cuatro virtudes*: «Si en continençia estudias, non entiendas a deleyte mas a salud, nin quieras el señor ser conosçido de la casa, mas la casa del señor» (p. 31). Lo mismo repitió Guillén en la *Obra compuesta*: «Si alguno con cabsa te fuere buscar, / así determino que es mucho mijor / que falle en tu casa nombrado el señor / que a ti por la casa poderte fallar» (vv. 1441-1444).

374 *lisonja*: 'adulación', igual que en el *Libro de las cuatro virtudes*: «Si continente eres, lisonjas esquiva» (p. 32).

       delezna siempre a lo puro,   375
       en malicias non entiende,
       osadamente contiende
       con el bando de Epicuro.

43   Y por no salir de tasa,
       los convites no acepta;   380
       la data con la recebta
       discretamente compasa.
       En los otros non reprehende
       los defectos que en sí falla.
       Si su voluntad se estiende,   385
       porque del yerro se emiende,
       luego le pone batalla.

44   Quiere las cosas honestas
       con pura simplicidad;
       salvo ira y torpedad,   390
       sufre duras y molestas.
       Non llora por su caída,
       de los vicios se absenta,
       es en riquezas nacida,
       no arrogante ni atrevida,   395
       consigo vive contenta.

45   Estriñe bien sus deseos,
       come por nescesidad,

---

375 *delezna:* 'se desliza'.

378 El filósofo griego Epicuro (341-370 a. C.) comparece como símbolo negativo de la búsqueda del placer y el deleite.

380 La métrica obliga a hacer dialefa en «no acepta».

381 *la data con la recebta:* 'la que se da con lo que se recibe'.

382 *discretamente compasa:* 'equilibra con inteligencia'.

384 *falla:* 'encuentra'.

387 *luego:* 'de inmediato'.

390 En el *Libro de las cuatro virtudes* también se dice que el continente ha de ser «a yra tardío»; y se añade: «Si tú continençia deseas, fuye las cosas torpes ante que vengan, nin ayas vergüença de alguno más que de ti. Todas las cosas cree sufrideras afuera de torpedad» (pp. 34 y 31).

393 Se impone la dialefa en «se absenta» por razones métricas.

396 Es doctrina del *Libro de las cuatro virtudes:* «Si continente fueres, fasta tanto vernás que de ti seas contento, ca el que a sí es asaz, es con riquezas nasçido» (p. 30).

397 La sentencia se aviene con el *Libro de las cuatro virtudes:* «Continençia si deseas, çerçena lo sobrado e en angosto los tus deseos estriñe» (p. 30).

<pre>
      limpia es su probidad,
      non muy ricos sus arreos.   400
      Por su ánima procura
      desque el cuerpo bien regido;
      y si las cabsas apura,
      ni teme ni se asegura
      del daño que está escondido.   405

46   No flaca su ligereza,
      ni su riso quebrantado,
      ni ajenos males llamado,
      mostrando gran aspereza.
      Non recela la sentencia   410
      del Jüez Superïor.
      Costreñida por clemencia,
      allí muestra gran paciencia
      do corrige al pecador.

47   En los torpes apetitos   415
      ha vergüenza de sí misma;
      no maltrata ni sofisma
      en los ajenos delitos;
</pre>

---

399 *probidad:* 'probedad, pobreza', de acuerdo con la fuente del *Libro de las cuatro virtudes:* «Nin la pobredad sea a ti non limpia» (p. 31).

400 *arreos:* 'aderezos'.

402 Algo similar se lee en el *Libro de las cuatro virtudes:* «E así, casi a enxemplar divino, en tu composición del cuerpo te presura traer para el ánima quanto tú pudieres» (p. 31). De no mediar error en la transmisión, en estos dos versos parece faltar un verbo en infinitivo referido al cuerpo.

403 *apura:* 'llega a conocer''.

404 *se asegura:* 'se protege'. Los versos parecen inspirarse en el *Libro de las cuatro virtudes:* «Si continente eres, guarda los miedos de tu ánimo e cuerpo, que feos non sean, nin por ende los menospresçies, porque están escondidos» (p. 33).

408 Coincide con el *Libro de las cuatro virtudes:* «Esto más guarda, [...] nin la ligereza flaca» (p. 31). Hay un verbo *es* implícito.

409 De nuevo la doctrina se ajusta a la del *Libro de las cuatro virtudes:* «Ca reprehensible es el riso, si es sin mesura, si niñeramente derramado, si mugerilmente quebrantado» (p. 32).

409 Los dos versos remiten al *Libro de las cuatro virtudes:* «Aborresçible ombre faze el riso si es sobervio e claro, o malo o fortivo, o agenos males llamado» y «non serás escudriñador curioso nin reprehendedor áspero» (pp. 32 y 33).

414 Hay que buscar la fuente en el *Libro de las cuatro virtudes:* «Más cruel de juyzio que de palabra, más de vida que de bulto, de clemençia cultor, desaprovador de crueza» y «en la reprehensión paçiente» (p. 33).

414 La exhortación sigue al *Libro de las cuatro virtudes:* «Si tú continençia deseas, fuye las cosas torpes ante que vengan, nin ayas vergüença de alguno más que de ti» (p. 31).

417 *sofisma:* 'retuerce, falsea'.

vence bien su humanidad,
mostrando su perfección   420
por la regla de igualdad;
son de grande utilidad
sus andenes y mansión.

SALIDO DE LAS CUATRO VIRTUDES, SIGUE EL ABTOR

48   Por estas cuatro veredas
     y por sus ramos y climas   425
     saldremos de siete simas
     a nueve cercos y ruedas.
     Veremos, maguer se encela,
     aquella nube estendida
     de qué cabsa se congela,   430
     que veamos nuestra tela
     por todas partes rompida.

49   Veremos como fenesce
     la materia corrutible
     y cuánto será misible   435
     esta discordia, si crece.
     Et visto cuand poco dura
     este bullicio del suelo
     y cómo en la sepultura
     face fin la crïatura,   440
     miraremos más al cielo.

---

421 Es doctrina del *Libro de las cuatro virtudes:* «A todos sey benigno, a ninguno blando; a pocos familiar, a todos ygual» (p. 33). Resulta imprescindible romper la sinalefa en «de igualdad» para mantener el octosílabo.

423 *andenes:* 'corredores' o 'espacios', como en la *Obra compuesta:* «Verás fondón de estos, en otros andenes» (v. 1013).

425 *ramos:* 'desviaciones'; *climas:* 'espacios', como en la *Obra compuesta:* «De que salen esos ramos o climas de la ética» («Introducción», 1).

427 *cercos:* 'círculos'.

428 *maguer se encela:* 'aunque se oculta'.

431 La *tela* parece aludir a la vida material, que encubre el alma.

433 *fenesce:* 'fenece, se acaba y consume'.

435 *misible:* 'arrojable, despreciable'. El latinismo también consta, aunque en fecha más tardía, en Hernando Domínguez Camargo: «Misible su concepto les denuncia» (*San Ignacio de Loyola*, p. 114).

440 *crïatura:* 'ser humano', como cosa creada.

50 Quien [...] benes ama
a tiempo convien que cese.
Do se busca el interese
se pierde la buena fama.   445
Ciegas son las afecciones,
segund muestra la experiencia;
en las muchas opiniones
no cesan murmuraciones
diferentes en sentencia.   450

51 El crüel rey Dïomedes,
desde su reino de Tracia,
nos exhorta con su gracia
que fuyamos tales redes.
Notar debe tal doctrina   455
todo príncipe que rige,
temiendo la disciplina
de la mano hercolina,
que lo semblante corrige.

52 Si este caso se discerne   460
y su gran riguridad,
propïo en calidad,

---

442 El verso habría de aludir a las personas que aman los bienes mundanos.

443 *convien:* 'conviene'.

446 *afecciones:* 'afectos, deseos'.

450 *diferentes en sentencia:* 'que mantienen pareceres diversos'.

454 *redes:* 'trampas'.

458 *hercolina:* 'de Hércules'. La referencia a la crueldad de Diomedes y a su derrota por parte de Hércules procede del marqués de Santillana en el *Favor de Hércules contra Fortuna:* «Este que non çessa, mas syenpre guerrea, / rrepare estos daños con grand eficaçia: / prenda a Diomedes, el señor de Traçia, / el qual grandes males a nos acarrea» o en *Bías contra Fortuna:* «Diomedes de Traçia, que de humana carne fazía manjar a sus caballos» (*Obras completas,* pp. 336 y 273). Se refiere a uno de los doce trabajos de Hércules con las yeguas de Diomedes, al que ya aludía Ovidio en las *Heroidas* IX, 67-68, y que relataba Juan Pérez de Moya: «De Diomedes el de Tracia, no el griego que fue a la conquista de Troya, dice Ovidio que engordaba con sangre humana sus caballos, a quien Hércules echó en los pesebres donde habían comido otra infinidad de hombres que él les había echado, por cuya causa fue su pena conforme la que él daba a todos los estranjeros que a su reino venían» (*Philosofía secreta de la gentilidad,* p. 469).

459 *semblante:* 'semejante'.

460 *discerne:* 'compara'.

461 *riguridad:* 'crueldad'.

462 De no mediar error de transmisión o copia, se impone la dialefa en «propio en».

con la serpiente de Lerne,
la cual diz que fue criada
en las lagunas de Bete   465
y de materia engendrada
que, una cabeza cortada,
por ella naciesen siete.

53   Quien de sí mucho presume
en la muerte poco piensa;   470
el deseo de la ofensa
en venganza se consume.
Los patrones muy ardidos
en bonanza se aperciben,
porque los apercebidos   475

---

464 *diz:* 'dicen'.

468 Alude a la hidra de Lerna, monstruo de múltiples cabezas que habitaba en el lago de Lerna, cuya muerte fue el segundo de los doce trabajos de Hércules. La referencia está tomada de la *Crónica troyana:* «E en tierra de Tesalia avía una gran laguna, & dizen los que desta materia fablan que avía en derredor tres leguas de andadura. & llamávanla la laguna Lerne, e fazíase de unas fuentes que cerca della nascían. & no avía salida ninguna aquel agua, mas a logares dentro en ella parescían muy grandes espacios de tierra como yslas; e en aquellos espacios era lleno de juncos & cañuelas & destas semejantes cosas, & aun otros árboles & matas, mas no tales que fuesen habitables para ombres. E en estas tales malezas se ovo de criar una sierpe destas que en las aguas se crían. E quando Junio vio que Ércoles tanto se fingía en la su grand fuerça, trató con el rey que lo embiase allá. E el rey le dixo: —"Sobrino, para vós creo que guardaron los dioses los grandes fechos. E pues que así es, con lo que ellos vos dieron fazeldes serbicio. E vós sabedes que la tierra de Tesalia es en grand cuyta por la sierpe de la laguna Lerne. Ydvos allá & libraldos della"—. Ércoles no lo rehusó, pero bien vio que mucho mayor fecho era este & más peligroso que los otros. E dizen que para esto buscó otras armas, & lebó un arco con saetas & fuese para allá. & quando la sierpe lo vio venir, salió a él, e él echó mano por la espada & diole en el pescueço de la una cabeça, ca dizen que siete avía, & ge la cortó; & luego le nascieron en el lugar de aquella otras dos, que tal era su natura. & dizen que muchos la avían probado & los avía ella muerto: así lo avían fallado e aun Ércoles así lo avía oýdo. E quando aquello vio, entendió que verdad era & no quiso más pelear con el espada. & echó mano al arco & tirole una saeta en derecho del coraçón, & después de otras dos por allí mesmo, que la fizo quedar. E desque la vio así enflaquecida, tomola con las manos, & apretándole las gargantes, afogola. Mas agora dize el autor, que ya como de suso oystes, que los gentiles ovieron por costumbre de poner sus ystorias por figuras, e dizen que esto de esta sierpe que verdad fue, que sienpre andava allí en aquella laguna & que fazía grand daño. Mas quanto a lo que dizen que quando le tajavan una cabeça que le nascían dos, que no fue sino que aquellas siete fuentes donde aquel agua nascía que las fizo atapar Ércoles por estancar el agua, ca otramente no pudiera llegar a los lugares a do la sierpe estava. E quando atapava qualquier de las fuentes, que se le lebantavan por otras dos partes; & quando bio aquello Ércoles, que foradó aquella sierra que retenía aquellas aguas por lo más fondo & fizo vaziar todas las aguas. E esto es lo que dize que le tiró con las saetas en el coraçón. & allí tomó la sierpe en seco & matola, e quedó aquel estanque así en seco sino un río muy estrecho por do fizieron curso las aguas de aquellas fuentes» (pp. 126-127). Santillana también recordó el episodio en el *Favor de Hércules contra Fortuna:* «Taje e destruya con toda crueza / las muchas cabeças que fincan de Lerna» (*Obras completas*, p. 336).

473 *ardidos:* 'valientes, audaces'.

ya son medio combatidos
y menos daños reciben.

54   Yo vi muchos cirujanos
dilatar la simple cura,
otros no esperan mesura   480
do pueden obrar las manos.
Si en guerra cibdadana
buscada por accidente
aquel se pierde que gana,
de llaga que sobresana   485
no se confíe el paciente.

55   ¿Quieren burla, quieren juego?
Dentera face el agraz;
no pueden vivir en paz
dos tocados tras un fuego.   490
Pues término do lleguemos
nos ha puesto la virtud,
no digo soltar los remos,
mas fuir de los extremos
es un medio de salud.   495

56   Tiempo hay que es intervalo
el bullir de la cometa;

---

476 Reescribe el dicho «Hombre apercebido, medio combatido», que viene a significar que aquellos que están prevenidos tienen gran parte de su tarea avanzada. Como refrán aparece en el marqués de Santillana (*Refranes,* p. 100) y en Gonzalo Correas (*Vocabulario de refranes,* p. 244).

479 Ha de entenderse que el médico alarga la cura para cobrar más.

481 'no esperan para intervenir de inmediato y ponerse a hacer lo que les corresponde'.

482 *guerra cibdadana:* 'guerra civil'. Ha de hacerse dialefa en «Si en».

485 *sobresana:* 'se reduce y cierra por la parte exterior, sin curarse la interna'.

488 *dentera face el agraz:* 'la uva verde —y en general lo amargo— provoca una sensación desagradable en los dientes'. Era una frase hecha, como se deduce de su presencia en Juan Ruiz: «De un grano de agraz se faze mucha dentera» (*Libro de Buen Amor,* p. 221). Todavía lo anotó Correas: «Unos comen el agraz y otros tienen la dentera» (*Vocabulario de refranes,* p. 496).

490 'dos mujeres no pueden compartir la misma casa'. Como proverbio consta en Correas: «Dos tocados a un fuego, el uno está rostrituerto; o el uno u el otro está rostrituerto. Dos tocados a un hogar, mal se pueden concertar» (*Vocabulario de refranes,* p. 167).

491 *término:* 'límite'.

493 *soltar los remos:* 'dejarnos llevar'.

495 *salud:* 'bienestar', pero también 'salvación'. Se atiene la famosa doctrina de Aristóteles del *justo medio,* formulada en la *Ética a Nicómaco* II, 9.

497 'hay momentos en los que se detiene el movimiento de la cometa'.

muchos facen paz secreta
do amenazan con el palo.
No segura del rebato   500
la cola de la garduña
por la blandura del trato;
büen amigo es el gato,
sino que luego rascuña.

57   En la lucha abra el ojo   505
quien no sabe muchas mañas;
no se quiebran bien las cañas
todas juntas en manojo.
No creamos mezcladores,
las malas lenguas atallas,   510
ni sigamos los sabores,
pues hay tantos embaidores;
quiere pan con las agallas.

58   Dejemos fablar del arte,
que al engaño sale en presa;   515
dejemos lo que amonesta
buen juïcio en esta parte.
Y pues creo la porfía

---

499 'llegan a un acuerdo bajo amenazas y en una situación extrema'. Parece frase hecha.

500 *rebato:* 'ataque'.

502 *garduña:* 'pequeño mamífero carnívoro'. Se afirma aquí que la garduña se asusta, a pesar de que haya una apariencia de amabilidad y buen trato.

504 *luego:* 'rápidamente'; *rascuña:* 'rasguña'. Se trata de un refrán que recogió el marqués de Santillana: «Buen amigo es el gato, si no que rascuña» (*Refranes,* p. 81).

505 *abra el ojo:* 'esté atento'. La dialefa se requiere en «lucha abra» para que el verso respete la métrica del poema.

508 'Las cañas hay que lanzarlas y romperlas en el contrincante de una en una'. El juego de cañas era un deporte y entretenimiento público en el que se enfrentaban grupos de cuatro y hasta ocho jinetes con cañas en lugar de lanzas; el fin era mostrar la habilidad para golpear al contrario y librarse de sus lanzamientos y acosos.

509 *mezcladores:* 'chismosos, personas que meten cizaña'.

510 *malas lenguas:* 'murmuraciones'; *atallas:* 'atarlas, sujetarlas, limitarlas'.

511 *sabores:* 'deseos, gustos'.

512 *embaidores:* 'mentirosos, embaucadores'.

513 *quiere pan con las agallas:* 'acepta lo bueno, el *pan,* con sus inconvenientes, las *agallas*'. No he logrado localizar la frase como dicho, aun cuando tenga una clara apariencia paremiológica.

514 *arte:* 'ingenio, capacidad'.

515 *en presa:* 'a la caza', para desenmascararlo.

518 *porfía:* 'empeño, insistencia'.

    en un fecho tanto caro,
    sepa vuestra señoría   520
    que de vuestra gran valía
    esperamos el reparo.

59   Pues miremos los clamores
    que penetran las estrellas,
    los gemidos y querellas   525
    de los simples labradores
    no seamos nos los […]
    de corazones tan duros
    que por malos […]
    nos mostremos tan crüeles   530
    ante pobres y menudos.

60   No es caso tan revuelto
    que non tenga sus primores;
    mucho place a pescadores
    con el río que va vuelto.   535
    Pues las gentes acabdilla
    vuestro noble corazón
    mirad, señor, que Castilla
    de negro cubre su silla
    y aparta de sí el León.   540

61   Mitigad, por Dios, la saña;
    el remedio non se tarde,

---

519 *caro:* 'estimado'.

522 *reparo:* 'remedio, solución, ayuda'.

523 *clamores:* 'quejas, lamentos'.

527 El término perdido sería un sustantivo terminado en *-eles*.

529 Falta un adjetivo que habría de concluir en *-uros*.

531 *menudos:* 'personas débiles y desvalidas'.

532 Se impone la dialefa en «No es»

533 *primores:* 'cosas hermosas, ventajas'.

535 *vuelto:* 'revuelto, turbio'. Los versos reescriben un refrán que ya aparece en el marqués de Santillana, Fernando de Rojas o en Gonzalo Corres: «A río vuelto, ganancia de pescadores» (*Refranes,* p. 80; *La Celestina,* p. 91 y *Vocabulario de refranes,* p. 65). Guillén volvería a utilizarlo al final de la *Obra compuesta:* «Pues que el río vuelto engendra tal vicio / que no deja cosa do lanza su red» (vv. 1783-1784).

536 *acabdilla:* 'acaudilla, lidera, dirige'.

540 'que Castilla tiene su trono cubierto de negro en señal de tristeza y luto y parece apartarse de León', perdiendo su unidad.

pues paresce cómo arde
este fuego por España.
En un caso tan dudoso   545
que nuestro sosiego tira,
dadnos orden de reposo
vos, espera muy lumbroso,
a quien todo el pueblo mira.

62 Si las quejas y plegarias   550
de los tristes que padescen
de su esperanza carecen
por ser bajas o contrarias,
el remedio reparable
venga por intercesión   555
de progenie venerable,
persona comunicable,
sin punto de presunción.

63 Aquel que salió del seno
do salió el conde Rodrigo,   560
de virtudes buen amigo
y de los vicios ajeno,
a este suplico yo,
pues que rige vuestra casa,
que del fuego que encendió   565

---

546 *tira:* 'quita, roba'.
548 *espera muy lumbroso:* 'esfera muy luminosa'.
557 *comunicable:* 'de trato fácil y humano'.
558 *sin punto:* 'sin nada'.
564 *casa:* 'entorno de personas y propiedades de un señor'. Se trata, una vez más, de Gómez Manri-que, hijo de Pedro Manrique de Lara y Mendoza, sobrino del marqués de Santillana y hermano del aquí aludido Rodrigo Manrique (*ca.* 1406-1476), conde de Paredes de Nava, maestre de Santiago y padre de Jorge Manrique, que le dedicó sus famosas *Coplas a la muerte de su padre.* Los vínculos de la familia Manrique con don Alonso Carrillo frente a Enrique IV llevaron a Gómez Manrique a entrar en la casa del arzobispo en 1458, convirtiéndose en una figura esencial en su regimiento. Ambos personajes termina-rían enfrentados al poco de la llegada de Isabel de Castilla y Fernando de Aragón al trono a causa de sus diferencias políticas; cfr. Cummins (1973: 22) y Vidal González (2003: 11-37 y 2020).

un planeta que corrió
quiera él matar la brasa.

64 Pues vos da lugar la fama
de otro Gregorio segundo
y podéis regir el mundo   570
como quien virtudes ama,
trabajad, noble cabdillo,
dejando de vos memoria,
porque de vuestro castillo
con las armas de Carrillo   575
recobremos la vitoria.

FIN

65 En cerrar tan gran portillo
faréis obra meritoria,
aunque no me maravillo,
por doblarse el homecillo   580
después de la monitoria.

---

566 Los versos juegan con dobles sentido, pues el movimiento del planeta deja fuego tras de sí, aunque «correr el planeta» también pudiera significar 'seguir su curso', como en la *Carta de las setenta y dos necedades:* «Dejadle corra su planeta, pues sufrimos otra nescedad casi como esta» (*Sales españolas,* p. 88). Según el *Diccionario de Autoridades, planeta* también puede significar 'luminaria' y, por extensión, aludir a las personas reales.

567 *matar la brasa:* 'apagar el fuego, acabar con el problema'. Parece aludir al enfrentamiento entre el infante Alfonso de Castilla, proclamado rey por Alfonso Carrillo y sus seguidores en 1465, y el rey Enrique IV de Castilla, que provocó un enfrentamiento civil que se mantuvo vivo hasta la muerte del infante tres años después. Guillén recomienda al arzobispo que se sirva, para su acción política, de una persona a la que considera de gran valía, como era Gómez Manrique. No se olvide que el poema, conforme reza el título, trata «de la paz et sosiego que, en estos tiempos de tanta turbación, es nescesaria».

569 'pues tenéis fama de ser un nuevo san Gregorio Magno (540-604)', pontífice y doctor de la Iglesia. El mismo parangón se reitera en la *Obra compuesta:* «Perlado famoso de santa dotrina, / segundo Gregorio en vida modesta» (vv. 1233-1234).

577 Se refiere al escudo de armas del arzobispo, que mostraba un castillo de oro con ventanas azules sobre fondo de gules. La misma alusión se encuentra en la segunda suplicación: «A su diestra parte vi estar un castillo, / luciente, bruñido, de muy fino oro; contiene gran copia de rico tesoro, / de honor y de fama notable cabdillo» (vv. 481-484); en la *Obra compuesta:* «Aquel que lumina con fe nuestra gente / y tiene por armas dorado castillo, / aquel que intitula su nombre Carrillo» (vv. 437-439); y en el proemio a *La Gaya Ciencia:* «Señas del dorado castillo de azul finestrado, armas vituriosas de los antiguos y nobles títulos de Acuña y Carrillo» (*Consonantes,* 45).

578 *cerrar tan gran portillo:* 'resolver un problema o contratiempo tan grande'.

581 *homecillo:* 'delito'; *monitoria:* 'advertencia'. El delito se hace mayor, hasta duplicarse, una vez que el delincuente ha sido advertido del mismo. Tras el poema el copista anotó: «Del Cancionero manuscrito de Pero Guillén de la Librería de cámara del Rey».

IV

OBRA COMPUESTA Y ORDENADA POR PEDRO GUILLÉN DE SEGOVIA, CONTADOR DEL MUY MAGNÍFICO SEÑOR DON ALFONSO CARRILLO, ARZOBISPO DE TOLEDO, PRIMADO DE LAS ESPAÑAS, CHANCILLER MAYOR DE CASTILLA, DIRIGIDA Y DIFIRIDA A SU SEÑORÍA[1]

INTRODUCCIÓN

[1] Como a mi noticia viniese, muy reverendo y magnífico señor, en una fabla que de la poesía se hobo en presencia de vuestra señoría,[2] yo haber sido increpado del ocio por algunas personas,[3] deciendo haberme entregado a él después que en vuestra muy magnífica y servicio fui recebido; y la razón que diz que a ello daba era que non sabían en qué ocupaba mi tiempo agora, porque diz que, ante que a ella veniese, de eso que mi flaco ingenio comprehender pudo,[4] había pregonado algo por mío de aquesa ciencia,[5] et que se maravillaban de esto por ser esta ante tanto dulce et aplacible a los sentidos[6] que, comenzada a gustar, non se deja expedir de la mente,[7] mas siempre acompaña aquel dulzor a los sesos que la comunican, mayormente cuando de aquella resultan algunos efectos coadjutorios al bueno,[8] licito y honesto vivir, tratando de materias conformes a la virtud y tocando algo de aquellas partes de la filosofía racional y real, de que salen esos ramos

---

1 *difirida:* 'deferida, adherida'.

2 *fabla:* 'conversación, debate'; *de la poesía:* 'en torno a la poesía'; *hobo:* 'hubo'.

3 *increpado del ocio:* 'censurado por haber abandonado la labor poética'.

4 *comprehender:* 'abarcar'.

5 *había pregonado algo por mío:* 'había dado a conocer alguna parte de mis capacidades como poeta'.

6 *aplacible:* 'apacible, agradable', en forma que todavía recogía *Autoridades.*

7 *expedir:* 'apartar, alejar'.

8 *coadjutorios:* 'que ayudan y acompañan'.

o climas de la ética[9] y conómica política,[10] que son perfecetas doctrinas de la ciencia moral, y esas otras partes de la gramática, lógica, retórica plática,[11] especulativa y aun la filosofía natural y sobrenatural,[12] que se esconde de nuestros sentidos, sin esos otros miembros de la música, giometría, arismética,[13] astronomía, y los efectos y cosas sobre que cada una por sí tiene su principado y señorío;[14] y como quiera, muy ínclito señor, que esos que lo decían non tovieron en memoria aquel dicho de Séneca que pone en el capítulo segundo de la *Vida bienaventurada*, do dice que todo ocio es pena del hombre diligente,[15] paresció tenerme por remiso o perezoso en la tal fabla, porque paresce ser tentada a uno de dos fines.[16] Primero, la inorancia que paresce tener de mí, porque, si sopieran la inhabilidad y insuficiencia mía, non les fuera grato ni permiso traerme en la tal fabla en común[17] de los muy elevados prudentísimos varones de quien diz que se fizo mención;[18] porque, sabiéndolo, más se atribuyera su fabla a lisonja que a loor, nin yo por eso, segund escribe Senefonte, me debí gozar, conociendo no caber en mí, porque, como este mismo filosofo dice, aquellos loores dan alegría cuando, en absencia del loado, se dice lo que cabe, et lo tal es dicho por hombre libre y sin pasión.[19] Et aun cerca de esto Séneca dice en la epísto-

---

[9]   *ramos:* 'derivaciones, partes del saber'; *climas:* 'regiones, espacios', del conocimiento en este caso. Guillén de Segovia introduce, con esta segunda voz, una noción de espacio que tendrá un papel fundamental en la construcción alegórica de la obra. Las voces *ramos* y *climas* forman pareja frecuente en Guillén: «Do las artes son atentas / todos sus ramos y climas», «fuyamos la desmesura / todos sus ramos y climas» o «Por estas quatro veredas / y por sus ramos y climas / saldremos de siete simas» (*Obra poética*, pp. 113, 257 y 340).

[10]   *conómica pulítica:* 'economía política', con formas de cierto uso hasta el siglo XVI.

[11]   *plática:* 'práctica, aplicada'. Recuérdese que la Gramática, la Lógica y la Retórica conformaban el *trivium* en la organización de los estudios medievales.

[12]   *especulativa:* 'ciencia especulativa'; *filosofía sobrenatural:* 'metafísica'.

[13]   *giometría, arismética:* 'geometría, aritmética'. La forma *aritmética* se mantuvo en uso hasta la primera mitad del siglo XVII. Son las cuatro ciencias que constituían el *quadrivium:* Aritmética, Geometría, Música y Astronomía.

[14]   *principado:* 'superioridad, gobierno'.

[15]   La cita no corresponde a *De vita beata,* sino a *De providentia* 2, 2: «Cui non industrio otium poena est?». Más que probablemente, la referencia procede de la traducción que, de los tratados de Séneca, hizo Alonso de Cartagena durante el reinado de Juan II. La versión de Cartagena dice: «¿Y cuál ombre ay diligente que no aya el ocio por pena?» (*Los libros de Séneca,* fol. 29r). La coincidencia literal de las dos versiones confirma el vínculo, así como la remisión de Guillén a *De la vida bienaventurada,* primero de los tratados que abre la colección de Cartagena, dándole título, y en la que el segundo libro corresponde, en efecto, a *De la providencia divina.* En torno a estas traducciones, véase Olivetto (2011). Cabe la posibilidad de que Guillén tomara la cita de un prontuario de sentencias recopilado en el siglo XV, *La floresta de filósofos de varios dichos y sentencias políticas y morales,* en la que consta: «Non ay hombre deligente que non aya por pena el ocio» (fol. 4r). Todo lo precedente actúa como una oración subordinada, siendo la principal la que sigue a continuación, la cual se rige por *paresció* como verbo principal.

[16]   *tentada:* 'inducida, orientada'; *fines:* 'objetivos, propósitos'.

[17]   *permiso:* 'permitido'; *traerme:* 'hablar o tratar de mí'; *en común:* 'junto con'.

[18]   *diz:* 'dice'.

[19]   Las dos referencias sucesivas a Jenofonte están tomadas de *La floresta de filósofos,* poliantea recopilada en el siglo XV que utiliza, además, la misma forma nominal de «Senefonte». En el apartado «Aquí comiençan los dichos del libro llamado Senefonte» se lee: «Non se puede gozar el que es loado de la alabança que le dan, quando siente que se le fazen por lisonja. Aquellos loores son dulces quando quien dice es libre e non subjeto en nada a aquel por quien los fabla» (fol. 130r).

la siete a Lucilo: «Desprecia la locura de tu loor, pues tú conosces de ti lo contrario».[20] El otro fin suyo fue querer por astucias sacarme a barreras,[21] do, corrido y persegui-do de las virolentas y ponzoñosas lenguas,[22] pregonase en esto mis débiles fuerzas y pesado ingenio,[23] no mirando cuánd grand presunción es al indino osar poner la mano apesgada[24] de temporales negocios en querer nivelar el cielo ni mensurar su grandeza,[25] presumiendo alcanzar los divinos secretos de él, ca,[26] como dice Platón en el *Fedrón:* «Todo varón virtuoso ha de querer lo que la razón quiere»;[27] et aun Diógenes dice: «Si quieres ser enseñado, no fables cerca ninguno fasta que lo oyas fablar,[28] porque midas, con el compás de tu juicio,[29] tu saber con el suyo».[30]

[2] Pero, porque del medio de esta relación colegí vuestra señoría haber dado algund crédito a esto, conformándome con aquel dicho del filósofo en el su libro primero de las *Éticas,* do dice que la bondad del ingenio obra segund los tiempos,[31] ayuntando a las artes, ciencias y doctrinas;[32] el cual tiempo, como yo conosciese ser en tal grado que me debió costrenir y solevantar a follar este tan trabajoso camino,[33] determiné, en servicio de vuestra señoría, seguir la parte más grave, guiándome por aquella dotrina de Tulio en las obras virtuosas, do dice que, si alguna vez la nescesidad nos atruxiere a aquellas cosas que no son de nuestro ingenio, pongamos todo cuidado, estudio y diligencia, por que, si non las podié-remos facer fermosamente, las fagamos lo menos feo que ser pudiere.[34]

---

[20]   *Epistulae morales ad Lucillium* I, 7, 12: «Multi te laudant: ecquid habes cur placeas tibi, si is es quem intellegant multi? Introrsus bona tua spectent». Probablemente Guillén se basó en la traducción de Alonso de Cartagena: «Si muchos te loan, piensa en ti si tu eres digno de aquel loor, aunque te conogscan aquellos que te alaban; ca los tus bienes en ti mesmo son et tú los cognosces mejor» (*Epístolas de Séneca a Lucillo,* fol. 5r).

[21]   *sacarme a barreras:* 'exponerme a la censura pública'.

[22]   *corrido:* 'avergonzado'; *virolentas:* 'virulentas, malignas'.

[23]   *pesado:* 'lento y poco agudo'.

[24]   *indino:* 'indigno'; *apesgada:* 'cargada con el peso'.

[25]   *temporales negocios:* 'asuntos de la existencia común'; *nivelar:* 'conocer el nivel o altura'; *mensurar:* 'medir, calcular'.

[26]   *ca:* 'porque'

[27]   La cita está, de nuevo, tomada de *La floresta de filósofos,* en la sección «Aquí comiençan algu-nos dichos de Platón del su libro llamado *Fedrón, de la inmortalidad del ánima*»: «Qualquier hombre virtuoso querrá lo que la rrazón quiere» (fol. 84r). La coincidencia alcanza al nombre con el que se designa el diálogo platónico *Fedón.*

[28]   *oyas:* 'oigas'.

[29]   *compás:* 'tamaño'.

[30]   La máxima de Diógenes también remite a *La floresta de filósofos:* «Dichos de Diogenis. Non fables ante ningund hombre fasta que oyas sus palabras, e por ellas pensarás e verás tu sapiencia con la suya» (fol. 83v).

[31]   *es obra segund los tiempos:* 'varía con el tiempo'. El *filósofo* es, por antonomasia, Aristóteles, y la sentencia procede casi en su literalidad del cuatrocentista *Compendio de la Ética nicomaquea:* «La bondat del ingenio umano faze según los tiempos, sin fazer errada, ajustamientos a las artes, sciencias y doctrinas» (p. 35).

[32]   *ayuntando:* 'uniendo, sumando'.

[33]   *costrenir:* 'constreñir, obligar', en forma todavía en uso a finales de la Edad Media; *solevantar:* 'soliviantar, inducir'; *follar:* 'hollar, pisar, seguir'.

[34]   *fermosamente:* 'de manera correcta y adecuada'; *feo:* 'imperfecto'. El proverbio está tomado de *La floresta de filósofos* en la sección «Aquí comienzan algunos dichos de Tulio de *Oficios,* los ofi-cios son obras virtuosas»: «Si la necesidad nos tragere a aquellas cosas que non son de nuestro ynge-nio, fagámoslas lo menos feo que podamos» (fol. 44v).

[3] Y por eso propuse ordenar la siguiente indota obra, con la cual, aunque no satisfaga el deseo de mis increpantes, por lo menos satisfaré a que con cabsa cese su increpación,[35] pues me tornaron a ocupar en lo que ya por antigua edad era o debía ser relevado. Et así me reservaré de culpa, queriendo en esto parescer a los niños que, con la usada obediencia, también tientan lo imposible como lo posible,[36] con lo cual no solo se relievan de culpa, mas aun fácense dignos de falago.[37] El cual motivo, ya por mí concebido et inventado, por cuyo comienzo procedería, non sé si trasportado en el tal pensamiento o vencido del natural sueño, en uno de aquestos modos me sentí fuera de todo sentido y paresciome ver visiblemente cosas miraglosas y mucho contrarias al natural curso.[38] Y meditando aquella contrariedad de natura non poder intervenir sin grand misterio divino,[39] paresciome súbito ser llevado al pie de un altísimo monte, que con las nubes parescía entender,[40] do por un grand espacio haber estado me paresció sin entendimiento ninguno.

[4] Allí se me representaron los efectos de todas las ciencias y artes que se dicen liberales, de suyo menoradas,[41] los cursos de los siete planetas, y aquello de sus influencias que en la humana natura procede.[42].Parescíame ver las imágenes de los claros varones pasados, los altos y notables fechos de algunos presentes, do caben los serenísimos y bienaventurados príncipes, legítimos subcesores y herederos de nuestras Españas, conforme al voto de vuestras heroicas virtudes.[43] Y fondón de aquestos cercos,[44] no pude fuir la vista que non acatase[45] los mucho ignorantes y desastrados casos de algunos pasados y contemporáneos,[46] los cuales, dados a los temporales vicios, se redraron de la carrera derecha de su salvación.[47] Y doliéndome de aquello, porque lo firme y soberano hayan consentido cegar con obscuras nubes y caligionsos aires la luz de la discreción de los tales,[48] y visto ya tanto ennegado el estado de la humana natura,[49] propuse de lo proferir en mis exhortaciones, mostrando la ocupación enferma que lo permitió et abriendo en esto mis intelectuales ojos por gracia divina, sin la cual, segund el apóstol

---

[35] *cabsa:* 'causa, razón'.
[36] *tientan:* 'intentan'.
[37] *falago:* 'halago, alabanza'.
[38] *miraglosas:* 'milagrosas, excepcionales'.
[39] *intervenir:* 'suceder'.
[40] *entender:* 'alcanzar'.
[41] *de suyo menoradas:* 'condensadas por sí mismas'.
[42] 'y aquella parte de sus ascendientes e influjos que actúa —*procede*— sobre la naturaleza y comportamiento humanos'.
[43] *conforme al voto:* 'de acuerdo con el deseo', en alusión al arzobispo don Alonso Carrillo.
[44] *fondón:* 'en el fondo, en la parte más baja'; *cercos:* 'círculos'. Se trata de un hemistiquio de Juan de Mena en el *Laberinto de Fortuna:* «Fondón de estos cercos» (p. 224).
[45] *acatase:* 'viese'.
[46] *ignorantes:* 'desconocidos'; *desastrados:* 'infaustos, desgraciados'.
[47] *redraron:* 'apartaron'. La *carrera derecha* es alegoría del camino recto de la virtud.
[48] *discreción:* 'criterio'.
[49] *ennegado:* 'anegado, postrado'.

a los Romanos et aun segund la glosa de santo Ambrosio, no puede el que quiere querer querer ni el que quiere obrar obrar.[50]

[5] Ordené lo siguiente, en lo cual quise tratar de esa que dije filosofía y de sus partes y también de sus influencias de los planetas y astros y memorar los grandes y señalados fechos de algunos de los pasados y presentes, con presupuesto y voluntad que las muy notables y claras fazañas celebradas por vuestro muy alto y no vencido corazón no quedasen anegadas ni sumergidas so las ondas de la letea fuente por defecto de autores.[51] No porque yo las pudiese así memorar en aquella abundancia de virtud y grandeza que pasaron, mas al menos pornelas en suma,[52] para que de aquí, como de breve protocolo,[53] los más elevados y sotiles ingenios las pudiesen traducir y perpetuar segund su grand dignidad y merescimiento. Ca maguer hayan seído grandes e señaladas cosas,[54] y tales que a los títulos de corona parescerían arduas,[55] las cuales ninguna antigüedad podría turbar ni en olvido poner, dejando a silencio, mijor y mucho mijor me paresció comendarlas al rudo cálamo que dejarlas pasar so disimulación,[56] porque lo que en escripto se pone face lo pasado presente y trae a la imaginación los estremos y valientes fechos, para que los sucesores celosos de aquellos elijan aquel camino seguir y que se conste —servicio a mí posible— regradescer las muchas y grandes mercedes que de vuestra señoría he recibido,[57] considerando que el mayor amor que servidor a su señor puede tener es memorar su gloriosa fama y perpetuar en virtudes, su claro nombre,[58] en comparación de lo cual todos los otros servicios son ceviles y bajos,[59] porque quien con amor sirve, como dice Lucano, non siente cosa grave.[60] A lo cual se conforma Quinto Curcio, do dice que, por la lealtad, el morir es vivir

---

[50] Parece aludir a la epístola de san Pablo a los *Romanos* 7, 15: «Quod enim operor, non intelligo. Non intelligit quod operatur, quia videt aliud se per Legem scire, et aliud agere. Non enim quod volo, hoc ago: sed quod odi, illud facio. Subiectus peccato facit utique, quod non vult», donde insiste en el papel secundario de la voluntad humana. También se refiere a la glosa atribuida a san Ambrosio, conocida como *Ambrosiaster* (*Patrologia Latina* XVII, col. 45-184). Sobre el *Ambrosiaster,* véase Chapa Prado (1986).

[51] *letea fuente:* 'olvido', en alusión al río Leteo, cuyas aguas provocaban el olvido completo a aquellos que cruzaban hacia el Hades; *defecto:* 'falta, carencia'.

[52] *pornelas en suma:* 'las pondré en compendio o resumen', en forma verbal de uso común en la época.

[53] *protocolo:* 'acta de testimonio'.

[54] *ca maguer:* 'pues aunque'; *hayan seído:* 'hayan sido'.

[55] *títulos de corona:* 'dignidades concedidas por el rey, nobles', conforme a los versos del propio Guillén: «Y sabéis quel caballero / sin tener quien le eligiese / vino ante y postrimero / el rey que título diese» (*Obra poética,* p. 116).

[56] *so:* 'bajo'. Sobre el tópico de la poesía como inmortalización, véanse Curtius (1981: 669-671) y Lida de Malkiel (1983: 48-143).

[57] *regradescer:* 'agradecer'.

[58] *claro:* 'famoso, reconocido'.

[59] *ceviles:* 'civiles, particulares', como en Gómez Manrique: «E así bien fago yo, que d'estas cosas çeviles e de pequeña inportancia, algunas, aunque no bien, no muncho mal ordeno» (*Cancionero,* p. 420).

[60] La máxima de Lucano se encuentra asimismo en *La floresta de filósofos:* «Quien con amor sirve non a por grave de hazer la cosa, por fuerte que sea» (fol. 73r).

y el trabajo es entera folganza,[61] porque la bienquerencia y amor es propiedad de toda lealtad. Por esto se lee que fue Grecia famosa entre las otras naciones de gentes,[62] porque tovo de su patria instrutos y diligentes autores,[63] que en muy elevado estilo perpetuaron sus famosos y gloriosos fechos. Y si algo eñadieron en favor de aquella,[64] lo que yo aquí facer non puedo, la antigüedad lo aprueba, aunque la obra quizá por ventura lo debió denegar.

[6] Grand premio es, reverendísimo señor, el glorioso nombre que non solamente lumina y clarifica la virtud, mas aun da ocasión a que otros consigan aquellos virtuosos pasos,[65] aprobando aquello que dice el poeta, que la virtud loada crece.[66] No piense vuestra señoría que esta mi indota obra solo servirá a la relación de vuestras virtuosas fazañas, mas también servirá a la exhortación y amonestación de aquellos que, redrados del virtuoso y político vivir,[67] han querido seguir contrario camino. Así, de un propósito salen dos efectos, que son galardonar la virtud con su debido premio y tachar y reprehender los vicios con aquel denuesto que les es atribuido. Y estos amos son miembros de la justicia.[68] Engéndranse y salen, más de esto,[69] otros dos presupuestos: uno, que de virtuoso non muera el nombre con la pasión;[70] otro, que sepan los venideros de nos lo que nos sopimos de los pasados, de que resultó venir a nuestra noticia esa diferencia que hobo de los pecados de Alexandre y Julio César,[71] convertidos en vana gloria de fama temporal, a los torpes, inormes y fuera de toda razón cometidos por Sardanápalo inoto.[72]

[7] Parescerá a algunos, muy excelente señor, ser demasiado a hombre sin letras inquirir y apuntar estas cosas tan altas, fablando de la virtud; a los cuales la misma obra responderá, porque, vista de aquella, debe resultar su pronunciamiento contra

---

[61]   *entrera folganza:* 'completo reposo'. El pasaje glosa y amplifica la máxima atribuida a Quinto Curcio Rufo en *La floresta de filósofos:* «Por la fee deve el hombre morir» (fol. 54v).

[62]   *gentes:* 'gentiles, paganos'.

[63]   *tovo:* 'tuvo'; *instrutos:* 'instruidos'.

[64]   *eñadieron:* 'añadieron'. En fechas próximas a las de nuestro texto, la forma *eñadir* consta, por ejemplo, en Gómez Manrique: «Sin eñadir nin menguar» (*Cancionero,* p. 380).

[65]   *consigan:* 'sigan y alcancen'.

[66]   La máxima, convertida en lugar común hasta el siglo XVII, procede de Ovidio, *Pónticas* IV, 2, 35-36: «Laudataque uirtus crescit». La misma sentencia consta en el prólogo a la *Obra de Pedro Guillén demandando consejo a un su amigo sobre su vida:* «Como dice el poeta que la virtud loada crece» (*Obra poética,* p. 133).

[67]   *redrados:* 'apartados'; *político:* 'recto, civilizado'.

[68]   *amos:* 'ambos'.

[69]   *más de:* 'además de'.

[70]   *nombre:* 'fama'; *pasión:* 'inclinación o afecto negativo'.

[71]   *hobo:* 'hubo'. El parangón procede, sin duda, de Plutarco en sus *Vidas paralelas* de Alejandro y César.

[72]   *inormes:* 'perversos, excesivos'; *inoto:* 'ignoto, desconocido'. El rey asirio Sardanápalo se convirtió en ilustración de los excesos de la degradación moral en el poder, y así consta, por ejemplo, en el libro I de la *Ética a Nicómaco* de Aristóteles, un texto que Guillén de Segovia pudo conocer. En la traducción del príncipe Carlos de Viana (1421-1462) se lee: «Muchos constituidos en poderosos fazen la vida semejante a Sadanápalo», y en ladillo: «Sardanápalo fue un rey de Asiria que bivió abandonado a los vicios y al plazer» (fol. 21r).

el actor,[73] la cual, pues ha de pasar por tantas manos y sesos, non puede esconder sus vicios. También responderá a los tales Séneca con eso que dijo en el tratado de las artes liberales, que bien se puede aprehender la virtud sin ciencia, por que de la obra se engendra la virtud, no de las palabras.[74] Y también con eso que dijo ese mismo Séneca en el libro *De natura,* que mijor es el título de la bondad que el renombre de los letrados.[75] Afírmalo Salomón en el *Eclesiastés,* do dice: «Mijor es la buena industria que las artes»,[76] porque en las artes mucho superfluo se falla, que, quien de ello mucho toma, mijor sabe fablar que vivir.[77]

[8] Bien podiera yo, señor, escusarme de aqueste trabajo, aunque aquellas palabras hobiesen venido a mi noticia, así por la grand dificultad y graveza de la materia, torpedad y grosería de mi ingenio,[78] como por la grand ocupación y congoja en que continuo[79] me ponen las grandes negociaciones y trabajos que resultan de este cargoso oficio de que vuestra señoría me dio cargo;[80] pero, con aquel entrañable deseo y amor que he y siempre hobe a vuestro servicio, non pude comigo darle pasada.[81] A vuestra señoría suplico, como humano y poderoso señor,[82] en quien milagrosamente, más que en ningún otro de nuestro tiempo, paresce juntarse la flaqueza humana con la seguridad divina, lo mande recebir con aquella voluntad que se fizo, et lo que menos prudente de lo que haya ni hase escrito lo mande corregir y emendar, mandando corregir sus defectos, así en orden como en estilo, pues que de vuestra grand clemencia emanó aquella audacia con que mi temerosa diestra concebió de lo seguir.

---

[73]   *actor:* 'autor'.

[74]   La idea remite a dos sentencias de *La floresta de filósofos* en la sección «Aquí comienzan algunos dichos de Séneca, de artes liberales»: «La virtud non esta en las letras» y «Fecho nos muestra la virtud, non son palabras» (fol. 60v).

[75]   *título:* 'distintivo'; *renombre:* 'reconocimiento'. En el capítulo «Aquí comienzan algunos dichos de Séneca del su libro *De natura*»; asimismo, en *La floresta de filósofos* se lee: «Non somos tan contentos con título de bondad como con renombre de letrados o de otros semejantes ditados» (fols. 14v-15r).

[76]   *industria:* 'maña, destreza'; *artes:* 'conocimientos reglados'. No he logrado localizar la cita literal ni en el *Eclesiastés* ni en los demás libros sapienciales del Antiguo Testamento. La estructura sintáctica que ofrece Guillén de Segovia corresponde a varios versículos del *Eclesiastés,* especialmente en el inicio del capítulo 7, mientras que la idea coincide, en cierta medida, con la formulada en el capítulo 10, versículo 10: «Post industriam sequetur sapientia».

[77]   *se falla:* 'se halla'.

[78]   *grosería:* 'falta de delicadeza'.

[79]   *continuo:* 'continuamente'.

[80]   *cargoso:* 'gravoso, que ocasiona trabajos'. Recuérdese que Pedro Guillén de Segovia era contador del arzobispo Carrillo.

[81]   *hobe:* 'tuve'; *comigo:* 'conmigo'; *darle pasada:* 'obviarlo, evitarlo'.

[82]   *humano:* 'comprensivo, generoso'.

SÍGUENSE LOS METROS Y DA FORMA A LA OBRA, PONIENDO PRIMERO UNA AMONESTACIÓN A TODAS LAS CRIATURAS DEL UNIVERSO, QUE HAYAN TEMOR DE LAS COSAS MILAGROSAS

1   Oíd maravillas   del siglo presente,
diversas naciones   de todas edades;
oíd de natura   sus contrariedades
y sed temerosos   de su inconveniente.
Estando en mi lecho,   seguro, placiente   5
—non sé si dormía   o estaba traspuesto—,
oí grand rüido   y vi todo esto
al tiempo que pone   la copla siguiente.

COMIENZA LA OBRA Y LIMITA EL TIEMPO

2   Ya Febo escalienta   los bultos humanos
con el mismo fuego   que puso Fetón;   10
metía sus carros   en su mansïón,
do moran los dobles   mellizos hermanos.
Y cuando los mares   que son oceanos
ya cubren con ondas   los siete güiones,
el cielo nos muestra   por sus horizones   15
lucientes espadas   en crüeles manos.

---

1 TÍTULO *que:* 'para que'.

1 *siglo:* 'época, tiempo'.

5 *placiente:* 'gratamente'.

6 *traspuesto:* 'medio dormido'.

8 TÍTULO *limita:* 'determina'.

9 *escalienta:* 'calienta'; *bultos:* 'cuerpos'.

10 Fetón o Faetón le pidió a su padre, Apolo, que le dejara conducir el carro del sol, provocando, a causa de su inexperiencia, un enorme incendio en el mundo, siendo finalmente derribado por un rayo de Júpiter.

11 *mansión:* 'casa celeste, cada una de las doce partes en las que está dividido el cielo y que corresponden a los signos zodiacales'.

12 Alude a la constelación de Géminis, que representa a los gemelos Cástor y Pólux. La entrada del sol en Géminis corresponde al equinoccio de primavera.

14 Los siete *guiones* son las siete pléyades que guían a los navegantes, que en esas fechas se encuentran en una posición más baja en el cielo, de ahí la alusión a las tormentas marítimas que impiden su visión. Entre mayo y junio se ausentan del cielo nocturno.

15 *horizones:* 'horizontes'.

16 *lucientes espadas:* 'rayos'. Las *crueles manos* parecen aludir Júpiter, que lanzó el rayo que derribó a Faetón, cerrándose con esta alusión retórica el discurso y la disposición de la copla.

3   Demuestra cometas   con luengo cabello,
    señal que la paz   del reino destierra,
    anuncia discordias,   hazañas y guerra,
    do Mares imprime   y pone su sello.   20
    Los signos parescen   del libro *De bello,*
    do pone Lucano   terribles señales,
    por do vido Roma   sus daños y males,
    segund testifica   el cónsul Metello.

4   Ardían los cielos   a muy vivas llamas   25
    y no conocidas   mostraban estrellas;
    facen los vientos   volar las centellas,
    rompiendo los robres   sus troncos y ramas.
    No tiene la gente   sosiego en sus camas,
    maguer los animen   las dulces serenas.   30

---

17 *cabello:* 'cola del cometa'. Los cometas se consideraban signos de mal agüero.

20 *Mares:* 'Marte', dios de la guerra, en la misma forma que usa regularmente Juan de Mena en su *Laberinto de Fortuna; imprime su sello:* 'deja su marca de destrucción y violencia', acaso aludiendo a los enfrentamientos por la Corona de Castilla.

22 Se refiere a Lucano en *De bello civili* o *Farsalia* I, 522-535: «Tum, nequa futuri / spes saltem trepidas mentes leuet, addita fati / peioris manifesta fides, superique minaces / prodigiis terras inplerunt, aethera, pontum. / Ignota obscurae uiderunt sidera noctes / ardentemque polum flammis caeloque uolantes / obliquas per inane faces crinemque timendi / sideris et terris mutantem regna cometen. / Fulgura fallaci micuerunt crebra sereno / et uarias ignis denso dedit aere formas, / nunc iaculum longo, nunc sparso lumine lampas. / Emicuit caelo tacitum sine nubibus ullis / fulmen et Arctois rapiens de partibus ignem / percussit Latiare caput». En la traducción de la *Farsalia* copiada para el marqués de Santillana en el siglo xv, a partir de la *General estoria* de Alfonso X, se lee: «Parescieron estonçes signos manifiestos de peor fado, et los çelestiales que los amenazaban et llenaron las tierras et el ayre et la mar de signos que enbiaron estonçes, et fueron estos. Vieron muchas noches los omnes estrellas que nunca vieran ni parescieran en el çielo nin las conoscieren, et arder el çielo a llamas, et caer del çielo por el ayre hachas bolando et yendo tuertas, yendo otras a una parte, otras a otra, et pareçer la cometa con su cabello estrella, que es de temer, ca do ella paresce muda los rregnos en las tierras, et paresçieron otrosí grandes rrelánpagos, et aviendo estado el çielo claro, et espresar el aire et salir ende fuego, et fazer de sí figuras de muchas guisas, a las veces se fasíe commo lanza, et yva con una lumbre luenga et rredonda commo asta, a las veces salie commo el rrelánpago con una lumbre espazcida. Et estando el çielo callando syn todo ruydo et syn todo trueno et syn toda nube, salió dende un rruydo que tomó fuego de setentrión, commo que le robava, et firió en Rroma, cabeça de Ytalia» (*Lucano en romance,* fol. Xv).

24 Ha de aludir a Quinto Cecilio Metelo Pío Escipión, cónsul en el año 52 a. C. y partidario de Pompeyo en la segunda guerra civil romana, o más bien a Lucio Cecilio Metelo, tribuno de la plebe en el año 49 a. C., que, según se refiere en libro III de *La Farsalia,* se opuso a que César se apoderara del contenido del erario público.

30 *maguer:* 'aunque'; *animen:* 'inciten'; *serenas:* 'sirenas', que, como se apunta en el *Diccionario de Autoridades,* «con la suavidad de su canto adormecían a los navegantes».

Redoblan su miedo las grandes ballenas,
oyendo en lo seco   crujir sus escamas.

5   Fachas ardiendo   a gran maravilla
caían del cielo   en muy nuevo modo.
Estando Dïana   ya llena del todo,   35
firiole la sombra,   tornose amarilla.
No dudo de fuego   quemarse Castilla,
segund que de Roma   lo escribe Lucano,
teniendo del todo   abierta Vulcano
las bocas de Etna,   que son en Cecilla.   40

6   Estaba de signos   y estrellas menores
el cielo estrellado   en medio del día;
en nuestras provincias   la tierra tremía,
a sus habitantes   poniendo terrores;
gritaban los muertos   con grandes clamores,   45
las aves nocturnas   de día volaban;

---

32 *en lo seco:* 'en la tierra'. Se refiere que las ballenas terminan varadas en tierra a causa del miedo. En la época, se consideraba que las ballenas tenían escamas, según se sigue, entre otros autores, en Tirso de Molina: «Promontorios de escamas y de espinas / (ballenas digo)» (*Amazonas en las Indias,* p. 20).

33 *fachas:* 'hachas, antorchas'.

36 *firiole:* 'le hirió, le alcanzó'; *Diana:* 'la luna', aquí en plenilunio. Sigue la imitación de Lucano, *Farsalia* I, 537-543: «Cornuque coacto / iam Phoebe toto fratrem cum redderet orbe / terrarum subita percussa expalluit umbra»; «Et la luna, seyendo llena, ferió la sonbra de la tierra a desora e fízola amarillesçer et perder la lumbre» (*Lucano en romance,* fol. Xv). La luna amarilla era signo de mal augurio.

40 *Cecilla:* 'Cecilia, Sicilia'. En Lucano, *Farsalia* I, 545-547: «Ora ferox Siculae laxauit Mulciber Aetnae, / nec tulit in caelum flammas sed uertice prono / ignis in Hesperium cecidit latus»; «Otrosí soltó Bulcano las bocas del monte Etna de Çeçilia, que arde siempre, et echó ende aquel Bulcano grandes llamas, et non la envió al çielo, mas abaxó el fuego la cabeça et fue ferir en el costado de Asperia, que es Lonbardía, en cabo de Ytalia de parte de oriente» (*Lucano en romance,* fol. Xv).

42 En Lucano, *Farsalia* I, 535-537: «Stellaeque minores / per uacuum solitae noctis decurrere tempus / in medium uenere diem»; «Et las estrellas menores, que suelen paresçer en el çielo en el tiempo de noche, salieron a mediodía, et paresçió el çielo estrellado» (*Lucano en romance,* fol. Xv).

43 *tremía:* 'temblaba'.

45 Lucano, *Farsalia* I, 568: «Conpositis plenae gemuerunt ossibus urnae»; «Estonçes dieron otrosí los muertos en los lusillos do yazíen muchos gemidos grandes que los oyeron los omnes» (*Lucano en romance,* fol. XIr).

46 Lucano, *Farsalia* I, 558-559: «Dirasque diem foedasse uolucres / accipimus»; «Estonçes volaron las aves descubiertamente, las aves que son de la noche et nunca con sol suelen bolar de otra guisa» (*Lucano en romance,* fol. XIr). El pasaje también fue adaptado por Juan de Mena: «Triste presagio facer de peleas / las aves noturnas e las funéreas / por los collados, alturas e cerros» (*Laberinto de Fortuna,* p. 241).

los montes de Armenia   así retemblaban
que quieren juntarse   sus grandes alcores.

7   Sonaban los más   y no parescían;
       estruendo de armas   andaba en el aire;   50
       las almas perdidas   de Nero y Macaire
       terribles temores   al pueblo ponían;
       y contra las gentes   que más se temían
       mostraban su fuerza   las tristes Erines,
       cuyos principios,   los medios y fines   55
       influyen tristeza   doquier que se crían.

8   Salió de su curso   la mar de levante,
       cubrió con sus ondas   la sierra de Iberia,
       cubrió los collados   que son en Asperia,

---

48 *alcores:* 'cumbres'. Armenia se ubica al este de la actual Turquía.

50 Lucano, *Farsalia* I, 569-570: «Tum fragor armorum magnaeque per auia uoces / auditae nemorum et uenientes comminus umbrae»; «Estonçes oyeron orrísono en el ayre grant rruydo de armas, et grandes bozes por los desiertos de los montes, et almas que vinieron fasta cerca de Rroma» (*Lucano en romance,* fol. XIv).

51 Nero es el emperador romano Nerón (37-68 d. C.); Macaire es un noble traidor que comparece en el relato medieval de la reina Sevilla: «Entonces estaba ahí el linaje de los traidores que Dios maldiga: Galalón, y Alorones, y Favanes, y Cobir de Piedralada, y Sansón de Magros y Macaire, el traidor de las muy dulces palabras y de los malos hechos. Estos daban y bastecían la traición lo más encubiertamente que podían; y Macaire se adelantó ante todos los otros» (*La historia de la reina Sevilla,* p. 11). Guillén de Segovia adaptó y cambió los nombres a partir de otro pasaje de Lucano, *Farsalia* I, 580-583: «E medio uisi consurgere Campo / tristia Sullani cecinere oracula manes, / tollentemque caput gelidas Anienis ad undas / agricolae fracto Marium fugere sepulchro»; «Estonçes paresçieron allí las almas de los del cónsul Silla, et mostraronse corriendo por medio de un canpo cerca la çibdat profetando y diciendo los peligros que veníen a Rroma muy de cerca. Entonçes quebrantó el cónsul Mario el sepulcro en que yazíe en la rribera del rrío Ameno, et alçó la cabeça, et viéronle los ladrones de aquella tierra et fuxieron de allí» (*Lucano en romance,* fol. Xv).

54 Las *Erines* o Erinias eran diosas de la venganza que se ocupaban de castigar los crímenes. A ellas también aludió Lucano en el pasaje imitado, *Farsalia* I, 572-574: «Ingens urbem cingebat Erinys / excutiens pronam flagranti uertice pinum / stridentisque comas»; «De grant tristeza era çennida la çibdat, et esta trisyeza de voluntad llaman los autores Erinis, et quiere dezir tanto commo lid de tristeza en la voluntad et rravia de los infiernos. Et mostrose estonçes en figura cerca Rroma, et sagudió la cabeça que le arde, et sonávanle los cabellos, et echó de ella un pino ençendido y acostado contra Rroma» (*Lucano en romance,* fol. XIv).

56 *influyen:* 'generan, provocan'; *do quier:* 'dondequiera'; *se crían:* 'se establecen'.

57 *levante:* 'este', en este caso en alusión al mar Mediterráneo.

58 *Iberia:* 'España'.

59 *Asperia:* 'Hesperia', por Italia.

y Cirra y a Nisa   y al monte Atalante.   60
El cielo paresce   que non es constante,
la masa terrestre   que amasa natura
en todo deniega   su progenitura,
faciendo figuras   de mostruo semblante.

9   Estando ya Febo   en medio del cielo,   65
en su exaltación   y más a la cumbre,
tan súbito vi   perdida su lumbre
que sombra paresce   de noturno velo.
El aire se enciende   y ábrese el suelo,
dejan los signos   las casas do moran;   70
ladrando los perros,   paresce que lloran,
poniendo a la gente   muy grand desconsuelo.

PROSIGUE Y NARRA

10   Ya visto en el cielo   tan grand accidente,
no sé si nudrido   del fado contrario

---

60 *Atalante:* 'Atlas'; *Cirra y Nisa:* 'cumbres del monte Parnaso', como consta en Alfonso X *el Sabio:* «un diluvio tan grand que cubrió toda aquella tierra, fueras ende a Cirra e a Nisa, las dos cabeças muy altas del mont Parnaso» (*General Estoria,* p. 167) o en Alfonso de Palencia: «Cirra & Nisa son dos cumbres del monte Parnaso. En Çirra se honrrava Apolo y en Nisa, Líbero padre» (*Universal vocabulario,* p. LXXVIIr). Aunque con alguna modificación, Guillén de Segovia sigue de cerca a Lucano, *Farsalia* I, 554-555: «Tethys maioribus undis / Hesperiam Calpen summumque inpleuit Atlanta»; «Estonçes creçió la mar, et pujaron las aguas tanto que dieron por somo el monte Calpe de Esperia, que es en este lugar por España, et por somo del monte Athalán, que es el más alto de África» (*Lucano en romance,* fol. XIr).

63 *progenitura:* 'casta, raza humana'. Entiéndase que la naturaleza humana niega y contradice su propia condición.

64 *de mostruo semblante:* 'semejante a monstruos, monstruosas'. La idea procede de Lucano, *Farsalia* I, 562-563: «Monstrosique hominum partus numeroque modoque / membrorum, matremque suus conterruit infans»; «Estonçes otrosý parieron muchas mujeres criaturas de muchas maneras, et naçieron ý unas dellas con tres pies et tres braços et con quatro et con dos çabeças; et otrosý de los miembros et otros que donde devíen tener los pies teníen las cabeças et los pies a las cabeças; et otros que nasçieron primero de los pies, et tanto nasçíen estrañas que se espantavan ende sus madres» (*Lucano en romance,* fol. Xv).

68 También Lucano alude a un eclipse en *Farsalia* I, 540-543: «Ipse caput medio Titan cum ferret Olympo / condidit ardentis atra caligine currus / inuoluitque orbem tenebris gentesque coegit / desperare diem»; «Otrosí el sol, yendo por medio del çielo, ascondió en una grant escureza los canpos ardientes en que yva et envolvió en tinieblas tanto que fizo a las gentes desesperar que non avrié ya día» (*Lucano en romance,* fol. Xv).

70 Esto es, se altera el orden celestial, pues los signos zodiacales y los astros que les corresponden se mueven de sus casas o lugares que tienen asignados en el cielo.

71 La imagen procede de *Farsalia* I, 548-549: «Flebile saeui / latrauere canes»; «Estonçes ladraron allí canes, et los ladridos que dieran eran en manera de llorar» (*Lucano en romance,* fol. Xv).

74 *nudrido del fado contrario:* 'nutrido o aumentado por un hado o fuerza del destino enemiga y perjudicial'. La forma *nudrir* todavía aparece en el *Diccionario de Autoridades,* aunque como voz anticuada.

o si por natura   fue de necesario   75
mostrarnos señales   de mal incidente,
escucha, letor,   si quieres que cuente
aquello que pude   de allí colegir.
Los dedos me tiemblan   teniendo escribir
las cosas terribles   que vi en continente.   80

DECLARA LO QUE PROMITIERON AQUELLAS SEÑALES

11 Las altas virtudes   vi ser perseguidas,
    Atenas, Micena   vi llenas de dolo;
    las casas sagradas   de Baco y Apolo
    vi ser domicilio   de los homecidas.
    Las cosas futuras,   por gracia sentidas,   85
    de los claros vates   muy justas sentencias,
    vi ser ocupadas   con otras creencias
    de artes dañadas   que son defendidas.

12 La falsa opinión   venida en costumbre
    destierra del mundo   la propia verdad.   90
    Llamamos prudencia   la sagacidad,
    poniendo los vicios   en más alta cumbre,
    los cuales, crecidos   en tal muchedumbre,
    deniegan el premio   del don perdurable

---

78 *colegir:* 'inferir, deducir'.

79 *teniendo:* 'teniendo que'. Las siguientes estrofas tienen como fuente el capítulo «Visión en la qual poéticamente e por figuras se declaran los males e turbaçiones del mundo», que abre la *Visión deleytable* de Alfonso de la Torre; véase, al respecto, Doménech Mira (1986: 30-44).

80 *en continente:* 'de inmediato, rápidamente'.

82 *dolo:* 'engaño, fraude'.

84 *casas sagradas:* 'templos'; *homecidas:* 'homicidas, asesinos'.

85 *por gracia sentidas:* 'conocidas y entendidas por medio de la gracia divina'.

86 *vates:* 'profetas'.

88 *artes dañadas:* 'prácticas mágicas y adivinatorias malignas y condenadas'; *defendidas:* 'prohibidas'. La fórmula procede de Juan de Mena: «Fondón de estos cercos vi ser derribados / los que escodriñaban las dañadas artes» (*Laberinto de Fortuna*, p. 224).

90 La idea coincide con el prefacio de Alfonso de la Torre: «E vi que la opinión de las cosas acostunbradas avía vençido e desterrado la verdad del mundo» y «Vi abominación universal en el mundo fasta la prevaricación de aquello que primero era santuario, a lo qual las gentes tenían por numen o divynydad, ser convertido en diversydad de maliçias exçedentes a las vulgares, e en prinçipio e escándalo de malos e ynormes enxenplos, peores que los acostunbrados de oír» (*Visión deleytable*, pp. 104-105).

94 El *don perdurable* es la vida eterna.

y cubren con lumbre   la parte habitable,   95
por que nuestra vista   non pueda ver lumbre.

13 La rica cítara   del pueblo vestal,
    adonde Dïana   estaba servida,
    por todas sus partes   la vi corrompida
    y en otra sustancia   trocado el metal.   100
    Vi la compañía   discorde infernal
    robar a Netuno   su juredición
    y ser sostenidos   en veneración
    los que nos procuran   caída mortal.

14 De nuevas malicias   vi muchos linajes;   105
    vi ser en desprecio   la fuente Castalia
    y vi las dos cumbres   que son en Tesalia
    estar reholladas   de bestias salvajes.
    Vi los tiranos   fartar sus corajes

---

95 *lumbre:* 'fuego', como signo de conflicto, confusión y castigo.

96 *por que:* 'para que'; *lumbre:* 'luz, conocimiento cierto y verdadero'.

97 *pueblo vestal:* 'vírgenes vestales', consagradas por su castidad al culto de Diana. De no mediar error en la copia, la *cítara* ha de identificarse como el instrumento que las vestales utilizaban para la adoración de la diosa.

100 Entiéndase que el oro, como símbolo de excelencia, se transforma en un material más bajo. Tal metamorfosis coincide con Alfonso de la Torre: «Vi la sublime corona e más alto çeptro, lo qual primero era de oro puro, convertido en metal muy abiltado de plomo» (*Visión deleytable,* p. 104).

102 *Netuno:* 'Neptuno, dios del mar y la navegación'; *juredición:* 'jurisdicción, espacio sobre el que se ejerce el poder'. La *compañía* mencionada son los demonios, en fórmula tomada de Alfonso de la Torre: «Vi la discorde e ynfernal conpañía reynar syn contradiçión en toda la tierra»; junto con la referencia a Neptuno: «Vi turbada la juridiçión del Neptuno e a Juno desterrada de su próspero regno por la multitud de çentauros» (*Visión deleytable,* pp. 104-105)

104 Alude a los demonios, que conducen a los seres humanos al pecado.

105 *linajes:* 'modos, variedades', en el mismo sentido que aparece en Juan de Mena: «Danos linaje mejor de morir» (*Laberinto de Fortuna,* p. 249).

106 La *fuente Castalia* representa la poesía y, por extensión, las letras y humanidades despreciadas en esa visión desoladora a la que el poeta asiste. La imagen procede de Alfonso de la Torre: «Vi las aguas de la fuente Castalia ser vendidas quasy por ningúnt presçio e traídas en abominación» (*Visión deleytable,* p. 104).

108 *reholladas:* 'pisoteadas'. Los montes más famosos de Tesalia eran tres, Osa, Pelión y Olimpo. En cualquier caso, el texto viene a decir que lugares sagrados fueron ocupados por bestias, probablemente teniendo en mente unos versos de Lucano, *Farsalia* I, 559-560: «Siluisque feras sub nocte relictis / audaces media posuisse cubilia Roma»; «Otrosí [dexaron] las bestias salvages las selvas en que moravan et vinieron et entraron muy atrevidamente en la çibdat de Rroma, et fizieron ý sus coviles et sus moradas» (*Lucano en romance,* fol. XIr); así como otro pasaje de Alfonso de la Torre: «E vi los labros de Apollo, denuçiadores de los advenideros syglos, pisados por multitud ynnumerable de bestias deçendidas del Olinpio monte» (*Visión deleytable,* p. 104).

109 *fartar:* 'hartar, saciar'; *corajes:* 'iras'.

de sangre inocente   sin sangre vertida,   110
y a los ediotas   de muy torpe vida
facer a los sabios   muy grandes ultrajes.

DECLARA CÓMO FUE LLEVADO AL PIE DE UN ALTÍSIMO MONTE, QUE ES MONTE DE LA SABIDURÍA

15   Estando en congoja   y en gran turbación,
mirando las cosas   que el fado dispone,
no sé quién ni cómo   me toma y me pone   115
al pie del otero   nombrado Helicón.
Queriendo sobir   por ver la mansión
de las nueve casas   que son ciencïales,
mis débiles fuerzas,   por ser sensüales,
no bastan facer   tan grand ascensión.   120

16   En medio del centro   está situado,
traspasa en altura   al monte Rifeo.
Ninguno allí pudo   subir corporeo,
ni menos ingenio   grosero, pesado.
Velante dragón   lo tiene guardado;   125

---

110 Los versos vienen a decir que los tiranos beben la sangre de los inocentes sin verter la propia.

111 *ediotas:* 'idiotas, carentes de instrucción'; *torpe:* 'deshonesta'. Los versos resumen una idea de Alfonso de la Torre: «Vi las casas de los ystoycos, pictagóricos, peripatéticos e académicos, las quales primero eran en veneración admirable, fechas domiçilio a las pestíferas e ponçoñosas syerpes» (*Visión deleytable,* p. 105).

112 Título La visión y la formulación verbal proceden de Alfonso de la Torre: «A my paresçió, súbitamente estas diformidades e abominaçiones vistas, ser levado al pie de un altísymo monte, la cabeça del qual paresçía juntar e igualarse con el globo e altura primera de la luna» (*Visión deleytable,* p. 105).

116 El monte Helicón, en Beocia, estaba consagrado a Apolo y a las Musas.

118 *ciencïales:* 'dedicados a las ciencias y el conocimiento'. Las nueve casas corresponden a los distintos niveles que el Entendimiento va a ir encontrando en su ascenso.

119 *sensuales:* 'materiales'. La idea y el adjetivo *corpóreo* del v.123 están tomados de Alfonso de la Torre: «E vi que era dificultoso e quasy ynposible de sobir a omne corpóreo alguno, e las fuerças sensuales no bastavan a fazer tal açensyón e puyada» (*Visión deleytable,* p. 105).

122 El mítico monte Rifeo se situaba de manera genérica en el norte de Europa. La referencia pudiera proceder de Juan de Mena: «E contra Trión luego parescieron / los montes Rifeos» (*Laberinto de Fortuna,* p. 185). Los mismos montes reaparecen en Guillén: «E los montes Peryneos / al viçioso Avyano, / Apenyno e Pangeos, / pasamos por Rifeos» (*Obra poética,* p. 209).

124 *corporeo:* 'corpóreo, con cuerpo físico', con acentuación llana forzada por la rima.

125 En la mitología griega, los dragones custodiaban tesoros y lugares sagrados, como el oráculo de Delfos, el Jardín de las Hespérides o el Vellocino de Oro; cfr. Esteban Santos (2014: 30). La figura de un animal que protege el lugar aparece asimismo en Alfonso de la Torre: «Vieron una cadena muy fuerte e una muy espantable bestia, la qual era obstáculo e ynpedimyento a los camynantes» (*Visión deleytable,* p. 106).

no son corrutibles   sus firmes cimientos.
Son tantos y tales   sus impedimientos
que dudo quién pueda   subir al collado.

CÓMO SALÍA SU ENTENDIMIENTO EN FIGURA DE NIÑO PARA SUBIR AL MONTE

17 Estando inquiriendo   mi última cela.
Un niño me envía;   paresce a Fetonte.   130
Esparce sus rayos   en torno del monte
bien si como fuese   lumbrosa candela.
El cual por mi ruego,   maguer se recela,
propone subir   por su rata vía,
a fin de salir,   por que el maestría,   135
caliente, con frío   allí se congela.

DECLARA LAS VIRTUDES DEL ENTENDIMIENTO

18 Es niño criado   de suma sapiencia,
y su propio nombre   es Entendimiento;
es fuente sabrosa   de veriguamiento,

---

126 *no son corrutibles:* 'son eternos e incorruptibles'.

128 *impedimientos:* 'dificultades, obstáculos'; *collado:* 'cumbre'. Las dificultades también constan en Alfonso de la Torre: «De un cabo lo espantava la ynmensa altura del monte e el non saber del ynnoto camyno, de la otra parte avía temor falleçerle las pequeñas e débiles fuerças suyas» (*Visión deleytable,* p. 105).

129 *inquiriendo:* 'indagando, observando'; *cela:* 'casa, lugar' al que había llegado.

130 *me envía:* 'me es enviado'; *Fetonte:* 'Faetón', vinculado como personaje mitológico al sol, a la luz y al atrevimiento.

132 *lumbrosa candela:* 'luminosa vela, candelero'. La figura del Entendimiento como niño y sus atributos están tomados de Alfonso de la Torre: «E luego vi el Entendimyento en forma de fuego de la cantydad de un pequeño niño, e el Yngenio Natural así como una claridad de candela […]. El Yngenio estava enviando rayos e quasy descubriendo e alunbrando las primeras partes del monte» (*Visión deleytable,* pp. 105-106).

133 *maguer se recela:* 'aunque teme y desconfía'.

134 *rata:* 'confirmada, ratificada'. Es latinismo. Las dudas ante el desafío del ascenso tienen su fuente en Alfonso de la Torre: «Él con cobdiçia grande quisiera súbitamente sobir, mas de un cabo lo espantava la ynmensa altura del monte e el non saber del ynnoto camyno, de la otra parte avía temor falleçerle las pequeñas e débiles fuerças suyas» (*Visión deleytable,* p. 105).

136 'el conocimiento o *maestría*, siendo de por sí caliente, como el fuego de Faetón, se congela fuera con el frío'.

139 *veriguamiento:* 'averiguación, aprendizaje'.

es peso derecho   de pura conciencia,   140
es casa do mora   saber y cïencia,
es silla del seso,   carrera de vida.
Razon me costriñe   de mí lo despida,
quedando yo torpe,   sin inteligencia.

CÓMO COMENZÓ EL ENTENDIMIENTO A SOBIR EN EL MONTE DE LA SABIDURÍA

19   Comienza una vía   terrible, fragosa,   145
con ánimo bueno,   muy firme, constante.
Las cosas contrarias   sel ponen delante;
de las agradables   no puede ver cosa.
Y a do la tiniebra   más anda forzosa,
por ver más atento   su lumbre reparte,   150
do vido las plantas   sembradas por arte
de amargas raíces   y fruta sabrosa.

COMIENZA LA PRIMERA CASA DE LA GRAMÁTICA

20   Entró en una casa   de antiguo edificio,
sotil, bien obrada   de obra muy bella,
do vido sentada   honesta doncella,   155

---

142 *silla del seso:* 'asiento de la inteligencia'; *carrera de vida:* 'camino de la vida recta'.

144 *torpe:* 'rudo, de poco saber'.

145 *fragosa:* 'escarpada'. Los cuatro primeros versos de la copla recogen una imagen de Alfonso de la Torre: «El natural deseo de su principal fin guio al Entendimyento por un camino muy fraguoso e carrera asaz áspera, de la qual absentes eran todas las delectable cosas e avía grande abundançia de las cosas contrarias a la agradable vida» (*Visión deleytable,* p. 107).

146 *sel:* 'se le'. Parece aludir al *bivium,* la encrucijada entre la senda estrecha y sembrada de dificultades, que representa la virtud, y el camino ancho y fácil que corresponde al vicio.

149 *forzosa:* 'fuerte, cerrada'. Las dificultades a la vista son las mismas que en Alfonso de la Torre: «Estaban puestos en congoxa çercana a desperaçión, e aunque la acostunbrada niebla, maguer non fuese tanta como primero era, mas aun era de tanta cantydad que les vedava la mayor parte del siguiente camino» (*Visión deleytable,* p. 107).

151 *por arte:* 'por artificio', no por naturaleza.

152 Las *raíces* o principios son amargos y dificultosos, pero los *frutos* o resultados son satisfactorios. También en Alfonso de la Torre se encuentra un valle «en el qual avía árboles de muy amargosas raízes, maguer sus frutos fuesen muy suaves al gusto» (*Visión deleytable,* p. 107).

154 *obrada:* 'construida'. La construcción está descrita en términos parejos por Alfonso de la Torre: «Entraron en una muy antygua e asaz bien hedeficada casa» (*Visión deleytable,* p. 107).

maestra y señora   de aquel arteficio,
la cual parescía   tener por oficio
mostrarnos la fabla   y el recto escribir,
por quien nuestra vida   podamos seguir
las sacras virtudes   redradas del vicio.   160

DECLARA LOS INSTRUMENTOS DE LA GRAMÁTICA

21   Aquesta tenía   en su mano diestra
      su arte y dotrina   escrito por mote,
      una palmatoria,   pendiente un azote
      tenía en la otra   su mano siniestra.
      Maguer fuese virgen,   es ama y maestra;   165
      los jóvenes cría   con su dulce leche,
      y face que el hombre   los vicios deseche
      con estos principios   que sabe y nos muestra.

CÓMO LA GRAMÁTICA COMENZÓ A ENSEÑAR
AL ENTENDIMIENTO

22   La cual, desque vido   por sus conjeturas
      los actos del niño   y sus accidentes,   170
      tomole en su falda,   limole los dientes,

---

160 *redradas:* 'apartadas'.

162 *arte:* 'reglas y preceptos'; *mote:* 'divisa, inscripción'.

164 Los elementos alegóricos con los que se representa a la Gramática son un *mote* que declara su función, una *palmatoria* para iluminar el conocimiento y un *azote* que significa el castigo que el niño recibe en el aprendizaje de los rudimentos y las primeras letras. Los atributos proceden de Alfonso de la Torre: «En la qual abitava una asaz honesta donzella, en la mano derecha de la qual estava un título escrito de letras latynas las quales dezían en esta manera: *"Vox literata e articulata debito modo pronuciata"*; e en la siniestra mano tenía una palmatoria con azotes» (*Visión deleytable,* p. 107); cursiva en el original.

165 *virgen:* 'doncella, joven'; *ama:* 'mujer que amamanta a niños ajenos', como se sigue de Alfonso de la Torre: «E era una cosa maravillosa e muy admirable que, seyendo virgen, le proçedían de los pechos dos fuentes de muy dulçiflua leche» (*Visión deleytable,* p. 107).

170 *accidentes:* 'circunstancias, condiciones', acaso con alusión a los *accidentes gramaticales.*

171 *tomole en su falda:* 'lo acogió, lo protegió'; *limole los dientes:* 'le dispuso, le preparó', frase hecha, similar a la que recoge el *Diccionario de Autoridades:* «Aguzar los dientes. Frase que, además de la significación propria, se suele usar para significar la prevención u disposición para la comida, ya inmediata o pronta, de parte del que la ha de comer. Y también pasa, en el sentido moral y por translación, a significar la disposición o prontitud de ánimo en aquellas acciones, para las cuales en este sentido se toma la voz dientes». La fuente sigue siendo Alfonso de la Torre: «La qual leche era en refección e nudrimiento de aquellos que aun no avían conseguido natividad e produción de los dientes, que son ynstrumento para quebrantar e comer las cosas duras» (*Visión deleytable,* pp. 107-108).

por que quebrantase   las cosas más duras.
Mostrole las sílabas,   acentos, mensuras
del arte del metro   en propias diciones;
mostrole la fabla   de todas naciones   175
en lenguas diversas   de muchas figuras.

23 Mostrole secretos   que son singulares
y cómo se trata   de la disciplina.
La hebraica lengua,   la griega y latina
en pronto le fueron   muy familïares.   180
Mostrole secretos,   saladas, cantares,
y cómo non suenan,   si quedan desiertos;
mostrole los pies   en […] ciertos,
y cuál es la fuerza   de nones y pares.

24 Mostrole tratar   de la ortografía,   185
del tema, del tropo   y del barbarismo,
fablar de la historia   y del silogismo,
los pasos oscuros   de etimología,
cuál es metaplasmo   y el vicio que cría,
las partes del verbo   que son principales;   190

---

172 Siguiendo la alegoría, las *cosas más duras* son los conocimientos y facultades que seguían a la gramática en el proceso de aprendizaje.

174 *mensuras:* 'medidas', en este caso de los versos latinos; *propias:* 'apropiadas, correctas'.

176 *figuras:* 'figuras retóricas o usos singulares de las lenguas'.

180 Son las lenguas que se destacan en Alfonso de la Torre: «Tres lenguas entre todas las otras son dichas Lenguas Sacras, videlicet, la ebrayca, la griega e la latina» (*Visión deleytable,* pp. 112-113).

181 *saladas:* 'ensaladas, canciones escritas en diversos metros'.

182 *desiertos:* 'solos, sin conexión armónica con el resto de elementos'.

183 *pies:* 'cantidades del verso en la poesía latina'.

184 *fuerza:* 'importancia'. Con *nones y pares,* 'impares y pares', parece aludir a la posición de las rimas.

186 *tema:* 'argumento de un discurso'; *tropo:* 'uso metafórico de la lengua'; *barbarismo:* 'uso inapropiado de la lengua'.

187 *silogismo:* 'argumento deductivo que consta de tres proposiciones, la última de las cuales es la conclusión'.

188 *pasos:* 'lances, dificultades'.

189 *metaplasmo:* 'figura de dicción que consiste en agregar, quitar o cambiar alguna letra de una palabra'. La enumeración no está lejos de la que hace Alfonso de la Torre: «El mi ofiçio es tratar de la diçiplina e artifiçio de letras, videlicet, de las letras latynas e de las partes de la oración, de las sýlabas, de los pies, de los açentos, de la ortografía, de la ethimología, de la diasentástica, del barbarismo e del soleçismo e de los otros viçios; del metaplasmo, del tema, del tropo, de la fábula, de la prosa, del metro, de la ystoria» (*Visión deleytable,* p. 110).

mostrole saber   las mutas vocales,
y cómo el Donato   en esto escribía.

25   Mostrole los verbos   nombrados activos,
los neutros, comunes   y los deponentes,
con los relativos,   los antecedentes,   195
y cómo proceden   los dirivativos;
por qué los pronombres   son tan primitivos
y cuándo dirivan,   buscar cómo quepan;
y los participios   en cuánto discrepan,
y dónde convienen   los sustentativos.   200

PORQUE DE LAS ARTES LIBERALES SON SIETE CASAS, FINGE EL ACTOR QUE EN CADA CASA FALLÓ UNO DE LOS PLANETAS

26   De los siete cercos   que son influyentes,
mostrole el primero,   do anda la Luna,

---

191 *mutas:* 'mudas, que no tienen sonido por sí mimas'. La fórmula parece tomada de Alfonso de la Torre: «E demuestro más la distinçión e departimiento de aquellas en vocales, mutas, consonantes e líquidas» (*Visión deleytable,* p. 113). Alude a la clasificación de las letras, que ya estableció Nebrija: «Llamáronse aquellas ocho vocales, porque por sí mismas tienen voz sin se mezclar con otras letras; llamáronse las otras consonantes, porque no pueden sonar sin herir las vocales. Estas se parten en doce mudas: *b, c, ch, d, f, g, p, ph, t, th, i,* u consonantes; y en seis semivocales: *l, m, n, r, s, z.* Mudas se dicen aquellas, porque en comparación de las vocales casi no tienen sonido alguno; las otras, semivocales, porque en comparación de las mudas tienen mucho de sonoridad» (*Gramática castellana,* p. 27).

192 Elio Donato, gramático latino del siglo IV, autor de un *Ars grammatica maior* y otro *Ars minor,* así como de comentarios a Terencio y Virgilio.

194 *activo:* 'verbo transitivo'; *neutro:* 'verbo intransitivo'; *común:* 'verbo que tiene significación y construcción de verbo activo y pasivo'; *deponente:* 'verbo que tiene significación activa y se conjuga con la pasiva'.

196 *relativos:* 'palabras que se refieren a un antecedente ya mencionado y relacionan una oración principal con una subordinada'; *antecedentes:* 'elementos de la oración a los que se hace referencia'; *dirivativos:* 'derivativos, palabras que se forman a partir de otras'

197 Parece versificar a Alfonso de la Torre: «Allí vido las naturas de los verbos por qué se dizen activos e pasyvos, e por qué algunos se dizen neutros e otros deponentes e comunes. E vio por qué el nombre es llamado propio, e por qué apelativo, e por qué los prononbres son primtyvos e otros dirivativos, e por qué los partiçipios son distintos segunt la distinçión de los tres tienpos» (*Visión deleytable,* p. 114).

200 *sustentativos:* 'sustantivos'.

200 TÍTULO *falló:* 'halló'. Ha de entenderse que, a cada una de las siete casas que el Entendimiento visita, le corresponde un planeta.

201 *cercos:* 'círculos'; *influyentes:* 'que producen efectos sobre el carácter y comportamiento de las personas'.

y cómo en su casa   la gente repuna
la carne maldita   y sus accidentes.
Mostrole varones   y dueñas prudentes   205
guardar castidad   en diversos modos,
mostrole pintados   sus títulos todos,
también los pasados   como los presentes.

RELATA ALGUNA DE LAS CASAS PASADAS

27 Do vio a Penelope   velar de contino
    —la tela desface   que fizo en el día—;   210
    ý vio a Clitemesta,   que bien resistía
    con fe y con amor   la müerte a Lino;

---

203 *repuna:* 'repugna', en forma que también consta en Juan de Mena: «No sé qué repuna» (*Laberinto de Fortuna*, p. 243). La *carne maldita* del verso siguiente representa la lujuria.

207 El segundo hemistiquio aparece por dos veces en Juan de Mena, *Laberinto de Fortuna*, pp. 231 y 289.

209 *velar de contino:* 'mantenerse despierta continuadamente'. Penelope —con una acentuación llana relativamente común en la época y presente en Juan de Mena, *Laberinto de Fortuna*, p. 195)— prometió a sus pretendientes que se casaría cuando terminase de tejer un manto, que destejía por las noches, esperando el regreso de su marido Ulises. La estrofa recoge tres ejemplos señalados de castidad femenina, acordes con el discurso de textos muy difundidos en la época, como *De mulieribus claris* de Giovanni Boccaccio. No obstante, parece que la fuente es Juan de Mena, pues los ejemplos de castidad que se suceden entre los versos 209 y 224 de la *Obra* de Guillén de Segovia —Penélope, Hipermestra, Lucrecia, Hipólito, Argía y Artemisa— son exactamente los mismos que aparecen en el primer círculo del *Laberinto de Fortuna,* consagrado a la diosa Diana. En torno a este primer caso, se lee en Mena: «E la compañera del lleno de dolo, / tú, Penolope, la cual en la tela / tardaste, demientra rescibe la vela / los vientos negados a él por Eolo» (p. 195).

211 *ý:* 'allí'.

212 *resistía:* 'evitaba'. Se trata de un error de Guillén de Segovia —o de la transmisión manuscrita—, pues Clitemesta o Clitemnestra no fue ejemplo de castidad, ya que, durante la ausencia de su marino, el rey Agamenón, cometió adulterio con Egisto. Los versos se refieren, en realidad, a Hipermestra, la mayor entre las cincuenta hijas de Dánao, rey de Argos, que libró a su marido Lino (o Linceo) de la muerte, avisándole del plan que su padre había trazado para que, en la noche de bodas, las cincuenta hermanas matasen a sus respectivos maridos, hijos de Egipto. Así lo resumió Juan de Mena: «La buena Hipermestra nos aparesció / con vulto más puro que toda la Grecia» (*Laberinto de Fortuna,* p. 195); y lo refirió Boccacio, que la identifica como «mujer de Lino»: «De Hipermestra, fija del rey Dánao, la qual por esso es tan digna de memoria, porque como su padre le hoviesse mandado matar a su marido no quiso fazerlo, dado que las otras hermanas suyas hoviessen muertos a sus maridos. Por la qual piadad fue encarcelada y después, en fin, librada por su marido. Y ambos en el lugar de Dánao succedieron en el reyno» (*Las mujeres ilustres,* c. XLVI). El propio Guillén recordó el caso con los nombres correctos en su segunda suplicación al arzobispo Carrillo: «La mucha crueza del caso tan visto / sola Ypromesta a Lino rebela» (v. 6).

y a la maculada   del Sesto Tarquino,
por dar buen enxiemplo   a su inconveniente,
penar con cuchillo   su culpa inocente,   215
delante de Bruto   y de Colantino.

28   A Hipólito vio   guardar a Teseo
la fe filïal   que ya non se usa,
faciendo que Fedra   quedase confusa
en su concebido   malvado deseo.   220
Y vio como Argía   tenía por arreo
la fe y castidad con libre poder;
del gran Mausoleo   su viuda mujer

---

213 *maculada:* 'manchada'. Alude a Lucrecia, que se dio muerte con un cuchillo tras ser violada por Sexto Tarquinio durante una ausencia de su marido, dando lugar con ello al final de la primitiva monarquía romana. En Mena se lee: «E, sobre todas, la casta Lucrecia / con ese cuchillo que se desculpó» (*Laberinto de Fortuna,* p. 195). Boccaccio da asimismo cuenta de su muerte en términos parejos a los de Guillén: «El qual, satisfecho su dyabólico appetito, como se hoviesse ydo a su parecer muy vencedor quedando Lucrecia muy triste de lo que había acaecido, en amaneciendo luego mandó llamar a su padre Tricipitino y a Bruto, parente de su marido Collatino, el qual fasta aquel día era tovido por loco, y a su mismo marido con otros parientes y deudos suyos. Los quales ayuntados, contoles con muchas lágrimas por orden lo que a media noche y hora captada le havía fecho Sexto Tarquino. Y como los parientes la aconsolassen de sus tristes llantos, sacóse un cuchillo que havía cubierto debaxo de sus vestidos y dixo: "Yo desta manera me absuelvo del peccado, mas no me libro de la pena; ni dende adelante vivirá alguna mala mujer con enxemplo de Lucrecia". Lo qual dicho, púsose el cuchillo por los pechos y coraçón, que no havía peccado, y cahída sobre el cuchillo murió en presencia del marido y del padre y de todos los parientes, derramando su limpia y innocente sangre» (*Las mujeres ilustres,* c. XLVI). Penélope y Lucrecia también comparecen como ejemplo de castidad el decir de los doce estados de Guillén: «Verás Penolope la voz que derrama; myra su enxenplo en quanto se preçia; / no myres a Elena, mas myra a Lucreçia / que asý resplandeçe e byve por fama» (*Obra poética,* p. 230).

216 Lucio Junio Bruto (†509 a. C.), sobrino de Tarquinio el Soberbio, último rey de Roma, y Lucio Tarquinio Colatino, marido de Lucrecia, sobrino del rey Tarquinio Prisco y uno de los primeros cónsules de la república romana. Lucrecia confesó ante ellos la violación que había sufrido para luego suicidarse.

218 Hipólito comparece como modelo de castidad, pues rehusó las aproximaciones carnales de Fedra, su madrastra, guardando el respeto debido a su padre Teseo, vencedor del Minotauro cretense. La alusión procede, como hemos visto, de Juan de Mena: «Pues vimos al fijo de aquel que sobró / —por arte mañosa más que por estinto— / los muchos reveses del grand laberinto / y al Minotauro a la fin acabó» (*Laberinto de Fortuna,* pp. 194-195). Hipólito se ofrece, asimismo, como ejemplo de castidad en un decir de Guillén compuesto en las salinas de Atienza: «Vi la gente libre franca / que syrven a los nonbrados / vestidos de seda blanca, / a Dïana sojuzgados, / los quales son ordenados / por Ypólito y Lucreçia / cómo sean aprovados / por la reçitada especia» (*Obra poética,* p. 308).

221 *arreo:* 'atributo, cualidad'. Argia, tal como refiere Estacio en la *Tebaida,* incineró y dio sepultura al cadáver de su marido Polinices en contra del decreto del rey Creonte. Conforme a la relación de Mena: «También en la rueda vimos sublevada, / llena de méritos muchos, a Argía» (*Laberinto de Fortuna,* p. 196). Boccaccio encarece las mismas virtudes en este personaje: «Y esto le abastaron a consejar y a fazer y a emprender el verdadero amor, la entera fe, la sanctidad del matrimonio y la intacta castidad» (*Las mujeres ilustres,* c. XXVII).

sacar limpia fama   de aqueste torneo.

DECLARA ALGO DE LOS CASTOS QUE CONOSCIÓ DEL TIEMPO PRESENTE

29   Del cerco presente   vio muchas personas   225
     en quien la virtud   al vicio contrasta,
     los cuales por curso   de vida muy casta
     de ramos de palmas   merescen coronas.
     Así conservaron   sus limpias caronas
     que non pudo Venus   romper su batalla,   230
     con tanta firmeza   que más non se falla
     en estas nombradas   antiguas matronas.

CÓMO VIDO A LA MUY ILUSTRE PRINCESA DOÑA ISABEL

30   Estaba en el cerco   en orden primera
     su amada mujer   del rey de Cecilla,
     princesa de Asturias,   de León y Castilla,   235

---

224 Artemisa, viuda del rey Mauseolo, le dedicó un famoso sepulcro, aunque luego disolvió y bebió sus cenizas para llevarlo consigo y evitar un segundo matrimonio, tal como se apuntaba en Mena: «A ti, mujer vimos del grand Mauseolo, / tú que con lágrimas nos profetizas, / las maritales regando cenizas, / vicio ser viuda de más de uno solo» (*Laberinto de Fortuna,* p. 195); y en Boccaccio: «Artemesia, reyna de Caria, mujer del rey Mausolo, de mucha memoria por la viudedad que guardó y por la mucha reverencia y acatamiento que tovo a su marido, ca ella se bevió sus cenizas y mandó fazerle una rica sepultura» (*Las mujeres ilustres,* c. LV).

225 *cerco:* 'círculo'. Es voz que procede de Juan de Mena en su *Laberinto*.

228 La *palma* era un emblema común de la victoria desde la Antigüedad. Se trata, en este caso, de los que se han vencido a sí mismos y a sus deseos.

229 *así:* 'de tal modo'; *caronas:* 'camisas que se usaban como ropa interior'. El juego de ingenio se repite en términos parejos en el *Dezyr que fizo Pero Guyllén a una dama carytativa que nunca dijo a nynguno ayude vos Dios:* «Pues soys blanda de carona / en una tan vil espeçia / no espéreys que por persona / vos permyta la corona / de la muy casta Lucreçia» (*Obra poética,* p. 186).

230 *batalla:* 'orden de combate en un ejército'. Venus, diosa del amor, comparece aquí como símbolo de la lujuria.

232 *nombradas:* 'famosas'; *matronas:* 'mujeres casadas, nobles y virtuosas'.

234 *en orden primera:* 'en primera fila'. Isabel de Castilla (1451-1504) es presentada en su condición de esposa de Fernando de Aragón (1452-1516), con el que se casó en 1469. Este es identificado a su vez como rey de *Cecilla* o Sicilia, cuya Corona había heredado un año antes, en 1468.

235 Isabel no fue coronada como reina de Castilla hasta 1474, por lo que aquí se le otorga el título de *princesa de Asturias,* que se usaba para designar al heredero de la Corona castellana desde 1388; véase Coronas González (2001).

Jaén y Algarve   con su frontera,
legítima fija,   muy justa heredera
del rey glorïoso   don Juan el segundo.
Non digo en España,   mas en todo el mundo
meresce por reina   poner su bandera.   240

EL MUY SERENÍSIMO PRÍNCIPE DON FERNANDO DE ARAGÓN, SU MARIDO

31   Estaba cabe ella,   igual en el grado,
el príncipe claro   y rey, su marido;
de púrpura tiene   un manto vestido,
forrado de armiños,   de placer sembrado;
con letras de oro   un mote bordado,   245
el cual en escrito   así contenía:

---

236 En estos dos versos se hace un resumen de los títulos atribuidos a la Corona castellana, destacando los dos principales —Castilla y León— y otros dos que actuaban como muestra de la frontera con los musulmanes —Jaén y el Algarve—. La intitulación oficial de los Reyes Católicos con expresión de sus dominios fue la siguiente: «De Castilla, de Aragón, de León, de las dos Seçilias, de Jherusalem, de Granada, de Toledo, de Valençia, de Gallizia, de Mallorcas, de Sevilla, de Cerdenna, de Córdova, de Córçega, de Murçia, de Jahén, de los Algarves, de Algezira, de Gibraltar, de las Yslas de Canaria e de las Yndias, tierra firme del Mar Océano, condes de Barcelona, sennores de Vizcaya e de Molina, duques de Athenas e de Neopatria, condes de Ruysellón y Çerdania, marqueses de Oristán e de Goçeano» (Sánchez-Prieto, 2004: 276). Es preciso hacer dialefa en «y Algarve» para mantener la disposición métrica del verso.

238 Los versos recalcan la legitimidad de Isabel como heredera de la Corona de Castilla en el marco de la disputa sobre la sucesión de Enrique IV (1425-1474), que entonces se disputaba con la hija este, Juana de Castilla, conocida como «la Beltraneja», pues sus detractores la señalaban como hija de don Beltrán de la Cueva, favorito real y duque de Alburquerque. Enrique IV era hijo de Juan II y de María de Aragón, mientras que Isabel lo era de su segunda esposa, Isabel de Portugal. Esta guerra de sucesión tuvo lugar entre 1475 y 1479, concluyendo con el Tratado de Alcazobas; véase Álvarez Palenzuela (2006). La fórmula «don Juan el segundo» procede del primer verso del *Laberinto de Fortuna* de Juan de Mena.

240 *poner su bandera:* 'regir, tener bajo su dominio y gobierno'.

241 *cabe de:* 'junto a, al lado de', y, por lo tanto, al mismo nivel de protagonismo y reconocimiento.

242 *claro:* 'ilustre, famoso'.

244 *de placer sembrado:* 'rebosante de gusto y bienestar'. El manto de color púrpura y el forro de armiño eran atributos propios de la realeza. En el *Libro de horas de Ferrante de Aragón* se representa a Fernando el Católico con un ropón de brocado forrado de armiño y, en fechas muy próxima, las imágenes miniadas de *El Rimado de la Conquista de Granada* de Pedro Marcuello, conservado en el Museo Condé de Chantilly, visten a Felipe el Hermoso con otro ropón con vueltas de piel de armiño; véase Morte García (2010: 48 y 65).

«Aqueste porná   so su señoría
cuanto hobo Alixandre   a sí sojuzgado».

EL MUY MAGNÍFICO SEÑOR DON ALFONSO CARRILLO, ARZOBISPO DE TOLEDO

32 Allí conosció   a nuestro primado
delante el altar   de Santa María;   250
con cetro de fe   la Iglesia regía,
por muy principal   al cerco ganado.
En muy rica silla   estaba asentado
por su dignidad   y grand excelencia.
Asaz de su vida   es esta ispiriencia   255
que vive después   de haberla ocupado.

DIFINICIÓN DE ESTA PLANETA DE LA LUNA

33 Allí vio a Dïana   andar en un barco;
las ninfas llevaba   por sus compañeras,
como venatrices   siguiendo las fieras,
bogando por ondas   de muy limpio charco.   260
«Hermanas —les dice—,   aquí do comarco
con leves […]   contento a natura.
Mis goldres y frechas   son fin de mesura;
de fe y castidad,   las cuerdas del arco».

---

247 'pondrá bajo su gobierno todo lo que llegó a dominar Alejandro Magno', probablemente en alusión a la expansión de la Corona de Aragón por el Mediterráneo oriental.

250 *primado:* 'el principal entre los arzobispos y obispos de un reino'; en el caso de España, lo es el arzobispo de Toledo. La catedral toledana tiene como titular a Santa María y fue objeto de varias obras y reformas por parte de don Alfonso Carrillo, que concluyó su capilla mayor y edificó tanto el muro de la Epístola como las puertas de los Leones y de la Alegría.

252 *cetro:* 'vara fabricada de un material precioso que representa la dignidad del poder'; *al cerco ganado:* 'al círculo en el que se encontraba y que había ganado por sus obras'.

256 *asaz de:* 'gran parte de'; *ispiriencia:* 'experiencia'. Se refiere al mucho tiempo que don Alfonso ocupó la silla arzobispal de Toledo, un total de treinta y seis años.

259 *venatrices:* 'cazadoras'.

260 *charco:* 'superficie de agua dulce'.

261 *do comarco:* 'donde me muevo, vivo y tengo asiento'. Procede del verbo *comarcar:* «Estar en las cercanías o partes circunvecinas y confinantes» *(Diccionario de Autoridades).*

263 *goldres:* 'aljabas, carcaj'; *frechas:* 'flechas'; *son fin de mesura:* 'tienen como objetivo la templanza y el propio dominio'.

264 *fe:* 'fidelidad'.

CÓMO SE DESPIDIÓ EL ENTENDIMIENTO DE LA GRAMÁTICA, Y EL QUE LE DIO PARA QUE NO OLVIDASE LO QUE LE MOSTRÓ

34 El niño, contento,   pidiole licencia,   265
    queriendo en el monte   más alto subir.
    Respóndele ella: «Pues quieres partir,
    escucha mi fabla   con grand deligencia.
    Si caso será   por inadvertencia
    que pueda mi arte   füir tu memoria,   270
    tú lleva remedio   por cosa notoria
    con que te socorras   en tu negligencia.

CÓMO LO REMITIÓ AL SEÑOR ARZOBISPO

35 »Aquel que es señero,   celante justicia,
    aquel que es agora   primado de España,
    aquel que sostuvo   en esta montaña   275
    honestos trabajos   con justa codicia,
    refizo esta casa   en su puericia,
    sacando las piedras   fondón del abismo,
    aquel, si lo buscas   por su silogismo,
    podrá mis efectos   traerte a noticia».   280

---

266 Los dos primeros versos de la copla resumen la clausura del capítulo dedicado a la Gramática por Alfonso de la Torre: «El Entendimyento, con lo que avía oído de la boca de la donzella e con aquello que avía visto pintado, ya era contento quanta a la congruidad de la fabla, e el Natural Yngenio lo aquexava que siguiese su camino conmençado e non quisiese perder más tienpo. E tomando con omildad omyllmente liçençia de la donzella e ryndiéndole graçias por el benefiçio resçebido, el Yngenio Natural, el qual ya era en mayor cantydad que primero de lunbre, e el Entendimiento, que ya era más robusto, començaron la segunda jornada, no menos áspera pero fácil más que la primera» (*Visión deleytable,* pp. 114-115).

269 *Si caso será:* 'Si acaso sucede'.

270 *füir tu memoria:* 'huir de tu memoria, ser olvidado'.

271 *por cosa notoria:* 'como algo conocido por todos'.

273 *señero:* 'único, sin par'; *celante justicia:* 'que se ocupa muy diligentemente del cumplimiento de la justicia'.

276 *honestos trabajos:* 'esfuerzos en el estudio', pues la Gramática recuerda que el arzobispo don Alfonso se había formado en esa misma montaña alegórica con la *codicia* o 'deseo de aprender'.

277 *refizo:* 'rehízo, reconstruyó'; *puericia:* 'infancia y adolescencia'.

278 *fondón del abismo:* 'de lo más hondo'.

279 *por su silogismo:* 'por deducción'.

280 *efectos:* 'los resultados de mis saberes'; *traerte a noticia:* 'darte a conocer, enseñarte'.

CÓMO ENTRÓ EL ENTENDIMIENTO EN LA SEGUNDA CASA DE LA LÓGICA

36   Siguiendo su vía,   el niño inocente
       entró en otra casa   sotil, ingeñosa,
       do muy intrincada   y litigïosa
       así a prima vista   paresce la gente;
       mas, desque tractada   con gesto placiente,   285
       es muy agradable   de conversación,
       la cual se trabaja   por su inquisición
       mostrar la verdad   al siglo presente.

37   Do vio una doncella   de lindas faciones,
       que sigue el estudio   quemando las velas,   290
       descubre lo falso   y torpes cabtelas
       con sus argumentos   y prepusiciones.
       Así la sojuzgan   sus maginaciones
       que non se remiembra   peinar sus cabellos;
       do vuelve los ojos,   paresce metellos,   295
       así como espinas,   en los corazones.

38   Es tan delicada   en su proporción
       que bien representa   los predecesores.
       Tenía en su diestra   maniplo de flores

---

283 *litigiosa:* 'propensa a debatir'. La descripción procede de Alfonso de la Torre: «Andada la primera jornada, llegaron, ya grant pie sobidos en el monte, a un valle de gente muy engañosa e astuta a primera cara, e desque eran tractados eran muy agradables de conversación, aunque syenpre eran un poco litigiosos» (*Visión deleytable,* p. 116).

285 *placiente:* 'grato, amable'.

287 *inquisición:* 'indagación, examen, estudio'.

290 *quemando las velas:* 'consumiendo velas' para continuar el estudio durante la noche, conforme a lo referido por Alfonso de la Torre: «E vista una casa en medio del valle ocurrieron a ella, do fallaron la señora de aquella tierra, la qual era una donzella que bien paresçía en su disposyción de cara que avía gastado velando grant multitud de candelas» (*Visión deleytable,* p. 116).

291 *torpes cabtelas:* 'engaños deshonestos'.

292 *argumentos:* 'razonamientos'; *prepusiciones:* 'proposiciones, juicios entre dos términos'.

293 *sojuzgan:* 'dominan, obligan'; *maginaciones:* 'imaginaciones, cavilaciones'.

294 *remiembra:* 'acuerda de'. El descuido causado por el estudio así como el vocabulario coinciden con lo que se lee en Alfonso de la Torre: «Los cabellos, maguer fuesen en forma convinyente de longura e color asaz agradable, con la ymaginaçión que tenía avíasele olvidado de peynarlos e distinguirlos por orden» (*Visión deleytable,* p. 116).

298 *predecesores:* 'a los que la habían precedido' en el conocimiento.

299 *maniplo:* 'manojo'.

y en la sinïestra   un fiero escurpión,   300
de quien se deleita   con gran atención.
Mirando las flores,   su vicio destruye;
en solo un efecto   su arte concluye:
mostrar la verdad   por viva razón.

39 La cual tomó el niño   so su disciplina,   305
    y júntalo mucho   a su casto pecho,
    diciéndole: «Fijo,   el torpe provecho
    es una vil cosa   y mucho mesquina.
    Si quieres tomar   mi regla y dotrina,
    alimpia tu alma   de las fantasías,   310
    deja opinïones   de cosas valdías,
    y así cobrarás   la gloria divina.

CÓMO DECLARA LA LÓGICA AL ENTENDIMIENTO SU OFICIO

40 »Yo soy de este monte   seguro sendero,
    so línea derecha   que tomo su altura,
    so paso fïel   de gran derechura   315
    con que se conoce   pesado y ligero.
    Aparto lo falso   de lo verdadero
    con pruebas que tengo   en gran multitud;
    sé las diferencias   de vicio y virtud,
    por donde conozco   lo torpe, grosero.   320

---

302 Los atributos que sirven de emblema a la doncella y sus efectos proceden de Alfonso de la Torre: «En la mano derecha tenía un manípulo de flores e un týtulo en letras griegas que dezía: "Verum et falsum"; en la siniestra tenía un muy ponçoñoso escorpión, que a muchos mientra se deleytavan a mirar la diversydad de las flores e olerlas, non era vana la otra mano de ynferir nuzimiento e muy grant daño» (*Visión deleytable,* p. 116).

305 *so:* 'bajo'.

312 *cobrarás:* 'ganarás, alcanzarás'. La recomendación de la doncella versifica al bachiller Alfonso de la Torre: «Toda utilidad en provecho es vil en conparaçión de la bienaventurança eterna, la qual consyste en dos cosas prinçipalmente, conviene a saber, que sea alinpiada el alma de las engañosas opiniones e torpes fantasýas» (*Visión deleytable,* pp. 116-117).

314 *so:* 'soy'; *tomo:* 'mido, calculo'.

316 La alusión está inspirada por la comparación que trae Alfonso de la Torre: «Yo so asý como el peso en el qual se conosçen las cosas ponderosas o ligeras» (*Visión deleytable,* p. 117).

318 La idea también se ajusta a Alfonso de la Torre: «E yo sola so aquella la qual se distinguir e fazer diferençia entre verdad e mentira» (*Visión deleytable,* p. 117).

41   »Yo fallo los modos   y sus consecuencias,
los propios lugares   del redargüir;
conozco los tiempos   en el difinir,
segund las materias   y sus diferencias;
no juzgo las cosas   por sus apariencias;   325
los términos sé   que son naturales.
Por esto me buscan   los más liberales
y aplacen a todos   mis justas sentencias.

CÓMO FINGE EL ACTOR QUE EN ESTA CASA SEGUNDA FALLÓ EL CERCO DE MERCURIO

42   »Aquí verás mezcla   de todos metales
y cómo Mercurio   permite y devieda,   330
del cerco segundo   voleando la rueda,
segund participa   los bienes y males.
Por que lo conoscas,   diré sus señales.
Es mozo sin barbas   encima de un ave,
compone con flauta   su canto suave,   335
con buenos es bueno,   no tal con no tales.

RELATA LOS QUE VIDO VIRTUOSOS DE LOS PASADOS EN SU CERCO

43   »Verás el imperio   del noble Trajano
en paz convertida   su seguridad,
con tanto sosiego   y tranquilidad

---

321 *fallo:* 'hallo, encuentro'.

322 *redargüir:* 'responder a los argumentos contrarios'. Las acciones de la Lógica coinciden básicamente con Alfonso de la Torre: «Allí las maneras de las argumentaçiones e sus modos distintos e figuras; allí las reglas de los sylogismos e conseqüençias; allí los lugares de argüir; allí las maneras de difinir» (*Visión deleytable*, p. 123).

327 *liberales:* 'estudiosos de las artes liberales'.

328 *aplacen:* 'agradan, contentan'.

330 *devieda:* 'prohíbe'. Los metales se mencionan como metonimia de las monedas, ya que Mercurio se vincula con el comercio y sus intercambios.

331 *voleando:* 'girando, dando vuelta'.

335 La flauta y las alas para desplazarse con velocidad fueron atributos comunes del dios Mercurio.

que pudo cerrar   las puertas de Jano.   340
El viejo Nestor   del consejo sano,
que en medio buscaba   la paz de la guerra;
Enrique el segundo,   que tomó su tierra,
también reservada   del pueblo pagano.

44   »Verás a Fabricio,   que sigue razón,   345
juntando sus fuerzas   con mucha constancia,
allí do repuna   la torpe ganancia
y al médico pena   por su traïción.
Verás eso mismo   en gran turbación,

---

340 Marco Ulpio Trajano (53-117 d. C.), emperador romano que gobernó con ciertos períodos de paz, aunque Guillén parece atribuirle méritos propios de Octavio Augusto (63 a. C.-14 d. C.), primer emperador de Roma, que mantuvo un largo período de estabilidad, conocido como *Pax Augusta,* por lo que las puertas del templo de Jano en Roma, que se abrían durante las guerras, permanecieron cerradas gran tiempo. La noticia procede directamente de Juan de Mena: «Vimos sin armas a Octavïano, / que hobo los tiempos ansí trïunfales / e tanto pacífico el mundo de males / que tuvo cerradas las puertas de Jano» (*Laberinto de Fortuna,* p. 262). No es la única vez que Guillén pone a Trajano como modelo de buen gobernante, pues lo vemos también en la tercera suplicación: «Miremos aquel enxiemplo / del buen senador romano / y a la vida de Trajano / en la figura del templo / miremos con qué se mide / todo reino bien regido» (vv. 118-123).

341 El griego Néstor —aquí en forma aguda por razones métricas— fue, según Homero en la *Ilíada,* un sabio consejero en la guerra de Troya. Juan de Mena también lo ubicó en el círculo de Mercurio (*Laberinto de Fortuna,* p. 204).

343 *tomó su tierra:* 'se apropió del reino que le correspondía'. Enrique II de Trastámara (1334-1379) derrocó y asesinó a su hermanastro Pedro I en 1369, instaurando una nueva dinastía en la Corona de Castilla.

344 *reservada:* 'protegida'. El *pueblo pagano* era entonces el enemigo musulmán.

345 *que sigue razón:* 'que actúa de manera razonable y virtuosa'.

347 *repuna:* 'repugna, rechaza'. Cayo Fabricio Luscino, cónsul en los años 282 y 278 a. C., que se enfrentó repetidamente a Pirro, rey de Epiro, cuyos intentos de soborno rechazó. La referencia histórica remite a Juan de Mena: «Estaba la imagen del pobre Fabricio, / aquel que non quiso que los senadores / oro nin plata de los oradores / tomasen, nin otro ningund beneficio, / probando que fuese más hábil oficio / al pueblo romano querer poseer / los que poseían el oro, que haber / todo su oro con cargo de vicio» (*Laberinto de Fortuna,* p. 264). El mismo personaje se cita en el prólogo de la *Obra de Pero Guillén* demandando consejo a un su amigo sobre su vida: «Non te miembras como tovo (e meneió) con ruego a Fabricio, con pobreza a Rubtilio, con destierro a Régulo, con tormentos crueles a Sócrates con ponzoña y con muerte a Catón» (*Obra poética,* p. 135).

348 *pena:* 'castiga'. Alude a Nicias, médico de Pirro, que propuso a Fabricio envenenar a su rey, oferta que este rechazó junto con el cónsul Quinto Emilio Papo. La noticia procede, en último término, de Aulo Gelio, *Noches Áticas* III, 8, que recoge una supuesta carta de Fabricio a Pirro: «Ad nos venit Nicias familiaris tuus, qui sibi praemium a nobis peteret, si te clam interfecisset. Id nos negavimus velle, neve ob eam rem quicquam commodi exspectaret, et simul visum est, ut te certiorem faceremus, ne quid eiusmodi, si accidisset, nostro consilio civitates putarent factum, et quod nobis non placet pretio aut praemio aut dolis pugnare»; 'Vino tu allegado Nicias a pedirnos una recompensa si te mataba en secreto. Le respondimos que no lo queríamos, y que no podía esperar ningún premio de tal acción; al mismo tiempo, nos pareció oportuno informarte, por temor a que si algo por el estilo ocurría, las ciudades pudieran pensar que se había hecho con nuestra connivencia, y porque no queremos hacer la guerra con sobornos o recompensas o engaños'.

a Capis mirando   los actos de engaño,   350
después que de Troya   vio roto aquel paño
con cabsa fengida   del Paladïón.

45   »Verás el deseo   de Numa Pompilo,
que dio de su vida   notables enxiemplos,
doctó sacerdotes   a todos los templos,   355
las fiestas solepnes   nos puso en estilo.
Verás a Socrates,   aquel fondo silo
que padre se llama   de filosofía,
el cual en virtud   nos nudre y nos guía,
bien como las plantas   regadas del Nilo.   360

RELATA LOS VICIOSOS PASADOS QUE VIO CAÍDOS DEBAJO DE ESTE CERCO

46   »Si miras debajo   de aquesta mansión,
verás por el suelo   gran gente caída,
los cuales, faltando   la fe prometida,
pusieron su patria   en gran perdición.

---

351 *paño:* 'muro'. Capis avisó a los troyanos del peligro que amenazaba con el Paladión, el caballo de madera que dejaron los griegos a la entrada de Troya y que les permitió tomar la ciudad. Mena también lo situó en el círculo de Mercurio: «E Capis, aquel que siempre temió / los daños ocultos del Paladión» (*Laberinto de Fortuna,* p. 205).

352 *cabsa:* 'causa'.

355 *doctó:* 'dotó'.

356 *en estilo:* 'como uso y modo de comportamiento', en fórmula que procede de Juan de Mena: «Porque Castilla mantenga en estilo» (*Laberinto de Fortuna,* p. 233). Numa Pompilio (753-674 a. C.), rey de Roma desde el año 716 al que se le atribuye una vida ejemplar e importantes reformas religiosas, entre las que se incluye la institución de las vestales. El grueso de la información sobre este rey remite a Plutarco en sus *Vidas paralelas,* en las que lo compara con Licurgo.

357 *fondo silo:* 'profundo almacén', aludiendo a la riqueza de su pensamiento. El filósofo Sócrates (470-399 a. C.) —aquí en forma llana por razones métricas— también comparece en Juan de Mena, aunque en el círculo de Febo: «Vi más a Sócrates tal que lo temo / con la ponzoña mortal que bebía» (*Laberinto de Fortuna,* p. 219).

359 *nos nudre:* 'nos nutre'. Se entiende que el Nilo es Sócrates y las plantas fertilizadas sus discípulos.

Verás a Dardanio   y al rico Elïón   365
quejarse de Eneas   con grande murmurio;
verás cómo sigue   sus pasos Mercurio,
volviendo la rueda   de su condición.

47   »Verás como Toas,   muy mal guardador,
vendió las reliquias   del templo de Palas;   370
y como a Sifile   crecieron las alas,
mezclando a su fama   tan grand deshonor.
Verás de lo falso   que finge Antenor
venir a su tierra   tan grande tumulto,

---

365 *murmurio:* 'murmuración, censura'. Ambos son personajes míticos que pertenecen a la lectura medieval de la materia de Troya. Dárdano es el primer poblador de Troya y fundador de Dardania, y Elión —o Ilión—, su heredero, construyó la ciudad. Así se refiere en la *Crónica de 1344:* «Dárdano fue más adelante, & faziendo su conquista, asentó en aquella tierra que llaman Frisia, ribera de la mar. E como él era muy valiente & las compañas lebava muchas & buenas, enseñoreáronse de la tierra; & fizo allí, ribera de la mar, una puebla muy grande, trayendo a ella muchas de las gentes de la comarca & de otras gentes & tierra dellas por grado dellas, por fuerça. & llamó aquella puebla del su nombre Dardania, & de allí sojudgó toda Frigia & enrriqueció todas aquellas gentes de moradas & de todas las otras cosas que menester avían. E vivió allí Dárdano muy honrrado & temido en la su cibdad Dardania luengo tienpo, & casó & ovo un fijo que dixeron Oriconio; e murió Dárdano por cumplimiento de sus días. E ansí como dicho es, fue poblada Troya [...]. El tienpo que Dárdano murió ovo de reynar en Dardania su fijo Ericonio [...]. Tornó Oriconio con su fijo Ylio & recobrola; & fizo sus plazos con sus vezinos, e dende a poco tiempo murió & quedó en el reyno Ylio, su fijo. E este salió muy buen cavallero & muy cuerdo, & allegó muchas gentes a su cibdad & mantovo el reyno sin guerra que le viniese. Pero membrándosele del mal que su padre & su cibdad avía pasado, fizo un alcaçar en una peña muy alta que estaba allí sobre la mar e fizo allí su morada, que fasta allí no avía en la cibdad fortaleza alguna, sino solamente las casas; & llamaron de allí adelante aquella morada Ylión» (pp. 104-105). Los dos comparecen en la obra del marqués de Santillana: «*Fortuna:* Non será Dardanio d'essos. / *Bías*: Bien lo sé; / mas otros que te diré / tristes, afflictos e opressos. / *Fortuna*: ¿Serán Elïón e otros / d'esos prínçipes algunos? / *Bías*: Mas dime, ¿fueron ningunos / sinon solos essos dos, / de los frigios que passassen / esta vida, / sy subieron, syn cáyda; / sy riyeron, no llorassen?» (*Bías contra Fortuna,* p. 82). Las quejas contra Eneas proceden asimismo de la *Crónica troyana,* en la que se lo presenta como traidor: «E los troyanos, estando así trabajados con muchos dolores & angustias, cerrados en su cibdad, fizieron entre sí conseja Anchises con su fijo Eneas e Anténor con su fijo Polidamas tratando & fablando entre sí de cómo podiesen salvar sus vidas, que no peresciesen a manos de los griegos, e que si otra cosa no pudiesen fazer, darles por (fol. 102r, b) trayción la cibdad. Por lo qual ordenaron entre sí de fablar con el rey Príamo a que deviese fazer paz con los griegos e restituyese a Menalao su muger Elena, satisfaziendo eso mesmo enteramente de todos los dapños que Paris avía fecho en la ysla Citarea» (p. 302).

370 Toas, rey de Táuride, fue engañado por Ifigenia y Orestes, que robaron la estatua de Artemisa, pero luego lo consintió gracias a la intervención de Palas Atenea. Cabe la posibilidad de que Guillén pensara al tiempo en el Paladio, la efigie de Atenea que fue robada de Troya.

372 Probablemente se refiera a Isífile o Erifile, que, según refiere Estacio, en la *Tebaida* II, 297-302 y IV, 185-220, traicionó a su marido Anfiarao a cambio del aciago collar de Harmonía, ya que el mismo personaje aparece en el círculo de Mercurio ideado por Juan de Mena: «Estabas, Isífile, allí vergoñosa, / vendiendo la vida de tu buen marido» (*Laberinto de Fortuna,* p. 206).

por donde su cara,   su gesto y su vulto   375
paresce robado   del propio color.

DECLARA CÓMO, DEBAJO DE ESTE CERCO, VIO MUCHOS DE LOS MODERNOS VICIOSOS, Y QUE POR TEMOR NON LOS OSA DECLARAR

48   »Si de los modernos   su rueda se nota ,
      fallarse han muchos   caídos en mengua.
      Maguer que lo veas,   no sueltes la lengua,
      por ser la verdad   del cielo remota.   380
      Y pues de tal guisa   la tela va rota
      que está la mentira   en gran cadahalso,
      no digas lo propio,   mas finge lo falso,
      que usar con el tiempo   prudencia denota».

CÓMO CONSEJÓ LA DONCELLA AL ENTENDIMIENTO QUE NO PERDIESE LO QUE SABÍA

49   La sabia doncella,   ya fecho el sermón,   385
      mirando que el niño   atento escuchaba

---

376 *su gesto y su vulto:* 'su rostro', cuyo color palidece por la vergüenza a causa de su traición. El troyano Antenor fue tachado de cobarde y traidor por procurar un pacto con los aqueos y sobrevivir a la destrucción y muerte de los suyos. Posteriormente llegó a Italia y fundó la ciudad de Padua. Mena lo incluyó en el mismo círculo: «Yaces acerca tú, vil Antenor, / triste comienzo de los padüanos» (*Laberinto de Fortuna*, p. 206).

377 *se nota:* 'se aprecia con detenimiento'.

378 *en mengua:* 'en falta y menoscabo'.

379 *no sueltes la lengua:* 'no digas nada'.

380 *remota:* 'alejada, distante', pues la verdad sería propia del cielo y no del mundo.

381 *de tal guisa la tela va rota:* 'hasta tal punto está todo dañado y en mal estado'. La misma expresión se usa en una *Pregunta de Pero Guillén a Gómez Manrique:* «Los actores en loquela / no siguen por un estilo / nin juntan filo con filo, / tanto rota va la tela» (Gómez Manrique, *Cancionero*, p. 246).

382 *cadahalso:* 'cadalso, tablado construido en alto para que, durante las ceremonias públicas, se asentaran los reyes y nobles'.

383 *lo propio:* 'lo verdadero y adecuado'.

384 *usar con el tiempo:* 'ajustarse a lo que corresponde a cada momento'. Guillén de Segovia sigue aquí la recomendación de Juan de Mena al final del círculo de Mercurio, cuando explica que el miedo a las consecuencias le impide identificar por su nombre a ninguno de los contemporáneos que vio allí condenados: «A la moderna volviéndome rueda, / fondón del cilénico cerco segundo, / de vicios semblantes estaba el profundo / tan lleno que non sé fablar quien lo pueda. / Ved si queredes la gente que queda / darme licencia que vos la señale, / mas al presente fablar non me cale. / Verdat lo permite, temor lo devieda» (*Laberinto de Fortuna,* p. 207).

y que retenía   lo que ella fablaba,
segund repitía   después la lición,
díjole: «Fijo,   pues que en perfeción
no sabes lo puro   de aquestas mis penas,   390
si algo perdieres   de aquesto que lievas,
yo darte he consejo   por tu salvación.

CÓMO LO REMITE AL SEÑOR ARZOBISPO

50   »Aquel que en infancia   yo hobe criado
y puede esta casa   fundar de cimiento
sabe las cabsas   de mi nascimiento,   395
segund que por mí   le fue revelado;
aquel que en España   sostiene el primado,
de honesto ejercicio   jamás non se parte,
cuando algo de mí   quieras informarte,
si a él te socorres,   serás alumbrado».   400

CÓMO ENTRÓ EL ENTENDIMIENTO EN LA TERCERA
CASA DE LA RETÓRICA

51   Entró en otra casa   de claro marfil,
maguer que fingido   su grand aparato;
falló una doncella   movible en su trato,
que bien representa   ingenio sotil;
en su diestra mano   dorado añafil   405
y en la siniestra   un libro cerrado,

---

389 *en perfeción:* 'de manera completa y perfecta'.
390 *penas:* 'castigos, enseñanzas'.
391 *lievas:* 'llevas'.
393 *hobe:* 'hube'.
398 *non se parte:* 'no se aparta'.
400 *te socorres:* 'te acoges, pides ayuda'.
402 *maguer:* 'aunque'. También Alfonso de la Torre insiste en lo aparente de la casa: «Las casas de la qual más suntuosas eran en el aparato e açidente de las pinturas que non los yntrínsycos fundamentos principales» (*Visión deleytable,* p. 124).
403 *movible:* 'voluble'.
405 *añafil:* 'instrumento de viento similar a una tuba'. Los atributos emblemáticos de la Retórica proceden de Alfonso de la Torre: «En la mano diestra tenia un añafil e en la siniestra tenía un libro çerrado» (*Visión deleytable,* p. 124).

el cual diz que abriera,   mas era turbado
en ver las almenas,   barrera y petril.

52   Un mote traía   por su invencïón
encima de un manto   que tiene vestido;   410
el fin nos demuestra,   después de leído,
de su ornamento   y persuasïón.
Volvía su gesto   con tal mutación
que a veces paresce   la cara reírse
y a veces con miedo   querrían cubrirse   415
aquellos que escuchan   su dulce oración.

53   Las cosas que alaba,   si bien las porfía
con versos pintados   de aquellos que glosan,
allá los trasponen,   adonde reposan
los carros de Apolo   en medio del día;   420
y las que desloa,   trocando la vía
con pura locuela,   si quiere, asimismo
allá las encierra   fondón del abismo,
en esas fonduras   do Lete corría.

---

407 *diz:* 'dice'. Entiéndase que la doncella invita al niño a que abra el libro.

408 *barrera:* 'parapeto defensivo'; *pretil:* 'muro de protección'.

409 *por invención:* 'ideado por ella' y como identificación de sí misma.

412 Los versos adaptan la descripción alegórica en Alfonso de la Torre: «E en somo de las vestiduras tenia unas letras griegas e latynas en que dezía "Ornatus et persuasio"» (*Visión deleytable,* p. 124). Es preciso hacer dialefa en «su ornamento».

413 *mutación:* 'variabilidad'. Tal condición remite a Alfonso de la Torre: «A las vezes fazía un gesto en tanto exçeso de alegría que la casa senblava reyrse, e otras vezes un gesto tan turbado que todos tremían delante della» (*Visión deleytable,* p. 124).

417 *porfía:* 'discute, debate con tenacidad'.

418 *pintados:* 'adornados'. La glosa era una composición poética desarrollada a partir de uno o varios versos inicialmente propuestos.

420 Esto es, 'cuando el sol está más alto'.

421 *desloa:* 'critica, censura'; *trocando la vía:* 'cambiando el modo y la dirección'.

422 *locuela:* 'lenguaje, modo de hablar'. La misma voz aparece en una pregunta que Guillén dirigió a Gómez Manrique: «Los actores en loquela / no siguen por un estilo» (*Obra poética,* p. 117).

423 *fondón:* 'en lo hondo'.

424 *fonduras:* 'profundidades'. Lete es uno de los ríos infernales. La estrofa indica que, si la Retórica alaba una cosa, puede elevarla a la altura del sol, y que, si la critica, podría bajar su consideración hasta lo hondo del infierno. Sigue en ello una sentencia de Alfonso de la Torre: «Agora vos alabaría fasta el çielo e otra vez vos abaxaría fasta los abismos; e agora vos fazía creer una cosa e otorgar ser buena, e luego vos faría aborreçer aquella por mala» (*Visión deleytable,* p. 124).

LO QUE DIJO LA RETÓRICA AL ENTENDIMIENTO

54 La cual, desque vido el niño delante, 425
su rostro y mejillas color de la brasa,
alegre lo toma y muestra su casa
con un fengimiento de alegre semblante.
Y díjole: «Fijo, non eres constante,
si fuyes los actos que son de natura. 430
Pues ya comenzaste carrera segura,
apura su fin, pues eres bastante.

55 »Si vienes mostrado de mis dos hermanas,
sabrás que la fabla la vida conserva,
sabrás que por ella sostuvo Minerva 435
egregio centro de sus comarcanas.
Innotas nos fueran las gracias tebanas,
si non se podieran poner en historia,
ni menos venieran a nuestra memoria
las sacras virtudes, las vidas profanas. 440

---

425 *color de la brasa:* 'color cambiante'. La variabilidad del color procede de Alfonso de la Torre: «Un color en toda la cara, el qual non se distinguía de lexos sy fuese rosa o alguna color peregrino, pero bien mirada de çerca lo más del color era sufístico e symulado» (*Visión deleytable,* p. 124).

430 *que son de natura:* 'que son propios de la naturaleza humana'. Toda la reflexión de la Lógica remite a Alfonso de la Torre: «Vergüença es e non pequeña cantydad retraerse omne de conseguir las cosas devidas a su natura por temor de pasar trabajo, e non pertenesçe a coraçón generoso e animoso, fuerte e robusto, dexar las cosas començadas sy el fyn de aquellas es útile e honesto. E como yo veo qu'el vuestro deseo sea puesto por alcançar la perfecçión a vosotros posyble, innumanidad e crueldad sería negarvos el ayuda expidiente a tan saludable camino» (*Visión deleytable,* p. 125).

431 *carrera segura:* 'camino cierto'.

432 *apura fin:* 'llega hasta el final'; *bastante:* 'suficientemente capacitado'.

433 *mostrado:* 'instruido'. Las dos hermanas son la Gramática y la Lógica, en cuya casa ha estado con anterioridad el Entendimiento, del mismo modo que se lee en Alfonso de la Torre: «Bien creo que avéys oýdo, por las señoras hermanas mías, cómo por neçesydad e provecho grande del omne le foe dada la fabla de neçesydad, cómo en la comunicación de la vida, que sy fabla non oviera, por ventura seria ynposyble aver cosa bien ordenada entre los omnes» (*Visión deleytable,* p. 125).

436 Minerva, diosa de la sabiduría, aparece como figura central y primera respecto a las demás diosas, sus *comarcanas* o allegadas.

437 Las gracias tebanas —de no mediar error de copia— parecen aludir al ciclo mítico de Tebas, que se abre con Edipo y se cierra con el enfrentamiento entre Eteocles y Polinices. La conciencia de la importancia que el poeta tiene para la conservación de historia se va acentuando en la época, y ya en el siglo XV aparece como un lugar común perfectamente asentado en textos como *El Victorial* de Gutierre Díez de Games, las *Generaciones y semblanzas* de Fernán Pérez de Guzmán o las *Trescientas* de Juan de Mena. Sobre el tópico de la poesía como inmortalización, véanse Curtius (1981: 669-671) y Lida de Malkiel (1983: 48-143).

DECLARA SU OFICIO

56 »El tiempo me face   facer mutaciones,
    queriendo mi regla   mijor conservar
    según la materia,   pasión y lugar,
    segund los misterios   y las ocasiones;
    ca non convenían   a sabios varones   445
    palabras ligeras   de poca cïencia,
    ni a las potestades   de gran reverencia
    con las publicanas,   iguales razones.»

57 »Yo [...]   fablar por medida
    y en el amenaza   tener otro modo;   450
    muestro mi gesto   alegre del todo
    do sufre razón   y a ello convida;
    y sé pronunciar   por orden sentida
    en la alabanza   y en el vituperio,
    en grande congoja   y en el refrigerio,   455
    así como el caso   y el tiempo lo pida.

---

442 *regla:* 'doctrina'.

444 Es la misma justificación que ofrece la Lógica en Alfonso de la Torre: «Lo que preguntades de las mutaçiones, neçesarias son, ca las causas, nin las presonas, nin los tienpos, nin las ocasyones non son yguales» (*Visión deleytable,* p. 126).

445 *ca:* 'porque'. Los versos condensan al bachiller Alfonso de la Torre: «Non sería bueno que el çiente e el ydiota oviesen manera común en la fabla, nin sería honesto los secretos científicos de todo presçio exçelente fuesen traýdos en menospreçio por palabras vulgares. E aun por esto no solamente fue neçesario el fablar secrestado e apartado del vulgo, mas aún fue necesario paliar e encobrir aquellos con fiçión e diversos géneros de fablas e figuras» (*Visión deleytable,* pp. 126-127).

447 *potestades:* 'personas de alto rango y conocimiento'.

448 *publicanas:* 'que viven en pecado'. Los publicanos eran recaudadores de impuestos en Roma. Se alude en último término a la parábola de publicano y el fariseo en el evangelio de san Lucas 18, 9-14; no obstante, la fuente es Alfonso de la Torre: «A las presonas religiosas e honestas non les han de fablar como a las publicanas, nin a las potestades como a las presonas comunes» (*Visión deleytable,* p. 126).

449 Falta un verbo de conocimiento o capacidad, como *sé* o *puedo*.

450 *tener otro modo:* 'usar otro mecanismos retóricos'.

452 *do sufre razón:* 'cuando la razón lo permite'; *convida:* 'invita, conviene'.

453 *sentida:* 'adecuada', conforme a la acepción que recoge el *Diccionario de Autoridades:* «Acomodar las acciones exteriores a las expresiones o palabras, o darlas el sentido que les corresponde».

455 *refrigerio:* 'descanso, alivio'. El léxico de la estrofa encaja incluso con el discurso de la Lógica en Alfonso de la Torre: «E tanbién en el tiempo del alegría non devemos mezclar palabra provocatyva a lloro, nin en el tienpo de la tristeza palabras litigosas nin provocatyvas a risa. E tanpoco en las causas omildes no devemos asý fablar como en las litigosas, nin avemos de fazer tal gesto en la cosa fea e temerosa como en la fermosa e delectable, nin senblante gesto en la alabança como en el vituperio, nin tal en la amenaza coma en la demostraçión de la amistad propia. E estas maneras todas son a considerar con aconpañamiento de palabras e gesto conviniente a la fermosura e conveniençia del prinçipio, e delectaçión de la contynuaçión del media, e subscuçión de saludable e provechoso fyn e agradable» (*Visión deleytable,* p. 126).

58 »El género sé   que es demostrativo,
   y uno de tres   en todas las cabsas;
   sé los acentos,   los puntos y pausas
   del que es judicial   y deliberativo;   460
   sé bien conseguir   segund mi motivo
   exordio conforme   a la narración,
   y las otras partes   de la oración,
   segund las personas   y casos que […].

CÓMO FINGE EL ACTOR QUE EN ESTA CASA TERCERA FALLÓ AL CERCO DE VENUS

59 »Si miras más alto,   verás en el aire   465
   volverse la rueda   del cerco tercero,
   y amarse la gente   de amor lisonjero,
   mostrando al deseo   fengido desgaire;
   verás lo fermoso   perdido el donaire,
   verás la soltura   en grand desamor,   470
   verás cómo Venus   les da su favor
   con ese motivo   de falso macaire.

---

457 El género *demostrativo* o epidíctico apela al receptor tratando de una cuestión presente sobre la que cabe la confirmación o el rechazo. Aun cuando sea un lugar común, la división está tomada de Alfonso de la Torre: «E de la otra parte estaban pintados los tres géneros de las causas, deliberativo, demostrativo, judiçial; con el deliberativo, suasyón e disuasyón; con la suasyón, posible, útil e honesto; con la disuasyón, esperança e temor; con la demostraçión, la alabança e el vituperio» (*Visión deleytable,* pp. 127-128).

458 Alude a los tres géneros de la oratoria, que se precisan en la copla.

459 *acentos:* 'elementos, partes'.

460 El género *judicial* o forense juzga los acontecimientos que ya han sucedido, mientras que el *deliberativo* atiende a los hechos futuros, a las posibilidades y a lo conveniente ante la toma de decisiones.

464 Las partes de la *oración* o discurso son cuatro: exordio, narración, argumentación y conclusión, tal como también consta en Alfonso de la Torre: «Allí el exordio, que ynclinava el ánimo del auditor a benivolençia. Allí la narraçión, que todas las cosas declarava por orden. Allí la argumentaçión, que casy sostenía toda la fuerça del razonar. Alló la conclusyón, en la qual folgavan los ánimos suspensos por esperar aquella» (*Visión deleytable,* p. 128). Falta un verbo bisílabo terminado en *-ivo,* acaso *vivo.*

466 *volverse:* 'girarse, dar vueltas'.

468 *desgaire:* 'ademán de desprecio', aunque falso.

469 *donaire:* 'gentileza, gracia'.

470 *soltura:* 'libertad', amorosa en este caso.

472 *macaire:* 'traidor', por el noble alevoso llamado Macaire, que fue mencionado en el verso 51 del poema. Guillén recogió la voz como nombre común y precisamente en posición de rima con *donaire* en *La Gaya Ciencia* (p. 207).

DECLARA LA INFLUENCIA DE ESTE PLANETA

60 »Es un ligamiento   inmundo, fetido,
do son los servicios   y los adulterios;
es fuente de injurias   y de vituperios,   475
es vicio malvado   de Dios aborrido.
Mas porque paresce   ir tan corrompido
y con los ajenos   colora sus males,
sus torpes efectos   diré por señales.
Entiéndanlo aquellos   que más han leído.   480

DECLARA ALGO DE LOS PASADOS QUE PECARON EN ESTO

61 »Sintiendo los ojos   por el circuito,
verás los preceptos   allí quebrantados,
y a los amonitas   muy mal engendrados
del crimen incesto,   grand daño infinito.
Verás a Exïón,   gigante maldito,   485
en esta fantasma   formada en el viento
que engendra de fijos   en numero ciento.
Si de ellos fue Neso,   a ti lo remito.

---

473 *fetido:* 'fétido', aunque aquí con acentuación llana a efectos de la rima.

474 *servicios:* 'actos de amor', conforme al lenguaje del amor cortés, según el cual *servir* equivale a amar, sometiéndose de manera voluntaria la dama.

476 *aborrido:* 'aborrecido'.

478 *colora:* 'adorna, disimula'.

479 *torpes:* 'deshonestos'; *señales:* 'indicios'.

481 *sintiendo los ojos:* 'mirando'.

484 Los amonitas, según se refiere en el *Génesis* 19, 38, procedían de Ammón, que había sido engendrado incestuosamente por la hija pequeña de Lot al quedar embarazada de su padre: «Minor quoque peperit filium, et vocavit nomen eius Ammon, id est, Filius populi mei: ipse est pater Ammonitarum usque hodie», 'La menor parió asimismo un hijo, y llamó su nombre Amón, quiere decir, hijo de mi pueblo: este es el padre de los amonitas hasta hoy'.

487 El gigante Ixión fue engañado por Juno y copuló con una nube que tenía la forma de la diosa, dando origen a los centauros, que eran hombres de cintura para arriba y caballos en el resto. Así consta en Juan de Mena, que también lo ubica en el círculo de Venus como ejemplo de lujuria: «De los centauros el padre gigante / allí lo fallamos con muy poca gracia, / al que fizo Juno con la su falacia / en forma mintrosa cumplir su talante» (*Laberinto de Fortuna*, pp. 212-213). Mena pone en el mismo círculo a otros personajes que luego pasaron a Guillén de Segovia, como Clitemnestra, Mirra, Macareo y Canace, Tereo o Pasífae. Medea comparece en el *Laberinto* como hechicera.

488 El centauro Neso raptó a Deyanira, esposa de Hércules, y este lo mató con una flecha envenenada con la sangre de la hidra de Lerna. Lo recordó también Guillén en su segunda suplicación a don Alfonso Carrillo: «Vi que la meda bolvía en el aire / al padre de Neso, gigante Exïón» (v. 104).

62 »Verás a Canasce   con su Macareo
    seguir esas leys   que Venus les pone;   490
    verás cómo pena   la sañuda Prone
    el crimen nefando   que fizo Tereo.
    Verás a Pasife   vestida de arreo,
    cobierta la seda   con cuero vacuno;
    a Mirra y al padre ya dar de consuno,   495
    la fija mirando   al fijo deleo.

63 »Verás esa ruin   que fue de los griegos
    las leys rompidas   de su casto pecho;
    verás cómo Egisto   refuella su lecho
    los ojos turbados   de amos y cïegos.   500
    Verás adelante   arder otros fuegos
    do sopla la madre   de aquel niño Troco,

---

490 *leys:* 'leyes', en forma de uso común en la época. Macareo y Canasce, hijos de Eolo, eran hermanos y mantuvieron relaciones incestuosas, tal como consta en Mena: «E vimos en forma muy mal avíltada / ser con Macareo la triste Canace, / de los cuales amos un fijo tal nasce / que la humana vida dejó injuriada» (*Laberinto de Fortuna,* p. 212).

492 *sañuda:* 'llena de saña e ira'. Tereo, marido de Procne, violó a su cuñada Filomena, que era virgen, y luego le cortó la lengua para que no confesara. Las dos hermanas se vengaron dándole a comer a su hijo Itis y fueron luego transformadas en aves, según refieren Ovidio, en *Metamorfosis* VI, 412-674, y Juan de Mena: «Allí era aquel que la casta cuñada / fizo por fuerza non ser más doncella, / comiendo su fijo en pago de aquella / que por dos maneras de él fue desflorada» (*Laberinto de Fortuna,* p. 212).

493 *arreo:* 'adornos y atavíos'. Pasifae, mujer de Minos, rey de Creta, enamorada de un toro blanco, hizo que Dédalo le fabricase una vaca de madera hueca que fue cubierta con un cuero de vaca para que, una vez dentro del toro, fuese fecundada por el toro. De esa unión nació el Minotauro. Lo refiere Juan de Mena en el mismo círculo de Venus: «E vimos, movidos un poco delante, / plañir a Pasife sus actos indignos, / la cual antepuso el toro a ti, Minos» (*Laberinto de Fortuna,* p. 213). Los versos juegan con un doble sentido, pues la seda con que iba vestida fue *cubierta* con cuero de vaca, pero también ella misma fue *cubierta* o poseída por el cuero del toro.

495 *de consuno:* 'juntamente'. Mirra se enamoró de su padre Cíniras, rey de Chipre, engendrando a Adonis, como refiere Mena: «E vimos a Mirra con los derribados, / hermana ya fecha de quien era madre / e madre del fijo de su mesmo padre, / en contra de leyes humanas e grado» (*Laberinto de Fortuna,* p. 212).

496 *deleo:* 'delio, propio de Apolo Delio'. Según algunos relatos mitológicos, Cíniras era hijo de Apolo y Pafo; conforme a otros, su linaje se remontaba a Faetón, por lo que también enlaza con Apolo. El uso de la voz consta en Juan de Mena: «Ortigia, llamada Delós, / de la cual Delio se dijo aquel dios» (*Laberinto de Fortuna,* p. 190).

499 *refuella:* 'pisotea, profana'. Egisto cometió adulterio con Clitemnestra, esposa de Agamenón, que luchaba en Troya; también consta en Mena: «Vimos en uno vilmente abrazados / la compañera de aquel grand Atrides, / duque de todas las grecianas lides, / tomar con Egisto solaces furtados» (*Laberinto de Fortuna,* p. 211).

500 *de amos:* 'de ambos'; *ciegos:* 'ofuscados' por la lujuria.

502 La madre de Troco es Venus. Tras su unión con la ninfa Sálmacis, Troco se convirtió en Hermafrodito. Juan de Mena hace memoria de ello en su comentario a *La coronación del marqués de Santillana:* «Escrive Ovidio en el quarto libro de Metamorfoseos, e comiença la fábula en el verso que dize así "Mercurio puerum diva Cithereide natum". E dize que fue un niño Troco llamado, el qual era fijo de los dioses Mercurio e Venus» (pp. 97-98).

y cómo a Jasón   valieron muy poco
delante Medea   sus preces y ruegos.

TOCA ALGO DE VERDADERO AMOR

64   »Conformes al tiempo,   yo fago canciones,   505
     mas no tengo gracia   do fallo cordura.
     Amor verdadero   es tal ligatura
     que face ser uno   los dos corazones;
     maguer que si esperan   a mis conclusiones,
     seguir por do quiero   será necesario,   510
     que allí do consiste   amor voluntario
     no puede partirse   por vanas razones.

65   »Tocando la arpa   muy dulce de Orfeo
     con este motivo   que tovo Macías,
     vernán en desprecio   las fablas baldías,   515
     maguer que fermoso   paresca lo feo.
     Muy lícito es   y justo deseo

---

504 Entiéndase que, aun cuando se resistiera, Jasón también cayó en el fuego de Venus. La hechicera Medea, sacerdotisa de Hécate, se enamoró de Jasón y le ayudó a conseguir el vellocino de oro; este luego la abandonó para casarse con Creúsa, por lo que se vengó asesinándola, así como a los hijos que había engendrado con Jasón, según cuenta Mena: «Estaba sus fijos despedazando / Medea, la inútil nigromantesa, / ferida de flecha mortal de deesa, / que non supo darse reparos amando» (*Laberinto de Fortuna*, p. 225). El comportamiento de Jasón reaparece en la segunda suplicación de Guillén: «Jasón recolige las mágicas artes / mezclando promesas con votos y juras» (v. 12).

505 *canciones:* 'poemas amorosos'.

506 *no tengo gracia:* 'no soy bien recibida'.

507 *ligatura:* 'ligadura, unión'.

511 *consiste:* 'existe'.

513 Orfeo consiguió, gracias a su música, descender a los infiernos para buscar a su esposa Eurídice. Así se lee en Ovidio, *Metamorfosis* X, 1-85, y en Juan de Mena, en términos parejos a los de Guillén de Segovia: «Mostrose la farpa que Orfeo tañía / cuando al infierno lo trujo el amor» (*Laberinto de Fortuna,* p. 220). Orfeo reaparece en Guillén con similares atributos: «A do la dulçura del canto d'Orfeo / que asý retenýa las aguas corrientes» y «dexemos sy tañe o canta / el grande músico Orfeo» (*Obra poética*, pp. 232 y 255).

514 Macías *el Enamorado* fue un poeta gallego del siglo XIV, cuyas cantigas de amores se recogen en el *Cancionero de Baena.* Desde muy pronto se convirtió en ejemplo de poeta y amante, pues, según la leyenda, murió a manos del marido de su amada. Con esos rasgos aparece en Juan de Mena: «Tanto anduvimos el cerco mirando / que nos fallamos con nuestro Macías, / e vimos que estaba llorando los días / con que su vida tomó fin amando» (*Laberinto de Fortuna,* p. 213). El poeta Macías le sirvió a Guillén varias veces como ejemplo de sufrimiento por amores: «Tanto dolor y deseo / que muero como Maçías» y «E paso algunos días / conportando este dolor / más penando que Maçías» (*Obra poética,* pp. 183 y 221).

515 *fablas baldías:* 'charlas inútiles, parloteos'.

guardar la promesa   en el matrimonio,
mostrar de virtud   aquel testimonio
que Julia mostró   al Magno Pompeo.   520

66   »Amores fetizos   y por argumento
decirte he qué valen   y cuánd poco prestan:
en un tiempo placen   y en otro molestan,
perdidas las cabsas   de su fundamento.
El lícito amor,   que face cimiento   525
en el corazón   por ser entrañable,
ningund tiempo puede   ser este mudable,
faltando a quien ama   ni por pensamiento.

EL CONSEJO QUE DIO LA DONCELLA AL ENTENDIMIENTO POR QUE NON PERDIESE LO QUE SABÍA

67   »Pues tanto trabajo   por verme pusiste
y lievas las reglas   por donde me sigo,   530
escucha y aprende   aquesto que digo
y cuando tornares   a donde salistes.
Pues sabes que el alma   que en cuerpo consiste

---

519 *testimonio:* 'prueba, demostración'.

520 Julia, hija de Julio César, casó con Cneo Pompeyo Magno (106-48 a. C.), al que fue reconocidamente fiel hasta su muerte de parto en el año 54 a. C. Los versos coinciden singularmente con la traducción castellana del *De mulieribus claris* de Boccaccio: «De Julia, fija de Julio César, mujer del grande Pompeo, la qual dio gran testimonio de amor a su marido. Ca levándose a caso los vestidos de su marido a casa ensangrentados del sacrificio, creyendo ella ser él muerto luego aquellos vistos, muerta y preñada cayó en el suelo de dolor» (*Las mujeres ilustres,* c. LXXXI).

521 *amores fetizos y por argumento:* 'amores conseguido por medio de hechizos y de palabras y razonamientos'. La voz *fetizo* parece ser un lusismo a partir de la voz portuguesa «fetiço» o «feitiço», que consta en Joam de Barros: «Ordenou el rey hum feitiço que se usava antrelle [...]; dizendo da parte di príncipe dom Alfonso, que elle lhe mandava aquelle feitiço pera se librar da norte que lhe el rey ordenava» (*Asia,* fol. 35v).

522 *prestan:* 'agradan', con significado todavía de uso en Asturias o en el norte de León. También la Providencia rechaza y condena, en Juan de Mena, los amores que proceden de la magia o que apelan a los discursos racionales: «Nin causan amores nin guardan su tregua / las telas del fijo que pare la yegua; / nin menos agujas fincadas en cera, / nin filos de alambre nin el agua primera / del mayo bebida con vaso de yedra, / nin fuerza de yerbas nin virtud de piedra, / nin vanas palabras de la encantadera; / [...] Entonces se puede obrar discrición, / si amor es ficto, vanílocuo, pigro; / mas el verdadero non teme peligro / nin quiere castigos de buena razón, / nin los juícios de cuantos ya son / le estorban la vía de cómo la entiende» (*Laberinto de Fortuna,* pp. 215-217).

528 *ni por pensamiento:* 'en absoluto, de ningún modo'.

529 *trabajo:* 'esfuerzo, empeño dificultoso'.

530 *lievas:* 'llevas', con forma común en la lengua del siglo xv.

533 *consiste:* 'existe, habita'.

perder la memoria   non es imposible,
recibe consejo   que te es convenible,   535
si algo perdieres   de cuanto aprehendiste.

CÓMO LO REMITIÓ AL SEÑOR ARZOBISPO

68   »Aquel que lumina   con fe nuestra gente
y tiene por armas   dorado castillo,
aquel que intitula   su nombre Carrillo,
magnánimo, puro,   varón excelente,   540
si a tiempo te vieres   con tal accidente
que de esta mi arte   te falles en mengua,
en parte o en todo   turbada tu lengua,
a él te socorre,   que es sabio prudente».

ENTRÓ EL ENTENDIMIENTO EN LA CASA DE LA ARISMÉTICA

69   Entró en otra casa   de grand aparencia,   545
siguiendo el efecto   de aquello a que iba;
falló una doncella   sagaz, inventiva,
sotil y discreta,   profunda en cïencia.
Maguer femenil   paresce en presencia,
en obras demuestra   veril corazón   550
de muy penetrante,   discreto varón,
a quien es debida   muy grand reverencia.

---

535 *convenible:* 'conveniente, provechoso'.

537 *lumina:* 'ilumina'

538 El escudo de armas del arzobispo consistía en un castillo de oro con ventanas azules sobre fondo de gules. Así lo describe el propio Guillén de Segovia: «Señas del dorado castillo de azul fines-trado, armas vituriosas de los antiguos y nobles títulos de Acuña y Carrillo» (*Consonantes,* 45). Todas las citas del proemio al libro de las *Consonantes* remiten al párrafo del texto que se edita como apén-dice tras los cuatro decires.

542 *mengua:* 'pérdida, olvido'.

543 *turbada:* 'perturbada, incapaz'.

545 Título *arismética*: 'aritmética', forma en uso desde el siglo XIII y que aún se registra en los diccionarios.

548 *profunda en ciencia:* 'experta, sabia, de muchos y hondos conocimientos'. La fuente de todo el pasaje es Alfonso de la Torre: «Fallaron una sagaçísyma e muy profunda doncella de çiencia» (*Visión deleytable,* p.129).

550 *veril:* 'viril', con los mismos atributos que en Alfonso de la Torre: «De la qual, maguer los mienbros cubriese con hábito femenil, paresçía debaxo de aquel esconderse coraçón de muy penetran-te e muy yngenioso varón» (*Visión deleytable,* p. 129).

552 *reverencia:* 'respeto, veneración'.

INSTRUMENTOS DE SU OFICIO

70   En su diestra mano   un grafio tenía
     y en la siniestra   una tabla blanca;
     de mostrar al niño   se muestra muy franca   555
     por ver el deseo   que allí lo traía.
     Encima una ropa   de azul que vestía
     de par y non par   bordó gruesas letras.
     Denota, letor, si algo penetras,
     aqueste blasón   a qué se estendía.   560

CÓMO ALLEGA LA DONCELLA AL ENTENDIMIENTO Y LE DICE ALGO DE SU OFICIO

71   La cual, desque vido   al niño confuso,
     en gesto amoroso   tomolo en su gremio
     por dar al deseo   su debido premio,
     segund el trabajo   a que se dispuso;
     y dijole: «Fijo,   aquel que compuso   565
     el sostenimiento   de la humana vida
     mandó que viviesen   por cuento y medida
     y desde *ab inicio*   tal regla les puso.

COMIENZA A DECLARAR SU ARTE

72   »Non siento juïcio   nin capacidad
     que pueda mi arte   del todo entender,   570

---

553 *grafio:* 'garfio', por metátesis. Los atributos coinciden con los del bachiller Alfonso de la Torre: «En la mano diestra tenía un garfio de fierro, e en la syniestra una tabla enblanqueçida» (*Visión deleytable,* p. 129).

555 *mostrar:* 'enseñar'; *franca:* 'dispuesta'.

558 Se trata del mismo mote que aparece en Alfonso de la Torre: «En somo de las vestiduras tenía unas letras griegas en las quales dezía "Par et inpar"» (*Visión deleytable,* p. 129).

559 *penetras:* 'entiendes, alcanzas'.

560 *a qué se estendía:* 'a qué se refería'.

562 *gremio:* 'corporación, conjunto de profesores y alumnos', era voz comúnmente aplicada a la Universidad.

568 *ab inicio:* 'desde el comienzo de los tiempos'. El recurso a esa misma fórmula latina ya está en Mena: «Dispuso *ab inicio* la mente superna» (*Laberinto de Fortuna,* p. 197); no obstante, el concepto remite a Alfonso de la Torre: «E ella con grant benignidad amorosamente los resçibió e los yntroduxo en la propia hedeficaçión e morada, e començoles a decir las syguientes cosas: "Aquel qu'es neçesario e glorioso, fuente e prínçipio donde todos los bienes proçeden, todas las cosas ha fecho en cuento, peso e medida"» (*Visión deleytable,* p. 129).

     por ser fundamento   de todo saber
     y grand sotileza   de profundidad.
     Yo sola penetro   por mi puridad
     la fuerza y efecto   de los elementos,
     alcanzo la cabsa   por reglas y acentos   575
     que engendra y conosce   la humanidad.

73   »Yo di la folganza   del seteno día
     y puse los nombres   primero, segundo;
     de la cábala sé   el cuento profundo
     que tiene grand parte   de la profecía.   580
     De mí sale el cuento   por donde se guía
     aquel grand efecto   de los mecubales.
     Pauleyo, Nicómaco   non son mis iguales
     ni ese Silverto   que me parescía.

---

572 Los versos reescriben el pasaje de Alfonso de la Torre: «E tanta es la profundidad e sotileza de la entynçión de las palabras, que pocos entendimientos de omnes y han abastado a entenderlas por ser raíz e fundamento prinçipal de todos los saberes, ca las cosas conpuestas por el cuento, peso e medida de los saberes» (*Visión deleytable*, p. 129).

573 *por mi puridad:* 'por mi propia y exclusiva condición'.

576 Ha de hacerse dialefa en «la humanidad».

577 *folganza:* 'descanso', en referencia al domingo como séptimo día de la semana, a partir del *Génesis* 2, 2-3. La alusión bíblica también se registra en Alfonso de la Torre: «En el cuento de los seys días de la obra e uno de folgança que en los años de las vidas de aquellos que eran en la hedad primera, que en el segundo libro significan los años de servidumbre pasados en Egipto» (*Visión deleytable*, p. 130).

579 *cuento:* 'cómputo'; *profundo:* 'sagrado, místico'. La cábala es un sistema de interpretación mística y alegórica de la tradición judía que otorga una gran importancia a la numerología. Es el mismo conocimiento que se atribuye la Aritmética en Alfonso de la Torre: «En mí son las profundidades de cábala, en las quales es grant parte de profeçía» (*Visión deleytable*, p. 130).

582 *mecubales:* 'mecubalim, sabios versados en la doctrina cabalística', como en Alfonso de la Torre: «En mí es el cuento de la gramaturia, el qual contaron lo de mecubalim» (*Visión deleytable*, p. 130). Sobre los *mecubalim* y su presencia en la literatura del siglo xv, véase Secret (1979: 32-37).

583 Pauleyo es Apuleyo (*ca.* 123-180), autor del *Asno de oro*, cuyo nombre modificó para ajustarse a la métrica. Nicómaco de Gerasa fue un matemático y filósofo griego del siglo i, que escribió una famosa *Introducción a la aritmética* traducida al latín por Apuleyo, según la noticia que refiere san Isidoro en sus *Etimologías* III, 2.1: «Numeri disciplinam apud graecos primum Pythagoram autumant conscripsisse, ac deinde a Nicomaco diffusius ese dispositam; quam apud Latinos primus Apuleius, deinde Boethius transtulerunt», 'se dice que Pitágoras fue quien primero entre los griegos escribió sobre los números, lo que después fue difundido por Nicómaco; al cual tradujeron entre los latinos primero Apuleyo y luego Boecio'. La referencia erudita procede de Alfonso de la Torre: «Vido a Pitágoras e Nicómaco, griegos, Apuleyo e Severino, latynos, progenitores de aquella donzella» (*Visión deleytable*, p. 131).

584 Silvestre II (938-1003), cuyo nombre era Gilberto o Gerberto de Aurillac y que tuvo una enorme relevancia en la historia de las matemáticas; de ahí que también aparezca en la nómina de Alfonso de la Torre: «Allí el Gilberto tanto traçendía a los otros que paresçía un satélite entre los cavalleros» (*Visión deleytable*, p. 131).

74   »Yo sé las raíces,   especias secretas   585
      de los elementos   y sus amistanzas;
      sé todos los cuentos   de las concordanzas,
      do tienen su fuerza   los siete planetas;
      por mí se gobiernan   las cosas perfectas,
      los géneros puros   y los singulares;   590
      sé los jubileos,   eclipses solares,
      y dónde procede   correr los cometas.

75   »Sé multiplicar   y bien repartir;
      los números sanos,   menudos, quebrados,
      sé sus líneas retas,   conozco los grados;   595
      acción entre partes   sé bien definir;
      y sé por mi arte   los cielos medir
      y, quier sean muchas,   contar las estrellas;
      apuro las sumas   y sé retenellas,
      y alcanzo dó puede   al cabo subir.   600

76   »Los números sé   y su diferencia,
      así el numerante   como el numerado;

---

586 *amistanzas:* 'relaciones, vínculos'. Tal conocimiento de la naturaleza remite a Alfonso de la Torre, que se lo atribuye a la Aritmética: «Sy los omnes bastasen a perfectamente me saber sabrían la virtud de todas las yerbas del mundo, ca segunt avemos fallado en los libros de los antiquísymos Acalo e Çeçina, Trimigisto e Soroastes, las fojas de las yerbas todas son letras yndicativas de la virtud de las raýzes de aquellas» (*Visión deleytable,* p. 130).

587 La ligazón entre las cosas naturales también se apunta como conocimiento de la Aritmética en Alfonso de la Torre: «Por número son ligados los elementos e concatenadas todas las cosas naturales» (*Visión deleytable,* p. 131).

590 *puros:* 'perfecto'; *singulares:* 'únicos'.

591 *jubileos:* 'festividades solemnes que se celebran cada cierto tiempo', cuyo cómputo aparece asimismo en Alfonso de la Torre: «Asý en los otros libros, como en el cuento de las pascuas e de los jubileos» (*Visión deleytable,* p. 130).

593 *repartir:* 'dividir'.

594 *sanos:* 'enteros, sin decimales'; *menudos:* 'decimales'; *quebrados:* 'que expresa partes de la unidad'.

595 *retas:* 'rectas'.

596 *acción:* 'relación'.

598 *quier:* 'aunque'. La alusión estelar procede de Alfonso de la Torre: «Los que exerçitan su alma en saber la distançia de la tierra a los çielos, e los çielos quanto ay de uno a otro, e la diferençia que es entre las estrellas, e el número de aquellas, syn mí non lo podrían conseguir» (*Visión deleytable,* pp. 130-131).

599 *apuro:* 'averiguo de manera cabal'.

600 *dó puede al cabo subir:* 'hasta dónde puede llegar'.

602 *numerante:* 'lo que sirve para numerar'; *numerado:* 'lo que se numera'. Guillén sigue literalmente a Alfonso de la Torre: «Allí la diferençia de los números numerante e numerado» (*Visión deleytable,* p. 131). Según la concepción aristotélica, el *numerante* es el número absoluto y simple, que sirve para numerar, mientras que el *numerado* corresponde a la pluralidad de lo numerable; véanse Rodríguez (2005: 100-101) y Vidal Arenas (2015).

sé bien la planicia,   figura y quebrado
y la división   de su consecuencia.
Convierto en amor   a la mal querencia,   605
y con mi concordia   desfago la guerra;
y sé la distancia   del cielo a la tierra
y cuento los cielos   por pura cïencia.

CÓMO FINGE EL ACTOR QUE EN ESTA CASA
FALLÓ EL CERCO DEL SOL

77   »Pues no tengas, fijo,   la mente turbada
con las opiniones   que son imposibles,   610
fantásticas, locas,   alternas, movibles,
que tienen el alma   del todo ocupada.
En el cuarto cerco   de aquesta posada,
verás grand cuadrilla   de sabios doctores
a quien dotó Febo,   de sus resplandores,   615
la lumbre más viva   por él reservada.

TEÓLOGOS

78   »A Dalmancïano   verás con Rofino,
Gregorio, Latancio   con Beda y Orosio,
Eugenio, Sidonio,   Basilio y Ambrosio,

---

603 *planicia:* 'plano'; *quebrado:* 'fractal'.

604 La fuente es, claro está, Alfonso de la Torre: «Allí la razón del punto, qué número sea, qué la línea, qué la planiçia, qué la figura e el quadrado cúbito, e asý de los otros números. Allí la divysiyón de los números» (*Visión deleytable,* p. 131).

606 *desfago:* 'deshago, concluyo'.

611 *fantásticas:* 'falsas, quiméricas'.

617 Dalmanciano es probablemente san Juan Damasceno (675-749), teólogo y doctor de la Iglesia. Rofino pudiera ser Rufino de Aquilea (345-411), exégeta y traductor al latín de varios padres griegos de la Iglesia.

618 San Gregorio Magno (540-604), doctor de la Iglesia y pontífice desde el año 590. Latancio es el apologista Lactancio Firmianus (245-325). Beda el *Venerable* (*ca.* 672-735) fue un teólogo medieval inglés. Paulo Orosio (*ca.* 383-*ca* 420), clérigo y teólogo hispano.

619 San Eugenio de Toledo (†657), escritor y teólogo visigodo, obispo de Toledo y antecesor, pues, de don Alonso Carrillo. San Sidonio Apolinar (*ca.* 432-*ca.* 489, padre de la Iglesia y obispo de Auvernia. San Basilio Magno, arzobispo de Cesarea (329-79). San Ambrosio (340-97), obispo de Milán, padre y doctor de la Iglesia latina.

Grisóstomo, Isidro   y el santo Agostino;   620
verás a Eusebio   con Sebaülino,
que en altas virtudes   los vicios provoca,
verás a san Pablo,   que tan vivo toca
los sacros misterio   del culto divino.

FILÓSOFOS

79 »Allí esta Empedocles   y el padre Platón,   625
    allí Aristotiles,   allí Dïogenes,
    allí Senofonte,   allí Calistenes,
    allí Escobolo,   Demetrio, Zenón,
    allí Pitagoras,   Milesio, Solón,
    allí Socratés   con mucha dulzura,   630

---

620 San Juan Crisóstomo (347-407), patriarca de Constantinopla. San Isidoro (560-636), arzobispo de Sevilla y autor de las *Etymologiae sive etymologiarum libri XX.* San Agostino o Agustín (354-430), obispo de Hipona, doctor y padre de la Iglesia. Son numerosas las veces que Guillén de Segovia acudió a la autoridad y a la figura de san Agustín; cfr. *Obra poética,* pp. 136, 189, 195, 198, 289 y 320.

621 Eusebio (260-340), exégeta e historiador del primer cristianismo, fue obispo de Cesarea. Es preciso hacer dialefa en «a Eusebio» para respetar la disposición métrica del verso. Sebaulino, cuyo nombre no consta entre los teólogos católicos, probablemente sea san Paulino de Nola (353-431), convertido al cristianismo y poeta religioso.

622 *provoca:* 'induce'.

624 *vivo:* 'vivamente, eficazmente'. San Pablo de Tarso, apóstol de los gentiles y autor esencial para la teología cristiana, gracias a sus epístolas, recogidas en el Nuevo Testamento.

625 Empédocles de Agrigento (495-435 a. C.) —con acentuación llana en el verso— fue un filósofo griego continuador de Parménides. Platón (427-347 a. C.) fue discípulo de Sócrates y fundó la Academia de Atenas, donde instruyó a Aristóteles. La fórmula de Guillén está tomada directamente de Mena: «Aristótiles cerca del padre Platón» (*Laberinto de Fortuna,* p. 219). Todos los filósofos que se relacionan —con la excepción de Calístenes— aparecen en la *Vidas de filósofos ilustres* de Diógenes Laercio.

626 Aristotiles o Aristóteles (384-322 a. C.), filósofo griego, cuyo pensamiento fue esencial para la filosofía occidental y muy especialmente para teología medieval. Diógenes de Sinope, filósofo griego de la escuela cínica. Conforme a la disposición acentual, ambos nombres son llanos en el verso.

627 Senofonte o Jenofonte (431-354 a. C.), historiador y filósofo griego, autor de textos como la *Anábasis,* la *Ciropedia* o la *Apología de Sócrates.* Calístenes de Olinto (*ca.* 360-328 a. C.), en forma llana según el poema, fue historiador, sobrino y discípulo de Aristóteles.

628. Escobolo —con mala lectura de un original *Cleóbolo*— es, muy probablemente, Cleóbulo, poeta y filósofo del siglo I considerado como uno de los siete sabios de Grecia. Demetrio (*ca.* 10-*ca.* 90) filósofo del siglo I perteneciente a la escuela cínica. Zenón de Elea (*ca.* 490-430 a. C.), filósofo presocrático, o Zenón de Citio (325-264), discípulo de Crates y fundador de la escuela estoica.

629 Pitágoras (*ca.* 569-*ca.* 475 a. C.), filósofo y matemático griego. Milesio es Tales de Mileto (624-546 a. C.), filósofo y matemático. Solón (*ca.* 638-558 a. C.), legislador de Atenas. Pitágoras debe leerse con acentuación llana.

630 La acentuación aguda de Sócrates se impone por la métrica y gracias a la variabilidad tónica que los nombres antiguos —en especial los griegos— tenían en la época.

allí Teofrasto,   que a nuestra natura
de su corta vida   demanda razón.

ORADORES

80   »Allí esta Salustio   con el Paudüano,
allí Demostenes   con Tulio y Platón,
allí Publio Naso,   que por oración   635
a los amadores   dio consejo sano,
allí está Crispo,   Valerio, Lucano,
allí Tito Livio,   Vergilio y Estacio,
Francisco Petrarca   y luego Bocacio,
Séneca, Homero   y el Quintilïano.   640

---

632 'que pregunta a la nuestra naturaleza la razón por la cual es tan corta'. Debía de ser un lugar común, porque todavía Lope de Vega apunta en su «Farmaceutria, Égloga tercera»: «¡Oh, si comunicases a Teofrasto, / qué longitud de vida que tendrías!» (*Rimas* II, p. 167). Teofrasto (*ca.* 371-287 a. C.) fue un filósofo y botánico griego próximo a Aristóteles, al que sucedió al frente de la escuela peripatética.

633 Gayo Salustio Crispo (86-34 a. C.), historiador romano autor de la *Conjuración de Catilina* y de *La guerra de Yugurta*. El escritor nacido en Padua es Tito Livio, tal como declaraba Enrique de Villena en su *Traducción y glosas de la Eneida*: «Dize Titho Livio paduano en el primero libro de la primera década de su Corónica romana» (*Obras completas*, p. 116); no obstante, Guillén vuelve a mencionarlo por su nombre cinco versos más adelante. La forma *Pauduano* es latinismo.

634 Demóstenes (384-322 a. C.), con acentuación llana en el verso, fue un orador y político ateniense. Marco Tulio Cicerón (106- 43 a. C.), un político, filósofo, escritor y orador romano.

636 Publio Ovidio Nasón (43 a. C.-17 d. C.), romano al que se recuerda como autor del *Ars amatoria*.

637 Crispo es Cayo Salustio Crispo cuatro versos más arriba. Valerio Máximo, escrito latino del siglo I, autor de *Facta et dicta memorabilia*. Marco Anneo Lucano (39-65), poeta romano a quien se debe *La Farsalia*, epopeya sobre la guerra civil entre César y Pompeyo. Ambos comparecen como historiadores en un decir de Guillén dirigido a Enrique IV: «Del fecho de roma no escrive Valeryo, / Séneca, Ovidio ny menos Lucano» (*Obra poética*, p. 175).

638 Tito Livio (59 a. C.-17 d. C.), historiador latino que escribió *Ab urbe condita*, una historia de Roma desde sus orígenes. Publio Virgilio Marón (70-19 a. C.), poeta romano autor de la *Eneida*, las *Bucólicas* y las *Geórgicas*. Publio Papinio Estacio (*ca.* 45-96), poeta latino conocido por sus epopeyas *Tebaida* y *Aquileida*, así como por las *Silvae*.

639 Francesco Petrarca (1304-1374), poeta y humanista italiano autor de una importantísima obra latina en prosa y verso, así como del *Canzionere*, en lengua toscana. Giovanni Boccaccio (1313-1375), escritor y humanista italiano que escribió el *Decamerón*, así como numerosas obras vulgares y latinas. Guillén recordó a Boccaccio, tanto en la primera suplicación: «Me quiso igualar en la caída con aquel Dionisio de quien escribe Juan Bocacio en el libro *De caídas* que de ser gran señor vino a tener escuela de vezar niños» («Prólogo», 2); como en la segunda: «Estaba Bocacio en este abditorio / las grandes caídas escribe en registro» (vv. 401-402; y en la tercera: «Bocacio con los modernos, / poetas de grand memoria» (vv. 244-245).

640 Lucio Anneo Séneca (4 a. C.- 65 d. C.), filósofo, político, orador y tragediógrafo próximo al pensamiento estoico. Homero (siglo VIII a. C.), poeta griego a quien se atribuyen la *Ilíada* y la *Odisea*. Marco Fabio Quintiliano (*ca.* 35-*ca.* 95), retórico y filólogo romano autor de la *Institutio oratoria*. Séneca es, sin duda, la principal autoridad entre los autores clásicos, a la que Guillén remite de manera expresa a lo largo de su obra con un total de veintiuna ocasiones.

SEBILAS Y ADEVINOS

81   »Verás las sebilas   juntas a una
     y los santuarios   del templo de Apolo,
     sacando las notas   de su protocolo,
     aquellas que el cielo   permite a Fortuna.
     Verás a Arunés   en cabsa oportuna   645
     catar las entrañas   de los animales,
     y a Elena de Troya   mirando sus males,
     que el triste vïaje   a Paris repuna.

DECLARA LOS QUE VIDO SABIOS EN EL CERCO
DE LOS PRESENTES

82   »Si vuelves los ojos   al templo de agora
     y miras el cerco   de nuestros presentes,   650

---

641 Las *sebilas* son las sibilas, que tenían el don de la profecía. Juan de Mena las incluyó en el mismo círculo de Febo (*Laberinto de Fortuna,* pp. 221-222). Es preciso hacer dialefa entre «a y una».

643 *notas:* 'informaciones'; *protocolo:* 'reglas, disposiciones'. Recuérdese que Apolo era el dios de la adivinación.

644 Se afirma que Fortuna solo puede conocer aquello que le permite la providencia divina.

646 *cabsa oportuna:* 'causa y ocasión adecuadas'. Arunes es Arruns, el adivino que se menciona en la *Farsalia* I, 585-588: «Quorum qui maximus aeuo, Arruns incoluit desertae moenia Lucae, / fulminis edoctus motus uenasque calentis / fibrarum et monitus errantis in aere pinnae», que en traducción castellana del siglo XV reza: «Y el que en aquel tiempo mayor era entre ellos en este saber avía nombre Arunes, et morava entonces en la çidbat de Luca, et los rromanos, por saber destos signos que queríen ser segunt que sobíen demandar de antiguo de tales cosas, tuvieron por bien de llamar a aquellos sabios de Toscana, et llamaron entre ellos a aquel Arunes. Este Arunes era sabio de lo que dava a entender el rrayo quando caýa, qué mostravan las cosas cuerdas de las venas del ganado quandol matavan et estavan calientes, et qué agüero mostraban las aves» (*Lucano en romance,* fol. XIv). En el episodio, el adivino interpreta como funestas la vísceras de un toro sacrificado (*Farsalia* I, 605-638).

648 *repuna:* 'rechaza'. Elena, esposa de Menelao, que fue seducida por Paris, hijo de Príamo y Hécuba, dando lugar a la guerra de Troya; de ahí lo *triste* de su viaje a esta ciudad. El mismo episodio del ciclo troyano se recuerda varias veces en Guillén: «E con tal qual la represa / fizo Parys de la joya / que atraxo ser tan lesa / la çibdad nonbrada Troya» y «¿dónde esta Paris e su loçanía, / a do los poderes e cavallería / que asý destruyeron los muros de Troya» (*Obra poética,* pp. 212 y 232). El rechazo del viaje pudiera proceder de la *Crónica troyana,* que presenta a la dama griega arrepentida al comienzo del mismo viaje: «La reyna Elena con los otros captivos todos cubiertos de luto, muestra segund parescía en su color muchas angustias & dolores, vañando su cara & pechos en continuas & sentibles lágrimas & mezcladas con muchos sollozos & sospiros, querellándose de su siniestra ventura & llorando aver perdido el rey su marido & los reys sus hermanos & su fija & su tierra», y quejándose ante Paris: «¿Quién podría cesar de las lágrimas sintiendo tanto dolor & amargura quanta yo padezco? E ya plugiese a los dioses ordenar otramente de mí, e pues otra cosa ser non puede, mas por fuerça, que no de grado, rescibiré tus ruegos como acerca de mí no sea poderío ninguno de poder contrastar ni contrariar a tu voluntad» (pp. 174-176).

650 Es un verso de Juan de Mena: «Venimos al cerco de nuestros presentes» (*Laberinto de Fortuna,* p. 223).

verás dos luceros   así relucientes
bien como en el mayo   paresce la Aurora:
es la princesa,   la reina y señora,
a quien este reino   por ley se dirige,
y el rey su marido;   allí donde rige,   655
faciendo justicia,   la gente enamora.

EL SEÑOR ARZOBISPO

83   »Un poco más bajo   verás otra estrella
de sacras virtudes   veril reportorio,
que en el domicilio   de su consistorio
lumina su grey   con lumbre más bella.   660
Es vuestro primado,   muy viva centella,
que en fuego de amor   de Dios glorïoso
enciende la gente   con tanto reposo
que no queda alguno   con justa querella.

EL CONSEJO QUE DIO LA DONCELLA AL ENTENDIMIENTO POR QUE NO PIERDA LO QUE SABE

84   »Por ende, mi fijo,   pues has colegido   665
de tantas especias   la medulación
y tienes grand parte   de su perfección
segund las materias   que has aprendido,
escucha mi fabla   y, como sentido,
si a tiempo te vieres,   farás mi consejo,   670
lo cual te será   muy buen aparejo
con que non lo puedas   perder por olvido.

---

656 Se trata de Isabel de Castilla y Fernando de Aragón.

658 *veril:* 'viril'; *reportorio:* 'reportorio, muestrario '.

659 *consistorio:* 'consejo, cabildo'.

664 Como clérigo, don Alonso Carrillo aviva el espíritu de la gente con la que trata y lo hace con tanto sosiego que nadie puede quejarse de nada con justicia y razón.

664 *por ende:* 'por lo tanto'.

666 *especias:* 'especies, conceptos mentales'; *medulación:* 'modulación', como en Alfonso de Toledo: «E fecha, diola a Orpheo, el qual entanto grado se dize ser studioso en esta arte que non solamente a las bestias, mas aún a las piedras e montañas con la medulaçion de su rresonar aplazía» (*Invencionario,* fol. 43r), o en el propio Guillén: «Le place que comunique / sus especias en lo puro» (*Obra poética,* p. 336).

669 *como sentido:* 'como algo ya oído'.

671 *aparejo:* 'ayuda'.

CÓMO LO REMITIÓ AL SEÑOR ARZOBISPO

85 »Aquel muy ilustre,   ínclito prelado,
do cabe esperanza   con fe y caridad;
aquel claro espejo   de la cristiandad   675
que tiene en Toledo   el pontificado;
aquel que en mi arte   es tanto cendrado
que sabe el secreto   de mi corazón,
a él de mis cabsas   demanda razón
ya cuando sintieres   tu seso turbado».   680

CÓMO ENTRÓ EL ENTENDIMIENTO EN LA CUARTA CASA DE LA GIOMETRÍA

86 Entró en otra casa   de piedra esculpida,
así compasada   y en esta manera
bien como se emprime   el sello en la cera,
maguer no pintada   ni mucho bruñida,
do vio una doncella   criada y nudrida   685
del fruto más puro   de naturaleza.
De cuanto nos fabla   de pura distreza
no cabe ni puede   ser redargüida.

LOS ESTRUMENTOS DE SU OFICIO

87 Grand pieza de plomo   de un cordel atado
en su mano diestra   tenía descogido,   690
y en la siniestra   de oro bruñido

---

677 *cendrado:* 'acendrado, aquilatado, perfeccionado', tal como se sigue del propio Guillén: «Dexemos sy fue cendrada / la gran ciencia de Naso» (*Obra poética,* p. 255).

684 *bruñida:* 'abrillantada'. La descripción de la casa coincide puntualmente con Alfonso de la Torre: «Fallaron unas casas muy bien fechas que tanto eran de bien proporçionadas que non se pudieran mejor sygilar en çera, maguer no fuesen adornadas por mucha pintura» (*Visión deleytable,* p. 133).

685 *nudrida:* 'nutrida, alimentada'.

686 *puro:* 'perfecto', conforme al texto de Alfonso de la Torre: «En medio de la casa estaba una muy dispuesta donzella, que quanto a las naturales fayçiones de la propia presona no podía Naturaleza añadir perfecçión alguna» (*Visión deleytable,* p. 133)

688 *distreza:* 'destreza'; *redargüida:* 'rebatidos sus argumentos'.

690 *descogido:* 'sostenido'.

691 Ha de hacerse dialefa en «y en».

    un lindo compás   muy bien concertado,
    la cual dijo: «Fijo,   el tiempo pasado
    por las avenidas   del río de Nilo
    yo fui aprobada,   quedeme en estilo   695
    de dar por medida   lo mal compasado».

88 El niño no quiso   saber cómo sea
    fundada tal cosa   en tan breve espacio,
    maguer que mirando   falló en un palacio
    la superficie,   el punto y la línea;   700
    vio los triángulos   de toda ralea,
    espéricos cuerpos   y los colunales,
    y de los cuadrados   y piramidales
    surtir las praturas   a quien las otea.

FINGE EL ACTOR CÓMO FALLÓ EN ESTA CUARTA CASA EL CERCO DE MARES

89 Miró de la casa   sus altos pilares   705
    y vio que su obra   de todas se esmera;
    viola cercada   de la cuarta esfera,

---

692 *compás:* 'instrumento de dos brazos para trazar circunferencias o tomar distancias'; *concerta-do:* 'dispuesto, ajustado'. Son los mismos atributos que Alfonso de la Torre asigna a la Geometría: «En la mano derecha tenía un cordel delgado con una pieça de plomo e en la syniestra un conpás muy conçertado» (*Visión deleytable,* p. 133).

696 La Geometría explica que se inició —*fui aprobada*— en Egipto y que luego siguió siendo utilizada —*quedeme en estilo*— para detectar errores de medida o cálculo. Tales orígenes proce-den de Alfonso de la Torre: «E dixole cómo su generaçión avía començado en Egibto, que como el río de Nilo, del qual toda la tierra de Egipto es regada, cresçiese e cubriese todas las heredades e desatase todas las señales, començaron a partyr e dividir la tierra con medida» (*Visión deleyta-ble,* p. 134).

698 *fundada:* 'establecida, creada'. La misma urgencia tiene el Entendimiento en Alfonso de la Torre: «E el Entendimiento se quería partyr, vistas aquestas cosas» (*Visión deleytable,* p. 133).

701 *ralea:* 'tipo'.

702 *espéricos:* 'esféricos'; *colunales:* 'con forma de columnas'. La enumeración condensa la que se lee en Alfonso de la Torre: «E vido allí el punto, la línea e la superfiçie. Vido allí las maneras de los triángulos equelátero, escarenon, ysótiles e gradado e acuto. E vido allí la triángula, quadrán-gula, la pentágona e eságona figuras, fasta los cuerpos llamados maçoedon, que son de muchos án-gulos e muchas superfiçies. E vido la capaçidad ser mayor de la çírcula figura, que dezide de todas las otras el movimiento de los cuerpos espéricus, quadrados, colupnales e paramidales» (*Visión de-leytable,* p. 133).

704 *praturas:* 'praderas'. El paisaje es el mismo en el que Alfonso de la Torre ubica la casa de la Geometría: «Venidos en la quinta jornada en una pradería muy plana» (*Visión deleytable,* p. 133).

a do se contorna   la rueda de Mares;
y vio cómo aprueba   los rayos solares
y daña a Saturno   en todos los días   710
de cabsa de muerte,   cuestiones, porfías,
en los acïagos   y caniculares.

DECLARA MÁS LA COMPLISIÓN DE MARES

90 A Venus se llega   y muestra que ama,
guerrea a Mercurio   por su complisión,
es en Capricornio   su exaltación,   715
signo muy bajo,   maguer se encarama,
destruye los pueblos,   la sangre derrama,
levanta nublados   de parte de oriente,
otorga vitorias   cuando es en ardiente
y, cuando menguado,   más arde que llama.   720

---

708 *contorna:* 'rodea'; *Mares:* 'Marte', dios de la guerra.

709 *aprueba:* 'da por buenos'.

712 *caniculares:* 'días de verano', que se vuelven *aciagos* o infaustos, ya que, antiguamente, las campañas militares se desarrollaban en esas fechas y se interrumpían en invierno. Recuérdese, además, que Saturno es visible claramente en agosto, cuando se opone al Sol y se alinea con Marte.

714 *complisión:* 'complexión'. En el *Libro conplido en los iudizios de las estrellas* de Abenragel, traducido por Yehuda ben Moshe a instancias de Alfonso X, se afirma respecto a la relación de Marte con Venus: «Rescibe a Mars por la natura que a en él et el afeytamiento, et aborrescel por la contrariedat de su natura. que es calentura et sequedat; apartas déll et arriedra de Mars so mal et so infortuna de sí mesma», y con Mercurio: «et es aparcero con Mars en su alegría et en su movimiento a las cosas, et en cumplir so voluntad a todos fechos» (Rico y Sinobas, 1867, V: 269 y 263).

715 *exaltación:* 'momento en que un planeta ejerce mayor influencia'. Lo mismo afirmaba Antonio de Nájera: «Martes, por ser de su naturaleza muy cálido, se exalta en Capricornio» (*Summa astrológica,* p. 74). El ya citado *Libro conplido en los iudizios de las estrellas* apunta sobre Marte en Capricornio: «Et en todas las partes de Capricornio es sennor de regnado et de nobleça, et de victoria et de sennorío; venzedor de sos enemigos, entrométese en las cosas fuertes et de que an miedo los omes» (Rico y Sinobas, 1867: V, 278).

716 *se encarama:* 'se eleva'. Señala Juan Pérez de Moya: «Y los otros seis, que son Libra, Scorpio, Sagitario, Capricornio, Aquario, Picis, por razón que caen entre la Equinoctial y la parte Meridional se dizen signos meridionales», y más adelante: «Para los otros seys fignos de abaxo, que son Capricornio, Aquario, Picis, Aries, Tauro, Gemini» (*Tratado de cosas de astronomía,* pp. 15 y 241).

718 *nublados:* 'amenazas'.

719 *en ardiente:* 'en curso favorable'. En el *Libro conplido en los iudizios de las estrellas* de Abenragel, se describe Marte en estos mismos términos morales y en su relación con Saturno: «Mars es planeta caliente et seco, ígneo, de malsetría natural, nocturno, feminino, gastador, malfetrero, sannudo, venzedor, porfidioso, ama matar et matanças et vataias et pleitos, et contrallar ligeramientre en fortuna, loco; et non sufre ensannas aýna, de fuerte sanna. Mete todo so corazon en fazer sos cosas; non manda assí quando es sannudo, nin toma su mano de fazer lo ques le antoja; mueve guerras et faziendas, faz batallas, yerma poblados. So exaltación es en la casa de Saturno, que significa roydos et embargamientos, et significa aquella casa la yente loca et los guerreros. Convienel Saturno a Mars en el mal et en la infortuna» (Rico y Sinobas, 1867, V: 277).

720 *menguado:* 'aciago, desgraciado'.

720 TÍTULO *remata:* 'concluye, hace relación de'.

REMATA ALGUNOS DE LOS FECHOS FAMOSOS QUE FECIERON ALGUNOS DE LOS PASADOS

91   Allí vido luego   los que en justa guerra
     hobieron vitorias   que son memorables,
     y los que tomaron   empresas notables
     por paz y sosiego   de su propia tierra;
     y a los bolliciosos,   adonde se encierra   725
     la torpe codicia   con vil atavío,
     y aquel que usando   de mal señorío
     a los inocentes   sin cabsa destierra.

92   Vio a Quinto Mucio   decir a Purchena
     que non fizol golpe   segund su motivo,   730
     y vio por aquesto   en un fuego es
     su mano quemada,   él dándose pena.

---

721 *justa guerra:* 'la guerra que se hace con una causa justificada, como acto defensivo o en nombre de un bien mayor', como se apuntaba en la filosofía moral de la época. Guillén escribió el verso a partir de Juan de Mena: «Ya reguardamos al cerco de Mares, / do vimos los reyes en la justa guerra / e los que quisieron morir por su tierra» (*Laberinto de Fortuna,* pp. 228-229). En el proemio que Guillén compuso a su libro *Consonantes* se hace un elogio de la generosidad del arzobispo y de su afán por domeñar a los malvados y codiciosos: «Donde vuestra señoría, celando el servicio de Dios y del rey, y el sosiego y tranquilidat de este trabajado reino, sin esperar otro galardón sinon de Dios, por cuyo respecto se fizo, guardando siempre el derecho, se dispuso a todo trabajo y peligro por resistir la desmoderada soberbia y refrenar la empescible y mala cudicia, socorriendo y amparando a lo más flaco, que son los menudos del pueblo, defendiendo la tierra y teniéndola en su libertad, la cual yacía ya en partes desierta y cubierta de matas, de guisa que parescía y se facía temerosa y espantable; restituyendo su fuerza a los labradores y quitándoles todo temor para poder labrar sus heredades, deseantes ya los frutos de aquellas; y poniendo en esto la presona y gran dignidat a ordenamiento de los siniestros y contrariosos casos de la Fortuna, y sometiéndolo todo debajo de sus engaños y asechanzas, y derramando mucha de sangre de los parientes y criados, gastando y destribuyendo las rentas del abondoso patrimonio y los feudos y réditos de vuestra gran dignidat y perlacía eclesiástica» (*Consonantes,* 2).

725 *bolliciosos:* 'sediciosos'.

726 *atavío:* 'prenda, cualidad'. La codicia como motor de la guerra es un tema capital en Juan de Mena, de quien Guillén lo tomó: «¡Oh, vil cudicia, de todos errores / madre e carrera de todos los males, / que ciegas los ojos así de mortales / e las condiciones de los servidores, / tú que enduresces así los señores, / tú que los méritos tanto fatigas / de vana esperanza, que a muchos obligas / atales miserias facer e mayores!» (*Laberinto de Fortuna,* p. 284).

727 *mal señorío:* 'gobierno y poder injustos'.

730 *fizol:* 'le hizo'. Cayo Mucio Escévola, habiendo fracasado en su intento de asesinar al rey Porsena —aquí *Purchena*—, que asediaba Roma, puso su mano derecha voluntariamente en un brasero, como signo de la firmeza y la constancia en la defensa de la ciudad (Tito Livio, *Ab urbe condita* II, 12-13).

731 Falta la palabra final del verso que comienza con *es-* y acaba necesariamente en *-ivo* para mantener la rima consonante. Acaso pudiera tratarse de *estivo* en el sentido de 'ardiente'.

732 *pena:* 'castigo, dolor'. Guillén volvió a recordar el episodio en la suplicación a don Alfonso Carrillo: «Desta cabsa subcedió / lo de Nuncio con Purchena / quando el sitio levantó / con su mano que quemó, / a sí mesmo dando pena» (*Obra poética,* p. 337).

A Régulo vio   morir en cadena
y vio como Horacio   defiende la puente
a esos de Tucia,   gran copia de gente,   735
fasta que el arco   caído ya suena.

93   Allí vio a Magón   con los Cipïones
     y vio los debates   de la antigua Tebas;
     vio como relumbran   los petos y grebas
     de aquestos Camilos,   preclaros varones;   740
     vio los poderes,   banderas, pendones,
     que vienen al César   y al Magno Pompeo;
     vio la defensa   que Afranio y Petreo
     a Lérida facen   con estas legiones.

---

733 *en cadena:* 'encadenado, preso'. Marco Atilio Régulo (†250 a. C.) fue derrotado y hecho prisionero por los cartagineses en la batalla de Bagradas, siendo enviado para negociar la paz con Roma, cosa a la que se opuso, volviendo luego a Cartago y siendo terriblemente torturado hasta la muerte (Valerio Máximo, *Facta et sicta memorabilia* I, 1, §14).

735 *Tucia:* 'Tuscia, región de los etruscos'; *copia:* 'cantidad'. Horacio Cocles defendió la entrada al puente Sublicio, mientras sus compañeros lo destruían, evitando que el ejército etrusco entrara en Roma (Tito Livio, *Ab urbe condita,* II, 9-11).

737 Magón era hijo de Amílcar Barca y hermano de Aníbal. La figura pudo tomarla Guillén de Alfonso X: «De cuemo lidiaron los Cipiones con Magón, hermano de Annibal e cuemol prisieron» (*Estoria de Espanna,* fol. 15r). También lo mencionó el marqués de Santillana: «Vengamos al quarto, segundo Magón» (*Comedieta de Ponza,* p. 148); se refiere de manera genérica a la importantísima familia de los Cornelios Escipiones, sobre alguno de cuyos miembros volverá en los versos siguientes.

738 *debates:* 'disputas, guerras'. Alude a la expedición de los Siete contra Tebas en apoyo de Polinices frente a su hermano el rey Eteocles, que Estacio refiere en su epopeya *Tebaida.*

739 *grebas:* 'partes de la armadura que cubren de la rodilla al tobillo'.

740 Marco Furio Camilo (*ca.* 446-365 a. C.) y su hijo Lucio Furio Camilo, que vencieron a los galos. La mención procede de Mena: «Allí relumbraban los claros arneses / de aquellos Camilos que a Francia bastaban» (*Laberinto de Fortuna,* p. 229).

742 César y Pompeyo se enfrentaron en una guerra civil que refirió Lucano en la *Farsalia.* Guillén atribuyó a la Envidia el enfrentamiento entre ambos próceres romanos: «Metiste gran desunión / entre César y Ponpeo» (*Obra poética,* p. 247).

744 Marco Petreyo (†46 a. C.) y Lucio Afranio fueron militares al servicio de Pompeyo, que se enfrentaron a César en Lérida, según refiere Lucano, *Farsalia* IV, 1-16. La alusión procede de Juan de Mena: «Los dos compañeros acordes estaban, / Petreo e Afraneo, vedando con saña / la gente de César entrar en España, / segund que de Lérida lo porfiaban» (*Laberinto de Fortuna,* p. 229). Guillén volvió a hacer memoria de este episodio en sus *Consonantes:* «El cual sitio non menos fue porfiado de amas partes que aquellos collados de Lérida defendidos por Afranio y Petreo, capitanes de Pompeo, cuando el César allí los cercó con gente demasiada» (21); así como en la tercera suplicación de Guillén al arzobispo Carrillo: «De Afrancio y de Petreo / loaremos su porfía / por ser acto que se cría / con señor de buen deseo» (vv. 334-337).

94   Allí vio de Ponto   sus nuevas riberas,   745
do fueron las lides   de Casio y de Bruto;
vio al cónsul Silla,   crüel, disoluto,
vencer los contrarios   con torpes maneras;
vio contra Roma   volver sus banderas
por solo impedir   la entrada de Mario,   750
a do Cipïón,   maguer voluntario,
no pudo en la cárcel   forzar las esperas.

95   Allí vido a Craso,   valiente tenido
de aquestas naciones   a quien resistía,
y cómo la muerte   recibe en Turquía   755
con ese brebaje   del oro retido.
Al pueblo de Roma   vio estar retraído
durante aquel sitio   del bravo Anibal,

---

745 Ponto, nombre asignado en la Antigüedad a la región del Mar Negro y, de manera general, a Asia Menor. En este caso —y acaso por desconocimiento— se refiere a Macedonia, donde tuvo lugar la batalla de Filipos.

746 Cayo Casio Longino (†42 a. C.) y Marco Junio Bruto (85-42 a. C.), conspiradores en el asesinato de Julio César, se suicidaron en la batalla de Filipos, tras ser derrotados por el ejército de Octavio Augusto y Marco Antonio. Casio se mató tras un primer encuentro y Bruto lo hizo tras el segundo.

750 Lucio Cornelio Sila (138-78 a. C.) y Cayo Mario (157-86 a. C.), ambos cónsules en diversos momentos, se enfrentaron en la primera guerra civil de la república romana, a partir de una disputa sobre quién debía encabezar el ejército dispuesto contra la guerra contra Mitrídates VI, rey del Ponto. Para conseguir que el Senado le otorgase el mando, Sila, que tenía fama de promiscuo y desalmado, dirigió su ejército contra Roma, haciéndose con el poder y obligando a Mario a salir hacia el exilio. En Gómez Manrique, contemporáneo y amigo de Guillén de Segovia, se lee: «Cruel como Sylla» (*Cancionero*, p. 393).

752 Parece aludir al momento en que Sila se dirigía hacia Roma en el año 83 a. C. y, tras derrotar a los cónsules Cayo Norbano Balbo y Lucio Cornelio Escipión el Asiático, hizo prisionero a este y a su hijo Lucio, a los que luego dejo marchar sanos y salvos. Habría que entender que Escipión no tuvo la fuerza y la paciencia necesarias para esperar a que lo excarcelaran, para lo que debería haber reembolsado el dinero que le había dado Antíoco; cfr. Apiano, *De bellis civilibus* I, 85 y Tito Livio, *Epítome* 85.

754 *resistía:* 'se enfrentaba'.

756 *retido:* 'derretido'. Marco Licinio Craso (115-53 a. C.), triunviro con César y Pompeyo, fue derrotado por los partos, que lo torturaron hasta morir vertiendo oro líquido en su garganta, como recordaba Juan de Mena: «Vimos a Craso, sangrienta el espada / de las batallas que fizo en Oriente, / aquel de quien vido la romana gente / su muerte plañida, mas nunca vengada» (*Laberinto de Fortuna*, p. 229). También refiere la historia el contemporáneo Lope García de Salazar: «Craso fue entrado en la grand Turquía e, fiándose d'ellos por muchas ofertas que le fizieron, fue malamente engañado e vençido de los dichos turcos, en manera que todos los suyos fueron muertos, que ninguno no escapó, e él fue preso. E después de dádole muchas penas, matáronlo cruelmente, echándole el oro derretido caliente por la boca e a la garganta, deziéndole: "De oro as sed e as grande codiçia e fártate d'ello"» (*Istoria de las bienandanzas e fortunas*, libro VIII).

y violo después   tan bajo en metal
que face en su mengua   muy torpe partido.   760

96   Vio cómo se esconde   Rómulo Quirino
entre estas tiniebras   que impiden al día,
y a ese Domicio   con justa porfía
guardar el castillo   nombrado Corfino;
y vio, de los dientes   que sembró Cadino,   765
nacer caballeros   y gente guerrera,
y luego matarse   con saña tan fiera
que a todos en pronto   la muerte previno.

---

760 *mengua:* 'pobreza'. Aníbal Barca (247-182 a. C.) —aquí con acentuación aguda, como era común en la época—, general cartaginés que asoló Italia durante la segunda guerra púnica. Tras ser derrotado en Zama, se exilió sucesivamente en varios lugares, hasta que se suicidó a los sesenta y tres años, antes de ser entregado a Roma por el rey de Bitinia. De sus carencias tras la derrota dio cuenta Boccaccio, traducido al castellano por López de Ayala: «E luego fue aperçebido Haníbal que se guardasse, y tomó sus cosas y fuesse a Creta; e por tirar sospecha de los vezinos, dixo que allý quería morar, e fizo fenchir arcas de tierra secretamente, diziendo que era tesoro. E señalando las arcas, diolas que las guardasesn en el templo de Diana. E de esta manera que avedes oýdo, sosegó allý algund poco de tiempo» (*Caýda de príncipes,* fol. lxxxvr).

762 Alude a la prodigiosa desaparición de Rómulo, rey de Roma, en medio de una tormenta y de tinieblas, tras la que Julio Proclo aseguró que se le había aparecido y le había hecho saber que ahora era un dios. Lo refiere Plutarco, *Vidas paralelas,* Rómulo, 27.7-8: «Sucedieron se pronto en el cielo fenómenos, que van más allá de las palabras e increíbles transformaciones, pues la luz del sol se eclipsó y lo invadió todo una oscuridad no favorable ni calma, sino dominada por terribles truenos y ráfagas de vientos que levantaban un vendaval desde todas partes. Entonces, la mayoría del pueblo, dispersándose, huyó, mientras que los nobles se apiñaron unos con otros. Y cuando cesó la confusión y volvió a brillar la luz, como quiera que, volviéndose a reunir el pueblo en el mismo sitio, se buscaba y deseaba al rey, los nobles no permitían hacer averiguaciones ni curiosear, sino que los exhortaban a todos a honrar y venerar a Rómulo, argumentando que había sido arrebatado hacia los dioses y que, en el futuro, sería, para ellos un dios favorable en vez de un buen rey». Entre los contemporáneos de Guillén de Segovia, Lope García de Salazar escribió: «Un día, siendo açerca de una laguna con su caballería, levantose un torbellino con truenos e relánpagos e granizo e fuerte viento e grande escuridad; e como fue pasado, non fallaron los suyos a Rómulo bivo ni muerto. E pesando mucho a todos los çibdadanos, andábanlo a buscar por muchas partes. E díxoles un çibdadano: "De valde vos trabaxades en lo buscar, ca él me apareçió en el aire e me dixo: 'Diles a los mis pobladores de Roma que ayuden a nobleçer la mi çibdad de Roma e que sepan que es hordenado de los dioses que sea señora de todo el mundo'"» (*Istoria de las bienandanzas e fortunas,* libro VI).

764 El cónsul Lucio Domicio Enobarbo se resistió a César en la plaza italiana de Corfino, pero fue traicionado por sus tropas, tras lo que César le perdonó la vida, como cuenta Lucano, *Farsalia* II, 477-525.

768 *en pronto:* 'rápidamente'. Cadino es Cadmo, en forma que también consta en Juan de Mena: «De Cadino hermano» (*Laberinto de Fortuna,* p. 181) y que utilizó Guillén de modo regular: «Fizo leyes repunantes a la de Cadino» y «quando el nieto de Cadino» (*Obra poética,* pp. 123 y 211). Los versos aluden a la fundación de Cadmea, ciudad que precedió a Tebas, en Beocia. Tras matar a un dragón de Ares y por consejo de Atenea, sembró los dientes del dragón, naciendo de la tierra numerosos guerreros, que pelearon entre sí hasta la muerte, quedando solo cinco de ellos, que lo acompañaron.

97   A estos atridas   vio muy favoridos
      y al noble Prïamo   estar en desprecio   770
      de los campiones   que lidian por precio;
      los campos felipos   con sangre teñidos;
      los dos Africanos,   con saña movidos,
      poner por el suelo   la fuerte Cartago,
      y en estas provincias   facer tal estrago   775
      que dejan los pueblos   del todo perdidos.

RELATA ALGUNOS FECHOS DE ALGUNOS DE LOS PRESENTES QUE VIDO EN EL CERCO

98   Al cerco presente   sus ojos tendidos,
      mirando los fechos   de nuestras Españas,
      vio títulos claros   de muchas fazañas
      a insignes personas   estar dirigidos.   780
      Allí están primero   los esclarecidos
      príncipes claros,   muy dignos de gloria,
      de quien ya de suso   se fizo memoria,
      que son para reyes   por Dios elegidos.

EL SEÑOR PRÍNCIPE DE ARAGÓN Y REY DE CECILLA

99   El uno de aquestos   verás cómo enseña   785
      por obras famosas   y muy singulares

---

769 *favoridos:* 'favorecidos'; *atridas:* 'descendientes de Atreo, rey de Micenas', en concreto Agamenón y Menelao.

770 Príamo —en forma llana en los versos— era el rey de Troya, que sostuvo la guerra contra los aqueos tras el rapto de Helena por su hijo Paris. El caso de Príamo se presenta por dos veces como ejemplo de caída en la segunda suplicación de Guillén al arzobispo Carrillo: «Mostrandome admirativamente aquel desastrado caso del noble rey Priamo» y «veniste do vistes del noble Priamo / su muerte cruel sus robos y prea» («Prólogo», 2 y vv. 227-228).

771 *que lidian por precio:* 'que pelean por ganar prez y estima'.

772 *campos felipos:* 'territorio donde tuvo lugar la batalla de Filipos, en Macedonia', en el año 42 a. C., donde se enfrentaron Marco Antonio y Octavio por un lado y Casio y Bruto por otro. Es la misma denominación que le dio Lope García de Salazar: «Ovo vatalla en los Canpos Felipos con Bruto e Casio, que mataron su tío» (*Istoria de las bienandanzas e fortunas,* libro VIII).

774 Publio Cornelio Escipión Africano (236-183 a. C.), vencedor de Aníbal en la segunda guerra púnica, y Publio Cornelio Escipión Emiliano (185-129 a. C.), que destruyó Cartago, capital del imperio cartaginés, en la tercera guerra púnica y sometió la ciudad hispana de Numancia.

779 *títulos claros:* 'nobles famosos'.

783 *de suso:* 'más arriba'. Los príncipes son Isabel de Castilla y Fernando de Aragón.

784 TÍTULO *Cecilla:* 'Sicilia'.

que sojuzgará   las tierras y mares,
segund el principio   mostró en Catalueña.
No habrá fortaleza   en roca ni en peña
que no fagan llana   sus grandes legiones;   790
porná los castillos   y bravos leones
con esos bastones   que tiene en Siseña.

COMIENZA EL ACTOR NOTAR LOS CLAROS FECHOS DEL SEÑOR ARZOBISPO DE TOLEDO, SOBRE LO CUAL TOMÓ AQUESTA INVENCIÓN

100   Ya somos al punto   de nuestra invinción;
pues nota, letor,   escucha y aprehende,
que quien los motivos   por señas entiende   795
actor se demuestra   de grand discrición.
Las altas empresas,   el grand corazón,
de vuestro primado   aquí se decoren.
Loar las virtudes   do quiera que moren
la ley lo permite,   consiente razón.   800

CÓMO GANÓ LA FORTALEZA DEL CERCO DE CORLO, QUE A LA SAZÓN ESTABA POR LOS NAVARROS

101   Por que sus fazañas   se noten mijor,
maguer por extenso,   tú non las demandes,
por que las estimen   y tengan por grandes

---

788 *Catalueña:* 'Cataluña'. Alude a la revuelta de los catalanes contra Juan II de Aragón en 1460-1461, al cabo de la cual, Juana Enríquez, madre de Fernando de Aragón, se convirtió en regente del principado y Fernando en primogénito y heredero.

790 *fagan llana:* 'arrasen, entren fácilmente'.

791 *porná:* 'pondrá'. Los *castillos* y los *leones* simbolizan a Castilla y León en sus escudos.

792 *bastones:* 'barras heráldicas', en concreto las rojas y amarillas que identifican a la Corona de Aragón; *Siseña:* 'Sansueña', nombre con que se designa a Zaragoza en textos como el romance de Melisendra, que maese Pedro representa ante don Quijote: «En la ciudad de Sansueña, que así se llamaba entonces la que hoy se llama Zaragoza (*Don Quijote de la Mancha,* II, 26, p. 924).

792 TÍTULO *notar:* 'señalar, apuntar'.

793 *al punto:* 'en el momento más importante'; *invinción:* 'creación literaria'.

796 *actor:* 'autor'; *discrición:* 'inteligencia'.

798 *decoren:* 'honren, alaben'.

800 TÍTULO El Castillo de Corlo o Alcorlo, también conocido como Torre del Congosto, está en la provincia de Guadalajara, cerca de San Andrés de Congosto.

> así como empresas   de un gran señor.
> El fecho del cerco   le dio resplandor,   805
> a do por combate   subió sus pendones,
> maguer los navarros   de sus guarniciones
> de Atienza y Torija   les daban favor.

DE CÓMO GANÓ A BERLANGA, HABIÉNDOLA DE FAVORESCER ARAGÓN Y NAVARRA, Y ESTADO EN SU FORTALEZA

> 102   Verás si su fama   será sublimada
> con títulos claros   después de la muerte,   810
> pues que Berlanga,   que es villa tan fuerte,
> ya puesta de guerra   y al rey rebelada,
> teniendo Aragón   a una jornada,

---

804 Se alaban las acciones militares del arzobispo Carrillo en términos parejos a los que el mismo Guillén usó en sus *Hechos del arzobispo Alfonso Carrillo:* «Lo cual todo, porque no quede así, so fabla general, nin paresca que, con aquel entrañable deseo que siempre hobe a vuestro servicio, lo pinto o escribo en mayor grado que pasó, espresarse han aquí en este proemio algunas cosas principales que yo me acuerdo dignas por cierto de gloriosa fama y perpetua recordación, porque cada una de ellas fuera bastante ser empresa de un gran prínçipe de corona; y aunque me detenga en esto un poco, relatare brevemente las legítimas causas de que resultaron y hobieron orígine los actos notables que dije» (*Consonantes,* 3). Es preciso hacer dialefa en «de un». Beltrán Llavador (1997: 269-272) compara detalladamente la disposición de los acciones militares del arzobispo en la *Obra* y en el mencionado prólogo a las *Consonantes* o *La Gaya Ciencia,* y sus coincidencias textuales

808 *favor:* 'socorro, ayuda'. Atienza y Torija son dos villas de la actual provincia de Guadalajara. Alfonso Carrillo tomó esta última en 1452 y Guillén describió el cerco en su proemio: «Pues si notamos por segundo fecho o fazaña el premioso cerco del Corlo, castillo que ansimesmo estaba rebelado al rey y detenido por los navarros, que enemigos a la sazón eran de nuestra patria, vuestra señoría lo cercó con tanta de gente de armas y petrechos de guerra que paresçió acto celebrado por un gran prínçipe, según la fuerza era y según el socorro que tanto cercano tenían así de los dichos reinos de Aragón y de Navarra, como de las fortalezas y guarniciones de Atienza y Torija y otras que a la sazón estaban por el rey de Navarra, metidas en nuestras entrañas; de donde con muchas gentes, de noche y de día, vuestra señoría fue tentado por todas artes de guerra por facer levantar el sitio. Mas aquella animosidat y graveza de vuestro varonil y valiente corazón, que a mayores cosas se había puesto y las tenía ya tanto habituadas y en costumbre, que las había por ligeras, como ninguno haya temor de facer aquello que bien ha aprendido, tovo quedo el sitio, aunque en estrago y diminuición de los obidientes y leales criados, fasta que por duros y continuos combates, poniendo escalas y otros petrechos de guerra al tal acto convinientes, lo tomó y entró por fuerza y puso sus banderas y estandartes por sus altas torres» (*Consonantes,* 7).

809 *sublimada:* 'elevada'. Desde el proemio al libro de las *Consonantes* se establece un vínculo directo entre lo allí narrado y este poema, escrito con anterioridad: «Y será esto como comento o declaración de la otra primera obra que de esta materia a vuestra señoría se fizo en metro, la medida y compás de la cual non me consintió espresar por estenso los notables fechos celebrados por vuestro ánimo veril, allí tocados; lo cual aquí se fará por esta más ancha y espaciosa carrera, que lo consiente» (*Consonantes,* 3).

810 *títulos claros:* 'renombres famosos'.

813 *crecieron sus alas:* 'cobraron ánimo'.

con cuyo favor   crecieron sus alas,
por duros combates   poniéndole escalas,   815
entrole por fuerza   con grande mesnada.

CÓMO GANÓ EL CASTILLO DE LA RIBA,
QUE TENIA PERDIDO, Y LA IGLESIA DE SIGÜENZA,
Y, TOMADO, GELO RESTITUYÓ

103 Decirte he otro fecho   que es muy singular;
     por este no dudo   que gloria reciba.
     Teniendo la Iglesia   perdida La Riba,
     castillo que al cielo   se quiere igualar,   820
     con sitio [...],   no dando vagar,
     entrola por fuerza   a propias expensas.
     Fue caso notable   [...] que te piensas,
     segund es la fuerza,   poderla ganar.

---

816 Berlanga de Duero, en la provincia de Soria. Guillén refirió el episodio en su proemio: «Poniendo el primero acto o fazaña en orden, que fue el cerco de la villa de Berlanga, la cual, estando rebelada al rey, porque Juan de Tovar, señor de aquella, era en servicio del rey de Navarra, y teniendo la villa por esto la defensión, socorro y valía mucho cercano, porque la habían de socorrer de los reinos de Aragón y de Navarra, vuestra señoría, con ánimo veril de virtuoso y valiente corazón, sufriendo aquellos trabajos deleitosos de la justa y lícita guerra, esperando de Dios ser mayores los galardones que los peligros y sabiendo con juicio y viva lumbre de ingenio probar todas las artes a que la nescesidat, costreñía en acatamiento de la deseada vitoria, por duros y continuos combates, la entró por fuerza, y la tornó y sojudgó a la obidiencia y servicio del rey» (*Consonantes,* 5). El arzobispo cercó y tomó la villa de Berlanga a Juan de Tovar en 1445.

817 *Decirte he:* 'He de referirte'.

819 El Castillo de La Riba de Santiuste está cerca de Sigüenza, en Guadalajara.

821 *no dando vagar:* 'sin dar tiempo a descanso alguno'.

822 *a propias expensas:* 'con su propios bienes y dineros'.

824 *fuerza:* 'fortaleza'. El mismo cerco se refiere en el proemio de Guillén: «Pues non es de pasar so silencio el tercero y famoso fecho, que fue el sitio de la fortaleza de la Riba, la cual tenía perdida la iglesia de Sigüenza, y era ocupada o detenida por mosén Rebolledo, capitán del rey de Navarra y tenedor de Atienza. El cual sitio con tanta ardideza, virtud y valentía fue porfiado, que junto estobo con la torre del homenaje de aquella, vedándoles los mantenimientos y todo uso de libertad, y con muchedumbre de ballestas, espingardas, truenos y lombardas, que como lluvia del cielo los vesitaban, non dándoles lugar a solamente mirar el campo. En el cual sitio vuestro favor y gente estovo así quedo, que sin embargo de los temores puestos con la venida del rey de Navarra, que en esa frontera estaba, y sin embargo de los rebates fechos de día y de noche por las gentes de las guarniciones fasta que por discurso de tiempo Ferrán Godino, alcaide de la dicha fortaleza, fincada la rodilla ante vuestra señoría y pidiendo merced de la vida, dio las manos juntas al guadafión y las duras cervizes al vituperoso yugo. ¿Qué diré de aquesto sinon que, según la fuerza es, fue admirable cosa poderla ganar? La cual ganada, vuestra señoría, en acatamiento del servicio de Dios, libremente la restituyó a la iglesia cuya era» (*Consonantes,* 9).

CÓMO GANÓ A TORIJA, QUE DESTRUÍA A TODA SU COMARCA

104 Celando la santa católica vía,   825
    es luz y candela de contemplativos;
    ejerce las armas con estos motivos,
    seyendo ministro de la clerecía.
    Aqueste privó la grand tiranía
    de aquel mosén Joan que estovo en Torija, 830
    y dio tal enxiemplo, por do se corrija
    quien en los favores del mundo se fía.

CÓMO ALZÓ POR REY AL REY DON ALONSO

105 Negando al proceso su largo tenor,
    pues que en metro es, es acto que cabe,
    que aquello que el vulgo notorio ya sabe, 835
    tocándolo breve, relieve el actor.
    En Ávila oí que daba favor,

---

825 Con una mínima variación, el verso está tomado de Juan de Mena: «Cegando la santa católica vía» (*Laberinto de Fortuna,* p. 209).

828 *seyendo:* 'siendo'. Como clérigo, la acción del arzobispo sería ejemplo para los que se atienen a la vida contemplativa, aunque las circunstancias les habrían obligado a tomar las armas.

829 *privó:* 'despojó, destituyó'.

830 *mosén:* 'mi señor', título que se daba a la baja nobleza en el reino de Aragón. El capitán Juan de Puelles, al servicio de la Corona navarra, había ocupado la fortaleza de Torija en 1445. El arzobispo la recuperó para Juan II en 1452, junto con don Íñigo López de Mendoza, futuro marqués de Santillana. El propio Guillén reseñó la toma de Torija en su proemio: «Vengamos agora al cuarto acto de la villa de Torija, que ya en este reino era tornada y fecha otra cueva de Caco, según los robos, fuerzas, daños, males que mosén Juan de Puelles, capitán o forzoso tenedor de aquella, de allí facía. ¿Qué diré de los petrechos ofensivos y defensivos, del fenchir de los valles, allanar de sierras, facer fonsados, cárcavas y bastidas, cortando las vecinas y espesas selvas, para facer grandes y sotiles engeños, que igualaban con el altura de sus torres? [...] Y vuestra señoría por estos primores y artes de guerra trojo la cosa en tal término, que, después de haber estado sobre la villa veinte meses y después de haber seído muertos y feridos en los combates y escaramuzas de tan largo y porfiado cerco dos mil hombres y más, de la una y otra parte, se entró la villa por fuerza, y fue preso el capitán y destrozados todos los que lo seguían en tan inica opiñón» (*Consonantes,* 11). Sobre este episodio militar, véase Benito Ruano (1968: 523-525)

831 *se corrija:* 'se enmiende'.

833 *proceso:* 'historia'; *tenor:* 'condición'.

834 *en metro:* 'en verso'; *es acto que cabe:* 'es algo que puede hacerse'.

835 *notorio:* 'notoria y manifiestamente'.

836 *tocándolo breve:* 'tratando de ello con brevedad'; *relieve el actor:* 'se da mayor relieve e importancia al autor de los actos'.

837 Siguiendo la estela de Juan de Mena en el *Laberinto de Fortuna,* el poeta se presenta como testigo de los actos del arzobispo.

alzar nuevo rey   y darle corona,
diciendo al faraute   pregone en persona
que el rey don Alonso   es nuestro señor.   840

LA BATALLA QUE HOBO EN OLMEDO

106 Ya fecho tal acto,   que es bien de notar,
estando por partes   partida Castilla,
de duques y condes   muy grand cüadrilla
ya juntos en Cuéllar   por lo contrastar
a esto que digo,   queriendo pasar   845
por tierra de Olmedo   a fin de follalla,
con estos que tiene   les pide batalla
y en obra lo pone   sin más dilatar.

---

838 *alzar:* 'proclamar'.

839 *faraute:* 'heraldo, mensajero'; *en persona:* 'en presencia'. Se sobreentiende un *que* completivo para introducir el verbo *pregone*.

840 Alfonso de Trastámara (1453-1468), hijo de Juan II e Isabel de Portugal, infante de Castilla y príncipe de Asturias, fue proclamado rey en 1465 con el nombre de Alfonso XII de Castilla por una facción nobiliaria enfrentada con Enrique IV en un acto conocido como la Farsa de Ávila. Lo refiere el mismo Guillén: «Vuestra señoría se vino a la cibdat de Ávila, donde luego el maestre de Santiago y el duque de Arévalo con otros asaz caballeros vinieron, dejando el motivo de su temerosa y acelerada partida, perdiendo por vuestra venida todo el temo concebido; donde, de consejo y concordia de todos y aun de algunos procuradores del reino, fue fecho y celebrado aquel memorable acto de alzar por nuevo rey al glorioso rey don Alfonso y facer en ello todos los otros actos que para lo abtorizar fue nescesario. El cual acto así fecho, luego en continente muchas y grandes cibdades del reino se dieron al señorío del dicho rey don Alfonso» (*Consonantes,* 27-28); véase Morales Muñiz (1988 y 2021).

844 *contrastar:* 'resistirse, oponerse'. La villa de Cuéllar está en la actual provincia de Segovia.

846 *follalla:* 'pisotearla, dominarla'. En Olmedo, villa vallisoletana, tuvo lugar la batalla aquí referida el 20 de agosto de 1467, donde se enfrentaron los partidarios del príncipe Alfonso y los de Enrique IV sin que hubiera un claro ganador. También Guillén hizo memoria de este encuentro: «Estando vuestra señoría en la villa de Olmedo, villa que ya era en la obidiencia del rey don Alfonso, resistiendo con mil lanzas los daños, robos y males que por los contrarios en la tierra se facían, y estando el rey nuestro señor en Cuéllar, villa y fortaleza bien cercada, y con él el duque de Albuquerque, el marqués de Santillana, el conde de Haro otros asaz caballeros y ricos hombres con número de mil y seiscientas lanzas, a fin de pasar contra voluntad de vuestra señoría y follar la tierra del rey don Alfonso, y habiendo sobre aquello enviado sus harautes costreñidos de las leyes reales que disponen los actos de la guerra, faciendo saber a vuestra señoría su pasada a Medina del Campo y amonestándole que se non opusiese a la defensa del paso, y después de vuestra señoría haber respondido [...], y como, non obstante aquesto, el rey con su hueste se movió a pasar y follar la tierra, hóbose de aceptar y aplazar batalla. La cual vuestra señoría con esos que tenía les dio, confiando de la vitoria por la justa causa que llevaba» (*Consonantes,* 40).

848 Título Sobre la batalla de Olmedo y la intervención del arzobispo Carrillo, véase Franco Silva (2014: 94-96).

CÓMO METIÓ EL FARDAJE EN OLMEDO

107 Mostró como Hétor   muy grand valentía
y, como Catón,   esfuerzo y mesura;   850
trascende a Prïamo   en seso y cordura
con actos debidos   de caballería.
Con justo motivo,   con esta porfía,
con muy menos gente   defiende el pasaje
y mete en la villa   muy rico fardaje,   855
mayor que el de […]   en suma y valía.

CÓMO GANÓ A TUDELA EN UNIÓN CON EL SEÑOR MAESTRE DE SANTIAGO Y DESTROZÓ CON ÉL DOSCIENTOS ROCINES DE LA GUARDA

108 De los de la guarda,   estando en Tudela,
docientos rocines   servidos a punto,
con este primado   estando conjunto
el noble maestre   de su parentela,   860

---

850 Se encarecen las virtudes del arzobispo por sobrepujamiento con tres personajes de la Antigüedad, siguiendo un recurso que Guillén utilizó reiteradamente en el proemio a su libro de las *Consonantes*. Héctor, el héroe troyano que fue derrotado y muerto por Aquiles. Marco Porcio Catón (234-149 a. C.), escritor, militar y político romano, fue cónsul y censor en Roma. Príamo es el rey de Troya, padre de Héctor y Paris.

852 *debidos de caballería:* 'propios de caballeros'.

854 *defiende el pasaje:* 'prohíbe, impide el paso'.

855 *fardaje:* 'equipaje o, más precisamente en el contexto, botín', al que se alude asimismo en el proemio de Guillén: «Non menos fizo aquí vuestra señoría, que, desbaratada la batalla, metió en la villa de Olmedo todo el fardaje y repuesto que traían. Lo cual de tanto número y valía fue que non rescibe estima» (*Consonantes,* 41).

856 Si no atenemos al proemio de las *Consonantes* el personaje que se utiliza como comparación para la riqueza del botín tomado sería Aníbal: «La cual fue digna de mayor nombre que aquella que Anibal hobo cerca del barrio de Canas, que es en Pulla, cuando peleó con Emilio y Barro, cónsoles de Roma, porque non menos fue porfiada; donde Anibal fue vencedor y hobo tan grande despojo que quieren las estorias que enviase a Cartago tres moyos de sortijas de oro» (*Consonantes,* 41).

857 *guarda:* 'guardia', en referencia la guardia real. Tudela es una villa perteneciente a Navarra que el arzobispo ocupó en el verano de 1467; véase Benito Ruano (1968: 527-528).

858 *rocines:* 'jinetes'; *servidos a punto:* 'preparados para el combate'.

860 El maestre de Santiago era Juan Pacheco y Téllez de Girón (1419-1474), marqués de Villena, duque de Escalona y adelantado mayor.

sufriendo la guerra   usar de cabtela
por dar libertad   a pobres menudos,
entroles la villa,   dejolos desnudos,
maguer que el bollicio   sintiese la vela.

PROSIGUE Y NARRA

109 Después de muy limpios   tener los altares,   865
iglesias y templos   a él reservados,
en armas non debe   ser tanto loados
los fechos famosos   de los Doce Pares,
ni en esas batallas,   maguer singulares,
a donde Aníbal   dio cuenta de hombre   870
non cobró fama   de tan claro nombre
ni cuando con gente   pobló los paulares.

---

861 *sufriendo:* 'permitiendo, siendo lícito'; *cabtela:* 'cautela, ardid'. La toma de Tudela en el verano de 1467 también fue relatada por Guillén de Segovia, haciendo hincapié en el número de jinetes y en los caballos ganados al enemigo, que hubo de retirarse a pie: «Pues non cesare escrebir el destrozo y vitoria que vuestra señoría, en uno con don Johan Pacheco, maestre de Santiago, hombre de gran actoridat y vivo engenio, de vuestra clara progenie, hobo de los capitanes del rey que estaban en la villa de Tudela de Duero, donde había docientas lanzas de las mejores y más guarnidas y ataviadas de las que el rey tenía en su guarda [...]. Mas como aquellas cosas y otras mayores vuestra gran prudencia y claro engenio toviese ya tanto cursadas por continuo uso que las sabía de coro, amanesció sobre ellos al alborada, y con mucha de gente de armas, espingardas, ballestas y truenos de mano, de que iba bien guarnido, en tanto que los caballeros se zabullían en las acequias y cárcavas del río por pasar de la otra parte, el cual con mucho peligro, veces sumiéndose todos, veces las ancas de los caballos, veces las cabezas, lo pasaron a nado. Vuestra señoría combatía la torre principal que era la mayor fuerza de la villa, poniéndose fuego a las puertas tanto esforzadamente y con tanta priesa que, en solo un combate, les entró la villa por fuerza, prendió los capitanes, y destrozó y puso a pie todos los otros caballeros de su compañía» (*Consonantes,* 37-38).

862 *menudos:* 'plebeyos'.

864 *bollicio:* 'bullicio'; *vela:* 'vigilancia'.

868 Los Doce Pares de Francia era paladines de Carlomagno que formaban parte del paisaje común en las lecturas caballerescas.

870 *dio cuenta de hombre:* 'se comportó de manera heroica'.

872 *paulares:* 'tierras pantanosas'. Guillén de Segovia utilizó la misma voz para aludir a César en un pasaje de *La Farsalia:* «Así en la pasada del Ruédano, como en las cercas de Capua y en el sitio de los paulares de Roma» (*Consonantes,* 27). Lope García de Salazar da cuenta del episodio referido a Aníbal: «Fechas estas cosas, Flaminus fue fecho cónsul e, partido para la guerra de Italia contra Aníbal e tomada la gente así, començó de ser orgulloso e se adereçar para la vatalla con Aníbal por ganar onor. E Aníbal, como sopo qu'el cónsul Flaminus le venía al encuentro e era entrado en Arençio, partió por unos paulares que avía fecho el río Aenis, donde sufrieron él e su gente mucho mal, ca non avían en qué dormir ni reposar, salvo sobre el agua. E allí perdió Aníbal el un ojo con el frío e calura e sonido de las car[r]etas; e iba sobre un elefante por ir más alto de las umidades de la tierra» (*Istoria de las bienandanzas e fortunas,* libro VII); y en términos similares se refiere en el *De casibus virorum illustrium* boccaciano traducido al castellano por Pero López de Ayala: «E passada la ribera ovo mucho

CÓMO DETOVO LA MOTA DE MEDINA DEL CAMPO Y GANÓ LA VILLA DE MOLINA Y SUS FUERZAS

110 Las artes de guerra   así contramina
     que face palenques   al daño futuro;
     los malos le temen   detrás de su muro   875
     en estos límites   donde confina.
     Detovo esa Mota   que es en Medina;
     a gente guerrera,   ya rotos los fechos,
     con grandes astucias,   con muchos pertrechos,
     la villa y sus fuerzas   ganó de Molina.   880

PROSIGUE

111 El César que fizo   las balsas plegadas
     con que sojuzgase   las ondas salobres,

---

trabajo en passar el monte Apenino, e passó en la tierra toscana; en la que, fallando muchas veces lagunas e paulares, fue muy affligida su gente y trabajada de las humidades e fríos y eladas de noche y de día, sin reparo de leña, que solamente para guisar de comer no alcanzavan [...]. Las cuales cosas y tiempo tan infortuno traxeron grandes trabajos e daños a Haníbal. Y assý fue que, estando en medio de aquellas aguas, encima de un elefante que le avía quedado, con los vientos e fríos tan desordenados, perdió un ojo» (*Caýda de príncipes*, fol. LXXXIVr).

872 TÍTULO *detovo:* 'mantuvo, no se dejó arrebatar'. Se refiere al castillo de la Mota, junto a Medina del Campo, en la provincia de Valladolid; véase Franco Silva (2014: 84).

873 *arte de guerra:* 'recursos de la ingeniería militar'; *contramina:* 'hace minas o galerías subterráneas para contrarrestar las del enemigo'.

874 *palenques:* 'construcciones defensivas'.

875 *detrás de su muro:* 'protegiéndose, temiéndole'.

876 *confina:* 'establece sus límites y posiciones'.

877 Debe hacerse dialefa en «que es».

878 *rotos los fechos:* 'iniciada la guerra'.

879 *pertrechos:* 'municiones, máquinas de guerra y armamento'.

880 El arzobispo asedió Molina entre julio y noviembre de 1465. Guillén de Segovia también refirió el hecho en su proemio: «Fecho señalado que vuestra señoría fizo en las vueltas de estas comenzadas guerras, en ganar como ganó la Torre de Aragón y la villa y alcázar de Molina [...]. Teniéndola el duque de Albuquerque ansí proveída de mantenimientos, gente de armas, petrechos, instrutos y pensados en espacio de tiempo, a la defensión de aquella nescesarios, y con favor de los caballeros vecinos y comarcanos, y aun socorrida y acompañada de las otras fortalezas vecinas, que eran de su opiñón y le facían socorro y valía [...], con grandes espensas y derramamiento de sangre de vuestros parientes y criados [...], fue ganada por vuestra señoría y destrozados y presos los tenedores de aquella» (*Consonantes*, 43-44); véase Benito Ruano (1968: 527).

881 La comparación con César coincide con la que el propio Guillén hizo en el proemio: «Acto e vitoria fue por cierto semblante o mayor que aquel que César fizo, cuando entró por fuerza la cibdat de Arosino, pasando sus caballos a nado por el gran río que corre entre las Galias y Tebas, cuando, dejando atrás la paz y el derecho quebrantado, guio en pos de la ventura» (*Consonantes*, 45).

ni Lelio, que tovo corona de robres,
así como lumbre de grandes mesnadas,
nin los Africanos, de obras famadas, 885
que fuesen iguales razón lo deroga
de aqueste que tiene las armas y toga
del todo sabidas y mucho cursadas.

DE LA MUERTE DEL GLORIOSO REY DON ALFONSO

112 Ya estando su rey en tal posesión,
creyendo los males cesar por discurso, 890
Fortuna malvada, siguiendo su curso,
quitole la silla, rasgole el pendón.
Por nuestros pecados de Dios permisión,
niño en infancia, robolo la muerte.
Fueron sus pueblos de menguada suerte, 895
quedando perdidos sin gobernación.

DEL DAÑO QUE SE SIGUIÓ DE LA MUERTE DEL REY

113 Quedó aqueste reino en tal perdimiento
que penan los justos por los pecadores;

---

883 Cayo Lelio fue un militar romano que sirvió en distintas campañas como lugarteniente de Escipión el Africano. La corona de hojas de roble, denominada *cívica,* se concedía en Roma a quien salvaba la vida de los ciudadanos. Juan de Mena se la atribuye al conde de Niebla en su *Tratado sobre el título de duque:* «En nuestro tienpo la vuestra resistençia fue amparo de la patria e defendimiento de la çevil gente, por donde esta otra corona de roble se vos deve allegar a perpetua e inmortal memoria de vuestra virtud e virilidad» (*Obras completas,* p. 404).

884 *lumbre:* 'luz, guía, mando'.

885 *famadas:* 'famosas'. Los Africanos son los ya mencionados Publio Cornelio Escipión Africano y Publio Cornelio Escipión Emiliano.

886 *deroga:* 'deniega, descarta'.

888 *cursadas:* 'experimentadas en el ejercicio'. Las armas y la toga —esta como símbolo de las letras— remiten a Juan de Mena: «Por que Castilla mantenga en estilo / toga y oliva, non armas y peltas» (*Laberinto de Fortuna,* p. 233).

890 *por discurso:* 'con el paso del tiempo'.

893 *de Dios permisión:* 'permitiéndolo Dios', a causa de nuestros pecados.

894 *niño en infancia:* 'siendo un niño pequeño', en una suerte de ablativo absoluto. Alfonso de Trastámara murió en 1468, a los quince años.

895 *menguada:* 'desgraciada'.

898 El verso adapta una frase hecha ya en la época, como se atestigua en Fernando de la Torre: «Non penen justos por pecadores» (*Libro de las veynte cartas,* p. 182).

    creciendo las alas   a los malhechores,
    secutan en todo   su mal pensamiento.   900
    Ya va la malicia   en tal crecimiento
    que a toda virtud   conviene que sobre.
    El rico abastado   se falla muy pobre
    en muy poco espacio   o breve momento.

114 Verás la lisonja   crecer en sus artes   905
    y andar la cobdicia   del todo ya suelta;
    verás un bollicio   de tanta revuelta
    que arde la tierra   por todas sus partes.
    La tregua no dura   de lunes a martes,
    buscando los malos   astucias malinas;   910
    sojúzganse de ellos   las tierras vecinas
    por no ver la sombra   de sus estandartes.

CÓMO PENSÓ EL SEÑOR ARZOBISPO DE CASAR LA SEÑORA PRINCESA

115 Estando los fechos   en un tal estante,
    las gentes y pueblos   con grande recelo,
    aqueste primado   con muy santo celo   915
    queriendo dar medio   que fuese bastante,
    siguiendo su voto   muy firme, constante,
    con sola su casa   tomó por empresa

---

899 *creciendo las alas:* 'confiándose, afirmándose', en su maldad.

900 *secutan:* 'ejecutan'.

902 *sobre:* 'supere'.

903 *abastado:* 'abastecido, en la abundancia'.

910 *malinas:* 'malignas'. El paisaje desolado tras la muerte de Alfonso de Trastámara es el mismo que Guillén trazó en su proemio: «Después de fallescido el glorioso rey don Alfonso y vuestra señoría, por guardar la fe y lealtad debida, tornó en obidiencia y servicio del rey nuestro señor, que, por fallescimiento del rey don Alfonso su hermano, recobró el cetro real sin competitor, mirando de cabo cómo las cosas seguían su primero curso en daño y diminución de este reino, y cómo de cada día se amenguaba la corona real y se quebrantaban las leyes, previlejos y buenas ordenanzas del reino» (*Consonantes,* 47). Sobre la muerte de Alfonso y sus consecuencia para la traza política del arzobispo Carrillo, véase Franco Silva (2014: 102-103).

913 *estante:* 'situación, estado'.

916 *medio que fuese bastante:* 'remedio que le fuese suficiente y adecuado'.

917 *voto:* 'propósito'.

918 *casa:* 'estados, vasallos y rentas de un señor'.

de dar por mujer   la ilustre princesa
al príncipe claro   que dije de ante.   920

CÓMO METIÓ AL PRÍNCIPE DE ARAGÓN, REY DE CECILLA, EN ESTE REINO Y LES FIZO LAS BODAS EN VALLADOLID

116 Mostró su grandeza   y magnificencia
     y puso a su voto   firmeza de sello,
     metiendo en el reino,   por dar fin en ello,
     al rey de Cecilla,   señor de Valencia.
     En acto real   de grand excelencia,   925
     les fizo las bodas   segund merescían,
     maguer muchos grandes   lo contradecían,
     queriendo impedir   tan justa sentencia.

CÓMO PRENDIÓ A GARCÍA MENDES SOBRE HUEPTE, Y LE PRENDIÓ Y DESTROZÓ QUINIENTOS DE CABALLO QUE TRAÍA

117 Otros fechos fizo   que aquí non desplano
     por no ser iguales   de aquestos de encima,   930

---

920 La princesa es Isabel de Castilla, que había sido designada heredera por Enrique IV, y Fernando de Aragón es el príncipe. Guillén dio cuenta de este enlace en el proemio: «Queriendo vuestra señoría dar algún medio a tantos y tales daños, el cual fuese conforme a la subcesión de estos reinos, así por ley divina como por natura humana, veyendo que era cosa justa, lícita y honesta que la serenísima y bienaventurada señora princesa doña Isabel hobiese su legítimo marido, vuestra señoría, después de requerido el rey nuestro señor y los grandes de este reino a la esecución de aquello, y visto cómo por los más de ellos, mediantes algunos motivos no buenos, era impedido y repunado» (*Consonantes,* 47).

921 La magnificencia, según Aristóteles en la *Ética a Nicómaco,* atendía a grandes dispendios propios de grandes señores y grandes ocasiones; véase Díez Yáñez (2015: 197-199).

922 *voto:* 'promesa'; *firmeza de sello:* 'con el mismo valor que si tuviese su sello en un escrito'.

924 El señorío de Valencia pertenecía a la Corona de Aragón desde que Jaime I conquistara la ciudad en 1238.

927 *grandes lo contradecían:* 'nobles se oponían a ellos'.

928 *sentencia:* 'decisión'. Guillén detalló la acciones del arzobispo y la resistencia de parte de la nobleza en su proemio: «Vuestra señoría, contra voluntat de muchos grandes, la casó, metiendo en el reino al muy ilustre y esclarescido don Ferrando, rey de Secilla y príncipe de Aragón, con solos veinte de mulas, fasta Valladolid, donde vuestra señoría les fizo muy magníficas y excelentes bodas, con inmensos gastos y espensas, como convenía al estado real suyo. De donde se recoligieron y tomaron dos santos y virtuosos propósitos: primero, que la subcesión de estos reinos quedase en ellos de liña derecha, como esta sea fija legítima del serenísimo rey don Johan, de gloriosa memoria, cuya ánima Dios haya, en quien todos los títulos derechos de estos reinos por amas partes fueron juntos; segundo, creyendo que por aquí, mediante la lealtat de los súbditos y naturales, cesarían las dicensiones y males nudridos de las opiñoñes contrarias, porque los pobrezillos y menudos viviesen en paz» (*Consonantes,* 47-48).

929 *desplano:* 'describo, explico'. Es voz que consta en Juan de Mena: «Yo vi que desplano» (*Laberinto de Fortuna,* p. 232).

los cuales teniendo   en muy poco estima;
quisose en ellos   mostrar muy humano.
El uno es aquel   adonde su hermano
por dar dilación   fingido promete.
Ya d[…]   quedara con Huepte,   935
si aqueste primado   nol fuera a la mano.

118   Allí destrozó   de aquellos rateros
quinientos cosarios   de agudos colmillos;
prendió al capitán   y púsole en grillos,
faciendo peones   de sus caballeros.   940
Mandole en rescate   guardar ciertos fueros
muy mucho contrarios   de su altivez;
matole sin manos,   un hombre süez
que fue buen enxiemplo   de sus compañeros.

---

932 *humano:* 'generoso, compasivo'.

934 *por dar dilación fingido promete:* 'hace promesas que no está dispuesto a cumplir para ganar tiempo'. Lope Vázquez de Acuña y Carrillo de Albornoz (†1486), hermano de don Alfonso Carrillo, fue duque de Huete, conde de Viana, adelantado y guarda mayor, camarero mayor de las armas de los reyes Enrique IV y Fernando el Católico; véanse Franco Silva (2014: 84) y Morales Muñiz (2022).

935 Huepte o Huete, villa de la provincia de Cuenca. Aun cuando no es posible reconstruir el verso, el sentido resulta evidente.

936 *nol fuera a la mano:* 'no se adelantara'. La liberación de Huete —que tuvo lugar a finales de 1465— y las dificultades del hermano del arzobispo se detallan en el proemio de Guillén de Segovia con vocabulario similar al de la copla: «¡Qué socorro de hermano fue el que vuestra señoría fizo al señor Lope Vasques de Acuña, caballero de grande esfuerzo y actoridat, gobernador de la cibdat de Huete y tenedor de su fortaleza, cuando García Mendes de Badajos, capitán del rey, con quinientas lanzas guarnidas de guerra y bien en punto, de salto le tomó la cibdat y lo cercó en la fortaleza, poniéndolo en tanto estrecho como Titus Vaspasiano puso a Jerusalem, fasta facerle comer los caballos y otras semblantes viandas inusitadas y con la nescesidat buscadas por sustentación de la vida y conservación de su lealtad, aprobando aquello que Quinto Curcio escribe, do dice que la gran nescesidat face probar nuevas artes a quien de ellas es costreñido! Donde vuestra señoría de la tal nescesidat informado, estando en Ávila, también de falto socorrió con la gente que se falló de su casa, que serían fasta cient lanzas; y cuando a la cibdat de Huete llego ya llevaba número de nueve cientas lanzas, con las cuales en llegando entró la cibdat por fuerza, prendió el capitán y le destrozó seiscientos caballeros de aquellos que lo seguían, poniéndolos todos a pie con sendos palos en las manos, y tornándolos en hábito de peones, y faciendo que los roteros cosarios se tornasen romeros mendigantes. Y así vuestra señoría delibró la cibdat y fortaleza, y quedó el hermano viturioso en su libertad» (*Consonantes,* 33-34). Sobre el vínculo feudal de los Carrillo con Huete, véase Ortega Cervigón (2006: 74).

938 *cosarios de agudos colmillos:* 'ladrones codiciosos'.

939 *en grillos:* 'con grilletes, presos'. El capitán era Garci Méndez de Badajoz, noble extremeño al servicio de Enrique IV que acudió a Huete cuando sus vecinos pidieron su ayuda por los abusos cometidos por Lope Vázquez de Acuña; véase Ortega Cervigón (2006: 78).

940 *faciendo peones de sus caballeros:* 'quitándoles su caballos'.

941 *mandole en rescate:* 'les ordenó como rescate'; *guardar ciertos fueros:* 'cumplir con ciertas leyes y acuerdos'.

942 Es preciso hacer dialefa en «su altivez».

943 *matole sin manos:* 'acabó con él sin ejercer violencia personal'; *süez:* 'soez, indigno'.

944 *de sus compañeros:* 'para sus compañeros'.

CÓMO GANÓ EN POCO ESPACIO A PEÑAFLOR,
QUE ES VILLA FUERTE

119 Corriendo las villas   que son del Alcor,   945
     topó con los guardas   que guardan la casa,
     y casó que fuese   tan cerca de Hasa,
     volviendo la rueda,   perdiendo el color.
     Andando por campos,   poniendo temor
     con gente abillada   y mucho pujante,   950
     con los corredores   que iban delante,
     en muy poco espacio   ganó a Peñaflor.

CÓMO LE DA CONSEJO LA DONCELLA,
CA NON OLVIDE LO QUE ÉL HA VISTO

120 La sabia doncella,   después que lo vido
     de ver sus pertrechos   así voluntario,
     díjole: «Fijo,   non es nescesario   955
     que andes en esto   así embebecido.
     En esa tu patria   do eres nascido
     está quien te puede   quitar de esta pena;
     no obra de manos,   mas rige y ordena.
     Nombrártelo quiero,   aunque es conocido.   960

---

945 Pudiera tratarse de Villalba de los Alcores y Valoria del Alcor, al norte de Valladolid.

947 *casó:* 'coincidió'. De no mediar error en la transmisión, *Hasa* podría ser el castillo de Haza, ubicado entre Aranda de Duero y Peñafiel. Debe hacerse sinalefa en «de Hasa».

948 *volviendo la rueda:* 'cambiando las tornas o la situación'; *perdiendo el color:* 'alterándose el ánimo' de los guardias.

950 *abillada:* 'equipada', como en Diego de Valera: «Fuese venido a servir al rey desde la cibdad de Guadalajara con quatroçientos honbres de armas e con quinientos peones armados, todos tan ricamente e abillados como en nuestro tienpo ningund grande los traxo» (*Crónica de los Reyes Católicos,* p. 205); *pujante:* 'poderosa'.

951 *corredores:* 'exploradores, soldados que van en avanzadilla para reconocer el terreno'.

952 Ha de tratarse de Peñaflor de Hornija, en la provincia de Valladolid. La toma de Peñaflor, que tuvo lugar el 3 de julio de 1465, resultó especialmente fácil para las tropas del arzobispo, según apunta Guillén: «Nótese aquí también conjunto a esto, la entrada y vencimiento de Peñaflor, villa tenedera por largo tiempo a gran número de gente, la cual vuestra señoría en breve y pequeño espacio, dándole combate por todas partes, con sola la vista de vuestras vituriosas banderas y gente avillada, desmayando los tenedores de aquella, fue entrada por fuerza, quedando sojecta a vuestra señoría» (*Consonantes,* 30); véase Álvarez Díaz (2014: 31).

953 *vido:* 'vio'.

954 *pertrechos:* 'cosas que había aprendido'; *voluntario:* 'dispuesto'.

956 *embebecido:* 'embelesado, absorto'.

959 *no obra de manos:* 'no trabaja por sí mismo'. La expresión aparece en un escritor contemporáneo como fray Hernando de Talavera: «¿Cómo podréis obrar de manos si quiere que holguéis?» (*De cómo se ha de ordenar el tiempo,* p. 97). Hay dialefa en «no obra».

CÓMO LO REMITIÓ AL SEÑOR ARZOBISPO

121 »El noble arzobispo,   de grand dignidad,
que el báculo tiene   de limpia conciencia,
la mitra y anillo   de firme creencia
al sacro misterio   de virginidad,
aquel que ha gastado   muy grand cantidad   965
en obras muy pías   por esta mi arte.
A él te socorre;   podrá reformarte,
pues sabe el secreto   de mi calidad».

CÓMO ENTRÓ EL ENTENDIMIENTO EN LA SEXTA CASA DE LA MÚSICA

122 Ya trasponiendo   el niño el umbral
de aquella grand casa   de la Geometría,   970
oyó dulces sones   de grand armonía
de aquel paraíso   que fue terrenal;
y vio una doncella   muy angelical
en otra gran casa   de mucha excelencia,
a quien acataban   con grand obediencia   975
Gregorio, Anfión,   Membrot y Tubal.

---

963 El báculo, la mitra y el anillo son los atributos del poder arzobispal.

964 Se refiere a la Virgen María y, probablemente, a la Inmaculada Concepción.

967 *te socorre:* 'acógete a él, solicita su ayuda'; *reformarte:* 'enmendarte, enseñarte'.

972 El paisaje y la recepción de la música paradisiaca se encuentran en Alfonso de la Torre: «Fueron ya sobidos en somo de toda la altura del monte, e començaron a oýr sones de armonía muy melodiosa, tanto que bien perçibieron ser allí el Paraýso terrenal, del qual avían avido las nuevas» (*Visión deleytable,* p. 135).

973 La cualificación de la nueva doncella es pareja a la que se lee en Alfonso de la Torre: «Les aparesçió una donzella con tanta exçelençia de alegría en la cara que representava el lugar donde venía» (*Visión deleytable,* p. 135).

976 Guillén de Segovia tomó la alusión a Gregorio de Alfonso de la Torre: «Allí el Gregorio, maguer viniese en los postrimeros en tiempo, paresçía ser de los primeros en grado» (*Visión deleytable,* p. 136); pensando, muy probablemente, en san Gregorio Magno, al que de manera errada se le atribuía la invención del canto gregoriano. No obstante, Rafael de Floranes, comentarista de la *Visión deleytable,* apuntó que Alfonso de la Torre se refería a Gregory of Bridlington, músico del siglo XIII (*Glosas,* p. 121). Anfión, hijo de Zeus y Antíope, dominaba la naturaleza y movía las piedras con su lira. El vínculo entre el gigante bíblico Nembrot, fundador de Babel, y la música procede también de Alfonso de la Torre: «E vido allí a Nenbrot, que no era menos la dolçura e tenplamiento de su boz que la fuerça e cantidat gigantea de su cuerpo» (*Visión deleytable,* p. 136). Tubal, personaje del Antiguo Testamento que, con su hermano Jubal, inventó los instrumentos musicales, según el *Génesis* 4, 21. Los nombres de Anfión y Tubal también remiten a Alfonso de la Torre: «El Entendimiento vido en la superfiçie de la pared pintados primero a Tubal Caýn, fallador e ynventor primero de aquesta arte, después vido a Lino thebeo, e Anfión e Seto, admirables e gloriosos en el proferir de la modulaçión» (*Visión deleytable,* p. 136). Tubal es mencionado por Juan de Mena, fuente asimismo de Guillén: «Mostrose Tubal, primero inventor / de cónsonas voces e dulce armonía» (*Laberinto de Fortuna,* p. 220).

123   Vihuela sonante   con cuerdas menudas
       tenía en su diestra,   con trastes iguales,
       y en la siniestra   unos manuales
       órganos limpios   e voces agudas,   980
       la cual imponía   al niño más dudas
       por ser su cïencia   en parte jugosa,
       ser baja y cevil   y presuntuosa,
       y no ser perfecta   sin otras ayudas.

CÓMO APUNTA LA DONCELLA AL ENTENDIMIENTO ALGO DE SU OFICIO

124   La cual dijo: «Fijo,   las cosas criadas   985
       por el recto curso   de humana natura,
       por un armonía   y regla muy pura,
       son todas comixtas   y encadenadas.
       Yo sola, seguiendo   aquellas pisadas,
       de los elementos   sus compliciones,   990
       fallé la concordia   de diversos sones,
       con que se deleitan   las almas turbadas.

125   »Yo puse a la rueda   del grand universo
       los puntos y grados   por do rodease;

---

977 *vihuela:* 'instrumento de cuerda'.

978 *trastes:* 'piezas de metal que se colocan en el mástil de los instrumentos de cuerdas para modular el sonido'.

979 *manuales órganos:* 'teclados para el órgano'. Ha de hacerse dialefa en «y en».

980 *limpios:* 'que suenan con limpieza y claridad'. Los atributos están tomados de Alfonso de la Torre: «La çélica donzella tenía en la una mano una vihuela e en la otra unos órganos manuales» (*Visión deleytable,* p. 135).

981 *imponía:* 'infundía, enseñaba'.

982 *jugosa:* 'estimable'.

983 *cevil:* 'baja, limitada'; véase Alonso Pedraz (1986: I, 700).

984 Guillén parece reescribir de forma confusa un pasaje de Alfonso de la Torre: «Tanta es la neçesydad mía que syn mí non sabrían alguna disciplina perfectamente nin çiencia, ca la espera voluble de todo el universo por una armonía de sones es traýda» (*Visión deleytable,* p. 135).

988 *comixtas:* 'conmixtas, mezcladas'. Es precisa la dialefa en «y encadenadas».

990 *compliciones:* 'características, naturaleza'. La idea y el léxico los tomó Guillén de Alfonso de la Torre: «Ya avedes sabido cómo las cosas naturales todas son conçertadas e ligadas por una muy engeniosa armonía, asý las comistas, *videlicet,* las congeladas, como todas las otras conplisionadas e organizadas. Pues como los elementos sean ligados por esta manera e los cuerpos de todas las cosas conpuestas, necesario fue presçeder al artifiçio de saber las proporçiones senblantes» (*Visión deleytable,* p. 135).

994 Se refiere a la música y a la armonía del universo que se presentan como causas de su movimiento.

a Orfeo mostré   con qué mitigase   995
a las crïaturas   del siglo diverso;
fice a Membrot,   maguer que perverso,
ser uno especial   en el proferir;
mostré a Anfïón   las cuerdas ferir,
segund que en lo propio   contiene mi verso.   1000

126 »Yo fago los ríos   cesar de correr,
las plantas bailar   con muy dulce temple;
despierto el alma   para que contemple
los premios eternos   que han de valer;
a las animalias   con dulce tañer   1005
les fago esperar   los lazos y redes;
provoco a los reyes   a facer mercedes,
las tristes congojas   convierto en placer.

FINGE EL ACTOR QUE FALLÓ EN ESTA SEXTA CASA EL SEXTO CIELO DE JÚPITER

127 »Si por saber más   aquí te detienes
y miras mi rueda   con ojos iguales,   1010
verás los humanos   a sus naturales
y los que celaron   los públicos bienes.
Verás fondón de estos,   en otros andenes,

---

995 *mitigase:* 'aplacase'.

996 *de siglo diverso:* 'del otro mundo', en referencia al Hades. Gracias a la fuerza de su música, Orfeo descendió a los infiernos para buscar a su esposa Eurídice. Así se lee en Ovidio, *Metamorfosis* X, 1-85. También Mena lo recordó: «Mostrose la farpa que Orfeo tañía / cuando al infierno lo trujo el amor» (*Laberinto de Fortuna,* p. 220).

998 El contraste se atiene a Alfonso de la Torre: «Nenbrot, que no era menos la dolçura e tenplamiento de su boz que la fuerça e cantidat gigantea de su cuerpo» (*Visión deleytable,* p. 136).

999 *ferir:* 'tocar'.

1002 *temple:* 'modo de tocar los instrumentos'.

1004 Un atributo similar se encuentra en Alfonso de la Torre: «Por mí se levanta la fuerça yntelectual a pensar trasçendiendo las cosas espirituales bien aventuradas eternas» (*Visión deleytable,* p. 136).

1005 *animalias:* 'animales'. La Música asegura dominar a los animales para que se dejen cazar.

1008 También Alfonso de la Torre atribuye tal capacidad a la música: «Por mí son librados e relevados los coraçones pensosos de la tristura, se olvidan de las congoxas acostumbradas» (*Visión deleytable,* pp. 135-136).

1010 *iguales:* 'justos y propicios'. La fórmula procede de Juan de Mena: «Con ojos iguales suplico que veas» (*Laberinto de Fortuna,* p. 288).

1011 *sus naturales:* 'sus congéneres, los otros seres humanos'.

1012 *celaron:* 'cuidaron'. El verbo *celar* rige tanto a *naturales* como a *bienes.*

1013 *fondón:* 'al fondo'; *andenes:* 'corredores' o, de manera genérica, 'lugares'.

a los invasores,   crüeles tiranos,
que en torpe rapiña   pusieron sus manos   1015
y en actos nucibles   por do los condenes.

RELATA EL AUTOR ALGUNOS HOMBRES
DE LOS PASADOS QUE VIDO

128 »Verás a Trajano   estar desarmado,
gozando la fama   y dones eternos,
fuyendo la vía   de algunos modernos
que tienen su imperio   en paz sosegado.   1020
Verás cómo Codro   está titulado
de muerte tan dina   por paz de su tierra;
verás los Catones,   la flor de la guerra,
que con justas armas   resisten el fado.

1016 *nucibles:* 'nocibles, nocivos, perniciosos'.

1020 Guillén reitera lo ya dicho sobre el emperador Trajano en los vv. 337-340, que aquí aparece *desarmado* como símbolo de un gobierno en paz. De no mediar error en la transmisión, el texto contrastaría la figura de Trajano, que consigue la paz de su reino estando desarmado, con la de algunos príncipes modernos que solo alcanzan la paz por medio de las armas.

1021 *titulado:* 'valorado, identificado'; *dina:* 'digna'. Codro, rey de Atenas (*ca.* 1089-1068 a. C.), habiendo anunciado el oráculo que los dorios tomarían la ciudad estando el rey con vida, salió de la ciudad a buscar la muerte y murió luchando, como cuenta Valerio Máximo (*Facta et dicta memoriabilia* V, 6, 1). También lo recordó Mena en el círculo de Júpiter: «E vimos a Codro gozar de la gloria» (v. 1721). En ese mismo círculo del *Laberinto de Fortuna* comparecen, como aquí, los Decios, los Brutos, los Catones y Fabricio. Guillén volvió a mencionarlo en su tercer decir a don Alfonso Carrillo: «Y mirando aquel renombre / de Codro con su motivo / buscaremos por tal nombre / la muerte que dexa el ombre / en el mundo siempre vivo» (vv. 338-342).

1023 *flor:* 'lo más escogido, lo mejor'. Los Catones son Marco Porcio Catón (95-46 a. C.), que, tras la derrota de Pompeyo en la batalla de Tapso, se suicidó, estando en Útica, por no aceptar la llegada de César al poder; y su homónimo Marco Porcio Catón (234-149 a. C.), militar y político romano que fue defensor de las tradiciones y promotor de la tercera guerra púnica. Mena también los mencionó: «Están los Catones encima la cumbre / el buen Uticense con el Censorino, / los cuales se dieron martirio condigno / por no ver la cuita de tal muchedumbre» (*Laberinto de Fortuna*, p. 264). No es la única vez que Guillén señaló el ejemplo de los Catones y otras familias romanas: «Mirando los edifiçios / de Catones y Fabriçios / me procuro corregir» (*Obra poética*, p. 152).

1024 *fado:* 'hado'.

129 »Verás los Fabricios,   los Decios y Brutos   1025
en altos trïunfos   con sus dïademas.
Míralos, fijo.   Allega, non temas,
por que goces algo   de sus dulces frutos.
A Juba y a Varro,   guerreros astutos,
verás combatir   a Curio tribuno;   1030
a Tago y Telón   morir de consuno
por no consentir   los nuevos tributos.

1025 Cayo Fabricio Luscino, cónsul en los años 282 y 278 a. C., fue ejemplo de austeridad e incorruptibilidad. Los versos recuerdan la oferta de oro y esclavos que Pirro, rey de Epiro, le hizo y que rechazó para sí y para los senadores romanos. Publio Decio Mus fue cónsul en el año 340 a. C. y, habiendo soñado, antes de una batalla contra los latinos, que su muerte daría la victoria al ejército romano, se lanzó contra el enemigo para inmolarse. Su hijo homónimo, cónsul también, en el año 312 a. C., quiso seguir el ejemplo de su padre en otra batalla contra galos y etruscos. Los Brutos son Lucio Junio Bruto (†509 a. C.), fundador de la república romana frente a la monarquía de Tarquinio el Soberbio, y Marco Junio Bruto (85-42 a. C.), que participó en el asesinato de Julio César para impedir que terminara con el régimen republicano. Todos se encuentran en Juan de Mena: «Con los costantes e muy claros Decios, / los cuales tovieron en menores precios / sus vidas delante la noble victoria»; «Dos vengadores de la servidumbre / muy animosos estaban los Brutos, / de sangre tirana sus gestos polutos, / non permitiendo mudar su costumbre»; y «Estaba la imagen del pobre Fabricio, / aquel que non quiso que los senadores / oro nin plata de los oradores / tomasen, nin otro ningund beneficio» (*Laberinto de Fortuna*, pp. 263-264).

1026 *diademas:* 'signos de triunfo'.

1030 *tribuno:* 'magistrado romano'. Juba (*ca.* 50 a. C.-23 d. C.) fue rey de Numidia y aliado de Pompeyo, siendo luego derrotado por Julio César. Publio Atio Varo a (†45 a. C.) fue un noble romano que durante la guerra civil se decantó por el bando pompeyano y se coaligó con Juba frente a César. Cayo Escribonio Curión (90-49 a. C.), enviado por César a África, fue vencido por Juba, rey de Numidia, cerca de las ruinas de Cartago y prefirió morir junto con sus soldados antes que huir. La referencia pudiera proceder de Lucano, *Farsalia* IV, 661-798, aunque también se encuentra en Juan de Mena: «Ansí como Curio perdió la cudicia / de toda su vida, veyendo el estrago / cerca los rotos muros de Cartago, / que fizo en su gente Juba con malicia, / porque, con falso color de justicia, / Curio, queriendo a Juba grand mal, / quisiera tirarle la silla real, / cuando mandaba la ley tribunicia» (*Laberinto de Fortuna*, p. 254).

1031 *de consuno:* 'al tiempo, conjuntamente'. La muerte sucesiva de Tago (o Cato) y Telón se narra en la *Farsalia* III, 585-599: «Cuius dum pugnat ab alta / puppe Catus Graiumque audax aplustre retentat, / terga simul pariter missis et pectora telis / transigitur: medio concurrit corpore ferrum, / et stetit incertus, flueret quo uolnere, sanguis, / donec utrasque simul largus cruor expulit hastas / diuisitque animam sparsitque in uolnera letum. / derigit huc puppem miseri quoque dextra Telonis, / qua nullam melius pelago turbante carinae / audiuere manum, nec lux est notior ulli / crastina, seu Phoebum uideat seu cornua lunae, / semper uenturis conponere carbasa uentis. / hic Latiae rostro conpagem ruperat alni, / pila sed in medium uenere trementia pectus / auertitque ratem morientis dextra magistri»; traducido al castellano a partir de la *General estoria* alfonsí: «Et cerraron los de Marsella una nave de los rromanos et partiésele la batalla a todas partes, et ella a todas partes se defendía, et estava en somo uno que desíen Tago, et lidiava, et atreviose de levar el gobernaje de la nave de los griegos, et diéronle de saetadas por las espaldas et por los pechos, que todas ge las pasaron de parte en parte, et saliele la sangre mucha, et non sabía por quál de las llagas, et fue tanta que echó las saetas fuera et fincó él muerto. Otro que disíen Thelón, quando esto vio, endereçó su nave para allá. Et era este Thelón sabidor de mar et de tiempo et de guiar los navíos segunt los vientos que avían de venir, que ninguno non había mejor maestro que él et nin que mejor consejo diese en el tiempo de la tempestad. Este Thelón, asý como llegó, rompió el as de los de Marsella con el rrostro de la nave, mas los de Marsella alanzáronle luego de las armas et firiéronle de muerte por los pechos» (*Lucano en romance*, fol. XXXIXr-v).

RELATA ALGUNOS QUE VIDO EN EL CERCO POSTRERO

130 »Si vuelves los ojos,   verás otra rueda
de gente más nueva   que con santo celo,
en esas mansiones   del último cielo,   1035
asientos muy claros   por obras hereda.
Sembrando virtudes   por justa vereda,
non engendra su tierra   nucible simiente.
Non siento orador   nin lengua prudente
que sepa notarlo   con pluma ni pueda.   1040

EL ILUSTRE SEÑOR DON FERNANDO DE ARAGÓN

131 »Aquel que primero   está sublimado
en alto trïunfo   y silla muy clara,
a quien la justicia   entrega su vara,
anillo y azote   del nuevo reinado,
el príncipe es   que está ya dotado   1045
por rey y señor   de vuestras Españas.
Ya nos demuestra   por claras fazañas
ser dino de imperios   mayores en grado.

CÓMO SE MARAVILLA DEL SEÑOR PRÍNCIPE EN TAN TIERNA EDAD USAR DE TANTA VIRTUD Y CORDURA

132 »Dejando los casos   de la Providencia,
las fuerzas del joven   son puestas en peso.   1050
En su tierna edad,   usa de buen seso.
Es acto muy nuevo,   mirable en potencia.
Pues ya quiso Dios   por su grand clemencia

1037 *por justa vereda:* 'siguiendo el camino recto, actuando de forma virtuosa'.
1038 *nucible:* 'nociva'.
1040 *notarlo:* 'advertirlo'; *con pluma:* 'por escrito'.
1042 *triunfo:* 'celebración de la victoria'; *silla:* 'trono'.
1044 La vara, el anillo y el azote son símbolos emblemáticos de la justicia.
1045 *dotado:* 'constituido, designado'. Ese título de rey de las Españas se sigue de su matrimonio con Isabel de Castilla y su condición de heredero de la Corona de Aragón.
1050 *puestas en peso:* 'son medidas y valoradas'.
1051 *buen seso:* 'entendimiento y habilidad'.
1052 *mirable en potencia:* 'admirable por lo que puede llegar a ser', ya que se subraya que Fernando es aún muy joven.

dotarvos cabdillo   […] por ley,
den todos sus vitos   a tan justo rey   1055
y el cetro real   con grand obediencia.

PROSIGUE Y NARRA

133 »Aqueste fará   temblar a Granada,
poniendo a sus fuerzas   bombardas y truenos;
será vitorioso   de los agarenos,
en sangre de moros   teñida su espada;   1060
fará que se pasen   facer su morada
al reino de Fez   en muy poco espacio,
porque su registro   escriba Bocacio,
su baja caída,   con pluma cansada.

134 »Aqueste fará   perder la codicia   1065
a los que en lo bajo   procuran su premio;
fará de virtudes   tan rico proemio
que pueda en la cumbre   regnar la justicia.
Por grand afición   ni por amicicia
non trastocará   las sillas del coro;   1070
querrá por los buenos   partir su tesoro,
estando en destierro   la vil avaricia.

1054 *dotarvos cabdillo:* 'daros un caudillo o jefe'. A pesar de la laguna en el manuscrito, ha de entenderse que se pretendía subrayar la legitimidad de Isabel como reina de Castilla y, consecuentemente, la de su marido como monarca consorte.

1055 *vitos:* 'vítores, vivas y aclamaciones'. El verbo *dar* se refiere tanto a *vitos* como a *cetro*.

1058 *fuerzas:* 'fortalezas, defensas'; *bombardas:* 'cañones de gran calibre'; *truenos:* 'piezas de artillería'.

1059 *agarenos:* 'musulmanes', como descendientes de Agar, la esclava egipcia con la que Abraham concibió a Ismael (*Génesis* 16, 1-16).

1061 *facer su morada:* 'tener su asiento', abandonado el territorio de la península ibérica.

1062 *espacio:* 'tiempo'. El reino de Fez era un Estado norteafricano que tenía su capital en Fez, hoy perteneciente a Marruecos; en las fechas de composición del poema estaba regido por la dinastía vatásida y, en efecto, tras la caída de Granada, el rey Boabdil terminó exilándose en Fez, donde moriría.

1063 *registro:* 'caso, ejemplo, historia'

1064 *pluma cansada:* 'escritura falta de vigor y estilo', en aparente censura contra Boccaccio como autor del *De casibus virorum illustrium* o, más probablemente, contra el responsable de la versión castellana, la *Cayda de príncipes.* En cualquier caso, se señala al rey granadino como ejemplo de la desgracia de los poderosos. Sobre la traducción del texto boccacciano, véase Blanco Jiménez (2015).

1066 *en lo bajo:* 'por lo bajo, a escondidas, arteramente'.

1067 *proemio:* 'comienzo'.

1068 *en la cumbre:* 'al llegar al más alto nivel'; *regnar:* 'reinar'.

1069 *amicicia:* 'vínculo de amistad'.

1070 *non trastocará las sillas del coro:* 'no cambiará el orden debido, no dará privilegios a nadie', especialmente entre los religiosos, pues son estos los que asisten al coro.

1071 *por los buenos:* 'entre los buenos'; *partir:* 'dividir, repartir'.

DECLARA CÓMO VIDO AL SEÑOR ARZOBISPO

135 »Si miras más bajo   con ojos beninos,
    verás otra lumbre   del trono sublime,
    la cual no se cómo   compare y estime   1075
    según sus virtudes   y actos divinos.
    Aqueste nos muestra   veredas, caminos,
    por donde la vida   eterna se cobra,
    y cómo los premios   consisten en obra
    y a do satisfacen   los torpes indignos.   1080

PROSIGUE Y NARRA

136 »Aqueste es aquel,   si quies que declare,
    en quien se juntaron   esfuerzo y cordura,
    aquel que terná   la gente futura
    presente consigo   cuanto ella durare.
    Sus grandes fazañas,   quien bien las notare,   1085
    fallarlas ha firmes   en amas fortunas,
    tales que creo   non falle ningunas
    de aquesas pasadas   a quien las compare.

137 »Aqueste es aquel   segundo Anibal
    en estas afrentas   que sufre Castilla,   1090
    aquel que socorre   con grand cüadrilla,
    maguer es prelado,   el más principal.
    Por restituir   al cetro real
    los feudos y rentas   de que es despojado,
    ha puesto a peligro   su vida y estado,   1095
    parientes, criados,   inmenso cabdal.

1073 *beninos:* 'benignos'.
1076 *divinos:* 'excelentes, extraordinarios'.
1078 *se cobra:* 'se gana, se alcanza'.
1081 *quies:* 'quieres', en forma ya usada por Mena: «Si quies ver espanto» (*Laberinto de Fortuna,* p. 194).
1083 *terná:* 'tendrá'.
1086 *en amas fortunas:* 'en ambas fortunas', la mala y la buena.
1089 Aníbal Barca es el general cartaginés ya mencionado en el v. 760.
1090 *afrentas:* 'peligros, daños', en alusión a las guerras civiles que asolaron Castilla durante los reinados de Juan II y Enrique IV.
1091 *cuadrilla:* 'ejército'.
1092 El *más principal* es el rey, que recibe la ayuda del arzobispo.
1094 *cetro real:* 'corona, monarquía'.
1096 *cabdal:* 'caudal, riqueza'.

DICE CÓMO SERVÍA AL REY POR VIRTUD Y NO POR INTERESE

138 »Por que contra esto   algunos fablaban,
si algo sintieres,   estés sobre aviso
de los que pudo   tomar y no quiso
un solo vasallo   de cuantos le daban;   1100
non como otros   que el texto glosaban
con tanta lisonja   que non sé decilla;
el uno el aldea,   el otro la villa,
fingiendo servir,   sin asco tomaban.

DIFINICIÓN DE CODICIA Y TIRANÍA

139 »El que es codicioso,   crüel, inhumano,   1105
muy presto resalta   en la tiranía,
aprueba los robos   por grand valentía,
seyendo carcoma   del cerco insano.
Verás Dïonisio   […]
en esas sorajas   y barba de oro,   1110

1097 *fablaban:* 'criticaban, murmuraban'.

1098 *sintieres:* 'oyeres'; *sobre aviso:* 'prevenido'.

1102 *el texto glosaban con tanta lisonja:* 'interpretaban las cosas con mala intención con falsa voluntad de adulación'.

1104 Título El epígrafe está tomado de Mena, pues la copla 99 del *Laberinto de Fortuna* se titula «Difinición de avaricia».

1107 *valentía:* 'acto de valor'.

1108 *seyendo carcoma:* 'siendo alguien dañino, que consume la hacienda del reino'; *del cerco insano:* 'perteneciente al círculo de las persona malvadas'. Se impone la dialefa en el segundo hemistiquio.

1110 *sorajas:* 'cadenas'. La voz no se recoge en los lexicógrafos antiguos ni modernos; no obstante, consta en alguna documentación medieval: «9 sorajas de fierro que pesaron 48 libras»; «34 libras e media de perlos con sorajas e chavetas para el Anoria Nueva de mudar que se fizo para el pozo de la huerta de la claustra»; «dos sorajas de fierro e çiertos fusillos de fierro que dio e fiso par la obra de las ruedas del pozo del huerta de la claustra»; «pagó a Ferrand García ferrero vezino de Toledo 28 maravedís que ovo de aver de siete libras de plegaja e sorajas que avía dado para la anoria»; o «pagó a Johan Gonzales de Esquivias, ferrero vesino de Toledo, 92 maravedís del fierro para la anoria de la claustra: dos sorajas grandes 30 maravedís. Item una soraja que adobó para el exe mayor que la torno quadrada et otras dos que torno e fiso de rredondas quadradas para el exe menor de la dicha anoria» (Yuste Galán y Passini, 2012: 31; y Yuste Galán, 2022: 153). En nota a su traducción del libro *III Reyes* 17, 10, el padre Felipe Scío recoge «Sorajas de leña» (*La Biblia vulgata latina,* V, p. 207) con el significado de 'hatos de leña'. Según informa el padre Scío, la variante procede de uno de los manuscritos —que identifica como Ms. 7— de la traducciones medievales de la Biblia, hechas a partir del hebreo, que se conservan en la biblioteca del Monasterio de San Lorenzo el Real de El Escorial.

cuando a los dioses   robó su tesoro,
cuánd bien satisfizo   al curso tirano.

EL CONSEJO QUE DIO LA DONCELLA PORQUE NON PERDIESE LO QUE HABÍA APREHENDIDO

140 »Mas, fijo, pues veo   que has intención
de ver de este monte   la casa postrera,
abrirte he la puerta   que yo so llavera,   1115
por que a tu camino   se dé conclusión;
mas si por no uso   o por turbación
allá en tu provincia   mi arte olvidares,
tu lieva remedio   con que te repares
y enciérralo mucho   en tu corazón.   1120

CÓMO LO REMITIÓ AL SEÑOR ARZOBISPO

141 »Aquel que la gloria   habrá soberana
por los beneficios   que face a Castilla,
aquel que en Toledo   ya tiene su silla

1112 *bien satisfizo al curso tirano:* 'ejerció adecuadamente como tirano'. De Dionisio I el Viejo (430-367 a. C.), tirano de Siracusa, Valerio Máximo afirma que robó unas barbas de oro del templo de Apolo y numerosas piezas de diversos templos. Así se refiere en la traducción de Juan Alfonso de Zamora, firmada en la primera mitad del siglo xv: «Como el dicho Dionís viniesse en la ysla llamada Epidauri et entrasse en el templo y, pasando mientes a los dioses, fallasse al dios Apollo commo home moço sin barbas y commo viesse al dios Esculapi, que es fijo del dios Apollo, fecho en forma de hombre perfetto, que avía una grant barba fecha de oro, muy preçiosa, dixo Dioniso: "Por cierto esto está mal; assí sse rrevessa orden de natura quel fijo sea más viejo quel padre. Non está bien tal cosa". E tomó et tiró de la barba al dicho Esculapi, porque fuese mançebo, assí commo su padre [...]. Commo el dicho Dionís fallasse en los tenplos de los dioses mucha baxilla de oro y de plata en que avía escripto: "Aquella baxilla es de los buenos dioses de Greçia", dixo Dionisio: "Yo quiero usar de su bondat, rogando que me den aquesto suyo", y tomoselo todo [...]. Commo entrasse en los dichos tenplos y fallase los dioses cómmo eran fechos con los braços e manos estendidas, en los quales todos cuantos sse atenían a los dichos dioses ponían ssus presentes, así commo coronas de oro et otros arneses, veyendo esto, dixo Dioniso: "Sería grant grossería que no tomássemos aquellos que los dioses nos dan largamente y liberal con las manos estendidas"; e llevosse todo cuanto estaba en manos y braços, desiendo quen non lo rrobava, antes lo rreçibía de los dioses que graciosamente se lo daban» (*Hechos y dichos memorables,* fol. 7r-v). Mena incluyó a Dionisio y a su hijo en el círculo de Júpiter: «Vimos entre ellos, sin ver alegría, / los tres Dïonisios siracusanos, / con otro linaje crüel de tiranos / que Dios en el mundo por plagas envía» (*Laberinto de Fortuna,* p. 269).

1115 *que yo so llavera:* 'de la que yo custodio las llaves'. El oficio que se atribuye a la Música procede de Alfonso de la Torre: «E aquesta donzella era clavera de una puerta por la qual entravan al sagrado monte» (*Visión deleytable,* p. 135).

1119 *lieva:* 'lleva'; *repares:* 'remedies'.

y es digno de haber   la otra romana,
aquel que los daños   consejo los sana   1125
y pone su nombre   en cumbre tan alta,
a él te socorre,   sintiéndote en falta,
que por su sentir   le soy sufragana».

CÓMO ENTRÓ EL ENTENDIMIENTO EN LA CASA SETENA DE LA ASTROLOGÍA

142 La séptima casa   del monte sagrado,
     que estaba cerrada,   le fue luego abierta,   1130
     y el niño cansado   entró por la puerta
     buscando reposo   y fin del cuidado.
     Falló una doncella   de muy grand estado,
     que tiene aparato   de grand señorío;
     sojuzga a las otras   con tal poderío   1135
     que son costreñidas   facer su mandado.

PONE EL INSTRUMENTO DE SU OFICIO

143 Por un [...] vio   de cierta cïencia,
     limita las cabsas,   siguiendo su estilo.
     Antropus no puede   cortar ningund filo
     sin que ella lo sepa   sin grand experiencia.   1140
     [...] penetra   por pura sapiencia

1124 *la otra romana:* 'la silla pontifical de Roma'.

1125 *los daños consejo los sana:* 'cura y corrige los daños con consejo'.

1127 *sintiéndote en falta:* 'si consideras que tienes falta' de conocimiento.

1128 *sentir:* 'ánimo'; *sufragana*: 'sufragánea, dependiente de su autoridad'.

1130 El cambio entre una casa y otra versifica la narración de Alfonso de la Torre: «E así le fue abierta aquella puerta, e vino a otra puerta más alta e más ardua de sobir que aquesta. Venidos a la séptima mansyón, ya no avía cosa de sobir del monte» (*Visión deleytable,* pp. 136-137).

1136 *costreñidas:* 'constreñidas, obligadas'.

1138 *cabsas:* 'causas'.

1139 *Antropus:* 'Átropos', la parca que cortaba el hilo de la existencia humana, como en Diego del Castillo: «Traýa la su rueca de un Cloto çeñida, / Laquesis, el fuso con ella filando, / Antropus venía sus filos cortando / de muy espantables cochillos fornida» (*Discripción del tiempo,* p. 416).

1141 Falta en el manuscrito un sustantivo que inicie el verso y haga las veces de complemento directo aludiendo a 'las cosas'.

de los nueve cercos   sus operaciones,
y ciñe una cinta   de doce tac[…]
con que se rodea   la circunferencia.

DECLARA MÁS SU OFICIO

144 La qual dijo: «Fijo,   por sus condiciones,   1145
yo sé las posadas   de la fría luna,
sé cuanto reposa   y está cada una,
y qué obra face   en sus mutaciones;
los siete planetas   y sus complisiones,
y cómo proceden,   si son femeninos;   1150
y por los límites   que tienen los sinos,
sé bien sus caídas   y enxaltaciones.

145 »Conozco la cabsa   del cerco noveno,
por qué se anticipa   en sus movimientos;
penetro las nubes,   limito los vientos   1155

1142 Recuérdese que tanto el Infierno como el Paraíso de la *Comedia* dantesca están divididos en nueve círculos; el mismo número que se encuentra en autores contemporáneos de Guillén, como García de Salazar: «¡O, infernales dioses Pruto e Minus e Redamantes, príncipes de los nuebe çercos» (*Istoria de las bienandanzas e fortunas,* libro IV); o Rodríguez del Padrón: «Plutón, príncipe de los nueve cercos donde purgan las ánimas sus graves delitos» (*Siervo libre de amor,* p. 80).

1143 El verso habría de cerrarse con una palabra que significara 'partes' y que terminara en *-ones* para respetar la rima.

1144 Alude más que probablemente a las doce zonas zodiacales en que se divide la circunferencia celeste.

1146 *posadas:* 'casas celestes'. La frialdad del planeta es lugar común en textos de la época: «El VII et el postrimero planeta es la luna, et desta más entendemos, et es de fría et de húmida complisión» (Bernardo Gordonio, *Libro de las pronósticas,* fol. 43r).

1148 *obra:* 'influencia'; *mutaciones:* 'fases'.

1150 Los planetas femeninos son la Luna y Venus. Explicaba la diferencia Juan Pérez de Moya: «Ser un planeta masculino es tener fuerza o virtud como varón; y ser femenino es tener poca fuerza o virtud, como hembra» (*Philosofía secreta de la gentilidad,* p. 288).

1151 *sinos:* 'cursos'.

1152 *enxaltaciones:* 'exaltaciones, momentos de mayor influencia'.

1154 El noveno es el último círculo del cielo, sobre el que apunta Jerónimo Chaves: «El noveno cielo en quanto a nos y segundo en el orden natural es a quien Ptolemeo llamó primer móbil, y don Alphonfo considera segundo móbil. Este, según opinión de todos los astrólogos y philósophos no tiene estrellas. Y por la gran diaphanidad suya es llamado cielo christalino» (*Reportorio de tiempos,* p. 111r); y fray Luis de Granada explicaba: «Mucho mayor maravilla es considerar la ligereza con que se mueve el noveno cielo, que está sobre el cielo de las estrellas, que llaman el primer móvil, el cual da una vuelta al mundo en espacio de veinte y cuatro horas, y arrebata y mueve juntamente consigo todos los otros ocho cielos inferiores» (*Introducción al símbolo de la fe,* pp. 327-328).

y sé cómo ternán   el cielo sereno;
las cabsas conosco   que sacan el trueno
y la complixión   del triste Saturno,
y aquello que engendra   el aire noturno
y qué obra Mares   estando más lleno.   1160

CÓMO FINGE EL ACTOR QUE FALLÓ EN ESTA CASA SETENA AL SETENO CERCO DE SATURNO

146 »Del último cerco   yo so la señora,
     y sé los efectos   de las jerarquías;
     los grandes imperios   y sus monarquías
     corrijo y ordeno   por superïora;
     conozco el momento,   el punto y la hora   1165
     en que se levantan   o caen por suelo
     por las influencias   y cursos del cielo,
     y cómo procede   la luz de Aurora.

147 »En este mi cerco   verás las personas
     de grand reverencia   en acatamiento,   1170
     que por sus virtudes   y buen regimiento
     de reinos mayores   merescen coronas.
     Verás a Marpesia   con las amazonas
     y a los impunidos   en público error,

1156 El primer hemistiquio es hipermétrico.

1158 De la condición negativa de Saturno y su influencia escribía Jerónimo Chaves: «Denotando la mala y perversa influencia deste planeta, porque totalmente es enemigo de la vida, como sea frío y seco. Causa las hambres y esterilidades de los años, las carestías de las vituallas. Este demuestra destruyciones, muertes, lloros, sospiros, cosas viejas y antiguas [...]. Reyna sobre el humor melanchólico y chólera requemada» (*Reportorio de tiempos,* fols.108v-109r).

1160 *más lleno:* 'en su plenitud'.

1161 *so:* 'soy'.

1168 *procede:* 'sucede, avanza'; *Aurora:* 'la Aurora, el amanecer'. Ha de hacerse dialefa en «de Aurora».

1170 *acatamiento:* 'consideración'.

1173 Marpesia fue reina de las amazonas, mujeres guerreras de las que Alfonso X escribió: «Tovieron por bien de tomar de sus compannas algunas por quien se guiassen, et escogieron ende dos las más sabias et más esforçadas que ý fallaron. Et dizíen all una Lampeto, et all otra Marpesia. Et fiziéronlas sus reynas y tomáronlas por sennoras [...]. La reyna Marpesia tomó luego grandes compannas daquellas sus mugieres; tantas que se fizieron una grand huest. Et salió daló et passó con ellas a Asia, et lidió y con muchas yentes, y crebantolas por batalla» (*Estoria de Espanna,* fol. 137r).

1174 *impunidos:* 'impunes, no castigados'.

y cómo Perseo   mitiga el vigor   1175
del oro movible   de las tres Gorgonas.

148 »Verás a Alexandre   ya puesto en estima,
venido en el punto   del fin postrimero,
so cielo de oro   en suelo de acero,
segund que fadado   estaba de encima.   1180
Verás cómo Jerces   los suyos anima
por ese consejo   quel dio Demorato,
a do Leonida   en su desbarato
su fama y honor   con cabsa sublima.

1175 *mitiga:* 'atenúa, domina'. Perseo, hijo de Zeus y Dánae, venció a las Gorgonas y le cortó la cabeza a Medusa. El *oro movible* alude a las alas de oro que tenían las Gorgonas, tal como precisa Juan de Pineda: «Dende allí voló al Océano, donde moravan las Gorgonas, cuyas cabeças eran cubiertas de serpientes, que conviene con lo dicho de los cabellos de Medusa; y tenían los dientes como las navajas del javalí, y manos de metal y alas de oro» (*Diálogos familiares de la agricultura christiana,* fol. 184).

1179 *so:* 'bajo'. Según la tradición medieval, una profecía le anunció a Alejandro Magno que moriría sobre un suelo de acero y bajo un cielo de oro, en alusión a la guerra y a las riquezas obtenidas en ella. Así se precisaba en los *Bocados de oro:* «E dizen que los astrólogos avían fallado que Alixandre que avíe de morir sobre suelo de fierro e so cielo de oro. E él, que andava un día, corriole sangre mucha de las narizes e sintió grant flaqueza, fasta que ovo a decender de su cavallo. E tomó uno de sus cavalleros la su loriga e estendiola, sobre que se asentase, e cubriolo con un paño de oro, por tal que le fiziese sonbra. E quando esto vio Alixandre, dixo: "Ya llegada es la la mi muerte"» (pp. 514-515). Todavía lo recordaba, a principios del siglo xv, Gonzalo Martínez de Medina en uno de sus decires: «Despúes Alixandre, que fizo traer / todo el mundo a su obediençia / e todas las gentes le obedesçer / en Babilonia con tanta exçelençia, / vido su muerte en la su presençia, / segund Aristótiles avía fablado / que so çielo d'oro morría ervolado / en cama d'azero, non de su dolençia» (*Cancionero de Juan Alfonso de Baena,* p. 603).

1180 *fadado:* 'pronosticado'; *de encima:* 'de los cielos, por parte de la divinidad'.

1182 *quel dio:* 'que le dio'.

1183 *desbarato:* 'derrota'. Jerces o Jerjes (*ca.* 519-465 a. C.), rey de Persia; Demorato o Demarato fue un rey espartano depuesto en el año 491 a. C. y que pasó al servicio de los persas; Leónidas (*ca.* 540-480 a. C.), rey de Esparta que se enfrentó a Jerjes en la batalla de las Termópilas. El autor recordó el mismo episodio en el proemio a su libro de las *Consonantes:* «Aquel que Leónida hobo del soberbio Xerces, cuando por el número copioso de su ejército, se falló decebido, según que Demorato le dijo» (p. 25). Aunque la fuente última del episodio referido sea Heródoto, muy probablemente el modelo de Guillén fuera la traducción del *De providentia* de Séneca realizada por encargo de Juan II, con la que coincide en varios detalles léxicos y nominales: «Y dize Vicencio, *Historial,* que Demorato, rey de Lacedemonia, estava desterrado de su reyno, y bivía en casa de Xerxes, rey de Persia, y estonces vino Xerxes contra Grecia, continuando la guerra que su padre avía començado, y él truxo tanta gente que no se lee que después acá príncipe alguno tanta gente allegase […]. Y todos entendían que destruyrían a Grecia del todo con la muchedumbre de la gente, salvo este Demorato que le dixo que sería vencido, porque la hueste era tan grande que no se podía ordenar. Y así fue que él entrando en Grecia salió a él Leónida, rey de los espartanos, y púsose en unas montañas muy ásperas con quatro mil hombres de armas y peleó con él tres días, y al quarto día que no le podía ya resistir, apartó seyscientos hombres de armas et hízoles que comiesen, y díxoles, según escrive Valerio: "Assí yantad, mis cavalleros, como si oviésedes de cenar en el otro mundo", porque entendía que todos morirían en la batalla. Y a la noche, Leonides, rey de los espartanos, dio en el real de los de Persia y desbaratolos» (*Libros de Lucio Anneo Séneca,* fol. 147r-v).

1184 *sublima:* 'ensalza'.

CÓMO NOTA LOS QUE VIO EN EL CERCO PRESENTE

149 »Mira también   la rueda moderna   1185
     de gentes insignes   que tan bien conoces;
     son claros en vidas,   en armas feroces,
     por quien esa España   se rige y gobierna.
     Fallarlos ha prestos   quien bien lo dicerna
     celar las virtudes,   punir sus zozobras,   1190
     querer la justicia,   querer tales obras
     que ganan la gloria   de Dios, que es eterna.

DECLARA LA ILUSTRE PRINCESA

150 »Aquesa primera   de claras fazañas,
     que tiene a sus pies   echado el león,
     a quien la Justicia,   Virtud y Razón,   1195
     con otras doncellas   de aquestas montañas,
     permitan reinar   en vuestras Españas,
     es la princesa,   su justa heredera,
     a quien procuró   la fama chismera
     que amen su vida   naciones estrañas.   1200

151 »Princesa en virtudes   y en limpio vivir;
     princesa de todas   las reinas pasadas;
     princesa de aquesas   que son memoradas
     por que en limpios votos   quisieron morir;
     princesa que deben   amar y servir,   1205
     pues trata por suyos   los males ajenos;
     princesa que sabe   dar honra a los buenos
     y a otros no tales   penar y pugnir.

1187 *claros:* 'ilustre'.

1189 *dicerna:* 'discierna, distinga, señale'.

1190 *celar:* 'cuidar, atender'; *punir sus zozobras:* 'castigar sus errores'.

1194 La imagen del monarca con un león a los pies está tomada de Juan de Mena: «Al nuestro rey magno, bienaventurado, / vi sobre todos en muy firme silla, / digno de reino mayor que Castilla; / velloso león a sus pies por estrado» (*Laberinto de Fortuna*, p. 265).

1199 *chismera:* 'habladora'. Una vez más se subraya la condición de «justa heredera» de Isabel como princesa de Castilla.

1200 *estrañas:* 'extranjeras'.

1203 *memoradas:* 'recordadas'.

1204 *limpios votos:* 'honradas promesas'.

1208 *pugnir:* 'castigar'.

EL ESCLARECIDO PRÍNCIPE DON FERNANDO

152 »Verás cerca de ella   al príncipe claro,
a do se juntaron   virtud y bondad,   1210
por quien esos reinos   habrán libertad
los pueblos y gentes   muy presto reparo.
Es rey de Cecilia,   es fijo muy caro
del muy serenísimo   rey de Aragón;
será rey de España   por la subcesión   1215
de vuestra princesa,   segund que declaro.

153 »Será rey de reyes   por fechos famados,
porná el templo santo   so su señorío
y sojuzgará   con grand poderío
a Túnez y a Fez   con otros reinados;   1220
los fechos notables   de aquesos pasados,
do Tulio y Homero   cendraron sus plumas,
los títulos todos   ya puestos en sumas,
delante del suyo   serán rematados.

DECLARA AL SEÑOR ARZOBISPO

154 »El otro que ves   en alta cadira,   1225
en quien todos tienen   tan grand confianza,
es el primado   que vive en tempranza,

1212 *reparo:* 'remedio, restauración'.

1214 Fernando era hijo de Juan II (1398-1479), rey de Aragón y Navarra.

1217 *famados:* 'afamados, famoso'. La fórmula *rey de reyes* corresponde a un superlativo de origen bíblico para señalarlo como el mejor entre los reyes.

1218 *porná:* 'pondrá'. El *templo santo* es el de Jerusalén, pues los monarcas de Aragón ostentaban por entonces el título de reyes de Jerusalén. El aliento profético es común con el que Mena muestra en las última coplas del *Laberinto de Fortuna*.

1220 Túnez y Fez son reinos musulmanes norteafricanos sobre los que Guillén anuncia que se extenderá el impulso de la reconquista.

1222 *cendraron:* 'acendraron, depuraron, perfeccionaron'. Marco Tulio Cicerón y Homero son mencionados en su condición de historiadores de hazañas pasadas.

1223 *títulos:* 'dignidades, personas nobles'; *sumas:* 'compendios, recopilaciones'.

1224 *serán rematados:* 'se perderán'.

1225 *cadira:* 'silla con respaldo'. La imagen es pareja a la que se lee en la segunda suplicación a don Alfonso: «Estaba sentada en alta cadira / en trono sublime de grand cadahalso» o, sobre el propio arzobispo: «en muy rica silla un noble perlado / estaba en lo firme muy bien colocado» (vv. 345-346 y 412-413).

1227 *tempranza:* 'templanza, continencia, moderación'.

virtud soberana   que del no se tira,
en quien la natura   infunde y espira
amor y temor,   que son ricos dones,   1230
conforma los medios   segund las acciones,
los daños futuros   presentes los mira.

155 »Perlado famoso   de santa dotrina,
segundo Gregorio   en vida modesta;
perlado de vida   muy santa y honesta   1235
que tiene ganada   la gloria divina;
perlado que adiestra   a aquel que camina,
si va desviado   de aquel Dios eterno;
relieva las penas   que son del infierno
a aquellos que tiene   so su disciplina.   1240

156 »Yo no te podría   decir mis efectos,
maguer que en amor   me seas hermano,
nin tu los podrías   tener a la mano
por ser en lo grave   tan puros y netos;
mas pasa adelante,   verás los secretos   1245
que en esta mi casa   están escondidos,
contino deseo   de los descreídos
y don que reciben   varones perfectos».

1228 *tira:* 'aparta'.

1229 *espira:* 'exhala'.

1230 Se refiere al *temor* de Dios, raíz de la sabiduría, según se sentencia en *Proverbios* 1, 7: «Timor Domini principium sapientiae».

1231 *conforma los medios segund las acciones:* 'adecúa los remedios a los problemas que se plantean'.

1232 *los daños futuros presentes los mira:* 'se adelanta a los problemas para solventarlos como si estuvieran ocurriendo ahora'.

1233 *perlado:* 'prelado, superior eclesiástico', con metátesis común en la época.

1234 *segundo:* 'nuevo'. Compara a don Alfonso Carrillo con el ya mencionado pontífice san Gregorio Magno, como ya hiciera en la tercera suplicación: «Vos da lugar la fama / de otro Gregorio segundo» (vv. 568-569).

1239 *relieva:* 'absuelve, perdona'; *que son del infierno:* 'que llevan al infierno', aludiendo a los pecados mortales.

1240 *so su disciplina:* 'bajo su tutela'.

1243 *tener a la mano:* 'conseguir fácilmente'.

1244 *grave:* 'grande y difícil'; *netos:* 'limpios'.

1247 *contino deseo:* 'deseo permanente' y, por ello, imposible.

CÓMO ENTRÓ EL ENTENDIMIENTO EN EL PARAÍSO TERRENAL

157 Con rayos vesivos   y piramidales,
el niño mirando   aquel cercuïto,   1250
entró en una huerta   de gozo infinito,
que non es fallada   de hombres mortales,
do vio clavellinas,   zucenas, rosales
de olor tan suave   que el alma consuelan,
y a los citaristas   que en canto revelan   1255
los grandes misterios   de aquellos frutales.

DICE LAS VIRTUDES DE AQUELLA HUERTA

158 Allí non había   calor excesivo
ni frío dañoso   en grand demasía;
la flama polea   así relucía
que su vigor siempre   mostraba más vivo;   1260
las plantas viciosas   de fruto nucivo
eran del todo   de allí desraigadas,

1249 *vesivos:* 'visivos'; *piramidales:* 'abiertos y expandidos en forma de pirámide', esto es, cada vez más amplios. Los rayos aluden a la contemplación espiritual.

1250 *cercuito:* 'circuito, cerco'.

1251 La entrada en el huerto sigue a Alfonso de la Torre: «Abierta la puerta, el Entendimiento entró muy alegre, e luego en punto vido a la Verdat e a la Razón, las quales lo tomaron de las manos e le començaron a traer por el huerto de delectación» (*Visión deleytable,* p. 147). Toda la descripción de la huerta como paraíso está tomada de la *Visión deleytable.*

1252 En Alfonso de la Torre se lee: «El Entendimiento tanto era gozoso en mirarlas que non volvía la cara a otra cosa alguna, e ellas, veyéndolo asý estar e casy medio estúpido o pasmado, mandáronle que mirase la hedeficación oculta e la huerta no pisada por los omnes mortales» (*Visión deleytable,* p. 147).

1253 *zucenas:* 'azucenas'.

1255 *citaristas:* 'tañedores de cítara' y, por extensión, 'músicos'. La voz consta en Juan de Mena, «aquí citaristas» (*Laberinto de Fortuna,* p. 218), y en Alfonso de la Torre: «Todos los animales noçivos, feroces e diformes, eran arredrados de allý, syno unas aves las quales eran citaristas e sus bozes fenchían aquel lugar de angélica melodía e cantares muy dulces» (*Visión deleytable,* p. 148).

1258 Así en Alfonso de la Torre: «E paresçía el sol tanto resplandeçer que lo acostunbrado, syn obstáculo e ynpedimiento de nuves, e era la calor tan tenplada que agradava e demulçía todos los sentidos, e los alegrava en una muy tenplada e muy suave manera que casy era mirable que como la claridad fuese tanta no oviese calor exçesyvo nin dañoso frior e distruto, ante era el medio poseýdo entre aquestos dos» (*Visión deleytable,* p. 148).

1259 *flama polea:* 'llama de Apolo'.

1261 *viciosas:* 'abundantes', pero también 'propias del vicio'; *nucivo:* 'nocivo, dañoso'.

1262 *desraigadas:* 'desarraigadas, arrancadas'. En Alfonso de la Torre se lee: «Todas las yervas diformes e noçivas eran de allý desterradas, e eran pobladas e plantadas aý las fermosas e ododíeras syn conparación alguna, e de aquellas era lleno todo el suelo de aquel delectable vergel» (*Visión deleytable,* p. 148).

         las útiles todas   en orden sembradas
         por seso moral   y contemplativo.

159   La madre de Aleto   allí non paresce   1265
      nin llega la sombra   del velo nocturno;
      por las influencias   del triste Saturno
      de sus habitantes   ninguno peresce.
      En medio la huerta   un árbol florece
      que tiene las ramas   de firme creencia,   1270
      el tronco y raíz   de suma sapiencia;
      engendra tal fruto   que nunca fallesce.

160   Regaba las partes   de aqueste vergel
      una clara fuente   que estaba en el medio,
      la cual quita sed   y pone remedio   1275
      a quien la corona   buscó de laurel.
      No puede bebella   ningund infïel;
      va por sus líneas   y caños de oro
      a dar en las plantas   del rico tesoro
      que aparta las mentes   del fuego crüel.   1280

1264 *seso:* 'inteligencia'; *contemplativo:* 'entregada a la contemplación o reflexión sobre las cosas divinas'. Los efectos son los mismos que en Alfonso de la Torre: «Los árboles de aquella huerta eran tan fructíferos e tan odoríferos, e tan fermosos e de frutas tan delectables e tan suaves al gusto que avía refecçión a amas las fuerças, yntelectyva e sensytyva» (*Visión deleytable,* p. 148).

1265 La madre de Aleto o Alecto, una de las Erinias, era la Noche, tal como aparece también en el marqués de Santillana: «La madre de Alecto las nuestras regiones / dexara ya claras al alva lunbrosa, / assí que patentes eran las visiones / e non era alguna que fuesse dubdosa» (*Comedieta de Ponza,* p. 169).

1266 «Primeramente, en aquel lugar nunca avía noche, que todo era día claro» (Alfonso de la Torre, *Visión deleytable,* p. 148).

1270 Según Alfonso de la Torre: «En medio de la huerta estava el árbol de la vida e de la çiençia, del bien e del mal [...]. E el árbol tenía fruta de quitar la fanbre por syenpre» (*Visión deleytable,* p. 148).

1272 *fallesce:* 'falta'.

1276 La *corona de laurel* representa aquí la gloria eterna y la victoria sobre el pecado. La misma fuente se describe en Alfonso de la Torre: «Al pie del qual manava una fuente por caños de plata muy fina, e en el lugar do caýan eran so perlas, çafires, rubíes e balaxes [...]. E el árbol tenía fruta de quitar la fanbre por syenpre, e el agua tenía virtud de quitar la sed, e anbos davan perpetua e bienaventurada vida» (*Visión deleytable,* p. 148).

1278 *líneas:* 'cauces'.

1280 *del fuego cruel:* 'del fuego del infierno'.

CÓMO VIDO EN LA HUERTA LAS SIETE
VIRTUDES CARDINALES O TEOLOGALES

161　Vio siete bultos　　de claras doncellas
　　　en ángulos nuevos　　de aquella verdura,
　　　que son en sus gestos　　y grand estatura
　　　conformes al niño　　que estaba con ellas.
　　　Así como el sol　　las claras estrellas　　　　　　1285
　　　ocupa con rayos　　de tanto vigor,
　　　aquestas doncellas　　en su resplandor
　　　preceden las formas　　del mundo más bellas.

CÓMO VIO EN ÉL MUCHOS SABIOS, Y, ENTRE AQUELLOS,
A LOS SEÑORES PRÍNCIPES Y ARZOBISPO

162　Estaba de sabios　　en torno cercado
　　　aquel cercuïto　　y patio novel;　　　　　　　　1290
　　　paresce en la suma　　tan grande tropel
　　　que non se consiente　　fallar numerado.

1281 *bultos:* 'figuras'.

1282 *ángulos:* 'esquinas'. La visión coincide con la de las primeras virtudes en Alfonso de la To-
rre: «E aquestas ya vees cómo estan a los ángulos de la casa casy como prinçipales e señoras de las
otras» (*Visión deleytable,* p. 294).

1283 *gestos:* 'rostros'. Respecto al tamaño de las visiones, Alfonso de la Torre escribió: «A las
vezes paresçía estar tan alta su cabeça como el çielo, a las vezes coma las nuves, e otras vezes se ygua-
lava con la cantidad de forma umana, los ojos mas pareçían estrellas e los cabellos oro, e las caras
destas dos hermanas mas paresçían espejos que otra materia corrubtible alguna» (*Visión deleytable,* p.
147). Algo similar apuntó Mena en su contemplación de la Providencia: «Desque sentida la su propor-
ción / de humana forma non ser discrepante» (*Laberinto de Fortuna,* p. 175). Esas desproporciones
respecto a la altura de estas figura personificadas parecen proceder, tanto en Mena como en Guillén de
Boecio, *De consolatione philosophiae* I, 1: «Statura discretionis ambiguae. Nam nunc quidem ad
communem sese hominum mensuram cohibebat, nunc vero pulsare caelum summi verticis cacumine
videbatur; quae cum altius caput extulisset, ipsum etiam caelum penetrabat respicientiumque homi-
num frustrabatur intuitum»; 'Su estatura era difícil de precisar, pues unas veces se reducía hasta adqui-
rir el tamaño medio de los mortales, y, otras, parecía encumbrarse hasta tocar lo más alto del cielo con
su frente. Su estatura era difícil de precisar, pues unas veces se reducía hasta adquirir el tamaño medio
de los mortales, y, otras, parecía encumbrarse hasta tocar lo más alto del cielo con su frente'.

1288 La luz de las doncellas ilumina, ilustra y da forma y sentido a las cosas más hermosas del
mundo. También Alfonso de la Torre discurre en términos parejos: «Asý como las gentes entienden,
nin tomando cuerpo de ayre, así como cuydan otros, mas representando en su entendimiento claramen-
te las cosas que avían de ser, asý como el omne que tiene buenos ojos vee las formas que están en el
espejo representadas, porque el ojo es muy semblante en la claridad al espejo, e la forma representada
en uno prospicuo es representada otra vez en el otro, su senblante» (*Visión deleytable,* p. 339).

1290 *novel:* 'nuevo, apenas contemplado'.

1292 *non se consiente fallar numerado:* 'no permite ser contado o computado'.

Los príncipes claros   del nuevo reinado
justicia y saber   les dan excelencia,
y la fortaleza   con grand continencia   1295
abrazan consigo   a vuestro primado.

CÓMO SE LLEGÓ EL ENTENDIMIENTO A LAS CUATRO VIRTUDES, QUE SON PRUDENCIA, JUSTICIA, FORTALEZA, CONTINENCIA

163 Llegose al colegio   que estaba primero
y vio cuatro bultos   muy singulares,
de formas divinas   traían señales,
guiando las almas   por recto sendero;   1300
y dijo: «Señoras,   pues soy estranjero,
mostradme el secreto   de aquesta posada,
por que yo consiga   en esta jornada
la gloria del hombre   y fin postrimero».

CÓMO LAS VIRTUDES MOSTRARON QUE QUERÍA QUE LE FABLASE PRIMERO LA PRUDENCIA

164 Bien como varones   de grand excelencia   1305
estando ya juntos   en alto conclave
non han por molesto   nin tienen por grave
prestar lo debido   a su preminencia,
con gestos muy claros   de alegre presencia,
sin mostrar graveza   en su mutación,   1310
miráronse todas   en abto y visión
que muestran querer   que fable Prudencia:

1296 Título Son las mismas virtudes que destaca Alfonso de la Torre: «Para moderar estas pasyones e dirigir las operaçiones son convinientes doze virtudes, enpero entr'ellas quatro son las prinçipales e más neçesarias e casy a estas se reduçen las otras, videlicet, la Prudençia e la Justiçia e la Fortaleza e la Tenperança» (*Visión deleytable,* p. 294).

1297 *colegio:* 'grupo, comunidad consagrada al estudio'.

1302 *posada:* 'espacio, estancia'.

1304 *fin postrimero:* 'objetivo último', en este caso, la vida y la salvación eternas.

1306 La voz *cónclave* ha de leerse como llana para mantener la métrica y la rima.

1308 *prestar lo debido a su preminencia:* 'respetar el orden jerárquico'.

1310 *graveza:* 'molestia, enfado'; *mutación:* 'cambio, movimiento'.

1311 *en abto y visión:* 'en acto y en contemplación', física y mentalmente.

PRUDENCIA

165 «Si quieres tú, fijo,   mi regla seguir,
     obra las cosas   con recto consejo;
     si en ti non fallares   tan buen aparejo,   1315
     non hayas por grave   a otros pedir.
     Debes las dudas   muy bien definir,
     por que non te mueva   creencia ligera;
     cualquier que obrare   por otra manera
     muy presto está fijo   de se arrepentir.   1320

166 »Si bienes algunos   te diere Fortuna,
     trátalos, fijo,   por bienes ajenos;
     non te congojes   por más nin por menos,
     que su posesión   es casi ninguna.
     Saca del tiempo   la vida oportuna,   1325
     por que non se engendre   la murmuración;
     conforma tu lengua   con el corazón,
     parezca en tus obras   que son de consuna.

167 »Siempre que trates   las fablas dudosas,
     echarlas has, fijo,   a la mijor parte,   1330

1315 *aparejo:* 'prevención, conocimiento'. Todo el discurso de la Prudencia está versificado a partir de Alfonso de la Torre: «Qualquier que quiere moderar las pasyones e ser mi amigo ha de seguir las reglas syguientes. La primera es que ha de examinar por consejo lo que ha de fazer e bien entendido non perderá por demandar consejo a otros, ca muchas vezes ocurre a un synple lo que no ocurre a un sabio, quanta más que ha menester consejo el que non sabe» (*Visión deleytable,* p. 295).

1316 *grave:* 'gravoso, molesto'.

1317 *definir:* 'fijar, determinar'.

1319 *ligera:* 'poco consistente'.

1320 *está fijo:* 'está cerca'. La advertencia se encuentra en Alfonso de la Torre: «La segunda es non se mover por ynformación dubdosa nin por credulidad ligera, ca muchos fazen por las senblantes causas cosas de que se arrepienten» (*Visión deleytable,* p. 295).

1322 *por bienes ajenos:* 'como si no fueran tuyos'. El consejo está tomado de Alfonso de la Torre: «La terçera es que las cosas de la fortuna, sy quiere gozar della, que no las tenga asý como suyas e que esté aparejado a las perder; enpero, quando las toviere, non las guarde asý como agenas nin las pierda por nigligença» (*Visión deleytable,* p. 295).

1325 *oportuna:* 'adecuada, recta'.

1327 *conforma tu lengua con el corazón:* 'no mientas'. La máxima, convertida en lugar común, aparece ya en una carta de Filipo Beroalfo a Angelo Poliziano: «Concordat calamus cum corde, lingua cum animo» (*Epistolae,* p. 443). Erasmo la retomó atribuyéndola genéricamente a san Pablo: «Consentiat lingua cum animo» (*Lingua,* p. 231), pasando luego a la literatura moral y religiosa de la época.

1328 *son de consuna:* 'actúan en conformidad'. Sigue aquí Guillén a Alfonso de la Torre incluso en la materialidad de la lengua: «La quarta es el que quiere ser prudente ha menester que non sea sóliçito, mas que se conforme al tiempo e a la gente, ca en otra manera verná a murmuración e a perseguirlo e aborresçerlo; e, sy no se pudiere con toda gente conformar el corazón, confórmese la cara, sy la prática es nesçesaria» (*Visión deleytable,* pp. 295-296).

que non hay lisonja,   malicia nin arte
que las apariencias   non tenga fermosas.
Son del prudente   aquestas tres cosas:
pensar lo pasado, mirar lo foturo
y en lo presente   buscar lo seguro.   1335
Con esto fará   sus obras famosas.

168 »Non imagines   lo que es imposible,
ni tientes las cosas   que están impedidas.
Habidos comienzos,   pensar la salida
en todos los actos   es muy convenible.   1340
Dejar el comienzo   es acto movible,
por ende comienza   con delibración.
Teniendo lo justo   en veneración,
non lo es aquello   que es reprehensible.

169 »Ten por escuras   las cosas abiertas,   1345
también por remotas   las mucho cercanas,
las bajas ayudas   por muy soberanas,
y no determines   las cosas inciertas.

1331 *arte:* 'maña, astucia'.

1332 En los cuatro primeros versos de la copla se resumen las advertencias quinta y sexta que ofrece la Prudencia en Alfonso de la Torre: «Quinta, no difinir nin determinar en la mala parte las cosas dubdosas. Sesta, no afirmes rezio la cosa no espirimentada, ca toda cosa senblante verdad no es verdadera, asý como toda piedra que paresçe preçiosa no es preçiosa» (*Visión deleytable,* p. 296).

1334 *mirar:* 'prevenir'.

1335 Guillén sigue a la letra a Alfonso de la Torre: «E universalmente el omne será prudente sy remenbrare lo pasado e ordenase lo presente e proveyere lo porvenir, ca el que non remienbra lo pasado perdido ha la vida, e el que no ordena lo presente es conplido de nigligençia e afluctura sus cosas por caso, e el que non provee lo porvenir todas las cosas le vienen sobradamente e ynopinadas, e çércanlo angustias ynfinitas» (*Visión deleytable,* p. 298).

1338 *impedidas:* 'prohibidas'. Lo mismo se encuentra en Alfonso de la Torre: «Undéçima, las pensamientos vanos o dificultosos o casy ynposybles arriédrelos de sý […]. El pensamiento ha de convenir con la posybilidad e convenençia de la presona e lo otro es pared en el ayre syn fundamento e yervas que non han raýzes» (*Visión deleytable,* pp. 296-297).

1339 *habidos comienzos:* 'una vez que se ha comenzado'.

1341 *movible:* 'modificable, no obligado'.

1342 *por ende:* 'por lo tanto'; *delibración:* 'deliberación, consideración y buen juicio'. Se sigue a Alfonso de la Torre: «Nona, non començar las cosas que no se pueden acabar syno con grant daño e dificultad, sy el su valor non exçede en ynfinito las tales trabajos. Enpero en algunas cosas ha de perseverar porque las començó e porque non paresca mudable, e otras no començar en las quales el perseverar es dañoso» (*Visión deleytable,* p. 296).

1344 Alfonso de la Torre es fuente de los versos: «Déçima, que sus opiniones sean juizios en que convengan las más de las omnes razonables, ca ynprudençia es afirmar opinión en que pocos so convernían de las que han razón» (*Visión deleytable,* p. 296).

1345 *abiertas:* 'claras', en apariencia.

1348 *determines:* 'des por seguras y ciertas'.

Por grand amistad,　　verdad non perviertas,
nin ocupes lugar　　que non te compete;　　　　1350
después que delibres,　　alaba y promete,
faciendo las obras　　segund las ofertas.

170　»Lo áspero templa,　　lo alto prosigue
y lo congojoso,　　que nuce y empacha,
ponlo por obra,　　de ti lo despacha,　　　　1355
por que el menos tiempo　　enoje y fatigue;
y lo que tardío　　en acto se sigue
presúralo, fijo,　　con moderación.
Lo duro amollenta　　con dulce sermón,
por que su dureza　　con cabsa mitigue.　　　　1360

DEJA LA PRUDENCIA DE FABLAR EN SU OFICIO Y RESPONDE AL ENTENDIMIENTO QUE LE DIJO LE MOSTRASE EL FIN DEL HOMBRE, QUE CASI ERA COMO DUDA

171　»De [...] nos fizo　　de Dios certidumbre
y el fin a que el hombre　　por Él fue criado,
presumes que todo　　lo que es engendrado
pasa sin regla　　en grand muchedumbre,

1350 *non te compete:* 'no es de tu competencia, no te corresponde'. La idea es pareja a la que formula la misma Prudencia en Alfonso de la Torre: «Yten, en el buscar de los honores ha de aver grant prudençia, que muchos buscando la pierden e deseándola ynmoderadamente, ca tan engañosa e de tal condiçión es que fuye del que más la ama» (*Visión deleytable,* p. 298).

1351 *delibres:* 'consideres pausadamente'.

1352 *faciendo las obras segund las ofertas:* 'comportándote del mismo modo que lo has anunciado'. El consejo coincide con Alfonso de la Torre: «Déçima terçia, alabar tenpladamente e no tornes a vituperar al que fuertemente has alabado, ca sygnificaría en ty mal conosçimiento a prinçipio, e el prudente que engañar no quiere engañado no puede ser; enpero muy más tenpladamente vituperar, ca con lo uno se suele mesclar la lisonja e con lo otro la enbidia» (*Visión deleytable,* p. 297).

1354 *nuce:* 'daña'.

1355 *ponlo por obra:* 'hazlo de inmediato'; *lo despacha:* 'apártalo'.

1357 *tardío:* 'tardíamente'; *en acto se sigue:* 'llega a realizarse'.

1358 *presúralo:* 'apresúralo'.

1359 *amollenta:* 'ablanda'.

1360 *con cabsa:* 'con causa'. Algo similar afirma Alfonso de la Torre: «Duodéçima, la palabra del prudente o amoneste o enseñe o alegre en tal manera que no sea en vano» (*Visión deleytable,* p. 297).

1361 En el manuscrito se señaló con un blanco la omisión de un sustantivo, que pudiera ser algo semejante a *aquesto.*

1364 *sin regla:* 'sin orden'. El discurso que sigue adapta el que Alfonso de la Torre pone en boca de la Razón: «Mostrarle el fin para qu'el omne fue fecho, e que's la causa de sus desordenanças» (*Visión deleytable,* pp. 151-152).

       presumes que el Ángel,   perdida su lumbre,   1365
       en su grand caída   non tovo ordenanza,
       y que los soberbios   están en folganza
       y penan los justos   por su mansedumbre.

172 »Avísote, fijo,   que en torpe inorancia
       non puede caber   la vida modesta,   1370
       ni esa materia   que non es dispuesta,
       remota por obras   que fizo en infancia.
       Los actos divinos   de grand importancia
       por los idïotas   no son de inquirir,
       ni menos los puede   por sí difinir   1375
       edad no madura   de poca substancia.

173 »Si miras las cabsas   del mundo menor;
       de las separadas,   sus inteligencias;
       las cosas eternas   y sus influencias,
       los cielos y formas   de tanto claror;   1380

1366 *ordenanza:* 'disposición divina'. Se está refiriendo a Luzbel como ángel caído y convertido en Lucifer.

1367 *folganza:* 'placer, contento'.

1368 La paradoja también se recoge en Alfonso de la Torre: «Cómo mayor desordenança fuese fallada en los omnes que en aquellos, e que maguer le avían dicho que avía Dios e retribuçión de bien e de mal, que esto non lo creýa, como so viese lo contrario, ca veýalos justos sofrir penas e morir lazrados e los virtuosos ser perseguidos, e los malos ser preçiados por los malefiçios e bevir honrados, amados e ricos, e morir en aquellos estados»; lo cual se complemente luego en boca de la razón: «Segunt me paresçe la dubda qu'el Entendimiento tiene no sola mente tañe la fyn del omne no ser bienaventurança ninguna, mas aun tañe otra cosa mas peligrosa, videlicet, en aquello que es prinçipio e fyn de todas las cosas, ca le paresçe que por causa de ser natura umana desordenada en sus obras, que asý sea en el ser del universo, lo qual todo es lo contrario» (*Visión deleytable,* pp. 149 y 151). La misma preocupación por el triunfo del mal y la postración de los buenos se expresa en otros textos de Guillén: «Ya vi feos ademanes / fazer personas onradas / los baxos sofrir afanes / en vatallas aplasadas» (*Obra poética,* p. 130); o en nuestra primera suplicación: «¿Por qué contrariados de adversa fortuna / padesçen los buenos grand pena terrible, / los malos subidos en alta colupna» (vv. 161-163).

1369 *torpe:* 'inmoral, deshonesta'.

1372 *remota:* 'lejana, ajena'. Explica la Prudencia que hay ciertos conocimientos que no son accesibles para el que tiene el entendimiento de un niño.

1375 *idiotas:* 'ignorantes'; *inquirir:* 'indagar'.

1377 *mundo menor:* 'ser humano', como mundo en miniatura, según el tópico tradicional que estudió Francisco Rico (1970).

1378 *inteligencias:* 'explicaciones'. Las *causas separadas* corresponden a la metafísica, como explica Bernardo Pérez de Chinchón en el prólogo a su traducción de la *Lingua* de Erasmo: «La metaphýsica, que es sabiduría de las causas separadas» (*La lengua,* p. 6).

1380 *claror:* 'brillo, claridad'. La división procede de Alfonso de la Torre: «Quien bien mirare todas las cosas universales del mundo superior, asý como las ynteligençias separadas e los çielos e sus formas sustançiales, e cada una de las planetas o estrellas, veería que non ay desordenança ninguna, mas antes guardan orden perpetuo syn mudamiento alguno» (*Visión deleytable,* p. 151).

si miras el mundo que es inferïor,
sus muchas especias de asaz criadas,
verás que no pueden moverse regladas,
sin ser comovidas por un movidor.

174 »Todas conservan la ley eternal,   1385
impuesta y dotada por Dios glorïoso,
el cual bonifica el ser virtuoso
y face del hombre varón divinal.
Non puedes saber la causa final
nin del ser divino sus operaciones,   1390
si non te desnudas de las opiniones
que son referidas al modo bestial.

1381 El *mundo inferior* es el material, que está bajo el cielo.

1382 *especias:* 'especies'; *de asaz criadas:* 'entre las muchas creadas por Dios'. Los versos se inspiran en Alfonso de la Torre: «E quien quisyere ver la materia, los elementos, las planetas, las especies de los animales, vera que guardan una ley de naturaleza mandada por Dios glorioso» (*Visión deleytable,* p. 151).

1384 *comovidas:* 'movidas'. Alejándose en estos versos de su fuente, Guillén recoge aquí uno de los argumentos tomistas sobre la existencia de Dios, el del motor no movido desarrollado en la *Summa theologiae* Ia, q. 2, a 3: «Impossibile est ergo quod, secundum idem et eodem modo, aliquid sit movens et motum, vel quod moveat seipsum. Omne ergo quod movetur, oportet ab alio moveri. Si ergo id a quo movetur, moveatur, oportet et ipsum ab alio moveri et illud ab alio. Hic autem non est procedere in infinitum, quia sic non esset aliquod primum movens; et per consequens nec aliquod aliud movens, quia moventia secunda non movent nisi per hoc quod sunt mota a primo movente, sicut baculus non movet nisi per hoc quod est motus a manu. Ergo necesse est devenire ad aliquod primum movens, quod a nullo movetur, et hoc omnes intelligunt Deum»; 'Igualmente, es imposible que algo mueva y sea movido al mismo tiempo, o que se mueva a sí mismo. Todo lo que se mueve necesita ser movido por otro. Pero si lo que es movido por otro se mueve, necesita ser movido por otro, y este por otro. Este proceder no se puede llevar indefinidamente, porque no se llegaría al primero que mueve, y así no habría motor alguno pues los motores intermedios no mueven más que por ser movidos por el primer motor. Ejemplo: Un bastón no mueve nada si no es movido por la mano. Por lo tanto, es necesario llegar a aquel primer motor al que nadie mueve. En este, todos reconocen a Dios'.

1386 Los dos primeros versos de la copla adaptan a Alfonso de la Torre: «Segunt él agora verá claramente, todas las cosas que Dios glorioso ha fecho en el mundo son buenas e ordenadas en la mejor manera que ser pudiese» (*Visión deleytable,* p. 151).

1387 *bonifica:* 'premia'.

1388 *divinal:* 'divino', pues está hecho a imagen y semejanza de Dios. Guillén sigue de nuevo a Alfonso de la Torre incluso en el léxico: «E, sy por ventura alguno bien consyderare, verá que la bondad de Dios glorioso bonifica e faze ser buenas todas las cosas, ca la maliçia no puede tener ser conplido, e, por tanto, sy las cosas fuesen privadas de la bondat serían privadas del ser» (*Visión deleytable,* p. 151).

1391 *opiniones:* 'juicios no ciertos'.

1392 *modo bestial:* 'naturaleza material del ser humano', que comparte con los animales, frente a lo espiritual. La condición bestial como impedimento para el conocimiento verdadero procede Alfonso de la Torre: «Sabe que non han seýdo menos errados los bestiales de los omnes çerca de la providençia de Dios glorioso que çerca el poderío e la bondad e la sapiençia suya» (*Visión deleytable,* p. 174).

175 »Por ser habitante   del orbe insano,
      cobraste opiniones   fantásticas, locas,
      con cuyos favores   los actos provocas   1395
      que son dirigidos   al mundo profano.
      Desnuda ya, fijo,   pues eres humano,
      los actos dudosos   de tu püericia,
      por que te conozcas   y hayas noticia
      de aquel infinito   que es Dios soberano.   1400

176 »Non puede el licor   coger la redoma,
      estando rellena   de feces inmundas;
      vacío se queda   de cosas profundas
      quien de lo superflo   mayor parte toma.
      Cursada malicia   es viva carcoma   1405
      que aparta los hombres   de estar entre nos.
      Por este camino   que buscas a Dios,
      el más sabidor   más presto se doma.

177 »Por que eres tan niño,   no sé cómo entiendas
      mis pronunciamientos   en certenidad.   1410
      Si quieres del todo   saber la verdad,
      tú sigue mis pasos,   pisadas y sendas.

1393 *orbe insano:* 'mundo loco, insensato'. Ha de hacerse dialefa en «orbe insano».

1394 *cobraste:* 'ganaste, aceptaste'. La descalificación de las opiniones es pareja a la que se lee en Alfonso de la Torre: «Le çiegan los ojos las opinyones fantástigas, ynposibles e delusivas» (*Visión deleytable,* p. 139).

1396 El error humano es el mismo que la Razón señala en Alfonso de la Torre: «E, por ende, Dios nos guarde por su merçed de tal error presumir solamente, que por una poca desordenança que se falle en los omnes que sea todo el mundo desordenado e syn regidor, e por tan poco daño venir en tan grant peligro» (*Visión deleytable,* p. 151).

1398 *puericia:* 'infancia'.

1399 El verso se ajusta al socratismo cristiano y a la máxima *Nosce te ipsum,* 'Conócete a ti mismo', que se convirtió en tópico para la literatura moral cristiana; véase Jakubecki (2023).

1400 Las dudas del Entendimiento coinciden con Alfonso de la Torre: «E esto ha fecho no parar mientes syno en las cosas particulares e dexar de consyderar las universales. E, senoras —dixo a las otras doncellas—, bueno sería agora que aya lugar, sy vos paresçe, al Entendimiento mostrarle el fin para qu'el omne fue fecho, e que's la causa de sus desordenanças, e purgarlo destas opiniones yrróneas e malvadas» (*Visión deleytable,* pp. 151-152).

1401 *redoma:* 'vasija de vidrio'.

1402 *feces:* 'heces, cosas despreciables'.

1404 *superflo:* 'superfluo, innecesario'.

1405 *cursada:* 'versada, experimentada'.

1406 *entre nos:* 'en el Paraíso y con la virtudes'.

1408 *se doma:* 'se sujeta' a la recta doctrina.

1410 *en certenidad:* 'con certeza'.

Castígote, fijo,   que non me reprehendas
con fablas sordidas,   antiguas, diformes,
mas siempre comigo   así te conformes   1415
que contra mi bando   rigor non emprehendas.

178 »Segund nuestro Dios   las cosas limita,
jamás fizo cosa   sin fin y comienzo,
dejando su ser,   que en esto me venzo,
non hay cantidad   que sea infinita.   1420
Pues Dios de lo justo   jamás no se quita
ni puede natura   mostrarse mudable,
que sea corruto   lo que es engendrable
de fuerza conviene   que yo lo permita.

179 »Posible es aquello   que ya tiene ser,   1425
y todo posible   su cabsa consiente;
de lo que se mueve   segund accidente,
a tiempo será   que cese el mover.
Si de los átomos   se quiere poner
que son infinitos   segund cantidad,   1430
seyendo en un tiempo,   será vanidad:
por ser numerados   no puede caber.

180 »Por grand afección   ni por amicicia,
por torpe interese,   por odio ni tema,

1413 *castígote:* 'te advierto'.

1414 *fablas:* 'hablas, discursos'; *diformes:* 'deformes'. La voz *sórdidas* ha de ser llana para mantener la disposición métrica.

1415 *te conformes:* 'estés conforme y de acuerdo'.

1416 *rigor non emprehendas:* 'no inicies un ataque vehemente'.

1417 *limita:* 'dispone, establece'.

1419 *en esto me venzo:* 'hasta aquí llega mi capacidad de saber y conocimiento'.

1421 *quita:* 'aparta'.

1423 *corruto:* 'corrupto', conforme a Alfonso de la Torre: «E encuéntranse aquestos dos movimientos e mézclanse e fazen e padesçen los unos en los otros, e por aquesta causa se engendran e corronpen todas las cosas engendrables e corrutibles» (*Visión deleytable,* p. 216).

1424 *de fuerza:* 'obligatoriamente'.

1426 *segund accidente:* 'de acuerdo con las circunstancias'.

1428 *a tiempo:* 'en el momento justo y adecuado'.

1432 Guillén rechaza la teoría atomista y la idea de que los átomos sean eternos y su número infinito. Sobre la trayectoria del atomismo, véase García de Gurtubai Escudero (2012).

1433 *afección:* 'afición, afecto'; *amicicia:* 'amistad'.

1434 *tema:* 'idea fija, obstinación'. La idea se tomó de Alfonso de la Torre: «Quatuor déçima, el testimonio sea dado a la verdat e nunca a la amistança» (*Visión deleytable,* p. 297).

non finjas lo falso   nin rompas la nema,   1435
queriendo el secreto   saber, la codicia.
Pues ya te despides   de la püericia
y vienes al grado   de la juventud,
por que en todo puedas   seguir la virtud,
escucha y aprehende   qué dice Justicia».   1440

JUSTICIA

181 «Yo soy convención   y grand ligamiento,
que junto y conformo   humana natura;
soy vínculo bueno   de tal ligadura
que privo los fines   del mal pensamiento;
soy de las leyes   principio y cimiento;   1445
injusto se llama   quien no me obedece;
en dar a cualquiera   lo quel pertenesce
en mí non se falla   ningund mudamiento.

182 »Pues sey tú, mi fijo,   con Dios de consuno,
siguiendo sus obras   por vía derecha,   1450
a cuantos podieres   en todo aprovecha
y nunca procures   dañar a ninguno.
Al hombre perverso,   crüel, importuno
que nuce y empece   allí do confina

1435 *nema:* 'sello que cierra una carta'.

1436 *la codicia:* 'teniendo la codicia y deseo de saber' lo que no procede.

1437 También Alfonso de la Torre señala la superación de esa fase vital: «Non la ynorançia e enbeçilidad de la ynfançia e puericia» (*Visión deleytable,* pp. 148-149).

1440 La conclusión es pareja a la de Alfonso de la Torre tras el discurso de la Prudencia: «E asý acabó la Prudençia e fizo fin. E el Entendimiento fue muy contento de su fablar e mandó la Razón a la Justiçia que fablase» (*Visión deleytable,* p. 298).

1441 *convención:* 'acuerdo, pacto entre varias personas'.

1444 *privo:* 'quitar, apartar'. La definición de Justicia procede de Alfonso de la Torre, al que se atiene buena parte de este parlamento: «¿E qué cosa es justiçia, syno una táçita e secreta convençión e ligamiento de natura fallada en adjutorio de muchos e un vinculo de la umana amistad e conpañía?» (*Visión deleytable,* p. 300).

1447 *lo quel:* 'lo que le'.

1448 *mudamiento:* 'mudanza, cambio'.

1449 *sey:* 'sé'; *con Dios de consuno:* 'uno con Dios, unido a Él'.

1451 *aprovecha:* 'beneficia, favorece'.

1454 *nuce:* 'daña'; *empece:* 'causa perjuicio'; *do confina:* 'donde se halla'.

así lo corrige   con mi disciplina   1455
que en todo lugar   te falle ser uno.

183 »De mí nunca pienses   lo que es menester,
pues todo conviene   a aquello que ordeno;
si algo retienes   del bien que es ajeno,
pon luego por obra   de satisfacer.   1460
En fablas dudosas   non debes poner
tal contrariedad   que en daño respire;
el recto camino   así se remire
que quede verdad   en su propio ser.

184 »Lo que es ya jurado   ser debe complido,   1465
pues todo perjurio   el ánima mata;
de fe y religión   entonces se trata,
cuando se guarda   lo que es prometido.
Si vieres […]   así descebido,
que en algo convenga   negar la verdad,   1470
fazlo en socorro   de fidelidad,
que tal proponer   por justo es habido.

185 »El justo varón   en sí mismo tiene
la propia medida   y cierto compás,

1456 *te falle ser uno:* 'te encuentre siendo siempre el mismo e igual en tus juicios'. La copla reescribe a Alfonso de la Torre: «E todas las cosas que ella manda son expidientes, enpero el prinçipio de ser justiçiero un omne e un familiar es el amor de Dios. Sy lo amares, paresçerle has en aquesto, que aprovecharás a los que puedes e no enpeçerás a ninguno, e a los que nuzen e enpesçen arredrarlos has en quanto puedas» (*Visión deleytable,* p. 300).

1460 *pon por obra:* 'comienza'; *luego:* 'de inmediato'; *satisfacer:* 'devolver lo tomado'.

1462 *que en daño respire:* 'que conlleve daño'.

1463 *se remire:* 'se considere'.

1469 *descebido:* 'falseado, engañado', con el mismo sentido que le dio don Íñigo López de Mendoza en sus *Proverbios:* «César, segúnd es leýdo, / padesçió / e de todos se falló / desçebido» (*Obras completas,* p. 223). Guillén deja un margen a la mentira cuando las circunstancias lo requieren, tal como había hecho antes, al explicar el engaño de Lope Vázquez de Acuña con los enemigos que asediaban Huete: «Adonde su hermano / por dar dilación fingido promete» (vv. 933-934).

1472 Toda la copla se atiene al discurso de la Justicia en Alfonso de la Torre: «Yten, deves pensar que donde quieren que traten la verdad, que han fecho juramento por defender aquella, ca aquesta es la ley de la virtud; e non fagas minçión mas de aver fecho juramento expreso que non lo aver fecho, que a Dios todas las cosas son manifiestas e non puede estar que non sea de todas las cosas testigo. E sy algunas vezes te so costriñen para que digas mentiras, dilas, no por afirmar la falsýa, mas para defensyón de la verdad. E sy contesçiere que la fidelidad se redimiere con la mentyra ya entonçe no es mentyra, e los injustos son vençidos de los males e los males son vençidos del justo» (*Visión deleytable,* p. 300).

1474 *compás:* 'regla, pauta de comportamiento'. La máxima se toma literalmente de Alfonso de la Torre: «El que justo es el mesmo es regla e balança e medida a do conviene e a lo que conviene» (*Visión deleytable,* p. 301).

que suple lo menos   y quita lo más   1475
reglando las cosas   segund que conviene.
A muchos non pena,   maguer les condene,
y a otros que prende   non pone cadena;
do falla el delito,   limita la pena,
segund el efecto   y lo que contiene.   1480

186 »Por ende, si erraste   estando en infancia
y vas declinando   siguiendo natura,
en lícito amor,   bondad y mesura
demuestren tus obras   alguna sustancia.
Y por que deseches   la torpe inorancia,   1485
que es acto rebelde   de su calidad,
verás qué te dice   Magnanimidad,
virtud soberana   de mucha constancia».

MAGNANIMIDAD, QUE ES DICHA FORTALEZA

187 «De los infortunios   non tomes tristeza
ni vuelvas la cara   a sus mutaciones;   1490
vencer a ti mismo,   vencer tus pasiones,
es acto primero   de la fortaleza.

1476 *reglando:* 'regulando'.

1477 *pena:* 'castiga'.

1479 *falla:* 'halla, encuentra'.

1480 Es Alfonso de la Torre quien formula la adaptabilidad de la justicia: «El justo non ha de ser tan duro que paresca cruel e a todos terresca e paresca tan feroz que despoje la umana condiçión, nin ha de ser tan blando que non lo tema ninguno, ca entre estos dos estremos viçiosos esta el medio de la virtud» (*Visión deleytable,* pp. 300-301).

1482 *vas declinando siguiendo natura:* 'vas envejeciendo según el curso de la naturaleza'.

1488 Título El epígrafe está tomado del *Libro de las cuatro virtudes,* que en la época se atribuyó a Séneca: «Magnanimidad, que fortaleza es dicha» (p. 29).

1488 Título Mena precisó el recto sentido de la Fortaleza: «Fuerza se llama, mas non fortaleza, / la de los miembros, o grand valentía. / La grand fortaleza en el alma se cría, / que viste los cuerpos de rica nobleza, / de cuerda osadía, de grand gentileza, / de mucha costancia, de fe y lealtat. / A tales esfuerza su abtoridat / que débiles fizo la naturaleza. / Es fortaleza un grande denuedo / que sufre las prósperas y las molestas; / salvo las cosas que son deshonestas, / otras ningunas non le facen miedo; / fuye, desdeña, depártese cedo / de las que diformes por vicio se facen; / las grandes virtudes inmenso le placen, / plácele el ánimo firme ser quedo» (*Laberinto de Fortuna,* pp. 261-262).

1490 *vuelvas la cara:* 'no evites, enfréntate'.

1492 La doctrina procede de Alfonso de la Torre: «Pues la primera fortaleza es subpeditar e enseñorear las pasyones propias, e grant virtud es no ser omne vençido de las cosas tristes nin ser mudado por los ynfortunios o so adversidades, enpero mayor fortaleza es e mayor virtud tener la rienda e el freno de non se alterar en las prosperidades » (*Visión deleytable,* p. 304).

Magnánimo es   y muestra grandeza
aquel que ante quiere   morir por lo honesto
que no vivir vida   cobrando denuesto   1495
de flaco y cobarde,   subjeto a vileza.

188 »Magnánimo es   quien quiere seguir
honestos peligros   do quier que los falla.
El fuerte varón   no pone batalla
sin que ante amoneste   do quiere ferir.   1500
Aqueste bien puede   muy libre vivir
y el fin de su vida   alegre esperar;
ha por venganza   poderse vengar,
de quien ya vencido   se viene a rendir;

189 »desprecia los bienes   y los beneficios,   1505
las honras hinchadas,   también las riquezas;
va vitorioso   por las asperezas
por donde ya fueron   los claros Fabricios.
Si de nuestras leyes   y nuestros oficios
tú quieres haber   mayor espiriencia,   1510
escucha, mi fijo,   a la Continencia,
que tiene tal regla   que doma los vicios».

1494 *que ante:* 'que antes'.

1495 *cobrando denuesto:* 'ganando reprobación de los demás'.

1496 *subjeto a vileza:* 'sometido a la indignidad'. Alfonso de la Torre ensalza asimismo la inclinación del hombre fuerte hacia lo honesto: «El magnánimo menospreçia los non durables favores e las pequeñas honras e non se espone a todo peligro synon aquel que es honesto e justo. El magnánimo escoge de morir por la virtud, ca más quiere la honesta muerte que la desonesta e vituperable vida, a la qual, sy bive, se sigue la honra e la fama que son premios de la virtud e no causas, e, sy mueren, han reposo en la otra vida e fama en aqueste mundo, e syguese por ella buen nonbre a los suyos» (*Visión deleytable,* p. 305).

1500 *amoneste:* 'avise'.

1503 Se trata del mismo verso que se lee en la segunda suplicación: «Mas ha por venganza poderse vengar» (v. 430)

1504 *de quien ya vencido se viene a rendir:* 'no se ensaña con aquellos a los que ha vencido'. La idea y aun la literalidad procede del mencionado *Libro de las cuatro virtudes:* «Del enemigo dirás: "Non dañó a mí, mas ovo coraçón de dañar", e quando lo en tu poderío vieres, pensarás ser vengança averte podido vengar; sabe onesto e mayor linaje de vengança ser el perdonar» (p. 30).

1506 Es el mismo rechazo de las riquezas que ensalza Alfonso de la Torre: «E algunos piensan que la fortaleza e la magnanimidad esta en el deseo de las honras e de las riquezas e aquesto no es verdad, ca la virtud de la fortaleza esta en menospreçiar e tener aquellas en poco» (*Visión deleytable,* p. 304).

1507 *asperezas:* 'dificultades'.

1508 Alude a Cayo Fabricio Luscino, ya mencionado en el v. 347, recordando unos versos de Juan de Mena: «¡Oh, siglo perverso, crüel, engañoso!, / pues das a señores tan grandes oficios, / danos entre ellos algunos Fabricios» (*Laberinto de Fortuna,* p. 265).

1509 *oficios:* 'funciones propias'.

1510 *espiriencia:* 'conocimiento y práctica'.

1512 La *Continencia* es templanza y moderación en las pasiones.

CONTINENCIA

190 «De mí soy contenta,   que vivo segura
    en muy baja casa,   con pobres arreos;
    costriño y cerceno   los torpes deseos,   1515
    sustento mi vida   conforme a natura;
    por ende, tú, fijo,   trabaja y procura,
    si quieres en todo   guardar tu salud,
    que vivas comiso   en santa virtud,
    que es tanto subjeta   a quien se mesura.   1520

191 »Desecha las pompas   que nascen del brío,
    procura vianda   de precio rahez,
    cubre tu cuerpo   con paño süez,
    que solo defienda   las carnes del frío.
    Buscar demasías   es grand desvarío,   1525
    conténtate, fijo,   con eso que tienes;
    no está la virtud   en copia de bienes
    ni en rico jaez   de grand atavío.

1514 *arreos:* 'adornos'.

1515 El discurso de la Continencia toma el grueso de su información del *Libro de las cuatro virtudes,* traducido al castellano por Alonso de Cartagena y atribuido a Séneca: «Continençia si deseas, çerçena lo sobrado e en angosto los tus deseos estriñe» (p. 30).

1516 *sustento:* 'mantengo'. El verso se ajusta a la doctrina estoica de *Vivere secundum natura,* aunque reescribe en el *Libro de las cuatro virtudes*: «Piensa contigo quanto la natura demande, e quanto la cobdiçia espere» (p. 30)

1518 *salud:* 'estado de gracia espiritual que conduce a la salvación eterna'.

1519 *comiso:* 'retraído'. Lo singular del vocablo apunta a Alfonso de la Torre: «¿Cómo va en el mundo çerca de las concupçençias carnales e los actos de las comensaçiones?» (*Visión deleytable,* p. 306); aunque Guillén también tuvo a mano el *Libro de las cuatro virtudes*: «Si continente fueres, fasta tanto vernás que de ti seas contento, ca el que a sí es asaz, es con riquezas nasçido» (p. 30).

1520 *tanto subjeta:* 'muy sujeta o sometida'; *se mesura:* 'se modera'.

1521 *brío:* 'pujanza excesiva'.

1522 *rahez:* 'bajo, miserable'. Algo similar se lee en el *Libro de las cuatro virtudes:* «El mantenimiento a ti de cosa sea ligera, non a voluntad mas a vianda te allega» (p. 31).

1523 *suez:* 'soez, pobre'. La misma voz se registra en la segunda suplicación de Guillén al arzobispo: «Verás sublimados los ombres sueçes» (v. 367).

1527 *copia:* 'abundancia'. La idea se ajusta a Alfonso de la Torre: «No trabajes cómo llegues riqueças superfluas, que son cabsa de tristezas e trabajos, enpero trabaja cómo no seas mendigo nin puesto en neçesydad grande» (*Visión deleytable,* p. 310).

1528 *jaez:* 'adorno'; *atavío:* 'vestido'. Las palabras y el concepto coinciden con Alfonso de la Torre: «En el fazer de las casas e tener de las camas de las otras alfajas de casa e jaezes» y «Tus vestidos non resplasdescan nin sean briosos, enpero no sean ynmundos o viles ca vileza abominable es en la natura» (*Visión deleytable,* pp. 306 y 310).

192 »Sabe que el alma   es mas glorïosa
con dinos sermones   que no con afeites,   1530
ya que esos sabores   que dan los deleites
facen la vida   del todo viciosa.
Si la pobredad   es limpia, graciosa,
y mucho preciada   la simplicidad,
non flaca ni torpe   de su calidad,   1535
será continente   tal vida fermosa.

193 »La fambre despierta   en tu paladar
non los sabores   nin menos las salsas,
que son aparejos,   astucias muy falsas,
que facen de gula   estremos tomar.   1540
Si alguno con cabsa   te fuere buscar,
así determino   que es mucho mijor
que falle en tu casa   nombrado el señor
que a ti por la casa   poderte fallar.

194 »No quieras ser visto   mayor de lo que eres   1545
ni mengües con juegos   tu abtoridad,

1530 *dinos:* 'dignos'; *afeites:* 'aderezos'. El verso procede del *Libro de las cuatro virtudes:* «Sermones provechosos ama más que afeytados, derechos más que a deleytables» (p. 32)

1531 *sabores:* 'gustos, deseos'.

1532 Los versos remiten a Alfonso de la Torre: «Esto más guarda, nin la pobredad sea a ti non limpia, nin a lo muy poco sea suzia la vida, nin la simpliçidad menospresçiada, nin la ligereza flaca» (p. 31).

1533 *pobredad:* 'pobreza'.

1534 *simplicidad:* 'sencillez de vida'.

1536 *continente:* 'moderada, ajustada a la continencia'. La reflexión es pareja a la que escribe Alfonso de la Torre: «La proveza estrema es aborreçida de la condiçión umana, e asý, seyendo contento de la tuya, o avrás ynbidia nin rerquerirás lo ajeno» (*Visión deleytable,* p. 310).

1537 *fambre:* 'hambre', conforme al *Libro de las cuatro virtudes:* «El tu paladar la fambre despierte, non los sabores» (p. 31).

1539 *aparejos:* 'añadidos, aditamentos'.

1540 *estremos tomar:* 'llegar a excesos'. Otro tanto se afirma sobre la gula en Alfonso de la Torre: «E tantos nombres ay de diversidad de vinos e de potajes que no basta memoria para retenerlos, e a tal yntenperançia son venidos que non solamente quieren saçiar la gula, mas fazer potajes en que aya colores para agradar la vista e olores de mulçimiento a los otros sentydos» (*Visión deleytable,* p. 306).

1541 *con cabsa:* 'con causa'.

1543 *nombrado:* 'reconocido, con buen nombre'.

1544 La sentencia sigue a la letra a Alfonso de la Torre: «E non cures qu'el señor sea conosçido por la casa mas que la casa por el señor» (*Visión deleytable,* p. 310); y al *Libro de las cuatro virtudes*: «Si en continençia estudias, non entiendas a deleyte mas a salud, nin quieras el señor ser conosçido de la casa, mas la casa del señor» (p. 31).

1545 La sentencia se ajusta al *Libro de las cuatro virtudes:* «Non te fingas lo que non eres, nin quieras ser visto mayor que eres» (p. 31).

1546 *mengües:* 'disminuyas, aminores'; *abtoridad:* 'autoridad'. La ideas y la letra son las mismas que en Alfonso de la Torre: «Non atribuyas a ty lo que non eres nin mengues aquello que eres» (*Visión deleytable,* p. 310); y en el *Libro de las cuatro virtudes:* «Mezclarás a vegadas juegos, mas temprados e sin amenguamiento de la dignidad e vergüença» (p. 32).

      refuye con tiempo   de la torpedad,
      también las palabras   como los aferes;
      sey más gozoso   en tus menesteres,
      que alegre contento   en gran abundancia;   1550
      desecha de ti   la mala ganancia,
      cuando con mengua   más triste te vieres.

195 »Desp“és que comigo   tu vida se iguale,
      tu riso en el juego   será mesurado,
      por que el mujeril   o muy derramado   1555
      de juego de niños   paresce que sale.
      Guarda que en esto   tu pie no resbale
      nin llames el riso   a males ajenos;
      non te desplega   el bien de los buenos,
      que es arte de envidia   que muy poco vale.   1560

196 »Así te profiere   en la cortesía
      que seas pacible,   a todos iguales;

1547 *refuye:* 'rehúye'; *torpedad:* 'torpeza, deshonestidad'.

1548 *aferes:* 'actos, negocios', como en la *Respuesta que hizo Pero Guillén a una carta en metros que Gómez Manrique enbió a Diego Arias:* «Esta los grandes aferes / concluirá / y en tristeza tornará / los plazeres» (*Obra poética,* p. 117). La amonestación se ajusta a Alfonso de la Torre: «De las palabras torpes, abstenerte has, ca el su uso ynprudençia engendra. Ama más las palabras verdaderas e honestas que apostadas e afeytadas» (*Visión deleytable,* p. 310).

1549 *sey:* 'sé'.

1550 El concepto, muy genérico, coincide con Alfonso de la Torre: «Trabaja como sy las cosas tuyas son pocas e pequeñas, o, a lo menos, non sean angostas» (*Visión deleytable,* p. 310).

1553 *comigo:* 'conmigo'; *se iguale:* 'se equilibre'.

1554 *tu riso:* 'tu risa'. Alfonso de la Torre incluyó el mismo precepto en boca de la Templanza: «El mucho reýr quita la reverençia e engendra la vegez; no sea el tu riso como en grito de águila, ca esta es señal de sobervio e engendra odio» (*Visión deleytable,* p. 311).

1555 *mujeril:* 'propio de mujeres'; *derramado:* 'excesivo'. Los dos adjetivos hacen referencia a *riso,* ateniéndose a la fuente del *Libro de las cuatro virtudes:* «Ca reprehensible es el riso, si es sin mesura, si niñeramente derramado, si mugerilmente quebrantado» (p. 32).

1557 *guarda:* 'pon atención'; *tu pie no resbale:* 'no cometas un desliz'.

1558 *nin llames el riso a males ajenos:* 'no te rías del daño de otros'. Así se establece en el *Libro de las cuatro virtudes:* «Aborresçible ombre faze el riso si es sobervio e claro, o malo o fortivo, o agenos males llamado» (p. 32).

1559 *desplega:* 'desagrade, moleste', como en Juan de Flores: «Esta no es cosa nueva en el mundo, lo que a hombre en un tiempo agrada otro que le desplega» (*Grimalte y Gradisa,* p. 69).

1560 Los versos se inspiran en Alfonso de la Torre: «Yten no seas foraño como de maliçioso nin provocado por los males agenos, mas sea tenprado e honesto e en oras devidas. Los juegos sean aquellos que no traygan consygo vilezas» (*Visión deleytable,* p. 311).

1561 *te profiere:* 'te prefiere, has de obligarte a ti mismo'.

1562 *pacible:* 'apacible, agradable'. La misma igualdad en el trato con los demás requiere Alfonso de la Torre: «A todo omne serás ygual sy no menospreçiares a los menores con sobervia e no temieres a los mayores con la rectitud de la vida [...]. A todos sey benigno, a pocos familiar; no a ninguno blando, a todos ygual» (*Visión deleytable,* p. 311). Exactamente lo mismo se lee en el *Libro de las cuatro virtudes:* «A todos sey bcnigno, a ninguno blando; a pocos familiar, a todos ygual» (p. 33).

non sobrepujes   mesura en tu trato,
igual es mengua   de la demasía.
A los lisonjeros   de ti los desvía,   1565
recusa dar fe   al que es maldiciente,
[…] tus burlas   y juegos sin diente,
porque muchas veces   engendran porfía.

197 »Será tu folganza   fablar de lo honesto,
tu voz sin clamor,   andar sin rüido,   1570
non ser arrogante   nin muy atrevido.
Corrige los vicios   sin mucho denuesto.
A la pïedad   te falla muy presto,
a ira y a saña   pesado y tardío;
sobre estos vocablos   de tuyo y de mío   1575
no niegues el voto   a ti manifiesto.

198 »En la reprehensión   serás muy paciente
y en las injurias   humilde, muy capto;

1563 *non sobrepujes mesura:* 'no intentes ser demasiado contenido'.

1564 *mengua:* 'falta'; *demasía:* 'exceso'.

1565 El consejo procede del *Libro de las cuatro virtudes:* «Muy difíçil obra de continençia es el consentimiento de los lisonjeros repeler, las palabras de los quales el ánimo con deleyte resuelven» (p. 32).

1566 *recusa dar fe:* 'no creas'. La recomendación remite a Alfonso de la Torre: «Guárdate del lisongero nin quieras por lisonjas meresçer la amistad de ninguno» (*Visión deleytable,* p. 311).

1567 *sin diente:* 'sin maledicencia', en una acepción que todavía se recoge en el *Diccionario de Autoridades.* En el verso es preciso un verbo que introduzca el complemento. La letra se remonta al *Libro de las cuatro virtudes:* «Las saludes tuyas sin dientes sean» (p. 32), y la doctrina coincide con Alfonso de la Torre: «Amonestarás de grado; reprehenderás con paçiençia. No seas audaz, nin presuntuoso, sy alguno te reprehende devidamente, piensa que te aprovecha; sy yndevidamente, sábete que te aprovecha, e piensa fuyr tu los viçios e non seas curioso ynquiridor de los agenos ni áspero reprehensor al que yerra» (*Visión deleytable,* p. 311).

1568 *porfía:* 'disputa, confrontación'.

1569 *folganza:* 'descanso, alivio'.

1570 Otro tanto se lee en Alfonso de la Torre: «Los pasos sean syn roydo; la boz tenplada, syn bozear. El tu oçio sean buenas se santas ymaginaçiones» (*Visión deleytable,* p. 311).

1571 La advertencia se encuentra a la letra en el *Libro de las cuatro virtudes:* «Non serás atrevido, non arrogante» (p. 32).

1572 *denuesto:* 'tacha, injuria'. Alfonso de la Torre hace una pareja recomendación: «Amonestarás de grado; reprehenderás con paçiençia» (*Visión deleytable,* p. 311).

1573 *te falla:* 'muéstrate'.

1574 Así se advierte en Alfonso de la Torre: «Sey tardío a la yra e fáçil a la misericordia» (*Visión deleytable,* p. 311), o en el *Libro de las cuatro virtudes:* «Sey fuydor de viçios tuyos, e de los otros non serás escudriñador curioso nin reprehendedor áspero, mas corregidor sin denuesto, así que al amonestamiento con alegría prevengas, e al error darás perdón de ligero» y «a yra tardío, a misericordia presto» (pp. 33 y 34).

1576 *no niegues el voto:* 'no de ejes de expresar tu parecer'; *manifiesto:* 'patente'.

1578 *capto:* 'cauto'.

non las pregones   nin fagas tal abto,
por que es de flaqueza   nusiva simiente.   1580
Fabla tardío,   mas muy suficiente,
honesto en el trato   y comunicable,
de buenos respectos   varón enseñable,
nunca desprecies   al que es imprudente.

CÓMO LO REMITIÓ A LAS TRES VIRTUDES TEOLOGALES, QUE SON FE, ESPERANZA Y CARIDAD

199 «Si quieres subir   en más alta cumbre   1585
de aquestas mansiones   que son soberanas,
mira más alto,   verás tres hermanas
que son perfección   de nuestra costumbre.
De aquellas habrás   mayor certidumbre,
del premio divino   eterno consuelo;   1590
traspone las almas   encima del cielo,
con Fe y Caridad   influyen la lumbre».

CÓMO MIRÓ EL ENTENDIMIENTO Y VIO ESTAS TRES VIRTUDES, Y LO QUE LES PREGUNTÓ

200 En otros andenes   de mayor alteza,
vio tres doncellas   de grand resplandor,
con rostros fulgentes   de tanta claror   1595

1579 *abto:* 'acto'.

1580 *nusiva simiente:* 'raíz y origen nocivo'.

1581 *suficiente:* 'de manera adecuada'. El *Libro de las cuatro virtudes* recoge la misma admonición: «Sey tú de palabra tardío, mas de las que fablarás suficiente» (p. 34).

1582 *comunicable:* 'de trato fácil y amable'. La fórmula se ajusta a Alfonso de la Torre: «En las adversydades, firme; cabto en las prosperidades e omilde» (*Visión deleytable,* pp. 311-312).

1583 *respectos:* 'razones'; *enseñable:* 'capaz de enseñar'.

1584 Tal exhortación remite al *Libro de las cuatro virtudes:* «La ymprudençia de ninguno despreçies» (p. 34).

1584 *nunca desprecies:* 'ten cuidado, ándate con ojo'.

1586 *soberanas:* 'elevadas, extraordinarias'.

1591 *traspone:* 'traslada, conduce'. Ha de entenderse como sujeto implícito la Esperanza, virtud teologal que no se menciona de manera expresa, como luego se hace con la Fe y la Caridad en el verso siguiente. Es esa la razón por la que el verbo aparece en singular.

1592 *influyen la lumbre:* 'inspiran la luz divina'.

1593 *andenes:* 'corredores, lugares', como en el v. 1013: «en otros andenes».

1595 *claror:* 'brillo, claridad'.

que dudo quien pueda   notar su belleza.
Dijo: «Señoras,   por vuestra nobleza,
decidme en el fin   de aqueste camino
si puedo ganar   el premio divino
con simplicidad   o con sotileza».   1600

FABLA LA FE EN ESTA MANERA

201 «Yo tengo tal regla   que debes saber
en cualquier efecto   que non se comprehende,
ni el ojo lo ve   ni el seso lo entiende,
con fe verdadera   se debe creer.
Así tú, mi fijo,   lo debes facer,   1605
pues eres mortal,   podrido gusano,
que creas con fe   en Dios soberano,
pues que es infinito,   de inmenso poder.

202 »Allende de aquesto   verás que te digo,
por que non lo dudo,   mas cierto lo sé: 1610
si fueres armado   de muy santa fe,
serás virtuoso   del grand enemigo;
y si te conformas,   en todo amigo,
podrás de tus culpas   haber refrigerio,
de la Encarnación,   muy sacro misterio,   1615
serás por la fe   solemne testigo.

203 »Aquel que con Dios   no quiere ser bueno
nin puede noticia   haber de sí mismo;

1596 *notar:* 'censurar, afear'.
1600 Quien habla es el Entendimiento.
1603 El verso reescribe a san Pablo, *I Corintios* 2, 9: «Quod oculus non vidit, nec auris audivit, nec in cor hominis ascendit, qae praeparavit Deus iis qui diligunt illum»; 'Que ojo no vio, ni oreja oyó, ni en corazón de hombre subió, lo que preparó Dios para aquellos que le aman'.
1608 Algo similar se lee en la *Pregunta que fizo Ferrant Sánchez Calavera:* «Por ende, tú, omne, podrido gusano, / non escodriñes las obras de Dios, / que de otra guisa las obra que nos, / e da ya folgura al tu seso vano» (*Cancionero de Baena,* p. 398).
1609 *Allende:* 'Además'.
1612 *de gran enemigo:* 'frente al demonio'.
1613 *amigo:* 'benigno'. Ha de hacerse dialefa en «todo amigo».
1614 *refrigerio:* 'alivio'.
1615 La Encarnación es el acto por el que el Verbo de Dios se hizo hombre como Cristo.

su seso porná   fondón del abismo,
querrá penetrar   al cielo noveno.   1620
Empero si a mí   metiere en su seno,
habrá certidumbre   de aquello que duda
y habrá de mi Dios   socorro y ayuda,
partido del yerro   por do lo condeno.

204 »Yo purgo pecados,   apuro conciencias,   1625
yo cendro en lo bueno   las obras humanas,
son mis acciones   las más soberanas,
estó en lo mijor   de vuestras potencias,
lievo los hombres   a las penitencias,
apruebo por fe   la propia verdad,   1630
lumino las almas   con felicidad,
guarnezco los sesos   con firmes creencias.

205 »Yo vivo con Dios   en tal confianza
que entiendo por fe   gozar de la gloria
y haber del que hablo   entera victoria   1635
do más me requiera   que faga mudanza.
Si tú quieres ser   en santa folganza,
cree por fe   lo que es más infiesto,
maguer non lo veas,   y oye sobre esto
los versos que pone   la buena Esperanza».   1640

1620 *penetrar*: 'conocer, alcanzar'. Se señala el *noveno* y último cielo como algo inalcanzable para el ser humano en su forma material, cuyo conocimiento no le corresponde. Recuérdese que el deseo de saber lo indebido fue el origen del pecado original.

1621 *empero*: 'si embargo'; *metiere en su seno*: 'me interiorizase, me hiciese suya'.

1624 *partido*: 'apartado, alejado'; *por do*: 'por el cual'.

1625 *apuro*: 'purifico'.

1626 *cendro*: 'limpio'.

1628 *estó*: 'estoy'; *potencias*: 'capacidades'.

1629 *lievo*: llevo'.

1631 *lumino*: 'ilumino'.

1632 *guarezco*: 'amparo, protejo'; *sesos*: 'inteligencias'.

1635 *del que hablo*: 'del demonio', cuyo nombre se evita pronunciar.

1636 *mudanza*: 'cambio' en la fe.

1637 *folganza*: 'descanso' que ofrece la virtud y que conduce al descanso eterno.

1638 *infiesto*: 'elevado, inalcanzable', con el mismo sentido que consta en Juan Fernández de Heredia: «El lugar era tan infiesto que apenas podían puyar» (*Gran crónica de España,* fol. 331r).

LA ESPERANZA

206 »Yo tengo virtud   con que el esperante
      espera de Dios,   aquel uno y trino,
      perdón de sus culpas,   que es premio divino
      de cuantos espera   el más prosperante.
      Pues muéstrate, fijo,   en esto constante,   1645
      que esperes el mal,   si de él no careces,
      y esperes el bien,   lo que no mereces,
      y ver lo foturo   segund lo de ante.

207 »Si esperas la muerte,   serás esforzado;
      si esperas la vida,   serás temeroso,   1650
      si esperas con fe   lo que está dudoso.
      aquello sin duda   verás acabado.
      Non es esperanza   do es esperado
      lo que el esperante   en su mano tiene,
      mas eso se espera   en que se contiene   1655
      tal obra en virtud   con que es otorgado.

208 »Muy torpe esperanza   es esa que espera
      haber galardón   del bien por el mal.
      Si espera del mundo,   su fin será tal
      segund se volviere   su rueda ligera.   1660
      La buena esperanza   y más verdadera
      por obras consiste   en felicidad;
      verás que te dice   la grand Caridad,
      que en esto meresce   llevar la bandera».

1641 *esperante:* 'persona que espera'.

1642 El hemistiquio resume el dogma de la Santísima Trinidad, por el que Dios es uno y trino, tres personas divinas en un único Dios.

1644 *prosperante:* 'el mejor, el que ocasiona más prosperidad'.

1647 Ha de entenderse que el bien solo corresponde al mérito de Dios, que lo ofrece como don al ser humano.

1648 *segund lo de ante:* 'con la misma claridad que lo pasado'.

1652 *acabado:* 'cumplido'.

1654 'No cabe esperanza en lo que ya es poseído por parte del que espera'.

1656 'Lo que se espera corresponde a la virtud con que Dios lo concede'.

1660 *rueda ligera:* 'el giro del mundo' y, por extensión, 'la rueda de la Fortuna', que nunca se detiene.

1664 *llevar la bandera:* 'llevar la palma, vencer, ser la primera'.

LA CARIDAD

209 «Yo soy tal columna   en la santidad   1665
y amo a Dïos   en todo y por todo,
amo al prójimo   y sigo este modo:
quitarle si puedo   de necesidad.
Si amas a Dios   con tal igualdad
que sigas en todo   su santa dotrina,   1670
siempre ternás   por obra divina
en Dios y por Dios   facer caridad.

210 »Prójimos somos   cuantos nascimos
segund la natura   y sus accidentes.
En caso que muchos   nos son diferentes,   1675
tomando en la fe   algunos estremos,
aquesta amistad   que en uno tenemos
la gran caridad   por obras la siembra,
la cual de contino   a todos remiembra
su santa virtud,   porque nos salvemos.   1680

211 »Mijor es al pueblo   aquella amistad
que de caridad   resulta y subcede
que non la justicia,   allí do procede
mezclando clemencia   con reguridad,
por que estos primeros   en conformidad   1685
non buscan jüez   por quien se corrijan,
los otros segundos   es fuerza que rijan
do pide el juicio   la contrariedad.

1666 Ha de hacerse sinalefa en «y amo» por razones métricas.

1668 *necesidad:* 'pobreza, indigencia'.

1671 *ternás:* 'tendrás'.

1676 *estremos:* 'extremosidades, posiciones vehementes', en cuanto a la fe religiosa y acaso en alusión a judíos y conversos.

1677 *en uno:* 'conjuntamente, entre todos'.

1679 *de contino:* 'continuamente'; *remiembra:* 'recuerda'.

1684 *reguridad:* 'rigor'. La idea ya se había formulado por dos veces en la tercera suplicación: «Mezclando con discreción / la crüeza con clemencia / y el rigor con la paciencia» y «Non recela la sentencia / del Jüez Superïor. / Costreñida por clemencia, / allí muestra gran paciencia / do corrige al pecador» (vv. 150-152 y 410-414).

1685 Los primeros son los que se atienen a la clemencia.

1688 *contrariedad:* 'oposición entre dos pareceres'. Los segundos optan por la justicia,

212 »Así como creo   non ser permitido
     que todos los males   estén en un hombre,   1690
     así mismo dubdo   que pueda haber nombre
     en todas virtudes   del todo cumplido,
     nin siento ninguno   así bastecido
     que sea dotado   de todos los bienes,
     ni creo que falles   a quien tú condenes   1695
     por todos los males   haber cometido.

213 »Pues la natura   nos fizo parientes
     y estamos en cuerpo   que come carcoma,
     así como miembros   que cada cual toma
     la parte quel cabe   de sus acidentes,   1700
     mijor es honrar   a los incidentes
     con muy puro amor   de los glorïosos
     que non fallecer   a los virtuosos
     por solo dañar   los impertinentes».

CÓMO ESTANDO EL ENTENDIMIENTO MARAVILLADO DE ESTO, LO TOMÓ UNA NUBE Y LO TORNÓ AL PIE DEL MONTE DO DEJÓ EL CUERPO

214 Estando así el niño   muy maravillado   1705
     de aquellos secretos   de la teología,
     pensando entre sí   que ya bien podría
     subir por sí solo   al cielo estrellado,
     tomolo una nube   del siniestro lado,
     salida del seno   de nuestro horizonte,   1710

1691 *nombre:* 'persona concreta'.
1692 *cumplido:* 'perfecto'.
1693 *bastecido:* 'abastecido'.
1695 *falles:* 'encuentres'.
1697 *parientes:* 'allegados, semejantes', en alusión a los seres humanos.
1700 *quel cabe:* 'que le corresponde'; *acidentes:* 'sucesos, acaecimientos'. Los versos aluden a la doctrina paulina del cuerpo místico, que se formula en *I Corintios* 12, 12: «Sicut enim corpus unum est, et membra habet multa, omnia autem membra corporis cum sint multa, unum tamen corpus sunt: ita et Christus»; 'Porque así como el cuerpo es uno, y tiene muchos miembros, y todos los miembros del cuerpo, aunque sean muchos, son no obstante un solo cuerpo: así también Cristo'.
1701 *incidentes:* 'que cometen una falta'.
1702 *gloriosos:* 'lo que ya gozan de la gloria eterna'.
1703 *fallecer:* 'fallar'.
1704 *impertinentes:* 'que hacen las cosas de modo incorrecto'.
1710 *seno:* 'parte interior'.

que presto lo pone   al pie de aquel monte
do dije que había   su cuerpo dejado.

DIRIGE SU FABLA A LA SERENÍSIMA Y BIENAVENTURADA SEÑORA PRINCESA

215 Por ende, muy alta,   ínclita princesa,
      pues Dios por su mano   os dio tal marido,
      ilustre, prudente,   muy esclarecido,   1715
      bien dino por cierto   llevar tal empresa,
      pues veis a Fortuna   estar así presa
      en esas presiones   que escribe el Bocacio,
      tenedvos por reina   y dadvos espacio,
      que así lo pronuncia   Apolo en su mesa.   1720

216 Amad pues, señora,   vivir por razón,
      usad de justicia,   guardando sus leyes;
      aqueste tributo   nos deben los reyes,
      y nos les debemos   leal subjeción,
      que, si la cabeza   o el corazón   1725
      son algo sentidos,   estando dolientes,
      los miembros habrán   de sus acidentes
      tal parte que venga   a su corrupción.

1718 La *Fortuna* se dice *presa,* porque, dejando su variabilidad, queda sometida a la voluntad de la princesa Isabel de Castilla. Alude al tratado *De casibus virorum illustrium* de Boccaccio, traducido al castellano por Pero López de Ayala como *Caýda de príncipes,* que trata de la arbitrariedad de la Fortuna.

1719 *tenedvos:* 'teneos'; *dadvos espacio:* 'daos tiempo y ocasión'.

1720 *pronuncia:* 'profetiza'; *mesa:* 'trípode' desde el que se realizaban los augurios, ya que Apolo era un dios vinculado a la adivinación. A ella se refiere de manera explícita en la segunda suplicación a don Alfonso: «Non vi la mesa de aquellos tres pies, / pasado, presente, futuro después, / do apruebo […] de Apolo su vía» (vv. 182-184); véase Ruiz de Elvira (1999: 235).

1725 Se impone la dialefa en «o el».

1726 *son algo sentidos:* 'tienen ciertos efectos' sobre las demás partes del cuerpo del estado.

1728 *corrupción:* 'deterioro y descomposición', aquí del reino.

1728 Título *acate:* 'acepte el consejo'; *segund que:* 'atendiendo a cómo'. La estrofa parece instar a la princesa Isabel al cumplimiento de la concordia firmada con don Alfonso el día 12 de octubre de 1469, según la cual, «de aquí adelante vos tendremos e acatermos por primero e prinçipal servidor e pariente e por amigo syngular e solo entre nosotros, e que todos tres seamos en las cosas e governaçiones de nuestras cosas e de las tierras e reynos e provinçias que a nuestra disposicion e ordenança fueren juntamente conformes, e syn vos, el dicho arçobispo, non faremos nin dispornemos cosa alguna, mas todos tres de un acuerdo e determinaçión faremos e governaremos como sy un cuerpo e un ánima fuésemos» (Val Valdivieso, 1974: 464).

CÓMO SUPLICA A LA SEÑORA PRINCESA QUE ACATE AL SEÑOR ARZOBISPO, SEGÚN LA SIRVE

217 Y de este primado   que vos obedece
    seguid vos, señora,   su recto consejo,   1730
    pues que vos sirve   buscando aparejo
    por darvos el reino   que vos pertenesce.
    Y pues que, sobre esto,   ya claro paresce
    que pone a peligro   su vida y facienda
    haya por pago,   reciba en enmienda   1735
    que sea acatado   segund lo meresce.

TORNA EL ACTOR SU FABLA AL SEÑOR ARZOBISPO

218 A vos, mi señor,   no sé qué amoneste,
    a donde bondad   obrar amonesta,
    pues vuestra virtud   se falla tan presta
    que non siento parte   ninguna que reste.   1740
    Dejando tal nombre   al orbe terrestre
    que face por siempre   vivir la persona,
    faced que reciban   el cetro y corona,
    que está permitido   del curso celeste.

219 A vos pertenesce   por magnanidad,   1745
    por grand excelencia,   por limpio linaje,
    por alto consejo,   esfuerzo y coraje,
    magnífica casa   de grand dignidad,
    facer los rebeldes   guardar la verdad,
    faciendoles guerra   a sangre y a fuego,   1750

1731 *aparejo:* 'modo, remedio'.

1733 *Y pues que, sobre esto:* 'Y ya que, además de esto'.

1734 *facienda:* 'hacienda, bienes'.

1735 *enmienda:* 'recompensa, premio, satisfacción', como en *Lanzarote del Lago:* «Demandóselo un cavallero en enmienda del servicio que le havía fecho y el rey por le fazer merçed diole a la madre y al fijo con toda su tierra» (p. 343).

1738 *bondad obrar amonesta:* 'las buenas intenciones animan y determinan los actos'.

1740 *reste:* 'falte o haga de menos'.

1741 *nombre:* 'fama, memoria'.

1744 Los príncipes Isabel y Fernando han de ser coronados como reyes de Castilla, ya que es algo que está establecido por el curso de los cielos y de las estrellas.

1745 *magnanidad:* 'magnanimidad'.

1748 *casa:* 'estados, vasallos y rentas de un señor'.

por que los menudos   estén en sosiego
y torne este reino   en su libertad.

220 Así como orgullo   y grand mal querencia
del reino corrido   procuran victoria,
virtudes lo ponen   en paz y en gloria   1755
por dura batalla   o por conveniencia.
Pues solo esperamos   a vuestra clemencia
y de estas virtudes   vos sois el cabdillo,
faced con las armas   de vuestro castillo
que torne este reino   a su reverencia.   1760

221 Pues veis que los pobres   do cabe malicia
en tales discordias   y actos de guerra,
con furtos y robos   abrasan la tierra,
pensando los tristes   fartar su codicia,
faced que non reine   la torpe avaricia   1765
y purgue sus culpas   la grand tiranía,
faced a los pueblos   socorro y valía,
por que puedan todos   vivir en justicia.

222 Faced que quien obra   con mal corazón
se torne al camino   del ánima santa,   1770
pues que el Evangelio   los daños nos canta

1751 *menudos:* 'débiles, pobres'.

1754 *corrido:* 'avergonzado' por su comportamiento inmoral.

1755 Es preciso hacer dialefa en «y en».

1758 *cabdillo:* 'caudillo'.

1759 Alude al castillo que aparece en las armas nobiliarias de don Alfonso.

1760 *reverencia:* 'respeto', que recibe de los demás. Los imperativos que exhortan a la reforma del reino, así como el sustantivo «reverencia», cierran también el *Laberinto de Fortuna* de Juan de Mena: «Faced verdaderas, señor rey, por Dios, / las profecías que son non perfetas. / Faced verdadera la grand Providencia, / mi güïadora en aqueste camino, / la cual vos ministra por mando divino / fuerza, coraje, valor e prudencia, / por que la vuestra real excelencia / haya de moros pujante victoria / e de los vuestros ansí dulce gloria / que todos vos fagan, señor, reverencia» (p. 301).

1761 *do cabe malicia:* 'en los que existe la posibilidad de mala intención y malvadas acciones'. Censura Guillén las acciones de las clases populares y su participación en el triunfo del mal; véase, a este respecto, Moreno Hernández (1985: 34-36 y 1986-1987: 335-337).

1763 *furtos:* 'hurtos'.

1764 *fartar:* 'hartar'.

1767 *valía:* 'valimiento, ayuda'.

  del reino diviso y su perdición.
  Y pues que podéis en tal turbación
  guardar los límites de nuestra frontera,
  faced que el temor de vuestra bandera   1775
  retorne este reino en su posesión.

223 Con noble jüicio, señor, discerned
  en cuánto los pueblos padescen inopia,
  mirad que, aunque robe de bienes gran copia,
  la triste codicia no farta su sed.   1780
  Aunque me oyan detrás la pared,
  fablar en tal caso non es maleficio,
  pues que el río vuelto engendra tal vicio
  que no deja cosa do lanza su red.

CABO

224 A males tan crudos, señor, proveed,   1785
  y habredes sin duda por tal beneficio
  de Dios galardón, del reino servicio,
  y así me despido con vuestra merced.

1772 *diviso:* 'dividido, enfrentado internamente'. Remite a las palabras de Cristo en *Mateo* 12, 25: «Omne regnum divisum contra se desolabitur: et omnis civitas vel domus divisa contra se, non stabit»; 'Todo reino dividido contra sí mismo desolado será; y toda ciudad o casa dividida contra sí misma no subsistirá'. Lo mismo había repetido en el prefacio a la tercera *suplicación:* «Lo cual bien aprueba nuestro Salvador en el su *Evangelio*, do dice que todo reino en sí diviso será destruido» («Prólogo», 5).

1776 *retorne este reino en su posesión:* 'recupere todo su territorio', por medio de la derrota de los musulmanes.

1777 *discerned:* 'juzgad, considerar'.

1778 *en cuánto:* 'hasta qué punto'; *inopia:* 'indigencia, escasez'.

1781 *oyan:* 'oigan'. Las escuchas secretas aluden a las intrigas palaciegas.

1782 *maleficio:* 'algo mal hecho'.

1783 *río vuelto:* 'río revuelto', en alusión al refrán «A río vuelto ganançia de pescadores», que ya había utilizado en la tercera suplicación: «Mucho place a pescadores / con el río que va vuelto» (vv. 534-535).

1784 *no deja cosa do lanza su red:* 'la codicia intenta coger todo para sí aprovechando las circunstancias'.

1784 Título *cabo:* 'fin, coda'.

1785 *crudos:* 'crueles, terribles'; *proveed:* 'socorred, procurad una solución'.

1786 *habredes:* 'habréis'.

1788 En el manuscrito, sigue a continuación un nota sobre la procedencia del códice que se copia: «Del cancionero manuscrito de Pero Guillén de la librería de cámara del rey».

APARATO CRÍTICO

TESTIMONIOS

S   *Cancionero antiguo*
Biblioteca de la Universidad de Salamanca, Ms. 2763, fols.74v-77r.

M   *Poesías de Pedro Guillén*
Biblioteca Nacional de España, signatura Ms. 3742, fols. 2r-14r.

A   *Cancionero de Pero Guillén de Segovia*
Biblioteca Nacional de España, signatura Ms. 4114, fols. 1r-116r.

Mo Pero Guillén de Segovia, *Obra poética,* ed. Carlos Moreno Hernández, Madrid, Fundación Universitaria Española, 1989, pp. 345-402.

I. OTRO DEZIR QUE FIZO PERO GUILLÉN

PRÓLOGO

Título Síguese otro dezir que fizo Pero Guyllén, dyrygido o difirydo al señor arçobispo de Toledo sobre la caýda de su estado del dicho Pero Guyllén. Sýguese un prólogo en prosa *S Mo* : Suplicacion que hordenó Pedro Guillen al Señor D. Alfonso Carrillo Arcobispo de Toledo *M* : Primera capitulación que fizo Pedro Guillen al Sr. Dn. Alfonso Carrillo Arzobispo de Toledo *A*

1 muy manífico *S Mo* : muy magnífico *M A*

1 la declamaçión *S M Mo* : declaración *A*

1 ofensado *S M Mo* : ofonsado *A*

1 necesydad *S Mo* : nescesydad *M* : nescesidad *A*

1 según aquella *S Mo* : segund aquella *M* : segund Aristoteles *A*

1 el qual testo *S M Mo* : el qual texto *A*

1 concibymyento *S Mo A* : concebimiento *M*

1 colegir *S M Mo* : collegir *A*

1 mesmo Séneca *S* : mismo Séneca *M A Mo*

1 do dize *S A Mo* : do dise *M*

1 ques mejor *S A Mo* : ques mijor *A*

1 pierda ome *S Mo* : pierda omne *M* : pierda ombre *A*

1 decirlas desvergonzadamente *S M Mo* : decirlas desvergonzad *A*

1 porque no syento : porque syento *M*

1 syn merecer *S A* : sy merescimiento *M* : syn mereçymiento *Mo*

1 la vertud *S* : la virtud *M A Mo*

1 quel mereçimyento *S A Mo* : quel merescimiento *M*

1 y así mesmo *S Mo A* : et asý mismo *M*

1 propio obro *S* : propio abto *M Mo* : propio acto *A*

1 según lo *S Mo* : segundo lo *M A*

1 bovo y loco *S* : bobo *M* : loco y bobo *A* : bobo e loco *Mo*

1 este mesmo Séneca *S A Mo* : este mismo Séneca *M*

1 capítulo VII *S* : capítulo syete *M Mo* : capítulo 7 *A*

1 según el tiempo, se deve ome *S Mo* : segund el tiempo, se deva omne *M* : segund el tiempo, se debe ome *A*

1 Salamón *S* : Salomón *M A* : Salamo *Mo*

1 en el *Eclesyastés* dize *S A Mo* : en el *Eclesiástico* dise *M*

1 ay de naçer *S A Mo* : ay de nascer *M*

1 tiempo de edeficar *S Mo* : tiempo de hedificar *M A*

2 Yo, constreñido *M A Mo* : yo strenydo *S*

2 dixe neçesydad *S Mo* : dixe necesidad *M A*

2 me consentý *S M Mo* : me sentí en algo *A*

2 leyes de razón *S M A* : leyes de la razón *Mo*

2 santo Agustýn *S Mo* : sant Agostín *M* : san Agostin *A*

2 al que viene en pobreza *S Mo* : al omne que viene en pobresa *M* : al ombre que vive en pobreza *A*

2 que aver prymero conoçido *S Mo* : que avía primero conoscido *M* : que haber primero conoscido *A*

2 E como yo, mediante *S Mo* : Et como yo, mediant *M* : E como yo mediant *A*

2 o sojuzga e señorea *S Mo* : sojusga o señorea *M* : sojuzga y señorea *A*

2 e que, trabucando *S M Mo* : y que, trabucando *A*

2 faze de *S A Mo* : fase de *A*

2 y por el contrario *S* : y por contrario *M* : y por el contrario *A Mo*

2 oviese avido *A M Mo* : hubiese habido *A*

2 según my estado *A Mo* : segund mi estado *M A*

2 pudiera syn pedir *S A* : podiera sin pedir *M Mo*

2 la mísera vida *M A Mo* : la myserya vida *S*

2 trxjo los tyempos en tal térmyno *S Mo* : traxo los términos a tal tiempo *A*

2 destroydos los bienes *S M Mo* : destruydos los bienes *M A*

2 me puso en tal baxeza *Mo* : e me puso en tal baxeza *S* : me puso en tanta baxesa *M* : me puso en tanta baxedad *A*

2 que asý me quyso *S* : casi me quiso *M A Mo*

2 escrive Juan Bocacio *M Mo* : escryve Juan Bocado *S* : escribe Vocacio *A*

2 gran señor *S Mo* : grand señor *M A*

2 vyno a tener escuela de bezar niños *S Mo* : vino a tener escuela de besar niños *M* : vino a ser abesante de niños teniendo escuela *A*

3 Ca yo *S M Mo* : Cayo por *A*

3 por semblante *S A Mo* : por senblant *M*

3 péñola nyn discryçion : pennula nin discrecion *M*

3 sy pudiera *S M Mo* : si podiera *A*

3 diez años *S A Mo* : dies años *M*

3 que escryvo escryturas *S Mo* : que escrivo escripturas *M* ; que escribió escrituras *A*

3 no contenta *S A* : non contenta *M Mo*

3 me más apremyar *S M Mo* : me mal apremiar *A*

3 por defeto *S Mo* : defecto *M A*

3 non fago my obra *S Mo* : non faso mi obra *M* : no fago cosa ni obra como *A*

3 asý que aun aquello *S M Mo* : así que aquello *A*

3 del tal trabajo había *A Mo* : del tal trabajo avra *S* : del trabajo avía *M*

3 e lo qual *S* : lo qual *M A Mo*

3 myrando, ya no tanto en rrespeto mýo *S* : mirado, ya non tanto en respecto mío *M* : mirado, yo non tanto en respecto mío *A* : mirado, ya non tanto en respecto mío *Mo*

3 valer no puedo, me sojuzgaron *S Mo* : valer non puedo, me sojusgaron *M* : valer non puedo, me sojuzgaron *A*

3 según el apóstol *S Mo* : segund el apóstol *M A*

3 a los doze *S Mo* : a los dose *M* : a los 12 *A*

3 nynguno puede obrar *S A Mo* : ninguno puede nonbrar *M*

3 en vertud *S* : en virtud *M A Mo*

3 Espíritu Santo *M A Mo* : Esprytu Santo *S*

3 intelectuales ojos *S A Mo* : intellectuales ojos *M*

3 y conveptos *M A Mo* : y concebtos *S*

4 religioso oservante *S Mo* : religioso observante *M A*

4 el tal propósyto puse *S M Mo* : el tal propósito lo puse *A*

4 y la mala ynclinación que ya me sojuzgava *S Mo* : e mala inclinación que ya me sojusgava *M* : y mala inclinación que ya me sojuzgaba *A*

4 es falleçedera *S Mo* : es fallescedera *M A*

4 Dios sea *S A Mo* : Dios se ha *M*

4 de Job *M A Mo* : de Jo *S*

4 non perteneçe al ome juzgar *S Mo* : non pertenesce al omne jusgar *M* : no pertenesce al omne juzgar *A*

4 apóstol, decir *S A Mo* : apóstol, desir *M*

4 alteza de las riquezas : alteza de las rriquezas *S Mo* : altesa de las riquesas *M* : alteza de las riquizas *A*

4 çiençia de Dios *S A Mo* : sciencia de Dios *M*

4 tus juyzios *S A Mo* : tus juisios *M*

4 melezyna mezclada, contenyente dos rrespectos *S Mo* : melesina mesclada, contenyente dos respectos *M* : molestia mezclada contenientes dos respectos *A*

4 primero, celando *S A Mo* : primero, lando *M*

4 en que pudiese exerçer y contynuar *S A* : en que podiese exercitar y contener *M* : en que podiese exerçer y continuar *Mo*

4 por vereda de perdición *S A Mo* : por verdadera perdición *M*

4 vuestra manýfica *S Mo* : vuestra magnífica *M A*

4 me rremytió *S A Mo* : me remito *M*

5 Y por que aquella *S M Mo* : Y por aquella *A*

5 breve juyzio *S Mo* : breve juisio *M* : breve iuicio *A*

5 conprehender puede *M Mo* : comprehender puedo *S* : comprehender pudo *A*

5 ya syn muerte jamás *S A Mo* : ya syn temor de jamas *M*

5 reçevirá *S Mo* : rescebirá *M* : rescibirá *A*

5 como al caso *S A Mo* : como el caso *M*

5 non puede aver *S M* : no puede aver *A Mo*

5 fuente que *M* fuente que magna *A*

6 vuestra magnýfica *S M A* : vuestra maýnica *Mo*

6 de largos días *S A* : de luengos días *M Mo*

6 vos otorgue *S M A* : vos otrogue *Mo*

Dezir

1 Título Síguense los metros *S Mo* : *om. M* : Síguense los metros que fizo Pedro Guillen *A*

1 en fuerça creçía *S A Mo* : en fuerça crescía *M*

6 estéryl e seca en toda manera *S Mo* : esterile seca en todo manera *M* : estéril y sea en todo manera *A*

7 su faz *S A Mo* : su fas *M*

8 según que son fixas en el zodiaco *S Mo* : segund que son fixas en el sodiaco *M* : segund que son fixas en el zodiaco *A*

13 el ayre noturno era recluso *S* : el ayre noturno ya era recluso *M A Mo* [El añadido de «ya» en *M* y *A* se debe a razones métricas, pero el verso se mantiene métricamente evitando la sinalefa tras la cesura.

14 misperio jusano *S* : misperio insano *M A Mo* [Se trata de una *lectio facilior* en los testimonios más modernos, ya que Guillén adopta a la letra una fórmula de Juan de Mena.

15 en torno decreta *S M A Mo* [En el margen de *M*, el copista anotó «de Creta».

18 fuegos demuestra *S M Mo* : fuegos demuestran *A*

19 veseno *S Mo* : viseno *M* : veceno *A*

20 e tiene con fuerça *S* : que tiene con fuerca *M* : que tiene con fuerza *A Mo*

23 sin tiento *S M Mo* : sintiendo *A*

25 en gran *S M Mo* : en grand *M*

26 troqué por lazeria *S Mo* : troqué por laseria *M* : trocó la laceria *A*

28 maguera sus dichos sé de abtoridad : maguer a sus dichos sé de abtoridad *S M Mo* : maguer a sus dichos sé de autoridad *A*

29 en tinieblas *S Mo* : en tiniebras *M A*

31 ca non sé *S M Mo* : cano sé *A*

32 la necesidad *S M Mo* : la nescesidad *M*

35 riente *S M Mo* : riyente *A*

36 en gran *S A Mo* : en grand *M*

37 por ingratitud *S M Mo* : con ingratitud *A*

38 endereça *S A Mo* : enderesca *M*

40 y diome trabajo *S* : y diome trabajos *M A Mo*

41 Al fado contrario [En *S* faltan treinta estrofas entre los versos 41 y 280.

42 mi vida condena *A* : mi vida condepna *M Mo* [Estas formas cultistas son características y casi exclusivas del copista de *M* y ajenas a otros testimonios, por lo que me inclino a evitarlas. Así lo aplico hasta el verso 280.

47 del gran vajarisco *Mo* : del grand vajarisco *M* : del gran baselisco *A*

50 mi nacimiento : mi nascimiento *M A Mo*

51 mis acidentes *M Mo* : mis accidentes *A*

52 nin fuera *M Mo* : ni fuera *A*

55 mediante pobreza *A Mo* : mediante pobresa *M*

58 más daños *A Mo* : más dapnos *M*

60 sotil poesía *A Mo* : sotil polisya *M*

61 y con presupuesto contrario porfía *M* : y con prosupuesto contrario en porfía *A* : y con presupuesto contrario en porfía *Mo*

62 fijo de Almena : fijo Dalmena *M A Mo*

63 quitome al marqués *A Mo* : quito al marqués *M*

65 tan grande recelo *M Mo* : tan grande reelo *A*

66 a simpleza que más me publique *A Mo* : a simplesa que más publique *M*

68 conbién que suplique *M Mo* : convién que publique *A*

70 esta ciencia *A Mo* : esta sciencia *M*

74 reciban dotrina : resciban doctrina *M* : resciben dotrina *MA Mo*

76 según que : segund que *M A Mo*

77 mezclose comigo terror : mesclose comigo terror *M Mo* : mezclose comigo temor *A*

78 así proceder *A* : asý procedía *M Mo*

79 veyendo que el seso do mengua saber *A* : syntiendo aquel seso do mengua sabía *M* : veyendo que el seso do mengua sabía *Mo*

82 ser de fortuna sus leyes *A Mo* : ser de fortuna leyes *M*

83 la fonda question nos muestra camino A Mo : la honda question que nos muestra camino *A*

86 creerse reprueba *M Mo* : creerse repuna *A*

87 a aquel que *A* : aquel que *M Mo* [Se trataría de una *a* embebida y repuesta en *A*.

89 visiva potencia *M Mo* : vesiva potencia *A*

91 pensé recorrir *M Mo* : pensé recorrer *A*

92 que rige y ordena *A Mo* : que fijò y hordena *M*

93 A tristes, cuitados *A Mo* : A triste cuydados *M*

94 con paz *A Mo* : con pas *M*

96 del ánimo *A Mo* : a el animo *M*

97 una doctrina *M Mo* : una dotrina *A*

100 gran fundamiento *M Mo* : grand fundamento *A*

104 gran libertad *M Mo* : grand libertad *A*

106 segund que esperiencia obrando razona *Mo* : segund que speriencia obrando rrasona : segund que spiriencia obrando resona *A*

108 dexando en su ser *M Mo* : dexandon su ser *A*

109 por la zona *A Mo* : por la sona *M*

112 la madre Belona : la madre Bellona *M A Mo*

114 tornado en su ser *M A* : tomado en su ser *Mo*

115 con bien que delibre *M Mo* : convien que delibre *A*

116 facer relación *A Mo* : fecha relacion *M*

117 y disposición *M Mo* : y dispusicion *A*

119 facen por siempre *A* : face por siempre *M Mo* [La presencia de tres sujetos exige un verbo en plural.

120 en grand perfeción *M Mo* : en grand perfección *A*

121 al templo *M Mo* : al tienpo *A*

123 vi el gran *M Mo* : vi el grand *A*

124 lumina el juicio *A Mo* : lumina el juisio *M*

131 vila cercada *A Mo* : vi la cercada *M*

133 con gran melodía *A Mo* : en gran melodía *M*

134 y cónsonas voces *A Mo* : y cónsonas boses *M*

135 su gesto gracioso *A Mo* : su gesto grascioso *M*

136 non podría *A Mo* : non podia *M*

137 las mancillas *A Mo* : las mansillas *M*

142 se guarnecen *A Mo* : se guarnescen *M*

143 vi los arreos con que se guarnecen *A Mo* : vi los arcos con que se guarnescen *M* [En *A*, el copista añadió una *s* sobre «guarnecen» para indicar «guarnescen», que aquí se evita para mantener la rima consonante.

145 Vi que non face allí perjuicio : Vi que non fase allí perjuysio *M Mo* : Vi que no hace allí prejuicio

146 al ome turbado su gran turbación *Mo* : al omne turbado su gran turbación *M* : al ome turbado su grand turbación *A*

147 puro juicio *A Mo* : puro juysio *M*

148 es muy dudoso *A* : es muy dubdoso *M Mo*

149 Y visto *A Mo* : Et visto *M*

150 venido en el acto de aquel que se homilla *Mo* : venido en el acta de aquel que
    se homilla *M* : venido en el acto de aquel que somilla *A*

152 aquesta razón *A Mo* : aquesta rasón *M*

154 por gracia *A Mo* : pro graçia *M*

157 quel juez *A Mo* : quel jues *M*

158 de justo juicio *A Mo* : de justo juysio *M*

159 gran duda : grand dubda *M* : gran dubda *A Mo*

160 metro siguiente *A Mo* : metro seguiente *M*

161 contrariados *M Mo* : contristados *A*

162 padecen los buenos gran pena terrible *A* : padescen los buenos grand pena
    terrible *M Mo*

164 Parece que sea : Paresce que sea *M* : Parece que cede *A*

166 mezclándose dubda: mesclándose dubda *M Mo* : mezclandos se dubda *A*

167 Por qué se permite *M Mo* : Por qué se p viste *A*

168 tal contrariedad *A* : tal contrariadad *M Mo*

170 eterno juez *A Mo* : eterno jues *M*

171-172 consiente a ninguno usar de malicia, / y dexa pasar los males sin pena
    A : consyente pasar los males syn pena *M* : consiente a ninguno usar de
    malicia, / consyente pasar los males syn pena *Mo* [En *M* se omitió la
    parte final del verso 171 y el comienzo del 172, reduciendo la copla a
    siete versos.

174 en todo obedezca *A Mo* : en todo obedesca *M*

175 sin culpa padezca *A Mo* : sin culpa padesca *M*

176 poniéndole yugo *A Mo* : poniéndole jugo *M*

180 se rije y ordena *M Mo* : se rije y govierna *A*

182 non acata mediante simpleza : no acata mediante simplesa *M* : no acata median-
    te simpleza *A Mo* [Se precisa reponer la *n* de «non» para evitar la sinalefa.

183 influye tristeza *A Mo* : influye tristesa *M*

187 nin menos *M Mo* : ni menos *A*

188 que puedan privar *Mo* : que puedan provar *M* : que pueda privar *A*

189 deniega la gloria *A Mo* : deviesa la gloria *M*

190 sacro colegio *M Mo* : sacro collegio *A*

191 deniega la obra daquel mal sprito *A Mo* : deviesa la obra daquel mal espíritu *M*

192 ministra pecado *A Mo* : ministra prado *M*

195 maguer permitiese *M Mo* : maguer que permitiese *A*

206 tú faces *A Mo* : tú fases *M*

208 gran duda *A* : gran dubda *M Mo*

214 allá permanezca *A Mo* : allá permanesca *M*

215 quen mucho consiste, maguer te parezca *A Mo* : que mucho consiste, maguer
    te paresca *M*

216 aqueste vocablo que tú dices bueno *Mo* : aqueste vocablo que tú dises bueno
    M : aquesto vocablo que tú dices bueno *A*

217 algún fin *M Mo* : algund fin *A*

218 el alma recrea *M Mo* : ellalma recrea *A*

224 le provea *A Mo* : lo prueva *M* [En *M* se enmienda en el margen «prueva» en «provea».

226 que son afligidos *M Mo* : que son aflegidos *A*

227 a las puniciones *A Mo* : de las puniciones *M*

230 no puede en ninguna sazón *A* : no puede ninguna sasón *M* : no puede ninguna sazón *Mo*

232 nin menos *M Mo* : ni menos *A*

242 a sí misma : asý misma *M A Mo*

245 porisma : por isma *M Mo* : por ysma *A* [El pasaje remite a Boecio, en *De consolatione philosophiae* III, 10, 22-26, de donde Guillén de Segovia tomó las voces «porisma» y «corolario», que constan tanto en el texto latino como en la traducción castellana del siglo XV.

246 sey placentero *A Mo* : sey placentero *M*

248 TÍTULO Replicación del actor a la Filosofía *M Mo* : Replica el actor a la Filosofía *A*

251 influyencia *M Mo* : influencia *A* [En el verso 411 del manuscrito *S* se usa también la forma «influyencia».

252 santa dotrina *A Mo* : santa doctrina *M*

253 tú conozcas *A* : tú conoscas *M Mo*

256 vida mezquina *A Mo* : vida mesquina *M*

258 a mí se atribuye humana flaqueza: a mí se atribuye humana flaquesa *M Mo* : a mí satribuye umana flaqueza *A*

259 a mí se atribuye gran culpa *M Mo* : a mí satribuye grand culpa *A*

260 trabajo, miseria, destierro, pobreza *Mo* : trabajo, miseria, destierro, pobresa *M* : trabajo destierro miseria pobreza *A*

261 a mí se atribuye dolor y tristeza *Mo* : a mí se atribuye dolor y tristesa *M* : a mí satribuye dolor y tristeza *A*

262 codicia *A* : cubdicia *M Mo*

263 a mí se atribuye vejez *Mo* : a mí se atribuye vejez *M* : a mí satribuye vejes *A*

264 por naturaleza *A Mo* : por naturalesa *M*

270 nos face *Mo* : nos fase *M* : nos hace *A*

279 me face *Mo* : me fase *M* : me hace *A*

282 en esta vil carne con sus afecciones *S Mo* : en esta vil carne con sus aficiones *M* : onesta vil carne con sus afliciones *A* [En esta copla continúa el texto de *S*.

284 con muchos sospyros y trebulaciones *S Mo* : con muchos trabajosos y tribulaciones *M A*

289 en ante protesto *S M Mo* : en contra protesto *A*

291 tú loas pobreza *A M Mo* : tú loas proveza *S*

295 como el pobre *A Mo* : como el prove *S* : camal pobre *A*

302 adonde retraya *S* : a do me retraya *M A Mo*

303 do mandas *S M Mo* : do quieres *A*

304 TÍTULO Replicacion de la Filosofía *S M Mo* : Replica la filosofía *A*

305 ser sojecido *S Mo* : ser sojecida *M* : ser subjecido *A*

306 te engendra su esprito : te engendra sosprito *S* : te engendra sospiro *M A* : te engendra so esprito *Mo*

308 añade tristeza *S A Mo* : añade tristesa *M*

310 la torpe cudicia *S Mo* : la torpe cobdicia *M* : la torpe codicia *A*

311 que non *S* : que no *M A Mo*

312 nin cesa *S* : ni cesa *M A Mo*

313 La mucha rriqueza *S M A* : La mucha fartura *Mo*

314 enciende cudicia *S Mo* : enciende cobdicia *M* : enciende codicia *A*

315 do dispide *S* : do despide *M A Mo*

320 daquel Dios eterno ha poca noticia *M* : daquel Dios eterno a poca notia *S* : daquel Dios eterno da poca noticia *A* : daquel dios eterna ha poca noticia *Mo*

321 y dolor *SA Mo* : y clamor *M A*

322 y quanto profundos *M A*

325 pues quen riqueza *S A* : pues que en riquesas *M* : pues quen riquezas *Mo*

326 dos estremos *S M Mo* : dos extremos *A*

327 yo darte he consejo, ponerte he remedio : yo darte consejo, ponerte rremedio *S A Mo* : yo dar te consejo, poner te remedio *M* [Estamos ante dos casos de *e* embebida que es preciso recuperar para que las oraciones tengan sentido y verbo principal.

328 TÍTULO Conparaçion *S A Mo* : *om. M*

330 conoçe la cabsa del nuevo acidente *S Mo* : consce la cabsa del nuevo acidente *M* : conosce la cabsa del grand accidente *A*

331 nin otro rresabio *S Mo* : nin otro remedio *M* : ni otro resabio *A*

333 gesto plaziente *S Mo* : gesto plasiente *M*

336 faziendo *S A Mo* : fasiendo *M*

340 y aquý con nosotros bruñyda su sylla *S* : y a quien con nos otros bruñida su sylla *M* : y a con vosotros bruñida la silla *A* : y a quien con nosotros bruñida su silla *Mo*

343 pregona virtudes en toda fazaña *S Mo* : pregona virtudes en toda fasaña *M* : pregona virtud en toda hazaña *A*

344 con abtos y obras de gran maravilla *S A Mo* : con actos y obras de grand maravilla *M*

345 plazer ny pasyón *S Mo* : plaser nin pasyón *M* : placer nin pasión *A*

349 Su faz *S A Mo* : Su fas *A*

350 fazer su tesoro *S Mo* : faser su thesoro *M* : hacer su thesoro *A*

352 en los condesijos *S M Mo* : en los escondrijos *A* [En nota marginal, *M* anota: «Vale Depósitos. Covarrubias. verb. condexar».

353 Su claro juyzio es tanto çendrado *S Mo* : Su claro juszio es tanto çendrado *M* : Su claro juicio es tanto acendrado *A*

354 que sube *S M Mo* : que sabe *A*

355 maguer presuroso *S A Mo* : maguer pirsuroso *M*

356 non a turbación *S M Mo* : no ha turbación *M*

357 Non teme caýda ny fuye *S* : No teme caýda nin fuye *M* : Nin teme caída ni
      fuye *A* : Non teme caýda nin fuye *Mo*
358 el rrevés *S M Mo* : al reves *A*
359 ante rrefuella *S M Mo* : ante resuella *A*
360 de su complisyón *S M Mo* : de su compasion *A*
361 según que *S Mo* : segund que *M A*
364 un prosopuesto *S M. Mo* : un presupuesto *M*
365 non es desdeñoso nyn menos *S* : no es desdeñoso ni menos *M A* : no es des-
      deñoso nyn menos *Mo*
366 nin estima *S M Mo* : nistiman *A*
368 daquel *M A*
369 no pudo *S A Mo* : non pudo *M*
371 el nombre *S A Mo* : al nombre *M*
373 Manánymo, puro, bien quyto de ufana *S Mo* : Magnánimo, puro, bien quisto
      de hufana *M* : Magnánimo, puro, bien quanto dufana *A*
374 obidiente *S Mo* : obediente *M A*
375 las eleçiones *S Mo* : las elecciones *M A*
376 aqueste merece *S Mo* : aqueste meresce *A M*
377 notable caudillo *S Mo* : notable cabdillo *M A*
378 toda firmeza *S A Mo* : toda firmesa *M*
381 a Dios ynclinado *S M Mo* : a Dios enclinado *M*
383 que faze en secreto *S Mo* : que fase en secreto *M* : que hacen secreto *A*
384 despiende *S M Mo* : desprende *A*
387 Torija *S M Mo* : Turija *M*
390 en abto de guerra syrviendo su rrey *S* : en acto de gloria sirviendo su rey *M* :
      en abto de guerra sirbiendo a su rey *A* : en ato de guerra *Mo*
392 por dar a Castilla de França vitorya *S Mo* : por dar a Castilla de Francia
      victoria *M* : por dar a Castilla vitoria de Francia *A*
395 vevir *S M Mo* : vivir *A*
396 los pungymyentos *S M Mo* : con los pung *A*
397 dotar posysiones *S Mo* : dotar posesyones *M A*
398 tener conoçida *S Mo* : tener conoscida *M A*
402 según demostrava *S Mo* : segund demostrava *M A*
404 me fallo en el suelo do antes *S Mo* : me fallo en el suelo donde antes *M* : me
      hallo en el suelo dondantes *A*
405 mostrarse *S A Mo* : mostrase *M*
407 fallo trocados en gran *S Mo* : fallo trocados con gran *M* : hallo trocadas en
      grand *A*
408 mys grandes amygos en quyen confiava *S M Mo* : y mi corazón que como
      león brama *A*
408 TÍTULO su fabla *S M Mo* : la fabla *A*
409 generoso *M A*
411 y por influyencia *S Mo* : y por influencia *M* : yo por influencia *A*

412 yo vengo syguyendo tan rreto camino *S Mo* : yo vengo siguiendo tan recto camino *M* : vengo siguiendo tan reto camino *A*

413 según determyno *S Mo* : segund determino *M A*

414 me fizo *S Mo* : me fiso *M* : me hizo *A*

416 pryvando la cabsa de my fuerte syno *M A Mo* : provando la cabsa de mi fuerte sygno *M*

419 según Tolomeo *S A Mo* : segund Tolomeo *M*

420 ciencia sojuzga *S A Mo* : sciencia sojusga *M*

422 sy no fallan presto do prendan su fuego *S* : sy non fallan presto do prenda su fuego *M Mo* : sino hallan presto do prenda su fuego *A*

424 Título Comparación *A Mo* : *om. S M*

427 mi caso condeno *S A Mo* : mi caso condepno *M*

428 según el respecto de vuestra nobleza : según el respevto de vuestra grandeza *S* : segund el respecto de vuestra noblesa *M* : segund el respeto de vuestra nobleza *A* : según el respevto de vuestra nobleza *Mo* [Me inclino por la forma «respecto», al tiempo que enmiendo la repetición de «grandeza» en *S*.

430 do mananidad *S Mo* : do magnanimidad *M* : do magnanidad *A*

432 con destreza *S Mo* : con destresa *M* : con distreza *A*

434 que yaze *S A Mo* : que yase *M*

435 Pero Guyllén *S M Mo* : Pedro Guillén *A*

436 allende Pedraza, byen cçrca la sierra *S A Mo* : allende Pedrasa, bien cerca sierra *M*

440 peltrechos *S M Mo* : pertrechos *A*

441 que en respecto *M A* : que en respevto *S Mo*

442 tan dino *S A Mo* : tan digno *M*

443 fazed que lo lieve *S Mo* : fased que lo lieve *M* : faced quc lo llebe *A*

444 con bozes *S A Mo* : con boses *M*

447 fazed que *S Mo* : fased que *M* : haced que *A*

448 aviendo vytorya *S A Mo* : aviendo victoria *M*

449 las fablas *S M Mo* : las hablas *A*

451 en las causas *S Mo* : en las obras *M A*

453 fazed que pobreza *Mo* : faser que pobresa *M* : haced que pobreza *A* : fazed que proveza *S*

454 el defeto do tanto falleçe *S Mo* : el defecto do tanto fallesce *M* : el defecto do tanto falleçe *A*

455 vos obedeçe *S A Mo* : vos obedesce *M*

456 no me muestre *S A* : non me muestre *M Mo*

457 Y non acatedes mys pocos serviçios *S M Mo* : Ya no acatedes mis pocos pernicios *A*

460 la delibracion *A* : la delibraçión *S M Mo* [La métrica impone la lectura de *A*.

462 que cuanto demando Fortuna desmanda *S A Mo* : que cuanto demando Fortuna demanda *M* [En *S*, se escribió inicialmente «desmando» para luego tachar la -*s*-.

463 fazed que en rrigor *S* : fased que rigor M : faced con rigor *A* : faced que(n)
    rigor *Mo*
465 en presona *S* : en persona *M A Mo*
466 según que rrazón *S Mo* : segund que rasón *M* : segund que razón *A*

II. SEGUNDA SUPLICACIÓN

PRÓLOGO

1 y desaventuras *A* : y desventuras *Mo*
1 el vigor : al vigor *A Mo* [La sintaxis requiere la enmienda para que la oración
    tenga sentido.
2 mi condición : mi condi- *A Mo*
3 de mi obra preguntan : de mi obra pregunta *A* : de mi obra pregunta(r) *Mo*
    [Parece que el sujeto de «preguntan» es «los viciosos».
3 a aquel corazón : aquel corazón *A Mo*
4 y introducciones *A* : y introducciones es *Mo*
5 primera servir *A* : primero servir *Mo*

METROS

3 cuando derraman las nueras sobrinas : cuando derraman las veras sobrinas *A*
    Mo [El texto de esta primera estrofa fue recogido por Juan Rodríguez del
    Padrón en su *Bursario* con alguna variantes que resultan pertinentes. En su
    versión, el verso reza: «E quando derraman las nueras sobrinas» (1984: 198),
    lo que explicaría «veras» como *lectio facilior,* ya que «nueras» se ajusta de
    manera más adecuada al mito, puesto que Danao y Egisto eran hermanos.
5 La mucha crueza del caso tan misto : La mucha crueza del caso tan visto *A Mo*
    [La lectura de Rodríguez del Padrón es «La grave crueza del caso tan mis-
    to», ofreciendo una variante a la que se ha de dar preferencia en el adjetivo
    que cierra el verso.
6 sola Ypromesta : sola y promesta *A Mo* [Como explica asimismo Rodríguez del Pa-
    drón, cuya versión lee «la sola Ypermesta», los versos aluden a Hipermestra.
7 desfaze su tela [Rodríguez del Padrón ofrece «deshaze su tela».
9 El niño : Al niño *A Mo* [La preposición inicial no hace sentido, ya que se trata
    de una oración simple y «niño latonio» actúa como sujeto.
23 llevaba : lebaba *A Mo*
74 los vultos *A* : lo vultos *Mo*
120 Yo darte he mi alma : Yo darte mi alma *A Mo* [Estaríamos ante una *e* embe-
    bida, precisa para que la frase tenga sentido sintáctico.
126 al sino de acario : al sino dacario *A Mo*

145 Hércoles : Y Ércoles *A M* [La conjunción inicial no tiene función sintáctica ni
     métrica, por lo que parece confusión con una más que posible *H-* en el original.
151 parecen dispares : p[…] dispares *A Mo* [La métrica, el contexto y el *usus
     scribendi* de Pero Guillén permiten la propuesta de enmienda.
155 pues puedo : pues pudo *A Mo* [La oración exige un verbo en primera persona.
165 me traba [En *A* se lee «tradba», con la *-d-* tachada.
183 pasado, presente *Mo* : pesado pres *A*
184 do apruebo : do aprebo *A Mo*
189 el cónsul Apio : el consulapio *A Mo*
200 le mina sus cabsas *A* : le mira sus casas *Mo*
201 desque visto [En *A* se lee «desque que visto», con el segundo *que* tachado.
211 por qué en es torcida : por qué en estorcida *A Mo*
221 temiendo por culpas : teniendo por culpas *A Mo* [Dado que el verbo «tener»
     no hace sentido en el contexto, ha de tratarse de un error de copia.
238 do todas *A* : de todas *Mo*
239 el santo varón : al santo varón *A Mo* [La sintaxis obliga a enmendar, recupe-
     rando el artículo «el» por «al».
241 Demandas que diga : Demandas que digas *A Mo* [El uso de la segunda per-
     sona en «digas» no tiene correspondencia con el «Demandas» que abre la
     oración. Además, lo que ha pedido el poeta es que sea Apolo quien le reve-
     le su destino en los vv. 215-216.
251 sin Dios : si Dios *A Mo* [La enmienda se impone por el propio sentido de los
     versos, que de otro modo estarían afirmando que la existencia Dios es algo
     imposible, lo cual resulta por completo impropio en el discurso del poema.
258 pues quies : pues quieres *A Mo* [La métrica pide la enmienda con una forma
     que aparece en los textos de Guillén de Segovia y que podía de resultar
     extrañar a un copista poco ducho del siglo XVIII.
291 los nublos obscuros *A* : los nublos oscuros *Mo*
298 aflige el esprito : aflige el espírito *A* : aflige el espíritu *Mo* [La métrica exige
     la forma apocopada, común en el autor, así como la rima en *-ito,* también
     presente en la obra de Pero Guillén.
311 reteblaba *Mo* : retenblavan *A* [La rima consonante impone un verbo en singular.
321 con muy grande pena : con muy grand pena *A Mo* [La distribución acentual
     exige la enmienda.
324 de Helena : de Lena *A Mo* [Parece error del original o del copista, ya que el
     verso alude transparentemente a Helena de Troya.
326 la facha soñada : la facha senada *A Mo* [Parece mala lectura del copista sobre el
     original, puesto que el verso alude a un episodio referido en la *Crónica troyana.*
338 en los horizones : en los horizontes *A Mo* [Guillén de Segovia usó la misma
     voz *horizones* en posición de rima en una respuesta a Gómez Manrique:
     «Si los polos y orizones / obran por costelación / y las altas ynprisiones, /
     segund sus operaçiones / no sufren varïación» (Gómez Manrique, *Cancio-
     nero,* p. 226). El error se repite en el v. 15 de la *Obra compuesta.*

342 temer el juicio *A* : temen el juicio *Mo*

352 do piensan : don pomiensan *A Mo* [Se trata de un mero y transparente error de copia.

353 rebuelve *A* : se vuelve *Mo*

390 subir a la luna : subir luna *A Mo* [La métrica, la sintaxis y el sentido justifican la enmienda.

398 y a este bullicio : y este bullicio *A Mo* [Es preciso reponer la preposición perdida en la copia para que el verso tenga sentido sintácticamente.

420 con delibración : con deliberación *A Mo* [La métrica pide el apócope, que aparece con frecuencia en la obra de Guillén de Segovia.

425 La magnanidad : La magninidad *A Mo* [Se trata de un simple error del copista dieciochesco.

432 a sí resistir : así resistir *A Mo*

444 de los dañadores : de los donadores *A Mo* [Se enmienda siguiendo el *Libro de las cuatro virtudes,* texto del que Guillén se sirvió como fuente.

461 Ha simplicidad : A simplicidad *A Mo*

480 por suelo refuella : por suelo resuella *A Mo* [Se trata de una confusión, común entre los copistas, entre *s* alta y *f*. El verbo *refollar,* con sentido de 'pisotear', es usado con frecuencia por Pero Guillén, viéndose reforzada la enmienda por la fórmula «por suelo», que abre el hemistiquio.

497 A aqueste perlado : Aqueste perlado *A Mo* [Se resuelve un nuevo caso de *a* embebida.

510 quesiese a *A* : quisiese a *Mo*

512 de cerca Bayona *Mo* : de cera Bayona *A*

517 y fizo que Estella con su merindad *Mo* : y fizo questella con su mindad *A*

530 por dinos consejos : por vinos consejos *A Mo* [En *Mo* se propone la enmienda en nota.

542 a aquel que : aquel que *A Mo* [Se trata de un caso de *a* embebida.

567 cansado de : cansadado *A Mo*

595 con delibración *A* : con deliberación *Mo* [En *A* se tachó la segunda *e* de la palabra.

598 mostrándose anda : mostrando se anda *A Mo*

641 Tomando el intento *A* : Tomando del intento *Mo* [En *A*, la *d-* de «del» aparece tachada.

643 el romo *A* : el tomo *Mo*

III. SUPLICACIÓN PARA EL MUY REVERENDO E MAGNÍFICO SEÑOR DON ALFONSO CARRILLO

PRÓLOGO

1 dulce eloquencia *A* : dulce loquencia *Mo*

3 desacompañada : desa compaña de *A* : de esa compaña de *Mo* [El texto, en la versión que nos ha llegado, carece de sentido, aunque la fuente marca la

pauta para la enmienda, ya que en la glosa de Pedro Díaz de Toledo a los *Proverbios* del marqués de Santillana se lee: «E sant Gregorio dixo en el *Pastoral*: "La justicia mucho está desamparada sin misericordia y la misericordia sin justicia"» (*Proverbios con la glosa,* fol. eVIIr-v).

4 dudosos crímines *A* : dudosos crímenes *Mo*

4 ha de verdad *A* : ha verdad *Mo*

4 reserve a los tales *A* : reserva a los tales *Mo*

5 non sin cabsa [En *A,* «non» se añadió en el margen izquierdo.

5 raíz e fundamento *A* : raíz y fundamento *Mo*

6 así por curso de virtudes y grandeza de dinidad, como por copiosa riqueza *A* : así por copiosa riqueza *Mo*

7 las cuatro virtudes *Mo* : las quatro vir *A*

SÍGUENSE LOS METROS

4 nos costriñese *Mo* : nos costrinese *A*

27 Esprito Santo : Espirito Santo *A Mo* [La contracción, frecuente en Guillén, es imprescindible para mantener la métrica del verso.

49 cerca seamos *Mo* : cera seamos *Mo*

59 Sus casas de gran alteza : Sus ca de gran alteza *A Mo* [La voz *casas,* que vuelve a aparecer en el verso 370, hace sentido en la estrofa y coincide con las descripciones alegóricas de la *Obra compuesta.*

77 corrijamos : corrigamos *A Mo*

134 que el juez *A* : que el el juez *Mo*

184 como sayos *A* : como suyos *Mo*

205 a las muelles *A* : a los muelles *Mo*

219 ningún daño *Mo* : ningún dano *A*

242 en aquel monte de Hebrón : aquel monte de Hebrón *A Mo* [La oración pide una preposición de lugar que parece haberse perdido en el proceso de copia.

273 con fines escandalosos : con fines escandolosos *Mo* : con fines escandolos *A*

305 el perdón : al perdón *A Mo* [La frase no hace sentido con la contracción preposicional *al,* mientras que lo recupera con el artículo.

324 a sí mesmo : así mesmo *A Mo*

334 De Afranio *A* : De Afrancio *Mo*

407 males llamado : males llamando *A Mo* [La rima consonante obliga a la enmienda.

428 aquella nube : a[…] nube *A* : al […] nube *Mo*

441 Quien […] benes ama : Quen […] benes ama *A Mo*

473 se aperciben *Mo* : sa perciben *A*

478 Yo vi muchos cirujanos : Ya vi muchos cirujanos *A Mo* [Se impone la enmienda por la sintaxis y el sentido de la oración.

484 que sobresana *Mo* : que sobre sana *Mo*

487 quieren juego *A* : quieren fuego *Mo*

490 dos tocados : dos tornados *A Mo* [Hay error en la transmisión, ya que se trata de una frase hecha: «Dos tocados en un fuego».

504 sino que luego rascuña: sino que luego faz cuña *A Mo* [El texto ha de enmendarse conforme al refrán que reproduce y que registra el marqués de Santillana. La confusión gráfica del copista es fácilmente explicable entre la *f* y la *r*, así como con la *z* y la *s*.

514 sale en presa : salenpresa *A Mo*

534 a pescadores : apostadores *A Mo* [Se enmienda siguiendo la pauta del refrán «A río revuelto, ganancia de pescadores».

557 de presunción *Mo* : de presumcioon *A*

561 de los vicios ajeno *Mo* : de los vicios ajenos *A*

576 En cerrar : Encerrar *A Mo*

IV. OBRA COMPUESTA Y ORDENADA

INTRODUCCIÓN

1 a ella veniese *A* : a ella viniese *Mo*

1 que lo decían *Mo* : que lo dcían *A*

1 o perezoso *A* : y perezoso *Mo*

1 segund escribe *A* : según escribe *Mo*

1 y pesado ingenio : y pesado ya genio *A Mo* [Estamos ante un evidente error de copia en *A*, generada a partir de una mala lectura de «yngenio»

1 cuand grand *A* : cuán grand *Mo*

2 la bondad del ingenio obra : la bondad del ingenio er obra *A* : la bondad del ingenio es obra *Mo* [La lectura de *A* no resulta clara ni hace sentido, por lo que se impone la enmienda con la omisión de la partícula problemática, debida acaso a una adición impertinente del copista. La enmienda coincide además con la fuente de la que se sirvió el autor.

2 a follar : afollar *A Mo*

2 si non las podieremos *A* : si no las podieremos *Mo*

3 comienzo procedería *A* : comienzo procediera *Mo*

3 llevado al pie : levado al pie *A Mo* [Era uso común representar la *ll* doble como simple.

3 me paresció *A* : me pareció *Mo*

4 y aquello de sus influencias que en : y aquello de sus influencias en *A Mo* [La oración requiere una partícula de relativo para que haga sentido sintáctico.

4 y visto *A* : y viendo *Mo*

5 virtud y grandeza *A* : virtudes y grandeza *Mo*

5 e señaladas *Mo* : e sañaladas *A*

5 Lucano *Mo* : Luzano *A*

5 non puedo *A* : no puedo *Mo*

6 reverendísimo señor *Mo* : reverendísimo senon *A*

6 engéndranse y salen *A* : engéndrase y salen *Mo*

7 *De natura* : de natur *A Mo* [En *A* hay un espacio en blanco tras «natur.». La enmienda se ajusta a la fuente usada por Guillén de Segovia.

OBRA

12 mellizos hermanos : melizos hermanos *A Mo*

15 por sus horizones : por sus horizontes *A* : por sus horizon(t)es *Mo* [Es el mismo error de copia que se encuentra en el v. 338 de la segunda suplicación.

20 do Mares : do mares *A Mo* [El contexto remite inequívocamente a Marte, como dios de la guerra.

27 los vientos *Mo* : los vietos *A*

40 las bocas de Etna : las locas de thena : las bocas de thena *Mo* [Estamos ante una mala lectura de *A,* tal como demuestra la fuente lucaniana del pasaje, acaso por una interpretación incorrecta del original perdido.

60 y Cirra y a Nisa : y Avisa *A Mo* [Se trata, a todas luces, de un error de copia, pues Cirra y Nisa hacían pareja literaria en la antigua erudición geográfica, como cumbres del monte Parnaso.

66 perdida su lumbre : pendida su lumbre *A Mo* [El verbo *pender* no hace sentido en el verso, por lo que se impone una enmienda que cabe justificar por la similitud de las letras *n* y *r,* que habrían sido confundidas por el copista. Así lo corrobora además el contexto semántico de los versos, que de inmediato aluden a la sombra que cubre la tierra.

69 y ábrese el suelo : y ábresel suelo *A Mo*

73 Ya visto *A* : Ya vista *Mo*

76 señales *Mo* : señales A

78 colegir : collegir *A Mo* [Ha de entenderse la grafía como *l* líquida.

82 Atenas, Micena : Atenas, Yscena *A Mo* [La lectura del manuscrito no tiene sentido, ya sea como «Yscena» o como «y Scena», puesto que ninguna de las dos formas corresponde al nombres de una ciudad antigua. La mención de Atenas y la presencia en el verso siguiente de Apolo y Baco permite conjeturar que el manuscrito original hacía mención de una ciudad griega. De entre las opciones literaria y métricamente posibles, se ofrece la solución «y Theva», por Tebas, o, más probablemente, Micena o Micenas, ciudad vinculada al gobierno de Agamenón y al engaño de Paris y Elena.

86 muy justas sentencias : muy justas se *A Mo* [En *A* hay una laguna, pero cabe reconstruir el verso atendiendo al sentido y a la obligatoriedad de la rima consonante.

88 dañadas *Mo* : danadas *A*

97 rica citara *A Mo* [No hay que descartar la posibilidad de que haya un error del copista en *cítara,* ya que sirve de antecedente a *adonde,* que alude a un lugar o espacio que, en este caso, sería algo similar a un altar consagrado al culto de la diosa.

101 compañía discorde : compañía discorde *A* : compañía discore *Mo*

106 la fuente Castalia *Mo* : fuente tastalia *A*

112 Título que es monte : ques monte *A Mo*

113 fue llevado : fue levado *A Mo*

114 que el fado : quel fado *A Mo*

116 Helicón : Ellicón *A Mo*

130 un niño me envía. Paresce a Fetonte : un niño menbía paresce Afetonte *A Mo*

135 que el maestría : quel maestría *A Mo*

152 de amargas raíces : damargas raíces *A Mo*

156 de aquel arteficio : daquel arteficio *A Mo*

159 porque en nuestra vida : por quien nuestra vida *A Mo* [La oración carece de sentido por la falta de un antecedente personal, mientras que lo adquiere como final, en un error de copia fácilmente explicable por confusión a partir de un hipotético «por quen».

167 que el hombre : quel ombre *A Mo*

174 diciones *A Mo* [El copista de *A* escribió una *d* sobre el primer apunte de «liciones».

183 en […] ciertos *A Mo* [El manuscrito *A* deja un espacio en blanco como señal de un término que no ha entendido y no puede transcribir correctamente, o, en su caso, de un blanco en el original del que se copia.

186 del tema : del cerna *A Mo* [El error de lectura entre *tema* y *cerna* es explicable desde la caligrafía, y la enmienda propuesta viene respaldada por un pasaje muy próximo de la *Visión deleytable* de Alfonso de la Torre.

192 Donato en esto : Donato […] escribía *A Mo* [El copista de *A* dejo un nuevo espacio en blanco, como recurrentemente ante una duda respecto a su dechado. La conjetura se basa en el *usus scribendi* de Guillén de Segovia.

195 relativos los antecedentes : relativos antecedentes *A Mo* [La disposición sintáctica exige la recuperación del artículo omitido en la copia.

203 repuna *Mo* : repugna *A* [Parece una modernización improcedente por parte del copista de *A,* ya que la forma *repuna* está presente en Juan de Mena, de donde procede, y vuelve a usarse en otros lugares del poema.

209 Título Relata *Mo* : Rela *A* [Se trata de una evidente omisión por parte del copista.

224 de aqueste torneo : daqueste torneo *A Mo*

239 en todo el mundo : en todolmundo *A Mo*

241 Estaba cabe ella : Estaba cabella *A Mo*

244 forrado de armiños : forrado darmiños *A Mo*

248 a sí sojuzgado : así sojuzgado *A Mo*

256 de haberla ocupado : daverla ocupado *A Mo*

257 a Diana : Adiana *A Mo*

262 con leves […] contento a natura *A Mo* [No cabe conjetura con certeza completa para reponer el sustantivo que falta.

263 y frechas : y frachas *A Mo* [No existe la voz *fracha,* por lo que se impone una enmienda, evidente además por el contexto.

268 con grand deligencia *A* : con grand diligencia *Mo*

273 Aquel que es señero : Aquel ques señero *A Mo*

274 Aquel que es agora : Aquel ques agora *A Mo*

293 la sojuzgan sus maginaciones *A Mo* [En *A* parece haberse escrito primero «maquinaciones», enmendándose posteriormente.

309 mi regla *A* : ni regla *Mo*

313 de este monte : de este monde *A Mo* [Por el contexto, se trata de un simple error de copia.

334 encima de un ave : encima dun abe *A Mo*

336 con no tales *A* : con notales *Mo*

353 de Numa Pompilio : de Ruma Pompilo *A Mo* [Se impone la enmienda, pues el error es solo atribuible al copista o a la transmisión del texto.

361 de aquesta mansión : daquesta mansión *A Mo*

365 Verás a Dardanio : Verás a Dardania *A Mo* [Hay un evidente error de copia, pues el personaje es un hombre y como tal se trasmite el nombre *Dardanio* en los textos contemporáneos.

366 con grande murmurio : con gran murmurio *A Mo* [La enmienda se impone por razones métricas que permiten al verso llegar a ser dodecasílabo. Es la misma solución que se encuentra, por ejemplo, en el v. 816: «con grande mesnada» o en el v. 914: «con grande recelo».

374 tan grande tumulto : tan grand tumulto *A Mo* [La métrica impone la enmienda.

382 que está la mentira : questa la mentira *A Mo*

387 lo que ella fablaba : lo quella fablaba *A Mo*

389 que en perfeción : quen perfeción *A Mo*

390 de aquestas mis penas : daquestas mis penas *A Mo*

391 de aquesto que lievas : daquesto que lievas *A Mo*

392 yo darte he : yo darte *A Mo* [Se trataría de un caso de *e* embebida, ya que, de otro modo, la frase carecería de verbo principal.

397 que en España : quen España *Mo* : quen Espana *A*

398 de honesto ejercicio : do honesto ejercicio *A Mo* [Ha de ser error de copia, puesto que el sujeto de toda la oración es el arzobispo Carrillo y no hay un antecedente para «do».

400 serás alumbrado *Mo* : seirás alumbrado *A* [No se acredita esa forma de futuro para el verbo *ser.*

402 maguer : maguel *A Mo* [La enmienda resulta obligada, ya que la forma «maguel» no era de uso en la época.

403 movible en su trato : moviblen su trato *A Mo*

404 que bien representa : que bien rep[…] *A Mo* [En el v. 298 se utiliza el mismo hemistiquio, «que bien representa», en un contexto similar, el de la descripción de la doncella que encarna la Lógica.

405 dorado añafil : dorado amarfil *A Mo* [La variante *amarfil,* con el sentido de 'marfil', está acreditada en el *Libro de Aleixandre:* «Era todo ondado de muy buen amarfil» (p. 174). Su uso, sin embargo, no hace sentido alguno en el contexto de la nuestra *Obra,* pues el marfil no puede ser dorado, cosa que sí sucede con el *añafil,* un instrumento musical hecho de metales que, además, es el objeto que atribuye a la Retórica el bachiller Alfonso de la Torre en su *Visión deleytable,* fuente contrastable de este pasaje.

416 que escuchan : quescuchan *A Mo* [En *Mo* se plantea como posible lectura *quesanchan.*

418 de aquellos que glosan : daquellos que glosan *A Mo*

422 con pura locuela : con pura loquela *A Mo*

423 allá las encierra *Mo* : allar las encierra *A*

428 de alegre semblante : dalegre semblante *A Mo*

433 mis dos hermanas : mis dos hermanos *A Mo* [La disposición de la rima en la copla exige la enmienda, dado que han de rimar en consonante los versos *a, d, e* y *h.* Otro tanto ocurre con el sentido, pues se hace alusión a la Gramática y la Lógica, las dos hermanas, cuya casa ha visitado el Entendimiento previamente.

432 pues eres bastante : pues eres *A Mo* [En el manuscrito hay una laguna que corresponde a un adjetivo terminado en -*ante.* Cabe rehacer el verso a la luz del v. 916 de la misma *Obra compuesta:* «que fuese bastante» (v. 916).

449 Yo [Falta un verbo de conocimiento.

455 en grande congoja : en grand congoja *A Mo* [La métrica impone la enmienda.

457 que es demostrativo : ques demostrativo *A Mo*

460 del que es judicial : del ques judicial *A Mo*

464 y casos que [Falta un verbo terminado en –*ivo.*

464 TÍTULO falló al cerco de Venus : fabló al cerco de Venus *A Mo* [Se enmienda el verbo siguiendo la pauta de los títulos que preceden a la descripción de cada círculo: «Cómo finge el actor que en esta casa segunda falló el cerco de Mercurio» (v. 328 TÍTULO).

467 de amor lisonjero : damor lisongero *A* : amor lisongero *Mo*

487 que engendra de fijos : quengendra de fijos *A Mo*

490 leys *A* : esas ley(e)s *Mo*

491 Prone *Mo* : prove *A*

492 fizo Tereo *A* : fizo Iereo *Mo*

493 vestida de arreo : vestida darreo *A Mo*

495 de consuno *Mo* : de consumo *A*

496 al fijo deleo : al fijo de Leo *A Mo* [Cíniras era descendiente de Apolo Delio.

498 las leys *A* : las leyes *Mo*

501 Verás adelante : Vera adela *A Mo* [Se trata de una omisión en la copia, aunque la enmienda responde al recorrido que se hace a través del círculo.

502 de aquel niño : daquel niño *A Mo*

507 ligatura *A* : ligadura *Mo*

512 por vanas razones : por vinas razones *A Mo* [El error de copia es fácilmente
   explicable y la enmienda propuesta hace sentido en el contexto, pues esas
   vanas razones se contraponen al amor *verdadero* del v. 507.

522 decirte he qué valen : decirte qué valen *A Mo* [Estamos simplemente ante una
   e embebida cuya recuperación ofrece, además, equilibrio métrico al verso.

526 entrañable *Mo* : entranable *A*

535 te es convenible : tes convenible *A Mo*

583 ni mas *A* : mi ma( ) *Mo*

576 que engendra : quengendra *A Mo*

579 sé el cuento : sel cuento *A Mo*

583 Pauleyo, Nicómaco : Pauleyo, ni mas( ) *A Mo* [Para enmendar el error, naci-
   do sin duda de una mala lectura del original, se sigue la fuente del pasaje
   en la *Visión deleytable* de Alfonso de la Torre.

587 concordanzas *Mo* : concordancias *A* [La enmienda se impone por necesidad
   de la rima.

592 cometas [En el manuscrito se escribió originalmente *planetas,* lo cual luego
   se tachó para enmendar en la línea superior *cometas.*

595 sé sus líneas retas : pues sus líneas retas *A Mo* [La partícula causal *pues* al co-
   mienzo del verso no hace sentido, mientras que el verbo *ser* en primera per-
   sona se repite insistentemente en esta copla, en la anterior y en la siguiente
   como recurso retórico. Se trataría de una confusión entre *pues* y *es,* acaso por
   existencia de alguna partícula previa en el original que se trasladaba.

602 numerante : numerara *A Mo* [Se enmienda de acuerdo con la *Visión deleyta-
   ble* del bachiller Alfonso de la Torre, texto del que Guillén se sirvió como
   fuente para la copla.

608 TÍTULO Cómo finge el actor que en esta casa falló el cerco del Sol : Como fuese
   el actor […] casa questa fallo el cerco del Sol *A Mo* [Se reconstruye el epígra-
   fe a partir del modelo establecido en los círculos anteriores: «Cómo finge el
   actor que en esta casa segunda falló el cerco de Mercurio» (v. 328 TÍTULO).

617 Rofino : Rosino *A Mo* [El error entre *s* y *f* es común en las copias manuscritas
   y el texto parece aludir al traductor Rufino.

618 Latancio… Orosio : Batancio… Osorio *A Mo* [La enmienda se impone como
   errata sobre los nombres originales.

620 y el santo Agostino : y en santo Agostino *A Mo* [Se trata a todas luces de un
   error de copia, pues la preposición *en* no hace sentido posible en el contex-
   to sintáctico.

627 allí Senofonte : allí Senefonte *A Mo* [La enmienda se impone, ya que el error
   parece generado en el proceso de copia y transmisión.

636 Publio Naso : Publio Traso [Es un mero error de copia, pues el contexto indica
   que se refiere a Ovidio.

637 Crispo : Coyspo *A Mo* [Parece referirse, en una lista de historiadores roma-
   nos, a Cayo Salustio Crispo, por más que ya lo haya mencionado en el
   primer verso de la copla.

644 que el cielo : quel cielo *A Mo*

645 a Arunes : a Erunes *A* : a Eures *Mo* [Se enmienda conforme al nombre original del adivino mencionado Arruns, que aparece en la *Farsalia* I, 586-588.

647 y a Elena *Mo* : Eleno *A*

648 que el triste : quel triste *A Mo*

652 la Aurora : la Abrora *A M* [Se trata simplemente una mala lectura del original.

659 que en el domicilio : quen el domicilio *A Mo*

662 que en fuego de amor : quen fuego damor *A Mo*

672 puedas *Mo* : puedan *A* [La secuencia sintáctica impone la enmienda.

678 que sabe el secreto : que sabel secreto *A Mo*

683 como se emprime : como senprime *A Mo*

689 de un cordel : dun cordel *A Mo*

695 quedeme en estilo : quedemenestilio *A* : quedemen estil(i)o *Mo*

702 espéricos cuerpos : esperitos cuerpos *A Mo* [Se trataría de un error del copista, que identifica una *c* como *t*.

706 se esmera : sesmera *A Mo*

707 de la cuarta esfera : de la cuarta espera *A Mo*

710 daña *Mo* : dana *A*

716 se encarama : sencarama *A Mo*

718 de oriente : doriente *A Mo*

721 los que en : los quen *A Mo*

725 se encierra : sencierra *A Mo*

729 a Purchena : apunchena *A* : a (P)unchena *Mo* [Se refiere inequívocamente a Porsena, por lo que se impone la enmienda de la primera *n* en *r*.

731 en un fuego es *A Mo* [Falta el final de una palabra que habría de terminar en –*ivo* para respetar la rima, acaso *estivo*.

732 dándose pena : dando sepena *A Mo*

736 que el arco : quel arco *A Mo*

737 Allí vio a Magón : Allí vio a Mugón *A Mo* [Se trata de un mero error en la lectura del original.

738 la antigua Tebas : lantigua Tebas *A Mo*

739 los petos y grebas : los petos y g *A Mo* [La rima con *Tebas* y la necesidad de una voz que aluda a armamento antiguo sugiere la enmienda.

740 de aquestos Camilos : daquestos Camilos *A Mo*

742 al Magno Pompeo : al magno Pompeo *A Mo* [Magno es nombre propio, por lo que ha de ir en mayúscula.

743 Afranio y Petreo *A* : a Fabranio y Petreo *Mo* [En el manuscrito, la *A* inicial de *Afranio* aparece como minúscula, seguida de una *f* mayúscula. A continuación se leen las letras *ab,* que fueron luego tachadas.

744 a Lérida facen con estas legiones : que a Lérida facen con estas regiones *A Mo* [En *A* se lee de manera clara *regiones,* pero el contexto histórico y semántico de los versos invita a la enmienda, fácilmente justificable por la

confusión entre dos líquidas iniciales. Las legiones son además los poderes, banderas y pendones señalados en los versos anteriores. Por otro lado, el *que* con el que se abre el verso en el manuscrito resulta sintácticamente impertinente, ya que ya hay un *que* con la misma función en el verso anterior, por lo que la repetición hubo de producirse por un nuevo error del copista.

752 no pudo : lo pudo *A Mo* [La construcción, tal como nos ha llegado en *A*, resulta extraña y no hace sentido, mientras que la enmienda encaja en el discurso y con la referencia histórica a la prisión de Lucio Escipión.

753 a Craso *A* : a Carso *Mo*

754 de aquestas naciones : daquestas naciones *A Mo*

755 recibe en Turquía : reciben Turquía *A Mo*

760 que face en su mengua : que facen su mengua *A Mo*

761 cómo se esconde : cómo sesconde *A Mo*

762 entre estas tinieblas que impiden al día : entrestas tinieblas quenpiden al día *A* : entrestas tinieblas quenpiden el día

768 en pronto : promto *A* : en pro(m)to *Mo*

769 A estos atridas : A estos atrid *A Mo* [La enmienda es clara, dada la inmediata referencia a Príamo.

780 estar dirigidos [Aunque *Mo* edita *estar,* apunta una posible lectura como *estas*.

785 de aquestos verás cómo enseña : daquestos verás como ensena *A* : daquestos verás cómo enseña *Mo*

800 TÍTULO de Corlo que : que garró y *A* : quen Garray *Mo* [En el proemio al libro de las *Consonantes,* Guillén de Segovia refiere el cerco del castillo de Corlo, en términos por completo semejantes a los cuatro últimos versos de esta copla, por lo que se enmienda el pasaje, visiblemente deturpado, siguiendo esta pauta. No obstante, en los *Hechos del arzobispo Alfonso Carrillo* se mencionan «los reales de Garray y Belamazán» (fol. 2r). Rafael Beltrán (1997: 271), por su parte, apunta: «Propongo que "como gano la fortaleza del cerco que gano y a la sazón estaba por los Nabarros", lectura para la que C. Moreno propone "c. g. 1. f. d. c. (quen Garray) y a la s. e. p. 1. N.», se lea: «c. g. 1. f. de Alcorlo", pues «la fortaleza del cerco» no tiene sentido».

802 tú non las demandes *A* : (ya) non las demandes *Mo*

804 le dio resplandor *A* : te dio resplandor *Mo*

808 de Atienza : Datienza *A Mo*

808 TÍTULO y estado en su fortaleza *A* : y estando en su fortaleza *Mo*

811 que es villa : ques villa *A Mo*

815 poniéndole escalas : poniendolescalas *A Mo*

817 Decirte he otro fecho que es muy singular : Decirte otro fecho ques muy singular A: Decirte otro fecho ques muy sngular *Mo* [Se trata de un caso de *e* embebida.

919 La Riba : Larriba *A Mo*

821 con sitio [Falta un adjetivo de tres sílabas y de significado similar a «fragoso».

823 Fue caso notable […] que te piensas [Faltan dos sílabas, cuya función sería la de reforzar el asombro por la conquista de la plaza. Una enmienda posible sería «yo sé que te piensas».

830 de aquel mosén Joan que estovo : daquel Mos. Joan questobo *A Mo*

834 pues que en metro es, es acto que cabe : pues quel metros es acto que cabe *A* : pues quel metr(o) es acto que cabe *A Mo* [El verso está claramente deturpado en el manuscrito, como muestra la falta de correspondencia entre el artículo en singular y el sustantivo en plural, así como ciertas dudas en la copia final de la palabra *metros,* que indican una mínima enmienda. En nota, *Mo* apunta la posibilidad de leer «es esacto».

835 que el vulgo : quel vulgo *A Mo*

836 tocándolo breve : tocando lo breve *A Mo*

837 En Ávila oí que daba favor : En Ábila oy que daba favor *A Mo* [La oración exige un verbo principal que, en el contexto sintáctico de los versos, solo puede ser «oí».

840 que el rey : quel rey *A Mo*

841 Título Olmedo : Obiedo *A Mo* [El error en la copia es evidente, ya que toda la estrofa se refiere a Olmedo.

841 que es bien : ques bien *A Mo*

849 como Hétor *A* : como actor *Mo*

854 defiende el pasaje : defiendel pasaje *A Mo*

856 mayor que el de : mayor quel de *A Mo* [La laguna de este verso correspondería probablemente al nombre propio de algún personaje de la Antigüedad, como los que abren la estrofa, en este caso reconocido por su riqueza.

856 Título maestre de Santiago y destrozó con él doscientos : marqués de Santiago y destrozó con él doscientos *A* : marqués de Santiago y destrozó con él docientos *Mo* [La lectura *marqués* resulta evidentemente errada no solo porque no existe tal título, sino porque en el curso de la estrofa se alude de manera expresa al maestre de la orden de Santiago y porque así consta en otro texto parejo del propio Guillén, como es el proemio al libro de las *Consonantes*.

864 maguer que el : maguer quel *A Mo*

872 Título villa de Molina : villa de Molilina *A* : villa de Moli(li)na [El copista repitió la sílaba *li* al final del fol. 85v y al comienzo del fol. 86r.

887 de aqueste que : daqueste que *A Mo*

916 que fuese *A* : quel fuese *Mo* [En folio 87r del manuscrito se usa una abreviatura para *que,* que vuelve a utilizarse en el folio 90v —v. 1003—. En esta segunda ocasión es interpretada por *Mo* como *que* sin pronombre, lo cual, además, se ajusta mejor al sentido y a la sintaxis.

928 Título Cómo prendió a García Mendes sobre Huepte, y le prendió y destrozó quinientos de caballo que traía : Cómo prendió a Gimedes sobre Huepte, y le prendió y destrozó quiniento de caballo que traía *A* : Cómo prendió a (gimedes) sobre Huepte, y le prendió y destrozó quiniento (s) de caballo

que traía *Mo* [Ha de entenderse que *gia mendes* es mala lectura o abreviatura por *García Mendes,* el personaje aludido tal como se lee en el proemio al libro de las *Consonantes.*

930 de aquestos de encima : daquestos dencima *A Mo*

935 Ya d[…]quedara con Huepte [No cabe reconstruir el verso, aunque el sentido parece claro por el contexto.

937 de aquellos rateros : daquellos rateros *A Mo*

938 de agudos colmillos : dagudos colmillos *A Mo*

941 Mandole en rescate : Mandolen rescate *A Mo*

947 tan cerca de Hasa : tan cerca de asa *A* : tan cerca de Asa *Mo* [La referencia geográfica parece corresponder al castillo de Haza, próximo a Peñafiel. No obstante, la voz *asa* también pudiera tener el sentido de 'ocasión, oportunidad'.

948 perdiendo el color : perdiendol color *A Mo*

959 no obra *A* : non obra *Mo*

960 aunque es conocido : aunques conocido *A Mo*

962 que el báculo : quel báculo *A Mo*

970 de aquella grand : daquella grand *A Mo*

972 de aquel paraíso : daquel paraíso *A Mo*

999 mostré a Anfión : mostré Anfion *A Mo* [Se trataría de un caso común de *a* embebida.

1000 segund que en : segund quen *A Mo*

1005 con dulce tañer *A* : que han de tañer *Mo*

1007 a facer mercedes : facer mercedes *A Mo* [El verso, tal como aparece en el manuscrito, es hipométrico, a lo que se añade la conveniencia de la preposición para un recto sentido sintáctico.

1008 Título en esta sexta casa *A* : en esta casa *Mo*

1009 Si por saber más aquí te detienes : Si por sap[…] a que te detienes *A* : Si por sal( ) a que te detienes *M* [La enmienda propuesta resulta arriesgada, pero está avalada por el contexto y por el paralelo con otros versos similares de la obra que corresponden a situaciones narrativas similares, como «Si miras más bajo» (v. 1073) o «Si quieres del todo saber la verdad» (v. 1411).

1013 en otros andenes *Mo* : en otros andemos *A*

1015 que en torpe : quen torpe *A Mo*

1016 por do los condenes *Mo* : por do los condeno *A*

1023 la flor de la guerra : la flor de la […] *A Mo* [La solución *guerra* hace sentido en el contexto de los versos y coincide con varios lugares más en los que el autor rima *tierra* con *guerra,* por ejemplo, en los vv. 18-19, 342-243 y 606-607.

1031 de consuno *Mo* : de consumo *A*

1032 Título en el cerco postrero : en el cerco p[…] *A Mo* [De inmediato, en el verso 1035 se especifica que estamos ante «el último cielo».

1045 que está ya dotado : questa ya dotado *A Mo*

1048 Título en tan tierna edad *Mo* : en tan tierna eda *A*

1054 […] por ley [El copista de *A* dejó un espacio en blanco, como en otros casos, para indicar la laguna.

1064 con pluma cansada [*Mo* propone en nota la alternativa *causada*.

1088 de aquesas pasadas : daquesas pasadas *A Mo*

1094 de que es : de ques *A Mo*

1096 inmenso cabdal *Mo* : inmenso cabdad *A*

1101 que el texto : quel texto *A Mo*

1105 El que es codicioso : El ques codicioso *A Mo*

1107 por grand valentía *Mo* : por grad valentía *A*

1109 Verás Dionisio [En el manuscrito falta el segundo hemistiquio del verso.

1115 abrirte he la puerta : abrirte la puerta *A Mo* [El contexto sintáctico requiere la enmienda, justificable como un caso de *e* embebida.

1123 que en Toledo : quen Toledo *A Mo*

1125 los daños *Mo* : los danos *A*

1126 tan alta *A* : tal alta *Mo*

1127 sintiéndote en falta : sintiéndoten falta *A Mo*

1130 que estaba cerrada : questaba cerrada *A Mo*

1136 son costreñidas *Mo* : son costrenidas *Mo*

1136 Título Pone el instrumento de su oficio *A* : *om. Mo*

1137 Por un […] vio *A* : Pone un ( ) vio *Mo*

1140 sin que ella : sin quella *A Mo*

1141 […] penetra por pura sapiencia [Falta un sustantivo que inicie el verso y haga las veces de complemento directo, aludiendo a 'las cosas, los contenidos, la materia'.

1142 de los nueve cercos : de los nuebe cerbos [*Mo* propone en nota la lectura *cercos,* que se justifica por el contexto.

1143 de doce tac[…] [El verso habría de cerrarse con una palabra que significara 'partes' y que terminara en *–ones* para respetar la rima.

1159 aquello que engendra : aquello quengendra *A Mo*

1161 yo so la señora *Mo* : yo sola señora *A*

1177 Verás a Alexandre : Verás Alexandre *A Mo* [Estamos ante una *a* embebida.

1179 suelo de acero : suelo dazero *A Mo*

1180 estaba de encima : estaba dencima *A Mo*

1181 cómo Jerces : cómo Nerces [Es este un evidente error de copia a partir de un original *Xerçes,* ya que *Nerces* no existe. Por otro lado, la anécdota con Demorato corresponde, en efecto, al rey persa Jerjes. Se opta por la grafía que consta de este nombre en el libro de las *Consonantes* del propio Guillén de Segovia: «Aquel que Leónida ovo del sobervio Xerçes, quando por el número copioso de su exérçito se falló deçebido, según que Demorato le dijo» (fol. 7r).

1186 que tan bien conoces : que también conoces *A Mo* [La presencia de *también* en el verso anterior invita a pensar que se trata de un juego de palabras, que además se ajusta al sentido, ya que trata de personas contemporáneas al autor.

1189 lo dicerna *A* : lo(s) dicerna *Mo* [La enmienda perceptible en el manuscrito es causa de la duda en *Mo*.

1191 querer la justicia : querer la injusticia *A Mo* [Se trata de un evidente desliz en la copia, pues el texto está hablando de acciones positivas de los príncipes Isabel y Fernando y del arzobispo, por lo que no cabe que quieran ejercer la injusticia.

1192 que es eterna : ques eterna *A Mo*

1196 de aquestas montañas : daquestas montañas *A Mo*

1201 y en limpio vivir [El copista escribió inicialmente *justo,* que luego enmendó en *limpio.*

1203 princesa de aquesas : princesa daquesas *A Mo*

1204 por que en limpios : por quen limpios *A Mo*

1211 habrán libertad : abran libertad *A Mo*

1213 Es rey de Cecilia *A* : Es rey e Cecilia *Mo*

1214 del muy serenísimo rey de Aragón : del muy serenismo rey Daragón *A Mo* [En la copia se omitió la segunda *–i–* en *serenísimo.*

1215 rey de España : rey Despaña *A Mo*

1221 de aquesos pasados : daquesos pasados *A Mo*

1232 los daños futuros presentes los mira *Mo* : los danos futuros presentes los mina *A*

1237 a aquel que camina : aquel que camina [Se trata de una *a* embebida.

1240 a aquellos que tiene : aquellos que tiene *A Mo* [Estamos ante un nuevo caso de *a* embebida.

1242 que en amor : quen amor *A Mo*

1246 que en esta : quen esta *A Mo*

1254 que el alma : quel alma *A Mo*

1255 que en canto revelan : quen canto rebelan *A Mo*

1256 de aquellos frutales : daquellos frutales *A Mo*

1262 de allí : dallí *A Mo*

1265 de Aleto : daleto *A* : dAleto *Mo*

1273 de aqueste vergel : daqueste vergel *A Mo*

1274 que estaba : questaba *A Mo*

1276 buscó de laurel *A* : busco de laurel *Mo*

1278 va por sus líneas *A* : va por sus tineas *Mo*

1281 siete bultos : siete vultos *A Mo*

1282 de aquella verdura : daquella verdura *A Mo*

1283 y grand estatura : y grand grandstatura *A* : y grand statura *Mo*

1284 que estaba : questaba *A Mo*

1288 del mundo más bellas [El copista escribió inicialmente *del modo,* para luego enmendarlo en *del mundo.*

1293 del nuevo reinado [En *A* se escribió primero *grande,* siendo luego tachado el adjetivo para escribir en la línea superior *nuevo.*

1297 que estaba primero : questaba primero *A Mo*

1301 y dijo: «Señoras *A* : y dixo: «Señores *Mo*

1302 de aquesta posada : daquesta posada *A Mo*

1323 nin por menos *A* : ni por menos *Mo*

1326 non se engendre : non sengendre *A Mo*

1329 Siempre que trates : Siempre trates *A Mo* [Por métrica y sintaxis, parece que se trata de una omisión del copista.

1337 lo que es : lo ques *A Mo*

1338 que están : questán *A Mo*

1342 con delibración : con deliberación *A Mo* [El segundo hemistiquio del verso resulta métricamente irregular, por lo que se impone una enmienda siguiendo el recurso de apócope que el propio Guillén de Segovia utilizó en otros casos, como en el v. 1262, donde se lee *desraigadas* por 'desarraigadas', o en el muy próximo v. 1351, con *delibres* por 'deliberes'.

1344 que es reprehensible : ques reprehensible *A Mo*

1356 por que el : por quel *A Mo*

1361 De […] nos fizo [En el manuscrito se señaló con un blanco la omisión de un sustantivo, que pudiera ser algo semejante a *aquesto*.

1362 a que el hombre : a quel hombre *A Mo*

1363 lo que es : lo ques *A Mo*

1365 que el Ángel : quel Ángel *A Mo*

1369 que en torpe : quen torpe *A Mo*

1378 de las separadas : delas separadas *A* : dellas separadas *Mo*

1381 que es inferior : ques inferior *A Mo*

1382 de asaz [La voz *asaz* no se lee con completa claridad en el manuscrito.

1400 de aquel infinito que es Dios : daquel infinito ques Dios *A Mo*

1401 Non puede el licor : Non puedel lector *A Mo* [La mención del «lector» que se trasmitió en *A* no encaja en absoluto en el discurso, mientras que la solución a ese error de copia se encuentra en la fuente que Guillén de Segovia siguió a la letra, que vuelve a ser Alfonso de la Torre, de donde procede la comparación: «Nin resçibe la redoma el preçioso licor del bálsamo sy ella esta llena de çieno o de otra cosa vil» (*Visión deleytable*, p. 138).

1403 vacío se queda : vacía se queda *A Mo* [Parece un error del copista por atracción de la voz *redoma,* aunque el adjetivo parece sintácticamente referido a *quien*.

1406 de estar entre nos : destar entre nos *A Mo*

1409 Por que eres : Por queres *A Mo*

1419 que en esto : quen esto *A Mo*

1423 lo que es : lo ques *A Mo*

1439 por que en todo : por quen todo *A Mo*

1449 de consumo *Mo* : de consumo *A*

1454 que nuce y empece : y unce y empeçe *A Mo* [El lugar requiere enmienda, ya que el verbo *uncir* no hace al caso y la conjunción *y* rompe con la cadena sintáctica. La confusión entre *y* y *q* como abreviatura de «que» es un error común en la transmisión de textos de la época. Por su parte, *nuce,* del verbo *nucir* o *nocir,* con significado de 'dañar', encaja con el verbo *empece* que sigue a continuación y coincide con voces de uso común en el poema, como *nucible* (vv. 1016 y 1038), *nucivo* (v. 1261) o el propio verbo *nuce* (v. 1354). Se añade a ello que Alfonso de la Torre, fuente principal de Guillén en este pasaje, usa de la misma frase: «a los que nuzen e enpesçen» (*Visión deleytable*, p. 300). El copista habría trastocado por confusión dos letras de escritura semejante como la *u* y la *n.*

1456 que en todo : quen todo *A Mo*

1457 lo que es : lo ques *A Mo*

1458 a aquello que : aquello que *A Mo* [Se repone la *a* embebida.

1459 que es ajeno : ques ageno *A Mo*

1462 que en daño : quen daño *A Mo*

1465 Lo que es : Lo ques *A Mo*

1466 todo perjurio : todo perjuicio *A Mo* [La voz *perjuicio* no hace un sentido claro en el contexto, mientras que el error de copia por *perjurio* es fácilmente explicable.

1468 lo que es : lo ques *A Mo*

1469 Si vieres [...] [El copista dejó un blanco para indicar la falta de texto o su incapacidad para descifrar la escritura del original.

1470 que en algo : quen algo *A Mo*

1486 que es acto : ques acto *A Mo*

1487 Magnanimidad : la Magnanimidad *A Mo* [Con el artículo, el verso es hipermétrico y rompe con la personificación de las virtudes, a las que se apela con un nombre propio, como en el verso 1440: «qué dice Justicia». En ello incide el hecho de que en el verso 1745 utilice una forma apocopada de la misma para que la métrica del hemistiquio encaje: «por magnanidad».

1504 se viene a rendir : se viene rendir *A Mo* [El copista parece haber omitido la preposición *a.*

1513 De mí soy contenta, que vivo segura [El copista escribió en principio «De mí soy segura, que vivo contenta» para luego enmendarlo.

1520 que es tanto : ques tanto *A Mo*

1522 de precio *Mo* : deprecio *A*

1523 con paño suez *Mo* : con pano suez *A*

1527 no está la virtud : nosta la virtud *A Mo*

1529 que el alma : quel alma *A Mo*

1531 ya que esos : ya quesos *A Mo*

1542 que es mucho : ques mucho *A Mo*

1543 nombrado el señor : nombrado el *A Mo* [Cabe completar el verso a la luz de la fuente, que en este caso es Alfonso de la Torre: «E non cures qu'el señor sea conosçido por la casa más que la casa por el señor» (*Visión deleytable,* p. 310).

1545 lo que eres : lo queres *A Mo*

1555 por que el : por quel *A Mo*

1557 que en esto : quen esto *A Mo*

1558 nin llames [En *A* parece que hubo una duda del copista que pudiera permitir leer *llarnes*.

1560 que es arte de envidia : ques arte denvidia *A Mo*

1566 al que es : al ques *A Mo*

1567 […] tus burlas [Falta en el verso un verbo que introduzca el complemento.

1569 fablar de lo honesto : fablar del honesto *A Mo* [Al no haber referencia personal alguna en el contexto, encaja mejor el carácter general de «lo honesto», que cabe a demás con la grafía original.

1579 por que es : por ques *A Mo*

1584 al que es : al ques *A Mo*

1586 de aquestas : daquestas *A Mo*

1587 mira más alto *Mo* : mira mal alto *A*

1589 De aquellas : Daquellas *A Mo*

1593 En otros andenes : En otros and[…] [La laguna corresponde muy posiblemente a la voz *andenes,* que el autor utiliza previamente en un contexto similar: «Verás fondón de estos en otros andenes» (v. 1013).

1598 decidme en el fin de aqueste camino : deidme en el fin daqueste camino *A* : decidme en el fin daqueste camino *Mo*

1603 lo entiende : lontiende *A Mo*

1608 pues que es : pues ques *A Mo*

1609 Allende de aquesto : Allende daquesto *A Mo*

1621 metiere en su seno : metieren su seno *A Mo*

1622 de aquello que : daquello que *A Mo*

1634 que entiendo : quentiendo *A Mo*

1638 lo que es mas : lo ques mas *A Mo*

1639 sobre esto : sobresto *A Mo*

1641 con que el : con quel *A Mo*

1643 que es premio : ques premio *A Mo*

1646 que esperes el mal, si de él : quesperes el mal, si del *A Mo*

1651 lo que está : lo questa *A Mo*

1654 lo que el : lo quel *A Mo*

1655 mas eso se espera en que : mas eso sespera en que *A Mo* [El copista de *A* parece que comenzó por error a escribir una *l–* donde correspondía el *que.*

1656 con que es : con ques *A Mo*

1657 esa que espera : esa quespera *A Mo*

1659 si espera del mundo : esperanza del mundo *A Mo* [El hemistiquio es hipermétrico tal como aparece en *A*. Por su parte, la estructura condicional es común a los discursos de las virtudes teologales y encaja con el futuro de la frase principal.

1664 que en esto meresce llevar la bandera : quen esto meresce levar la vandera *A Mo* [Es común en los originales de la época transcribir la *ll–* inicial como *l–*. A ello se añade el hecho de que la expresión hecha es «llevar la bande-ra», no *levarla*.

1673 cuantos nascimos *A* : cuantos nasc(e)mos *Mo*

1677 que en uno : quen uno *A Mo*

1678 la siembra : las siembra *Mo* : tas siembra *A* [Hay que entender que se trata de un error de copia, ya que el antecedente es *amistad*.

1685 por que estos : por questos *A Mo*

1688 do pide el juicio : do pidel juicio A Mo

1703 que non fallecer *A* : que non fallecen *Mo*

1706 de aquellos : daquellos *A Mo*

1709 tomolo una nube : cavolo una nube *A* : ca volo una nube *Mo* [El error en la copia es evidente, y puede enmendarse siguiendo la pauta del verbo que consta en el título de la estrofa.

1711 de aquel monte : daquel monte *A Mo*

1718 que escribe el Bocacio : ques cruel voacio *A* : quescr(i)uel vocacio *Mo*

1728 TÍTULO Cómo suplica a la señora princesa que acate al señor arzobispo, según la sirve *Mo* : Cómo suplica a la señora princesa que acate a la señora prince-sa, según la sirve *A* [El copista repitió por error «a la señora Princesa».

1738 que sobre esto : que sobresto *A Mo*

1744 que está permitido : questa permitido *A Mo*

1771 que el Evangelio : quel evangelio *A Mo*

1775 faced que el temor : faced quel temor *Mo* : facer quel temor *A*

1783 que el río : quel río *A Mo*

APÉNDICE
PERO GUILLÉN DE SEGOVIA, PROEMIO
A *CONSONANTES A DON ALFONSO CARRILL*,
Biblioteca Nacional de España, signatura Ms. 10065, fols. 2r-26r.[1]

[1] …y guerras que decirse pueden cibdadanas y aun más que cibdadanas[2], acaescidas en nuestro tiempo en estos reinos y rigiones de Castilla, en especial desde los reales de Garray y Belamazán, que dieron causa y comienzo a los futuros y venideros daños, fasta llegar a la detención y soltura del preclaro y virtuoso caballero de vuestra clara progenie y sangre real, don Pero Manrique, adelantado mayor de Castilla. Donde, como escribe Lucano, el derecho fue dado a maldat y el pueblo poderoso se tornó en sus entrañas, y a matarse entre sí mismos parientes con parientes, hermanos con hermanos, amigos con amigos, quebrantando las posturas y leyes del reino, por el envidioso ordenamiento de los fados, y porque las cosas altas y dignidades humanas non pueden luengamente durar en un ser, ca les es negado. En lo cual hobieron de entender los comarcanos reyes, entrando por nuestros términos con banderas desplegadas y con grandes tropeles de gentes de armas fasta Sopetrán, dejando a Granada, aquel reino de los paganos ismailitas, nuestros comarcanos enemigos, lozanos y en sana paz, y aun prestándoles manos con que ensoberbecidos se esforzasen a robar y destruir nuestras fronteras.

[2] Donde vuestra señoría, celando el servicio de Dios y del rey, y el sosiego y tranquilidat de este trabajado reino, sin esperar otro galardón sinon de Dios, por cuyo respecto se fizo, guardando siempre el derecho, se dispuso a todo trabajo y peligro por resistir la desmoderada soberbia y refrenar la empescible y mala cudicia, socorriendo y amparando a lo más flaco, que son los menudos del pueblo, defendiendo la tierra y teniéndola en su libertad, la cual yacía ya en partes desierta y cubierta de matas, de guisa que parescía y se facía temerosa y espantable; restituyendo su fuerza a los labradores y quitándoles todo temor para poder labrar sus heredades, deseantes ya los frutos de aquellas; y poniendo en esto la presona y gran dignidat a ordenamiento de los siniestros y contrariosos casos de la Fortuna,

---

[1]   Este texto tiene una mera función instrumental, ya que el propio Guillén de Segovia lo presentó como una suerte para el poema que editamos. Por esa razón —y aun partiendo de un único testimonio— hemos optado por modernizar el texto en lo que corresponde a las grafías, la acentuación y la puntuación, manteniendo, eso sí, las variantes morfológicas del original.

[2]   En el manuscrito faltan la portada y el folio primero.

y sometiéndolo todo debajo de sus engaños y asechanzas, y derramando mucha de sangre de los parientes y criados, gastando y destribuyendo las rentas del abondoso patrimonio y los feudos y réditos de vuestra gran dignidat y perlacía eclesiástica.

[3] Lo cual todo, porque no quede así, so fabla general, nin paresca que, con aquel entrañable deseo que siempre hobe a vuestro servicio, lo pinto o escribo en mayor grado que pasó, espresarse han aquí en este proemio algunas cosas principales que yo me acuerdo dignas por cierto de gloriosa fama y perpetua recordación, porque cada una de ellas fuera bastante ser empresa de un gran príncipe de corona; y aunque me detenga en esto un poco, relatare brevemente las legítimas causas de que resultaron y hobieron orígine los actos notables que dije. Y será esto como comento o declaración de la otra primera obra que de esta materia a vuestra señoría se fizo en metro, la medida y compás de la cual non me consintió espresar por estenso los notables fechos celebrados por vuestro ánimo veril, allí tocados; lo cual aquí se fará por esta más ancha y espaciosa carrera, que lo consiente, que es e pasó como se sigue.

[4] Villa de Berlanga 1.º

[5] Poniendo el primero acto o fazaña en orden, que fue el cerco de la villa de Berlanga, la cual, estando rebelada al rey, porque Juan de Tovar, señor de aquella, era en servicio del rey de Navarra, y teniendo la villa por esto la defensión, socorro y valía mucho cercano, porque la habían de socorrer de los reinos de Aragón y de Navarra, vuestra señoría, con ánimo veril de virtuoso y valiente corazón, sufriendo aquellos trabajos deleitosos de la justa y lícita guerra, esperando de Dios ser mayores los galardones que los peligros y sabiendo con juicio y viva lumbre de ingenio probar todas las artes a que la nescesidat, costreñía en acatamiento de la deseada vitoria, por duros y continuos combates, la entró por fuerza, y la tornó y sojudgó a la obidiencia y servicio del rey. Por cierto, non fue tanto de notar aquello que Lucano escribe en el su libro *De bello cevil*, que el César fizo en la cibdat de Armenia, cuando, después de visto el temeroso sueño y de haber pasado las avenidas del río Rubicón, la entró y tomó por fuerza como bienes del senado de Roma; porque vuestra señoría fue en esto más misericordioso vencedor que aquel.

[6] Castillo del Corlo 2.º

[7] Pues si notamos por segundo fecho o fazaña el premioso cerco del Corlo, castillo que ansimesmo estaba rebelado al rey y detenido por los navarros, que enemigos a la sazón eran de nuestra patria, vuestra señoría lo cercó con tanta de gente de armas y petrechos de guerra que paresció acto celebrado por un gran príncipe, según la fuerza era y según el socorro que tanto cercano tenían así de los dichos reinos de Aragón y de Navarra, como de las fortalezas y guarniciones de Atienza y Torija y otras que a la sazón estaban por el rey de Navarra, metidas en nuestras entrañas; de donde con muchas gentes, de noche y de día, vuestra señoría fue tentado por todas artes de guerra por facer levantar el sitio. Mas aque-

lla animosidat y graveza de vuestro varonil y valiente corazón, que a mayores cosas se había puesto y las tenía ya tanto habituadas y en costumbre, que las había por ligeras, como ninguno haya temor de facer aquello que bien ha aprendido, tovo quedo el sitio, aunque en estrago y diminuición de los obidientes y leales criados, fasta que por duros y continuos combates, poniendo escalas y otros petrechos de guerra al tal acto convinientes, lo tomó y entró por fuerza y puso sus banderas y estandartes por sus altas torres, pregonando los haraútes, con estampidas de atabales y trompetas, la gloriosa vitoria de tan alta empresa añadida a vuestros triunfales títulos.

[8] Castillo de la Riba 3.º

[9] Pues non es de pasar so silencio el tercero y famoso fecho, que fue el sitio de la fortaleza de la Riba, la cual tenía perdida la iglesia de Sigüenza, y era ocupada o detenida por mosén Rebolledo, capitán del rey de Navarra y tenedor de Atienza. El cual sitio con tanta ardideza, virtud y valentía fue porfiado, que junto estobo con la torre del homenaje de aquella, vedándoles los mantenimientos y todo uso de libertad, y con muchedumbre de ballestas, espingardas, truenos y lombardas, que como lluvia del cielo los vesitaban, non dándoles lugar a solamente mirar el campo. En el cual sitio vuestro favor y gente estovo así quedo, que sin embargo de los temores puestos con la venida del rey de Navarra, que en esa frontera estaba, y sin embargo de los rebates fechos de día y de noche por las gentes de las guarniciones fasta que por discurso de tiempo Ferrán Godino, alcaide de la dicha fortaleza, fincada la rodilla ante vuestra señoría y pidiendo merced de la vida, dio las manos juntas al guadafión y las duras cervizes al vituperoso yugo. ¿Qué diré de aquesto sinon que, según la fuerza es, fue admirable cosa poderla ganar? La cual ganada, vuestra señoría, en acatamiento del servicio de Dios, libremente la restituyó a la iglesia cuya era.

[10] Villa de Torija 4.º

[11] Vengamos agora al cuarto acto de la villa de Torija, que ya en este reino era tornada y fecha otra cueva de Caco, según los robos, fuerzas, daños, males que mosén Juan de Puelles, capitán o forzoso tenedor de aquella, de allí facía. ¿Qué diré de los petrechos ofensivos y defensivos, del fenchir de los valles, allanar de sierras, facer fonsados, cárcavas y bastidas, cortando las vecinas y espesas selvas, para facer grandes y sotiles engeños, que igualaban con el altura de sus torres? Donde vuestra señoría en uno con el preclaro, excelente y generoso caballero don Íñigo Lopes de Mendoza, señor de la Vega de Hita y de Buitrago, que después fue marqués de Santillana, el cual, por su valentía y alto ingenio, meresció gozar de aquellas dos coronas que las armas y la toga a toda virtud permiten, proveyó así todas las cosas, que ninguna pudiese ser vista desacompañada de lo nescesario para se sojudgar al miedo. Y sabiendo vuestra señoría con prudencia cometer y pelear, osadía que se llama ciencia de la república, porque aquesta saca de la nescesidat cuanto se debe tomar de la astucia y

cuanto de la fuerza; y sabiendo bien cómo el serenísimo señor rey de Aragón, con grandes compañas de gentes de armas, era entrado por nuestras fronteras para socorrer la villa, donde vuestra señoría fue consejado de todos los caballeros industriosos en la guerra, que en vuestro copioso y noble consejo a la sazón estaban, que alzase el sitio, dejando por temor la esecución de tan lícita y justa empresa; mas vuestra señoría, como varón de virtut, costreñido, repugnando el tal consejo, tovo quedo el sitio fortalesciéndolo todavía más, así de gentes como de petrechos; tanto que solo esto dio causa que el rey se tornó, teniendo por mucho dudosa su vitoria. Y vuestra señoría por estos primores y artes de guerra trojo la cosa en tal término, que, después de haber estado sobre la villa veinte meses y después de haber seído muertos y feridos en los combates y escaramuzas de tan largo y porfiado cerco dos mil hombres y más, de la una y otra parte, se entró la villa por fuerza, y fue preso el capitán y destrozados todos los que lo seguían en tan inica opiñón; el cual largo tiempo estovo preso en los alcázares de la vuestra villa de Alcalá de Henares, de que se engendró y quedó nombre a la torre de su prisión, que desde entonce se llama la torre de mosén Juan; el cual nombre, por sus méritos, durará cuanto esta baja redondeza durare. ¿Qué diré de tal vitoria, sinon que fue mayor y debe haber mayor nombre que aquella que el César hobo de la fuerte Marsella? Dígolo porque aquella non fue adquerida con tanta virtud y destreza nin con tantas afrentas, y porque fue buscada tiránicamente y por cudicia de ajeno señorío, y esta que vuestra señoría hobo, ser, como fue, buscada con celo de virtud en provecho de la cosa pública y por dar a los menudos libertad.

[12] Delibración de la villa de Utrilla 5.º

[13] Pues no dejemos en olvido, muy magnífico señor, la quinta fazaña y acto digno de perpetuo nombre que de aqueste sitio de Torija dependió; mas, encomendando aquel a la diesa gigantea, siquier del giganteo linaje, de quien escribe Vergillo en el su cuarto libro *Eneidos* que es fija de la Tierra y que sus ojos y orejas son en tanto número y de tal calidat que non queda cosa debajo del cielo que non vea y oya, ganarse ha tanto, señor, que allí registrado, ella con plumas ligeras de que está guarnescida, lo levara presto a la Frigiana tierra y Cáucaso monte fasta lo poner en las de Etiopía regiones. Y en el tal inconviniente de que adelante faré minción, puédese poner figura de las substancias y miembros corporales, que cuando son conjuntos y conformes y son unos en su defensa, non es duda podrán forzar los acidentales humores corrutos; pero si estos discrepan de la tal unidat y concordia, luego la materia dañada revienta por otros lugares no pensados, en mayor grado nucibles, como muchas veces vemos en este bajo suelo contescer cada día a los cuerpos pasibles, que la una pasión les impide la cura de la otra, y cuanto más y más, si son contrarias en calidat. Donde digo, señor, que ánimo grande es del virtuoso paciente, mostrar el rostro entero a la variable Fortuna, allí donde por tales asechanzas tienta derribar la virtud.

[14] Y esto presupuesto, tornando a mi caso, en que non menos contesció a vuestra señoría, por cierto de notar es, que estando en el ya memorado sitio de Torija muy atento y ocupado por corregir con diestra vencedora los desmoderados e inmensos daños de allí fechos por el dicho mosén Juan de Puelles, le vino nueva como en Monreal, villa del rey de Aragón, ques situada en nuestras fronteras, eran juntas trecientas lanzas del rey de Navarra con propósito de se meter en la fortaleza de Atienza, que a la sazón estaba por el dicho rey de Navarra, para facer de allí guerra a Castilla y en especial a la tierra de vuestro señorío, a fin que con esta fatiga de nescesidat se afloxaría el cerco de Torija y se daría algún favor, esfuerzo y esperanza a los cercados, para que con mayor ardimiento se esforzasen a su defensa. La cual nueva sabida, luego vuestra señoría, sin dar otra dilación de tiempo, salvo solamente el que fue nescesario al proveimiento del sitio, como todavía vuestra señoría estoviese aparejado de guerra y toviese proveído con prudencia a todo lo que podía venir, luego en continente se partió con gran parte de la gente continua de vuestra muy magnífica casa, y con tal presopuesto que en un día y una trasnochada podría alcanzar a Monrreal (cuyo espacio de lo uno a lo otro ya estaba compasado). Y con tal ardid e información que encaminaba a vuestra señoría, cómo pudiese destrozar y haber vitoria de aquella gente contraria que allí se habían juntado. Y puesto ya en el camino con este propósito, errose todo el proceso, porque aquellos adalides a quien vuestra señoría dio el cargo de la guía, eran naturales de aquella frontera de Aragón, cautelosamente, y aun voluntaria, volvieron los pies errados a follar el camino contrario de la vía que vuestra señoría llevaba, queriendo resemblar en esto al modo que tienen los hipócritas, que muestran lo bueno de fuera y tienen otro no tal metido en las entrañas. Por lo cual vuestra señoría non pudo alcanzar al tiempo que convenía para que hobiera efecto vuestra notable consideración.

[15] Pero, visto aquello, vuestra señoría, como diestro capitán, mudó presto el consejo, conformándolo con el tiempo, no fallesciendo al virtuoso propósito, como de todas partes se falle acompañado de la virtud que a tal obra amonesta; y dio de salto sobre la villa de Utrilla, villa que es situada en el condado de Medina-Celi, la cual también era ocupada por gente del rey de Navarra. Y vuestra señoría la escaló de noche, a muy gran peligro de vuestra gente, porque la tiniebla y gran escuridat dio causa que se escalase por la parte que non tenía andenes la villa, de guisa que los escaladores se hobieron de derrocar del muro abajo y cayeron dentro en la villa. Peligro por cierto fue digno de fama y de virtuoso nombre. Donde las gentes del rey, que estaban dentro de fuerza sin su querer, se hobieron de retraer a un cortijo que allí estaba con una torre asaz fuerte, donde se pusieron a la defensa, non en menos grado nin con menos ardideza que Domicio, tenedor del castillo Corfino, cuando se opuso contra el César pensando por la industria del romper de la puente impedir la pasada del César.

[16] Mas vuestra señoría, siguiendo sus mesmos pasos en la osadía, non curando de aquello, mandó combatir la villa e torre de tan duro y áspero combate que fueron tanto apremiados en el que luego se entró el cortijo e se cercó la torre,

combatiéndola tan de recio que los que dentro estaban se dieron por vencidos, suplicando a vuestra señoría merced solo por seguridat de la vida; los cuales, como humano y virtuoso señor, vuestra señoría rescibió, e otorgó solo aquello con tanto que se diesen a prisión y estoviesen a la justicia. Los cuales luego entregaron la torre e se pusieron en prisión en poder de quien vuestra señoría mandó. E todos sus caballos e armas e otros bienes de su despojo, que por cierto se hobo de buena guerra, con mano liberal y con ánimo virtuoso vuestra señoría lo repartió a los criados que más lo habían por su trabajo merescido.

[17] Fortaleza de Vado del Rey 6.º

[18] Pues corra la pluma, muy magnífico señor, por el blanco papel, y resciba en sí audacia la temerosa diestra por memorar el sesto y valeroso fecho que vuestra señoría fizo, remitiendo a la escriptura la representación de aquel para lo infundir en los ánimos y memoria de los venideros siglos. Por que, como dice el filosofo en el libro *De memoria e reminiscencia,* la memoria non es de las cosas presentes nin foturas, mas solamente de las pasadas, y esto es porque al seso común, deleznable muchas veces, contesce remembrarse ante de las cosas que una vez ve que de las que ve muchas veces. Y esto se causa porque la remembranza toda consiste y se face o por semejante o por contrario o por la misma parte. Dígolo porque en este caso se puede bien facer comprehendiendo todas estas tres partes, ansí poniendo figura de lo semejante, como limitando los contrarios que la victoria repugnaban, como poniendo la estoria nuda, según que en la verdat paso. La narración de lo cual es esta.

[19] Vuestra señoría, estando en la vuestra villa de Alcalá de Henares, elegido y tomado por todo este reino para depositario o tenedor de las rehenes que el serenísimo rey don Johan, de gloriosa memoria, en las diferencias que hobo con el ilustrísimo muy caro y amado fijo suyo, el príncipe don Enrique, legítimo heredero de estos reinos, hobieron de dar por seguridat de las cosas que cada una de las partes a término cierto habían de complir, por lo cual fueron puestos en poder de vuestra señoría por rehenes, de la parte del dicho señor rey, a don Johan de Luna, conde de Santesteban, fijo del valiente y animoso caballero don Álvaro de Luna, conde estable de Castilla, que después fue maestre de Santiago, et de la parte del dicho señor príncipe, al excelente y virtuoso caballero don Pero Girón, maestre de la orden y caballería de Calatrava. Y vuestra señoría, estando ocupado en la guarda de tales y tan altas rehenes, por dar en su tiempo a la justicia y lealtad lo suyo, sobrevino aceleradamente tal nueva que algunos caballeros de la casa del rey de Navarra habían tomado furtiblemente la fortaleza que vuestra señoría tenía cerca de la dicha villa de Berlanga, que se dice Vado Rey, la cual vuestra señoría, no furtada, mas cometida por delante y al resplandor de la Febea lumbre había ganado a Johan de Tovar, cuya era.

[20] Et como esta nueva viniese y vuestra señoría fuese certificado como la dicha gente fortalescían e guarnescían la dicha fortaleza para de allí facer guerra a las comarcanas y vecinas tierras, como sabio y diestro guerrero, sin dar dilación nin

delibración de largo consejo, mas aquel luego tomado, por impedir el tal basteci-
miento e proveimiento de la dicha fortaleza, con asaz gente, así de la continua de
vuestra muy magnífica casa como de tierra, envió luego sobre la dicha fortaleza a
Ruy de Acuña, caballero de vuestra casa, cercano en debdo e muy antiguo criado
en ella y en el ejercicio militar que allí tanto se continua, a quien dio la capitanía y
cargo de aquella empresa. El cual luego se partió así acompañado de vuestra gente
que puso sitio sobre la dicha fortaleza y, combatiéndola cada día, sin temor del so-
corro que se decía venirles de esas fronteras de Aragón y Navarra.

[21] El cual sitio non menos fue porfiado de amas partes que aquellos collados
de Lérida defendidos por Afranio y Petreo, capitanes de Pompeo, cuando el
César allí los cercó con gente demasiada. Porque, así como estos capitanes, cos-
trenidos de la gran sed, se dieron voluntarios a la muerte, donde escribe Lucano
que el César, vista su desesperación, mandó César la esecución, diciendo a los
suyos: «Redrad las armas de ellos y volved los fierros en otra parte, que non es
vencido de su grado quien con la garganta parada viene a ensañar al enemigo,
nin lidia bien el que se desampara a la muerte, nin yo quiero vitoria con derra-
mamiento de tal sangre». Dígolo porque non menos se fizo en la dicha fortaleza
de Vado Rey, porque, después de bien porfiada y después de muertos y feridos
asaz gentes de amas partes, el capitán del rey de Navarra y otros asaz gentiles
hombres de los principales de su real casa que dentro estaban se dieron, las
manos atadas, a prisión mal su grado. A los cuales, como quier que los deméritos
por los actos de la guerra los encadenasen, la grandeza de vuestro magnífico
corazón los fizo libres, sin tomar de ellos otra emienda salvo solo el conosci-
miento de la verdat.

[22] Soltura del infante don Alfonso y como lo fizo alzar y jurar por príncipe 7.º

[23] Notemos aquí por seteno acto este, que como las suso comemoradas cosas
de tanta actoridat y graveza, vuestra señoría con santo y virtuoso propósito hobie-
se fecho y celebrado en vida del muy ilustre y esclarescido señor el rey don Johan
el segundo, de gloriosa memoria, cuya ánima Dios haya y en servicio suyo. El
cual, o por el cruel y envidioso ordenamiento de los fados o por los siniestros
casos de la movible fortuna, que non consiente que cosa alguna permanesca en su
ser, o por los deméritos de la tiránica osadía de algunos habitantes en este traba-
jado reino, por permisión de la divina celsitud, en la noble villa de Valladolid, a
14 de julio del año de 54, dio fin a su vida, quedándonos por legítimo sucesor de
estos reinos el serenísimo e bienaventurado príncipe don Enrique cuarto, fijo del
ya nombrado rey don Johan y de la muy esclarescida señora doña María de Ara-
gón, y quedándonos asimismo los infantes don Alfonso e doña Isabel, fijos asi-
mismo legítimos del rey don Johan, habidos en la muy ínclita y excelente señora
la reina, segunda mujer suya, doña Isabel de Portogal, los cuales a la sazón que-
daron en poder de la reina su madre.

[24] Y como después de la tal muerte y sucesión, vuestra señoría viese los fe-
chos de estos reinos ir en declinación y rompimiento de mal, y mirando cómo ya

el rey nuestro señor tenía sus hermanos los infantes, y cómo estando así los negocios en peso, podrían declinar —e de fecho declinarían— a tales rompimientos que diesen lugar e causa a revesar la sucesión de estos reinos, después de la muy gloriosa y larga vida del rey nuestro señor, et aun habiendo sentido algo de esto haberse principiado, vuestra señoría, con aquel virtuoso celo que siempre hobo a la justicia y al sostenimiento de la corona real de Castilla y al pro común de estos reinos, estando el rey nuestro señor en Valladolid con todos los duques, marqueses, condes y ricos hombres de su reino que a la sazón le seguían, vuestra señoría fizo ayuntar en Dueñas, villa del señor hermano, conde de Buendía, muchos grandes de estos reinos, aquellos o lo más, a quien parescía ilícito el tal propósito, para dar orden como contrariarse pudiese. Donde vuestra señoría, con número de mil lanzas y más, pasó a la villa de Dueñas y se vio con ellos. De donde resultó que se dio orden a las vistas de la acelerada y tosca casa que de maderos en el campo se fizo entre las Ventas y Cabezón, non fabricada por el jumétrico Dédalo.

[25] En las cuales vistas, porque yo non estove a lo vivo de ello, non sé si aquellos, costreñidos de las leyes reales o del verdadero título que el dicho infante a estos reinos tenía, o temorizados de la rotura que de aquello se esperaba, habiéndolo tomado vuestra señoría a voluntad, fue libre el infante de la detención y fue alzado y jurado por príncipe heredero, para que, después de la gloriosa y larga vida del rey nuestro señor, sucediese por rey de estos reinos. Pues ¿qué notarán de aquí las gentes venideras, que non vieron como yo el número grande de los contrarios y la grandeza de sus casas? Por cierto débense notar aquí dos cosas: una, el celo de la justicia que aquesto de antigüedat sin contradición permitía; otra, que fue un acto igual en vitoria, y aun de mayor nombre, que aquel que Leónida hobo del soberbio Xerces, cuando por el número copioso de su ejército, se falló decebido, según que Demorato le dijo.

[26] Acto de cuando se alzó el rey don Alfonso por rey 8.º

[27] Vengamos agora a la otava fazaña celebrada por vuestra magnífica presona, donde paresció entrevenir permisión divinal. La cual fue tal que debió y debe quedar por enxemplo en los advenideros siglos, porque traspasó en méritos los grandes y loables fechos de Anibal, que hoy se fallan notados por Lucano y Valerio y por otros asaz actores, así en la pasada del Ruédano, como en las cercas de Capua y en el sitio de los paulares de Roma. Donde con gran causa podré yo decir: ¿Cuál acto, cuál fecho pudo ser mayor en nuestras Españas que aqueste? Porque entre las disenciones, discordias y males de Castilla, vuestra señoría, sabiendo la rotura de ellos y cómo era acordado por el rey de dar la subcesión de estos reinos por violencia favorescida de votos contrarios a la verdat, y quitarla al serenísimio y bienaventurado príncipe don Alfonso, a quien por las leyes divinas y humanas pertenescía, y cómo para colorar esto, estaban ordenados los casamientos de la ilustrísima señora princesa e de la muy esclarescida señora infante, donde vuestra señoría, queriendo dar orden en el reino como Dios y el rey fuese servido, y estando en su servicio en Fuentiveros con mil e trecientas, lanzas de

vuestra muy magnífica casa, y estando de otra opiñón en Placencia el marqués de Villena, que agora es maestre de Santiago, y el conde de Placencia, que agora es duque de Arévalo, y otros muchos grandes de este reino y de los principales de él, los caballos ensillados y fechas talegas para se absentar del reino, non sabiendo otro remedio a su salvación, sentidos por vuestra señoría estos reveses y caminos siniestros tomados por el duque de Albuquerque y por otros condes y ricos hombres que con el rey a la sazón estaban, y conosciendo cuánto poco aprovechaban los loables consejos y buenas dotrinas que por vuestra señoría eran dadas, así en servicio del rey como en el pro común de sus reinos, y visto que ningún remedio por aquel camino había para defensar y tener la cosa pública en su libertad y para dar al reino su legítima subcesión, y sentidos asimismo algunos dobles tratos sustanciados de mala forja, tomada licencia del rey, vuestra señoría se vino a la cibdat de Ávila, donde luego el maestre de Santiago y el duque de Arévalo con otros asaz caballeros vinieron, dejando el motivo de su temerosa y acelerada partida, perdiendo por vuestra venida todo el temor concebido; donde, de consejo y concordia de todos y aun de algunos procuradores del reino, fue fecho y celebrado aquel memorable acto de alzar por nuevo rey al glorioso rey don Alfonso y facer en ello todos los otros actos que para lo abtorizar fue nescesario.

[28] El cual acto así fecho, luego en continente muchas y grandes cibdades del reino se dieron al señorío del dicho rey don Alfonso. Y desde allí vuestra señoría lo troxo por el reino y lo fizo reinar ese breve tiempo que a Dios plogo de le prestar la vida, fasta que la adversa Fortuna, non contenta de los daños de este trabajado reino, por su muerte trocó nuestra buena andanza en contraria suerte. Acto por cierto fue de notar y escrebir, porque dure en memoria de los hombres cuanto el atadura de los cercos durare.

[29] Villa de Peñaflor 9.º
[30] Nótese aquí también conjunto a esto, la entrada y vencimiento de Peñaflor, villa tenedera por largo tiempo a gran número de gente, la cual vuestra señoría en breve y pequeño espacio, dándole combate por todas partes, con sola la vista de vuestras vituriosas banderas y gente avillada, desmayando los tenedores de aquella, fue entrada por fuerza, quedando sojecta a vuestra señoría.

[31] Prisión de García Mendes 10.º
[32] Entre las cuales cosas y actos belicosos, aunque se reprehenda por vuestros sucesores, a cuyos nombres se juntarán después de vuestra gloriosa vida los triunfales títulos de tantas y tan señaladas fazañas, non dejaré de notar entre ellos, algunos otros grandes fechos cuanto a la obra, y dignos de glorioso nombre, aunque faltos en el resplandor de las vitorias por defecto de los bajos capitanes de quien fueron adqueridas.

[33] Y poniendo el primero de aquellos en suma, ¡qué socorro de hermano fue el que vuestra señoría fizo al señor Lope Vasques de Acuña, caballero de grande esfuerzo y actoridat, gobernador de la cibdat de Huete y tenedor de su fortaleza,

cuando García Mendes de Badajos, capitán del rey, con quinientas lanzas guarnidas de guerra y bien en punto, de salto le tomó la cibdat y lo cercó en la fortaleza, poniéndolo en tanto estrecho como Titus Vaspasiano puso a Jerusalem, fasta facerle comer los caballos y otras semblantes viandas inusitadas y con la nescesidat buscadas por sustentación de la vida y conservación de su lealtad, aprobando aquello que Quinto Curcio escribe, do dice que la gran nescesidat face probar nuevas artes a quien de ellas es costreñido!

[34] Donde vuestra señoría de la tal nescesidat informado, estando en Ávila, también de falto socorrió con la gente que se falló de su casa, que serían fasta cient lanzas; y cuando a la cibdat de Huete llego ya llevaba número de nueve cientas lanzas, con las cuales en llegando entró la cibdat por fuerza, prendió el capitán y le destrozó seiscientos caballeros de aquellos que lo seguían, poniéndolos todos a pie con sendos palos en las manos, y tornándolos en hábito de peones, y faciendo que los roteros cosarios se tornasen romeros mendigantes. Y así vuestra señoría delibró la cibdat y fortaleza, y quedó el hermano viturioso en su libertad.

[35] Fecho por cierto fue de mayor excelencia que aquel vencimiento que Octaviano César fizo, cuando peleó con Lépido y Mureno en venganza de la muerte de Julio César, cuando cerca de Mesana los prendió y les desarmó treinta mil caballeros, que nunca más hobieron el nombre y dignidat de caballería, y tornó en servidumbre a los siervos libertados.

[36] Destrozo de Tudela 11.º

[37] Pues non cesare escrebir el destrozo y vitoria que vuestra señoría, en uno con don Johan Pacheco, maestre de Santiago, hombre de gran actoridat y vivo engenio, de vuestra clara progenie, hobo de los capitanes del rey que estaban en la villa de Tudela de Duero, donde había docientas lanzas de las mejores y más guarnidas y ataviadas de las que el rey tenía en su guarda. Los cuales tenían la villa muy guarnida y reparada de garitas y petrechos, y de todo lo nescesario a su defensión, como omnes diestros en la guerra, y fechas cárcavas y acequias como sumideros dentro del río de Duero, en aquellos lugares que se recelaron que se podrían vadear, por impedir el paso a vuestra señoría.

[38] Mas como aquellas cosas y otras mayores vuestra gran prudencia y claro engenio toviese ya tanto cursadas por continuo uso que las sabía de coro, amanesció sobre ellos al alborada, y con mucha de gente de armas, espingardas, ballestas y truenos de mano, de que iba bien guarnido, en tanto que los caballeros se zabullían en las acequias y cárcavas del río por pasar de la otra parte, el cual con mucho peligro, veces sumiéndose todos, veces las ancas de los caballos, veces las cabezas, lo pasaron a nado. Vuestra señoría combatía la torre principal que era la mayor fuerza de la villa, poniéndose fuego a las puertas tanto esforzadamente y con tanta priesa que, en solo un combate, les entró la villa por fuerza, prendió los capitanes, y destrozó y puso a pie todos los otros caballeros de su compañía. Por cierto, fecho súbito y casi acelerado non ha pasado tal en los recuentros de estas

guerras, nin fue de tanto loor y fama al César, el non dudar la fondura del río Esepo yendo contra Tebas.

[39] Batalla de Olmedo 12.º

[40] De lo cual todo, muy magnífico señor, se engendró y sucedió el duodécimo acto, el cual cendró y puso sello a la grande animosidat y graveza de vuestro varonil y valiente corazón, esfuerzo y destreza de caballería. Mostró asimismo la voluntat clara y justa que siempre hobo a la defensa de la cosa pública y al servicio del nuevo rey y legítimo sucesor de estos reinos. Porque, estando vuestra señoría en la villa de Olmedo, villa que ya era en la obidiencia del rey don Alfonso, resistiendo con mil lanzas los daños, robos y males que por los contrarios en la tierra se facían, y estando el rey nuestro señor en Cuéllar, villa y fortaleza bien cercada, y con él el duque de Albuquerque, el marqués de Santillana, el conde de Haro otros asaz caballeros y ricos hombres con número de mil y seiscentas lanzas, a fin de pasar contra voluntad de vuestra señoría y follar la tierra del rey don Alfonso, y habiendo sobre aquello enviado sus harautes costreñidos de las leyes reales que disponen los actos de la guerra, faciendo saber a vuestra señoría su pasada a Medina del Campo y amonestándole que se non opusiese a la defensa del paso, y después de vuestra señoría haber respondido, respuesta por cierto digna de ser representada por boca de emperador, conjecturada al tiempo y caso, diciendo que pasase a Medina o a otra parte donde su alteza quisiese, con tanto que en la tal pasada non follase la tierra del rey don Alfonso vuestro señor, porque si, pasando aquella, se follaba la pasada, non podía ser sin batalla y sangre. Y como, non obstante aquesto, el rey con su hueste se movió a pasar y follar la tierra, hóbose de aceptar y aplazar batalla. La cual vuestra señoría con esos que tenía les dio, confiando de la vitoria por la justa causa que llevaba.

[41] La cual fue digna de mayor nombre que aquella que Anibal hobo cerca del barrio de Canas, que es en Pulla, cuando peleó con Emilio y Barro, cónsoles de Roma, porque non menos fue porfiada; donde Anibal fue vencedor y hobo tan grande despojo que quieren las estorias que enviase a Cartago tres moyos de sortijas de oro. Dígolo porque non menos fizo aquí vuestra señoría, que, desbaratada la batalla, metió en la villa de Olmedo todo el fardaje y repuesto que traían. Lo cual de tanto número y valía fue que non rescibe estima. ¿Qué diré aquí, salvo que esta fue mayor fazaña y de mayor osadía que la pasada que el César fizo con el pobrecillo barquero contra Antonio, nin que el romper de la aguas Rubiconas en seguimiento del yerno?

[42] Villa y fortaleza de Molina y la Torre de Aragón 13.º

[43] Pues ¿por dó comenzaré, muy magnífico señor, soltar la pluma ya cansada de escrebir vuestros dignos y loables fechos, para recontar la trecena vitoria y fecho señalado que vuestra señoría fizo en las vueltas de estas comenzadas guerras, en ganar como ganó la Torre de Aragón y la villa y alcázar de Molina, do son situadas siete torres caudales en un cerro o collado tanto enfiesto, que es

mucho áspero y agro de subir? Entre las cuales está la torre del homenaje caudal, albarrana, maciza ella sola y señera, bastante a la defensión de todas las otras.

[44] Teniéndola el duque de Albuquerque ansí proveída de mantenimientos, gente de armas, petrechos, instrutos y pensados en espacio de tiempo, a la defensión de aquella nescesarios, y con favor de los caballeros vecinos y comarcanos, y aun socorrida y acompañada de las otras fortalezas vecinas, que eran de su opiñón y le facían socorro y valía, en especial Castil Novo, Zafra, Motos e aun otras de socapa, y seyendo requerida y mirada por defuera de los capitanes del rey Álvaro de Hita, Cristóbal Bermudes, García de Jaén, Diego de la Puerta y otros asaz, vuestra señoría, como sabio guerrero, sin embargo de todo esto, por trabajo continuo y por actos pensados de guerra, desechando con virtuoso ánimo los temores así de los actos presentes y principales, del mismo caso principal incidentes, como de los otros que se estendían a más y a mayor generalidad, con grandes espensas y derramamiento de sangre de vuestros parientes y criados —donde es notorio muchos en vuestro servicio perdieron la vida, en especial Álvaro de Luna, vuestro pariente bien cercano en debdo—, una tenebrosa noche, cayendo saetas agudas del cielo con truenos y desmoderados relámpagos y vientos, que a todo animal sensetivo impedían todo sentido de oír, con infernea obscuridat, tanto que paresció misterio divino, la cual oportunidat de tiempo conoscido por los leales e industriosos criados, nudridos en el tal ejercicio en vuestra muy magnífica casa, pospuesto todo temor y lo nescesario con diligencia puesto en orden, fue ganada por vuestra señoría y destrozados y presos los tenedores de aquella.

[45] En tanto grado fue la esecución de aqueste señalado fecho que se estendió vuestro claro nombre por las partes estrañas, y a las vecinas y contrarias puso temor. Acto e vitoria fue por cierto semblante o mayor que aquel que César fizo, cuando entró por fuerza la cibdat de Arosino, pasando sus caballos a nado por el gran río que corre entre las Galias y Tebas, cuando, dejando atrás la paz y el derecho quebrantado, guio en pos de la ventura. Dígolo porque vuestra señoría llevo en esto más justas e más lícitas armas que no él en aquello, y aun porque con mayor razón se subieron los estandartes y señas del dorado castillo de azul finestrado, armas vituriosas de los antiguos y nobles títulos de Acuña y Carrillo, por las torres y andenes del alcázar de Molina y Torre de Aragón, que non las águilas del César, armas del imperio romano, por las fuerzas principales de Orofino cibdat.

[46] Casamiento de la señora princesa 14.º

[47] Viniendo al cuarto décimo acto solepnizado con la prudencia y virtud de vuestra señoría, y aun favorescido y abtorizado con ánimo de corazón varoñil, cuando, después de fallescido el glorioso rey don Alfonso y vuestra señoría, por guardar la fe y lealtad debida, tornó en obidiencia y servicio del rey nuestro señor, que, por fallescimiento del rey don Alfonso su hermano, recobró el cetro real sin competitor, mirando de cabo cómo las cosas seguían su primero curso en daño y diminuición de este reino, y cómo de cada día se amenguaba la corona

real y se quebrantaban las leyes, previlejos y buenas ordenanzas del reino, queriendo vuestra señoría dar algún medio a tantos y tales daños, el cual fuese conforme a la subcesión de estos reinos, así por ley divina como por natura humana, veyendo que era cosa justa, lícita y honesta que la serenísima y bienaventurada señora princesa doña Isabel hobiese su legítimo marido, vuestra señoría, después de requerido el rey nuestro señor y los grandes de este reino a la esecución de aquello, y visto cómo por los más de ellos, mediantes algunos motivos no buenos, era impedido y repunado, vuestra señoría, contra voluntat de muchos grandes, la casó, metiendo en el reino al muy ilustre y esclarescido don Ferrando, rey de Secilla y príncipe de Aragón, con solos veinte de mulas, fasta Valladolid, donde vuestra señoría les fizo muy magníficas y excelentes bodas, con inmensos gastos y espensas, como convenía al estado real suyo.

[48] De donde se recoligieron y tomaron dos santos y virtuosos propósitos: primero, que la subcesión de estos reinos quedase en ellos de liña derecha, como esta sea fija legítima del serenísimo rey don Johan, de gloriosa memoria, cuya ánima Dios haya, en quien todos los títulos derechos de estos reinos por amas partes fueron juntos; segundo, creyendo que por aquí, mediante la lealtat de los súbditos y naturales, cesarían las dicensiones y males nudridos de las opiñoñes contrarias, porque los pobrezillos y menudos viviesen en paz. Acto fue por cierto que non dudo ser remunerado con divinos premios, porque, como dice de suso, aquellas cosas son eternas las cuales por provecho de la cosa pública se facen y son inventadas y escriptas.

[49] Socorro de Perpiñán 15.º

[50] Y no teniéndose vuestra señoría por contento nin cansado de tantos y tan señalados fechos, celebrados en nuestras patria por vuestra magnífica presona, costreñido de aquel celo de virtud que lo tal permite, queriendo continuar y llevar adelante aquel lícito y justo motivo, fe y amor ofrecido al servicio del ilustrísimo rey de Aragón, que, teniendo el la cibdat de Perpiñán y cercada la fortaleza de ella sobre la recuesta del condado de Rosellón, que por tiranía le quería ser ocupado, vinieron sobre el los temáticos y crueles franceses y lo cercaron con muy premioso sitio, do había número de cient mil combatientes.

[51] Y visto el favor que de estas partes de los contrarios les era dado, por detener la esecución de aquello, a fin de ocupar en tan lícita y justa causa al serenísimo y bienaventurado príncipe rey de Secilla —que por el matrimonio celebrado con la muy esclarescida princesa nuestra señora doña Isabel quedó legítimo subcesor de estos reinos—, y estando a la sazón estos príncipes esclarescidos en la vuestra villa de Talamanca, y sus fechos de Castilla en mayor rotura que nunca estovieron por la entrada del infante Fortuna, que fue traído a casar con la infante, vuestra señoría, con osadía grande de muy magnífico corazón, de la virtud costreñido, consejó al señor príncipe que luego, sin otra dilación, fuese a socorrer a su padre, ofreciéndose vuestra señoría de quedar en aquella afrenta con la señora princesa, non consintiendo que en este acto se entendiese por vuestra señoría

aquello que Lucano escribe en el su libro *De belo cevil,* que la guerra non llama nin quiere a los cansados, mas creyendo que, como dice Quinto Curcio, muchas veces esquivando la guerra se cría guerra, vuestra señoría le dio de los amados parientes y obidientes criados, al socorro de aquesto, docientos caballeros de la flor de vuestra muy magnífica casa, avillados y bien guarnidos de guerra como en tal caso convenía. A cuya causa e respecto fueron otros muchos caballeros de Castilla y de Aragón con su alteza que non fueran. Los cuales todos, venidos al punto del paso para socorrer la cibdat, el nombre de vuestra gloriosa fama que ha volado por sus méritos con las alas de ligereza por todas las partes de lo poblado fasta poner sus banderas en el Olimpo monte, lo cual, conjunto a la destreza y valentía de vuestra copiosa gente, fue bastante que los franceses, angustiados de temor y temerosos de perder la honra y la vida, alzaron su real, dejando en perdición todas las vituallas y petrechos que ende tenían.

[52] Donde se puede bien decir, reverendísimo señor, aquello que Quinto Curcio dice, que las guerras por sola fama se conservan. Acto fue por cierto para gozar de aquellos tres dones que la Fortuna a los vituriosos ofrece, que son abasto de riquezas, celsitud de honra, gloriosa y perpetua fama. Los cuales es lícita cosa rescebir aquel varón que por todas partes ha querido buscar los premios de la virtud, otorgándolos al pueblo común, que son paz, sosiego y segura posisión de las cosas alcanzadas por virtud, teniendo por verdadera dotrina que, aquel que non trabaja por abajar su enemigo, del enemigo es abajado; y aun conosciendo que, entre los grandes príncipes, ninguna guerra es acabada, si non se restituye lo ganado o se gana todo lo que queda.

[53] Y aquí ceso escrebir los grandes trabajos y ocupaciones de la militar diciplina a que vuestra señoría se ha querido oponer, ansí por refrenar la soberbia tanto crecida en estos reinos, como por retornar y tornar en su estado la corona real de Castilla, celando el sosiego de los menudos habitantes en ella, non dudando la moltitud de los contrarios, como lo amonesta Quinto Curcio, mas mostrando que, tras la moltitud de la gente de armas regida con la virtud de la prudencia, se van los vencimientos dignos de perpetua fama y nombre. Donde se puede con justa causa decir los tales actos belicosos ser celebrados por otro segundo Hércoles celador de la justicia y virtudes; el cual siempre puso la soberbia y premiosa mano en contrariar y resistir a los depreadores, robadores, tiranos y malos.

[54] Y ansí vuestra señoría, como miembro del cuerpo místico universal, dotado por el inmenso Dios a la conservación de los otros débiles y flacos miembros que son los menudos del pueblo, se quiso oponer a tales y semejantes cosas y peligros, trocando, por reformación y remembranza de la pasión de Dios, el hábito pontifical y roquete de aquel en armas vituriosas, a fin que los subcesores celosos de tales fazañas sean movidos a seguir la vereda de las virtudes, ejercitando y multiplicando las costumbres virtuosas y buenas en defensión del público bien, como el tal ejercicio sea pungitivo de virtud y sea obra propia de la militar deciplina, aprobada y aun continuada por los Camilos, Cipiones, Fabricios, Marcelinos, Fabianos, de quien escribe Valerio Máximo que lumbre del imperio romano fueron.

[55] Ayuntamiento y concilio de Aranda 16.º

[56] Volvamos agora, reverendísimo y excelente señor, el rudo cálamo a la otra parte de la juredición eclesiástica y al ejercicio y continuación de aquella, que non menos ha dado vuestra señoría por el resplandor del santo y virtuoso nombre inmensas vejaciones y cuidados, pensando bien regir y gobernar vuestros súbditos por eclesiásticas leyes, usando con virtuoso propósito de su perlatura y dignidat —so cuyos decretos y costituciones toda la clerecía de las Españas es sometida—, los unos por premia de la juredición metropolitana y los otros por dotrinas de claros y virtuosos enxemplos, mirando cómo vuestra señoría siempre se ocupó y ocupa en corregir y emendar a aquellos que, desviados del camino y vereda divinal, siguen la vía siniestra, por vesitaciones y canónicas municiones, destirpando y contradiciendo sus desmoderados vicios, vanos y vacíos de todo bien, y sus causas y circustancias, por luminar con divina lumbre todas las ánimas a vuestra señoría encomendadas, non corregiéndolos con el cochillo de la temporal justicia, mas por censuras eclesiásticas, las cuales, aunque non rompen el cuero, magulan y fieren en el ánima.

[57] Lo cual vuestra muy magnífica presona siguiendo, se ha opuesto contra el poder temporal, que ha tentado y tienta robar y quitar las preheminencias, derechos e inmunidades de la Iglesia, por derribar y abajar su inica voluntad y desmoderada soberbia por municiones y piadosas exhortaciones, y aun quitándoles los beneficios y sacramentos que el estado seglar rescibe de la Iglesia. Lo cual tanto público es en estos reinos que los menores, por tal enxemplo, temen ser más ásperamente penados. Y por esto han seído restituidos a la Iglesia en vuestro tiempo muchos feudos, juredeciones, poderíos, censos, tenencias, posisiones, que muchos legos le tenían ocupados, con que rescibían y tomaban mayor audacia para ir contra vuestros justos y esperituales mandamientos, en gran contumacia suya. Donde se puede bien decir lo que dijo san Lucas evangelista en uno de sus evangelios, que el reino de los cielos fasta agora sufrió fuerza y los crueles le robaron.

[58] Y de este deseo grande que vuestra señoría siempre tovo al servicio de Dios, y queriéndolo continuar como agora de cabo viese que iban las cosas en esto tanto fuera de camino, por la inorme continuación de algunos vivientes en amos estados, vuestra señoría fizo la sínodo, concilio o ayuntamiento que agora se celebró en la villa de Aranda, do todos los perlados de España, así sufraganos a vuestra gran dignidat como los otros que por grandeza de estado, por viva lumbre de ingenio, por el grande y copioso ayuntamiento de perlados y maestros en teología, condes y caballeros, industriosos en los actos de la guerra y libres para bien consejar, dotores, licenciados, bachilleres, que vuestra señoría en su alto y magnífico consejo tiene, y non vos podían nin debían salir de mandado, fueron juntos. Donde vuestra señoría, en el tal concilio o congregación, guarnesció de buenas y justas leyes, decretos, costituciones, todas las partes y tierras a nos comarcanas, dándoles preceptos, reglas y dotrinas santas y justas, por donde vevir pudiesen en conservación de la ley divina y sacros

evangelios y en remembranza de la pasión de Dios, así a las presonas eclesiásticas que de las preheminencias e inmunidades de la Iglesia quieren gozar, como al estado seglar, que ya parescía esforzarse en el mal sin ningún temor de Dios, yendo contra las leyes divinas.

[59] Pues ¿qué méritos o premios hay en estas bajezas con que a vuestra señoría se pueda remunerar tan santo y virtuoso propósito y a las ánimas de los fieles en Jesu Cristo tanto útile y provechoso? Porque yo non me acuerdo haber leído en ninguno de los tiempos pasados, celebración en España de un acto tan glorioso y tan acepto al soberano Dios y a retificación y memoria de su santa pasión y de la fe católica. Y creo que por solo aquesto, habiendo respecto al motivo que lo causó, que fue abondoso en santidat y virtud, puede vuestra señoría bien decir por sí, como verdadero miembro de Dios, aquello de que sant Lucas da testimonio que dijo en Jesu Cristo en Nazaret, el sábado que entró en la sinagoga y tomó el libro de Isaías profeta, fablando contra el pueblo de los fariseos, do dijo así: «El Espírito del Señor, sobre mí es; él me envió a mostrar el evangelio a los pobres y a sanar los quebrados de corazón y a pedricar libertad a los cativos, y a los ciegos dar vista y a dejar a los apremiados en folganza, y a pedricar el año del Señor y el día del galardón». Lo cual por cierto cabe, y es lícito que aquí se diga por vuestra señoría, así porque los fijos de Dios son participantes de la gloria del Padre, como porque paresce haber complido todas estas obras de misericordia.

[60] Prosigue

[61] De las cuales cosas, muy reverendo señor, quedó y quedará por memoria a los venideros, ser colocadas en vuestra reverendísima presona aquellas cuatro partes que son convinientes a todo virtuoso capitán, que son ciencia, esfuerzo, abtoridat, buena fortuna, por las cuales cosas concibió vuestro generoso corazón de se disponer a todo trabajo en emprender con celo de virtud las comemoradas cosas, aprobando aquello que vulgarmente se dice, que quien grandes y señalados fechos ha de facer, por grandes trabajos y peligros ha de pasar.

[62] Y matizando más esto con muy lícita color, gran reprehensión merescen los nobles y generosos del reino, cuando non socorren a sus cibdadanos, queriéndoles otros facer mal contra justicia. Y los caballeros que prestos se fallan a tan justa reprehensión deben ser loados y acatados; y aun de ligero en tal caso los tales podrán gobernar los suyos y sojudgar los enemigos. Porque, por cierto, mucho mejor parescen las espensas en defensión de la cosa pública que de la propia. Nin hay ninguno que mejor pueda resistir los daños y asechanzas de los enemigos que los que continuamente siguen las armas, como vuestra señoría, dejando el hábito pontifical en tantas y tan justas causas, lo ha fecho. Dígolo porque la guerra más se debe facer por restituir libertad a los pueblos y vengar sus injurias que por ganar riquezas, buscando, ante que se comience, todas las maneras honestas que la puedan escusar, y no cometerla aceleradamente. Pero, cuando aquellas denegaren la paz, débese facer en manera que la obra consiga con el nombre de guerra, todavía non seyendo cruel vencedor contra el vencido,

que non fue cruel, y aun todavía dando lugar a la paz que non tiene lugar de asechanzas. Y débese facer sobre cosas justas, como vuestra señoría ha fecho en procurar legítima subcesión en estos reinos, y aun amonestando esto ante que la comenzase, guardando los días establescidos al enemigo y fuyendo en ella toda crueza. Lo cual fue cierta prueba que facía más por gloria de virtud que por tiranía.

[63] Dígolo, señor, porque la guerra tiene dos partes: con el competitor se face por la honra o por la dignidat; con el enemigo se face sobre la vida y fama; y con este tal débese facer como vuestra señoría la ha fecho, por fierro y non por oro, todavía guardando la fe prometida al enemigo. En lo cual vuestra señoría hobo favorable la buena natura, que vos dotó de vivo engenio y lumbre de discrición para lo saber obrar. Lo cual, conjunto al valiente y animoso corazón, fueron bastantes de adquerir, como adquirieron, vitoria de las cosas de suso memoradas. Porque, como dice Tulio en el su libro *De oficios*, non llevan ventaja las armas a la toga, la cual era una vestidura de aquellos que regían la cosa pública, por la discrición y diligencia de los cuales las armas de los duros y atrevidos enemigos caían por el suelo; nin las fortalezas de casa —que se entienden por los buenos y loables consejos— son de menos eficacia que la caballería, porque, puesto en esto el mayor estudio y diligencia, los enemigos tomados por fuerza non se destruyen sin grande delibración y consejo. De lo cual nasce penar a los culpados y perdonar la muchedumbre inocente del pueblo, reteniendo en toda buena fortuna las cosas honestas, aunque justa cosa sea que el vencido pida la vida al vencedor.

[64] Lo cual todo ha bien conseguido vuestra gran magnificencia, que por todos estos trabajos non ha querido tomar cosa alguna de lo de la corona real, ante se ha trabajado contradecir lo que de ella algunos con desmoderada cudicia de señorear, por no lícitas causas han tomado. E así, velando, trabajando y bien consejando, todas las cosas se acabaron en bien, mostrando en tan arduas y señaladas cosas la osadía y virtuosas costumbres que por naturaleza son arraigadas en vuestro generoso y noble corazón, non esperando otro amonestamiento de fuera salvo aquel que la gloria de los vencimientos y los peligros de ellos amonestaron, creyendo que nunca ninguno puede honestamente seguir la paz y dejar la guerra, sinon seyendo vencedor.

[65] Y por esto fueron vuestras fazañas adqueridas por verdadero engenio, que es inmortal así como el ánima; y non quiero que se atribuya tanto esto a la dignidat y alto estado vuestro, como al santo y virtuoso propósito, aunque las grandes dignidades por tanto buenas deben ser habidas cuanta es la virtud de aquellos que las alcanzan y sostienen. Dígolo, señor, porque hay algunos puestos en dignidades que han miedo de aquellos a quien deben ser espantosos, y esto es gran yerro, porque en todas las batallas, en igual peligro están los cobardes y los esforzados, pero non en igual fama.

[66] Es la guerra, muy magnífico señor, de tal calidat que cualquiera la puede comenzar, pero non la puede dejar sin la difinir sin gran mengua. ¿Que diré sinon que vuestra señoría ha sabido mejor facer todo esto peleando que yo escribiendo?

Y por esto es de mayor precio el fecho que non el dicho. Sopo asimismo guardar vuestra prudencia que en todos estos vencimientos, así del abondo de ellos como de la gloria, todos hobiesen parte, esos que en ellos consiguieron y aguardaron vuestras vituriosas banderas, poniendo en todo la mano como compañero et non como capitán. Donde dice bien Salustio en el *Catelinario* que, aquellos que en las guerras menos se popan, son más seguros. Y por esto menos de culpar es al virtuoso y esforzado capitán ser vencido por armas que por franqueza, porque las voluntades de los señores, cuando son presuradas, son movibles.

[67] Pues ¿qué se puede decir de tan altas y magníficas cosas salvo que fueron fechas con valentía de corazón y con sobra de caudal gastado con discrición, ganando aquella corona de la magnanidat, virtud que precede a todas las virtudes y bondades, porque esta es ornamento del más digno hombre que la natura crio, el cual non se moverá a cosas bajas nin feas y seguirá siempre la virtud. Y por esto non es ligera cosa haber esta virtud familiar, antes es mucho difícile; nin hay honra que le sea fecha, por grande que sea, que pueda ser premio de su virtud, nin que sea comparada a sus merescimientos.

[68] Esta nunca se ensoberbesce en la prosperidad nin desmaya en la adversidat, y con grandeza de corazón acaba las grandes cosas. Es estremo en comparación de sí misma y medio en comparación de su obra, tomada siempre de justa causa. Guarnescese contra todos los peligros que puedan venir, como si presentes los toviese. Espera fenescer su vida en bien. Non toma a ninguno lo suyo; y, si la nescesidat lo costriñe a los tomar, busca vía honesta cómo restituya. Ama y desama claramente, amando los hombres claros y limpios, y desamando los obscuros y lisonjeros. Non se alaba nin dice villanía. Las cuales cosas, bien notadas, nos dieron espirencia y señales de la grandeza de vuestro muy grande y magnífico corazón y virtudes. Y de aquí nasció que, en los actos notables de tanta perfección, gozó vuestra señoría de la honra, la cual es una cosa por que los mortales ningún honesto peligro deben dejar. Ca varón se puede llamar aquel que por la honra lícita y honestamente procura cómo esta sea la más digna cosa que se pueda haber en nuestra humanidat. Ca los verdaderos honores por honra se dan a la virtud voluntariamente y non por temor, y ninguna cosa es de mayor prescio que aquella que por galardón de virtud se gana. Y los tales honores tanto honran la vista del buen varón que se llama benaventurado aquel que por sus méritos es honrado y acatado.

[69] Prosigue el actor Segovia

[70] Y como aquel infinito y soberano Dios fallase a vuestra señoría en estos justos e lícitos conceptos, quitó de toda mala cudicia, demandándole en su corazón aquellas cosas que justamente ante los hombres se podían demandar, y cómo Él sea comienzo sin comienzo y fin sin fin, y por Él hayamos venido a la vida, y sin Él ninguno pueda ser bueno, porque siempre mora en todo buen hombre, y sepamos que non es ninguno tan poderoso que por sí mismo sea bastante de se enderezar, y sepamos que al que de Él se miembra y lo conosce y le pide las cosas

justas, que lo ama y es con Él. Criános poderosamente, gobiérnanos sabiamente, danos su gracia benignamente; y por esto, como dice sant Bernardo en el su libro *De amonestamientos*, entre el Fijo de Dios y nosotros gran debdo hay, porque Él es fecho a imagen de Dios y nosotros a la suya. Y el que es fecho a imagen de otro, conviene que sus obras se acuerden con la tal imagen, porque la non traya en vano. Ca, quien a Dios ha, non puede otra cosa desear fuera de Él, porque en Él falla todo lo que desea. Y por esto, quien la gloria de Dios poseyere, conoscerá la potencia del Padre, la sabiduría del Fijo, la piedat del Espírito Santo; y así habrá complida sabiduría de la muy alta Trenidat. Donde la Sacra Escriptura determina que cuatro cosas son bastantes de alcanzar su gloria: verdadero penitente, buen obidiente, compañero leal, siervo fiel.

[71] Y como todas estas cosas por su infinito saber conosciese ser ayuntadas en vuestra señoría, así porque siempre con temor de la pena, a menudo requirió su conciencia, faciendo penitencia de sus pecados, como porque siempre fue obidiente a sus mandamientos y fue leal compañero a la corona real de Castilla y su siervo fiel, quiso, por su infinita bondat, dar sus debidos fines a los buenos comienzos por vuestra señoría principiados, sacando aquellos a puerto seguro de claridat, trayendo estos fechos en el término que hoy están. Digolo porque el rey nuestro señor, visto cuanto vuestra señoría ha porfiado esto, que tanto era complidero a su servicio y a ensalzamiento de la su corona real y a pro común de sus súbditos y naturales, después de tanto tiempo pasado en tanta discordia, de su propia voluntad tomó por fijos a los ilustrísimos príncipes, y los metió y apoderó en eso mejor que del reino le quedaba, que es el su alcázar real y fortaleza de la cibdat de Segovia. Los cuales, por mano de vuestra señoría, fueron puestos allí y alzados y jurados por príncipes herederos de sus reinos, por subcesión legítima, después de sus largos y gloriosos días.

[72] El cual acto no quiero que quede anegado so las ondas de la Letea fuente, pues que meresció haber nombre de animoso y valiente corazón. Porque, según los rompimientos pasados, discordias, dicensiones y guerras, osarse vuestra señoría fiar de la palabra del rey solo, sin acuerdo de los grandes de sus reinos y aun contra la voluntad de aquellos, con asaz poca gente meter a los gloriosos príncipes y vuestra reverendísima presona en la dicha cibdat y fortaleza, en poder de Cabrera, tenedor de aquella, hombre por cierto de gran seso y actoridat, que por sí solo ha buscado el nombre de la virtud, cosa fue por cierto de notar, y tanto grande que paresce ser venida por permisión divinal.

[73] Donde vuestra señoría consiguió el primero motivo, cumplió las leyes divinas y humanas, en dar a estos reinos su legítima subcesión, dando a los menudos del pueblo sosiego y libertad, quebrantando los corazones de aquellos que lo contrario porfiaban con ilícitas y fengidas causas, y cumpliendo aquello que sant Lucas en el evangelio dice, que todo valle será lleno, todo monte y collado humillado, las cosas malas serán endereszadas, las ásperas tornadas en carreras llanas y toda parte verá la salud de nuestro Dios. Así que, muy magnífico señor, podemos muy bien decir y sacar de tales y tan altas fazañas, que non hay cosa que

tanto de estimar sea como el corazón noble y virtuoso, y que servir a virtud es verdadera franqueza, porque paresce que, cuanto la virtud más se esfuerza, más cresce, y que la sanidat verdadera es la virtud, sin la cual el corazón es enfermo y el cuerpo non tanto fuerte. Y por esto ninguno puede vevir bienaventuradamente sin estudio de virtud, porque el deseo de virtuoso es seguro, y sola la virtud da alegría perpetua y segura. Y por esto el corazón virtuoso puede bien subir en la Fortuna, que, como dijo Séneca en la epístola veinte e cuatro a Lucilo, nunca ninguno probó con todas sus fuerzas a ser bueno, que fallesciese a su propósito. Donde, concluyendo, digo que ya estas cosas pueden con razón ser loadas, pues que consiguieron el fin deseado por vuestra señoría. Porque, como dice el filosofo en el segundo de los *Físicos,* el fin non solamente es lo postrimero de las cosas, más es lo mejor de ellas...[3]

[74] «...y mira qué reposo llevaba en el virtuoso propósito, que luego fizo cabalgar a Ferrando de Ribadeneira, caballero asaz esforzado de su casa, con ciento e cincuenta lanzas muy en punto, el cual amanesció cerca de Canales e se aposentó a media legua de la fortaleza, a fin que se non pudiesen bastecer. Y luego mandó llamar de su casa a complimiento de quinientas lanzas, y envió decir al virtuoso y esforzado caballero Gomes Manrique, su primo y mayordomo mayor de su casa, que, porque el non podía estar de contino en presona en el dicho cerco, aunque a menudo lo requeriría, le rogaba que tomase cargo de aquella capitanía. El cual respondió diciendo que, comoquier que a la sazón su espíritu estaba muy aflegido por el fallescimiento de la condesa de Castro, su hermana, y su presona mal dispuesta de salud para tomar las armas, pero, por ser la causa tanto justa y tan complidera a honra y servicio suyo e al bien y pro común de aquella tierra, que él acebtaba aquel cargo, e que, cuando a caballo non pudiese ir, se faría llevar en un acemila, por tanto que proveyese en las otras cosas nescesarias a la honra de su merced, que él con la vida satisfaría a la suya, pues que ninguna ley obligaba a los caballeros a más que morir. Respuesta por cierto fue conforme a su alta sangre, que de antigüedat viene tejida con las casas reales de Castilla, e igual de aquella que Lelio, alferes del César, después de coronado de robres porque defendió de muerte los cibdadinos de Roma, respondió a la amonestación del César en las guerras que volvía contra el yerno, donde a la muerte por su servicio se ofreció.

[75] »Esto así acordado, el arzobispo se partió luego el domingo siguiente para ir ver en que dispusición estaba la fortaleza y las cosas que eran nescesarias para la guerrear y haber su vitoria. Y aquella noche fue a dormir a Olías; y otro día, lunes a tres días de otubre del año suso dicho, llegó a la fortaleza con fasta trecientas lanzas bien guarnidas y con trecientos peones, y falló la fortaleza tanto armada de guerra y fortalecida de cárcavas y fonsados, baluartes y barreras, fe-

---

3   De acuerdo con la numeración moderna del manuscrito —hecha a lápiz—, faltan los folios 16, 17, 18, 19 y 20.

chas e inventadas en los lugares más nescesarios a su defensa, nuevamente y con gran astucia, como hombres diestros de guerra, e aun como aquellos que temían, por lo que habían sembrado, venir en manos suyas; tanto que parescía inespunable cosa poderla por gran tiempo sojudgar. Sin embargo de lo cual, el arzobispo puso el sitio sobre ella en una traspuesta tan cercana de la fortaleza que las espingardas llegaban al sitio de punta en blanco y los otros tiros de pólvora, que tenían muchos para su defensa, pasaban todos por cima.

[76] »Y fecho esto, por provocar su gente a tan lícita y honesta guerra, dirigiendo su fabla contra ellos, propuso tales palabras: "¡Oh, amados parientes y obidientes criados, compañeros de las mis señas que vos habedes puesto comigo en las batallas y guerras pasadas a mil peligros, e sodes ya en ellas muy ejercitados, venciendo con justas armas y trayendo los buenos principios a justos y debidos fines, esparciendo vuestra sangre por muchas partes en mi servicio!, pues que la fuerza divinal nos llama a tan justa y tan alta empresa y a facer castigo en los tiranos descreídos, levantad vuestras fuerzas para apremiarlos y soltad vuestras manos para ferirlos, que yo non dudo de la vitoria, habiendo respecto a la lícita y justa causa que lievo". A lo cual ellos respondiendo, dijieron: "Mientra la sangre moviere estos nuestros cuerpos que viven, mientra nuestros brazos puedan menear y mandar las armas, seguiremos las señas de vuestra señoría, aunque aquellas por vuestro servicio convenga trasponer los collados de los Alpes o quieran guerrear los pueblos de Sicia, por las riberas de los peligros que se dicen Sirtes o por las arenas de la seca Libia, seguirlas hemos e iremos en pos de ellas. Y pues que a facer esto y en lugares tanto separados de nuestra patria somos obligados por las mercedes y beneficios rescebidos y por lo que debemos a nuestra lealtad, non debe dudar vuestra señoría que en las vecinas y tan cercanas tierras, sin presumir de gran servicio las sigamos, y fagamos y cometamos cuanto nos será mandado a todo nuestro posible poder, y non ternemos por amigos nin por parientes aquellos contra quien vuestra señoría mandare tocar sus trompetas".

[77] »Con el cual sermón su gente provocada, luego en continente con algunos de esos caballeros de Toledo se fue aposentar a un aldea cercana dende, y el capitán Gomes Manrique se quedó en el sitio. E puso luego otras dos estanzas mucho más cercanas a la fortaleza; y tras aquellas, dende a dos días, comenzá a asentar los engeños y las lombardas; y dio tal priesa y puso en ello tal diligencia, como diestro capitán que las tales cosas había espiramentado, que, cuando vino el sábado, le tiraban dos engeños y dos lombardas, e ya este día tenía so su capitanía, de la gente del arzobispo, quinientas lanzas bien guarnidas y tenía asentadas otras dos estanzas.

[78] »Y porque el arzobispo fue avisado que el rey, que a la sazón estaba en la villa de Madrid, estimulado por Cristóbal Bermudes, su capitán, que, aunque descomulgado, estaba en su corte, había aquejado a los grandes que estaban en su corte que le ayudasen a socorrer la dicha fortaleza, para lo cual a gran priesa todos llamaban sus gentes, el arzobispo acordó de llamar toda su casa, y aun allende de esto, requerir a todos sus parientes e amigos, los cuales todos le

acudieron. Ca vino en socorro Gutierre de Cárdenas, maestresala de la muy ilustre y esclarescida princesa, con trecientas lanzas y mil peones, los quinientos ballesteros, los cuales se aposentaron en Casa Rubios. Socorrió el prior de Sant Johan con cincuenta lanzas, y aposentáronse en el sitio; con las cuales tenía ya el capitán de la casa del arzobispo setecientas lanzas bien guarnidas. Socorrió el obispo de Segovia con sesenta lanzas, y don Pedro de Luna con treinta lanzas, los cuales se aposentaron en Illescas con esa otra gente, que ende estaba, del arzobispo. Socorrió el conde de Treviño, capitán muy esforzado, el cual vino con esos continos de su casa, que se falló al tiempo que fue requerido, que eran cient caballeros de afrenta, e dejó mandado que lo siguiese luego toda la otra gente de su casa, el cual se aposentó en Casa Rubios con la gente de la princesa. Socorrió el duque de Alba y envió con un capitán suyo ciento e cincuenta lanzas luego que fue requerido, y comenzó a llamar toda su casa y escribió al arzobispo que luego que su gente fuese junta, él vernía en presona a rescebir parte de aquel trabajo; el cual capitán se aposentó en Camarena. Socorrió el conde estable don Rodrigo Manrique, capitán de grande esfuerzo e actoridat, con trecientas e cincuenta lanzas, el cual se aposentó en Mora. Y socorrieran otros muchos grandes del reino, y viniera toda la gente de la casa del arzobispo, salvo por un tracto doblado y malo que Cristobal Bermudes fizo, en que quebró su fe. En el cual prometió entregar la dicha fortaleza luego, e firmolo de su nombre, e jurolo; y el lunes, que se cumplieron quince días del cerco, que la había de entregar según lo asentado, cautelosamente envió un escudero suyo so color que la faría luego entregar, y de secreto envió decir a esos que la defendían que se detoviesen, que presto serían socorridos. Durante el cual tracto, y teniéndolo el arzobispo por cierto, judgando por su virtud el ajena, escribió a todos los que le venían en socorro que se volviesen, que ya non era nescesaria su venida. Por lo cual se tornó el almirante de Castilla y el adelantado de Cazorla, que venían en presona con quientas lanzas. Tornáronse asimismo docientas lanzas que venían de la casa del conde de Treviño, que había mandado que lo siguiesen. Tornáronse de la gente del arzobispo, que tiene en Olmedo y en Salamanca y en esas comarcas, trecientas lanzas y más.

[79] »Pero vista la burla de aquel malo y cauteloso tracto, el capitán Gomes Manrique les asentó otras cuatro estanzas, con las cuales eran ocho, y eran las tres de ellas por unas minas descubiertas, que les llegó fasta la cava de la fortaleza, por manera que les tomó dos fuentes que en la misma cava tenían. Y los cercados con nescesidat decendieron una noche por agua al río, por lo cual el dicho Gomes Manrique, como diestro capitán, porque de allí non se pudiesen proveer de agua, les asentó otras dos estanzas debajo de la fortaleza, las más peligrosas y trabajosas de sostener que nunca sobre fortaleza ninguna fueron puestas. Y durante este tiempo nunca aflojaron los dos engeños e una cabrita e tres lombardas e dos pasavolantes en el tirar, por manera que non había quedado en la fortaleza casa enfiesta. Astucia, por cierto, fue tanto grande, como la que el César fizo en Italia contra los defensores de Marsella, que sojudgó con los engeños fechos por

tal arteficio, que señoreaban sus torres. Non menos fue la industria en este cerco en tomarles el agua por tal arte e apretar el cerco de tal manera que non salía nin entraba hombre que non fuese muerto o preso, de guisa que, costreñidos de la gran sed, aunque ya llovía, pero non podían coger el agua, perescían non en menos grado que Afranio e Petreo, capitanes de Pompeo, cuando los cercó el César en el otero cerca Lérida, que vinieron a tanto estrecho, que espremían la tierra diciendo que podrían sacar algún humor de ella que chupasen.

[80] »Donde quiero que sepas algo del secreto de sus entrañas, que a mí non fue oculto, que, despúes que vieron las señas del dorado castillo que han dado resplandor a los triunfales títulos de Acuña y Carrillo, y vieron al capitán esforzado e industrioso en la guerra, y aguardado de tanta y tan noble compaña de gente, espavorescieron de miedo y paráronse fríos, y desmayaron. Y vista la premia y estrago que les facían los engeños y lombardas, volvían al cielo sus ojos y endereszaban sus querellas, considerando que de allí, según el estrecho en que estaban, non podían fuir la deslealtad o muerte, diciendo en el secreto de sus corazones: "¡Oh, fortaleza tomada con mal propósito y en contra de las leyes divinas y humanas, vecina eres de confusión! Tus cimientos y adarves serán derrocados por deméritos de tus poseedores. Paz y folgura anda ya por todo el reino, y nosotros somos prea y despojo de nuestros enemigos. Juicio es de juez competente, que sigue el derecho. Mejor nos diera la ventura morir en combate de los ismailitas, defensores de la dañada seta, que en defender con diabólica presunción las cosas dotadas, en satisfación de píos votos, a las casas de oración y venerables iglesias; donde, con justa causa, el crucificado Jesú permite venir sañudo contra nos aquel muy magnífico perlado, a quien por su juredición eclesiástica, la tal conquista compete, non solo con la maza muelle y blanda de madero que se entiende por la censura eclesiástica que de suso dije, mas con diestra vencedora guarnescida de vituriosas armas". Y de esta guisa se querellaban todos, cada uno en su poridat, non se osando descubrir los unos a los otros del temor concebido, mas sufriéndolo como las aves cuando caen en la lidia o en la gran helada que las apremia.

[81] »En tanto grado fue este temor que se desacordó el caudillo con los partesanos del dañado crimen y se partieron en dos opiñoñes contrarias, aunque con labrios fengidos fablaban con dos lenguas, de guisa que, costreñidos de la gran premia y aun temiendo rescebir vituperosa muerte, salieron a fabla con el capitán Gomes Manrique. Y el lunes, víspera de Todos Santos, se concertaron con él en esta guisa, que se les diese lugar para que enviasen a requerir al rey que los socorriese, e que, si dentro de cuatro días contados desde la hora que partiese el mensajero non fuesen socorridos de socorro que pasase de quinientas lanzas y que llegase a la misma fortaleza a la bastecer, que ellos dentro de este tiempo la entregasen, con tal que fuesen absueltos e perdonados, y puesto en salvo todo lo suyo. Y para seguridat de esto, demás del juramento y pleito homenaje que todos ficiesen, pornían en poder del capitán cuatro hombres de los más principales de ellos en rehenes. El cual trato, por causa de las grandes aguas que comenzaban y

tiempo afortunado del invierno, al capitán paresció bueno este partido y más honroso que ninguno otro, y enviolo a consultar con el arzobispo, el cual por las mismas causas lo otorgó y confirmó.

[82] »Y aquel mismo lunes en la noche, luego entregaron al capitán cuatro hombres de los más principales que allí eran, en rehenes; y el martes por la mañana partió el mensajero, y llegó a la tarde al rey, que estaba en la villa de Ocaña, y fizo sus requerimientos, e finalmente volviose, y llegó el jueves de mañana al sitio y a la fortaleza sin esperanza de ningún socorro. Y los cercados estaban en tanta estrechura que non veían la hora que viniese; y como quiera que el plazo del trato se cumplía el sábado, aquel día se dieran, si fueran venidas ciertas escripturas del arzobispo; las cuales vinieron a la noche, e ellos se dieron viernes, que se contaron cuatro días de noviembre del dicho año.

[83] »Del cual cerco puedes con verdat escrebir que fue más porfiado y combatido que ninguno otro de los pasados, según el grande estrago de gentes que en el hobo muertos y feridos. A lo cual dio causa la fuerza ser tanto grande que parescía incombatible, y los defensores de aquella por deméritos suyos haber concebido aquel temor que ante dije, de venir en manos de sus contrarios; y aun asimismo por los cercadores con justa causa tener creído que su muerte en tal demanda les fuera eterna y perpetua vida. Y fallarás que el dicho capitán Gomes Manrique trabajó tanto que, durante este sitio, nunca comió nin cenó desarmado, nin se desnudó, tanto tenía que facer al comienzo en asentar las estanzas y los tiros de pólvora, los cuales, con los más principales caballeros de la hueste, había de llevar a asentar, e asimesmo la madera para facer los reparos, por ser en lugares que con otra gente non se pudiera facer buenamente. E después de asentado todo esto, non tenía menos trabajo en poner las guardas de las dichas estanzas, que eran ocho de gente a pie e una de caballo.

[84] »Pero con este trabajo e diligencia que todos pusieron como caballeros e verdaderos servidores de su señor, y con la ayuda del soberano Dios, mostrándose favorable a la gloriosa madre suya, cuya era la fortaleza, ella fue conquistada en el breve tiempo y en la manera suso contenida. En la entrega de la cual, se fizo un maravilloso acto constituido por prudencia y causado de la fe y lealtad; el cual fue que el capitán Gomes Manrique fizo llegar al sitio al maestresala Gutierre de Cárdenas con toda la gente de la muy esclarescida princesa, así los de caballo como los de pie, e a la gente del duque de Alba, los cuales desde el miércoles estaban a media legua del sitio, prestos para que, si fuese socorrida la dicha fortaleza, pugnasen de lo resistir. E fízolos estar en sus batallas a caballo fuera del sitio, e fizo cabalgar cient lanzas de las que el dicho capitán tenía en el sitio, e ponerlas cerca la puerta de la fortaleza, para seguridad de lo que se cargaba de la dicha fortaleza, y para que fuesen con la mujier de Cristóbal Bermudes e con su gente fasta los poner en salvo. E fizo armar toda la otra gente del sitio, en que había ciento hombres de armas e seiscientos caballeros de la jineta, y púsolos a pie en seis batallas, cada una de ellas con su seña en las estancias que estaban sobre la cava, e otras dos batallas de ballesteros; y la gente del duque de Alba fizo

poner a caballo de la parte del río. E esto puesto ansí en orden, fizo atravesar la batalla de la princesa por todo el real con sus alas de peones y con muchos atabales y trompetas, e fízola poner enfrente de la fortaleza detrás de las otras batallas, e allí fizo que se apease el maestresala Gutierre de Cárdenas, que era su capitán e alférez, y traía una bandera verde y pardilla de la princesa con fasta treinta caballeros bien guarnidos en punto. Y pasaron por entre todas las batallas; las cuales todas en pasando homillaban las lanzas y banderas fasta el suelo. Y llegados a la fortaleza, Gomes Manrique fizo que la diesen e entregasen a Cárdenas, capitán de la princesa, e fízole entregar las llaves e que subiesen al muro diciendo: "¡Castilla, Castilla, por el rey don Enrique y por los ilustres y claros príncipes de Castilla y de Aragón!". Y luego Gomes Manrique tomó a la mujier de Cristóbal Bermudes e a todos los suyos delante, e púsolos en poder de la gente que tenía a caballo diputada para ir con ellos; y volviose luego a la fortaleza y fizo subir a García Barahona, alferes del arzobispo, con su bandera, decendida ya la gente de la princesa, e púsola en la torre del homenaje de la fortaleza, tocando trompetas y atabales y diciendo: "¡Carrillo, Carrillo!". El roido y estruendo de lo cual fue tanto grande que se podía muy bien oír a una legua de allí.

[85] »La fortaleza se entregó al alcaide que la había de tener por el arzobispo; la cual estaba tan destruida que non había en ella donde se pudiesen desarmar, e non sin causa, porque se falló que sobre mil e cuatrocientas piedras estaban en ella de los tiros de engeños e lombardas y cabrita y pasavolantes. Lo cual fecho, volviéronse al sitio e los otros a sus aposentamientos fasta el sábado a mediodía, que vino el arzobispo e falló su fortaleza mal reparada, pero recobrada de los contrarios en tiempo oportuno y como debía; porque aquel tiempo es conviniente para los fechos donde se ayuntan e acaescen las causas convinientes a ellos. Dígolo porque Dios, vista la justa causa del arzobispo, permitió que durante este sitio se pasase de esta presente vida por muerte corporal el maestre de Santiago, de que suso es fecha minción. Permitió asimismo que, luego después de su fin, el conde de Osorno prendiese a su fijo, el marqués de Villena, en unas vistas mal concertadas; permitió que el arzobispo en aquella sazón hobiese habido la vitoria de la dicha fortaleza y se fallase en tan gran rotura y novedat poderoso con dos mil lanzas; de que sucedió que el rey don Enrique se metió por sus puertas y se profirió facer en su voto todo lo que el quisiese, con tanto que diese orden en la delibración del dicho marqués de Villena. A lo cual el arzobispo se opuso e lo procuró desde el Villarejo, donde el conde de Osorno lo apoderó, dejándole libre la fortaleza, de que resultó la soltura del dicho marqués de Villena.

[86] »Y estando por esto el rey y todo el reino de voluntad e propósito de retificar en concordia la obidiencia de los ilustrísimos príncipes y los obedescer por reyes, después de la gloriosa vida del rey don Enrique, plogó al soberano Dios luego en continente llevar asimismo de esta presente vida al mismo rey don Enrique, ca fallesció en Madrid a doce días de deciembre de este mismo año. Lo cual, sabido por el arzobispo, y después de fecho aquel sentimiento que debía por su acelerada muerte, alzó por reyes a los dichos príncipes, faciendo en ello aquel

acto que se requería, por trompetas y atabales, subiendo sus pendones por las torres de su alcázar de Alcalá de Henares. Por lo cual, sabido por todo el reino, aquel mismo estilo siguieron todos los otros grandes del reino y las cibdades populosas de él. El cual acto se puede ya decir ser perfecto en género, pues que, allende de aquel, ninguna otra cosa se espera. Es asimismo definición, una por la postrimera diferencia ser impedida. Es fin bueno y deleitable al arzobispo, por haber seído principio de la tal operación desde el comienzo fasta el fin.

[87] »Y por esto puedes creer que ninguna cosa es difícile a Dios, y que sin Él ninguna cosa es posible poseerse, y que aquel dejara de sí tal memoria, como deja el arzobispo, que todos sus fechos pusiere delante Dios, como él lo fizo. Así que de esto se recolige que en toda cosa es de osar cuando los galardones son mayores que los peligros. Por ende, concluye tu obra, que ya non queda cosa que impedir te pueda la conclusión».

[88] Admiración del actor

[89] La cual narración fecha por aquella milagrosa voz que así firió mis oídos, paresciome que el cielo usaba de sus fuerzas con truenos y relámpagos espantables y que una flama bullidora esparcía en torno de aquel sitio muy vivas centellas, las cuales disolvieron, faciendo volar en vapores una como nube que sobre mí estaba, de que parescía proceder y salir aquella voz, y quedó el cielo sereno y el aire acallentado. La voz cesó de más espresar palabras, y yo quedé como espavorido, considerando aquello que por influyencia divina admirativamente me fue revelado, mostrándome presente lo que absente de mí se celebró.

[90] Do quiero decir que vuestra señoría tomó y sojudgó la fuerza de Canales en solaz de vuestra virtud, pues que vido al su forzador andar desterrado e mezquino, y porque soltó de aquel servidumbre a los cibdadinos de la noble cibdat de Toledo y de su reino, que por esta causa salieron de las crueles cárceles donde estaban los cativos e apremiados. Y por cierto, si la gran clemencia de vuestra señoría non lo permitiera, non debieran los tales escapar a vida, aunque se homillaran a besar la mano sangrienta del enemigo, porque sus deméritos non consentían lícito perdón. Gente fue por cierto muy conforme a conseguir la liña de su nascimiento, seguiendo la raíz de donde principalmente hobieron orígine en tanta bajeza de sangre, como hobiesen usurpado con el favor del tiempo el fengido golpe del espada, seyendo por natura dignos de conseguir los pasos y surcos del buey. Y aun digo que aquellos que de vuestra señoría lo procuraron, antes debieran consentir en su muerte que a tan mala gente procurar la vida; los cuales por enxemplo debieran ser fechos piezas, habiendo memoria de aquello que fizo Gayo Mario en el campo Emacio, cuando mandó coger las cabezas de los enemigos muertos y ponerlas todas por orden, después de despedazados los cuerpos en vista del pueblo. O debiérase fengir que se facía de ellos sacrificio, y mandarlos quemar ante las puertas del sagrado templo de la gran deidad, a quien con diabólico celo denegaron, de guisa que fueran nombradas las llagas fechas en ellos más que aquellas que se ficieron en los ladrones que pasaron allende las forcas Caudinas.

[91] Así que, pues vuestra señoría venció aquella tiránica y mala gente que estorbaban los fados de Castilla y los tardaban por todas las estrañas y vecinas tierras, se publicará el tal vencimiento e vitoria en mayor nombre que se estendió la vitoria que hobo el virtuoso Hércoles de Gerión, aquel gigante de las siete cabezas. Por el cual beneficio, este trabajado reino debe ser a vuestra señoría obligado, y por los otros grandes y notables fechos que de ante son escriptos, así del vencimiento de los rebeldes que detenían al rey la villa de Berlanga 1.°, como por domar la ferocidat malina de la fuerza reedificada del castillo del Corlo 2.°, y derribar por el suelo la desmoderada soberbia de Ferrán Godino, tenedor forzoso de la fortaleza de la Riba 3.°, y prender al ladrón Caco metido en la cueva de Torija que facía inhabitable aquella comarca 4.°, y delibrar con mano esforzada la vuestra villa de Utrilla, detenida por los contrarios 5.°, y recobrar la fortaleza de Vado Rey con valentía de corazón 6.°, y delibrar al serenísimo y bienaventurado príncipe don Alfonso de mano de los forzadores que su detención procuraban 7.°, y ponerle con justa causa título y corona de rey en el reino de su padre que usurpársele quería 8.°, y sojugar en tan poco espacio la villa y fortaleza de Peñaflor 9.°, cuya fuerza es inestimable, y prender a García Mendes de Badajos, destrozándole seiscientos caballeros que le seguían 10.°, y entrar a Tudela de Duero por duro combate y a gran peligro de vuestra magnífica presona, y poner a pie docientos caballeros de la guarda del rey que la detenían 11.°, y haber adquerido la vitoria y despojo de la batalla de Olmedo más con la justa causa que con sobra de gente 12.°, y ganar la villa y sus fuerzas de Molina y la Torre de Aragón con derramamiento de sangre y a sobradas espensas 13.°, y dar a la ilustrísima princesa nuestra señora su legítimo marido, conforme a la justicia y subcesión de estos reinos 14.°, y socorrer al serenísimo rey de Aragón en el premioso cerco de Perpiñán puesto por los franceses 15.°, y domar, como de suso es narrado, los brazos soberbios, con diciplina de vengadora mano, a estos roteros tiranos que de suso he dicho que estaban en Canales; los cuales, como es dicho, non eran dignos de se tomar a vida, pues que ya por tan premioso cerco eran puestos en tal estrecho, y muy mayor, que Anibal puso a los seguntinos, donde los padres mataban a sus fijos y las madres traían las tetas secas con la fambre y de su voluntad se metían en medio de los fuegos y las mujeres rogaban a sus maridos que las matasen, los hermanos se mataban unos a otros, non había razón nin hobo con que a los tales se diese lugar de venir seyendo crueles enemigos. Actos fueron por cierto con que todas las partes de esta nuestra España se glorifiquen en vuestro esclarescido nombre, se atribuya a vuestra señoría por sus méritos la vituriosa corona de los robres, que denota virtud de fortaleza.

[92] Y en este paso quiero tornar la pluma contra mí, y digo que asaz perdieron la vida aquellos enemigos a quien vuestra señoría la dio, pudiéndogela quitar, porque cualquier que, después de vencido, vive por gloria y fama vive de aquel que le dejó vevir, y mucho más face en su honra el virtuoso capitán que deja a su enemigo vivo, pudiéndolo matar, que en quitarlo de los ojos de los hombres por muerte. Como lo pone Séneca en la epístola veinte e una. Ca

los que obran grandes fechos por gloria de virtuosa fama, aquel debe ser su galardón, y el que muere por la verdat y por la fama del pueblo, deificado debe ser y grandes beneficios de honor meresce. Por do paresce que bienaventurada la tierra que ha señor noble e virtuoso, que se guía por la razón. Ca este tal es noblescido por natura y es claro por nobleza y bondades. Ca la riqueza, la honra, la gloria, por galardón se da a los vencedores; porque cuanta osadía e virtud es en el corazón generoso por natura o por costumbre, tanta se muestra en los tales actos de guerra, y toda depende del caudillo de la vida que es el virtuoso corazón. Y tanto cuanto el hombre es más claro y noble, tanto debe tener mayor cuidado de la virtud y tener que las feridas rescebidas en tan justas causas son señales de gran nobleza; de que se sigue que mucho mejor es la nobleza que se gana con tales peligros y se saca de tan ásperos lugares que la que se deja por heredat a los subcesores. Y el caballero o capitán que quiere gozar de la honra de la caballería, ha de ser sojecto a los peligros con que se gana.

[93] Porque la honra non es ál sinon un galardón de bondad, y aquesta sola defiende que non muera aquel que por sí es digno de ser honrado. Y Zenefonte dice: «La honra es la mayor cosa por que los hombres ningún trabajo nin peligro rehúsan». Varón es el que de la honra cura, porque en las cosas humanas ninguna otra cosa paresce más digna que la honra, porque es don de gloria al que la rescibe. Y ninguna cosa se compra por mayor prescio que aquella que por galardón de virtud se gana. La honra tanto adoba el sojecto que encubre sus defectos de poca fermosura; y estímase por más alegre y grande el honrado que el fermoso. Y Tulio dice, en el su libro *De oficios,* que los hombres de gran corazón han de ser amigos de la verdat, porque, el que cudicia ser mayor, non puede guardar igualdad en su vida.

[94] Ca la honestad más se judga por verdaderas obras que por voces del pueblo. Y muy ligeramente se mueve el corazón que tiene cudicia de esta gloria mundana. Y en estos primores de guerra mucho más es de loar el trabajo que se face por presona que por dineros, porque lo uno sale de arca y lo otro sale de la virtud del corazón; y así como lo uno mengua, así lo otro cresce, porque non son tan grandes los vicios del cuerpo como los del corazón. Y, quien se ata con la buena fe, vístese de seguridad. Y aquel de quien su fe es poca, sus enemigos son muchos. Lo cual por cierto ha mostrado bien vuestra señoría en todas estas cosas por mí escriptas, y en especial en este cerco de Canales, porque el primero que ponía la mano en todos los trabajos, non como capitán, mas como compañero, vuestra señoría era. Y así concluyo en esto y me paso a conseguir y acabar mi obra comenzada.

ÍNDICE DE VOCES ANOTADAS

Los números romanos remiten a los cuatros poemas editados; los arábigos, al verso; y, cuando van precedidos de *P,* al párrafo del texto en prosa.

La abreviatura *Tit* remite a los subtítulos internos de los cuatro decires.

Almena I 62, II 129
alongar II 651
alumbrar II 474
Álvaro de Luna II 386
alzar IV 838
amatar II *P* 5
Ambrosio, san IV *P* 4, IV 619
amicicia IV 1069, IV 1433
Amiclate I 438, II 552
amigo IV 1613
amistanza IV 586
amodestación II *P* 3
amollentar II 217, IV 1359
amonestar II 190, II 429, IV 1500, IV 1738
amonitas IV 484
amores fetizos IV 521
amos II 604, IV *P* 6, IV 500, IV 1086
andén II 425, II 518, IV 1013, IV 1593
Anfión IV 998
Ángel IV 1366
ángel maldito II 102
ángulo IV 1282
Anibal IV 760, IV 856, IV 1089
anillo IV 963, IV 1044
animalias IV 1005
ante IV 1494, IV 1648
ante, en I 289
antecedente IV 196
Antenor IV 376
Antígono II 602
Antropus IV 1139
añafil IV 405
aparejar II 296
aparejo I 464, II *P* 56, IV 671, IV 1315, IV 1539, IV 1731
aparta recelo I 96
apesgado IV *P* 1
Apio II 190
aplacer IV 328
aplacible IV *P 1*
Apocalipsis II 240
Apolo I 2, IV 643, IV 1720

Apolo, templo de I 121, II 176
aprobar IV 709
aprobar por bueno I 208
aprovechar IV 1451
apurar II 246, II 404, IV 599, IV 1625
apurar fin IV 432
ardido II 478 do
ardiente, en IV 719
arena II 518
Argia IV 221
argumento IV 521, IV 292
arismética IV *P* 1, IV 546 *Tit*
Aristóteles II *P* 2, II *P* 3, II *P* 7, IV 626
Armenia IV 48
armiño IV 244
arrear II 188
arreo I 143, II 402, IV 221, IV 493, IV 1514
arrisco I 46
arrojar II 369
arte dañada IV 88
arte de guerra IV 873
arte II *P* 6, II 515, IV 151, IV 162, IV 1331
arte, por II 545
Artemisa IV 224
Arunes IV 646
asa IV 947
asayar II 313
asaz II 294, II *P* 5, II 502, IV 256, IV 1382
ascendente II 269
asegurar II 404
así IV 229
asinar I 160
asolver II 76
aspereza IV 1507
Asperia IV 59
Atalante IV 60
atallas II 511
atavío IV 726
Atienza IV 808

copioso II 502
coraje IV 109
Cordero I 247
Corlo IV 800 *Tit*
corona II 364
corpóreo IV 124
corralario I 245
corredor IV 951
corregir I 393, II 295
corregirse IV 831
correr el planeta II 567
corrido II 373, IV *P* 1, IV 1754
corrupción IV 1728
corrutible IV 126
corruto IV 1423
cosarios IV 938
costrenir IV *P* 2
costreñido IV 1136
costreñir II 476
costumbre, por II 57
Craso IV 756
crecer las alas IV 813
criado IV 1382
criamiento II *P* 2
criar II 337, IV 56
crïatura II 443
criminoso II 581
crisma I 1248
Crisóstomo IV 620
Crispo IV 637
crucificio II 193
crudo IV 1785
cuadrilla IV 1091
Cuéllar IV 844
cuento IV 579
cueva II 181
cuita I 50, II 284
cumbre, en la IV 1068
cumplido IV 1692
cumplir II 145
Curio IV 1030
cursado IV 888, IV 1405
curso II 264

curso pasado II 421
curso tirano IV 1112
curso, por II 545
cursos planetas I 21

Dalmanciano IV 617
danación II 110
Danaides II 94
Dante Alighieri II 403
daños futuros IV 1232
dar cuenta de hombre IV 870
dar espacio IV 1719
dar mano llena II 594
dar pasada IV *P* 8
dar vagar IV 821
Dárdano II 323, IV 365
data II 381
David I *P* 1
debate IV 738
debdo II *P* 2
debido IV 852
Decios IV 1025
decir I *P* 1
decirte he IV 817
declinar I 253, IV 1482
decorar IV 798
defecto IV *P* 5
defender IV 854
defendido IV 88
definir IV 1317
del II 67
deleznar II 378
delibración I 460, II 420, IV 1342
delibrar I 115, II *P* 2, IV 1351
demanda I 467
demandante I 128
demandar I 562
demasía II 436, IV 1564
Demetrio IV 628
Demonio II 64
Demorato IV 1183
Demóstenes IV 634
demostrativo IV 457

Editada bajo la supervisión de Editorial CSIC,
esta obra se terminó de imprimir en Madrid
en noviembre de 2025